LOUISIANE

3e édition

Richard Bizier

(en collaboration avec Roch Nadeau)

Auteur	*Coordinateur à la recherche*	*Illustratrice*
Richard Bizier	Roch Nadeau	Lorette Pierson
Directeur de collection	*Recherchistes*	*Photographes*
Claude Morneau	Paquerette Villeneuve	*Page couverture*
	Gilles de Lalonde	Rivera Collection
Directrice de production	Paul Haince	Superstock
Pascale Couture	Roch Nadeau	*Pages intérieures*
	Marie Rodrigue	Louisiana Office of Tourism
Correcteur	Marie Tousignant	Louisiana Tricentenial
Pierre Daveluy		Roch Nadeau
	Cartographe et infographe	Steve Comeaux
Chef de projet	André Duchesne	
Claude Morneau	*Adjoints*	*Directeur artistique*
Adjoint	Patrick Thivierge	Patrick Farei
Christian Roy	Isabelle Lalonde	Atoll Direction

Remerciements : L'auteur remercie pour leur précieuse assistance et collaboration : Beverly Gianna et Christine DeCuir du Bureau des Congrès et du Tourisme de La Nouvelle-Orléans métropolitaine (New Orleans Metropolitan Convention and Visitor Bureau), Gérald Breaux de l'Office des Congrès et du Tourisme de Lafayette (Lafayette Convention and Visitors Commission), Paquerette Villeneuve, Jolème Adam, Pearl Arceneaux, Audrey et Maxie Broussard, JoAnne Clevenger, Robert Daffort, Joanne Kirkpatrick, Dany Madani, Jami Mitchell, Frank S. Rochefort, Marie Rodrigue, John Tessier, Elsie Begnaud-Trahan et Harry Trahan.

DISTRIBUTION

Canada : Distribution Ulysse, 4176, St-Denis, Montréal (Québec) H2W 2M5 , ☎ (514) 843-9882, poste 2232, ☎800-748-9171, fax : (514) 843-9448 www.ulysse.ca; guiduly@ulysse.ca

États-Unis : Distribooks, 8120 N. Ridgeway, Skokie, IL 60076-2911, ☎ (847) 676-1596, fax : (847) 676-1195

Belgique-Luxembourg : Vander, 321, avenue des Volontaires, B-1150 Bruxelles, ☎ (02) 762 98 04, fax : (02) 762 06 62

France : Vilo, 25, rue Ginoux, 75737 Paris, Cedex 15, ☎ 01 45 77 08 05, fax : 01 45 79 97 15

Espagne : Altaïr, Balmes 69, E-08007 Barcelona, ☎ (3) 323-3062, fax : (3) 451-2559

Italie : Centro cartografico Del Riccio, Via di Soffiano 164/A, 50143 Firenze, ☎ (055) 71 33 33, fax : (055) 71 63 50

Suisse : Diffusion Payot SA, p.a. OLF S.A., case postale 1061, CH-1701 Fribourg, ☎ (26) 467 51 11, fax : (26) 467 54 66

Pour tout autre pays, contactez Distribution Ulysse (Montréal).

Données de catalogage avant publication (Canada). (Voir p 6)

Bibliothèque nationale du Québec
Dépôt légal - Deuxième trimestre 1999
ISBN 2-89464-197-4

«Les bayous de la Louisiane, par leur calme et leur beauté, par leur mystérieuse tranquillité, m'ont tout de suite donné l'impression d'être au début des temps, de revenir aux origines du monde...»

Gilles Carle
Cinéaste
Le diable d'Amérique

«Il y avait des esprits partout : dans chaque arbre, dans chaque animal, dans chaque pierre. C'était un monde d'esprits le plus vénéré, le plus ancien. C'est pourquoi on se tournait vers les grands chênes verts pour les rites.»

Entrevue avec Barry Jean Ancelet
Ethnologue
Extrait du film
Le diable d'Amérique

SOMMAIRE

LISTE DES CARTES

Données pour catalogage avant publication (Canada)

Bizier, Richard

Louisiane, 3e éd.
(Guide de voyage Ulysse)
Comprend un index.

ISBN 1-89464-197-4

1. Louisiane - Guides. I. Nadeau, Roch. I. Titre. II. Collection.
F367.3.B59 1999 917.6304'63 C98-941539-2

SYMBOLES

≡	Air conditionné
⊛	Baignoire à remous
⏲	Centre de conditionnement physique
(Ulysse symbol)	Coup de cœur Ulysse pour les qualités particulières d'un établissement
ℂ	Cuisinette
½p	Demi-pension (nuitée, dîner et petit déjeuner)
pc	Pension complète
pdj	Petit déjeuner inclus dans le prix de la chambre
≈	Piscine
ℝ	Réfrigérateur
ℜ	Restaurant
bc	Salle de bain commune
bp	Salle de bain privée (installations sanitaires complètes dans la chambre)
⌂	Sauna
⎘	Télécopieur
☎	Téléphone
tv	Téléviseur
tlj	Tous les jours
⊗	Ventilateur
♿	Établissement équipé pour recevoir les personnes à capacité physique diminuée

CLASSIFICATION DES ATTRAITS

★	Intéressant
★★	Vaut le détour
★★★	À ne pas manquer

Les tarifs mentionnés dans ce guide équivalent au droit d'entrée pour un adulte.

CLASSIFICATION DE L'HÉBERGEMENT

Les tarifs mentionnés dans ce guide s'appliquent, sauf indication contraire, à une chambre standard pour deux personnes, en haute saison.

CLASSIFICATION DES RESTAURANTS

Les tarifs mentionnés dans ce guide s'appliquent, sauf indication contraire, à un dîner pour une personne, excluant le service et les boissons.

$	moins de 10$
$$	de 10$ à 20$
$$$	de 20$ à 30$
$$$$	plus de 30$

Tous les prix mentionnés dans ce guide sont en dollars américains.

ÉCRIVEZ-NOUS

Tous les moyens possibles ont été pris pour que les renseignements contenus dans ce guide soient exacts au moment de mettre sous presse. Toutefois, des erreurs peuvent toujours se glisser, des omissions sont toujours possibles, des adresses peuvent disparaître, etc.; la responsabilité de l'éditeur ou des auteurs ne pourrait s'engager en cas de perte ou de dommage qui serait causé par une erreur ou une omission.

Nous apprécions au plus haut point vos commentaires, précisions et suggestions, qui permettent l'amélioration constante de nos publications. Il nous fera plaisir d'offrir un de nos guides aux auteurs des meilleures contributions. Écrivez-nous à l'adresse qui suit, et indiquez le titre qu'il vous plairait de recevoir (voir la liste à la fin du présent ouvrage).

Éditions Ulysse
4176, rue Saint-Denis
Montréal (Québec)
H2W 2M5
http://www.ulysse.ca
guiduly@ulysse.ca

Les éditions Ulysse reconnaissent l'aide financière du gouvernement du Canada par l'entremise du Programme d'Aide au Développement de l'Industrie de l'Édition (PADIÉ) pour ses activités d'édition.

Les éditions Ulysse tiennent également à remercier la SODEC pour son soutien financier.

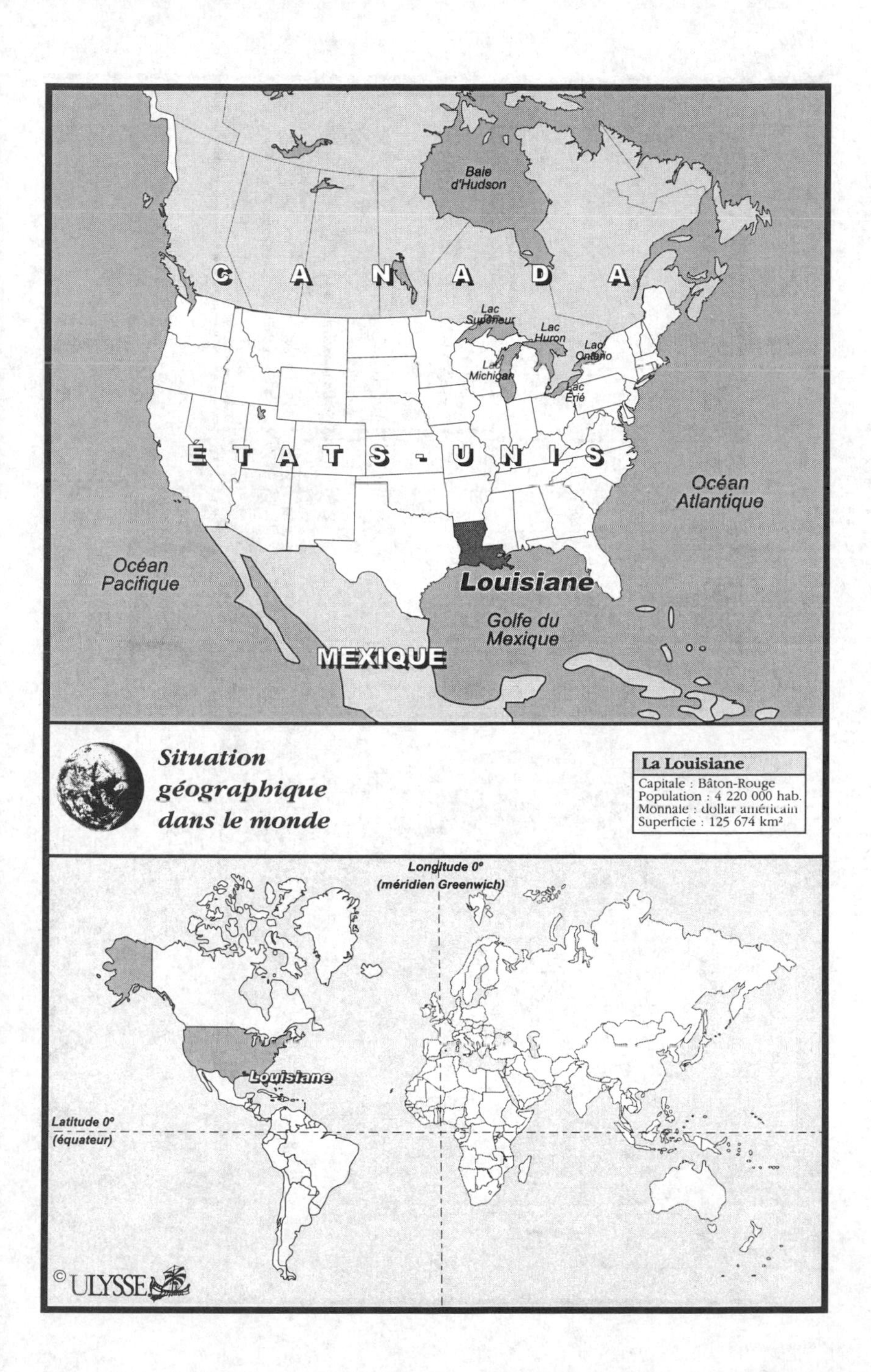
Baie
d'Hudson
CANADA
Lac
Supérieur
Lac
Huron
Lac
Ontario
Lac
Michigan
Lac
Érié
ÉTATS-UNIS
Océan
Atlantique
Océan
Pacifique
Louisiane
Golfe du
Mexique
MEXIQUE
Situation
géographique
dans le monde
La Louisiane
Capitale : Bâton-Rouge
Population : 4 220 000 hab.
Monnaie : dollar américain
Superficie : 125 674 km²
Longitude 0º
(méridien Greenwich)
Louisiane
Latitude 0º
(équateur)
© ULYSSE

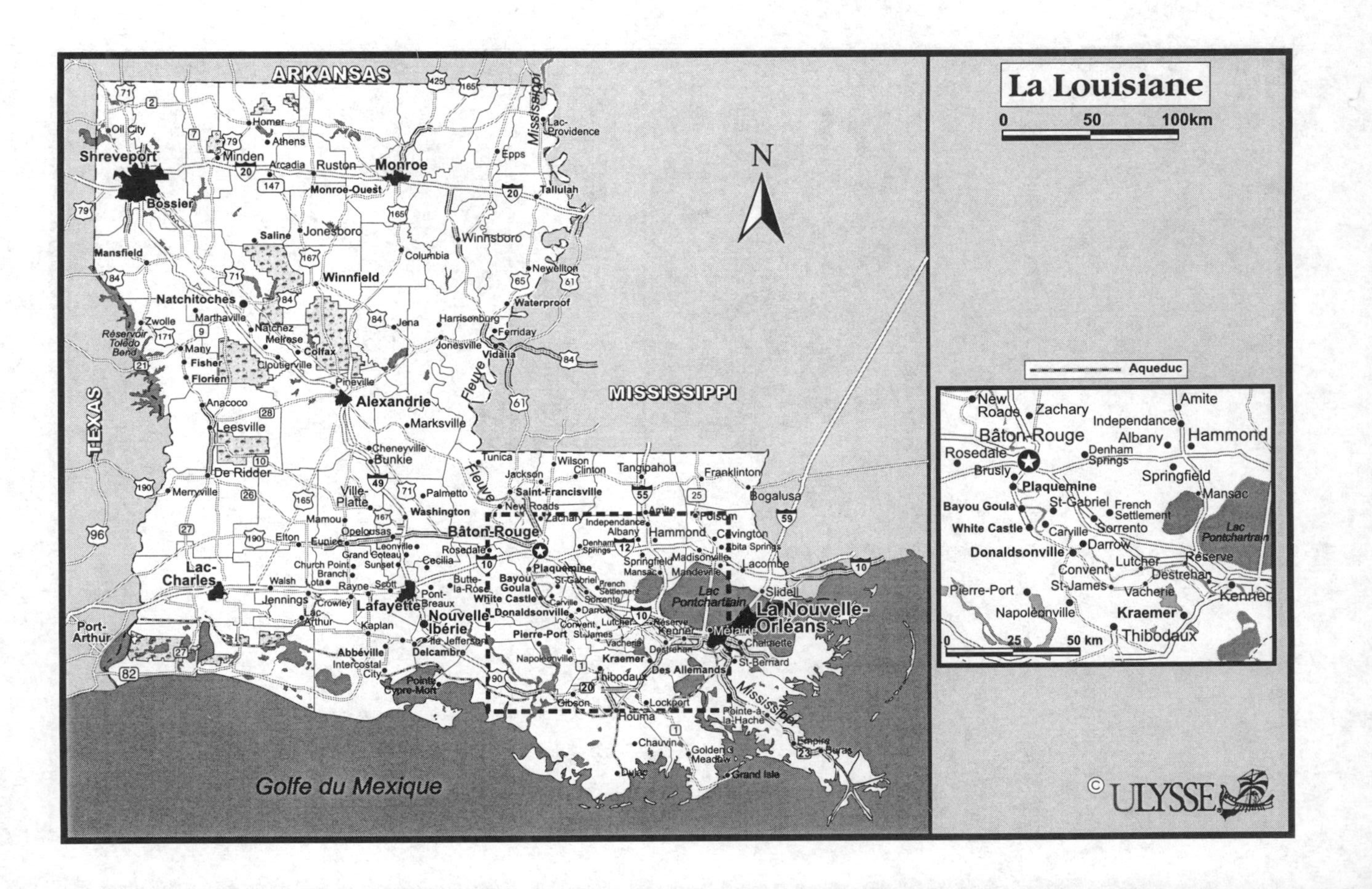
La Louisiane
0
50
100km
N
ARKANSAS
MISSISSIPPI
TEXAS
Golfe du Mexique
Shreveport
Bossier
Oil City
Minden
Homer
Athens
Arcadia
Ruston
Monroe
Monroe-Ouest
Epps
Lac-Providence
Tallulah
Mansfield
Saline
Jonesboro
Winnsboro
Columbia
Winnfield
Newellton
Natchitoches
Waterproof
Zwolle
Marthaville
Natchez
Melrose
Colfax
Jena
Harrisonburg
Ferriday
Jonesville
Vidalia
Réservoir Toledo Bend
Many
Fisher
Florien
Cloutierville
Pineville
Alexandrie
Anacoco
Leesville
Marksville
Cheneyville
Bunkie
De Ridder
Merryville
Ville-Platte
Palmetto
Washington
Mamou
Tunica
Jackson
Wilson
Clinton
Tangipahoa
Franklinton
Saint-Francisville
Bogalusa
New Roads
Zachary
Amite
Folsom
Elton
Opelousas
Eunice
Leonville
Grand Coteau
Sunset
Church Point
Bâton-Rouge
Hammond
Covington
Independance
Albany
Denham Springs
Abita Springs
Rosedale
Cecilia
Plaquemine
Springfield
Mansac
Madisonville
Mandeville
Lacombe
Lac-Charles
Walsh
Lota
Branch
Rayne
Scott
Butte-la-Rose
Bayou Goula
St-Gabriel
French Settlement
Slidell
Jennings
Crowley
Lafayette
Pont-Breaux
White Castle
Carville
Sorrento
Lac Pontchartrain
La Nouvelle-Orléans
Lac-Arthur
Kaplan
Nouvelle-Ibérie
Donaldsonville
Darrow
Convent
Lutcher
Réserve
Port-Arthur
Île Jefferson
Pierre-Port
St-James
Vacherie
Kenner
Métairie
Chalmette
Abbéville
Delcambre
Napoléonville
Destrehan
Kraemer
Des Allemands
St-Bernard
Intercostal City
Pointe-Cypre-Mort
Thibodaux
Gibson
Lockport
Houma
Pointe-à-la-Hache
Fleuve Mississippi
Chauvin
Golden Meadow
Empire
Buras
Dulac
Grand Isle
Aqueduc
Brusly
Caryille
Sorrento
Mansac
Vacherie
Kraemer
Thibodaux
0
25
50 km
© ULYSSE

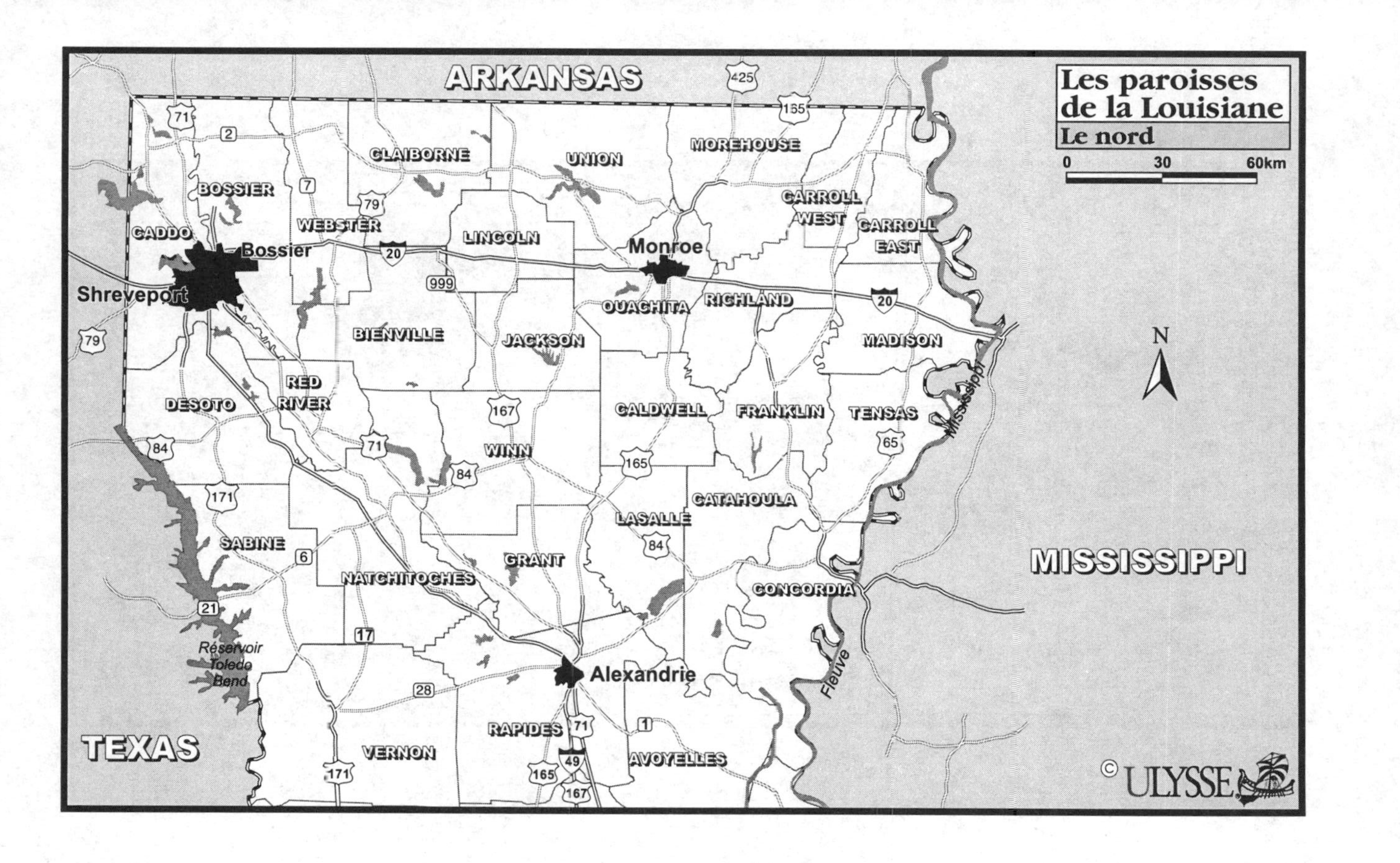
Les paroisses
de la Louisiane
Le nord
0
30
60km
N
ARKANSAS
MISSISSIPPI
TEXAS
CADDO
BOSSIER
CLAIBORNE
WEBSTER
UNION
LINCOLN
MOREHOUSE
CARROLL WEST
CARROLL EAST
OUACHITA
RICHLAND
MADISON
BIENVILLE
JACKSON
RED RIVER
DESOTO
CALDWELL
FRANKLIN
TENSAS
WINN
CATAHOULA
LASALLE
SABINE
GRANT
NATCHITOCHES
CONCORDIA
RAPIDES
VERNON
AVOYELLES
Shreveport
Bossier
Monroe
Alexandrie
Réservoir Toledo Bend
Mississippi
Fleuve
© ULYSSE

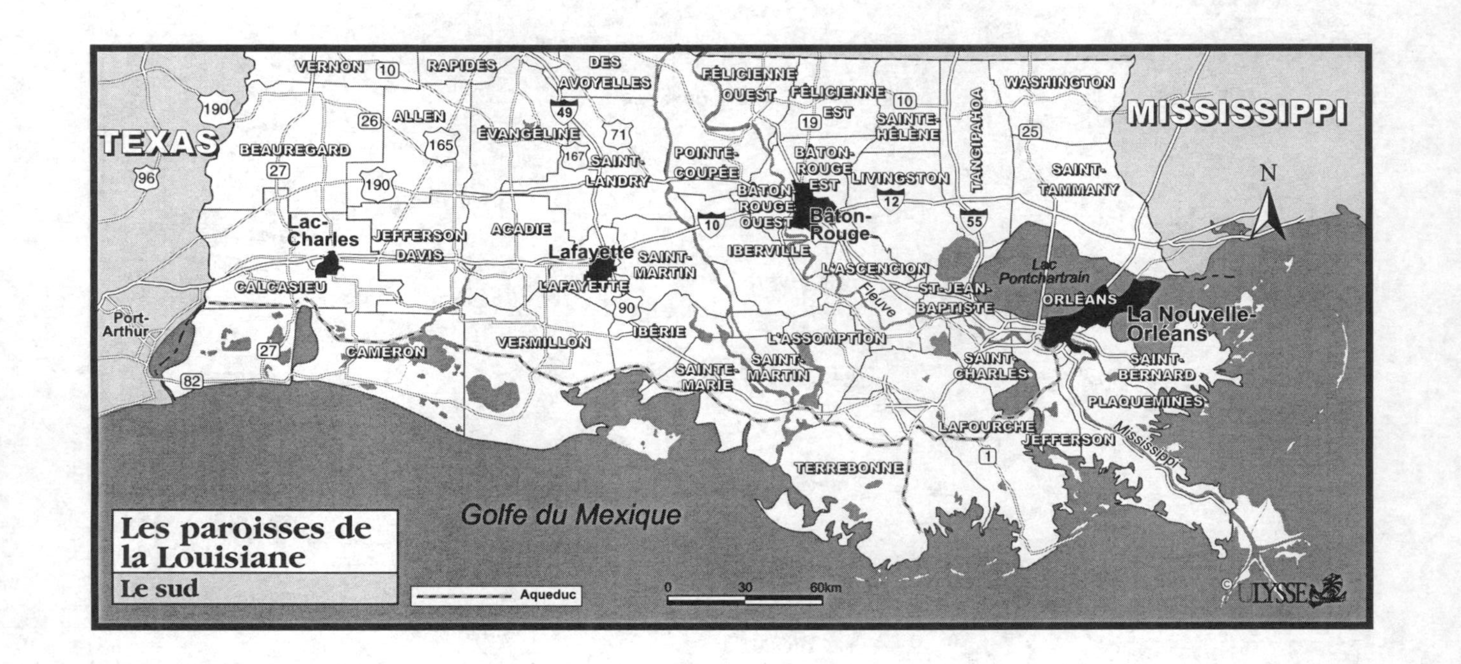
Les paroisses de la Louisiane
Le sud
TEXAS
MISSISSIPPI
VERNON
RAPIDES
DES AVOYELLES
FÉLICIENNE OUEST
FÉLICIENNE EST
WASHINGTON
ALLEN
ÉVANGÉLINE
SAINTE-HÉLÈNE
TANGIPAHOA
BEAUREGARD
SAINT-LANDRY
POINTE-COUPÉE
BÂTON-ROUGE EST
LIVINGSTON
SAINT-TAMMANY
BÂTON-ROUGE OUEST
Bâton-Rouge
Lac-Charles
JEFFERSON DAVIS
ACADIE
Lafayette
SAINT-MARTIN
IBERVILLE
L'ASCENCION
Lac Pontchartrain
CALCASIEU
LAFAYETTE
ST-JEAN-BAPTISTE
ORLÉANS
La Nouvelle-Orléans
Port-Arthur
Fleuve
IBÉRIE
L'ASSOMPTION
VERMILLON
CAMERON
SAINTE-MARIE
SAINT-MARTIN
SAINT-CHARLES
SAINT-BERNARD
PLAQUEMINES
LAFOURCHE
JEFFERSON
Mississippi
TERREBONNE
Golfe du Mexique
Aqueduc
0 30 60km
N
© ULYSSE

PORTRAIT

Autant pour les Français que pour les Québécois qui la fondèrent au XVIIe siècle, le nom de la Louisiane évoque maints souvenirs rattachés à leur propre histoire. Les Créoles et les Africains, puis les Espagnols et les Acadiens aux XVIIIe et XIXe siècles contribuèrent aussi grandement à façonner cette contrée aujourd'hui contrastée et qui s'imprègne avec tant d'éclat de chacune de ses composantes.

Comparée au territoire qui la délimitait à l'époque française, la Louisiane contemporaine peut sembler minuscule. Mais le jeune État sudiste n'en a pas, malgré cela, été réduit à une peau de chagrin; en le traversant en long et en large, on a vite fait de réaliser combien la Louisiane actuelle est suffisamment vaste pour s'y perdre de belle et agréable façon. Pour vraiment découvrir la Louisiane, il faut aller vers elle, la parcourir d'est en ouest, depuis le Mississippi jusqu'au Texas, du golfe du Mexique, au sud, jusqu'au nord, à la frontière de l'Arkansas. L'itinéraire louisianais ne se planifie pas. Ici, l'aventure se vit au jour le jour, au quai d'un petit port de pêche comme au café, dans un bourg inconnu comme au carrefour d'une grande cité. Le climat méridional de la Louisiane confère à ses habitants un caractère expansif. Les Louisianais aiment les touristes, surtout pas pour des raisons mercantiles. Alors, n'hésitez surtout pas à entamer la conversation... ils adorent. À partir de l'instant où vous deviendrez amis, attendez-vous à vivre de belles et fortes émotions.

GÉOGRAPHIE

L'État de la Louisiane a une superficie de 112 836 km^{2}. Lorsqu'elle était colonie française, la Louisiane (Haute-Louisiane et Basse-Louisiane) formait un immense territoire de 2 100 000 km^{2} (quatre fois l'étendue de la France actuelle). La Louisiane française d'alors se déployait depuis les Grands Lacs jusqu'au golfe du Mexique.

Le vaste pays s'étendait sur des centaines de kilomètres de part et d'autre des rives du Mississippi. Aujourd'hui, l'ancien territoire se fond dans 13 États américains.

L'État de la Louisiane se situe au sud des États-Unis d'Amérique : en étau entre le Mississippi dans sa partie orientale et l'Arkansas dans sa partie septentrionale, le golfe du Mexique dans sa partie méridionale et le Texas dans sa partie occidentale. La Louisiane, aux fertiles plaines affluviales, reçoit d'abondantes pluies et jouit d'un climat subtropical. Le lit du Mississippi est bordé de digues qui protègent les terres d'inondations répétées. Outre le Mississippi et le golfe du Mexique, la Louisiane possède de nombreux fleuves, lacs, lagons et bayous (mot d'origine amérindienne signifiant «eaux au courant lent»). Ces rivières sont particulières à la Louisiane; il ne faut pas confondre bayous et marécages. Enfin, la rivière Rouge alimente les vastes lacs Pontchartrain, Maurepas, Borgne, Sabine et Calcasieu.

À l'est, sa frontière longe les méandres du Mississippi. Le sudiste pays, émaillé de vastes étendues d'eau, s'étend ensuite vers l'ouest en une plaine s'étalant à l'infini. L'excroissance d'une butte naturelle indique parfois la présence d'un dépôt de sel souterrain. Cependant, il faut aller au nord de l'État de la Louisiane, dans la région de Shreveport-Boissier, pour découvrir un timide morne pouvant atteindre tout au plus 70 m, alors qu'à La Nouvelle-Orléans le point culminant s'élève à seulement 5 m au-dessus du niveau de la mer.

La géologie

La croûte terrestre du Sud louisianais, qui apparaît comme une immense couverture flottante, impose des prouesses d'ingénierie dans la construction d'édifices. Sur la quasi-totalité de la partie méridionale, les résidences ne possèdent aucun sous-sol; les maisons reposent sur des blocs de béton, des billots de bois ou d'autres matériaux. Quant aux grands immeubles, ils s'appuient sur des fondations profondément enfouies sous la nappe d'eau souterraine afin d'atteindre la solidité du roc.

L'autoroute reliant La Nouvelle-Orléans et Lafayette demeure un chef-d'œuvre d'ingéniosité. Sur pilotis bétonnés, elle surplombe les zones marécageuses et les bayous, qui se succèdent de La Nouvelle-Orléans à Bâton-Rouge et de Maringouin à Lafayette. L'autoroute enjambe une infime partie de l'incommensurable bassin de l'Atchafalaya, la plus vaste étendue marécageuse d'Amérique. Avant la construction de cette autoroute, les voyageurs devaient faire un détour de plusieurs dizaines de kilomètres avant d'atteindre les circonscriptions de Pont-Breaux et de Lafayette.

De nombreux bayous serpentent dans les campagnes, cités et bourgs louisianais. De l'eau, il y en a partout en Louisiane. Il ne faut donc pas s'étonner de voir, en régions marécageuses, les cryptes et les caveaux des cimetières s'édifier hors du sol. Le repos éternel certes, mais quand même pas dans la «flotte»!

La flore

Le climat subtropical de la Louisiane, la multiplicité de ses cours d'eau et son humidité persistante favorisent l'exubérance végétale. Autour des lagons, en forêt aussi bien que dans les zones marécageuses, il existe autant de flores particulières. En plus de profiter des espèces indigènes, les nouveaux occupants transplantèrent des végétaux d'origines diverses, d'utilités alimentaires, voire agricoles et pratiques ou simplement horticoles. S'ajoutèrent dès lors aux espèces locales de pins méridionaux, pacaniers, noyers, chênes et cipres (ou cyprès chauves) – aux branches desquels (chênes et cyprès) croît, sous la forme de guirlandes, la mousse espagnole –, des variétés d'arbustes fruitiers parfaitement acclimatés aux températures humides de cette contrée.

Au printemps et en été, cette dernière saison se prolongeant au moins six mois en Louisiane, les étangs et les marécages se parent d'une multitude de plantes aquatiques. Nul ne peut rester insensible à la vue de merveilleux bouquets de jacinthes d'eau, de lotus et de nénuphars formant des grappes de fleurs aux coloris multicolores; sauf les estivants qui arrachent ces «affreuses» plantes, les considérant comme une véritable plaie pour la navigation de plaisance!

La Louisiane – on le verra plus loin dans l'ouvrage – recèle une quantité incroyable de jardins publics. Les visiteurs y font d'intéressantes découvertes, approfondissant davantage leurs connaissances horticoles tout en s'ini-tiant aux rudiments de la botanique subtropicale. Dans ces jardins magni-fiquement entretenus abondent le camélia, le magnolia grandiflora, l'aza-lée, le bégonia, le fuchsia ainsi qu'une multitude d'autres essences et plantes.

Bref, toute l'année, la Louisiane apparaît comme un immense jardin. Son climat subtropical suscite de multiples floraisons par cycle et par espèce. Peu importe la saison, il y a toujours un bosquet, une plante ou un arbrisseau en floraison quelque part. En décembre et janvier, magnolias et camélias sont en pleine éclosion. Les rameaux d'azalées et de rhododendrons croulent sous leurs éblouissants essaims. Les pensées bordent les allées. La campagne louisianaise foisonne d'arbres à feuilles persistantes. L'apothéose survint en avril, lorsque les bayous se parent de plantes aquatiques en fleurs.

Fleur de magnolia

La faune

Ce pays d'eau, de terres et de forêts abrite une faune exceptionnellement abondante. Sont omniprésents ours noirs, porcs-épics, écureuils, cerfs, lièvres, renards gris et roux, ragondins, ratons laveurs, cochons sauvages, tatous, couguars, alligators, lynx roux, opossums d'Amérique, etc. En forêt, certains moustiques ou insectes, telles les tiques des bois, peuvent être porteurs de maladies, alors que, sur terre ou dans certaines zones marécageuses, maints serpents sont venimeux; évitez de vous aventurer trop près des fossés bordant les routes (voir autres conseils et information p 62).

La faune louisianaise

La faune louisianaise a toujours fasciné le visiteur, comme en témoignent Jacqueline et Maurice Denuzière dans leur ouvrage *Les années Louisiane*, publié en 1988 aux Éditions Denoël (Paris) : *«Nous nous précipitions... au sud, dans le delta, pour voir les flamants roses, les canards sauvages, les pélicans bruns et retrouver le décor de la nature primitive dans lequel Cavelier de La Salle, le 16 avril 1682, en présence d'un notaire, planta un poteau aux armes du roi de France... Nous avons parcouru les bayous, les ciprières à demi immergées, les landes spongieuses, les zones désertiques. Nous avons suivi les chemins conduisant au golfe du Mexique, au long desquels des panneaux rappellent aux voyageurs qu'ils circulent à leurs risques et périls. C'est la terre d'élection des chasseurs en cuissardes, circulant à bord de quatre-quatre hauts sur roues et pourvus d'émetteurs radio. C'est le domaine des gentils tatous à écailles couleur aluminium, mais aussi des chats sauvages, des serpents à sonnette, des scorpions noirs, qui parfois traversent les routes en vagues migrantes. Les moustiques, que les Acadiens nomment "maringouins", ne nous ont pas épargnés et nous avons appris à cohabiter avec les cochroches, ces gros cafards à carapace cuivrée qui sont une des plaies du pays.»*

Une multitude d'oiseaux, cailles, colombes et dindons sauvages inclus, y demeurent en permanence. À ceux-ci, s'ajoutent des oies, des canards et d'autres oiseaux migrateurs venus autant de l'Amérique centrale et du Sud que des régions septentrionales. On retrouve aussi des aigrettes des neiges, une espèce en voie d'extinction protégée dans une réserve ornitho-logique à l'île d'Avery.

Les cours d'eau, lagons, bayous, bassins et marécages sont aussi poissonneux que le golfe du Mexique, où l'on trouve quantité de poissons, crevettes, crabes, huîtres, tortues, etc. C'est le pays de prédilection des écrevisses et des poissons-chats, que l'on peut déguster partout avec les crevettes, les crabes mous et les huîtres.

Voulant rendre hommage à sa faune et à sa flore, la Louisiane a regroupé dans ses emblèmes le pélican, le magnolia et le cipre.

Pélican brun

HISTOIRE

L'Amérique précolombienne était habitée par de nombreux peuples disséminés aux quatre coins du continent, avant que cet immense territoire ne soit géographiquement et politiquement façonné par les Européens à la suite de la fameuse «découverte» de Christophe Colomb. Ces peuples se composaient de nombreuses com-munautés autonomes ayant leur identité distincte ainsi qu'une riche culture. Dans l'actuel territoire de la Louisiane vivaient autrefois trois grandes familles amérindiennes : les Tunicas, les Caddos et les Muskogees. Les experts nous révèlent que les ancêtres des Amérindiens avaient profité de la descente du niveau de la mer – la longue période du pléistocène créa un gué entre l'Asie et l'Amérique – pour franchir le fameux détroit de Béring et ensuite se répartir à travers le vaste continent américain. La migration (ou les migrations) de ces peuplades asiatiques se situe – toujours selon les érudits – à environ 25 000 ans d'au-jourd'hui; le début du pléistocène remonte à 1,75 million d'années et prend fin il y a environ 10 000 ans. On doit aux Espagnols Alonzo de Pineda (1519) et Panfilo de Narváez (1528) d'avoir été les premiers à explorer les côtes de cette zone du golfe du Mexique, même s'ils n'osèrent pas s'aventurer dans ces lieux mystérieux aux vastes étendues marécageuses. Si l'on devait attribuer le titre de premier «touriste» à un Européen, il reviendrait incontestablement à Cabeza de Vaca, qui, le premier, traversa (bien involontairement!) une partie du territoire lors d'une expédition effectuée par de Nar-váez (ce dernier cherchait de l'or dans la région où s'élève aujourd'hui Pensacola, ville portuaire de l'actuel État de la Floride, à la frontière de l'Alabama). C'est là que plusieurs membres de son expédition sont tués par les autochtones. Le trésorier de Vaca et deux de ses compagnons sont capturés à bord de leur barque; ceux-ci, pour mieux s'approcher du rivage, venaient d'y prendre place. Réussissant à s'échapper, Cabeza de Vaca parcourut quelque 3 200 km, traversa le territoire qui allait devenir deux siècles plus tard la Louisiane, poursuivant son périple jusqu'à l'océan Pacifique. Ce n'est que plusieurs années plus tard que de Vaca réussit à retrouver des compatriotes qui le ramenèrent d'abord à México puis en Espagne, où son odyssée le rendit célèbre. Entre-temps, se faisant passer pour un «sorcier-guérisseur», il avait appris à maîtriser la langue des populations autochtones parmi les-quelles il avait séjourné durant sa longue traversée.

Il faudra attendre jusqu'en 1541 avant que l'on ne découvre l'embouchure du Mississippi. Au mois d'avril de cette même année, Hernando de Soto, qui a déjà accompagné Francisco Pizarro au Pérou, explore les environs avec son équipage.

Les Français et les Québécois

Pour les Amérindiens, bien avant que n'arrivent les Européens, le Saint-Laurent et ses nombreux affluents constituaient des artères de commu-nication. En 1534, 1535 et 1536, le découvreur malouin Jacques Cartier remonte le Saint-Laurent et réalise toute l'importance de cette voie fluviale pour l'exploration des territoires nouvellement acquis par la France. Dès l'implantation des colonies d'Acadie en 1604, de Québec en 1608 et la fondation de la Nouvelle-France par Samuel de Champlain, commerçants, trappeurs, colons, explorateurs et militaires passent par ces mêmes voies. Naviguant sur ces eaux, pénétrant toujours un peu plus loin – vers l'ouest – à l'intérieur du pays, ils repèrent les Grands Lacs et constatent qu'ils constituent un prolongement naturel du Saint-Laurent. Après la reconnaissance des lacs Huron et Érié, puis du lac Michigan par Jean Nicollet en 1634, les explorateurs français et québécois empruntent ce vaste circuit maritime, qui jouera un rôle prédominant dans l'histoire de la Nouvelle-France et du Canada.

Nicollet, même s'il cherchait désespérément la Chine, est celui qui a ouvert la voie vers la Louisiane... Louis Jolliet et le père Marquette découvrent le Mississippi en 1673. En 1682, Cavelier de La Salle prend possession d'un territoire qu'il nomme «La Louysiane» en l'honneur du roi Louis XIV. Timidement, en 1697, sous Pierre Le Moyne d'Iberville, débute la colonisation de la Louisiane. C'est le frère de ce dernier, Jean-Baptiste Le Moyne de Bienville, qui en jette définitivement les bases. À ses débuts, la Louisiane ne compte que quelques centaines d'habitants.

Ce n'est qu'après la fondation de La Nouvelle-Orléans par de Bienville en 1718 que démarre vraiment l'activité de la jeune colonie française. Huit ans plus tard, soit en 1726, La Nouvelle-Orléans, avec près de 4 000 personnes (colons, esclaves, engagés et Amérindiens), prend des allures de petite capitale portuaire. Une fois les nouvelles terres défrichées, on y cultive le riz, le tabac, la canne à sucre, le maïs (blé d'Inde) et le coton que l'on exporte en Europe ou dans les autres colonies françaises d'Amérique.

Les Créoles

L'origine du mot «Créole» vient de l'espagnol *criollo*. À l'époque, l'expression visait à désigner les Blancs nés dans les colonies du sud du continent nord-américain ainsi que ceux vivant aux Antilles. Comme dans les Antilles françaises, les fils et filles des planteurs français nés à La Nouvelle-Orléans, ou ailleurs en Louisiane, devenaient d'authentiques Créoles. C'est ainsi que l'impératrice Joséphine, de son vrai nom Marie-Josèphe Tascher de La Pagerie, née à Trois-Îlets en Martinique, fut l'une des plus célèbres Créoles. Plus tard, les Métis se réclamèrent eux aussi de cette appartenance, de même que les Afro-Américains habitant au sud.

Au long de ses 38 ans de domination espagnole (1762 à 1800), La Nouvelle-Orléans n'a jamais succombé à l'assimilation hispanique. Durant cette période, la culture, l'éducation et les traditions «créolo-françaises» subsistent partout avec force. Dans ce contexte, les autorités maintiennent toutes les structures culturelles en place, et les soldats, qui n'ont d'autre choix que de se marier à des Créoles, s'intégrèrent rapidement à la culture française prédominante.

Les Allemands

Les Indiens taensas avaient cultivé un emplacement que les Allemands recrutés par les Français occupèrent par après. Le père de Charlevoix disait de ces lieux : *«[...] c'est le plus bel endroit et le meilleur terroir de la Compagnie des Indes occidentales.»* Le recensement du 24 novembre 1721 indique que les familles allemandes sont placées à 12 lieues au-dessus de La Nouvelle-Orléans, à gauche en montant le fleuve, sur un fort bon terrain où il y a eu anciennement des «Champs Sauvages» qui sont faciles à défricher. Le chef de la colonisation allemande, Karl Friedrich d'Arensbourg, fonda le village Des Allemands sur des terres concédées à de Meuse. D'autres villa-

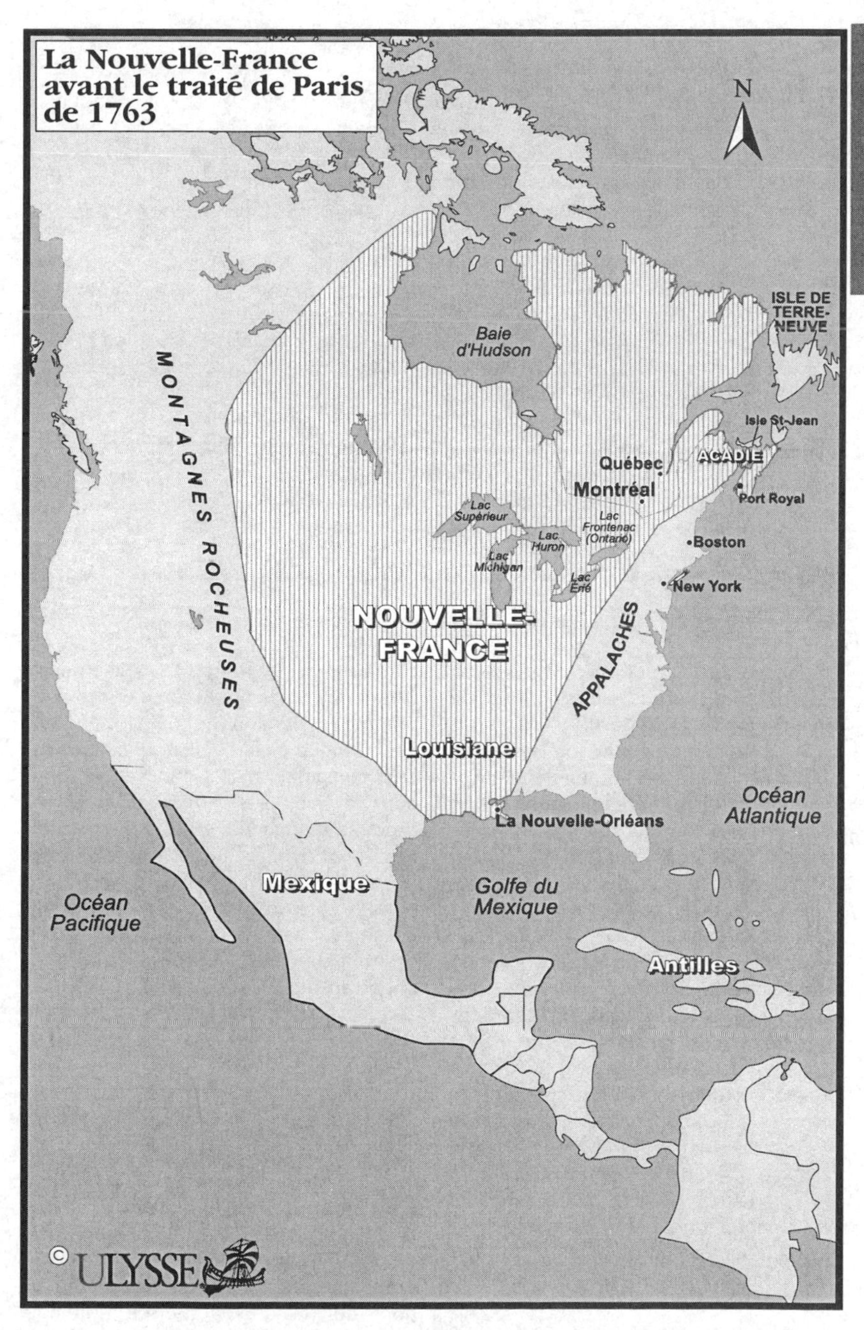
La Nouvelle-France avant le traité de Paris de 1763
N
ISLE DE TERRE-NEUVE
Baie d'Hudson
MONTAGNES ROCHEUSES
Isle St-Jean
Québec
ACADIE
Montréal
Port Royal
Lac Supérieur
Lac Frontenac (Ontario)
Lac Huron
Boston
Lac Michigan
Lac Érié
New York
NOUVELLE-FRANCE
APPALACHES
Louisiane
Océan Atlantique
La Nouvelle-Orléans
Mexique
Golfe du Mexique
Océan Pacifique
Antilles
© ULYSSE

Deux héros acadiens

Joseph Broussard, dit Beausoleil, fut l'un des chefs du mouvement qui conduisit par voie de mer d'abord aux Antilles françaises puis de là au «Pays des Bayous», des centaines de détenus, prisonniers soit de l'ancien fort Beauséjour, soit dans des camps d'Halifax. Le bateau qui servit à ces périples fut arraché aux mains des Anglais lors d'une mutinerie organisée par Beausoleil au moment de la Déportation.

En 1785, fort de l'entente signée l'année précédente entre la France et l'Espagne (la Louisiane étant devenue espagnole), Olivier Thériault partit à Nantes pour convaincre les Acadiens qui s'y étaient installés 10 ans plus tôt de venir rejoindre ceux et celles des leurs qui habitaient déjà la Louisiane. Thériault avait sans doute la parole facile puisqu'il parvint à y entraîner 1 600 des 2 000 «réfugiés». Son exploit est le sujet d'une fresque de Robert Dafford, *L'Embarquement des Acadiens pour la Louisiane*, parfait pendant de la peinture murale du Monument Acadien, qui donna lieu à une cérémonie jumelée lors de leur inauguration à Saint-Martinville (Louisiane) et Nantes (France). La murale de 20 m est depuis installée en plein air rue des Acadiens, dans le quartier de l'Ermitage, à Nantes.

ges allemands furent créés : Mariental, Augsburg et Hoffen. Sous le Régime français, si la majorité des Allemands sont catholiques, on dénombre aussi des calvinistes, des luthériens et des protestants. Ils ont été recrutés tant en Alsace qu'en Lorraine ainsi qu'en divers lieux d'Allemagne, de même qu'en Suisse, voire en Hongrie. Le gouverneur de Bienville disait, en 1734, en parlant d'un régiment suisse, qu'il valait mieux les établir ici au lieu de les retourner en France. *«Ces Suisses sont bien plus laborieux que les Français. D'ailleurs, ils trouveront des facilités de se marier aux familles allemands* (sic)*»*. À cette population germanophone, se joignirent bientôt d'autres colons venus de France, du Québec, du Canada et, plus tard, de l'Acadie. Devenus bilingues, les Allemands finirent par s'assimiler aux francophones. Leur intégration fut facilitée parce qu'il n'y avait ni prêtres ni éducateurs de langue allemande et que la majorité de ces Allemands étaient inalphabètes; même leurs noms furent francisés. Les mariages interaciaux firent le reste. Les Allemands furent des colons industrieux et participèrent activement au développement économique de la Louisiane. Ils cultivèrent surtout le riz, le maïs et l'indigo, sans oublier une grande variété de produits maraîchers qu'ils vendaient au Marché Français de La Nouvelle-Orléans. Ils étaient également présents dans l'industrie sucrière et récoltaient le coton avec leur main-d'œuvre noire. Ils firent également l'élevage d'un cheptel important pour l'époque.

Les Espagnols

Lors du traité de Fontainebleau en 1762, la France cède la Louisiane à l'Espagne. Cependant, les Louisianais n'en sont informés que deux ans plus tard. La nouvelle mécontente la population. Le 5 mars 1766, Antonio de Ulloa prend possession de la Louisiane au nom du roi d'Espagne. Le nouveau gouverneur est si impopulaire qu'il doit

L'esclavage... les Français plus humains?

Dans son ouvrage *Si l'Amérique française m'était contée — Essor et chute*, publié à Montréal en 1990 aux Éditions de l'Hexagone (dans la collection «Itinéraires»), Johnny Montbarbut raconte que les Français semblaient moins enclins à maltraîter leurs esclaves que les autres Européens. L'historien souligne que les Espagnols étaient réputés pour leur intransigeance envers leurs esclaves, autant africains qu'amérindiens, et qu'ils avaient un profond mépris pour les personnes issues du métissage. Plus subtils, les Anglais et les Hollandais se voyaient interdire toute relation amoureuse ou aventurière avec les femmes de couleur. Si le métissage, fruit de folâteries toutes gauloises, de perditions heureuses, de concubinages ou d'unions libres, était assez bien accepté en Nouvelle-France et en Haute-Louisiane entre Amérindiennes et Français, poursuit l'auteur, l'attrait de l'exotisme devait finalement triompher des préjugés en Basse-Louisiane entre Africaines et Français et, très certainement, entre Françaises et Africains; l'inverse devait également exister, au nord, entre jolies Françaises et beaux Amérindiens.

Le Code Noir

Dès 1724, le gouvernement français instaure le Code Noir, qui garantit des droits et privilèges tant des esclaves que des Noirs affranchis par leurs maîtres. Ce code délimitait les charges qui incombaient aux nègres de même que les obligations imposées aux maîtres, dont celle de voir à ce que tous les nègres soient baptisés dans la foi catholique. Il prévoyait que les jours fériés et les dimanches seraient chômés. Le Code Noir français était nettement plus favorable que toutes les autres lois régissant les Noirs dans les autres États du Sud (sous tutelle anglaise ou espagnole) à cette époque. Ce code a prévalu jusque dans les années 1820, après quoi les Afro-Américains durent subir la dure loi prévalant dans les États sudistes.

s'adjoindre le dernier gouverneur français, Charles-Philippe Aubrey, pour tenter de s'imposer. Sommé de montrer ses lettres de créance aux chefs créoles et s'y refusant, Ulloa devra s'enfuir à Cuba. Durant 10 mois, à partir du 27 octobre 1768, la Louisiane manifestera sa révolte contre l'occupant, devenant ainsi la première colonie du Nouveau-Monde à manifester contre une sujétion coloniale. Mais le 18 août 1769, le comte Alejandro O'Reilly, accompagné de 2 056 soldats, impose la domination espagnole et instaure le «Cabildo». Les lois espagnoles remplacent alors les lois françaises et la langue espagnole succède au français comme langue officielle. Le Cabildo était formé de six conseillers (*regidores*) et de maires (*alcades*), d'un procureur général et d'un commis. C'est sous le régime espagnol d'O'Reilly, considéré comme le père de la Louisiane espagnole, que l'esclavage est aboli.

Les Acadiens

En 1762, la France gratifie l'Espagne, demeurée neutre durant les guerres anglo-françaises, en lui cédant une partie de la Louisiane; Charles III, le roi d'Espagne, est le cousin de Louis XV.

L'année suivante, lors du traité de Paris, c'est au tour de l'Angleterre de recevoir sa part de territoire louisianais. La population de la Louisiane s'élève alors à quelque 15 000 âmes.

Chassés de leur Acadie septentrionale par les Anglais, qui s'approprièrent leurs terres et appelèrent le nouveau territoire du nom de «Nouvelle-Écosse» (Nova Scotia), les déportés acadiens de 1755 connurent bien des mésaventures, avant que certains d'entre eux ne puissent enfin s'installer en Louisiane. En fait, l'espoir de nombreux Acadiens était de pouvoir rejoindre la Louisiane – toujours française – et de s'y établir. Les autorités anglaises en décidèrent autrement. Commença alors pour le peuple acadien une longue et interminable saga. Certains furent déportés en France, d'autres cherchèrent en vain un havre de quiétude du côté des colonies anglaises depuis le Massachusetts jusqu'en Caroline du Sud. On retrouvait aussi des communautés acadiennes dans les colonies françaises des Antilles de même qu'en Guyane et dans certains pays d'Amérique du Sud. Dans les faits, ni les Anglais ni les Français ne savaient trop où et comment relocaliser ces populations.

C'est l'Espagne qui met fin au calvaire de ce peuple martyr, victime de l'indifférence et des vicissitudes de l'histoire. De retour en France, après avoir vécu plusieurs années en Louisiane, Peyroux de La Coudrenière se fait le porte-parole des Acadiens, qui – dispersés aux quatre coins du globe – souhaitent vivement retrouver leurs proches déjà établis dans la partie méridionale de l'ancienne colonie française devenue territoire espagnol. À Paris, de La Coudrenière rencontre l'ambassadeur d'Espagne, à qui il soumet son projet. Il trouve chez le diplomate une oreille attentive. Les négociations s'amorcent à l'automne de 1783, et le projet devient réalité. Charles III, le roi d'Espagne, signe l'entente en janvier 1784. De mai à octobre 1785, plusieurs centaines d'Acadiens s'embarquent pour La Nouvelle-Orléans.

Les esclaves

La soumission forcée et obligatoire des Amérindiens aux durs travaux n'est pas la seule cause qui provoque le génocide de populations entières. Les nouveaux arrivants transmettent aux habitants du «Nouveau Monde» nombre de maladies contre lesquelles ils n'étaient pas immunisés. Épuisées, affaiblies et minées par les exigences du conquérant européen, ces communautés sont ensuite abandonnées à leur triste sort. La mort fait des ravages, et les colonisateurs s'inquiètent davantage de la baisse massive de cet important «cheptel» humain que de la disparition de ces malheureuses personnes pour la plupart pacifiques. Dès lors, l'Européen se tourne vers l'Afrique... Une autre forme d'esclavagisme prend la relève en terre d'Amérique.

Aucune des colonies européennes d'Amérique n'échappe au trafic d'esclaves. Anglais, Espagnols, Français, Néerlandais et Portugais achètent leurs lots d'Africains, qu'ils installent aussitôt à proximité de leurs terres et plantations. Dans la seule agglomération de Mobile, en Louisiane française, on recense, en 1714, 111 Blancs, 134 Amérindiens et 10 Noirs.

Étasuniens ou Américains?

Bien avant que la France ne vende la Louisiane aux États-Unis d'Amérique en 1803, les Étasuniens considéraient ce territoire comme une continuité géographique naturelle de leur pays. La Nouvelle-Orléans se situe à l'embouchure du Mississippi, et ce long fleuve

PORTRAIT

La guerre de Sécession
(Le conflit entre les États du Nord et du Sud)

Dans la jeune république américaine, chaque État jouit d'une certaine autonomie. Chacun a ainsi la responsabilité des décisions internes, dont celle de maintenir ou d'abolir l'esclavage sur son territoire. Mais, lorsqu'un nouvel État ou un nouveau territoire entre dans l'Union, il revient au Congrès fédéral d'autoriser ou non le maintien de l'esclavage dans la région adhérente. Les États du Nord s'opposent à cette pratique, dont leur économie n'a pas besoin pour se développer, et considérée comme inhumaine. En revanche, dans les États situés au sud de l'Ohio, tout comme dans la partie occidentale du Mississippi, où les plantations de coton ne cessent de se multiplier, l'esclavage fournit aux propriétaires terriens une main-d'œuvre peu coûteuse. Bientôt, entre les États qui pratiquent l'esclavage au sud et les États antiesclavagistes du Nord, va se profiler à l'horizon la confrontation.

Les premières protestations sudistes arrivent lors de l'admission dans l'Union du Missouri en 1820, le nouvel État ayant été autorisé à maintenir l'esclavage, alors qu'on veut imposer son abolition aux États de l'ouest du Mississippi et à ceux du Nord. C'est en 1844, après l'entrée d'autres États, que le mécontentement atteint son comble et que se dessine au sud un mouvement sécessionniste prêt à sacrifier l'Union pour maintenir l'esclavage. Lors des élections de 1860, le candidat républicain Abraham Lincoln, antiesclavagiste avoué, devient président, écartant ainsi du pouvoir les démocrates esclavagistes. Cette élection leur apparaissant comme une véritable provocation, les États du Sud entreprennent de se séparer en 1861. Ils vont alors se constituer en États confédérés d'Amérique, se donner comme capitale Richmond (en Virginie) et proclamer Jefferson Davis comme président. Ce sera le début d'un long conflit entre les États du Nord et ceux du Sud. La guerre de Sécession, qui commence au printemps de 1861, durera quatre ans, jusqu'en 1865.

Mieux préparés, les Sudistes remportent de nombreuses victoires aux cours des deux premières années. Plus nombreux, les Nordistes, ou Fédéraux, occupent tout l'ouest du Mississippi et y mobilisent leurs troupes, qui entreprennent de là la plupart de leurs attaques contre les Sudistes, dits les Confédérés. Entre Washington, capitale des Nordistes, et Richmond, au sud, les affrontements se font de plus en plus sanglants. C'est dans cette dernière ville, la capitale même du Sud, qu'aura lieu la rencontre décisive entre les troupes du général Robert E. Lee et du général des Fédéraux, Ulysses Grant. La bataille durera 10 jours, au terme desquels Lee va capituler. Le terrible conflit Nord-Sud aura fait 600 000 morts. Cinq jours plus tard, le 14 avril, c'est la consternation chez les Nordistes : Abraham Lincoln, qui vient d'entamer son second mandat à la présidence, est assassiné par un Sudiste enragé, l'acteur John Wilkes Booth. Grâce aux résultats de la guerre de Sécession, l'Union américaine est sauvée. Dès 1863 déjà, en pleine guerre, les Nordistes avaient aboli d'office l'esclavage dans tous les États où il persistait encore et, en 1865, sitôt après le conflit, on met fin officiellement à l'esclavage dans l'ensemble des États-Unis d'Amérique.

Deux des huit généraux de la Confédération sudiste, Braxton Bragg et Pierre-Gustave Toutant Beauregard, étaient louisianais. C'est sous le commandement de ce dernier, un Créole, que furent tirées les premières salves de la guerre de Sécession à Fort Sumter, en Caroline du Sud, le 12 avril 1861. Tous deux s'étaient distingués durant la guerre entre les États-Unis et le Mexique.

sillonnant les terres du nord au sud était considéré à juste titre comme un cours d'eau stratégique. Autant pour des raisons militaires que pour des nécessités commerciales, voire économiques, la région attisait au plus haut point la convoitise de la jeune république américaine. Sitôt l'acte de vente de la Louisiane conclu avec la France, les États-Unis ne tardent pas à favoriser l'implantation massive d'immigrants d'origine anglo-saxonne, d'abord dans les villes, à La Nouvelle-Orléans et à Bâton-Rouge, puis progressivement dans les paroisses longeant le Mississippi.

À la fin de la première moitié du XIXe siècle, les «Anglos» continuent à s'établir dans de nouvelles régions : dans la paroisse de Sainte-Marie (St. Mary), sur la côte du golfe du Mexique et, en plus grand nombre, dans la partie nord de la rivière Atchafalaya. La «folie sucrière» encouragea d'autres colons à acheter quantité de petites fermes des habitants français. Les nouveaux arrivants remplacèrent alors ces bâtiments rustiques par d'immenses installations agricoles vouées à la culture et à la transformation de la canne à sucre. Quant aux fermiers français, ils se déplacèrent vers les prairies du Sud-Ouest louisianais. À la même époque arrivèrent d'autres immigrants, nombreux certes, mais cependant moins que les Anglo-Saxons et les Étasuniens. Ainsi s'implantèrent par vagues successives en Louisiane américaine des colons allemands, espagnols, irlandais, italiens et slaves.

Dans les années qui suivirent la guerre de Sécession, on assista à une vaste campagne de promotion visant à favoriser l'implantation de nouveaux colons dans les prairies du sud-ouest de l'État. De nombreux fermiers allemands du Midwest américain répondirent à l'appel. Ces derniers étaient des producteurs fort habiles de blé et d'autres céréales; en Louisiane, ils allaient vite ajouter à leur expertise la culture du riz.

Il y eut une autre grande vague d'immigration anglo-saxonne lors de la construction du chemin de fer, en 1882, par la compagnie Southern Pacific. Mais la prépondérance anglophone allait devenir encore plus marquée avec la découverte du pétrole en 1901. Cette tendance devait se maintenir à la hausse jusqu'après la Deuxième Guerre mondiale.

INSTITUTIONS POLITIQUES

L'appareil législatif, dont le siège est à Bâton-Rouge, capitale de l'État, est constitué d'un Sénat et d'une Chambre des députés. L'État est divisé en districts formés d'une ou de plusieurs paroisses.

Le système judiciaire comprend la Cour suprême de l'État, cinq cours d'appel et des cours de district. Il est intéressant de noter que la Louisiane est le seul État américain à utiliser et à appliquer le Code civil français, hérité de celui de Napoléon.

Chaque État américain a un gouverneur et un lieutenant-gouverneur. En Louisiane, ce sont M. Mike Foster et Mme Kathleen Blanco qui occupent en ce moment ces deux postes. Le secrétaire d'État et le procureur général sont les deux autres plus importants personnages de l'État.

En outre, chaque paroisse a à sa tête un comité de membres élus, le «Police Jury». Le shérif, le coroner, le greffier et l'assesseur sont également élus.

À ces divers appareils, s'ajoutent la police de l'État, à qui incombe la responsabilité de la circulation sur les autoroutes et les routes principales, le département du shérif, qui veille à la sûreté des paroisses, et enfin la police municipale ou locale.

La Louisiane en bref

1763	Le traité de Paris scinde l'énorme territoire français de la Louisiane. La partie orientale rejoint les colonies anglaises.
1801	L'Espagne restitue la Louisiane à la France.
1803	Le 30 novembre, Napoléon Bonaparte, qui a un besoin urgent d'argent pour poursuivre ses campagnes, vend la Louisiane aux Américains pour la somme de 80 millions de francs.
1804	Le 26 mars, le Congrès américain passe une loi divisant la Louisiane : le Territoire d'Orléans occupera la partie s'étendant au nord du 33ᵉ parallèle et le Territoire de Louisiane, la partie au sud. La même année, Thomas Jefferson, président des États-Unis, nomme William Charles Cole Claiborne gouverneur du Territoire d'Orléans. Ce dernier devient ainsi le premier Américain à occuper un tel poste.
1810	Disputes territoriales entre les Espagnols et les Américains : toujours espagnole, la Floride réclame toute la partie sise au nord de La Nouvelle-Orléans jusqu'à Bâton-Rouge. Le gouverneur Claiborne propose de laisser le territoire sis à l'est de Pensacola à la Floride, de céder la partie occupée par Mobile au Mississippi et de retourner la région de Bâton-Rouge à la Louisiane.
1812	La Louisiane intègre l'Union américaine le 8 avril et devient le 18ᵉ État à s'associer aux États-Unis d'Amérique.
1814	Les Britanniques occupent la Louisiane.
1815	À La Nouvelle-Orléans, le flibustier-patriote Jean Lafitte aide le général Andrew Jackson à repousser les troupes anglaises hors de la Louisiane.
1840	La Nouvelle-Orléans devient la quatrième plus importante ville américaine; et son port, le second des États-Unis d'Amérique.
1848	Un Louisianais, le général Zachary Taylor, devient président des États-Unis d'Amérique.
1860	Abraham Lincoln devient président des États-Unis.
1861	Création de l'État de la Louisiane. Quatre jours plus tard, le 23 janvier, la Convention de Bâton-Rouge proclame l'indépendance, et l'État de la Louisiane devient une république.
1865	La Louisiane réintègre son titre d'État américain.
1901	Premiers forages pétroliers en Louisiane.

ÉCONOMIE

La Louisiane est un riche territoire agricole. Le maïs, le riz, le blé (et d'autres céréales), le soja, le coton, la canne à sucre, les fruits et les légumes y sont abondamment cultivés. Les semailles peuvent débuter dès le début de janvier pour les tomates et s'étaler ensuite jusqu'en octobre pour les choux; on obtient ainsi plusieurs récoltes tout au long de l'année. Le pétrole, le gaz naturel, l'industrie pétrochimique, le soufre, le sel, les activités portuaires, les conserveries et produits alimentaires, la pêche et les forêts (elles couvrent de vastes étendues) contribuent pour une juste part à l'économie de la Louisiane. Près de 30% des fruits de mer et poissons consommés par les Étasuniens proviennent de cet État.

POPULATION

La Louisiane compte près de 4 400 000 habitants. Cette population fortement urbanisée se regroupe dans 61 paroisses. Voici la population des cinq plus importants centres urbains de l'État (ces chiffres ne tiennent pas compte de la banlieue immédiate des grandes villes louisianaises telles que La Nouvelle-Orléans, dont la grande région métropolitaine, incluant Métairie, compte plus de 1 200 000 habitants) :

La Nouvelle-Orléans : 487 000 habitants;
Bâton-Rouge : 230 500 habitants;
Shreveport-Bossier : 202 000 habitants
Métairie (banlieue de La Nouvelle-Orléans) : 149 500 habitants;
Lafayette : 109 000 habitants.

LES FRANCOPHONES DE LA LOUISIANE

Société et culture

Lors de l'enquête nationale sur la population des États-Unis effectuée il y a quelques années, 898 716 résidants de la Louisiane ont déclaré être d'ascendance francophone. Ce chiffre représente environ 21% de la population totale louisianaise, qui dépasse les 4,4 millions. Du nombre de ces personnes se disant d'origines francophones diverses, il y en a 411 645 d'ascendance française, 407 319 d'ascendance acadienne et 79 752 d'ascendances québécoise et canadienne-française confondues. Si 261 678 Louisianais disent toujours parler le français à la maison, l'enquête ne compile malheureusement pas dans le nombre les milliers de Créoles et d'Amérindiens qui parlent également le français. Dans ce contexte, le nombre exact de francophones louisianais demeure difficile à établir : les Créoles ayant indiqué cette appartenance aux recenseurs ont été répertoriés comme appartenant au groupe des Afro-Américains et les Amérindiens de langue française (Houmas et autres) à celui des Amérindiens.

C'est la paroisse de Lafayette qui compte le plus grand nombre de descendants acadiens. Suivent par ordre d'importance les paroisses de Calcasieu, de La Fourche, de l'Acadie et de Vermillon.

Les Louisianais qui parlent le français à la maison :

par paroisse 'cadienne	
Lafayette	32 722
La Fourche	20 123
Saint-Landry	18 487
Vermillon	17 293
Saint-Martin	15 285

Les Louisianais d'ascendance française :

par paroisse 'cadienne	
Lafayette	44 813
Calcasieu	34 073
La Fourche	33 454
Acadie	25 444
Vermillon	23 012

Désormais, officiellement, la Louisiane a son statut d'État bilingue, et le français y est enseigné dans toutes les écoles primaires. Les francophones louisianais, comme on peut le constater, ne sont pas tous d'ascendance acadienne. Même si ce groupe est le plus important, de nombreux locuteurs du français sont d'origine amérindienne[1] française[2], africaine[3], espagnole[4], allemande[5], métisse et irlandaise. Après la vente de la Louisiane aux Américains, La Nouvelle-Orléans ne résista guère longtemps aux vagues assimilatrices. Les tentatives des natifs de La Nouvelle-Orléans d'imposer la langue française devant les tribunaux et la législature durent un certain temps; la résistance est particulièrement forte du côté des Créoles, mais la langue anglaise s'impose férocement, et l'utilisation du français se perd peu à peu. Néanmoins, partout ailleurs en Louisiane, le français demeura la langue officielle jusqu'au début du siècle, et toutes les ethnies confondues s'intégraient à la culture française. Aussi n'est-il pas rare de rencontrer des francophones portant des noms anglais ou espagnols. À titre d'exemple, l'ancien gouverneur de l'État, Edwin Edwards, malgré son nom on ne peut plus anglophone, est un 'Cadien «100% coton»!

Une toponymie bien française

Partout, à l'ouest comme au sud de La Nouvelle-Orléans et du lac Pont-chartrain, la toponymie des paroisses, cités, villages, bourgs et lieux-dits démontre l'amplitude de l'influence culturelle française en Louisiane : Abbéville, La Place, Grand-Côteau, Plaquemine, Bayou-Tèche, Pigeon, Cocodrie, Paradis, Thibodaux, Bayou-Benoît, Bayou-Chêne, Vacherie, Ville-Platte, La Salle, La Fourche, Bâton-Rouge, La Nouvelle-Ibérie, Métairie, Vacherie, Maringouin, Napoléonville, Butte-la-Rose, Jeanerette, Loreauville, Grosse-Tête, Pont-Breaux, Vermillon, Beauregard, Pointe-

1. Au nombre des francophones louisianais, s'ajoutent les Indiens houmas. Depuis Robert Cavalier de La Salle et Pierre Le Moyne d'Iberville, les Houmas, une branche de la nation choctow, ont toujours été des alliés des Français, dont ils adoptèrent la langue. Ils sont plus de 7 000, localisés pour la plupart à Dulac, dans la paroisse de Terrebonne, très peu habitent Houmas, une ville voisine portant son nom. Contrairement aux Chitimachas et Coushattas, les Houmas ne vivent pas sur un territoire ou une réserve. Ceux-ci se mêlent aux 'Cadiens et participent pleinement à leur vie culturelle.
2. Les descendants des premiers colons et planteurs français avant l'arrivée des Acadiens, et des colons réfugiés de l'île de Saint-Domingue (Haïti).
3. Les descendants d'esclaves qui besognaient pour les Français prirent le nom de leurs maîtres. Le créole est toujours parlé en Louisiane; il existe même une Association Guadeloupe-Louisiane.
4. Lors du Régime espagnol, le français conserva, au même titre que l'espagnol, son statut de langue officielle.
5. Pour cultiver les terres de leur colonie, les Français firent venir une quantité non négligeable d'immigrants allemands.

Des noms familiers

Voici quelques noms prélevés au hasard dans l'annuaire du téléphone de Lafayette. Peut-être y reconnaîtrez-vous quelques liens de parenté? Adam, Ancelet, Arceneau(x), Arsenaux, Ardoin, Babin, Babineaux, Barras, Baudoin, Beaulieu, Beausoleil, Bégnaud, Bellard, Benoît, Bergeron, Bernard, Bertrand, Billeaud, Bienvenu, Blanc, Blanchard, Blanchet, Bonin, Boudreaux, Boullet, Bourgeois, Bourque, Boutin, Brasseaux, Breaux, Broussard, Brunet, Carrière, Chénier, Comeaux, Cormier, Courville, Couvillon, Daigle, Dauphin, Delille, Dorion, Doucet, Ducharme, Ducôté, Dufrêne, Duplechin, Dupré, Dupuis, Durant, Dutil, Étienne, Fabre, Fontenot, Forestier, Forêt, Fortier, Fournier, François, Frugé, Gabriel, Gauthier, Gautreau(x), Gérard, Gilbert, Girouard, Granger, Guidry, Guilbeau(x), Guillory, Guillot, Hébert, Hollier, Jolivette, Joubert, Jumonville, Juneau, Labbé, Laborde, Lachapelle, Lacoste, Lafleur, Lagneaux, Lagrange, Lahaye, Lalonde, Lamarche, Lanclos, Landreneau, Landry, Langlinais, Lantier, Larrivière, Larroque, Lasseigne, Latiolais, Lavergne, LaVerne, LeBlanc, Leboeuf, Léger, LeJeune, Leleux, Lemaire, Lemoine, Léonard, Louvière, Marceaux, Meaux, Mèche, Melançon, Ménard, Millette, Mire, Moreau, Mouton, Nepveux, Noël, Olivier, Onézime, Pagé, Pellerin, Pellessier, Pelletier, Pelloquin, Perron, Pierre, Pillette, Portier, Potier, Préjean, Provost, Prudhomme, Québedeaux, Richard, Robich(e)aux, Roy, Royer, Saint-Aubin, Saint-Julien, Sainte-Marie, Saint-Cyr, Saint-Martin, Saint-Pierre, Savoie, Savoy, Simon, Sarrazin, Simoneaux, Senégal, Sonnier, Soileau, Tessier, Thériot, Thibodeaux, Trahan, Verret, Vincent...

Coupée, Pont-Fourchon, D'Iberville, Lafayette, Petit-Caillou, Terrebonne, Anse-des-Rougeaux, Pointe-à-la-Hache, Grand'Isle, Borgne, Pontchartrain, Chandeleur, Dubuisson, Pointe-Chrétien, Pointe-aux-Chênes, Des Allemands, Delacroix et tant d'autres noms évoquent cette glorieuse épopée.

L'Acadie louisianaise

En 1971, un groupe de délégués à l'Assemblée législative de la Louisiane a proposé de donner officiellement l'appellation d'«Acadiana» à la région de l'État formant le centre de la culture francophone.

L'Acadiana ou Acadie louisianaise, où se trouvent la majorité des habitants d'origine acadienne de l'État, se situe dans le sud-ouest et le centre-sud de la Louisiane. La région forme un triangle de 22 paroisses (comtés) : Acadie, Ascension, Assomption, Les Avoyelles, Bâton-Rouge Ouest, Calcasieu, Cameron, Évangéline, Ibérie, Iberville, Jefferson Davis, Lafayette, La Fourche, Pointe-Coupée, Saint-Charles, Saint-Jacques, Saint-Jean-Baptiste, Saint-Landry, Sainte-Marie, Saint-Martin, Terrebonne et Vermillon.

Après la capitale Bâton-Rouge commence donc l'Acadiana, l'Acadie louisianaise ou La Nouvelle-Acadie : un quasi-État dans l'État de la Louisiane. Pour les 'Cadiens, le chef-lieu, leur capitale, c'est Lafayette (autrefois Vermillon). À première vue, la francophonie 'cadienne peut sembler bien mythique. Hormis de rarissimes panneaux, affiches et brochures touristiques rédigés en français, la réalité fran-

Le drapeau de l'Acadie louisianaise

L'idée d'un drapeau distinctif pour l'Acadie louisianaise, adopté officiellement en 1974 par l'Assemblée législative de la Louisiane, vient du juge Allen Maurice Babineaux, natif de Carencro. En 1962, au cours d'un voyage en Acadie du Nord (dans les Provinces maritimes du Canada) avec sa famille, le magistrat remarque que le drapeau acadien flotte partout dans la région acadienne du Nouveau-Brunswick. C'est alors que le juge Babineaux décide de promouvoir un drapeau national pour les descendants des Acadiens en Louisiane.

Le drapeau, conçu et dessiné par Thomas J. Arceneaux, se refère autant à l'histoire qu'à la culture de l'Acadie louisianaise.

Les trois fleurs de lis sur fond bleu symbolisent la France. Le château d'or sur rouge symbolise le gouvernement de l'Espagne, qui a accueilli les Acadiens en Louisiane, et l'astre d'or sur blanc (*Maris Stella*) représente Notre-Dame de L'Assomption, la patronne des Acadiens. L'étoile symbolise également la participation 'cadienne dans la guerre de l'Indépendance américaine.

cophone pourrait presque échapper aux visiteurs traversant hâtivement le pays. Le 'Cadien parle français en famille, plus rarement dans la rue. Alors, pour vraiment saisir l'âme 'cadienne, mieux vaudra se laisser introduire dans quelques familles.

La joie de vivre est l'une des caractéristiques des 'Cadiens et 'Cadiennes. La plus importante démonstration populaire demeure encore aujourd'hui le Mardi gras. Au chapitre des manifestations culturelles, l'Acadie louisianaise ne cède pas sa place. Depuis plus de cinq ans, au mois d'avril, les rues du centre-ville de Lafayette vibrent sous les clameurs du Festival international de la francophonie, où la plupart des pays francophones sont représentés.

Évangéline et Gabriel, qui inspirèrent la populaire saga du poète Longfellow, avaient pour noms véritables Émmeline Labiche et Louis Arsenaux.

N.B. Les Louisianais francophones ne portent pas tous des noms à consonance française. S'ajoutent à ceux mentionnés des noms d'origines amérindienne, «afro-créole», juive, espagnole, irlandaise, écossaise et allemande.

En septembre, Les Festivals Acadiens allient musique, gastronomie et artisanat. Côté activités théâtrales, un groupe amateur présente annuellement quelques pièces d'auteurs classiques ou locaux. Parmi les classiques présentés par le Théâtre 'Cadien, figure *Le Médecin malgré lui*, adapté en français 'cadien. La troupe réunit à la fois des professeurs, des étudiants et des amateurs de théâtre.

Acadie ou Acadies?

Il existe donc deux Acadies, l'une voisine du Québec : l'Acadie atlantique; l'autre subtropicale, sur le golfe du Mexique : l'Acadie louisianaise, La Nouvelle-Acadie ou Acadiana (l'appellation exacte n'est pas encore officialisée); deux patries mi-fictives, mi-réelles regroupant une seule grande

Pouvoir 'cadien

Au cours de ce siècle, les 'Cadiens ont été davantage présents sur l'échiquier politique et dans la plupart des autres sphères de la vie publique. Jusqu'à l'élection de 1996, le titre de gouverneur de l'État de la Louisiane revenait au téméraire Edwin W. Edwards; en 1992, Edwards fit même mordre la poussière, avec l'aide de ses compatriotes 'cadiens et de ses alliés afro-américains, au candidat d'extrême-droite David Duke – ex-membre du Ku Klux Klan. Edwin W. Edwards, gouverneur démocrate, devait aussi ses victoires de 1972, 1984 et 1992 à un grand ami tout aussi 'cadien que lui, l'organisateur politique et homme d'affaires de Lafayette Maxie Broussard. Même si son ami politicien a été défait, M. Broussard demeure un conseiller fort prisé auprès de ses concitoyens et concitoyennes francophones de la Louisiane.

Il y eut d'autres leaders politiques 'cadiens avant Edwards, et l'on doit à un homme exceptionnel, l'ancien sénateur James Domengeaux, la renaissance du fait français en Louisiane. Constatant que le français est dangereusement menacé, Domengeaux obtient, en 1968, des chambres législatives louisianaises l'adoption de la loi 409, créant le Conseil pour le développement du français en Louisiane (CODOFIL), et en devient son président-fondateur. Dès lors, le CODOFIL lance un vaste programme d'actions destinées à préserver et à promouvoir le français : enseignement du français dans les écoles primaires, programmes d'échanges, bourses d'études, organisation de congrès internationaux, festivals culturels, émissions de radio et de télé, publications bilingues. Ces actions provoquent une prise de conscience de la valeur du français et restaurent la fierté 'cadienne. Sans James Domengeaux, décédé en 1988, le CODOFIL n'aurait jamais vu le jour.

Déjà dans les années trente à cinquante, le coloré sénateur Dudley LeBlanc, inventeur du sirop Hadacol, «qui guérit tout», s'intéressait à la francophonie. Fier de ses origines, le sénateur 'cadien parraine de nombreux échanges entre les Acadiens de Louisiane et ceux de l'Acadie du Nord, de l'Europe et du Québec. Dudley LeBlanc rédigea de nombreux ouvrages sur l'histoire de l'Acadie.

Allen Maurice Babineaux, juge du 15e District judiciaire de l'État de la Louisiane, est un autre personnage important de la francophonie louisianaise. Originaire de Carencro, le magistrat, aujourd'hui à la préretraite, a été l'un des plus ardents promoteurs du Conseil pour le développement du français en Louisiane; il a en outre représenté ses concitoyens 'cadiens dans la plupart des grandes manifestations francophones à travers le monde. Et lorsque, dans les années soixante, le juge Babineaux a l'ingénieuse idée de doter l'Acadie louisianaise de son drapeau distinctif, les 'Cadiens l'appuient sans réserve. Grâce à la volonté populaire des siens, il en devient alors le plus éloquant instigateur (voir «Le drapeau de l'Acadie louisianaise», p 29).

Un autre ex-politicien 'cadien et notaire (l'État de la Louisiane a conservé le droit civil français), Me James E. Fontenot, fait figure d'ambassadeur de la francophonie louisianaise. Le notaire d'Abbéville milite pour la préservation et l'émancipation de la culture française en Louisiane. Pour préserver le patrimoine architectural, il achète et rénove de beaux bâtiments en décrépitude. Après avoir restauré une superbe maison bourgeoise, construite au siècle dernier au Quai des Français, à Abbéville (près de la jolie place du Bas-de-la-Ville et la de rue du Père Magret), par un commerçant juif alsacien, Me Fontenot a remis en état l'Hôtel de l'Aigle, érigé en 1820 à Washington-en-Louisiane.

Me Fontenot a, tour à tour, été représentant des paroisses d'Acadie et de Vermillon au Sénat de l'État de la Louisiane, en plus d'être membre de la Commission fédérale des droits civils, présentateur à la chaîne de télévision LPB de l'émission *En Français* et délégué du Club Rotary pour représenter la Louisiane dans le cadre d'un programme d'échanges culturels avec la Belgique et le Luxembourg. James E. Fontenot, qui a joué un rôle politique important dans le dossier du Conseil pour le développement du français en Louisiane (CODOFIL), s'est également impliqué dans le milieu artistique. Il est membre du Théâtre 'Cadien, auteur de pièces de théâtre et d'œuvres musicales liturgiques, en plus d'avoir été organiste et chef de chœur à la cathédrale Saint-Jean de Lafayette ainsi qu'à l'église du Sacré-Cœur de Bâton-Rouge.

Enfin, signe des temps modernes, au mois de juin 1992, Earlene Broussard devenait la première 'Cadienne à prendre la direction du Conseil pour le développement du français en Louisiane (le précédent directeur du conseil était français). Née à Kaplan, dans la paroisse de Vermillon, Earlene Broussard possède tous les atouts et l'expérience qu'exige ce poste prestigieux. Avant d'assumer la direction du CODOFIL, la diplômée de l'Université du Sud-Ouest de la Louisiane s'était impliquée dans la plupart des activités culturelles francophones de la Louisiane : radio, télévision, théâtre, publications, journaux, etc. Earlene Broussard reflète la modernité de la francophonie louisianaise. Le franc-parler de cette femme dynamique lui vaut le respect autant que l'admiration des peuples francophones du monde; on lui doit d'avoir fait en sorte que la spécificité linguistique de ses dizaines de milliers de compatriotes de l'Acadie louisianaise soit reconnue comme une richesse dans la mosaïque de la francophonie universelle et surtout pas comme une entité négligeable, voire folklorique.

famille; deux peuples unis par une même volonté de survie et un perpétuel refus d'abdication.

Tout comme les Acadiens et les Acadiennes du Nord, les 'Cadiens et 'Cadiennes du Sud demeurent fidèles à leurs traditions religieuses et célèbrent leur fête nationale le 15 août, jour de l'assomption de la Vierge Marie. L'influence religieuse demeure toujours aussi présente en Louisiane; comme au Québec et en Acadie septentrionale, le territoire est subdivisé en paroisses. Quelques églises catholiques fréquentées par les communautés créoles possèdent leur chorale (*gospel*).

De même persiste-t-il chez certains Créoles des rites religieux «afro-antillais».

Le peuple 'cadien a ses héroïnes mystiques : deux femmes – l'une d'origine créole, l'autre une authentique 'Cadienne – que les Louisianais souhaitent ardemment voir canonisées. Henriette Delille a vécu à La Nouvelle-Orléans, de 1812 à 1862, où elle a fondé un ordre religieux : la congrégation des Sœurs de la Sainte Famille. La préférence des 'Cadiens va toutefois à la jeune Charlène Richard, à qui l'on attribue de nombreux miracles. Au cimetière de la petite localité de Richard, sa sépulture est devenue un véritable lieu de dévotion.

Le français parlé en Acadie louisianaise

Comme l'explique si bien John Smith-Thibodeaux, auteur de *Les franco-phones de Louisiane* : *«Les plus enthousiastes parmi les 'Cadiens ont un attachement émotif à la France que ne soutient pas toujours une connaissance concrète du terrain; c'est la mère patrie d'un passé très lointain, cette terre des ancêtres dont les exilés devaient parler aux heures de désespoir du Grand Dérangement. Mais c'est aussi le pays qui effraie : sera-t-on compris? Le complexe culturel et linguistique surgit à l'évidence dès qu'on aborde les 'Cadiens. Ils vous comprennent pourtant – et mieux qu'on le pense d'abord – mais ne veulent pas tout de suite parler français, ou "leur français", comme ils disent. Il a fallu près de huit ans d'efforts au CODOFIL* [Conseil pour le développement du français en Louisiane] *pour redonner, sur ce plan, un peu de confiance et de sécurité à tout ce peuple. Toutefois, rares sont ceux qui, face à des "Français de France", n'affichent pas un peu, au début, leur appréhension linguistique.»*

Éducation et communications

Avec la création du Conseil pour le développement du français en Louisiane (CODOFIL), des relations diplomatiques ont été établies avec les gouver-nements des trois pays liés par l'histoire à la Louisiane : le Québec, le Canada et la France; à ces pays, s'ajoute la Belgique. Depuis l'arrivée des premiers enseignants étrangers en 1969, les relations avec ces gouvernements se sont diversifiées.

Tous les deux ans, des accords éducatifs et culturels sont signés entre la Louisiane et ses partenaires ayant comme agent de liaison le CODOFIL. Ces accords assurent la continuation des échanges linguistiques, culturels et éducatifs.

La plupart des postes de radio et chaînes de télévision diffusent des émissions en français, certains tous les jours, telle TV5, la Télévision des communautés de langue française. Le Conseil pour le développement du français en Louisiane publie d'autre part un intéressant bulletin, *La Gazette de la Louisiane*.

Entre cousins et cousines

Les échanges entre 'Cadiens et autres communautés francophones s'accentuent. Les francophones d'Europe, d'Afrique, d'Océanie, d'Asie, d'Amérique du Sud (Guyane) ou des Antilles participent de plus en plus nombreux aux diverses manifestations culturelles qui se déroulent en Acadie louisianaise. Et, afin de tisser des liens plus étroits entre francophones, s'inspirant du réseau québécois des *Gîtes du Passant*, certains ont développé un réseau 'cadien de familles d'accueil. En réponse aux médias flori-

PORTRAIT

Tennessee Williams et *Un tramway nommé Désir*

La fameuse pièce de Tennessee Williams, *Un tramway nommé Désir*, qui lui valut le prix Pulitzer en 1947, s'ouvre sur le décor suivant, amoureusement décrit dans le texte par l'auteur : *«L'extérieur d'un immeuble d'angle à deux étages dans une avenue de La Nouvelle-Orléans, les Champs-Élysées, entre la voie ferrée et le fleuve. Le secteur est pauvre mais, à l'encontre de ce type de quartiers un peu partout en Amérique, il ne manque pas d'un certain charme canaille. La plupart des façades sont d'un blanc qui vire au gris, avec des escaliers extérieurs plutôt branlants, des balcons et des pignons à l'ornementation délicate.*

«Nous sommes début mai, à la tombée du jour, le ciel au-dessus de la mate façade blanche de l'immeuble, est d'un bleu tendre, presque turquoise, baignant le décor d'une poésie qui en atténue gentiment le côté fané. On peut presque sentir le souffle chaud du fleuve qui coule derrière les entrepôts maritimes, avec ses effluves de banane et de café. La musique que font les Noirs d'un bar tout proche ajoute à cette ambiance. Dans ce quartier de La Nouvelle-Orléans, on n'est jamais loin d'un bar où des doigts d'ébène tirent d'un piano plus ou moins grêle, des sons d'une incroyable diversité. La mélancolie de ce piano "bleu" reflète bien l'ambiance du quartier.»

diens qui considèrent que les «envahisseurs québécois» prennent trop de place dans leur État, les 'Cadiens rétorquent qu'ils sont quant à eux très heureux de recevoir tout ce beau monde en Louisiane. *«Que les Québécois, ainsi que tous nos amis francophones, viennent chez nous! Nous les recevrons comme des membres de la famille; ils pourront parler français et manger cent fois mieux qu'en Floride!»* Message reçu?

CULTURE

Les écrivains et la Louisiane

La Louisiane a donné naissance à quelques écrivains, en a attiré bien d'autres et en a inspiré un grand nombre. Chez les Afro-Américains, depuis Solomon Northup, auteur de *Esclave pendant 12 ans*, ouvrage paru en 1853, jusqu'au romancier contemporain Ernest Gaines, la mémoire collective ne fait jamais abstraction de l'humiliation infligée à leur peuple. Dans un autre registre, des musiciens ont laissé des mémoires ou confié leurs souvenirs pour publication. Ainsi en est-il de Sidney Bechet, de Jelly Roll Morton et de Louis Armstrong avec *Ma Nouvelle-Orléans*, ouvrage publié en français chez Julliard en 1952.

C'est à La Nouvelle-Orléans, dans un appartement situé juste en face du cimetière Lafayette, que Frank Scott Fitzgerald (1896-1941) écrivit à 23 ans son premier roman, *De ce côté du paradis*. Aucune plaque n'indique l'appartement aux passants. *«Il faut dire que si on mettait sur chacun des lieux où vécurent ici des écrivains, il faudrait en couvrir la ville»*, note le poète Andrei Codrescu dans sa préface aux *Histoires de La Nouvelle-Orléans*, parues en anglais il y a quelques années (1992). Roumain d'origine, Codrescu a choisi La Nouvelle-Orléans pour y vivre... *«La ville est peut-être petite, mais elle est tellement animée qu'on ne s'en aperçoit même pas.»*

De grands écrivains, parmi lesquels le Prix Nobel William Faulkner et le dramaturge Tennessee Williams, né Thomas Lanier, ont vécu à La Nouvelle-Orléans. C'est dans la métropole louisianaise, où il passait du whisky de contrebande, que Faulkner commença à écrire. Né sur l'autre rive du Mississippi, dans une famille ruinée par la guerre de Sécession, il déteste à l'instar des Néo-Orléanais de vieille souche «*l'esprit affairiste des Yankees. L'habitude dans le Sud, dit-il, c'est d'avoir non pas juste assez mais toujours plus qu'il ne faut, assez pour gaspiller.*» Mentalité proche de celle de James Domengeaux, président-fondateur du Conseil pour le développement du français en Louisiane (CODOFIL), qui déclarait : «*En Louisiane, le français est un luxe peut-être, mais un luxe nécessaire.*»

Tennessee Williams, qui a aimé La Nouvelle-Orléans plus que toute autre ville au monde, regardait, médusé, passer devant sa fenêtre... un tramway nommé Désir (Désirée Montreuil, une personnalité créole, a laissé son nom à une rue de La Nouvelle-Orléans. L'écrivain Tennessee Williams donna ce toponyme à son fameux tramway). Il en tira une pièce célèbre dont l'héroïne, Blanche DuBois, incarne bien le monde fragile et vulnérable des rêveurs face aux réalistes étroits d'esprit qui l'entourent.

Truman Capote (1924-1984), le romancier à l'imagination rêveuse, naquit à La Nouvelle-Orléans et vécut un temps dans la Cité-Jardin (Garden District), d'où il ramena entres autres sa nouvelle *Dazzle* (*Éblouissement*), sur les pouvoirs occultes d'une dame un peu sorcière à laquelle il confia sous le sceau du secret son désir *«d'être une fille»*.

Parmi les écrivains actuels, Anne Rice, auteure de romans et nouvelles *(The Feast of All Saints* et *The Vampire LeStat)*, qui vit toujours dans la «Cité du Croissant», est sans doute celle qui décrit le mieux les personnages de la vie quotidienne à La Nouvelle-Orléans.

L'*Evangeline* de Longfellow

Né en 1807 à Portland, dans l'État du Maine, le poète Henry Wadsworth Longfellow compose ses premiers vers en 1841. En 1847, s'inspirant d'une saga acadienne, il écrit un long poème, toujours au programme dans les écoles américaines, *Evangeline*. Longfellow est bien au fait de la dramatique odyssée vécue, presque un siècle plus tôt, par les populations acadiennes. L'ex-Acadie est à la frontière de sa Nouvelle-Angleterre natale et, dans les années qui ont suivi le Grand Dérangement, de nombreux Acadiens eurent à traverser des années difficiles dans cette partie de pays américain, encore, dans les quelques années qui suivirent 1755, sous domination britannique. Les écrits de l'époque et les récits reliés à l'exode que l'on en faisait sans doute dans les chaumières fournirent à Longfellow tous les éléments de sa composition, qui a pour toile de fond la déportation massive subie par les Acadiens. *Evangeline,* en effet, retrace leur long périple à travers le continent nord-américain, leur arrivée en Louisiane et les longues années qui s'écoulèrent avant que l'héroïne Evangeline, après avoir parcouru de long en large l'immense territoire, ne retrouve en Louisiane, à Saint-Martinville, son fiancé Gabriel.

Comme le résument si bien les historiens Jacques Lacoursière et Hélène-Andrée Bizier dans *Nos racines – L'histoire vivante des Québécois* (Les Éditions Transmo et Les Livres Robert Laffont), le poème de Henry Wadsworth Longfellow est déchirant et résume bien tous les rêves évanouis... «*Évangéline Bellefontaine a pour fiancé Gabriel Lajeunesse. Sa dot est formée de terre et de bétail. Leur avenir est fait d'enfants grandissant à l'ombre de l'église de Grand-Pré. Brusquement paraît l'Anglais. Les hommes attendent dans l'église, puis à bord des navires, que leurs femmes les rejoignent. C'est ainsi, n'étant pas mariés, que Gabriel et sa belle empruntent des directions différentes. Toute leur existence se déroule ensuite au rythme de retrouvailles qui n'ont jamais lieu. Évangéline épuise sa jeunesse à parcourir les colonies où Gabriel pourrait avoir posé le pied. Devenue vieille, l'espoir l'abandonne. Revêtant l'habit des religieuses qui se consacrent au soin des pauvres, des malades et des moribonds, elle a la douleur, vers la fin de sa vie, de reconnaître le beau Gabriel, sous les traits d'un vieillard grabataire qui meurt en la reconnaissant.*» La dernière rencontre des amoureux se déroule en Louisiane, dans un hôpital de Saint-Martinville, tout près du bayou Tèche.

Pour les Acadiens du Nord autant que pour les 'Cadiens du Sud, la légende est tenace. Selon eux, les personnages romanesques de Longfellow sont loin d'être fictifs, et l'on ne doute pas un instant qu'ils aient vraiment existé sous les noms d'Emmeline Labiche et de Louis Arsenaux. Et, si l'on ne s'entend pas sur l'identité réelle des héros chantés par le poète Longfellow, on est sûr, en Acadie septentrionale et en Acadie louisianaise, qu'ils appartiennent tous deux à l'histoire acadienne.

La littérature orale des 'Cadiens

«*La littérature orale des 'Cadiens est fascinante*», de dire Antonine Maillet, qui, invitée à visiter l'Acadie louisianaise, y rencontra des descen-dants de ceux qu'on appelle là-bas «les marais bouleurs». Le terme vient de *bull*, qui signifie «taureau», et se réfère au caractère de ces gens que l'on dit volontiers sauvages. Comme ils étaient les plus pauvres, à chaque arrivée d'un nouveau groupe, ils étaient repoussés un peu plus profondément dans les marais. «*Garrochés dans les bayous, ils n'en ont pas pour autant perdu leur verve. Chaque vendredi, ils se réunissent dans leurs cafés de style salle paroissiale et là, tout en dégustant leurs écrevisses arrosées de bière, ils passent la soirée à se raconter une histoire. L'un commence, cède la parole à un deuxième, puis un troisième enchaîne et ainsi de suite souvent pendant plusieurs soirées. Les épopées naturelles à quoi ces sessions aboutissent mériteraient qu'on leur consacre un livre*» (témoignage précieux du premier auteur acadien à remporté le prix Goncourt).

La poésie est la forme d'expression littéraire privilégiée des 'Cadiens. On la trouve dans les chansons de leur abondant répertoire, qui doit au groupe Beausoleil-Broussard et à Zachary Richard d'être aujourd'hui connu un peu partout dans le monde francophone. Ce dernier a même remporté un prix québécois pour son plus récent recueil de poésie. On la trouve aussi dans la revue *Feux Follets*, qui encourage les jeunes écrivains, et chez Barry Jean Ancelet, qui, sous le pseudonyme de Jean Arceneaux, a publié quelques-unes de ses œuvres, dont *Je suis 'Cadien*, qui commence par : «*Longtemps passé, j'étais français.*»

Côté souvenirs, Jeanne Castille raconte avec une innocence savoureuse son enfance dans *Moi, Jeanne Castille, de Louisiane*, ouvrage paru en France en 1983 aux Éditions Luneau Ascot et dédié au «fou d'Amérique» Yves Berger, qui l'encouragea grandement. Élizabeth Nell Dubus, descendante d'émigrés français qui vit à Bâton-

Rouge, pratique pour sa part le roman historique. Elle a écrit une saga en deux tomes, *Beau-Chêne*, que les Éditions de la Renaissance à Paris ont publiée en 1985. Le genre a rencontré un succès inespéré en France dès 1975 avec la parution de *Louisiane*, dont l'auteur est un ancien journaliste du *Monde*, Maurice Denuzière, qui a consacré, depuis, plusieurs autres ouvrages à ce thème.

Jazz et musique afro-américaine

Tout débuta à La Nouvelle-Orléans. C'est en effet dans la grande cité louisianaise qu'allaient prendre racine en Amérique les musiques traditionnelles d'Afrique d'où sortiraient le jazz, le blues et le gospel.

Les Afro-Américains les plus âgés avaient gardé en mémoire le souvenir des rythmes et des instruments utilisés dans leurs cérémonies et rituels, avant les razzias qui les conduisirent à l'esclavage dans le monde blanc. Au square du Congo, où ils étaient autorisés à se réunir le dimanche, les Afro-Américains se livraient pendant des heures à des danses inspirées en s'accompagnant de *«... grands tambours cylindriques, tam-tams creusés dans des troncs d'arbres, tambours carrés, castagnettes faites à partir d'ossements, calebasses, triangles, mâchoires grattées, tout un univers de percussion»*, comme l'écrit l'historien de jazz Arnaud Bienville, dont le nom rappelle le fondateur de La Nouvelle-Orléans. La musique qu'ils en tiraient, pour n'être pas écrite, n'en était pas moins codée, car basée comme toute musique sur une structure rythmique spécifique, à l'intérieur de laquelle seulement se développait l'imagination. Elle gardera toujours ces caractéristiques permettant une grande richesse d'improvisation.

La musique en général jouait un grand rôle à La Nouvelle-Orléans, qui avait ses troupes d'opéra, ses orchestres symphoniques et même, vers la fin du XIXe siècle, son orchestre symphonique créole, composé uniquement de Noirs. Car La Nouvelle-Orléans produisit un phénomène inconnu ailleurs, celui des Créoles noirs. Normalement, le terme «Créole» désigne un Blanc né dans les colonies d'Amérique. En Louisiane française toutefois, malgré le Code Noir, élaboré à Versailles en 1724, les maîtres transgressaient sans peine les interdits et, quand de leurs amours naissaient ces enfants mulâtres, ils les faisaient souvent baptiser, les mettaient à la pratique de travaux moins pénibles et leur offraient même l'affranchissement.

Vers 1800, La Nouvelle-Orléans compte au moins 2 000 de ces Créoles noirs affranchis, dont plusieurs profiteront d'une formation musicale blanche.

La musique du petit peuple puise ses racines au cœur même de l'Afrique et reste toujours profondément ancrée dans le cœur et la mémoire des arrivants africains qui, devenus esclaves en Amérique, seront astreints à peiner dans les champs de coton sous une surveillance sans merci. On les laissera psalmodier puisque, malgré le soleil ardent, ces rythmes semblent leur donner du cœur à l'ouvrage. Ils leur ouvriront plus tard les chemins de la liberté. En effet, comme il est d'usage dans tout grand port de mer, La Nouvelle-Orléans a ses lieux de plaisir, et la musique noire parviendra à s'y introduire parmi les éléments d'at-traction.

Au milieu du siècle dernier, La Nouvelle-Orléans, qui compte plus de 100 000 habitants, est de loin la ville la plus peuplée du sud voire de l'ouest du pays. Le port d'où partent sucre et coton est en grande activité, et l'argent coule à flots. «Paris-sur-Mississippi»

PORTRAIT

Louis Armstrong

L'écrivaine et critique d'art montréalaise Paquerette Villeneuve a eu la chance de rencontrer le célèbre jazzman Louis Armstrong, et de s'entretenir avec lui, lors d'une visite de ce dernier à Montréal. Voici ce qu'elle raconte de lui, et du jazz...

Louis Armstrong, né à La Nouvelle-Orléans en 1900, allait devenir le symbole du style *New Orleans* à l'échelle internationale. «*Quelle belle enfance que la mienne! Nous étions pauvres avec tout ce que cela entraîne de conséquences, mais il y avait de la musique partout*», écrira-t-il dans son autobiographie *Growing up in New Orleans*, publiée en français sous le titre de *Ma vie à La Nouvelle-Orléans*, aux Éditions Julliard à Paris en 1952. «*À 5 ans déjà, un âge où je portais encore des robes, je m'échappais pour aller au vieux Funky Britt Hall tout décrépit. Les musiciens y faisaient un "jam" avant d'entrer, et nous les accompagnions, nous les enfants, de nos petits pas de danse...*» De la rue Gravier, dans l'ancien faubourg Sainte-Marie, où il habite avec sa mère *Mayann* (pour Mary Ann), lingère chez des Blancs, Louis part vendre du charbon. «*Je modulais sur tous les tons ma chansonnette : Du charbon, mesdames, 5 cents le baquet!*»

Armstrong fera de ce mélange de misère et de musique une synthèse remarquable. C'est sans doute entre autres à lui que pensait le compositeur Érik Satie quand, dans les années vingt, il disait : «*Ce que j'aime dans le jazz, c'est qu'il vous apporte sa douleur et qu'on s'en fout!*»

Tout au long de sa vie, Louis Armstrong, «Pops» ou «Satchmo», comme l'appelaient ses innombrables amis et connaissances, fut accueilli partout avec la même chaleur qu'il dégageait.

Le jazz : patrimoine culturel

Parti d'une structure très codée, le jazz allait ouvrir un champ d'improvisation sans limites et permettre à des musiciens de toutes origines et de toutes couleurs de s'y illustrer. Après avoir pris forme dans les grandes cités françaises, il est aujourd'hui enseigné dans de nombreuses universités à travers le monde.

aime la fête, la parade, la danse, et est indulgente au plaisir. Les bals, les boîtes de nuit, les bars foisonnent, et la rue grouille au rythme des orchestres qui s'y succèdent au moindre prétexte. C'est surtout dans ces parades que la musique va se développer. Derrière l'orchestre officiel vient la *second line*, composée de musiciens anonymes qui se regroupent pour lancer des défis aux vedettes et souvent les détrôner. Le public suit en dansant, et l'orchestre dont le rythme semble le plus efficace est déclaré vainqueur.

Les parades de funérailles, une tradition importée d'Afrique pour assurer au défunt un enterrement décent, donnent aussi lieu à de véritables compétitions. Bien des carrières, ou tout au moins des engagements plus lucratifs, ont commencé là avant de se poursuivre dans un des nombreux dancings qui, pour attirer une clientèle prête à payer le bon prix pour s'amuser, font forte consommation de musiciens. Considérée d'abord comme musique des bas-fonds par les musiciens créoles noirs des boîtes chics plus près des goûts des Blancs, la musique pratiquée par les Afro-Américains dans les bouis-bouis les plus populaires va peu à peu l'emporter par son irrésistible originalité; les Créoles défaits viendront seulement enrichir la musique de leurs frères de race par l'apport des instruments de l'orchestre traditionnel.

Le premier des musiciens auquel le terme de «jazzman» fut appliqué, Buddy Bolden, était à la tête d'un orchestre de sept ou huit membres vers 1895. Son approche audacieuse permit à la musique en train de se définir de faire un grand bond, avant qu'il n'aille terminer ses jours dans un asile, usé par les abus de toutes sortes. Un autre pionnier, le Créole noir Jelly Roll Morton, né en 1885, de son vrai nom Ferdinand La Menthe, reste de façon plus vivante dans l'histoire, car il a laissé plusieurs enregistrements. Jelly a été le seul de sa race à être admis dans le quartier réservé, ou «chaud», de Storyville, auquel n'ont accès que les Blancs : il utilisera ses cachets de pianiste du bordel le plus chic pour s'acheter des dents en or. À la même époque, Joe «King» Oliver, «roi» dans la meilleure tradition versaillaise de Roi, suivi plus tard du duc, «Duke» Ellington, et du comte, «Count» Basie, débute au club Aberdeen, au coin de la rue du Marais et de Bienville. Oliver eut un orchestre jusqu'au début des années trente, alors que survint la Dépression. C'est à lui que revient l'honneur d'avoir découvert Louis Armstrong. À la fois instrumentiste et interprète, Armstrong, dit familièrement «Satchmo», fut le premier musicien de jazz à atteindre une renommée internationale. Un autre Créole, Sidney Bechet, boucla la boucle à sa façon en venant s'installer en France, où ses talents de mélodiste – qui ne se souvient de *Petite fleur?* – lui valurent un accueil chaleureux.

Quand, dans les années vingt, les musiciens de La Nouvelle-Orléans tentés par le Nord firent leur apparition à Chicago, «*tout le monde, musiciens venus de l'est comme de l'ouest, essaya de jouer comme eux*», se rappelle le bassiste Pops Foster.

En France, l'arrivée des musiciens noirs dans les cabarets de Montmartre souleva l'enthousiasme des plus grands, dont Claudel et Ravel. L'écrivain et diplomate français Paul Claudel a donné de la musique africaine, qui devait un jour offrir à l'Amérique le jazz, une définition bien en accord avec sa sensualité profonde. *«Les falots se sont éteints, l'aigre hautbois s'est tu, mais sur le battement précipité de baguettes, étoffé d'un continu roulement de tambour, le métal funèbre continue son tumulte et sa danse. Qu'est-ce qui tape? Cela éclate et tombre, fuit, repart, et tantôt c'est un vacarme comme si des mains impatientes battaient la lame suspendue entre deux mondes, et tantôt avec solennité sous des coups espacés, elle répercute à pleine voix le heurt.»* Quant au compositeur Maurice Ravel, c'est le saxophone en particulier, auquel ces grands maîtres de l'intelligentsia européenne allaient donner ses lettres de noblesse, qui l'enchanta. Il écrivit même une sonate pour piano et violon intitulée *Blues*.

Blues... Bien des Afro-Américains à La Nouvelle-Orléans ne travaillaient pas dans les plantations, mais ils apprirent, sur les docks de ceux qui récoltaient le coton, les chansons pleines d'états d'âme qui deviendront le blues. Ces états d'âme, mêlés à l'ardent désir de rythme resté ancré dans le cœur des

L'hospitalité 'cadienne

Rue Jean-Lafitte, à Butte-la-Rose, au cœur du vaste bassin de l'Atchafalaya, habitent Elsie et Harry Trahan. Ce jour-là, les Trahan recevaient les familles Vincent, Tessier, Trahan, Guidry et Fontenot : une vraie fête 'cadienne. Harry chantait, pitonnait sur l'accordéon, s'accordait quelques secondes de répit que pour mieux reprendre son souffle et s'envoyer quelques gorgées de bière derrière la cravate. Harry repartait alors de plus belle. Sa fille Lisa l'accompagnait à la guitare, le beau-frère tintait le «ti-fer», un cintre triangulaire métallique sur lequel on cogne avec un bâtonnet de fer pour soutenir la cadence. Sur la véranda, les Trahan avaient dressé une table riche en victuailles. Elsie Bégnaud-Trahan, qui aime *«cuire dans sa chaudière»*, avait préparé le traditionnel gombo aux crabes – *«[...] avec pas trop de piments pour les ti-z'enfants»*!

Les jours suivants, les Trahan nous convièrent souvent à leur table. Lisa nous présenta son copain violoniste et chanteur Mitchel Reed*. Elsie nous dévoila bien d'autres secrets culinaires de cette fameuse gastronomie 'cadienne : fard de Brême au riz, à l'aubergine, aux haricots «z'yeux noirs», à la viande hachée, au jambon et aux feuilles de navet; écrevisses au court-bouillon épicé; fricassée de saucisses et de «raquet» de cochon au roux brun de Savoie. À leur tour, leurs voisins, les Fontenot, nous invitèrent à déguster une fabuleuse étouffée d'écrevisses à leur façon, enrichie de subtile et crémeuse sauce aux champignons.

L'hospitalité 'cadienne existe bel et bien. Autre invitation chez Maxie Broussard, homme d'affaires et ex-organisateur politique de l'ancien gouverneur démocrate Edwin Edwards. Maxie habite la ferme ancestrale. Il y reçoit ses amis dans l'ancienne laiterie transformée en salle de réception : Le Palais des Vaches. À l'époque où il s'occupait de politique, en bon organisateur qu'il était, Maxie pouvait rassembler des milliers de personnes à la fois. Cela prenait inévitablement l'allure d'un festin gargantuesque où *jambalayas*, écrevisses à l'étouffée ou gombos mijotaient dans d'immenses marmites.

Le fameux dîner élaboré par Maxie se voulait plus intime. Son épouse Audrey se chargea du dessert. John, le fils shérif, s'était procuré le gibier. Au menu : saucisses pimentées à l'échalote; sarcelles farcies au riz, sauce à l'oignon; haricots «z'yeux noirs» au cochon boucané; patates douces grillées; salade de chou à la 'cadienne; gâteau au sirop de canne et aux pacanes; le tout arrosé de superbes vins californiens.

Les 'Cadiens de la Louisiane aiment festoyer et bien manger. Expansifs, s'ils se lient d'amitié, c'est pour toujours – pour le meilleur ou pour le pire.

* Lisa et Mitchel se sont mariés depuis.

travailleurs africains, trouveront encore une autre forme, religieuse cette fois : le gospel. Les pasteurs protestants utilisaient les cantiques pour apprendre aux Afro-Américains des rudiments de leur religion et les y convertir.

Le chant d'église sera peu à peu investi par les Afro-Américains et transformé en art par des voix puissantes comme celle, en particulier, de la Néo-Orléanaise Mahalia Jackson.

Jazz, blues, gospel : sous ces trois formes différentes, la musique de ces défavorisés venus de terres lointaines demeure l'un des plus beaux fleurons de La Nouvelle-Orléans.

Cultures et traditions populaires en Acadie lousianaise

Culturellement, il existe plusieurs points communs entre Créoles (noirs ou métis) et 'Cadiens. La musique, malgré des origines récentes, occupe une place importante dans la vie des 'Cadiens et des Créoles. Des musiciens se réclament de la lignée des Luderin Darbonne, Harry Choates et Iry LeJeune (pionniers de la musique 'cadienne traditionnelle); d'autres, des Amédée Ardoin, Moïse Dugas, Adam Fontenot et Clifton Chénier.

Clifton Chénier n'a pas inventé le «zarico» (le nom vient de «haricot»; quand sévissait la misère, on disait que «*les z'haricots sont pas salés*»), mais il a modernisé et popularisé cette forme d'expression musicale qui s'inspire des musiques afro-antillaise et 'cadienne, du *rhythm and blues* et du rock; il a amélioré la technique du «frottoir» (tablier de tôle ondulée que l'on frotte avec un objet métallique et dont l'ancêtre est la planche à laver).

L'influence de Chénier et de son Red Hot Louisiana Band aura été déterminante pour plusieurs. À Lafayette, rue Saint-Antoine, le Zydeco Cha Chas de Nathan Williams se produit au Club El Sido, et il demeure incontestablement l'un des meilleurs du genre. Selon l'animateur radio John Broussard, leur popularité est telle que, lors d'un passage à New York, la presse a été unanime à consacrer leur talent.

Donc, pour swinguer et apprécier les Zydeco Cha Chas, il faut aller au El Sido (voir le chapitre «L'Acadie louisianaise : Lafayette», p 255).

Les samedis à Eunice, de 9h à 12h, il y a une *jam session* 'cadienne dans la boutique du réputé musicien et fabriquant d'accordéons Marc Savoy. Des quatre coins de la Louisiane, musiciens, chanteurs, hommes et femmes, débutants ou professionnels, se donnent rendez-vous aux joyeux samedis matin d'Eunice : trois heures où s'entremêlent aux chansons traditionnelles les instruments d'une vingtaine de musiciens jouant piano, violon, guitare, violoncelle, basse et «ti-fer». Fidèle habitué, le maire d'Eunice, M. Joubert, vient ici comme en pèlerinage. Marc Savoy est un autre ardent défenseur du fait français et de la culture 'cadienne.

Son fameux *Manifeste 'cadien*, l'équivalent du polémique *Refus global* québécois, incite ses compatriotes à ne pas abandonner leur culture et leurs traditions. Le manifeste est largement diffusé et fait couler beaucoup d'encre.

PORTRAIT

GASTRONOMIE LOUISIANAISE

Nulle part aux États-Unis, la gastronomie ne rivalise avec celle de la Louisiane. Les cuisines créole, afro-américaine et 'cadienne se consomment comme un livre d'histoire : le *jambalaya* dérive de la paella espagnole, le gombo aux crevettes, au crabe ou aux *okras* dévoile des saveurs africaines; le roux brun de Savoie se réfère au répertoire français; l'étouffée d'écrevisses est mi-créole mi-française. Quelques modes d'apprêt ou de cuisson rappellent ceux utilisés depuis toujours par les Amérindiens. Cette mosaïque a façonné une cuisine authentique dont certaines spécialités sont devenues universelles, telles que la sauce Tabasco, la tarte aux pacanes, les crevettes à la créole et les huîtres Rockefeller.

MENU 'CADIEN

Potage
Gombo de canard et de saucisses

* * *

Hors-d'œuvre
Salade de crabe mariné

* * *

Plat principal
***Jambalaya* à la façon 'cadienne**
et
pain de maïs

* * *

Dessert
Tarte aux pacanes
ou
Gâteau au sirop de canne
de Dame Broussard

LES RECETTES

GOMBO DE CANARD ET DE SAUCISSES

Pour 8 personnes
Préparation : 20 min
Cuisson : environ 2 heures 15 min

Ce mets, à la fois soupe et repas, est le plat préféré des 'Cadiens autant que de l'ensemble des Louisianais. La recette se prépare également avec du crabe, des crevettes, des *okras* ou du poulet. Le riz cuit s'ajoute à la fin. Le consistant potage est parfumé de sassafras moulu («poudre filé»), qui a une saveur de laurier (il le remplace). S'y ajoute aussi un roux brun au goût d'amandes grillées; comme la cuisson de ce dernier demande beaucoup de temps, nous le remplacerons par de la farine grillée.

375 g (3/4 lb) de saucisses de Toulouse ou de saucisses italiennes épicées, coupées en tronçons de 1 cm (1/2 po)
Huile de maïs, au besoin
1 canard de 1 kg (2 lb), coupé en 8 morceaux
Sel et poivre frais moulu, au goût
125 ml (1/2 tasse) de farine grillée
2 oignons, hachés fin
4 petits oignons verts, hachés fin
2 gousses d'ail, hachées fin
1 branche de céleri avec feuilles, coupée en dés minuscules
1 gros poivron vert, coupé en brunoise
3 l (12 tasses) d'eau chaude
3 ml (1/2 c. à thé) de sauce Tabasco
8 ml (1 1/2 c. à thé) de poivre de Cayenne (facultatif)
1 petit bouquet de persil, haché fin
5 ml (1 c. à thé) de sassafras (ou de laurier moulu)
1 l (4 tasses) de riz blanc cuit

Dans une casserole à fond épais, faites cuire, à feu doux, les tronçons de saucisses en les remuant pour en extraire le gras. Augmentez graduellement l'intensité du feu, et faites-les dorer en les tournant souvent. Une fois les saucisses bien brunes, égouttez-les et réservez-les.

Ajoutez de l'huile au jus de cuisson des saucisses afin d'obtenir 125 ml (1/2 tasse) de liquide dans la casserole. Dégraissez les morceaux de canard; asséchez-les, salez-les et poivrez-les. Après les avoir légèrement enfarinés, faites-les cuire dans le liquide de cuisson des saucisses. Retournez-les fréquemment jusqu'à ce qu'ils soient d'un beau brun doré. Égouttez-les et réservez-les.

Retirez un peu de gras de la casserole, et faites-y revenir les oignons, les oignons verts, l'ail et le céleri. Remuez souvent et laissez cuire pendant 5 min à feu moyen. Ajoutez le poivron vert et, graduellement, l'eau en mélangeant; portez à ébullition.

Prélevez un peu de bouillon pour délayer la farine grillée; versez dans la préparation en fouettant. Ajoutez les saucisses, le canard, le sel, la Tabasco et le poivre de Cayenne. Quand l'ébullition reprend, couvrez la casserole à moitié, et laissez mijoter à feu doux pendant 2 heures.

Retirez du feu, puis dégraissez le bouillon; ajoutez le persil et le sassafras ou le laurier. Rectifiez l'assaisonnement (le gombo se mange assez relevé). On peut omettre ou rajouter de la Tabasco ou du poivre de Cayenne selon le goût. Servez le riz blanc cuit à part, chacun en mettant dans sa soupe à sa guise.

SALADE DE CRABE MARINÉ
Pour 6 personnes
Préparation : 5 min
Macération : 1 nuit au réfrigérateur
Les 'Cadiens sont friands de fruits de mer et de poissons, que l'on trouve partout, même dans les petits magasins d'alimentation. Cette rafraîchissante salade de crabe est servie en début de repas ou en guise de plat léger.

90 ml (6 c. à soupe) de vinaigre de cidre
Sel et poivre du moulin, au goût
125 ml (1/2 tasse) d'huile de maïs
125 ml (1/2 tasse) d'eau
1 oignon moyen, haché fin
500 g (1 lb) de chair de crabe
Feuilles de laitue
Légumes au choix, pour décorer

Dans un bol, faites dissoudre le sel dans le vinaigre; incorporez le poivre et, graduellement, incorporez l'huile au fouet. Ajoutez l'eau, l'oignon et la chair de crabe. Mettez le tout à macérer au réfrigérateur durant la nuit.

Le lendemain, disposez des feuilles de laitue sur un joli plat de service, et déposez-y le crabe mariné. Si désiré, décorez de tomates, de radis, de concombres ou d'autres légumes de votre choix.

***JAMBALAYA* À LA FAÇON 'CADIENNE**
Pour 6 personnes
Préparation : 15 min
Cuisson : 45 min

Le *jambalaya* a la faveur des Louisianais. Il se prépare avec du riz et, selon l'inspiration, des viandes, des saucisses fumées, des poissons et des fruits de mer. Son nom viendrait du français «jambon» et de l'africain *ya*, qui désigne le riz; on raconte que, les Acadiens lui ayant rajouté «à la», le mot se transforma en «jamb-à-la-ya».

125 g (1/4 lb) de bacon, tranché et coupé en morceaux de 2,5 cm (1 po)
1 oignon moyen, haché fin
2 poivrons verts, épépinés et coupés en languettes de 2,5 cm (1 po)
375 g (1 1/2 tasse) de riz cru
4 gousses d'ail, hachées fin
625 ml (2 1/2 tasses) de tomates pelées, épépinées et hachées grossièrement
3 ml (1/2 c. à thé) de sauce Tabasco (ou au goût)
1 pincée de thym
Sel et poivre frais moulu, au goût
500 ml (2 tasses) de bouillon de poulet
250 g (1/2 lb) de jambon fumé cuit, coupé en tranches de 5 cm X 1 cm (2 po X 3/8 po)
500 g (1 lb) de crevettes moyennes crues, décortiquées et déveinées
Persil frais, haché fin, pour décorer

Préchauffez le four à 180°C (350°F). Dans une cocotte, faites cuire le bacon jusqu'à ce qu'il brunisse sans devenir croquant; égouttez-le et réservez-le. Jetez l'oignon haché dans le gras de bacon, et laissez cuire à feu doux jusqu'à transparence. Ajoutez les poivrons; laissez mijoter doucement. Incorporez le riz en remuant. Quand le riz devient laiteux et légèrement opaque, ajoutez l'ail, les tomates, la sauce Tabasco, le bacon, le thym, le sel et le poivre. Versez le bouillon de poulet et amenez à ébullition; ajoutez le jambon. Couvrez et faites cuire au four 20 min ou jusqu'à ce que le riz soit tendre.

Dix minutes avant la fin de cuisson, incorporez les crevettes au mélange. Servez dans la cocotte ou sur un plat de service chaud. Parsemez de persil haché.

NOTE : si le riz paraît trop sec en cours de cuisson, rajoutez du bouillon de poulet.

PAIN DE MAÏS
Donne environ 16 tranches
Préparation : 5 min
Cuisson : 20-25 min

Dans un bon dîner louisianais, on se doit d'offrir le pain de maïs à ses convives. On augmentera les portions en doublant ou en triplant les ingrédients de la recette; prolongez alors la cuisson de 10 min dans le premier cas et de 15 min dans le second.

250 ml (1 tasse) de farine de maïs (ou de semoule de maïs)
250 ml (1 tasse) de farine
3 ml (1/2 c. à thé) de sel
1 pincée de sucre
20 ml (4 c. à thé) de levure chimique (poudre à pâte)
250 ml (1 tasse) de lait 2% m.g.
1 œuf battu
30 ml (2 c. à soupe) de beurre fondu
Beurre, pour beurrer le moule

Dans un bol, mélangez ensemble les farines, le sel, le sucre et la levure chimique. Incorporez le lait, l'œuf et le beurre fondu. Mélangez bien le tout au mélangeur ou au fouet, jusqu'à ce que le tout soit homogène.

Préchauffez le four à 220°C (425°F). Beurrez un moule carré de 20 cm (8 po de côté). Mettez-y la préparation et faites cuire au four pendant 20-25 min. Laissez tiédir le pain de maïs avant de le trancher.

TARTE AUX PACANES
Donne 6 portions
Préparation : 10 min
Cuisson : 40 min

Ce délice nous vient du sud des États-Unis, terre de prédilection du pacanier, qui produit l'exquise noix. On raconte que ce dessert est une variante de la tarte au sucre, introduite en Louisiane au XVIIIe siècle par les déportés acadiens. Ceux-ci modifièrent la tarte au sucre originale en rajoutant des pacanes au sucre de canne brut et au sirop de maïs.

250 ml (1 tasse) de sucre brun ou de cassonade
15 ml (1 c. à soupe) de beurre, ramolli
30 ml (2 c. à soupe) de farine
3 œufs
250 ml (1 tasse) de sirop de maïs
1 pincée de sel
5 ml (1 c. à thé) de vanille ou 15 ml (1 c. à soupe) de rhum
250 ml (1 tasse) de pacanes
1 abaisse de pâte brisée

Préchauffez le four à 180°C (350°F). Incorporez le sucre brun ou la cassonade au beurre, de même que la farine. Incorporez les œufs un à un ainsi que le sirop de maïs; battez bien, puis ajoutez le sel, la vanille ou le rhum et les pacanes.

Versez dans une assiette à tarte tapissée de pâte brisée. Faites cuire au four pendant 40 min. Laissez refroidir avant de servir. Accompagnez de crème glacée à la vanille, si désiré.

GÂTEAU AU SIROP DE CANNE DE DAME BROUSSARD
Donne 8 portions
Préparation : 10 min
Cuisson : 45 min-1 heure

Lors d'un dîner dans sa famille, à Lafayette (la capitale de l'Acadie louisianaise), Audrey Broussard m'a confié sa fameuse recette de gâteau au sirop de canne.

250 ml (1 tasse) de sucre de canne (ou, à défaut, de sucre blanc)
250 ml (1 tasse) de sirop de canne (ou, à défaut, de mélasse)
2 œufs
500 ml (2 tasses) de farine
5 ml (1 c. à thé) de bicarbonate de sodium
125 ml (1/2 tasse) d'huile de maïs
5 ml (1 c. à thé) de vanille
250 ml (1 tasse) d'eau bouillante
125 ml (1/2 tasse) de pacanes

Fouettez ensemble le sucre, le sirop, les œufs, la farine, le bicarbonate et l'huile. Mélangez la vanille et l'eau; incorporez à la préparation, puis ajoutez les pacanes en mêlant bien la pâte.

Préchauffez le four à 180°C (350°F). Beurrez et enfarinez un moule à gâteau rectangulaire, puis versez-y la préparation. Faites cuire pendant 45 min-1 heure, soit jusqu'à ce que la pointe d'un couteau insérée dans la pâte en ressorte sèche.

Petit lexique gourmand

Andouille : elle ne doit pas se comparer à l'andouille française, qui se prépare avec l'appareil digestif du porc. L'andouille fumée louisianaise renferme de la chair de porc et des épices; on l'utilise pour relever plusieurs plats dont le fameux gombo.

Beignet : d'origine française, ce beignet de forme rectangulaire est saupoudré de sucre à glacer et se sert chaud, toujours accompagné d'un café au lait.

Boudin : il ne s'agit pas d'un boudin traditionnel fait de sang de porc, mais plutôt d'une saucisse de porc composée entre autres de riz, d'oignon, d'épices et d'herbes.

Café au lait : la boisson préférée des Néo-Orléanais qui, comme au célèbre Café du Monde, l'accompagnent volontiers de quelques beignets. La boisson doit contenir une égale moitié de café brûlant et de lait chaud.

Calas : petite pâtisserie frite composée de farine, de riz et de cannelle; servie avec du sirop au petit déjeuner.

Court-bouillon : le court-bouillon créole comporte des tomates, de l'oignon, de l'ail, du poivron et du piment. On l'utilise pour la cuisson du poisson tel que le vivaneau, le sébaste ou la dorade rouge.

Crabe mou : au printemps, le crabe du golfe du Mexique se défait de sa vieille carapace. Durant quelques semaines, avant qu'il ne se régénère d'une nouvelle armure, le crabe à carapace molle est pêché au large des côtes. Le crabe mou fait alors le délice des Louisianais qui le dégustent en différents apprêts : en salade, en sauce, grillé, pané ou frit.

Créole : probablement d'origine espagnole, cette sauce est à base de tomate, d'ail et de poivron. On s'en sert dans plusieurs apprêts culinaires dont les fameuses crevettes à la créole.

Papillote : mode de cuisson dit «en papillote», qui consiste à cuire – surtout à la vapeur – les aliments enveloppés dans du papier parchemin.

Étouffée : autre mode de cuisson qui consiste à cuire les aliments «à l'étouffée» dans une casserole fermée hermétiquement.

«Filé» : le filé est obtenu par pulvérisation de la feuille du sassafras; sa poudre, semblable à du laurier moulu, sert à rehausser les sauces et le gombo.

Gombo : soupe traditionnelle aux *okras*. Au bouillon pimenté et relevé de roux brun, s'ajoutent au goût de chacun de l'andouille, des écrevisses, des crevettes, des huîtres, du crabe ou du canard. Le gombo s'accompagne de riz blanc ajouté au bol de soupe.

«**Gombo z'herbes**» : des feuilles de moutarde et des épinards s'ajoutent aux *okras* habituels de la soupe.

Jambalaya : ce plat a des similitudes avec la paella espagnole et se compose aussi de riz, de saucisses, de fruits de mer et de tomates; son appellation (jamb-à-la-ya) lui viendrait du français «jambon» et de l'africain *ya*, qui désigne le riz.

«**Maque-choux**» : un plat à base de grains de maïs frais et de légumes.

«**Mirliton**» : ce légume de la famille des cucurbitacées, que l'on nomme «chayotte» en Haïti et «christophine» en Guadeloupe et en Martinique, est farci de jambon ou de crevettes.

Muffaletta : un sandwich-repas à l'italienne bien garni de charcuterie, d'olives et de fromage.

Pain perdu : comme son appellation d'origine française l'indique, on utilise des tranches de pain un peu rassi pour réaliser cette recette. Les tranches sont d'abord trempées dans un mélange de lait, de sucre et d'œuf. Elles sont ensuite revenues à la poêle puis servies chaudes.

«**Po-boy**» : vient de l'anglais *poor* et *boy* (pauvre garçon). Ce sandwich – ou repas économique – se compose d'une baguette de pain français que l'on farcit d'huîtres frites, de crevettes, de crabe à carapace molle ou d'écrevisses; le tout est relevé de sauce au piment.

Pralines : friandises fort prisées des Néo-Orléanais, les pralines comportent du sucre, du beurre, de la crème et des noix de pacanes.

Roux : s'obtient en faisant griller de la farine avec de l'huile ou du beurre; le roux rehausse quantité de plats créoles et 'cadiens dont le fameux gombo.

Sauce piquante : s'obtient à partir d'un roux que l'on mouille au vin blanc avec une addition de tomates, de piment et un soupçon de vinaigre.

Tasso : viande de porc fumée, détaillée en minces lamelles et séchée. Le *tasso* entre parfois dans la composition du gombo et rehausse aussi le goût de maints apprêts culinaires.

Petit glossaire de la langue

En français louisianais, on ne dit pas...

- Abeille, mais une mouche à miel
- Alligator, mais un cocodrie ou un cocodril
- Âne, mais un bourriquet ou un bourrique
- Attendre, mais espérer
- Azalée, mais une azélia
- Bon garçon, mais un couillon
- Buse, mais une cossarde
- Cafard ou blatte, mais un raver ou un ravet
- Cajun, mais cadjin (cadjine) ou 'cadien ('cadienne)
- Canard, mais un branchu
- Canard colvert, mais un canard français
- Canard pilet, mais une paille-en-queue
- Canard souchet, mais un canard micouenne
- Canoë ou canot, mais une pirogue
- Casserole, mais un chaudron ou une chaudière
- Chèvre, mais un cabri
- Cochon sauvage, mais un cochon farouche
- Courtepointe ou patchwork, mais une couilte ou une couverte-piquée
- Couverture, mais une couverte
- Crabe : le crabe, mais la crabe
- Crevette, mais une chevrette
- Cuisses de grenouille, mais des cuisses de ouaouaron
- Cyprès, mais un cipre
- Dentiers, mais des dents-postiches
- Déluge, mais une avalasse
- Épicerie, mais une grosserie
- Espérer, mais souhaiter
- Fenêtre, mais un châssis
- Fille légère, mais une caouïn
- Fourmis, mais des fromilles (féminin)
- Gars, mais un bougre
- Genou de cyprès, mais un boscoyo de cipre
- Gommier, mais une copal
- Grange, mais un magasin
- Gumbo, mais un gombo
- Haricot en grain, mais une fève
- Houe, mais une pioche
- Jardin, mais la cour
- Lièvre, mais un lapin farouche
- Maïs, mais maï ou maï tendre

- Marécage, mais un maiche ou une prairie
- Mule, mais un mulet
- Nèfle, mais une mespilus
- Nénuphar, mais une pagogie
- Noix de pécan, mais une pacane
- Oie, mais une zoie-caille
- Okra, mais un gombo-févi
- Opossum, mais un rat de bois
- Pagaie, mais une pagaïe
- Pelouse, mais les herbes
- Perche-soleil ou perchaude, mais un patassa
- Petite rivière, mais un bayou
- Photo, mais un portrait
- Pleuvoir : il pleut, mais il mouille, ça mouille
- Poisson-chat, mais une barbue
- Pop-corn, mais du tac-tac
- Poupée, mais une catin
- Prêt, mais paré
- Raton laveur, mais un chaouï
- Savoir : tu sais, mais tu connais
- Têtard, mais un gorgoyo
- Toit, mais une couverture
- Vautour, mais un carenco

Les douceurs sucrées

- Cuisson du sirop de canne, mais la cuite
- Sucre à la crème ou fondant, mais une praline
- Tourte, mais une tarte couverte

Le temps (température)

- Éclair, mais une éloise
- Tornade, mais une colonne

Les paroisses 'cadiennes

- Acadia, mais Acadie
- Assumption, mais Assomption
- Avoyelles, mais Des Avoyelles, ou Les Avoyelles
- East Baton Rouge, mais Bâton-Rouge Est
- West Baton Rouge, mais Bâton-Rouge Ouest
- Concordia, mais La Concorde

- East Caroll, mais Caroll-Est
- West Caroll, mais Caroll-Ouest
- East Feliciana, mais Félicienne-Est
- West Feliciana, mais Félicienne-Ouest
- St. Helena, mais Sainte-Hélène
- St. James, mais Saint-Jacques
- St. John the Baptist, mais Saint-Jean-le-Baptiste
- St. Landry, mais Saint-Landry
- St. Mary, mais Sainte-Marie
- Vermillion, mais Vermillon

Les lieux

- Abbeville (Abbéville), mais Baieville
- Alexandria, mais Alexandrie
- À Bâton-Rouge, mais au Bâton-Rouge
- Breaux Bridge, mais Pont-Breaux
- Lake Charles, mais le lac Charles ou à Lac-Charles
- Lake Pontchartrain, mais le lac Pontchartrain
- New Iberia, mais La Nouvelle-Ibérie
- New Orleans, mais La Nouvelle-Orléans, La Ville ou En Ville
- À Oupélousas, mais Aux Oupélousas ou Les Oupélousas
- À Réserve, mais à La Réserve

RENSEIGNEMENTS GÉNÉRAUX

Le présent chapitre a pour objectif d'aider les voyageurs à mieux planifier leur séjour en Louisiane.

FORMALITÉS D'ENTRÉE

Généralités

Pour entrer aux États-Unis, les Québécois et les Canadiens n'ont pas besoin de visa. Il en va de même pour la plupart des citoyens des pays de l'Europe de l'Ouest. En effet, seul un passeport valide suffit, et aucun visa n'est requis pour un séjour de moins de trois mois. Un billet de retour ainsi qu'une preuve de fonds suffisants pour couvrir le séjour peuvent être demandés. Pour un séjour de plus de trois mois, tout voyageur, autre que Québécois ou Canadien, sera tenu d'obtenir un visa (120$US) à l'ambassade des États-Unis de son pays.

Précaution : les soins hospitaliers étant extrêmement élevés aux États-Unis, il est conseillé de se munir d'une bonne assurance-maladie. Pour plus de renseignements, consultez la section «La santé» (p 62).

Douane

Les étrangers peuvent entrer aux États-Unis avec 200 cigarettes (ou 100 cigares) et des achats en franchises de douane (*duty-free*) pour une valeur de 400$US, incluant cadeaux personnels et un litre d'alcool (vous devez être âgé d'au moins 21 ans pour avoir droit à l'alcool). Vous n'êtes soumis à aucune limite en ce qui a trait au montant des devises avec lequel vous voyagez, mais vous devrez remplir un formulaire spécial si vous transportez l'équivalent de plus de 10 000$US. Les médicaments d'ordonnance devraient être placés dans des contenants clairement identifiés à cet effet (il se peut que vous ayez à produire une ordonnance ou une déclaration écrite de votre médecin à l'intention des officiers de douane). La viande et ses dérivés, toute denrée alimentaire, ainsi que les graines, les plantes, les fruits et les narcotiques, ne peuvent être introduits aux États-Unis. Pour de plus amples renseignements, adressez-vous au :

United States Customs Service
1301, Constitution Avenue Northwest
Washington, DC 20229
☎(202) 566-8195.

AMBASSADES ET CONSULATS DES ÉTATS-UNIS À L'ÉTRANGER

En Europe

France
Ambassade des États-Unis
2, avenue Gabriel
75382 Paris cedex 08
☎01.43.12.22.22
⇄01.42.66.97.83

À Paris c'est le consulat, et non l'ambassade des États-Unis, qui s'occupe des questions de visa et de séjour prolongé; vous obtiendrez tous les renseignements à la :
Direction générale des affaires consulaires
2, rue Saint-Florentin
75382 Paris cedex 08

Même numéro de téléphone et de télécopieur qu'à l'ambassade des États-Unis d'Amérique :
☎01.43.12.22.22
⇄01.42.66.97.83

Consulat général des États-Unis
12, boulevard Paul-Peytral
13286 Marseille cedex 6
☎04.91.54.92.00
⇄04.91.55.09.47

Consulat général des États-Unis
15, avenue d'Alsace
67082 Strasbourg
☎03.88.35.31.04
⇄03.88.24.06.95

Belgique
Ambassade des États-Unis
27, boulevard du Régent
B-1000 Bruxelles
☎(02) 508-2111
⇄(02) 511-2725

Espagne
Ambassade des États-Unis
Serano 75
28006 Madrid
☎(1) 577-4000
⇄(1) 587-2239
Telex (1) 277-63

Italie
Ambassade des États-Unis
Via Veneto 119-a
00187 Roma
☎(06) 467-41

Luxembourg
Ambassade des États-Unis
22, boulevard Emmanuel-Servais
2535 Luxembourg
☎(352) 46-01-23
⇄(352) 46-14-01

Suisse
Ambassade des États-Unis
93, Jubilaum strasse
3005 Berne
☎(031) 357-7011
⇄(031) 357-7344

Au Canada

Ambassade des États-Unis
100, rue Wellington
Ottawa (Ontario)
K1P 5T1
☎(613) 238-5335
⇄(613) 238-5720

Au Québec

Consulat général des États-Unis
Place Félix-Martin
1155, rue Saint-Alexandre
Montréal (Québec)
H2Z 1Z2
☎(514) 398-9695

CONSULATS EN LOUISIANE

Consulat général du Canada
Le Canada n'ayant pas de consulat en Louisiane, vous devrez vous adresser à celui d'Atlanta :
235, Peachtree Street
North-East 100 - Carré Colony
Bureau 1700
Atlanta, Géorgie 30361-6205
☎(404) 255-8470
⇄(404) 532-2050

Consulat général de France
Édifice Lykes
300, rue de Poydras
La Nouvelle-Orléans
LA 70130
☎(504) 523-5772
⇄(504) 523-5725

Alliance française
1519, avenue Jackson
La Nouvelle-Orléans
LA 70130
☎(504) 568-0770

Association France-Lousiane
727, rue des Ursulines
La Nouvelle-Orléans
LA 70130
☎523-2723

Consulat général de Belgique
Il n'existe pas de consulat belge en Louisiane; adressez-vous à celui de Houston :
2929, Allen Parkway, Bureau 2222
Houston, Texas 77019
☎(713) 529-0775
⇄(713) 224-1120

Consulat général d'Espagne
2102 World St. Center
2 Canal St.
La Nouvelle-Orléans
LA 70130
☎(504) 525-4951

Consulat général d'Italie
630, Camp Street
La Nouvelle-Orléans
LA 70130
☎(504) 524-2271
⇄(504) 581-4590

Consulat général de Suisse
La Louisiane n'ayant pas de consulat suisse, vous devrez vous adresser à celui de Houston :
1^rst^ Interstates Bank Plaza
1000, Louisiana Street
Bureau 5670
Houston, Texas 77002-5013
☎(713) 650-0000
⇄(713) 650-1321

Délégation générale du Québec
Le Québec n'ayant pas de délégation en Louisiane, vous devrez vous adresser à celle de New York :
One Rockefeller Plaza – 26e étage
New York
NY 10020-2102
☎(212) 397-0200
⇄(212) 757-4753

Le gouvernement du Québec a son bureau de Direction générale des communications avec le centre et l'ouest des États-Unis au :

Ministère des Relations internationales du Québec
Direction générale avec les États-Unis
Édifice Hector-Fabre – 3e étage
525, boul. René-Lévesque Est
Québec (Québec)
G1R 5R9
☎(418) 649-2312
⇄(418) 649-2416

RENSEIGNEMENTS TOURISTIQUES

Offices de tourisme

Office de tourisme de la Louisiane
(Louisiana Office of Tourism)
666, rue Foster Nord (North Foster)
C.P. 94291
Bâton-Rouge, LA 70804
☎(800) 334-8626

CODOFIL - Représentation culturelle officielle de la Louisiane francophone :
Conseil pour le développement du français en Louisiane
217, rue Principale
Lafayette, LA 70501
☎(318) 262-5810
⇄(318) 262-5812

Développement de l'industrie, du commerce et du tourisme à Lafayette :
Centre international de Lafayette
735, rue Jefferson
Lafayette, LA 70502
☎(318) 291-5474
⇄(318) 291-5480

En France

La Louisiane a une représentation touristique à Paris :
Express Conseil
5 bis, rue du Louvre
75001 Paris
☎01.44.77.88.07
⇄01.42.60.05.45

VOS DÉPLACEMENTS

En voiture

Le bon état général des routes et l'essence moins chère qu'en Europe, au Canada et au Québec, font de la voiture un moyen idéal pour visiter en toute liberté la Louisiane. Vous trouverez facilement une très bonne carte routière dans les librairies de voyage ou, une fois arrivé sur place, dans les stations-service.

Quelques conseils

Permis de conduire : en règle générale, les permis de conduire européens sont valides, mais il reste préférable d'obtenir un permis international. Celui-ci vous sera délivré, pour une modique somme, par la préfecture de votre département (pour les Français) ou en vous adressant au Royal Automobile Club de Belgique (R.A.C.B).

Les visiteurs canadiens et québécois n'ont pas besoin de ce permis international, et leur permis de conduire est tout à fait valide aux États-Unis. Soyez averti que plusieurs États sont reliés par système informatique avec les services de police du Québec pour le contrôle des infractions routières. Une contravention émise aux États-Unis est auto-

Tableau des distances (km/mi)

Par le chemin le plus court

Exemple : la distance entre Lafayette et La Nouvelle-Orléans est de 210 km ou 130 mi.
1 mile = 1,62 kilomètre
1 kilomètre = 0,62 mile

	Alexandrie	Bâton-Rouge	Houma	Lafayette	Lac-Charles	Lac-Providence	Leesville	Natchitoches	Nouvelle-Ibérie	Nouvelle-Orléans	Shreveport
Alexandrie											
Bâton-Rouge	236/146										
Houma	330/205	180/112									
Lafayette	156/97	83/51	183/113								
Lac-Charles	160/99	206/128	305/189	111/69							
Lac-Providence	303/188	316/196	512/317	409/254	454/281						
Leesville	79/49	311/193	413/256	219/136	101/63	385/239					
Natchitoches	100/62	331/205	430/267	251/156	115/71	411/255	219/136				
Nouvelle-Ibérie	179/111	118/73	138/86	28/17	159/99	438/272	266/165	286/177			
Nouvelle-Orléans	364/226	131/81	89/55	210/130	334/207	450/279	442/274	468/290	257/159		
Shreveport	218/135	446/277	544/337	367/228	299/185	310/192	192/119	132/82	401/249	572/355	
Winnsboro	156/97	227/141	428/265	312/193	317/197	121/75	238/148	178/110	341/211	374/232	240/149

matiquement reportée aux dossiers du Québec.

Code de la route : attention, il n'y a pas de priorité à droite. Ce sont les panneaux de signalisation qui indiquent, à chacune des intersections, la priorité. Ces panneaux marqués *Stop* sur fond rouge sont à respecter scrupuleusement! Vous rencontrerez fréquemment un genre de stop au bas duquel est ajouté un petit rectangle rouge dans lequel est inscrit *4-Way*. Cela signifie bien entendu que tout le monde doit marquer l'arrêt et qu'aucune voie n'est prioritaire. Il faut que vous marquiez l'arrêt complet même s'il vous semble n'y avoir aucun danger apparent. Si deux voitures arrivent en même temps à l'un de ces panneaux de stop, c'est alors la règle de la priorité à droite qui s'impose. Dans les autres cas, c'est à la voiture arrivée la première de passer.

Les feux de circulation sont situés le plus souvent de l'autre côté de l'intersection. Faites attention où vous marquez l'arrêt.

Dans l'État de la Louisiane, il est permis de tourner à droite à un feu rouge lorsque la voie est libre (vous devez néanmoins marquer un temps d'arrêt). Les intersections où cette manœuvre est interdite sont identifiées par un panneau indiquant *No Turn on Red*. Lorsqu'un autobus scolaire (de couleur jaune) est à l'arrêt (feux clignotants allumés), il est obligatoire de vous arrêter quelle que soit votre direction. Le manquement à cette règle est considéré comme une faute grave!

Le port de la ceinture de sécurité est obligatoire.

Les autoroutes sont gratuites, sauf en ce qui concerne la plupart des Thruways. Les Interstates Highways sont désignées par la lettre *I*, suivie d'un numéro. Les panneaux indicateurs se reconnaissent à leur forme presque arrondie (le haut du panneau est découpé de telle sorte qu'il fait deux vagues) et à leur couleur bleue. Sur ce fond bleu, le numéro de l'Interstate ainsi que le nom de l'État traversé sont inscrits en blanc. En haut du panneau est inscrite la mention *Interstate* sur fond rouge.

La vitesse est limitée à 55 mph (88 km/h) sur la plupart des grandes routes. Le panneau de signalisation de ces grandes routes se reconnaît à sa forme carrée, bordée de noir et dans lequel le numéro de la route est largement inscrit en noir sur fond blanc.

Sur les Interstates, la limitation de la vitesse monte à 65 mph (104 km/h).

La gendarmerie routière est particulièrement zélée sur toutes les voies carrossables de la Louisiane. Soyez vigilant aux abords des villes et villages.

Le panneau triangulaire rouge et blanc où vous pouvez lire la mention *Yield* signifie que vous devez ralentir et céder le passage aux véhicules qui croisent votre chemin.

La limitation de la vitesse vous sera annoncée par un panneau routier de forme carrée et de couleurs blanche et noire dans lequel est inscrit *Speed Limit*, suivi de la vitesse limite autorisée.

Le panneau rond et jaune, barré d'une croix noire et de deux lettres *R*, indique un passage à niveau.

Postes d'essence : les États-Unis étant un pays producteur de pétrole, l'essence est nettement moins chère qu'en Europe, voire qu'au Québec et au Canada, en raison des taxes moins élevées.

Location de voitures

Les **agences de location de voitures** sont situées dans les aéroports et à différents endroits de la ville. Pour louer une voiture, les touristes étrangers doivent avoir un permis de conduire valide et l'une des principales cartes de crédit. Les tarifs commencent à 31$ par jour et à 150$ par semaine pour une voiture de classe économique, avec kilométrage illimité.

L'agence **HATA** *(☎800-356-8392)* se chargera de la location d'une voiture et vous aidera à trouver un hôtel (voir p 67). Il n'y a aucuns frais pour ce service.

Pour d'autres services de location de voitures, consultez les rubriques pour chacune des localités.

En autocar

Avec la voiture, l'autocar constitue le meilleur moyen de locomotion. Bien organisés et peu chers, les autocars couvrent la majeure partie de la Louisiane.

Pour obtenir les horaires et les destinations desservies, appelez la succursale locale de la compagnie Greyhound (voir ci-dessous).

Les Québécois peuvent faire leur réservation directement auprès de la compagnie Voyageur Colonial, qui représente la compagnie Greyhound à Montréal *(☎514-842-2281)*. Les Canadiens obtiendront tous les renseignements nécessaires en s'adressant au Terminus Go Transit à Toronto, en Ontario *(☎416-393-7911)*.

Sur presque toutes les lignes, il est interdit de fumer. En général, les enfants de cinq ans et moins sont transportés gratuitement. Les personnes de 60 ans et plus ont droit à d'importantes réductions. Les animaux ne sont pas admis.

Greyhound Bus Lines
1001, avenue Loyola
La Nouvelle-Orléans
☎(504) 525-6075 ou
☎800-231-2222

Hotard Coaches
2838, rue Touro
La Nouvelle-Orléans
☎(504) 944-0253

Circuit et fréquence des départs

Le trajet de la compagnie Greyhound a comme point de départ la Californie. L'autocar traverse ensuite le Texas et la Louisiane, où il fait la liaison entre les principales villes, puis l'État du Mississippi, pour enfin terminer son circuit tout au sud de la Floride.

Il y a cinq départs quotidiens, à partir de l'une ou l'autre des villes mentionnées.

Prix du trajet en autocar (aller simple)

Lafayette – Nouvelle-Orléans : 22$
Bâton-Rouge – Nouvelle-Orléans : 13$
Lafayette – Bâton-Rouge : 10$
Lafayette – Lac-Charles : 14$
Alexandrie – Lafayette : 27,50$
Shreveport – Alexandrie : 23$
Shreveport – Monroe : 18$

En train

Le train n'est pas toujours le moyen le moins cher pour vos déplacements et sûrement pas le plus rapide! (Il faut environ 30 heures pour se rendre de New York à La Nouvelle-Orléans.) Cependant, il peut être intéressant pour les grandes distances, car il offre un bon confort (essayez d'obtenir une place dans les voitures panoramiques pour profiter au maximum du paysage). Pour vous renseigner sur les horaires et les destinations desservies, communiquez avec la société AMTRAK, la propriétaire actuelle du réseau ferroviaire américain.

Train Station Amtrak
Union Passenger Terminal
1001, avenue Loyola
La Nouvelle-Orléans
☎(504) 528-1610 ou 800-872-7245

En avion

Il s'agit bien sûr d'un moyen de transport coûteux; cependant, certaines compagnies aériennes (surtout régionales) proposent régulièrement des tarifs spéciaux (hors saison, courts séjours). Encore une fois, soyez un consommateur averti et comparez les offres. Pour connaître avec précision les diverses destinations desservies par les compagnies régionales, adressez-vous aux bureaux de tourisme locaux.

Aéroport international de La Nouvelle-Orléans

L'**aéroport Moisant** (du nom d'un célèbre aviateur néo-orléanais) est le plus important de la Louisiane. Il assure la liaison avec les principales villes nord-américaines, centraméricaines et sud-américaines.

On y retrouve tous les services essentiels : location de voitures, guichets automatiques, bars, restaurants, boutiques de souvenirs. S'y trouvent également un comptoir de l'Office de tourisme de La Nouvelle-Orléans, un centre d'accueil pour les visiteurs et le Bureau de remboursement des taxes sur les achats effectués par les voyageurs étrangers.

L'hospitalité est une tradition en Louisiane et transparaît dans l'accueil réservé aux visiteurs dès leur arrivée.

Nombre de vols des grandes compagnies aériennes arrivent à l'aéroport international de La Nouvelle-Orléans (Moisant). Indicatif régional : 504.

Aeromexico :
☎524-1245 ou 800-237-6639
American Airlines :
☎800-433-7300
Aviateca Airlines :
☎800-327-9832
Continental Airlines :
☎581-2965 ou 800-525-0280
Delta Airlines :
☎529-2431 ou 800-221-1212
Lacsa the Airlines of Costa Rica :
☎468-3948 ou 800-225-2272
Northwest Airlines :
☎800-225-2525
Southwest Airlines :
☎834-2337 ou 800-531-5601
Trans World Airlines :
☎800-221-2000
United airlines :
☎466-1889 ou 800-241-6522
USAir : ☎454-2668 ou 800-428-4322
ValuJet : ☎800-835-8538

À vélo

Au royaume de l'automobile, il sera préférable que le cycliste s'en tienne aux routes secondaires : la campagne louisianaise recèle suffisamment de jolis coins, et il est inutile de s'engager sur les grands axes routiers.

En stop

À vos risques! Il est déconseillé de faire de l'auto-stop en Louisiane; à la suite de trop nombreuses mauvaises expériences, les automobilistes sont maintenant très méfiants envers les auto-stoppeurs. Puis, ceux qui ont recours à ce mode de transport sont désormais identifiés comme «itinérants». À l'inverse, l'auto-stoppeur ne sait jamais sur quel quidam il tombera. Bref, y faire du pouce demeure risqué.

LES TÉLÉCOMMUNICATIONS

L'indicatif régional pour La Nouvelle-Orléans et ses environs, Bâton-Rouge et les plantations, ainsi que la région du bayou Lafourche et Houmas est le 504; pour les autres régions, soit Acadiana, Carrefour et le nord de la Louisiane, l'indicatif régional est le 318. Il n'est pas nécessaire de faire précéder le numéro de l'abonné de ce numéro. Il est bon de savoir que tous les numéros de téléphone commençant par 800 ou 888 vous permettent de téléphoner sans payer de frais d'interurbain si vous vous trouvez à l'intérieur des États-Unis et, sauf indication contraire, du Québec et du Canada.

Si vous désirez rejoindre un téléphoniste, faites le 0. À moins que vous ne possédiez une télécarte, un montant de 0,80$ vous sera facturé si vous demandez au téléphoniste d'acheminer pour vous l'appel auprès de l'abonné.

Il en coûte 0,25$ pour faire un appel local dans les cabines publiques; vous devrez donc vous munir de petite monnaie. À défaut, on peut utiliser une carte de crédit ou une télécarte.

Pour appeler en Belgique, faites le 011-32 puis l'indicatif régional (Anvers 3, Bruxelles 2, Gand 91, Liège 41) et le numéro du correspondant.

Pour appeler au Canada et au Québec, faites le 1 puis l'indicatif régional (Montréal 514, Ottawa 613, Québec 418, Toronto 416, Vancouver 604) et le numéro du correspondant. Pour joindre un téléphoniste de **Canada Direct**, composez le 800-555-1111.

Pour appeler en France, faites le 011-33 puis le numéro à 10 chiffres du correspondant en omettant le premier zéro. **France Direct** *(☎800-872-7835)* est un service qui vous permet de communiquer avec un téléphoniste de France et de faire porter les frais à votre compte de téléphone en France.

Pour appeler en Suisse, faites le 011-41 puis l'indicatif régional (Berne 31, Genève 22, Lausanne 21, Zurich 1) et le numéro du correspondant.

LES ASSURANCES

Annulation

Cette assurance est normalement offerte par l'agent de voyages au moment de l'achat du billet d'avion ou du forfait. Elle permet le remboursement du billet ou forfait dans le cas où le voyage devrait être annulé en raison d'une maladie grave ou d'un décès. Les gens n'ayant pas de problèmes de santé ont peu de chance d'avoir à recourir à une telle protection. Elle demeure par conséquent d'une utilité relative.

Vol

La plupart des assurances-habitation au Québec protègent une partie des biens contre le vol même si celui-ci a lieu à l'étranger. Pour réclamer, il faut avoir un rapport de police. Comme tout dépend des montants couverts par votre police d'assurance-habitation, il n'est pas toujours utile de prendre une assurance supplémentaire. Les visiteurs européens, pour leur part, doivent vérifier que leur police protège leurs biens à l'étranger, car ce n'est pas automatiquement le cas.

Vie

Plusieurs compagnies aériennes offrent une assurance-vie incluse dans le prix du billet d'avion. D'autre part, beaucoup de voyageurs disposent déjà d'une telle assurance; il n'est donc pas nécessaire de s'en procurer une supplémentaire.

Maladie

Sans doute la plus utile pour les voyageurs, l'assurance-maladie s'achète avant de partir en voyage. La couverture de cette police d'assurance doit être la plus complète possible, car à l'étranger le coût des soins peut s'élever rapidement. Au moment de l'achat de la police, il faudrait veiller à ce qu'elle couvre bien les frais médicaux de tout ordre, comme l'hospitalisation, les services infirmiers et les honoraires des médecins (jusqu'à concurrence d'un montant assez élevé, car ils sont chers). Une clause de rapatriement, pour le cas où les soins requis ne peuvent être administrés sur place, est précieuse. En outre, il peut arriver que vous ayez à débourser le coût des soins en quittant la clinique. Il faut donc vérifier ce que prévoit la police dans ce cas. Durant votre séjour, vous devriez toujours garder sur vous la preuve que vous avez contracté une assurance-maladie, ce qui vous évitera bien des ennuis si par malheur vous en avez besoin.

LA SANTÉ

Généralités

Pour les personnes en provenance d'Europe, du Québec et du Canada, aucun vaccin n'est nécessaire. D'autre part, il est vivement recommandé, en raison du prix élevé des soins, de souscrire à une bonne assurance maladie-accident. Il existe différentes formules, et nous vous conseillons de les comparer. Apportez vos médicaments, surtout ceux qui exigent une ordonnance. Sauf indication contraire, l'eau est potable partout en Louisiane.

Méfiez-vous des fameux coups de soleil. Lorsque souffle le vent, il arrive fréquemment que l'on ne ressente pas les brûlures causées par le soleil. Comme la Louisiane est située à la même latitude que la ville du Caire en Égypte, n'oubliez pas votre crème solaire!

Morsures de serpents et piqûres d'insectes

Le climat subtropical ainsi que l'abondance d'étendues aquatiques et forestières font de la Louisiane un pays de prédilection pour les serpents, les insectes et autres moustiques.

Le très venimeux serpent qu'est le mocassin (Conjo) est particulièrement présent dans les endroits marécageux (bayous, ciprières, rizières, fossés, etc.). Comme la plupart des reptiles, voire d'autres animaux sauvages, le serpent redoute la présence humaine. Pour ne pas déranger ce serpent, on doit user de prudence lorsqu'on circule dans de tels endroits. Le promeneur enfilera donc une bonne paire de bottes en caoutchouc lorsqu'il s'aventure dans l'habitat du fameux Conjo.

Les maringouins, ces insectes bien connus des Québécois dont le dard pénètre dans la peau pour en sucer le sang, abondent en été. Partout où il y a de l'eau, on retrouve cet insecte agaçant. Un simple produit insectifuge évitera bien des désagréments.

Lorsqu'on se promène dans les bois, il faut prendre garde aux tiques. Non seulement ce minuscule insecte pique-t-il, mais il peut aussi transmettre des maladies. En cas de piqûre, on recommande d'en glisser quelques spécimens dans un contenant fermant hermétiquement et de les apporter immédiatement à la pharmacie ou à la clinique la plus proche pour analyse. La tique des bois collant à la peau, on la retirera avec précaution à l'aide d'une pince à épiler par exemple.

Ne vous approchez pas trop des alligators (ou «cocodries», dans la langue 'cadienne) car, malgré leur apparente somnolence, ils sont toujours aux aguets. Si l'un d'entre eux vous pourchasse, évitez de fuir en ligne droite et courez plutôt en zigzaguant; l'alligator fonce droit sur sa proie, et il lui est difficile de changer de direction.

À la campagne de même qu'en ville, on trouve des tas de fourmis rouges. On évitera de s'en approcher, car elles irritent la peau telle une brûlure, d'où leur appellation anglaise de *fire ants*.

On peut se procurer une brochure sur les particularités de la faune et de la flore louisianaises en s'adressant au **Parc de la nature de l'Acadiana** *(☎318-261-8448)*.

Pour toutes les urgences, incluant piqûres de serpents, morsures et empoisonnements, consultez ci-dessous la liste des numéros de téléphone à composer.

Secours

Si vous avez besoin d'une aide urgente, faites le **911**, ou le **0** pour obtenir l'assistance téléphonique nécessaire.

Urgences médicales en cas d'empoisonnement, pour toutes les régions : ☎800-256-9822; région de Monroe : ☎(318) 325-6454; région de Lac-Charles : ☎(318) 478-6800.

Urgences médicales pour la région de Lafayette, appelez Ask-a-Nurse : ☎(318) 231-2900.

Il existe aussi à Lafayette un service téléphonique d'informations enregistrées disant ce qu'il faut faire en cas de malchance : ☎(318) 262-5854; à partir du même numéro de téléphone, composez ensuite le code approprié à la situation précaire du moment : pour les morsures d'animaux, composez le 1018 et, pour les fourmis, faites le 3063. On peut se procurer tous les numéros pertinents dans les pages jaunes de l'annuaire du téléphone de Lafayette et des autres villes de la Louisiane.

SÉCURITÉ

On ne le répétera jamais assez : les États-Unis sont une société relativement violente, mais rien ne sert de paniquer et de rester cloîtré dans sa chambre d'hôtel!

Un petit conseil : il est souvent préférable de s'enquérir, dès son arrivée, des quartiers qu'il vaut mieux s'abstenir de visiter à n'importe quelle heure du jour et de la nuit. En prenant les précautions courantes, il n'y a pas lieu d'être inquiet outre mesure pour sa sécurité. Si toutefois la malchance était avec vous, n'oubliez pas que le numéro de secours est le **911**, ou le **0** en passant par le téléphoniste.

PERSONNES HANDICAPÉES

L'État de la Louisiane a voté une loi pour le respect des droits des personnes handicapées.

Une vignette dûment appliquée sur la plaque d'immatriculation permet à ses détenteurs de stationner leur voiture dans des zones qui leur sont réservées. Les automobilistes qui ne détiennent pas cette vignette sont passibles d'une amende de 50$.

L'accessibilité aux personnes à mobilité réduite est donc un fait reconnu dans tous les endroits publics de la Louisiane : hôtels, motels, restaurants, musées, golfs, stationnements, etc.

Il existe un organisme national donnant tous les renseignements nécessaires aux voyageurs handicapés visitant les États-Unis :

Society for the Advancement of Travel for the Handicapped
347 5th Avenue
Bureau 610
New York
NY 10016
☎(212) 447-7284.

Services d'aide aux handicapés

Pour l'État de la Louisiane :
Louisiana State Rehabilitation Services
☎800-737-2875
(en service 24 heures sur 24)

Les endroits mentionnés ci-dessous ouvrent tous les jours de la semaine de 8h30 à 17h30.

À La Nouvelle-Orléans :
Resources for Independent Living
1555, rue de Poydras
La Nouvelle-Orléans
☎(504) 522-1955

Advocacy Center for the Elderly and Disabled
210, avenue O'Keefe
Bureau 700
La Nouvelle-Orléans
LA 70112
☎(504) 522-2337 ou 800-960-7705

À Lafayette :
Departement of Disabilities
☎(318) 262-5610

Southwest Louisiana Independent Living Center
☎(318) 269-0027

Office for Persons with Disabilities
☎(318) 232-3463 ou 261-5548

Southwest Louisiana Education and Referral Center
439 boulevard Heymann
Lafayette
LA 70505
☎(318) 232-3463 ou 261-5548

Affiliated Blind of Louisiana
(aide aux non-voyants)
409, boulevard Sainte-Marie Ouest
Lafayette
LA 70506
☎(318) 234-6492

Advocacy Center for the Elderly and Disabled
515, chemin du Collège Sud
Bureau 130
Lafayette
LA 70503
☎(318) 237-7380

CLIMAT ET HABILLEMENT

Le climat rencontré en Louisiane est essentiellement chaud et humide pendant toute la saison estivale, qui s'étend de mai à la fin septembre. Aussi est-il préférable, dans la mesure du possible, de visiter cette région au printemps ou en automne. Ces deux saisons vous épargneront les grosses chaleurs torrides et l'humidité ambiante qui règnent durant l'été, tout en vous réservant d'agréables journées ensoleillées et de belles nuits fraîches. L'hiver est assez clément, et les températures restent douces. Que ce soit au printemps, en automne ou en hiver, il serait prévoyant de mettre dans vos valises, en plus de vos vêtements de mi-saison, un bon imperméable.

Pour se protéger contre le climat chaud et humide de la Louisiane, les hôtels, les restaurants et autres endroits publics sont parfois climatisés à l'excès. Il est donc recommandé de se couvrir les épaules pour éviter les refroidissements.

Les meilleurs mois pour visiter la Louisiane sont de janvier à mai et d'octobre à décembre. Les mois de juin, juillet, août et septembre sont humides et parfois inconfortables.

Température (moyennes des maximum et des minimum en °C)

Janvier :	19 et 9
Février :	19 et 10
Mars :	22 et 13
Avril :	25 et 17
Mai :	29 et 20
Juin :	32 et 24
Juillet :	32 et 24
Août :	32 et 25
Septembre :	31 et 23
Octobre :	27 et 19
Novembre :	21 et 13
Décembre :	18 et 10

LES SERVICES FINANCIERS

La monnaie

L'unité monétaire est le dollar ($US), lui-même divisé en cents.
Un dollar = 100 cents.

Il existe des billets de banque de 1, 5, 10, 20, 50 et 100 dollars, de même que des pièces de 1 (*penny*), 5 (*nickel*), 10 (*dime*), 25 (*quarter*) cents.

Les pièces d'un demi-dollar et le dollar en métal sont très rarement utilisés. Sachez qu'aucun achat ou service ne peut être payé en devises étrangères aux États-Unis. Songez donc à vous procurer des chèques de voyage en dollars américains. Vous pouvez également utiliser toute carte de crédit affiliée à une institution américaine, comme Visa, MasterCard, American Express, la Carte Bleue, Interbank et Barcley Card. **Il est à noter que tous les prix mentionnés dans le présent ouvrage sont en dollars américains.**

Banques

Elles sont ouvertes du lundi au vendredi, de 9h à 15h.

Il existe de nombreuses banques, et la plupart des services courants sont rendus aux touristes. Pour ceux qui ont choisi un long séjour, il est à noter qu'une personne **non résidente** ne peut ouvrir un compte bancaire courant. Dans ce cas, pour avoir de l'argent liquide, la meilleure solution demeure encore d'être en possession de chèques de voyage. Le retrait de votre compte à l'étranger constitue une solution coû-

Taux de change					
1US$	=	1,52$CAN	1$CAN	=	0,66US$
1US$	=	0,91EURO	1EURO	=	1,09US$
1US$	=	5,99FF	1FF	=	0,17US$
1US$	=	1,46FS	1FS	=	0,68US$
1US$	=	36,82FB	10FB	=	0,27US$
1US$	=	151,88PTA	100PTA	=	0,66US$
1US$	=	1767,48LIT	1000LIT	=	0,57US$

teuse, car les frais de commission sont élevés. Par contre, plusieurs guichets automatiques accepteront votre carte de banque européenne, canadienne ou québécoise, et vous pourrez alors retirer de votre compte directement. Les mandats-poste ont l'avantage de ne pas comporter de commission, mais l'inconvénient de prendre quelque temps à vous parvenir. Les personnes qui ont obtenu le statut de résident, permanent ou non (immigrants, étudiants), peuvent ouvrir un compte de banque. Il leur suffira, pour ce faire, d'apporter leur passeport ainsi qu'une preuve de leur statut de résident.

Change

La plupart des banques changent facilement les devises européennes et canadiennes, mais presque toutes demandent des **frais de change.** En outre, on peut s'adresser à des bureaux ou comptoirs de change qui, en général, n'exigent aucune commission. Ces bureaux ont souvent des heures d'ouverture plus longues. La règle à retenir : **se renseigner et comparer**.

Les cartes de crédit

Les principales cartes de crédit (American Express, MasterCard et Visa) sont acceptées dans l'ensemble des commerces. On peut en outre obtenir des avances en argent avec ces mêmes cartes dans la plupart des institutions bancaires des États-Unis et certains bureaux de change. Visa International offre aux détenteurs de cette carte un service continu (24 heures sur 24) en cas de perte ou de vol de carte de crédit :

Visa International
☎800-847-2911 ou 800-336-8472

American Express
☎800-528-5200

MasterCard
☎800-826-2181.

HÉBERGEMENT

Types d'hébergement

Hôtels : quelques établissements luxueux, des grandes chaînes internationales telles que Le Méridien, Holiday Inn, Crown Plaza, avec restaurants à prix divers. Nombreux au centre-ville et le long des autoroutes. Service de style international.

Motels : situés sur les voies d'accès. Chambre particulière pouvant accueillir de deux à quatre personnes, avec télévision, bain privé et stationnement.

Bed and breakfasts : on y est logé dans une chambre chez l'hôte, soit dans un pavillon séparé ou même dans une coquette maison de plantation. Les meubles sont souvent d'époque. On y sert gracieusement des petits déjeuners légers ou à l'américaine, avec œufs, bacon, saucisses, etc.

Cabins : on trouve encore mais plus rarement ces petits chalets individuels avec cuisinette.

Campings : ils sont nombreux. Comptez en moyenne 6$ et moins pour les campings d'État et environ 13$ pour les campings privés.

Auberges de jeunesse : elles sont accréditées auprès de la Fédération américaine des Auberges de jeunesse.

Réservations-locations

L'agence **HATA**, ouverte tous les jours de 8h30 à 22h30, se charge de réservations d'hôtels ou de motels et de location de voitures.

Si vous désirez visiter une région en particulier, HATA vous suggérera des hôtels et l'on se chargera des réservations.

HATA *(☎800-356-8392)* : ce numéro sans frais est également accessible aux Canadiens et aux Québécois.

VOS ACHATS

Généralités

Vérifiez auprès des commerçants s'ils peuvent vous faire bénéficier des exemptions de taxes auxquelles ont droit tous les visiteurs étrangers séjournant en Louisiane.

La Louisiane est en effet le seul État américain à pratiquer le remboursement des taxes sur les achats effectués par les visiteurs étrangers. Le plus simple est de se procurer le *Répertoire des établissements* (plus de 1 000 établissements participent à ce programme) auprès du :

Louisiana Tax Free Shopping
2, rue du Canal
La Nouvelle-Orléans
LA 70130
☎(504) 568-5323.

Lors de vos achats, on vous donne un formulaire à remplir que vous remettrez avec vos factures avant de quitter la Louisiane. Les remboursements inférieurs à 500$ sont effectués en espèces au Bureau de remboursement (Refund Center) de l'aéroport international de La Nouvelle-Orléans; au-delà de 500$, un chèque est expédié au domicile du visiteur.

Quoi acheter?

À La Nouvelle-Orléans, de nombreuses boutiques proposent des souvenirs reliés au Mardi gras, et l'on y trouve une foule d'antiquaires et de galeries d'art.

Choisissez des objets pratiques d'artisanat chez les Amérindiens et, en Acadie louisianaise, allez visiter directement l'artisan à son atelier, où vous serez davantage en mesure de faire un choix judicieux.

Taxes

Contrairement à l'Europe, les prix sont, dans la majorité des cas, affichés **hors taxes**. N'oubliez pas d'en tenir compte dans l'évaluation de votre budget, car elles peuvent être de 9% à La Nouvelle-Orléans.

Droit de remboursement pour les non-résidents

Renseignez-vous auprès des offices de tourisme et des commerces visités, ou téléphonez au :

Louisiana Tax Free Shopping
☎(504) 568-5323.

Horaires

Bureaux de poste

Ils sont ouverts du lundi au vendredi, de 8h à 17h30 (parfois jusqu'à 18h), et le samedi de 8h à 12h.

Magasins

Ils sont généralement ouverts du lundi au samedi, de 9h30 à 17h30 (parfois jusqu'à 18h). Les supermarchés ferment en revanche plus tard ou restent même, dans certains cas, ouverts 24 heures sur 24, 7 jours sur 7.

Pourboires

Il s'applique à tous les services rendus à table, c'est-à-dire dans les restaurants ou autres endroits où l'on vous sert à table (la restauration rapide n'entre donc pas dans cette catégorie). Il est aussi de rigueur dans les bars, les boîtes de nuit et les taxis.

Selon la qualité du service rendu, il faut compter environ 15% de pourboire sur le montant avant les taxes. Il n'est pas, comme en Europe, inclus dans l'addition, et le client doit le calculer lui-même et le remettre à la serveuse ou au serveur; service et pourboire sont une même et seule chose en Amérique du Nord.

DIVERS

Bars et discothèques

Certains exigent un droit d'entrée, particulièrement lorsqu'il y a un spectacle. Le pourboire n'y est pas obligatoire et est laissé à la discrétion de chacun; le cas échéant, on appréciera votre geste.

Décalage horaire

Lorsqu'il est 13h à Montréal, il est midi à La Nouvelle-Orléans. Le décalage horaire pour la France, la Belgique ou la Suisse est de sept heures. N'oubliez pas qu'il existe plusieurs fuseaux horaires aux États-Unis. Par exemple, Los Angeles, sur la côte du Pacifique, a deux heures de retard sur la Louisiane, et Hawaii en a quatre.

Jours de fête et jours fériés

Voici la liste des jours fériés aux États-Unis. Notez que la plupart des magasins, services administratifs et banques sont fermés ces jours-là.

En Louisiane, la journée du Mardi gras est également fériée.

Jour de l'An : 1er janvier

Journée de Martin Luther King : troisième lundi de janvier

Anniversaire d'Abraham Lincoln : 12 février

Anniversaire de George Washington : troisième lundi de février

Saint-Patrick : 17 mars

Jour des Patriotes : 19 avril

Journée du Souvenir : dernier lundi de mai

Jour de l'Indépendance : 4 juillet (fête nationale des États-Unis)

Fête du Travail : premier lundi de septembre

Journée de Christophe Colomb : deuxième lundi d'octobre

Journée des Vétérans et de l'Armistice : 11 novembre

Action de grâces : quatrième jeudi de novembre

Noël : 25 décembre

Drogues

Elles sont absolument interdites (même les drogues dites «douces»). Aussi bien les consommateurs que les distributeurs risquent de très gros ennuis s'ils sont trouvés en possession de drogues.

Électricité

Partout aux États-Unis, la tension électrique est de 110 volts et le courant est de 60 périodes par seconde (Europe : 50 périodes); aussi les magnétophones, magnétoscopes, lecteurs de disques compacts, réveille-matin électriques de fabrication européenne ne sont-ils pas conseillés.

Les fiches d'électricité sont plates, et l'on peut trouver des adaptateurs sur place.

Émigrer aux États-Unis

Renseignez-vous auprès des services d'immigration des ambassades et consulats des États-Unis d'Amérique de votre pays.

Festivals et fêtes

Consultez la section «Sorties» de chacun des chapitres.

Poids et mesures

Le système impérial est en vigueur aux États-Unis :

Mesures de poids
1 livre (lb) = 454 grammes

Mesures de distance
1 pouce (po) = 2,5 centimètres
1 pied (pi) = 30 centimètres
1 mille (mi) = 1,6 kilomètre

Mesures de superficie
1 acre = 0,4 hectare
10 pieds carrés (pi^2) = 1 mètre carré

Mesures de volume
1 gallon américain (gal) = 3,79 litres

Mesures de température
Pour convertir °F en °C : soustraire 32, puis diviser par 9 et multiplier par 5.
Pour convertir °C en °F : multiplier par 9, puis diviser par 5 et ajouter 32.

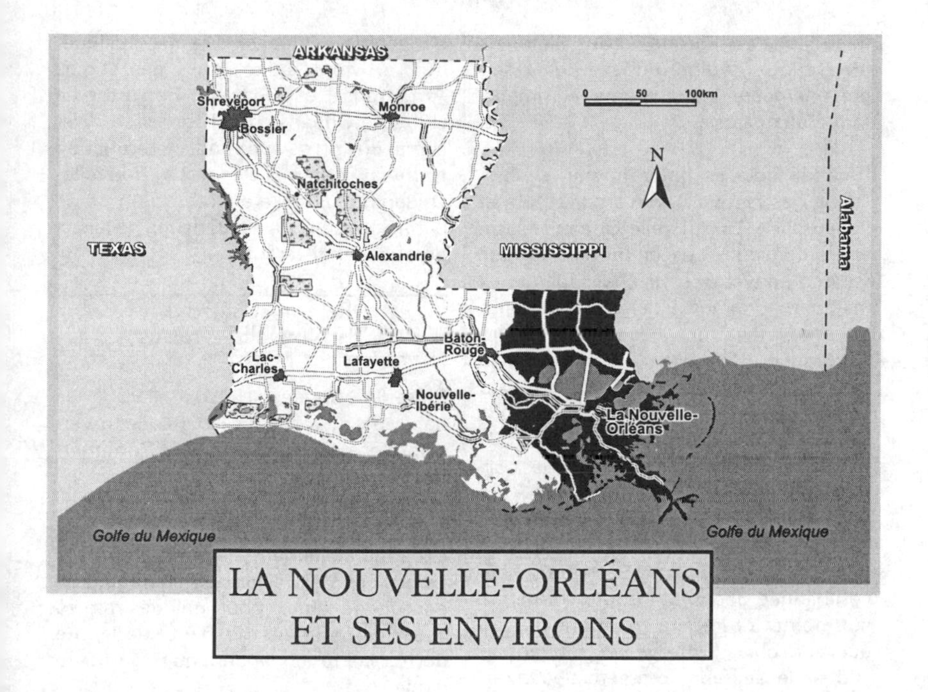

LA NOUVELLE-ORLÉANS ET SES ENVIRONS

L'histoire de **La Nouvelle-Orléans** ★★★, comme celle de la Louisiane, se fond avec celle de la Nouvelle-France. Jean-Baptiste Le Moyne de Bienville en jeta les bases en 1718. Le précédèrent Louis Joliet et le père Marquette en 1673, puis Cavelier de La Salle en 1682. En 1697, sous Pierre Le Moyne d'Iberville (frère de Jean-Baptiste), commence la colonisation de la Louisiane. En 1762, la France cède la Louisiane à l'Espagne. Celle-ci la lui restitue en 1800. Le 30 novembre 1803, Napoléon vend les 2 600 000 km^2 de la Louisiane aux Américains pour 80 millions de francs.

La Nouvelle-Orléans fut profondément marquée par la présence française; durant l'occupation espagnole, le français ne perdit nullement sa préséance. Aujourd'hui, cependant, le français ne résonne plus guère entre ses murs. Si, au hasard d'une promenade, on entend parler français, c'est seulement que l'Acadie louisianaise n'est pas très éloignée.

Nombreux sont les musiciens et chanteurs 'cadiens à se produire dans les cafés-restaurants de cette ville qui a donné naissance à tant d'artistes. La cité, carrefour de cultures fort différentes pendant trois siècles, fut propice à l'éclosion d'une culture originale. Ici sont nés Louis Armstrong et Sidney Bechet. Également réputée pour ses restaurants, La Nouvelle-Orléans se targue d'être la capitale américaine de la gastronomie; la cuisine créole qu'elle propose est une fusion des cuisines amérindienne, française, africaine et espagnole. La ville semble surgir des méandres du Mississippi. Le fleuve ainsi que la proximité du golfe du Mexique favorisèrent La Nouvelle-Orléans, qui devint un important tremplin économique entre l'Europe et les colonies d'Amérique. Aujourd'hui encore, son port demeure le deuxième en importance aux États-Unis.

Réputée pour sa gastronomie, sa musique, ses festivals, son architecture et son histoire, La Nouvelle-Orléans est un endroit unique. Les épithètes les plus variées peuvent servir à la dépeindre : magique, bruyante, débonnaire, flamboyante et même... décadente, voire sulfureuse. Un chroniqueur du siècle dernier la décrivait comme *«la plus cosmopolite des villes de province ou la plus provinciale des villes cosmopolites»*. Sa situation géographique particulière, presque insulaire, car elle est enserrée dans une courbe prononcée du Mississippi, lui a également valu le nom de «Cité du Croissant». Sa topographie compliquée décourage toute référence aux points de repère traditionnels, les quartiers chics (*Uptown*) se trouvant au sud et le secteur commercial (*Downtown*) au nord. Les rivages respectifs du lac Pontchartrain et du Mississippi en constituent l'axe transversal.

La Nouvelle-Orléans a su préserver son riche patrimoine. Son Vieux-Carré Français impressionne autant par sa dimension que par la profusion de maisons d'époque qu'il recèle. Des influences françaises et espagnoles ont imprégné l'architecture de ce vaste quadrilatère. La Nouvelle-Orléans est vraiment envoûtante avec ses cours intérieures fleuries, ses balcons ouvragés, ses rues et ses places publiques. Autour de l'ancienne place d'Armes (square Jackson), dominée par les flèches de la cathédrale Saint-Louis-Roi-de-France, tout comme à travers les dédales des rues du Rempart, de Bienville, de Toulouse, Bourbon, Dauphine, de Conti, des Ursulines, d'Iberville, Dumaine, de Chartres et de l'Esplanade, le périmètre historique révèle constamment des charmes insoupçonnés.

La Nouvelle-Orléans, ville de musique, qui a vibré aux sons des Louis Armstrong et Sidney Bechet. La Nouvelle-Orléans de Tennessee Williams, où l'on se surprend à chercher un tramway nommé Désir. La Nouvelle-Orléans, plus belle encore qu'on ne se l'imagine. La Nouvelle-Orléans ne laisse personne indifférent.

Région au nord de La Nouvelle-Orléans

Entre les années 1840 et 1930, les habitants de La Nouvelle-Orléans traversaient en grand nombre le lac Pontchartrain pour aller se revivifier dans les petits villages de la paroisse de Saint-Tammany. La concentration d'ozone exceptionnellement élevée et la pureté de ses sources faisaient de la région un endroit de choix pour qui désirait se soustraire à la vie trépidante de la cité ou fuir les foyers endémiques de fièvre jaune.

Aujourd'hui, les visiteurs empruntent le **pont-chaussée du lac Pontchartrain** (Lake Pontchartrain Causeway). Avec ses deux travées, le pont fait plus de 42 km : c'est la plus longue contruction du genre au monde. Les citadins, heureux de «changer de rythme» et de quitter les réseaux fébriles, empruntent les routes panoramiques où les *bed and breakfasts* accueillants remplacent les hôtels de verre et d'acier.

La population de Saint-Tammany s'élève à 145 000 habitants, dispersés dans plusieurs petites municipalités. Ville-dortoir, centre technologique ou petite agglomération rurale, chaque lieu déploie un charme suranné se composant d'histoire, de vieilles pierres et de nature tranquille.

À l'ouest et au nord se situent les paroisses de Livingston, de Sainte-Hélène, de Tangipahoa et de Washington. Une vaste contrée rurale dont l'économie

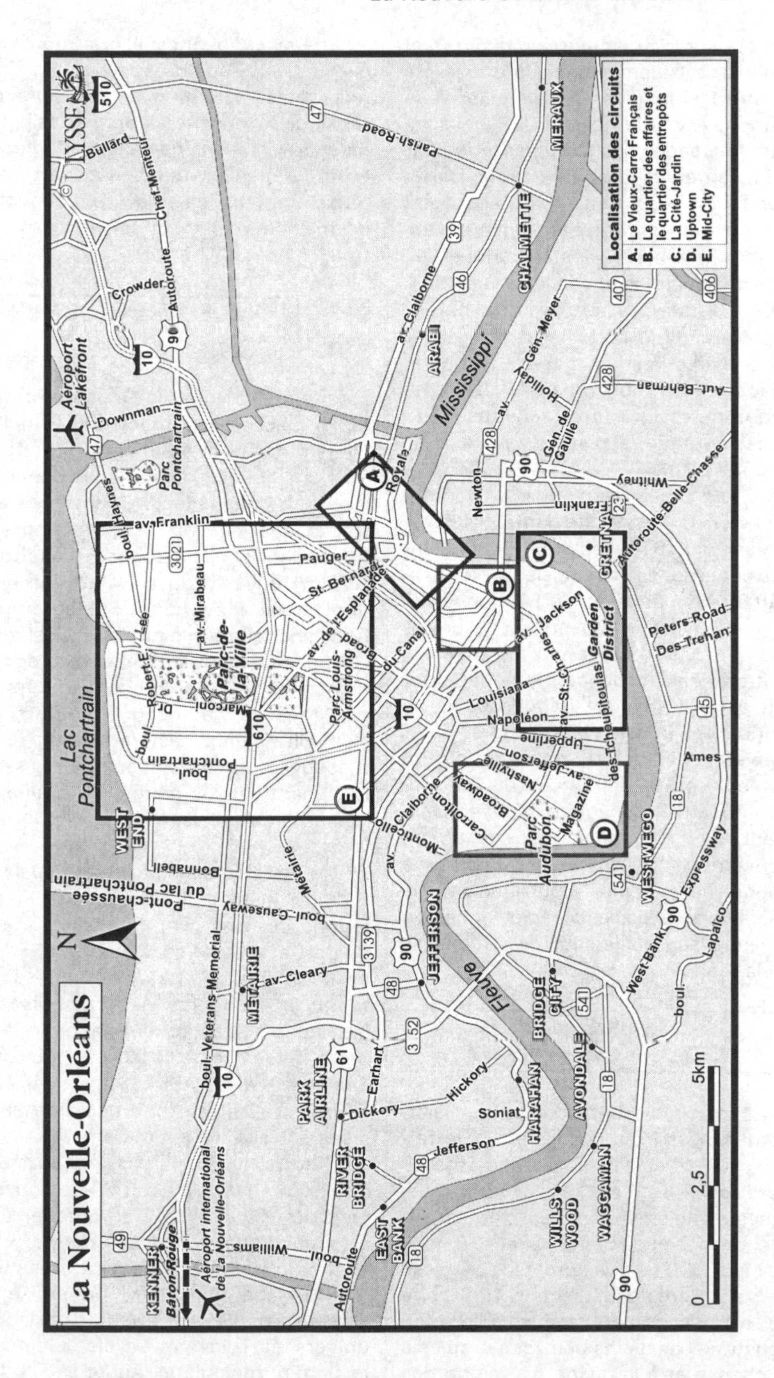

LA NOUVELLE-ORLÉANS

gravite sur la foresterie, l'agriculture et l'industrie laitière. Bogalusa a déjà été le site de la plus grande scierie du monde. Après la guerre de Sécession, des descendants d'immigrants italiens y implantèrent la culture de la fraise; Hammond, qui en était le point d'expédition, s'affuble encore aujourd'hui, avec son festival annuel, du titre de «capitale mondiale de la fraise». L'État du Mississippi borde les paroisses du nord ainsi que celles de l'est, là où la rivière Pearl en trace la frontière. Le long de ce cours d'eau, favorable au canotage et aux autres activités nautiques, se situe la réserve faunique de Bogue Chitto.

À la suite d'une révolte contre les Espagnols en 1810, ceux-ci occupaient cette partie de la Louisiane alors intégrée aux paroisses de Félicienne Est et de Félicienne Ouest, tout comme celle de Bâton-Rouge; ce territoire acquit son indépendance : le nouvel État prit alors le nom de République de la Floride de l'Ouest (West Florida). Cette souveraineté fut cependant de courte durée, à peine trois mois, du 24 septembre au 7 décembre plus précisément. Bref, le temps qu'il fallait au gouverneur Williams C.C. Clairborne pour ramener la mini-république sous la bannière américaine. La région conserve toujours son qualificatif de «Paroisses de la Floride».

Région au sud de La Nouvelle-Orléans

Les territoires des paroisses de Saint-Bernard, des Plaquemines et de Jefferson, qui s'étendent de chaque côté du Mississippi, sont en grande partie constitués de vastes étendues marécageuses, de lacs et de bayous. Par exemple, des 967 000 ha que compte la paroisse de Saint-Bernard, seulement 12 500 ha ne sont pas marécageux. Elle n'en constitue pas moins une zone propice à la chasse et à la pêche. La région des Plaquemines, quant à elle, a été créée par les alluvions du fleuve. Son sol riche et sa situation sur le golfe du Mexique favorisent la culture des agrumes; on y cultive également la fameuse «tomate créole», une variété fort goûteuse et juteuse que l'on peut déguster en mai. Son sous-sol est riche en pétrole et en gaz.

POUR S'Y RETROUVER SANS MAL

Le site de La Nouvelle-Orléans est très facile d'accès. L'aéroport international **(New Orleans International Airport)**, à 16 km à l'ouest, accueille les principales lignes aériennes internationales, tandis que les vols privés ou nolisés transitent par l'aéroport **(Lakefront Airport)** qui se trouve à l'est, en bordure du lac Pontchartrain. L'autoroute I-10 ainsi que les nationales US 61 et US 90 traversent la ville, qui est également desservie par le chemin de fer et par le réseau d'autocars inter-États. La Nouvelle-Orléans est aussi un port d'accueil pour les bateaux de croisière naviguant dans le golfe du Mexique et la mer des Antilles.

La Nouvelle-Orléans se situe à quelque 145 km du golfe du Mexique et s'étend le long du Mississippi. La ville s'étend de part et d'autre du Vieux-Carré Français. En aval, soit *Downtown*, se situent le faubourg Marigny puis les banlieues d'Arabi et de Chalmette, lieu de la célèbre bataille de La Nouvelle-Orléans. La pointe d'Alger *(Algiers Point)* et Gretna sont des banlieues sises en face du Vieux-Carré Français, sur l'autre rive du Mississippi ou *West Bank*. En amont, c'est-à-dire à l'ouest, ou *Uptown*, se trouve le quartier des affaires (*Central Business District*) qui se nommait antérieurement faubourg Sainte-Marie. Plus loin, on croise la Cité-Jardin *(Garden District)* puis les universités Tulane et Loyola, le parc et le Jardin zoologique Audubon, et les quartiers résidentiels de la rue Magazine et de l'avenue Carrollton (le quartier aux environs des avenues Carrollton et Saint-Charles se nomme *Riverbend*). Viennent ensuite les municipalités de Métairie et de Kenner; dans cette dernière banlieue se situe l'aéroport international de La Nouvelle-Orléans (Moisant). Entre le centre-ville et le lac Pontchartrain, qui borde la ville au nord, on traverse le faubourg Tremé et le quartier *Mid-City*, deux zones urbaines majoritairement afro-américaines.

De l'autoroute I-10, on accède au centre ville par les sorties 234 A (Claiborne), 234 B (de Poydras) ou 234 C (Superdôme), 235 A (Vieux-Carré Français et rue d'Orléans), 235 B (rue du Canal) et 236 A (avenue de l'Esplanade).

Aéroports

Aéroport international de La Nouvelle-Orléans (New Orleans International Airport) *(sortie 228 de l'autoroute I-10, Kenner, ☎504-464-2752 ou 464-3547)*. Voir p 60.

Lakefront Airport *(sortie 241 de l'autoroute I-10, La Nouvelle-Orléans, ☎504-242-4110)*.

La **navette de l'aéroport** (Airport Shuttle) *(départs aux 15 min, ☎504-587-1761 ou 522-3500, 800-543-6332 des États-Unis)* offre un service de minibus entre l'aéroport et la plupart des hôtels du centre-ville pour 10$ par personne. Le tarif des taxis est fixé par la Ville, et le trajet de l'aéroport à la plupart des adresses du centre-ville est de 21$ pour une ou deux personnes; pour trois passagers et plus, comptez 8$ par personne.

Louisiana Transit, avec **autobus public d'aéroport**, assure la liaison avec le centre-ville toutes les 30 min pour 1,50$ (trajet d'une durée de 45 min). On attend l'autobus sur la rampe supérieure de l'aéroport. Pour retourner à l'aéroport, un arrêt est situé à l'angle de la place Elks et de l'avenue Tulane, face à la bibliothèque municipale. Le dernier autobus quitte à 18h30. Renseignements : ☎737-9611.

Trains

Pour obtenir les horaires et les destination desservies, communiquez avec la société AMTRAK, propriétaire du réseau ferroviaire américain (voir aussi p 60).

Train Station Amtrak
Union Passenger Terminal
1001, avenue Loyola
La Nouvelle-Orléans
☎800-872-7245 (USA-RAIL) des États-Unis

Autocars

Pour obtenir les horaires et les destinations desservies, appelez la succursale locale des compagnies suivantes (voir aussi p 59).

Hotard Coaches
2838, rue Touro
La Nouvelle-Orléans
☎(504) 944-0253

Greyhound Bus Lines
1001, avenue Loyola
La Nouvelle-Orléans
☎(504) 525-6075
☎800-231-2222 des États-Unis

Location de voitures

L'agence **HATA** *(☎800-356-8392 d'Amérique du Nord)* se chargera de la location d'une voiture et vous aidera à trouver un hôtel. Il n'y a aucuns frais pour ce service.

Les **agences de location de voitures** sont situées à l'aéroport et à différents endroits de la ville. Pour louer une voiture, les touristes étrangers doivent avoir un permis de conduire valide et l'une des principales cartes de crédit. Les tarifs commencent à 31$ par jour et à 150$ par semaine pour une voiture de classe économique, kilométrage illimité.

Alamo Rent A Car
225 E, Airline Highway
La Nouvelle-Orléans
☎(504) 469-0532
☎800-327-9633 des États-Unis

Avis Rent A Car
2024, rue du Canal
La Nouvelle-Orléans, LA 70112
☎(504) 523-4317
☎800-331-1212 d'Amérique du Nord

Budget Rent A Car
1317, rue du Canal
La Nouvelle-Orléans
☎(504) 467-2277
☎800-527-0700 d'Amérique du Nord

Dollar Rent A Car
1910, Airlines Highway
Kenner
☎(504) 467-2285
☎800-800-4000 des États-Unis

Hertz Rent A Car
901, boulevard Convention Center
Bureau 101
La Nouvelle-Orléans
☎(504) 568-1645
☎800-654-3131 d'Amérique du Nord

National Car Rental
1020, Airline Highway
Kenner
☎(504) 466-4335
☎800-227-7368 des États-Unis

Value Rent A Car
1701, Airline Highway
Kenner
LA 70062
☎(504) 469-2688

Taxis

Les taximètres sont réglementaires, et le coût exigé pour un trajet peut être difficilement modifié. Le tarif régulier est de 2,10$ plus 0,20$ pour chaque 1/5 de mile (0,325 km) supplémentaire ou 40 secondes, plus 0,75$ pour chaque personne additionnelle. Il y a une légère majoration pour les bagages. En cas de litige ou de contestation, on peut s'adresser à l'association néo-orléanaise des chauffeurs de taxi :

United Cabs Inc.
1630, rue Euterpe
La Nouvelle-Orléans
☎(504) 522-9771
☎800-323-3303 des États-Unis

Checker Yellow Cabs
☎(504) 943-2411

Liberty Bell Cabs
☎(504) 822-5974

Transports en commun

La Nouvelle-Orléans offre plusieurs types de transports en commun. Pour chacun, vous devrez avoir la monnaie exacte. Afin d'en faciliter l'accès, la **Regional Transit Authority - RTA** *(☎504-248-3900)* offre une passe, ou **Visitour Pass**, au coût de 4$ pour un jour ou de 8$ pour trois jours. Nombre de voyages illimité en autobus et en tramway toute la journée. Vendue dans la plupart des hôtels.

Regional Transit Authority (RTA)
6700, Plaza Drive
☎(504) 248-3900 ou 569-2700

Tramway du bord du fleuve ★ (Riverfront Streetcar) *(1,50$ aller seulement; lun-ven 6h à 24h, sam-dim 8h à 24h)*. Des voitures d'époque aux riches couleurs rouge et or, familièrement appelées les «Dames en rouge», longent les abords du fleuve pour un accès rapide à toutes les activités riveraines et permettent à près de 5 500 passagers par jour d'en apprécier les attraits culturels et commerciaux. Inauguré en 1926, ce circuit de neuf stations est le plus ancien de la ville. En voici le trajet et les arrêts.

1er arrêt : **avenue de l'Esplanade**; 2e arrêt : **Marché Français** et **Halle aux légumes**; 3e arrêt : **Marché Français** *(rue de la Levée ou Decatur)*; 4e arrêt : **place d'Armes** *(square Jackson)*, **cathédrale Saint-Louis-Roi-de-France** et **Cabildo**; 5e arrêt : **parc et promenade du bord du fleuve** (Woldenberg Riverfront Park) et **Aquarium des Amériques**; 6e arrêt : **Aquarium des Amériques, quai de la rue du Canal** et **traversier**; 7e arrêt : **bateau à aubes *Créole Queen*** et entrée du **Riverwalk** par la rue de Poydras; 8e arrêt : entrée du Riverwalk par la rue Julia et **Centre des congrès de La Nouvelle-Orléans**; 9e arrêt : **quartier historique des entrepôts.**

Le **tramway de la rue Saint-Charles** ★★ (St. Charles Streetcar) *(1$; service 24 heures par jour)* suit, à partir de la rue du Canal, le boulevard où se sont installées les universités **Loyola** (dirigée par les Jésuites) et **Tulane** (siège de la plus ancienne faculté de commerce des États-Unis) jusqu'à l'**avenue Carrollton**, après la **Cité-Jardin** (*Garden District*) et le **parc Audubon**.

Les **autobus publics** : service dans toute la ville *(1$)*, 10 cents de plus pour les correspondances; il vous faudra la monnaie exacte si vous ne possédez pas de passe.

L'**Easy Rider Central Business District** *(0,30$; lun-sam 6h30 à 18h)* s'arrête le long des rues de Poydras et du Canal, ainsi qu'au Centre des congrès (Convention Center).

Traversiers

À La Nouvelle-Orléans, trois traversiers font la navette entre les rives du Mississippi. Le service est gratuit pour les piétons sur le traversier de la rue du Canal, et le tarif pour une voiture est de 1$. Il est amarré au pied de la rue du Canal, près du Vieux-Carré Français, et conduit à la pointe d'Alger *(Algiers Point)*. Un deuxième, sur l'avenue Jackson, au sud de la Cité-Jardin (*Garden District*), mène à Gretna. Enfin, le dernier traversier part de Chalmette et débarque ses passagers à Gretna.

Voitures

Entretien et réparation de voitures

American Automobile Ass. (AAA)
3445, Causeway Nord
Métairie
La Nouvelle-Orléans
☎(504) 838-7500 ou 800-222-4357

CBD Chevron Services
447, rue du Rempart Nord
La Nouvelle-Orléans
☎(504) 568-1177

Mardi Gras Truck Stop
2401, avenue des Champs-Élysées (Elysian Feilds)
La Nouvelle-Orléans
☎(504) 945-1000

Stationnement

Pour toute question au sujet du stationnement au centre-ville : ☎(504) 826-1854 ou 826-1900.

À La Nouvelle-Orléans, particulièrement dans le Vieux-Carré Français et le quartier des affaires, les places de stationnement sont aussi rares que précieuses. Les restrictions sont multiples et les panneaux indicateurs plus ou moins faciles à comprendre. On remorque rapidement les contrevenants et, si par malheur la chose vous arrivait, voici l'adresse de la fourrière :

Fourrière municipale
Claiborne Auto Pound
400, avenue Claiborne Nord
La Nouvelle-Orléans
☎(504) 565-7450 ou 826-1900

Aires de stationnement

Dixie Parking Service
☎(504) 523-4521

Downtown Parking service
☎(504) 529-5708

Bicyclettes

Les rues de La Nouvelle-Orléans étant fort achalandées, faire du vélo devient particulièrement agréable au parc Audubon, au parc de la Ville (*City Park*) ainsi qu'aux abords du lac Pontchartrain. **Crescent City Cyclists** *(☎276-2601)* donne de l'information sur les activités cyclistes.

Location de bicyclettes

Certains centres de location organisent des excursions, la tournée des parcs ou celle de la Cité-Jardin, une randonnée dans la région des bayous ou la visite de plantations situées près de La Nouvelle-Orléans. Les prix varient d'un endroit à l'autre : comptez de 3,50$ à 5$ pour une heure et de 12,50$ à 15$ pour la journée.

French Quarter Bicycles
522, rue Dumaine
Vieux-Carré Français
La Nouvelle-Orléans
☎(504) 529-3136

Joe's Bike Shop
2501, rue Tulane
La Nouvelle-Orléans
☎(504) 821-2350

Michael's
618, rue Frenchmen
Faubourg Marigny
La Nouvelle-Orléans
☎(504) 945-9505

Olympic Bike Rentals & Tours
1618, rue Prytania
La Nouvelle-Orléans
☎(504) 523-1314
(tlj 8h à 19h)

Service d'aide

L'entreprise **Gray Lines** *(☎587-0861)* propose des tours de La Nouvelle-Orléans adaptés aux personnes handicapées.

Location de fauteuils roulants pour personnes à capacité restreinte

L'agence **Olympic Bike Rental and Tours** *(☎523-1314)*, bien que spécialisée dans la location de bicyclettes, loue également des fauteuils roulants. La livraison est gratuite.

Autour de La Nouvelle-Orléans

Métairie - Kenner

Ces deux villes, s'étirant entre le Mississippi et le lac Pontchartrain, constituent la banlieue ouest de La Nouvelle-Orléans; elles sont facilement accessibles par l'autoroute I-10. C'est à Kenner que se situe l'aéroport international de La Nouvelle-Orléans.

Slidell

Slidell est la première agglomération que l'on rencontre à la sortie est de La Nouvelle-Orléans. Elle est le point de rencontre des autouroutes I-10, I-12 et I-59. De La Nouvelle-Orléans, empruntez l'autoroute I-10 et prenez, à 50 km, la sortie Slidell. La nationale US 11 traverse la municipalité.

Lacombe

La localité est située au nord du lac Pontchartrain et à mi-chemin entre Slidell (16 km) et Mandeville (15 km). On l'atteint soit par la nationale US 190 ou par l'autoroute I-12, sortie Lacombe.

Mandeville

De La Nouvelle-Orléans, suivez l'autoroute I-10 Ouest jusqu'à la sortie 228 et traversez le pont-chaussée du lac Pontchartrain (Lake Pontchartrain Causeway) *(1$ par voiture)*; Mandeville est à la sortie du pont, à 56 km de La Nouvelle-Orléans.

Madisonville

Madisonville est la route qu'empruntent les vacanciers du lac Pontchartrain. Madisonville se trouve à 16 km de Mandeville par la route US 190 jusqu'à Chinchuba, où la LA 22 prend la relève. On la rejoint également directement du pont-chaussée du lac Pontchartrain.

Covington

De La Nouvelle-Orléans, franchissez le pont-chaussée du lac Pontchartrain et continuez sur la nationale US 190 sur 13 km. Covington est à 65 km au nord de La Nouvelle-Orléans et donc à 7 km au nord de l'autoroute I-12. La qualité de l'air qu'on y respire vient des grandes forêts de pins qui l'entourent et l'a rendu, à notre époque de pollution, très populaire.

Abita Springs

À la sortie est de Covington, empruntez la route LA 36 Est sur 5 km jusqu'à Abita Springs; de Mandeville, suivez la route LA 59 Nord. De La Nouvelle-Orléans, continuez sur la route US 190 après le pont-chaussée et prenez l'autoroute I-12 en direction est jusqu'à la sortie Abita Springs et la route LA 59 Nord.

Bogalusa

La «cité forestière» est située au nord-est de l'État, à 113 km de La Nouvelle-Orléans, dans la paroisse de Washington et à la frontière avec l'État du Mississippi. Deux routes y conduisent : de Covington, empruntez la route LA 21 Nord sur 48 km jusqu'à Bogalusa; de La Nouvelle-Orléans, prenez l'autoroute I-10 Est et continuez, après Slidell, sur l'autoroute I-59 Nord sur 5 km; vous arriverez à la route LA 41 (sortie Pearl River), que vous suivrez sur 40 km jusqu'à la LA 21 Nord; Bogalusa est alors à 21 km.

Folsom

Cette petite localité est au cœur d'une région rurale sise au nord de Covington. De Covington, empruntez la route d'État LA 25 Nord sur 16 km.

Franklinton

De Folsom, continuez sur la LA 25 sur 24 km. De Bogalusa, prenez la LA 10 jusqu'à Franklinton, à 34 km. Franklinton est le centre administratif de la paroisse de Washington.

Robert

De Covington, suivez la nationale US 190 en direction ouest sur 25 km. Par l'autoroute I-12, empruntez la sortie 47.

Hammond

Hammond est un carrefour; les autoroutes I-12 et I-55 ainsi que les nationales US 190 et US 51 s'y croisent. Située à 80 km de La Nouvelle-Orléans, elle est le siège de l'Université du Sud-Est de la Louisiane (Southeastern Louisiana University). De La Nouvelle-Orléans, prenez l'autoroute 1-10 Ouest jusqu'à l'autoroute I-55, que vous emprunterez sur 48 km. La nationale US 190 conduit au centre-ville.

Albany

De Hammond, empruntez la nationale US 190 Ouest ou l'autoroute I-12 Ouest sur 16 km.

Ponchatoula

La mousse espagnole abondante sur les arbres de son territoire est à l'origine du nom de Ponchatoula, qui, dans la langue de ses premiers occupants, les Indiens choctaw, signifie «mousse suspendue». De Hammond, la nationale US 51 Sud mène à la route LA 22 Est; suivez-la sur 2 km.

Springfield

De Ponchatoula, la route LA 22 Ouest rejoint Springfield à 11 km. D'Albany, suivez la route LA 43 Sud sur 11 km.

Indépendance (Independence) - Amite - Tangipahoa - Kentwood

De Hammond, en suivant la nationale US 51 Nord, on rejoint Independence à 20 km, Amite à 31 km, Tangipahoa à 50 km et Kentwood à 56 km. Il est aussi possible d'atteindre ces villes par l'autoroute I-55, qui longe la nationale US 51.

Loranger

À Indépendance, prenez la route LA 40 en direction est sur 13 km.

Chipola

De Kentwood, empruntez la route LA 38 Ouest sur 29 km.

Chalmette, Violet, Pointe-à-la-Hache, Bohême (Bohemia) - sur la rive est du Mississippi

Au départ de La Nouvelle-Orléans, empruntez la rue du Rempart (Vieux-Carré Français), qui devient l'avenue Saint-Claude, puis la route LA 46, avant de rejoindre Chalmette, à 11 km en banlieue sud-est. Un traversier assure la liaison entre Chalmette et Gretna.

Plusieurs villages longent le fleuve, parmi lesquels Violet et Poydras, puis, plus loin sur la route LA 39, Pointe-à-la-Hache et Bohême (Bohemia), à 85 km de La Nouvelle-Orléans.

Port-Sulphur, Buras, Venise (Venice) - sur la rive ouest du Mississippi

De La Nouvelle-Orléans, traversez le Mississippi par le Greater New Orleans Bridge (nationale US 90) et continuez sur la West Bank Expressway jusqu'à la sortie Lafayette, de laquelle vous emprunterez la Belle-Chasse Highway. À partir de Belle-Chasse, la route LA 23 longe le Mississippi sur plus de 100 km jusqu'à son estuaire à Venise (Venice) en passant par Port-Sulphur et Buras. Un traversier à Belle-Chasse et un autre à Pointe-à-la-Hache Ouest assurent la liaison entre les deux rives.

Crown Point - Jean-Lafitte - Lafitte

De La Nouvelle-Orléans, empruntez la West Bank Expressway jusqu'à la sortie Barataria, puis suivez le boulevard Barataria sur 27 km jusqu'à Crown Point. En continuant par la route LA 45, on rejoint les villages de Jean-Lafitte et de Lafitte.

Barataria

De Jean-Lafitte, traversez le pont du bayou des Rigolettes et suivez la route LA 301 en direction nord sur 2 km.

Prenez note que l'indicatif régional pour La Nouvelle-Orléans et ses environs est le 504; il n'est pas nécessaire de précéder le numéro de l'abonné de ce préfixe lorsqu'il s'agit d'appels locaux. Il est bon de savoir que tous les numéros de téléphone commençant par 800 ou 888 vous permettent de téléphoner des États-Unis (parfois de toutes les régions d'Amérique du Nord) sans payer de frais d'interurbain.

Renseignements touristiques

Bureau des congrès et du tourisme de La Nouvelle-Orléans métropolitaine
(New Orleans Metropolitan Convention and Visitors Bureau)
1520, Sugar Bowl Dr.
La Nouvelle-Orléans, LA 70112
☎566-5031 ou 566-5011
www.nawlins.com

Information touristique sur La Nouvelle-Orléans
☎800-NEW-ORLEANS ou 800-639-6753 d'Amérique du Nord
(service 24 heures sur 24)

Centre d'accueil (Welcome Center)
529, rue Sainte-Anne
La Nouvelle-Orléans
LA 70112
☎568-5661 ou 566-5031
(mar à nov 10h à 18h, déc à fév 9h à 17h)

Centre d'hospitalité de l'aéroport
(Airport Hospitality Center)
Aéroport international
Zone de livraison des bagages
La Nouvelle-Orléans
(tlj 10h à 22h)

AAA Tourist Center
3445, boulevard Causeway Nord
Métairie
☎838-7500
Services d'urgence : ☎800-453-7198 d'Amérique du Nord
(mar, jeu et ven 8h30 à 17h15; lun et mer 8h30 à 19h).

Réseau de tourisme noir de La Nouvelle-Orléans

Réseau de tourisme noir de La Nouvelle-Orléans (Greater New Orleans Black Tourism Network) *(Superdôme de la Louisiane—Louisiana Superdome, 1520 Sugar Bowl Drive, La Nouvelle-Orléans, LA 70112, ☎523-5652 ou 800-725-5652 des États-Unis, www.gnobtn.com)*. Ce n'est pas pour rien que La Nouvelle-Orléans est identifiée à la culture noire et au jazz. Avec sa population à 60% afro-américaine, elle est la plus importante ville de couleur aux États-Unis. Ce fait se reflète également dans l'administration, puisque, depuis plus de 15 ans, elle a élu des maires noirs, marque de l'évolution d'une société après la cruelle diaspora subie par les Africains emmenés en Amérique.

Les tours proposés par le Réseau de tourisme noir de La Nouvelle-Orléans montrent de quelle façon leur culture a marqué la ville. Célèbre dans le monde entier comme berceau du jazz, La Nouvelle-Orléans doit cette distinction à un phénomène assez particulier qui se produisit, au début du XIXe siècle, sur un terrain vague au nord-ouest de la ville qu'on appelait «les plaines du Congo». Si, en semaine, ce terrain servait aux attractions foraines ou aux joueurs de crosse amérindiens, le dimanche, jour du Seigneur, les Noirs étaient autorisés à s'y réunir. Ils en profitaient pour danser au son des instruments africains restés vifs dans leur mémoire : tam-tams, calebasses, triangles et ce tambour en bambou dit «bamboula», pour désigner un phénomène de danse destiné à déboucher progressivement sur le jazz. Jazz, musique de pauvres exilés aussi capable d'exprimer la joie explosive que la langueur mélancolique, et qui allait laisser des traces profondes non seulement dans les lieux où l'on s'amuse mais aussi dans ceux où l'on se recueille. Parmi les grands noms de la musique noire à La Nouvelle-Orléans, on trouve, en effet, côte à côte Louis Armstrong, le chanteur-trompettiste des grands orchestres, et la reine incontestée de ce chant d'église typique qu'est le gospel, Mahalia Jackson. Rire et prière, ces deux pôles de l'activité humaine portent ici la trace profonde de l'influence africaine, l'une des riches sources de l'originalité culturelle des Américains.

Le mythique square du Congo, devenu le parc Louis-Armstrong, reste un lieu d'échanges et d'improvisation musicale. L'événement le plus important dans ce domaine est toutefois le Festival Jazz et Héritage de La Nouvelle-Orléans en avril, l'un des clous du calendrier touristique. Pour ceux et celles qui l'auraient manqué, les nombreux Cercles d'entraide et de loisirs (Social Aid & Pleasure Clubs) organisent en automne leur défilé annuel avec orchestres de toutes sortes et musiciens de tous âges.

La contribution des Afro-Américains est également fort sensible au moment du Mardi gras. Cette période de fêtes qui commence à l'Épiphanie (le 6 janvier) pour atteindre son point culminant dans les quelques jours qui précèdent le début du carême attire les visiteurs du monde entier. Le défilé du «roi des Zoulous» n'est pas parmi ses moindres singularités. Il commence à l'aube avec l'arrivée du «roi» en barge sur le Mississippi et se poursuit jusqu'au crépuscule (avenue Saint-Charles et rue du Canal). Il y a aussi le défilé des porteurs de flambeaux et, digne de l'euphorie générale, la *second line*, composée de tous ceux qui suivent le cortège, dont des musiciens qui s'en donnent à cœur joie dans l'espoir d'attirer plus d'attention que ceux des défilés «officiels». Le Vieux-Carré Français, conçu par Pierre Le Blond de La Tour et construit en 1718 par Adrien de Pauger, connaît de belles heures avec ces milliers de gens applaudissant et dansant au rythme de la fête qui rappelle tant d'histoire amérindienne, française, africaine, esoagnole, 'cadienne et nord-américaine.

Roots of New Orleans *(réservations : ☎523-7818)*, un nom qui fait songer au célèbre roman d'Alex Haley, *Racines*, propose un circuit «Découvertes» d'une demi-journée avec repas créole le midi *(départ à 9h, adulte 25$, enfant 19$, repas inclus; départ à 13h30, adulte 19$, enfant 15$)*.

L'organisme **Les Ressources Globales** *(adresse postale : C.P. 50601, La Nouvelle-Orléans, LA 70150; contactez John Hankins, ☎861-0170)* se spécialise dans le tourisme culturel.

Tenues de congrès et d'autres événements

Expo Emphasis! *(4429 avenue de Bienville, LA 70119, ☎488-5825, ≠488-5830)* se spécialise dans la préparation de congrès et d'expositions à La Nouvelle-Orléans. On peut s'adresser directement à M. Bobby Bergeron, lequel organise tout ce qui est relié à la préparation et au succès de l'événement, du séjour jusqu'à l'aménagement de la salle, le transport, l'hébergement, la restauration, voire des circuits de visites guidées de la ville pendant le déroulement de ce rassemblement.

Urgences

Police, pompiers, ambulance *(La Nouvelle-Orléans et paroisse de Jefferson, ☎911)*.

Police (Eighth District Police Station) *(24 heures sur 24; 334 rue Royale, Vieux-Carré Français, ☎822-2222)*.

Pompiers *(☎581-3473)*.

Dentistes (New Orleans Dental Association) *(☎834-6449)*.

Service d'aide aux voyageurs (Travelers Aid Society) *(☎525-8726)*.

Hôpitaux

Trois hôpitaux sont situés près du Vieux-Carré Français et du centre-ville :

Infirmerie Touro (Infirmary Touro)
1401, rue Foucher
☎897-7011
(24 heures sur 24; entrée d'urgence sur la rue Delachaise, à l'angle de la rue Prytania). L'établissement est situé près de l'avenue Saint-Charles, là où défile la parade du Mardi gras. Cartes de crédit acceptées.

Centre médical de la Louisiane (Medical Center of Louisiana)
1532, avenue Tulane
☎568-2311

Centre médical de l'Université Tulane (Tulane University Medical Center)
1415, avenue Tulane
☎588-5268

Pharmacies

Pharmacies Walgreen *(24 heures sur 24)*. On y trouve, entre autres, du «XS», produit particulièrement utile en période de carnaval puisqu'il soigne la gueule de bois. Ces pharmacies sont situées à différents endroits de la ville. En voici quelques adresses :

134, rue Royale
Vieux-Carré Français

4001, avenue du Général-De-Gaulle
☎368-8171

1429, avenue Saint-Charles
☎561-8458

3057, boulevard de Gentilly
☎282-2621

3311, rue du Canal
☎822-8073 ou 822-8070

9999, Lake Forest
☎242-0981

Banques

First National Bank of Commerce
210, rue Baronne
☎561-1371 ou 800-462-9511
des États-Unis

Hibernia National Bank
313, rue Carondelet
☎586-5552

Shearson Lehman Brothers
909, rue de Poydras, bureau 1600
☎585-3902

Whitney National Bank
228, rue Saint-Charles
430, rue de Chartres
☎586-7272

American Express Co.
158, rue Baronne
☎586-8201

Guichets automatiques

First National Bank of Commerce (FNBC)
240, rue Royale
801, rue de Chartres
Vieux-Carré Français

Hibernia National Bank
701, rue de Poydras

Whitney National Bank
228, avenue Saint-Charles

Change

La plupart des banques changent facilement les devises européennes et canadiennes, mais presque toutes demandent des **frais de change**. En outre, on peut s'adresser à des bureaux ou comptoirs de change qui, en général, n'exigent aucune commission. Ces bureaux ont souvent des heures d'ouverture plus longues. La règle à retenir : **se renseigner et comparer**.

À l'aéroport : la **Whitney National Bank** *(lun-jeu 8h30 à 15h, ven 8h30 à 17h30)* et la **Mutual of Omaha** *(tlj 6h à 19h)* sont situées au niveau supérieur du terminal principal.

Au centre-ville : le **Continental Currency Exchange** *(lun-sam 10h à 21h, dim 11h à 17h)* se situe au Riverwalk Market, près du fleuve; à une rue du Vieux-Carré Français se trouvent les **Thomas Cook Currency Services** *(111 avenue Saint-Charles, ☎524-0700)*.

Bureaux de poste

Bureau de poste principal
(Main Post Office)
701, avenue Loyola
☎589-1111 ou 589-1112

Climat

La Nouvelle-Orléans jouit d'un climat subtropical. Entre décembre et février, la température moyenne oscille entre 10°C et 19°C; de mars à mai, elle varie de 17°C à 25°C et de juin à septembre, de 24°C et 32°C; d'octobre à novembre, elle gravite entre 16°C et 24°C.

Garderies

En plus du service de garderie, les agences suivantes offrent également des activités touristiques et d'animation conçues spécialement pour les enfants.

Accent Arrangements
☎524-1222

Dependable Kid Care
☎486-4001

Le **Bureau des congrès et du tourisme de La Nouvelle-Orléans métropolitaine** (New Orleans Metropolitan Convention and Visitors Bureau) (voir p 81) *(☎566-5031 ou 566-5011)* offre pour 5$ un petit guide de suggestions d'activités à faire et à voir avec des enfants.

Stations radio

WWOZ - FM 90,7
1201, rue Saint-Philippe
☎568-1239
Du jazz traditionnel et du *rhythm and blues*. Programmation 'cadienne, animateur Johnny Fasullo *(dim 11h30 à 14h30)*.

KMEZ (Big Easy 102,9)
1450, rue de Poydras
Bureau 440
☎593-6376
Musique *soul*; classiques des années soixante et soixante-dix.

WWNO - FM 89,9
Université de La Nouvelle-Orléans
☎280-7000 ou 286-7000
Musique classique et jazz.
Programmation française et francophone, rencontres, animateur Jean Cranmer *(dim 18h à 19h)*.

Métairie - Kenner

Office de tourisme de la paroisse de Jefferson
(Jefferson Parish Tourism)
1221, boulevard du Parc Elmwood
Harahan
☎736-6417 ou 736-6400
(lun-ven 8h30 à 16h30)

Office des congrès et du tourisme de Kenner
(Kenner Convention & Visitors Bureau)
2100, 3e Rue, bureau 10
Kenner, LA 70062
☎464-9494 ou 800-231-5282 des États-Unis

Office de tourisme de Kenner
(Kenner Office of Tourism)
2100 3e Rue, bureau 11
Kenner, LA 70062
☎468-7228 ou 800-473-6789 des États-Unis

Autour de La Nouvelle-Orléans

Office des congrès et du tourisme de la paroisse de Saint-Tammany
(St. Tammany Parish Tourist & Convention Commission)
600, route US 190 Nord, bureau 15
Covington, LA 70433
☎892-0520 ou 800-634-9443
(tlj 8h30 à 16h30)

En plus de Covington, chef-lieu de la paroisse de Saint-Tammany, ce même bureau vous donnera des renseignements touristiques sur les villes de Madisonville, Mandeville et Slidell.

Chambre de commerce de Bogalusa
608, avenue Willis
Bogalusa, LA 70427
☎735-5731

Conseils de sécurité

Certains secteurs de La Nouvelle-Orléans sont à éviter la nuit, et peu recommandés même le jour quand on est seul. C'est le cas de la partie nord du Vieux-Carré Français et des rues avoisinantes autour des cimetières Saint-Louis numéro 1 et numéro 2, de même que de toute artère insuffisamment éclairée du Vieux-Carré Français. Ces règles de prudence s'appliquent au secteur sis au nord de l'avenue Saint-Charles entre le West Bank Expressway jusqu'au Parc Audubon, mais plus particulièrement entre les avenues Jackson et de la Louisiane. Ces règles de sécurité valent également pour les rues au sud de la rue Magazine.

Il est également recommandé de garder ses portières verrouillées lorsqu'on circule dans les rues de la ville, d'être prudent quand on s'arrête aux feux de circulation et de ne laisser aucun objet de valeur dans sa voiture.

Office de tourisme de la paroisse de Tangipahoa
(Tangipahoa Parish Tourist Commission)
42271, boulevard Morrison Sud
Hammond, LA 70403
☎542-7520 ou 800-542-7520 des États-Unis
(lun-ven 9h à 17h, sam-dim 10h à 16h)

La paroisse de Tangipahoa englobe les municipalités d'Amite, Hammond, Indépendance, Kentwood, Loranger, Ponchatoula, Robert et Tangipahoa.

Chambre de commerce d'Amite
100, rue West Oak
Amite
☎748-5537
(lun-ven 9h à 16h; les fins de semaine, renseignez-vous auprès du poste de police, en face)

Centre d'information touristique de la paroisse de Jefferson
angle autoroute I-10 et promenade Loyola
Kenner
☎468-8227
(tlj 8h à 17h30)

La paroisse englobe les villes de Métairie, Kenner et Westwego, ainsi que les villages de Crown Point, Barataria et Lafitte.

Office des congrès et de tourisme de la paroisse des Plaquemines
(Plaquemines Parish Office of Tourism)
C.P. 829, Port-Sulphur, LA 70083
☎564-2761 ou 564-2925

La paroisse des Plaquemines longe le Mississippi à partir de Belle-Chasse jusqu'à son embouchure.

Service de développement économique de la paroisse des Plaquemines
(Plaquemines Parish Economic Development)
104, rue de La Nouvelle-Orléans
(New Orleans Street)
Belle-Chasse
LA 70037
☎394-0018

Office des Congrès et de tourisme de la paroisse de Saint-Bernard
(St. Bernard Parish Tourist Commission)
8201, promenade W. Judge Pérez
(W. Judge Pérez Drive)
Chalmette, LA 70043
☎278-4200
(lun-ven 9h à 16h30)

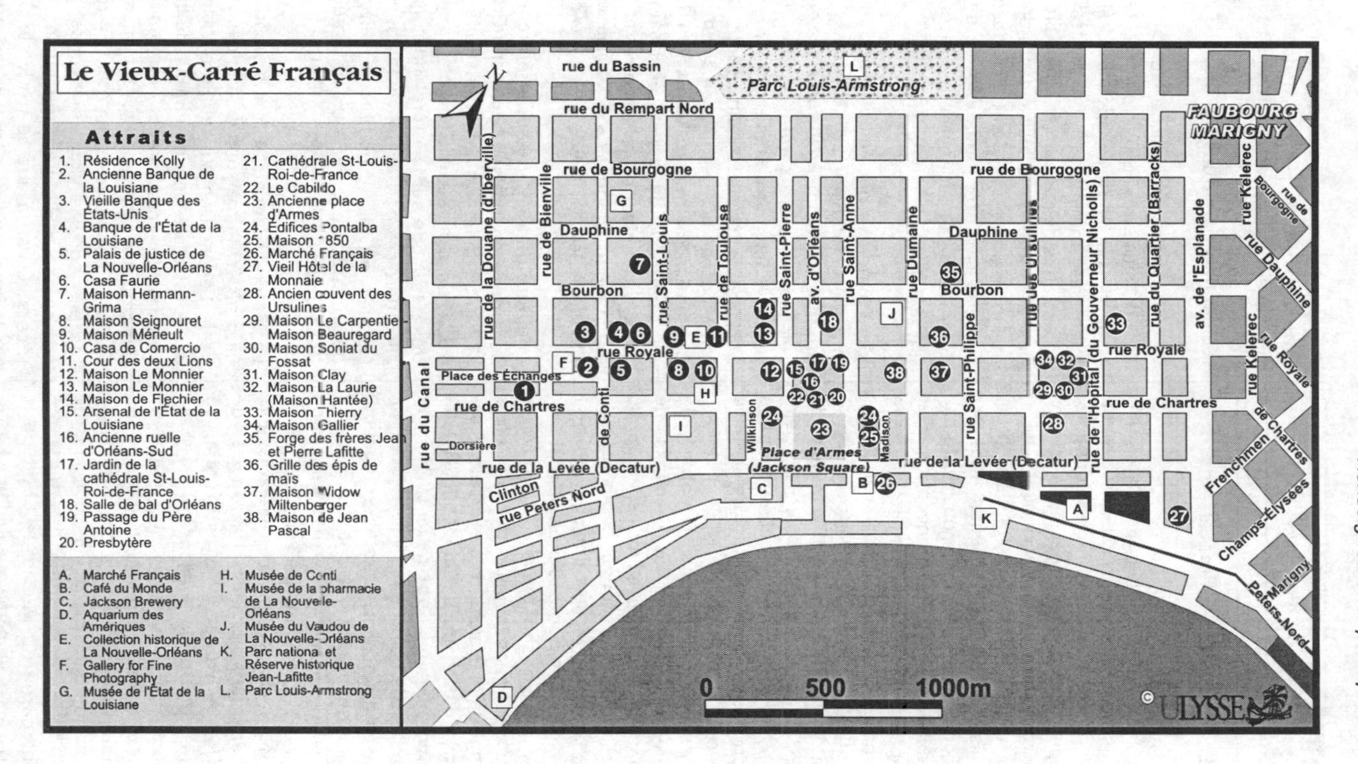

LA NOUVELLE-ORLÉANS

Le Vieux-Carré Français ★★★

Le Vieux-Carré Français (French Quarter) conserve un patrimoine architectural d'une richesse impressionnante. Depuis ses balcons ouvragés et ses cours fleuries, l'arrondissement déploie ses charmes à la fois français, espagnols et créoles; on ne peut s'empêcher de comparer cette mosaïque culturelle à celle des Antilles francophones et hispanophones. Au square Jackson (l'ancienne place d'Armes), les flèches de l'élégante cathédrale Saint-Louis-Roi-de-France dominent. Depuis le parvis et jusque dans le parc, les peintres à leur chevalet contribuent à mettre une note montmartroise à ce quartier aux noms de rues évocateurs : de la Levée, de Conti, Dauphine, de Bienville, Bourbon, des Ursulines, de Chartres, Toulouse, Dumaine, etc. Situé sur le bord du fleuve Mississippi, le Vieux-Carré Français conjugue présent et passé dans un cadre paisible et verdoyant. En son centre se trouve la place d'Armes (square Jackson), où, à l'époque, les soldats s'exerçaient devant la **cathédrale Saint-Louis-Roi-de-France**, bâtiment aux hauts clochers et à la façade blanche qui voit aujourd'hui défiler musiciens, artistes et conducteurs de voitures à cheval. Toujours devant la cathédrale se trouve la **statue équestre d'Andrew Jackson**, qui sauva La Nouvelle-Orléans des envahisseurs britanniques pendant la guerre de 1812. À droite de la cathédrale, on peut admirer le **Presbytère** et, à sa gauche, le Cabildo, ancien corps de garde devenu plus tard le siège du gouvernement où sera en outre signé l'acte de cession de la Louisiane en 1803. Ces deux bâtiments font maintenant partie du Musée de l'État de la Louisiane, de même que l'**édifice Lower Pontalba** et l'**édifice Upper Pontalba**, bâtiments en brique rouge parés des typiques balustrades ajourées en fonte qui constituent les premiers immeubles résidentiels construits aux États-Unis.

Ce type très particulier d'architecture du XIXe siècle révèle un trait caractéristique de La Nouvelle-Orléans. Les façade des immeubles sont ornées de balustrades délicates, véritables broderies de fonte dans lesquelles s'entremêlent harmonieusement des dessins complexes. Cette mode est née d'une initiative des Espagnols après l'incendie qui ravagea la ville en 1788.

Mentionnons à cet égard le célèbre et imposant **édifice La Branche** (La Branche Building) *(700 rue Royale)*. À voir également, la **forge Lafitte** (Lafitte's Blacksmith Shop) *(941 rue de Bourbon)*, construite en «briquette-entre-poteaux», et la **maison Le Carpentier-Beauregard-Keyes** *(1113 rue de Chartres)*, de style néoclassique, deux exemples d'architecture et de maçonnerie typiques de la Louisiane du XVIIIe siècle (voir p 98).

Toujours dans le Vieux-Carré Français se trouve la **maison Hermann-Grima** *(320 rue Saint-Louis)*. Construite en 1831 dans le style Georges V, alors très à la mode sur le littoral louisianais, elle ouvre ses portes aux visiteurs, pour lesquels on fait, d'octobre à mai, des démonstrations de cuisine créole. Réservation exigée (voir p 94).

Le **Marché Français** ★★★ s'étend sur cinq pâtés de maisons le long des rues de la Levée (Decatur) et Peters Nord; on y retrouve des boutiques de brocante, des restaurants et, endroit remarquable entre tous, un marché vieux de deux siècles qui étale 24 heures par jour ses viandes fraîches, ses épices aux mille parfums et ses primeurs. C'est là que se trouve le **Café du Monde**, où l'on peut s'offrir, quelle

Maison typique de La Nouvelle-Orléans

que soit l'heure du jour ou de la nuit, un café corsé et des beignets.

Tout près se dresse la **Jackson Brewery** *(620 rue de la Levée)*, familièrement appelée **JAX**. Cette ancienne fabrique reconvertie en une pittoresque galerie marchande regroupe une centaine de magasins et boutiques.

Aquarium des Amériques ★★★ *(adulte 9,75$, aîné 7,50$, 2-12 ans 5$; tlj 9h30 à 17h; rue du Canal, ☎581-4629)*. On peut y admirer, dans leur habitat naturel, plus de 100 000 espèces d'oiseaux, de poissons et de reptiles.

Le bel Aquarium des Amériques, aux lignes résolument modernes, bénéficie d'une grande popularité et se trouve à proximité d'un parc dont la promenade longe la rive du Mississippi. On y côtoie de petites familles et des centaines d'écoliers venus des États avoisinants par autobus scolaire. L'endroit mérite une visite certes, mais attention, car le coût du stationnement voisin s'avère presque aussi élevé que l'admission! Il est donc préférable d'utiliser le tramway du bord du fleuve (Riverfront Streetcar), que l'on peut prendre à partir du Marché Français.

Sitôt le tourniquet d'entrée franchit, l'Aquarium des Amériques offre aux explorateurs les merveilleux mondes marins de la planète. Au rez-de-chaussée, le visiteur passe d'abord sous un immense aquarium voûté dans lequel s'agitent, au-dessus des têtes et de chaque côté de l'arceau de verre, la murène, la raie, le poisson coffre et le requin. La visite se poursuit à travers divers écosystèmes océanographiques et des microcosmes climatiques aménagés de façon à recevoir, dans des environnements reconstitués, les espèces des mers «coralliennes» des Caraïbes et du Pacifique, ainsi que des mers polaires de l'Arctique et de l'Antarctique.

Le Marché Français

Le Marché Français s'est toujours appelé ainsi, bien que son site fût au départ un poste de traite amérindien. Sous le Régime espagnol, en 1791, on le transforme en marché couvert. Ce sont d'abord les maraîchers germano-créoles, des Allemands venus sous le Régime français, qui alimentent le marché public, et plus tard ce seront des Italiens. Dès 1831, un train longeant les Champs-Élysées depuis le Marché Français se rendait jusqu'au lac Pontchartrain. Grâce au président Roosevelt, la restauration du vieux Marché Français eut lieu en 1936. Avec sa Halle des boucheries construite en 1813, sa Halle des légumes en 1822, sa Maison Rouge reconstituant le bazar d'origine et sa nouvelle Halle des cuisines, le Marché Français forme un ensemble fascinant. Il abrite aussi le marché aux puces, où l'on peut se procurer de l'artisanat local. Les cafés sont installés à cet emplacement depuis 1860. Le Café du Monde est son plus ancien locataire. On y déguste de délicieux beignets, et l'on y boit le populaire café au lait, qui n'est autre qu'un brave café à la chicorée. Le Marché Français s'étend sur plusieurs blocs entre la rue de la Levée (Decatur) et Peters Nord.

À l'étage, deux perroquets accueillent les visiteurs dans un espace amazonien recréant l'environnement moite et humide de cette région sud-américaine. Dans cet aménagement se laissent admirer l'esturgeon-chat, l'*arapaïma*, le *pacu*, le poisson coffre puis, dans un bassin leur étant réservés, le carnivore piranha (sa peau est une véritable mosaïque de pépites d'or et d'argent) et la raie léopard aux pastilles blanches et noires. Plus loin se trouvent les espèces arctiques et antarctiques dont de jolis manchots à mèche jaune, qui obtiennent beaucoup de succès auprès des enfants. D'autres lieux reproduisent les fonds marins du golfe du Mexique. Dans un de ces bassins, entre les piliers d'une plate-forme pétrolière reconstituée, des tiges métalliques sont incrustées d'une multitude de coraux. Dans ces eaux s'agitent l'étonnant requin scie et la tortue géante. Dans d'autres aquariums, les méduses bleues, sans doute les plus magnifiques, déploient leur ombrelle colorée, tandis que d'autres bassins reconstituent la ténébreuse profondeur océane afin de mieux permettre l'observation de certaines espèces de poissons aux lueurs phosphorescentes.

L'Aquarium des Amériques abrite bien d'autres pensionnaires tels que des araignées, des serpents d'eau et de terre, des tortues de mer et d'eau douce, ainsi qu'un alligator albinos. Petits et grands peuvent gentiment flatter, sous l'œil vigilant d'un gardien, un inoffensif bébé requin élevé dans un aquarium aménagé à cet effet!

Collection historique de La Nouvelle-Orléans ★★ (Historic New Orleans Collection) *(4$; mar-sam 10h à 16h45; 533 rue Royale, ☎523-4662)*. Site historique, musée et centre de recherche sur l'histoire de l'État et de la ville elle-même. Visites guidées de la résidence et des salles.

La **Gallery for Fine Photography ★★** *(entrée libre; lun-sam 10h à 18h, dim 11h à 18h; 322 rue Royale, ☎568-1313)* présente une très belle collection de photographies, de la fin du siècle dernier à nos jours. On peut y voir, entre autres, des œuvres de Lartigue et d'Henri Cartier-Bresson, ainsi que celles du portraitiste de jazz Herman Leonard, et des photos du Mardi gras. On aborde tous les thèmes, ou presque, et une nouvelle exposition est présentée chaque mois.

Musée de l'État de la Louisiane ★★★ (Louisiana State Museum) *(pour chaque musée : adulte 5$, aîné et étudiant 4$, moins de 12 ans gratuit; 20% de rabais à l'achat de billets pour la visite de deux bâtiments et plus; mar-dim 9h à 17h; 701 rue de Chartres, ☎568-6968)*. Ce musée occupe un certain nombre de bâtiments historiques dans le Vieux-Carré Français. S'y trouve le Cabildo *(adulte 5$, aîné et étudiant 4$, 12 ans et moins gratuit; 701 rue de Chartres)*. L'**Ancien Hôtel de la Monnaie** (The Old U.S. Mint) *(400 avenue de l'Esplanade)* est consacré au jazz et au Mardi gras (voir p 97); le **Presbytère** *(751 rue de Chartres)* présente des expositions sur l'histoire de la Louisiane; la **Maison 1850** *(adulte 3$, aîné et étudiant 2$; 523 rue Sainte-Anne)* se spécialise dans la période d'avant et d'après la guerre de Sécession. Consultez aussi la rubrique «Visite à pied du Vieux-Carré Français», p 92.

Musée de Conti ★ (Conti Wax Museum) *(adulte 6,25$, aîné et étudiant 5,50$, enfant 4,75$; lun-sam 10h à 17h, dim 12h à 17h30; 917 rue de Conti, ☎525-2605 ou, des États-Unis, 800-233-5405)*. C'est le musée de cire de la Louisiane. On y trouve en effigie héros, vilains et personnages célèbres dont l'humaniste Mark Twain et le peintre naturaliste Jean-Jacques Audubon, sans oublier les grandes scènes historiques : Napoléon signant l'acte de vente de la Louisiane, Lafayette visitant la ville en 1825 et la bataille de La Nouvelle-Orléans, pour n'en citer que quelques-unes.

Musée de la pharmacie de La Nouvelle-Orléans ★★ (New Orleans Pharmacy Museum) *(adulte 2$, aîné et étudiant 1$, moins de 12 ans gratuit; mar-dim 10h à 17h; 514 rue de Chartres, ☎565-8027, ⇌565-8028)*. Fondé en 1950, ce musée est une réplique de la première boutique d'apothicaire construite ici en 1823. L'officine et les comptoirs en bois de rose sculpté sont remplis de cornues et d'immenses jarres de verre soufflé au contenu parfois inquiétant : liquides multicolores difficilement identifiables, gris-gris et racines brutes de toutes sortes.

Musée du vaudou de La Nouvelle-Orléans ★★ (New Orleans Historic Voodoo Museum) *(adulte 6,30$, aîné 5,25$, étudiant 3,15$ à 4,20$, 5 ans et moins gratuit; visite guidée dans le Vieux-Carré Français 20$; visite guidée dans un cimetière 16$; «Undead Tour» en soirée, 16$; tlj 10h à 20h; 724 rue Dumaine, ☎523-7685)*. Dans ce musée unique au monde, on dévoile tous les secrets de cette mystérieuse pratique religieuse qu'est le vaudou, puisant ses origines en Afrique. S'y retrouvent les objets les plus insolites, témoins séculaires de bons et de mauvais sorts...

Parc national et réserve historique Jean-Lafitte – Centre de folklore du Quartier Français ★★★ *(tlj 9h à 17h; 916 rue Peters Nord, ☎589-2636)*. On y présente des expositions et des spectacles, et l'on y fait des démonstrations de toutes sortes. C'est aussi le point de départ pour la seule visite quotidienne guidée dans le Vieux-Carré Français *(à 10h30)*, le plus ancien secteur de La Nouvelle-Orléans classé district national historique, et dans la région du delta du Mississippi.

Le **parc Louis-Armstrong** ★★★ *(au nord du Vieux-Carré Français, entre les rues Saint-Pierre et Saint-Philippe)*, dédié à cette grande figure du jazz et inauguré par sa veuve en 1980, se trouve à l'emplacement de l'ancien square du Congo. On y retrouve également l'**Auditorium municipal** et le

Théâtre des arts de la scène (Performing Arts).

Le patrimoine toponymique des rues du Vieux-Carré Français

Au même titre que le précieux patrimoine architectural du Vieux-Carré Français, et d'autres faubourgs et quartiers, se veut rigoureusement protégé par l'État, la toponymie des rues l'est avec autant de détermination par la Ville de La Nouvelle-Orléans. Sur les plaques indiquant chacune des rues, le nom français d'origine figure au-dessus de l'appellation plus récente. Il arrive parfois qu'une plaque commémorative indique les noms hispaniques de certaines rues et places; ces noms, tels que Calle Real pour la rue Royale et Plaza de Armas pour la place d'Armes, furent ajoutés durant l'occupation espagnole de la Louisiane. Vous trouverez à titre d'exemples, quelques noms de rues, places, lieux et quartiers avec leurs appellations historiques et modernes (voir p 93).

Visite à pied du Vieux-Carré Français ★★★

On aura plus de plaisir à visiter le Vieux-Carré Français à pied qu'en voiture. En flânant sur ses grands boulevards, dans ses rues et ses venelles, on découvre les charmes de l'historique arrondissement de La Nouvelle-Orléans, aussi appelée «Cité du Croissant» en raison de son étalement en bordure du Mississippi. Comptez au moins trois heures pour cette balade pédestre, davantage si vous voulez vous attarder dans les boutiques ou vous rafraîchir dans l'un ou l'autre des nombreux cafés du quartier.

Résidence Kolly - Premier couvent et première résidence des ursulines - Hôpital de la Charité *(301 rue de Chartres, angle de Bienville)*. Jean-Daniel Kolly, conseiller financier de l'Électeur de Bavière et l'un des investisseurs de la Compagnie des Indes occidentales, fit construire cet hôtel particulier en 1718, peu de temps après la fondation de La Nouvelle-Orléans. Kolly y résida pendant une dizaine d'années. Les ursulines occupèrent les lieux par la suite, jusqu'au moment où, en 1749, elles prirent possession de leur nouveau couvent de la rue de Chartres. L'endroit allait enfin accueillir l'hôpital de la Charité, le premier hôpital de La Nouvelle-Orléans.

Remontez la rue de Bienville jusqu'à la rue Royale; prenez ensuite à droite et arrêtez-vous au numéro 334 de la même rue.

Ancienne Banque de la Louisiane *(334 rue Royale)*. Ce magnifique immeuble fut construit en 1826, dans ce qui était alors le quartier des affaires, pour abriter la Banque de la Louisiane. Il a depuis servi de siège au gouvernement de l'État de la Louisiane, à la Légion américaine et, plus récemment, au commissariat de police de l'arrondissement du Vieux-Quartier Français.

Traversez la rue Royale en direction du numéro 343.

Vieille Banque des États-Unis d'Amérique *(343 rue Royale)*. C'est dans cet immeuble érigé en 1800 que s'ouvrit la première Banque des États-Unis. Le bâtiment est orné de magnifiques fenêtres et de balcons aux formes dentelées en fer forgé qui témoignent du talent des artisans de l'époque.

Continuez sur la rue Royale jusqu'à la rue de Conti.

Banque de l'État de la Louisiane *(403 rue Royale)*. Le monogramme de la banque, LSB, est toujours visible dans

Noms français d'origine	Autres appellations
place des Échanges	Exchange Passage
avenue de l'Esplanade	Esplanade Avenue
avenue des Champs-Élysées	Elysian Fields
cimetière Saint-Louis n°1	St. Louis Cemetery Number One
Faubourg Sainte-Marie ou Ville Gravier	Central Business District
passage des Pirates	Pirates Alley
passage du Père Antoine	Pere Antoine Alley
place d'Armes	Plaza de Armas ou Jackson Square
rue de Bourbon	Bourbon Street
rue d'Amour	Love Street
rue de Bourgogne	Burgundy Street
rue de Chartres	Chartres Street
rue de la Douane	Iberville Street
rue de l'Hôpital	Governor Nicholls Street
rue de la Levée	Decatur Street
rue de la Piété	Piety Street
rue de la Victoire	Victory Street
rue des Bons-Enfants	Good Children Street
rue des Grands-Hommes	Greatmen Street
rue Félicité	Felicity Street
rue du Quartier	Barracks Sreet
rue du Rempart	Rampart Street
rue Royale	Royal Street
rue Saint-André	San Andrea ou St. Andrew Street
rue Saint-Philippe	St. Philip Street
rue Saint-Pierre	St. Peter Street
rue Sainte-Anne	St. Ann Street
rue Sainte-Marie	St. Mary Street
Vieux-Carré Français	Vieux-Carré ou French Quarter

les ornementations en fer forgé des balcons. L'immeuble a été élevé en 1821 d'après les plans d'un des architectes du Capitole de Washington, le Français Benjamin Larobe.

Traversez la rue Royale vers le numéro 400.

Palais de justice de La Nouvelle-Orléans *(400 rue Royale)*. Cet édifice de marbre blanc date du début du siècle. Il a également abrité la Cour suprême de l'État et est maintenant occupé d'une part par le Musée de la faune et d'autre part par la Cour d'appel du cinquième district judiciaire des États-Unis. Il est à noter que l'édifice a été entièrement rénové au cours de l'année 1997.

Retraversez la rue Royale en direction du numéro 417.

Casa Faurie *(417 rue Royale)*. Cet hôtel particulier a été érigé en 1801 pour le grand-père maternel du peintre impressionniste Edgar Degas. Racheté quatre ans plus tard par la Banque de la Louisiane, il est revendu en 1819 à David Gordon, qui en fera un haut lieu de la vie sociale néo-orléanaise. Le général Andrew Jackson y fut l'invité d'honneur de fêtes somptueuses lors de son second passage dans la ville en 1828. En 1841, Gordon est ruiné, et l'immeuble, vendu aux enchères, deviendra la propriété du juge Alonzo Morphy. Aujourd'hui, l'édifice abrite le célèbre restaurant Chez Brennan (voir p 147).

Dirigez-vous à gauche sur la rue Saint-Louis jusqu'au numéro 820.

Maison Hermann-Grima ★ *(adulte 6$, aîné et étudiant 5$, 8-18 ans 43$, gratuit pour les moins de 8 ans; lun-sam 10h à 16h; 820 rue Saint-Louis, ☎525-5661)*. Voir aussi la maison Gallier, p 100), car les prix sont les mêmes et il y a une réduction si l'on prend un billet pour la visite des deux maisons. La maison a été construite en 1831 par l'architecte William Brand pour le riche marchand Samuel Hermann; c'est un rare exemple d'architecture américaine dans le Vieux-Carré Français. Treize ans plus tard, elle passe entre les mains de l'avocat et notaire Félix Grima, qui y ajoute la remise. La maison et les fort belles stalles de l'écurie sont bien conservées. Autre détail d'origine : la cuisine à aire ouverte de style créole. On y donne aujourd'hui des cours de cuisine et des démonstrations culinaires créoles le jeudi, d'octobre à mai. L'immeuble loge aujourd'hui une association féminine à caractère religieux.

Revenez à la rue Royale et tournez à gauche.

Maison Seignouret *(520 rue Royale)*. C'est François Seignouret, un riche marchand de vin originaire de Bordeaux, qui fit bâtir cette splendide résidence en 1816. Fort bon ébéniste, Seignouret fabriqua quelques meubles sur lesquels il ajouta discrètement le *S* de sa signature. On peut en apercevoir un exemple dans la frise du balcon en fer forgé à l'étage. Une chaîne de radio-télévision occupe actuellement les lieux.

Traversez la rue.

Maison Mérieult *(2$; lun-ven 9h à 17h; 533 rue Royale)*. C'est ici que s'élève la plus ancienne maison de la rue Royale, construite en 1792 pour le négociant Jean-François Mérieult. La maison Mérieult fut l'une des rares à échapper à l'incendie qui ravagea la ville deux ans plus tard.

L'histoire raconte que, lors d'un séjour en Europe, l'épouse de Jean-François Mérieult, Catherine McNamara, reçut de Napoléon l'offre d'une forte somme en échange de sa chevelure d'un beau roux naturel. L'Empereur aurait souhaité en faire cadeau au Sultan turc, dont la préférée se morfondait du désir d'être admirée en rousse. Mais la belle Catherine ne se laissa pas fléchir et revint en Louisiane avec tous ses cheveux.

Dans la cour arrière de la maison Mérieult se trouve un autre bel immeuble, la **résidence Williams**, construite en 1888.

La maison Mérieult, aujourd'hui propriété de la fondation Kemper et Leila Williams, abrite une magnifique collection d'estampes, de cartes anciennes et d'autres documents reliés à l'histoire de La Nouvelle-Orléans.

Retraversez la rue Royale.

Casa de Comercio *(536 rue Royale)*. L'immeuble, construit peu de temps après l'incendie de décembre 1794 qui détruisit le centre de la ville, est un important exemple de l'architecture espagnole à La Nouvelle-Orléans.

Rendez-vous à l'intersection avec la rue Toulouse.

Cour des deux lions *(537 rue Royale et 710 de la rue Toulouse)*. L'immeuble tire son nom des deux lions de pierre soutenant le haut portail duquel on peut apercevoir la rue Toulouse.

Poursuivez sur la rue Royale.

Maison Le Monnier ★ (First Skyscraper) *(640 rue Royale)*. La première maison que se fit ériger en 1811 le docteur Le Monnier avait trois étages, ce qui en fit plus ou moins le «premier gratte-ciel de la Louisiane». Le cabinet du médecin, au dernier étage, est considéré comme l'un des joyaux de l'architecture de La Nouvelle-Orléans.

Prenez à gauche sur la rue Saint-Pierre.

Maison Le Monnier (Le Monnier House) *(714 rue Saint-Pierre)*. Bâtie en 1829 pour le docteur Yves Le Monnier, elle est rachetée en 1860 par Antoine Alciatore, qui la reconvertit en pension de famille. Gastronome et cordon-bleu, Alciatore proposait une table d'hôte si soignée que le gratin néo-orléanais afflua à sa porte, à tel point qu'il décida d'ouvrir un restaurant. Le succès fut immédiat, et Chez Antoine se tailla rapidement une réputation internationale.

Chez Antoine (voir p 146) existe toujours à quelques pas d'ici, et ce sont des descendants d'Antoine Alciatore qui le gèrent.

Continuez à l'adresse suivante, au numéro 718 de la rue Saint-Pierre.

Maison de Flechier ★ (aussi appelée maison Garnier) *(718 rue Saint-Pierre)*. Cette maison aurait été construite peu après l'incendie de 1794 pour le planteur Étienne-Marie de Flechier. Aujourd'hui, un bar occupe les lieux. Les cours intérieures à la française ou à l'espagnole sont fort nombreuses dans le Vieux-Carré Français; celle de la maison de Flechier est vraiment magnifique, et il fera bon s'y arrêter un moment.

Revenez sur la rue Saint-Pierre, et traversez la rue Royale.

Arsenal de l'État de la Louisiane ★★ *(adulte 4$, aîné et étudiant 3$, moins de 12 ans gratuit; mar-dim 9h à 17h; 615 rue Saint-Pierre)*. À l'époque de l'occupation espagnole, c'est là que se trouvait la prison *(calabozo)*. Au début du siècle dernier, l'État louisianais y aménagea un arsenal et une académie militaire fréquentée par les fils des meilleures familles créoles et américaines. Le bâtiment, qui a plus ou moins bien vieilli, est aujourd'hui le siège du **Musée de l'État de la Louisiane** (voir p 91).

Remontez vers la rue Royale, à quelques pas, puis tournez à droite dans le passage Cabildo, qui mène au passage des Pirates.

Ancienne ruelle d'Orléans Sud *(dans le passage des Pirates)*. C'est dans la ruelle d'Orléans, aujourd'hui le **passage des Pirates**, que le général Jackson aurait donné rendez-vous aux frères flibustiers Pierre et Jean Lafitte pour discuter d'un plan de défense de la ville contre les troupes anglaises. L'actuelle allée date de 1831. Le grand romancier William Faulkner y vécut dans sa jeunesse.

Prenez la direction de la rue Royale et arrêtez-vous à la rue d'Orléans.

Jardin de la cathédrale Saint-Louis-Roi-de-France *(à l'angle des rues Royale et d'Orléans)*. Derrière une grille en fer ouvragé se trouve le jardin de la cathédrale. On y admirera le monument érigé en l'honneur des marins victimes d'une épidémie de fièvre jaune qu'ils avaient volontairement choisi de combattre en compagnie des responsables des services sanitaires de la ville.

Dirigez-vous vers le numéro 717 de la rue d'Orléans.

Salle de bal d'Orléans *(717 rue d'Orléans)*. La Nouvelle-Orléans, petite bourgade fondée en 1718 sous le Régime français, est devenue, depuis, l'une des principales villes américaines. L'ouverture du Théâtre Français en 1817 marque une date importante de son histoire. Son directeur, Davis, allait y ajouter un opéra à grand spectacle, un restaurant et un casino qui pouvaient rivaliser avec les meilleurs établissements européens. La guerre de Sécession, qui ruina l'aristocratie néo-orléanaise, provoqua la fin de ce style de vie fastueux. En 1881, les religieuses de la congrégation de la Sainte Famille en font leur maison mère et y ouvrent une école. Et, en 1964, autre signe des temps, la «salle de bal», comme on l'appelle depuis toujours, est vendue à un complexe hôtelier. Malgré les transformations qu'elle a subies, l'historique salle de bal est toujours debout, décor original en moins.

Retournez à la rue Royale, tournez à gauche; aux confins du jardin de la cathédrale se trouve le passage du Père Antoine.

Passage du Père Antoine *(entre la cathédrale et le Presbytère)*. Ce passage a été tracé en 1831. On ne parle jamais ici de la ruelle d'Orléans (son nom officiel), mais du passage du Père Antoine : c'est que le souvenir de ce moine espagnol est resté vif dans la mémoire des habitants. Il en est de même du jardin de la cathédrale, mieux connu sous le nom de «jardin du Père Antoine» par ses usagers.

Continuez jusqu'à la rue de Chartres et le square Jackson. En faisant face à la cathédrale, vous verrez à droite le Presbytère (le bâtiment gris).

Presbytère ★★ *(adulte 4$, aîné et étudiant 3$, moins de 12 ans gratuit; mar-dim 9h à 17h)*. Le monastère des capucins espagnols érigé sur ce site n'a pas échappé à l'incendie qui ravagea la ville en 1788. En 1791, Don Andrés Almonester y Roxas fait reconstruire sur ses bases El Casa Curial (le «Presbytère») dans l'intention, sans doute, d'y loger les desservants de l'église voisine. Les travaux ne seront terminés qu'en 1810, soit sept ans après que la colonie eut été devenue américaine.

Malgré son nom, le Presbytère n'a jamais été utilisé comme tel, et quand, en 1853, les autorités de la ville en font l'acquisition, c'est pour y installer le Palais de justice. Aujourd'hui, l'un des musées de l'État occupe les lieux (voir p 91). Si les artisans du Presbytère furent surtout espagnols et américains, c'est l'influence française qui y prédomine, comme on peut facilement le constater.

La **cathédrale Saint-Louis-Roi-de-France ★**, la plus ancienne cathédrale des États-Unis d'Amérique, a été construite entre 1849 et 1851 d'après les plans de J.N.B. de Pouilly; le pape Paul VI lui accorda en 1964 le statut de basilique mineure, et le pape Jean-Paul II y célébra la messe lors de sa visite aux États-Unis en 1987. La cathédrale Saint-Louis est la troisième église élevée sur ce site. La première fut emportée par un ouragan en 1722, et la deuxième fut détruite par un incendie.

Juste à gauche : le Cabildo.

Cabildo ★★ (Conseil colonial espagnol) *(adulte 4$, aîné et étudiant 3$, moins de 12 ans gratuit; mar-dim 9h à 17h)*. Sous le Régime espagnol, les bâtiments du Cabildo servirent à abriter le Conseil colonial jusqu'au moment où ils furent détruits par l'incendie qui, en 1788, ravagea la ville. Don Andrés Almonester

La FrancoFête 1999 a été créée par le Conseil pour le développement du français en Louisiane (CODOFIL) et parrainée par l'Office du tourisme de la Louisiane. Les manifestations, qui ont lieu dans toutes les régions, débutent le 1er janvier 1999, ouvrant ainsi l'année du tricentenaire de la Louisiane française, et se terminent le dernier jour de la même année, soit le 31 décembre 1999.

Les 'Cadiens conservent précieusement leurs traditions musicales. Il ne se passe guère une journée en Acadie louisianaise sans que l'on puisse entendre des chanteurs et musiciens de toutes sortes s'accompagnant aussi bien à l'accordéon ou au violon. Chaque famille 'cadienne a ses musiciens. Si tout le monde ne joue pas du violon — comme ce violoneux — ou de l'accordéon, tous savent faire tinter le «ti-fer», autre instrument typique d'accompagnement.

Pour reconstituer Le Village Acadien, quantité de maisons, une école, une église, des commerces et des bâtiments de ferme anciens ont été déménagés sur le site. Joliment aménagé dans un cadre champêtre parsemé de sentiers fleuris et de ponceaux traversant quelques bayous, le Village est animé par des artisans qui font revivre le bourg comme au siècle dernier. Même les animaux domestiques sont au rendez-vous. Le Village, toujours très actif, est aussi un lieu où se déroulent des événements sociaux et culturels, sous un immense kiosque abrité protégeant les participants autant des chauds rayons de soleil que des averses.

Près de Lafayette, Le Village Acadien, avec sa belle église rurale d'époque et ses bâtiments anciens, fait revivre les traditions ancestrales, dont le filage de la laine.

On raconte que, sous ce chêne, Évangéline venait attendre son bien-aimé Gabriel, dont elle avait été séparée lors de la Déportation, en Acadie. C'est en effet en ces lieux situés en bordure du bayou Tèche — aujourd'hui aménagés en parc et faisant partie des sites historiques nationaux — que débarquaient les réfugiés acadiens venus rejoindre leurs proches en Louisiane.

On doit la fondation de la jolie plantation créole Melrose, datant de 1796, à Marie-Thérèse Coincoin, esclave affranchie ayant œuvré au domaine du planteur Métoyer, dont elle eut une nombreuse descendance. C'est sur un terrain ayant appartenu à Louis Juchereau de Saint-Denis, le fondateur de Natchitoches, que la mûlatresse Marie-Thérèse Coincoin fit construire en 1796 la résidence de sa plantation.

Le Parc thématique de Vermillonville, du premier nom de Lafayette, se veut une reconstitution — cette fois — des débuts de la ville. On y trouve de magnifiques bâtiments, reflet d'une architecture recherchée pour l'époque, dont l'école et l'église de Vermillonville. S'y succèdent des démonstrations d'artisanat, des concerts, des expositions, des conférences et autres manifestations culturelles 'cadiennes et créoles. Vermillonville est un centre culturel important pour les populations 'cadiennes et créoles de Lafayette. La belle église demeure au centre de toutes les activités populaires.

La maison de la plantation Oak Alley, dont la construction remonte à 1837-1838, est aménagée sur le chemin du Fleuve. Elle est notamment célèbre pour son allée bordée de chênes centenaires.

Parmi les préparations 'cadiennes qui sont héritières du répertoire culinaire français, il y a une fameuse recette d'étouffée d'écrevisses, ce crustacé qu'on retrouve en abondance dans les zones marécageuses du sud de la Louisiane. Ce plat, aussi coloré que savoureux, se prépare «à l'étouffée», c'est-à-dire dans une casserole fermée hermétiquement. Il existe diverses façons de préparer l'étouffée d'écrevisses. La méthode la plus usuelle consiste à faire sauter dans du beurre les écrevisses décortiquées avec de l'oignon, du céleri, de la ciboule, du persil, du sel et du poivre de Cayenne. Le tout est ensuite légèrement mouillé à l'eau et, une fois la casserole recouverte, se cuit lentement sur feu doux... à l'étouffée.

Les travaux d'aménagement de la maison de la plantation Kent, sise sur le chemin du Bayou-des-Rapides, à Alexandrie (Carrefour), débutent autour de 1795-1796. Sa construction se termine en 1800, soit trois ans avant que la Louisiane ne soit vendue aux Américains. La maison des maîtres ainsi que quelques dépendances ont miraculeusement échappé à la guerre de Sécession. Les bâtiments restants sont un bel exemple de l'architecture créole française qui prévalait en Louisiane à l'époque coloniale.

L'édification d'un premier fort à Natchitoches remonte à 1716. La réplique du fort Saint-Jean-Baptiste s'inspire de la deuxième construction entreprise en 1730. Le visiteur a ici un bon aperçu de ce qu'était la vie quotidienne aux premiers jours de la colonie française, à travers les différents bâtiments exposant autant d'objets que d'accessoires reliés aux occupations du temps. Reconstitution oblige, les guides et animateurs du fort Saint-Jean-Baptiste revêtent les costumes d'époque.

y Roxas les fit reconstruire avant la fin du siècle, et l'on peut y voir encore aujourd'hui une magnifique balustrade en fer forgé du plus pur style espagnol, œuvre de Marcelino Hernández.

Cette maison a vu défiler tous les gouvernements. Les Français, qui y avaient précédé les Espagnols, y revinrent; le gouvernement des États-Unis céda les lieux pour un temps aux Confédérés avant d'y revenir à son tour, cette fois pour de bon. L'acte par lequel la France vendait la Louisiane aux États-Unis d'Amérique fut signé ici, dans la Sala Capitular. On peut y admirer la «pierre de fondation» symbolique de la colonie en 1699 ainsi qu'un masque mortuaire de l'empereur Napoléon.

Le parc et la place portent le nom de «square Jackson».

Ancienne place d'Armes ★★ *(square Jackson)*. Elle s'appela «place d'Armes» sous les Français; elle fut «Plaza de Armas» pour les Espagnols, et, vers le milieu du XIXe siècle, elle fut officiellement transformée, avec toutes les cérémonies d'usage, en **square Jackson**. La statue équestre du général Jackson, qui domine la place depuis 1856, est l'œuvre du sculpteur Clark Mills. Elle commémore la victoire de Jackson sur les Anglais lors de la fameuse bataille de La Nouvelle-Orléans, qui eut lieu à Chalmette, à environ 10 km d'ici, en 1815.

De là, jetez un coup d'œil sur les deux imposants bâtiments contournant chaque extrémité du square Jackson.

Édifices Pontalba ★ *(bordant le square Jackson de part et d'autre)*. Le riche commerçant Don Andrés Almonester y Roxas fut l'une des figures les plus importantes de l'époque à laquelle la Louisiane était colonie espagnole. En 1849, sa fille, la baronne Micaela Almonester de Pontalba, fit construire l'immeuble dont le rez-de-chaussée donnant sur la place d'Armes avait été conçu pour y installer des boutiques de luxe susceptibles d'attirer la riche clientèle locale. Délaissant leurs échoppes démodées du Vieux-Carré Français, les commerçants répondirent à la proposition avec enthousiasme, et c'est bientôt de la Louisiane tout entière et même des autres États qu'affluèrent les visiteurs.

Au centre des édifices Pontalba, sur la rue Sainte-Anne, vous apercevrez la Maison 1850.

Maison 1850 du patrimoine néo-orléanais ★ *(adulte 4$, aîné et étudiant 3$, moins de 12 ans gratuit; mar-dim 10h à 17h; 525 rue Sainte-Anne)*. La partie centrale de l'un des édifices Pontalba a été entièrement restaurée sur ses trois étages. Son décor raffiné et ses meubles d'époque permettent de se faire une bonne idée de la façon dont les riches Néo-Orléanais vivaient au milieu du siècle dernier.

En sortant de la Maison 1850, tournez à gauche sur la rue Sainte-Anne. À la rue de la Levée (Decatur), dirigez-vous en face vers l'étroit bâtiment en longueur intégré au Marché Français.

Marché Français ★★★ *(Vieux Marché de La Nouvelle-Orléans)*, voir p 88.

Continuez jusqu'à l'avenue de l'Esplanade et arrêtez-vous au numéro 400.

Ancien Hôtel de la Monnaie des États-Unis ★★ (Old US Mint) *(adulte 4$, aîné et étudiant 3$, moins de 12 ans gratuit; mar-dim 9h à 17h; 400 avenue de l'Esplanade)*. Ici se trouvait au XVIIIe siècle le fort San Carlos. En 1839, le gouvernement des États-Unis fit construire l'Hôtel de la Monnaie. L'immeuble relève désormais des musées de l'État de la Louisiane. Une collection permanente y illustre les grands moments du jazz et le Mardi gras.

Retournez par la rue de la Levée (Decatur) et, à la rue des Ursulines, tournez à droite. Vous atteindrez, un pâté de maisons plus loin, la rue de Chartres.

Ancien couvent des Ursulines ★★ (voir aussi la résidence Kolly, p 92) *(adulte 4$, aîné et étudiant 2$, moins de 8 ans gratuit; visites guidées mar-ven 10h, 11h, 13h, 14h et 15h, sam-dim 11h15, 13h et 14h; 1114 rue de Chartres)*. On est ici devant l'un des plus anciens bâtiments de la vallée du Mississippi. Les ursulines, qui étaient arrivées à La Nouvelle-Orléans en 1727, le firent construire en 1749. Le couvent devint la première école catholique de la ville, le premier orphelinat et la première institution à accueillir des Amérindiens et des Afro-Américains. Les ursulines l'occupèrent jusqu'en 1827. La Législature de l'État de la Louisiane leur succéda de 1831 à 1834 et, en 1846, le couvent fut rattaché à l'église italienne de Sainte-Marie.

Traversez la rue.

Maison Le Carpentier - Maison Beauregard ★★ (Beauregard-Keyes House) *(adulte 4$, aîné et étudiant 3$, moins de 12 ans 1,50$; lun-sam 10h à 17h; 1113 rue de Chartres)*. Après avoir acheté le terrain aux ursulines, Joseph Le Carpentier construisit en 1827 cette maison qui porte son nom pour y loger sa fille et son gendre, le notaire Alonzo Morphy.

Le général de l'armée des Confédérés, Pierre-Gustave Toutant Beauregard, surnommé affectueusement «le grand Créole» autant pour ses talents militaires que pour son tempérament fantasque, passa le rude hiver qui suivit, en 1866, la défaite du Sud et la fin de la guerre civile dans une petite chambre de cette maison. La romancière Frances Parkinson-Keyes, auteure de plusieurs ouvrages inspirés de la vie louisianaise et des tribulations vécues ici même par le célèbre général, y résida à son tour à la fin du siècle dernier.

Poursuivez sur la rue de Chartres.

Maison Soniat du Fossat ★ *(1133 rue de Chartres)*. Cet hôtel particulier fut élevé en 1829 pour le planteur louisianais Joseph Soniat du Fossat, membre à part entière de l'aristocratie néo-orléanaise. Aux environs de 1860, des travaux d'embellissement amenèrent le remplacement des grilles en fer forgé d'origine par les admirables ouvrages aux formes dentelées que l'on peut voir aujourd'hui. La maison Soniat loge de nos jours un charmant petit hôtel (Soniat House) (voir p 131).

Rendez-vous à la rue de l'Hôpital (du Gouverneur Nicholls) et tournez à gauche.

Maison Clay *(618-620 rue de l'Hôpital - du Gouverneur Nicholls)*. John Clay fit ériger cette résidence en 1828 pour y loger sa famille. John était le frère de Henry Clay, ce farouche partisan du protectionnisme américain qui présida le Congrès de 1810 à 1820. Le bâtiment à l'extrémité du jardin fut ajouté en 1871 et servit d'école à partir de 1890.

Rendez-vous à l'angle des rues de l'Hôpital (du Gouverneur Nicholls) et Royale. Vous trouverez là, avec promesse de frissons pour les amateurs, une «maison hantée».

Maison La Laurie, dite «La Maison Hantée» *(1140 rue Royale)*. Edmond du Fossat, qui avait fait construire en toute innocence cette maison en 1830, la vendit à Barthélemy de Macarty (appelé aussi Maccarty ou McCarty sur les documents de l'époque), qui la légua à sa fille Delphine. Devenue épouse de La

Maison Gallier

Laurie, Delphine y organise des soirées très courues, et le tout Nouvelle-Orléans ne tarit pas d'éloges sur ses qualités d'hôtesse. Mais, en 1833, l'une de ses servantes porte plainte contre sa maîtresse, qui lui aurait causé de graves lésions. Que la plainte d'une esclave soit écoutée est déjà chose extraordinaire, et Delphine s'en sortira avec au moins une amende. Les magistrats se douteraient-ils de quelque chose? L'année suivante, un incendie se déclare dans la propriété. Tous les voisins accourent pour porter secours aux habitants de la maison. On crie, on frappe aux portes et aux fenêtres, mais sans résultat. Les La Laurie auraient-ils déjà succombé? Ou sont-ils simplement absents? Le moment est mal venu pour trop réfléchir, et les secouristes enfoncent la porte fermée à double tour. Vision d'horreur! Dans la pièce enfumée, on découvre sept malheureux domestiques, enchaînés et affreusement mutilés.

Dans le compte rendu qui paraît le lendemain, Mme La Laurie est ouvertement soupçonnée d'avoir elle-même mis le feu à la maison. Une foule rugissante se rassemble autour de la maison du couple de tortionnaires, bien décidée à les pendre haut et à raser ces lieux maudits. À ce moment même, un fiacre surgit de la cour avec à bord les La Laurie, qui s'empressent de fuir pour éviter la vindicte populaire. On ne les revit jamais plus.

Delphine La Laurie serait, dit-on, morte en Europe quelques années plus tard et son corps aurait été ramené à La Nouvelle-Orléans pour y être enterré dans le plus grand secret.

Bien que la maison ait été entièrement rénovée par la suite, on la dit toujours hantée. Aujourd'hui encore, plus d'un Néo-Orléanais affirme y avoir entendu tantôt gémir, tantôt crier les suppliciés, sons auxquels s'ajoutent le frottement métallique des chaînes et le sifflement des fouets. Mieux vaut s'abstenir de rôder autour de cette maison sur le coup de minuit et même pendant la nuit!

Ami visiteur... Respirez profondément, traversez avec prudence la rue Royale et retournez sur la rue de l'Hôpital (du Gouverneur Nicholls).

Maison Thierry *(721 rue de l'Hôpital)*. La maison date de 1814 et appartint à Jean-Baptiste Thierry, l'éditeur du *Courrier de la Louisiane*. D'architecture néoclassique, elle est la première et l'une des plus intéressantes constructions de ce style en Louisiane.

Retournez sur la rue Royale.

Maison Gallier ★★ *(adulte 6$, aîné et étudiant 5$, 8-18 ans 4$, gratuit pour les moins de 8 ans; lun-sam 10h à 16h30; 1132 rue Royale, ☎525-5661)*. Voir aussi la maison Hermann-Grima, p 94, car les prix y sont similaires et il y a une réduction lorsque l'on prend un billet pour la visite des deux maisons, la maison Gallier étant sous la même tutelle que la maison Hermann-Grima. Fils d'un architecte très réputé, qui a d'ailleurs laissé d'intéressants mémoires, James Gallier (fils) allait à son tour marquer l'architecture néo-orléanaise pendant toute la période qui précéda la guerre de Sécession. On leur doit plusieurs immeubles tels que l'église Saint-Patrick *(724 rue du Camp)*, le Gallier Hall *(545 avenue Saint-Charles)*, les édifices Pontalba et l'hôtel Saint-Charles. La maison a été restaurée, décorée et meublée dans le style des années 1860. Le fer ouvragé de ses balcons épouse la forme de jolies roses.

Empruntez la rue des Ursulines et dirigez-vous à gauche sur la rue Bourbon jusqu'à l'intersection avec la rue Saint-Philippe.

Forge des frères Jean et Pierre Lafitte *(941 rue de Bourbon)*. Le premier acte notarié relatif à cette maison remonte à 1772. Les frères Jean et Pierre Lafitte avaient ouvert cette forge pour qu'elle serve de couverture à leurs beaucoup plus rentables activités de corsaires dans les eaux proches du golfe du Mexique, plus précisément dans la marécageuse baie Barataría. Ils essayèrent de se racheter de leur conduite en participant, avec d'ailleurs un courage qui leur fit honneur, à la célèbre bataille de La Nouvelle-Orléans.

Poursuivez sur la rue Royale.

Grille des épis de maïs ★ (Cornstalk Hotel) *(915 rue Royale)*. La première maison construite sur ce site date au moins de 1731, car elle figure sur le plan de la ville relevé par Gonochon cette année-là. Elle fut remplacée par une résidence qu'allait occuper de 1816 à 1826 François-Xavier Martin, premier juge en chef de la Cour suprême de l'État. Ce magistrat sera l'auteur du tout premier livre d'histoire sur la Louisiane. L'ensemble des bâtiments victoriens visibles aujourd'hui a été bâti en 1850. On y remarquera un magnifique portail en fer forgé à la grille d'entrée, avec motifs d'épis de maïs enchevêtrés de tiges de belles-de-jour.

Maisons Widow Miltenberger *(900, 906 et 910 rue Royale)*. Les trois maisons construites en 1838 pour Mme Miltenberger étaient destinées à ses trois fils. En 1910, c'est son arrière-petite-fille, Alice Heine, qui les occupe toutes. Cette intéressante héritière épousa d'abord le duc de Richelieu, avant de devenir, par son second mariage avec le prince Louis de Monaco, princesse.

Empruntez la rue Dumaine et rendez-vous au numéro 632.

Maison de Jean Pascal (Madame John's Legacy) *(632 rue Dumaine)*. Cette belle maison surélevée, avec balcon en retrait, est aussi appelée le «Patrimoine

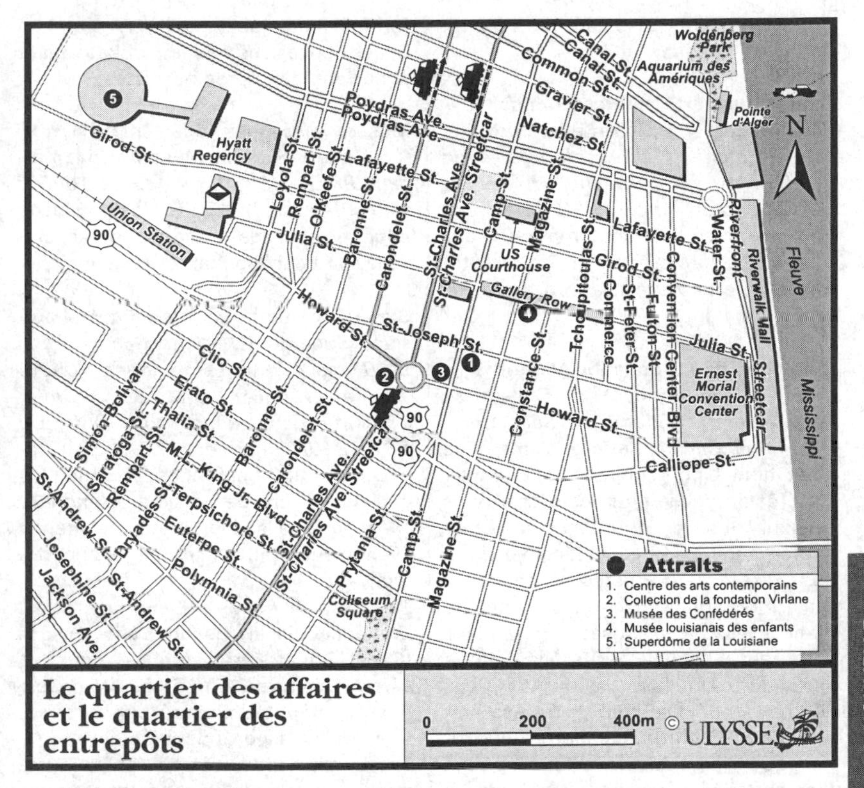

de Madame Jean». La première construction remonterait à 1726. Après le grand incendie du Vendredi saint 1788, qui rasa la quasi-totalité de La Nouvelle-Orléans, Mme Jean en confia la reconstruction à Robert Jones, un artisan reconnu. L'officier espagnol Manuel de Lanzos en fut le premier locataire. Cette maison (voir p 98) est considérée à juste titre comme l'un des plus beaux exemples d'architecture créole de toute la vallée du Mississippi; ce style développé dans les Antilles françaises allait influencer de nombreux architectes louisianais. Le bâtiment est aujourd'hui la propriété de l'État de la Louisiane, qui l'a transformé en musée. Malheureusement, son accès est strictement réservé à des groupes d'universitaires et à des associations culturelles. Ces privilégiés peuvent y admirer une magnifique collection de meubles d'époque (voir «Le Musée de l'État de Louisiane», p 91).

Ici se termine notre balade dans le Vieux-Carré Français. À vous maintenant d'en arpenter les rues à votre guise et d'y faire vos propres découvertes.

Le quartier des affaires et le quartier des entrepôts

Le quartier des affaires est un quartier du centre-ville qui se réfère souvent à la rue du Canal (Canal Street) et qui se situe à l'ouest du Vieux-Carré Français. Juste au sud du quartier des affaires, le quartier des entrepôts, dont les bâtiments industriels étaient jusqu'à récemment en désuétude, est devenu celui des artistes qui y installent petit à petit de belles galeries.

Centre des arts contemporains ★★ (Contemporary Arts Center) *(adulte 3$, aîné et étudiant 2$, gratuit le jeudi; mar-dim 10h à 17h,dim 11h à 17h; 900 rue du Camp, ☎528-3800)*. Le Centre diffuse l'art contemporain sous toutes ses formes : théâtre alternatif, musique, arts visuels, etc. Il y a aussi un cybercafé.

Collection de la fondation Virlane ★★ (The Virlane foundation Collection) *(entrée libre; 1055 avenue Saint-Charles, au Lee Circle)*. Cet organisme privé s'est donné pour objectif de stimuler l'intérêt du public pour les arts et plus particulièrement pour la sculpture contemporaine. La collection se compose d'œuvres d'artistes de partout à travers le monde et connus mondialement; elles sont disposées sur la place entourant l'édifice K&B ainsi qu'à l'intérieur. Un livret explicatif ainsi qu'un plan détaillé sont distribués gratuitement. Outre une sculpture du Britannique Henry Moore *(Reclining Mother and Child)*, on peut apprécier les mouvements de l'ouvrage hélicoïdal *Flight* de l'Américain Lin Emery (à qui l'on doit une œuvre semblable devant le Musée des Beaux-Arts), *The Virlane Tower* de Kenneth Snelson, une structure de barres métaliques soutenues et reliées entre elles par un câble d'acier qui semble défier la gravité, ou encore la *Bus Stop Lady*, cette femme qui attend l'autobus, grandeur nature, que l'on ne peut s'empêcher de saluer. Bref, on y retrouve plus de 70 créations.

Musée des Confédérés ★★★ (Confederate Museum)*(adulte 5$, aîné et étudiant 4$, 12 ans et moins 2$; lun-sam 10h à 16h; 929 rue du Camp, ☎523-4522)*. Construit en 1891, ce musée est le plus ancien de la Louisiane. On y voit des milliers de souvenirs d'une valeur inestimable : armes, uniformes, drapeaux datant de la guerre de Sécession et même des objets ayant appartenu aux héros nordistes.

Musée louisianais des enfants ★★ (Louisiana Children's Museum)*(5$; mar-sam 9h30 à 16h30, dim 12h à 16h30; 420 rue Julia, ☎523-1357)*. Musée éducatif pour les enfants. Bonne nouvelle, on peut toucher les objets!

Superdôme de la Louisiane ★★ (Louisiana Superdome)*(adulte 6$, aîné 5$, 5-10 ans 4$; visites guidées 10h30, 12h et 13h30; Sugar Bowl Drive, 1500 rue de Poydras, ☎587-3808 ou 587-3810)*. Érigé en 1975, il peut accueillir 80 000 personnes; c'est le plus grand bâtiment de ce type au monde. C'est ici que se déroulent les grands événements sportifs, les mégaconcerts, etc.

Traversier de la rue du Canal ★★★ (Canal Street Ferry) *(gratuit pour les piétons, voiture 1$; tlj 6h à 24h, départ aux 30 min)*. Administré par le ministère des Transports de la Louisiane, ce bac transporte les piétons et les automobilistes vers la rive occidentale du Mississippi jusqu'à la pointe d'Alger (Algiers Point). Il assure un service ininterrompu depuis 1827.

Rendez-vous de l'autre côté du Mississippi.

Pointe d'Alger ★★★ (Algiers Point). En 1719, Bienville, le fondateur de La Nouvelle-Orléans, s'était vu remettre ce fief qui fait face au Vieux-Carré Français, sur l'autre rive du Mississippi. La pointe d'Alger était à l'origine le lieu de débarquement des esclaves arrivant d'Afrique. Un faubourg y fut construit entre 1840 et 1900, et son cachet particulier vaut à la pointe d'Alger d'être classée depuis 1978 patrimoine historique américain. On trouve sur place des renseignements touristiques additionnels. On peut y faire des ran-

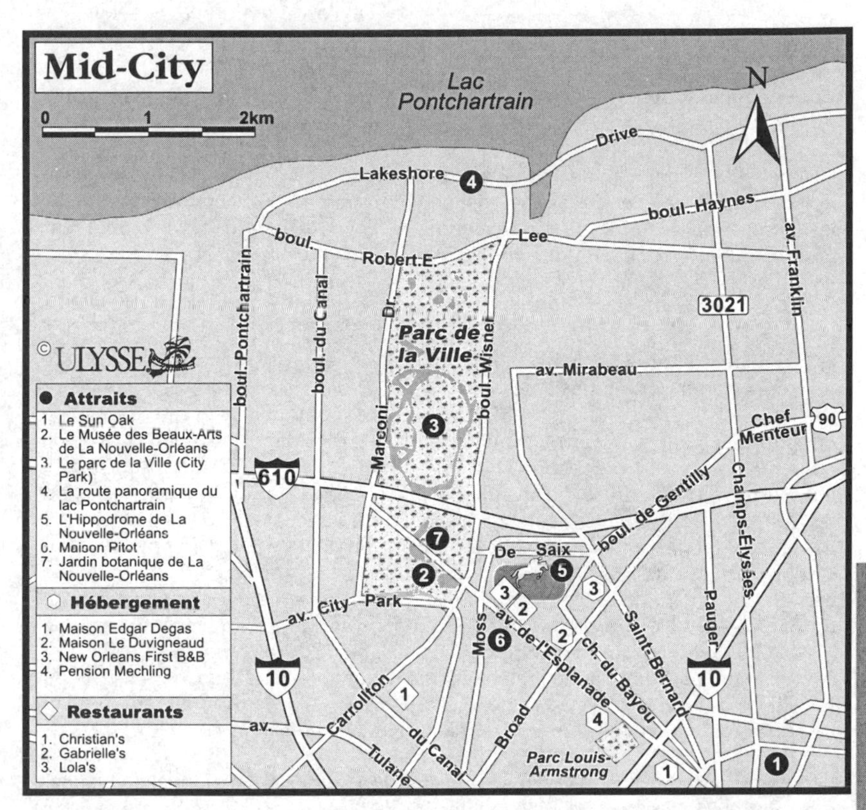

données pédestres particulièrement intéressantes.

Mid-City ★★★

Au nord du Vieux-Carré Français et du quartier des affaires se trouve le quartier Mid-City, qui s'étend, d'est en ouest, entre le parc de la Ville et le cimetière de Métairie, d'où l'on accède à la banlieue du même nom.

Sun Oak ★ *(5$; sur rendez-vous; 2020 rue de Bourgogne, ☎945-0322)*, dans le faubourg historique Marigny. Cottage créole avec ornementation néoclassique. Belle collection de meubles français, créoles et 'cadiens. Arts décoratifs. Grand parc; hébergement.

Arrondissement et district historique de l'Esplanade - Région du bayou Saint-Jean (St. John) et Lakefront ★★★. Si la Cité-Jardin (Garden District) de l'avenue Saint-Charles est l'expression architecturale des Néo-Orléanais d'origine américaine, le quartier qui va du Vieux-Carré Français au bayou Saint-Jean (ou St. John) est en grande partie constitué des superbes résidences de vieilles familles françaises. Au 2306 de l'avenue de l'Esplanade, on voit ce qui fut, pour une brève période de l'automne et de l'hiver 1872, le logis du peintre impressioniste Edgar Degas, venu rendre visite à ses frères financiers de La Nouvelle-Orléans. De leur bureau, il écrivait à un ami de Paris le 27 novembre.

La statuaire de La Nouvelle-Orléans ★★

Comme dans toutes les grandes villes du monde, La Nouvelle-Orléans a voulu rendre hommage à ses héros et héroïnes en leur élevant des monuments.

Celui érigé à la mémoire de **Jean-Baptiste Le Moyne, sieur de Bienville**, se dresse au cœur du Vieux-Carré Français, dans le petit parc triangulaire que ceinturent les rues Peters Nord, de Conti et de la Levée (Decatur). Le monument commémoratif rappelle que le fondateur de La Nouvelle-Orléans en 1718 est «Né à Montréal (Québec) le 23 février 1680 - Mort à Paris (France) le 7 mars 1767».

Sur la place d'Armes est installée la statue équestre du démocrate **Andrew Jackson**, héros de la bataille de La Nouvelle-Orléans à Chalmette et président des États-Unis d'Amérique de 1829 à 1837. Le monument avoisine un groupe de sculptures représentant les quatre saisons, sujet pour le moins inattendu dans une ville qui n'en connaît qu'une seule, l'été perpétuel. Au square Lafayette se trouvent les statues de **Benjamin Franklin** et de l'ancien président du Congrès, **Henry Clay** et, à l'angle de la rue du Canal et de la place Elks, celle de **Molly Marine**, coulée dans le béton en 1943 (le seul matériau dont on disposait en ce temps de guerre) et maintenant recouverte de bronze. Ce monument est un hommage aux pionnières de l'Armée américaine. À l'entrée du parc de la Ville (City Park), on peut admirer la statue équestre du **général Pierre-Gustave Toutant Beauregard**. Le Lee Circle *(1000 avenue Saint-Charles)* est dominé par une haute colonne surmontée de la statue de bronze du «malheureux» chef sudiste, le **général Robert E. Lee**. Ce monument pesant quelque trois tonnes est l'œuvre du sculpteur Alexander Doyle.

L'importante communauté afro-américaine, majoritaire à La Nouvelle-Orléans, n'a pas oublié l'action qu'a menée le pasteur Martin Luther King pour les droits civiques et l'intégration des Noirs. On retrouve donc un monument à **Martin Luther King Jr.** à l'intersection de l'artère du même nom et de l'avenue Claiborne. C'était également une obligation que d'honorer celui qui fut l'un des plus prestigieux ambassadeurs de La Nouvelle-Orléans et le véritable initiateur du jazz classique, **Louis «Satchmo» Armstrong**, qui a, quant à lui, sa statue dans le parc portant son nom (autrefois le square du Congo), sur la rue du Rempart, entre les rues Sainte-Anne et Saint-Pierre.

À La Nouvelle-Orléans, comme dans toute ville aux origines multiples, monuments et places publiques témoignent aussi des liens tissés par l'histoire. Près de l'International Trade Mart, on trouve, par exemple, la statue de **Jeanne d'Arc**, en bronze doré, offerte par le gouvernement français. Autres témoignages des amitiés internationales : les statues de **Sir Wiston Churchill**, installée sur British Place et, sur la travée centrale de la rue du Bassin, des héros de l'Amérique latine, **Simón Bolívar** (don du Venezuela), **Benito Juárez** (don du Mexique) et le **général Francisco Morazón** (don du Honduras).

Musée des Beaux-Arts de La Nouvelle-Orléans ★★★ (New Orleans Museum of Art) *(adulte 6$, aîné 5$, 3-17 ans 3$; mar-dim 10h à 17h; 1 av. Lelong, parc de la Ville/City Park, ☎488-2631, www.noma.org)*. Le Musée des Beaux-Arts de La Nouvelle-Orléans doit son ouverture à un généreux mécène. Fils d'une riche famille de planteurs de la Jamaïque, Isaac Delgado, né en 1837, quitte son île à l'âge de 14 ans. Il vient rejoindre à La Nouvelle-Orléans son oncle Samuel, qui fait fortune dans l'industrie sucrière. Devenu riche à son tour, Isaac Delgado se montre prodigue envers sa ville adoptive. Au début du siècle, il multiplie les dons aux organismes de bienfaisance et, en 1905, il donne 180 000$ à l'hôpital de la Charité. Véritable dilettante des arts, Delgado remet en 1910 une somme de 150 000$ afin que soit construit dans le parc de la Ville (City Park) un musée des beaux-arts digne de la cité qu'il affectionne tant.

L'imposant bâtiment, dont le hall laisse pénétrer amplement la lumière du jour, est l'œuvre de l'architecte Samuel A. Marx. Ce dernier dit avoir donné à sa construction, dont l'architrave est supportée par quatre immenses colonnes, un style grec tout en l'adaptant au climat subtropical. Quant à la collection, elle se répartit par thème dans les nombreuses salles des deux niveaux. Le musée regorge de trésors de toutes les époques et de tous les continents, dont une riche collection d'art de la Renaissance obtenue en octobre 1952 grâce à une donation de la Fondation Samuel H. Kress.

Parmi les pièces du musée, figurent de splendides sculptures précolombiennes, une riche collection de verres et de faïences, ainsi que des céramiques de factures européennes, américaines et chinoises, de remarquables tableaux du XVIIe siècle provenant de la fameuse école péruvienne de Cuzco, plusieurs œuvres de grands maîtres flamands, hollandais, italiens et français, de même que de la peinture américaine contemporaine, des toiles peintes par Edgar Degas durant son séjour à La Nouvelle-Orléans, des bronzes de ce même artiste et de Rodin, des meubles des XVIIIe et XIXe siècles, etc. On y trouve une boutique. Notez que du 1er mai au 29 août 1999, à l'occasion de la FrancoFête 99, une trentaine de toiles peintes par Edgar Degas, lors de son séjour à La Nouvelle-Orléans, seront exhibés au musée lors de l'exposition *Degas et La Nouvelle-Orléans : un peintre impressionnisme en Amérique*.

Le **parc de la Ville** ★★★ (City Park), couvre 750 ha et s'étend depuis l'avenue de l'Esplanade, au nord du Vieux-Carré Français, jusqu'au lac Pontchartrain. C'est un endroit de choix pour tous les sports de plein air. Des chênes vieux de 800 ans entourent des lagons où l'on peut s'adonner aux plaisirs de la pêche.

La **route panoramique du lac Pontchartrain** ★★ (Lakeshore Drive) longe le lac Pontchartrain, qui fait 60 km de longueur et 40 km de largeur. On le traverse en empruntant le **pont-chaussée du lac Pontchartrain** ★ (Lake Pontchartrain Causeway).

L'**Hippodrome de La Nouvelle-Orléans** (Fair Grounds) *(droit d'entrée; nov à mars jeu-lun 12h30 à 17h30; 1751 boulevard de Gentilly, ☎944-5515)* est ouvert depuis 1872, ce qui en fait l'un des plus anciens aux États-Unis. Son entrée est l'œuvre de l'architecte James Gallier, élaborée en 1859 à l'intention d'une foire agricole. C'est ici que se déroule le Derby de la Louisiane. On parie sur des pur-sang lors des courses disputées à l'hippo-drome ou lors de celles qui y sont diffusées simultanément. Enfants de moins de six ans non admis.

Maison Longue Vue et ses jardins ★★ *(adulte 7$, aîné 6$, enfant et étudiant 3$; lun-sam 10h à 16h30, dernière visite guidée 16h; dim 13h à 17h, dernière visite guidée 16h; 7 chemin du Bambou/Bamboo, ☎488-5488 ou 486-7015, ⇄486-7015).* Construite en 1942 par le riche Néo-Orléanais Edgar Stern, cette demeure de style néo-classique dispose d'un patio à l'espagnole entouré de jardins à l'anglaise, témoignant à sa façon du parcours historique de la ville. Elle renferme une belle collection de meubles français et anglais des XVIIIe et XIXe siècles.

Maison Ducayet – Maison Pitot ★★ *(adulte 5$, aîné 4$, 12 ans et moins 2$; mer-sam 10h à 15h; 1440 rue Moss, ☎482-0312).* Cette maison de planteur de style colonial antillais fut bâtie vers 1800 par l'aristocratique famille Ducayet. La propriété fut ensuite acquise par le deuxième maire de La Nouvelle-Orléans, James Pitot.

Le **Jardin botanique de La Nouvelle-Orléans ★★** *(adulte 3$, 5-12 ans 1$, visite guidée sur réservation; mar-dim 10h à 16h30; ☎483-9386)* se pare de statues et de fontaines rappelant l'époque Art déco. Au détour des chênes verts et des magnolias, le parc abrite de splendides jardins d'azalées et de camélias, ainsi qu'un étang sur lequel s'étalent des nénuphars.

La Cité-Jardin (Garden District) ★★★

À la suite de la vente de la Louisiane en 1803, plusieurs habitants de la ville n'ont guère apprécié la venue massive de ces «Américains». Les habitants du Vieux-Carré Français gardaient jalousement l'exclusivité de leur quartier à leurs pairs – ces mêmes créoles avaient pourtant cohabité avec les Espagnols – en élargissant même leur territoire vers le faubourg Marigny. Les Américains se sont donc installés dans le faubourg Sainte-Marie, aujourd'hui le Central Business District. Les nouveaux venus se sont enrichis dans le quartier des affaires pour ensuite développer les secteurs résidentiels d'Uptown et de la Cité-Jardin (Garden District). Ces riches marchands ont fait construire leurs cossues maisons non pas en bordure de la rue comme celles du Vieux-Carré Français, mais plutôt en retrait, permettant ainsi l'aménagement de magnifiques jardins, tant à l'avant qu'à l'arrière de leur résidence.

L'une des meilleures façons d'avoir un bon aperçu de la Basse-Cité-Jardin (Lower Garden District), de la Cité-Jardin (Garden District) et du quartier Uptown est certes de prendre le tramway de la rue Saint-Charles depuis la rue du Canal *(à l'angle de la rue de Carondelet)*. Le coût modique *(1$)*, le trajet et la vitesse réduite du tramway permettent en moins de deux heures de découvrir quelque peu cette merveilleuse partie de la ville. Pour une visite plus élaborée, nous vous suggérons une visite à pied. L'existence de ce tramway datant de 1835 (se mouvant à l'électricité depuis 1893) a certes contribué à l'essor de ce secteur de la ville, plus particulièrement à l'expansion de l'avenue Saint-Charles.

Au long de votre promenade dans la Cité-Jardin (Garden District), vous serez charmé par les résidences somptueuses et leurs jardins. Nous avons déjà souligné la particularité de certaines demeures et sites historiques de cet arrondissement de La Nouvelle-Orléans. Prenez le temps d'admirer la Cité-Jardin. Comptez environ deux heures de balade.

Le **cimetière Lafayette n° 1 ★★** *(1400 avenue de Washington)* existe depuis 1833 et était alors la propriété de la Ville de Lafayette avant que celle-ci ne soit annexée à La Nouvelle-Orléans. Puisque les «Américains» étaient peu

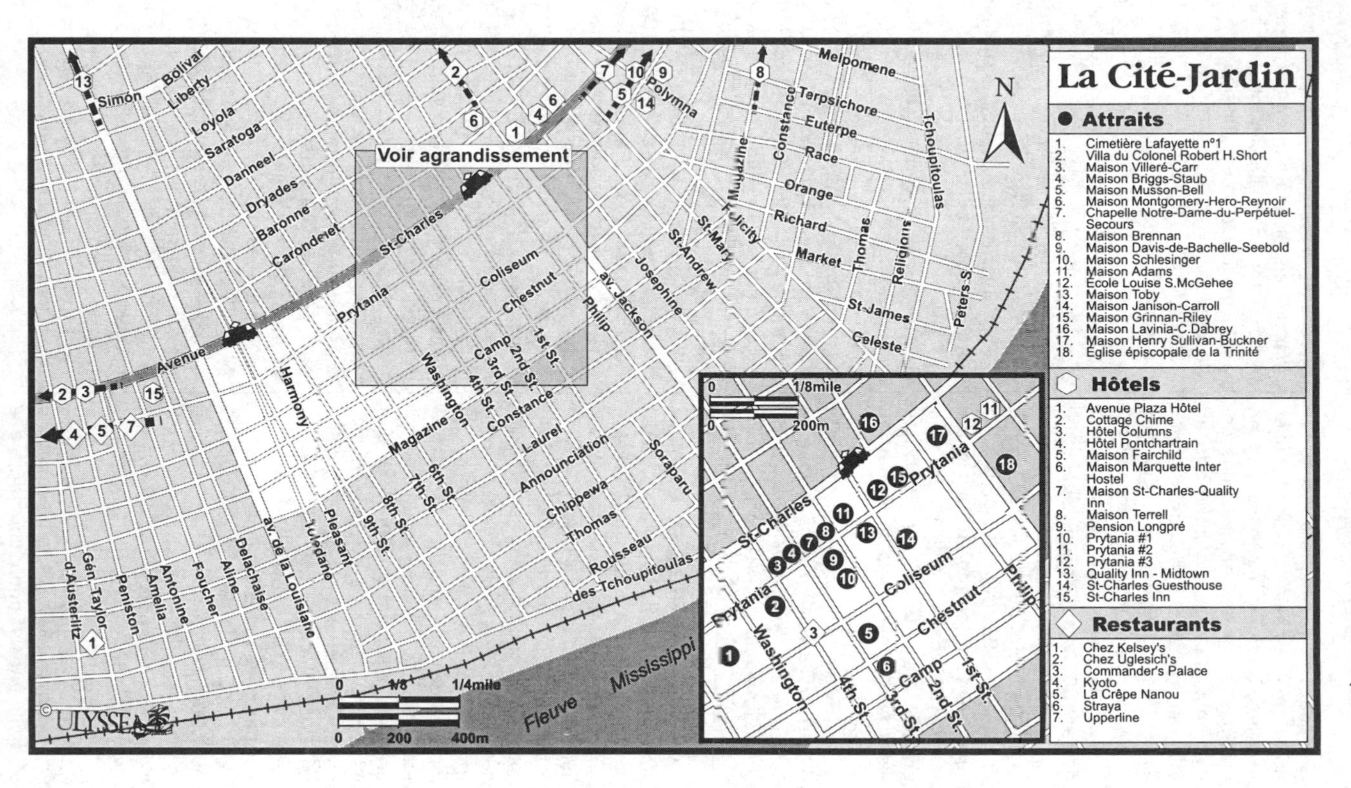

LA NOUVELLE-ORLÉANS

prisés dans les cimetières près du Vieux-Carré Français, de nombreuses personnes d'origine allemande (il ne s'agit pas ici de descendants des colons venus s'établir en Louisiane au XVIIIe siècle, mais d'immigrants arrivés à La Nouvelle-Orléans beaucoup plus tard), et irlandaise y ont été ensevelies. En 1852, la fièvre jaune fait rage, et plus de 2 000 victimes sont alors inhumées dans ce seul cimetière. La plupart des tombes ont de modestes monuments. En 1970, la Ville de La Nouvelle-Orléans entreprend de restaurer des tombeaux et, dans le but d'embellir les lieux, fait planter une belle allée de magnolias à l'entrée du cimetière.

À la sortie du cimetière, sur l'avenue de Washington, dirigez-vous vers la rue Prytania, puis jusqu'à la 4e Rue. Tournez à droite.

La **villa du colonel Robert H. Short** *(1448 4e Rue)* fut construite en 1859. Quatre ans plus tard, au plus fort de la guerre de Sécession, la maison est saisie par les forces fédérales en l'absence du propriétaire rebelle. On remarquera les balcons aux formes dentellées en fer forgé ainsi que la particularité des motifs de la clôture qui évoquent des épis de maïs. L'histoire veut que la femme du colonel s'ennuyait tellement du Kentucky que son mari lui dénicha cette grille rappelant les champs de maïs de sa lointaine contrée. Ce beau portail, fabriqué à la fonderie Wood et Perot de Philadelphie, n'est pas sans rappeler celui de la maison du 915 de la rue Royale, dans le Vieux-Carré Français.

Retournez à la rue Prytania et traversez la rue.

La **maison Villeré-Carr** *(2621 rue Prytania)* a été bâtie vers 1870 dans le plus pur style néoclassique pour l'un des membres de la célèbre famille néo-orléanaise Villeré. Le porche et les fenêtres angulaires s'intègrent harmonieusement à ce bel ensemble architectural particulièrement recherché à l'époque.

Continuez sur la rue Prytania.

La **maison Briggs-Staub** *(2605 rue Prytania)* est l'une des rares constructions gothiques de la ville. Elle fut érigée en 1849, et son architecture s'imprègne fortement des influences européennes de l'époque.

Empruntez la 3e Rue et dirigez-vous vers le numéro 1331.

La **maison Musson-Bell** *(1331 3e Rue)*, élevée en 1850, est une commande du riche marchand de coton Michel Musson, oncle du célèbre peintre Edgar Degas. La demeure est magnifiquement ceinturée de balcons en fer forgé ouvragé. Ces lieux ont été le témoin d'une bien triste histoire conjugale. En 1872, Edgar et son frère René arrivent de France pour visiter leur famille maternelle. René tombe éperdument amoureux de sa cousine Estelle, malheureusement aveugle depuis l'âge de 12 ans. Puisqu'ils sont cousins au premier degré, René et Estelle obtiennent une dispense papale pour vivre leur bonheur sans contrainte religieuse. De leur union, naissent quatre enfants. Chaque après-midi, une amie d'Estelle vient lui faire la lecture et profite de ses visites pour courtiser René. Succombant aux charmes de la lectrice, René abandonne Estelle et ses enfants. Fou furieux, le père d'Estelle répudie son gendre et adopte ses petits-enfants en leur donnant le nom de Musson et raya définitivement le nom de Degas de sa famille. Le nom et l'image d'Estelle ont toutefois été immortalisés sur une toile peinte par Edgar (le frère peintre de René) intitulée *Le portrait d'Estelle*, que l'on peut admirer au Musée des Beaux-Arts de La Nouvelle-Orléans (voir p 105).

Continuez jusqu'au numéro 1213.

La **maison Montgomery-Hero-Reynoir** *(1213 3e Rue)*, une splendide résidence, a été construite vers 1868, peut-être même avant la guerre de Sécession, par Archibald Montgomery. L'année du décès de Montgomery, en 1885, et jusqu'en 1977, l'habitation devient la propriété de la famille Hero. Les verdoyantes persiennes de ses fenêtres ainsi que les fines colonnes blanches qui s'élèvent des galeries (à l'avant et sur le côté) donnent une touche particulière à cette belle demeure restaurée dans toute l'élégance de son époque par les Reynoir, ses derniers propriétaires.

Retournez sur vos pas jusqu'à la rue Prytania. Dirigez-vous vers la chapelle.

La **chapelle Notre-Dame-du-Perpétuel-Secours** (Our Mother of Perpetual Help Chapel) *(2521 rue Prytania)*, d'abord érigée à titre de résidence privée en 1856, a ensuite été transformée en chapelle pour les besoins du culte des pères rédemptoristes.

Poursuivez sur la rue Prytania.

La **maison Brennan** *(2507 rue Prytania)*, avec ses éblouissantes colonnes d'inspiration corinthienne, date de 1852. Les riches propriétaires de l'époque ont eu recours à un artiste de Vienne pour décorer de feuilles d'or la magnifique salle de bal qui faisait tant la fierté des hôtes.

Retraversez la rue Prytania.

La **maison Davis-De Bachelle Seebold - Women's Guild of the New Orleans Opera Association** *(2504 rue Prytania)* a d'abord logé Edward Davis, qui en avait commandé la construction en 1858. Le docteur Hermann de Bachelle Seebold et son épouse, mélomanes et amis des arts, en font l'acquisition en 1944. Au décès de Mme Seebold, l'association culturelle hérite de cette résidence flanquée d'une tourelle octogonale, l'une des rares ouvertes au public (réservation exigée). Tout le mobilier est de la même époque que ses premiers propriétaires.

Continuez sur la rue Prytania. À la 2e Rue, tournez à droite.

Une partie de la **maison Schlesinger** *(1427 2e Rue)* était autrefois rattachée à la résidence d'une importante plantation. L'annexe fut déménagée puis accolée au bâtiment en construction dans les années 1850. Les portes-fenêtres, donnant directement sur le balcon, avec leurs 4 m, presque à hauteur de plafond, sont une particularité de cette propriété.

Revenez sur vos pas jusqu'à la rue Prytania et tournez à droite.

Maison Adams *(2423 rue Prytania)*. Ayant acquis un terrain appartenant à la plantation de François de Livaudais en 1860, le commerçant John I. Adam s'y fit construire une résidence qu'il habita à partir de 1896. Les deux galeries, l'une à l'avant et l'autre sur le côté, sont entourées d'une série de colonnades blanches.

Retraversez la rue Prytania.

L'**école pour filles Louise S. McGehee** *(2343 rue Prytania)*, œuvre de l'architecte James Freret, dévoile des lignes fortement influencées par l'École des beaux-arts de France, où le maître étudia de 1860 à 1862. Freret construisit cette résidence en 1872 pour le riche planteur de canne à sucre Bradish Johnson. En 1929, la maison devait

Edgar Degas à La Nouvelle-Orléans

En 1872, Edgar Degas se rend à La Nouvelle-Orléans, d'où est originaire sa mère, née Musson, et où ses frères, Achille et René, se sont établis comme marchands de coton.

Le pays l'enchante. «*Rien ne me plaît comme les négresses de toute nuance, tenant dans leurs bras des petits Blancs, si blancs, sur des maisons blanches à colonnes de bois cannelées et en jardins d'orangers et les dames en mousseline sur le devant de leurs petites maisons et les steamboats à deux cheminées, hautes comme des cheminées d'usine, et les marchands de fruits à boutiques pleines et bondées, et le contraste des bureaux actifs et aménagés si positivement avec cette immense force animale noire, ...etc. Et les jolies femmes de sang pur et les jolies quarteronnes et les négresses si bien plantées!*», écrit-il à un ami parisien.

Ses lettres sont généralement rédigées sur papier à en-tête des *de Gas Brothers*, ses frères ayant conservé la particule, de bon effet dans le milieu élégant où ils évoluent. Le peintre, pour sa part, y a renoncé. «*Dans la noblesse, on n'a pas l'habitude de travailler. Puisque je veux travailler, je porterai donc un nom roturier*», expliquait-il.

Sa correspondance reflète bien la vie mondaine à La Nouvelle-Orléans, quelque peu secouée après la guerre de Sécession. Dans une lettre du 5 décembre à son ami Rouart, il déplore l'absence de la traditionnelle saison d'opéra. Enceinte, «*la pauvre Estella* – la cousine des Degas devenue femme de René est aveugle – *qui est musicienne comptait là-dessus. On lui aurait loué une baignoire où elle n'aurait jamais manqué d'aller jusqu'à son accouchement.*» «*À la place,* souligne-t-il toutefois, *nous avons une troupe de comédie, drame, vaudeville, où il y a d'assez bons et beaucoup de talents de Montmartre.*»

Degas rapportera de ce séjour quelques «scènes» de famille et d'importants tableaux dont *Portrait dans un bureau*, plus communément appelé *Le Bureau de coton à La Nouvelle-Orléans*, première œuvre à entrer dans un musée français, celui de Pau, auquel elle appartient toujours. On y voit, parmi les commerçants en pleine effervescence, René, qui lit nonchalamment le journal et, adossé à un mur avec un air absent, son associé Achille. Les deux frères devaient d'ailleurs faire faillite, et c'est, ironie du sort, Edgar l'artiste qui, pour sauver l'honneur du nom, assumera leurs dettes.

être transformée en une école privée pour filles. En face se trouve la **maison Toby** *(2340 rue Prytania)*, mieux connue sous le nom de Toby's Corner (elle fait l'angle de la 1re Rue et de la rue Prytania). On raconte que c'est sans doute l'une des plus vieilles résidences de la Cité-Jardin (Garden District). Son style s'inspire des maisons créoles des Antilles. Lors de sa construction en 1838, son propriétaire, un fortuné homme d'affaires originaire de Philadelphie, prit bien soin de faire surélever sa demeure afin de la protéger des inondations toujours possibles à La Nouvelle-Orléans.

Rendez-vous à la 1re Rue et tournez à droite.

La **maison Jamison-Carroll** *(1315 1re Rue)*, érigée en 1869 dans un style d'inspiration italienne par son premier propriétaire Samuel Jamison, devait ensuite accueillir Joseph Carroll, magnat du coton venu de sa Virginie natale pour s'enrichir à La Nouvelle-Orléans. De magnifiques balcons et une clôture en fer forgé ornent cette belle résidence pastel.

Retournez sur la rue Prytania.

Maison Grinnan-Riley *(2221 rue Prytania)*. C'est à l'architecte Henry Howard, à qui l'on doit de nombreuses demeures à La Nouvelle-Orléans, que l'Anglais Robert A. Grinnan confia les plans de construction de son hôtel particulier. Un fait intéressant à mentionner : les armoiries apparaissant sur la porte de l'entrée principale sont semblables à celles de la plantantion Nottoway (située à White Castle), également dessinées par Howard.

Remontez la 1e Rue jusqu'à l'avenue Saint-Charles.

La **maison Lavinia C. Dabrey** *(2265 avenue Saint-Charles)*, élevée en 1856 et 1857, est l'œuvre de la firme d'architectes Gallier-Turpin et associés. La résidence Dabrey fut ensuite habitée, à partir de 1893, par la famille de Jonas O. Rosenthal, qui l'occupa jusqu'en 1952. Cette même année, elle devient le siège du diocèse de l'Église épiscopale jusqu'en 1972.

Continuez sur l'avenue Saint-Charles jusqu'à l'avenue Jackson.

La **maison Henry Sullivan Buckner** *(1410 avenue Jackson)*, érigée en 1856 par le fameux architecte Lewis E. Reynolds, avec ses grandioses balcons à colonnades ceinturés de fer ouvragé, est l'une des plus majestueuses résidences de la Cité-Jardin. Jusqu'en 1983, cette belle propriété a abrité le Collège Soulé, une maison d'enseignement.

Église épiscopale de la Trinité *(1329 avenue Jackson)*. Les travaux de construction de cette imposante église de style gothique, commandés à l'architecte George Purves, débutent en 1852. En 1873, d'importantes modifications sont apportées à l'église; l'ouvrage commun de l'architecte Charles L. Hilger et de l'entrepreneur Middlemiss a remodelé entre autres l'actuelle façade, la tour et le portail.

Le quartier Uptown ★★★

La visite de ce circuit commence sur l'avenue Saint-Charles.

Milton H. Latter Memorial Library *(lun-sam 10h à 17h, dim 12h30 à 16h30; 5120 av. Saint-Charles, ☎596-2625)*. Construite en 1907, elle a d'abord été la résidence de l'actrice de films muets Marguerite Clark. La famille Latter a ensuite acquis la maison, puis l'a offerte à la Ville en 1948, en mémoire de leur fils décédé à la Deuxième Guerre mondiale. La bibliothèque est ouverte au public et vaut la peine d'être visitée.

Rendez-vous jusqu'à l'intersection de l'avenue Saint-Charles et de la rue Walnut.

L'**Université Tulane - Gibson Hall** *(6823 avenue Saint-Charles)* a été érigée dans les années 1893-1894. Les plans furent dessinés par les architectes Harrod et Andry, et primés lors d'un concours mené à travers l'État de la Louisiane. Les gagnants se virent également octroyer la tâche de créer les autres pavillons du campus dont le Tilton Hall *(à gauche du Gibson Hall)*, construit en

1901, et le Dinwiddie Hall *(à droite du Gibson Hall)* en 1936. L'Université a été fondée en 1834 et portait alors le nom de «Collège de médecine de la Louisiane» avant de prendre son titre d'«Université de la Louisiane». Paul Tulane ayant été l'un des principaux donateurs de l'établissement universitaire, il porte ce nom depuis 1884. La même année, l'État de la Louisiane renonce à conserver le caractère public de cette maison d'enseignement, et l'Université Tulane devient alors une institution privée.

Centre de recherche Amistad (Amistad Research Center) *(lun-sam 9h à 16h30; Tilton Hall, Université Tulane, ☎865-5535)* est un important centre d'archives sur l'histoire des minorités ethniques des États-Unis traitant entre autres des relations raciales et des mouvements pour les droits civiques.

L'**Institut de recherche sur l'Amérique centrale ★★** (Middle American Research Institute & Art Gallery)*(lun-ven 8h30 à 16h; Dinwiddie Hall, Université Tulane, ☎865-5110)* existe depuis 1924 et présente une exposition sur les époques précolombienne et hispano-américaine. On peut notamment y admirer une intéressante collection d'art maya et guatémaltèque ou consulter les livres et documents de l'impressionnante bibliothèque consacrée à l'Amérique centrale.

Continuez sur l'avenue Saint-Charles.

À l'exception de la Faculté de droit située sur l'avenue Saint-Charles, à l'angle de la rue Broadway, le campus de l'**Université Loyola** *(6363 avenue Saint-Charles)* côtoie celui de l'Université Tulane et s'étend ainsi jusqu'à la rue Calhoum. Au centre du campus se dresse l'imposante église de style gothique Saint-Nom-de-Jésus (Holy Name of Jesus). Depuis sa fondation par les jésuites en 1911, l'Université a su se distinguer par ses programmes de droit et de communication. Cette dernière faculté est regroupée dans le pavillon Louis-J.-Roussel.

Traversez l'avenue Saint-Charles en direction du parc Audubon.

Parc Audubon ★★★ *(tlj, du lever au coucher du soleil; 6400 à 6900 avenue Saint-Charles)*. Ce magnifique parc de 300 ha porte le nom du célèbre peintre et naturaliste John James Audubon; s'y trouve le Parc zoologique du même nom.

Il fait face aux universités Tulane et Loyola. Il s'étend depuis la rue Saint-Charles jusqu'à la rive nord du Mississippi, enserrant la partie du jardin zoologique du même nom, lequel est bordé par les rues Walnut et Calhoun.

Ce terrain appartenait autrefois à Jean-Baptiste Le Moyne, sieur de Bienville, avant de devenir la propriété du planteur Étienne de Boré, premier maire de La Nouvelle-Orléans et père de la commercialisation industrielle du sucre granulé louisianais. La Ville a acquis le terrain en 1871. En 1884-1885, on s'affaira à y organiser l'Exposition mondiale du coton pour souligner le centenaire de cette industrie. Les prétentions mégalomanes des organisateurs de l'événement ne semblaient avoir aucune limite et, pour l'occasion, ils firent construire notamment le plus grand bâtiment du monde, dont le hall d'exposition avait une superficie de 14 ha. Les sommes déraisonnables investies pour la tenue de cette manifestation provoquèrent un véritable désastre financier. Il ne reste plus rien de ces bâtiments aujourd'hui. Quelques années plus tard, on confia à Frederick Law Olmsted (le créateur du Central Park à New York et du parc du Mont-Royal à Montréal) la tâche d'aménager ce magnifique parc. Son appellation Audubon rend hommage au célèbre

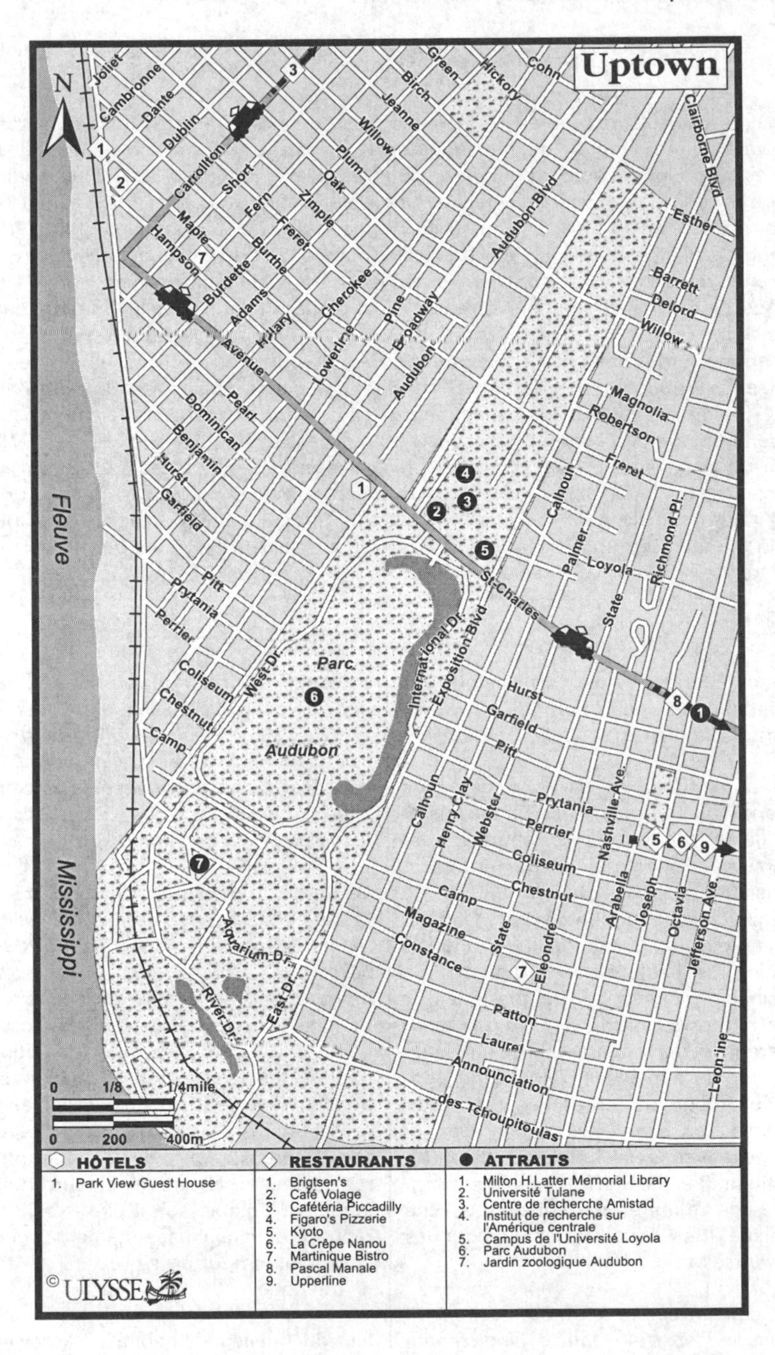
Uptown
N
Fleuve Mississippi
Parc Audubon
St-Charles Avenue
Carrollton
Claiborne Blvd
Audubon Blvd
Broadway
Magnolia
Robertson
Freret
Loyola
Calhoun
Palmer
State
Richmond Pl.
International Dr.
Exposition Blvd
West Dr.
East Dr.
Aquarium Dr.
River Dr.
Prytania
Perrier
Coliseum
Chestnut
Camp
Magazine
Constance
Patton
Laurel
Announciation
des Tchoupitoulas
Hurst
Garfield
Pitt
Nashville Ave.
Jefferson Ave.
Arabella
Joseph
Octavia
Eleonore
Henry Clay
Webster
Leontine
Esther
Barrett
Delord
Willow
Joliet
Cambronne
Dante
Dublin
Maple
Hampson
Burdette
Adams
Hillary
Pearl
Dominican
Benjamin
Short
Fern
Burthe
Zimple
Freret
Cherokee
Lowerline
Pine
Audubon
Oak
Plum
Willow
Jeanne
Birch
Green
Hickory
Cohn
0 1/8 1/4mile
0 200 400m
HÔTELS
1. Park View Guest House
RESTAURANTS
1. Brigtsen's
2. Café Volage
3. Cafétéria Piccadilly
4. Figaro's Pizzerie
5. Kyoto
6. La Crêpe Nanou
7. Martinique Bistro
8. Pascal Manale
9. Upperline
ATTRAITS
1. Milton H.Latter Memorial Library
2. Université Tulane
3. Centre de recherche Amistad
4. Institut de recherche sur l'Amérique centrale
5. Campus de l'Université Loyola
6. Parc Audubon
7. Jardin zoologique Audubon
© ULYSSE

Jean-Jacques Audubon (1785-1851)

Le nom du célèbre naturaliste Jean-Jacques Audubon a maintes fois été honoré lors des attributions toponymiques de la Louisiane. Né en 1785 sur l'île de Saint-Domingue, aujourd'hui partagée entre Haïti et la République dominicaine, il est donc d'origine française. Audubon, après des études en France, fait un premier séjour en Amérique en 1805. L'année suivante, il revient aux États-Unis, épouse l'Américaine Lucy Bakewell, dont il avait fait la connaissance en Pennsylvanie lors de son premier voyage, et se fait naturaliser Américain. Audubon s'installe en Louisiane en 1821, d'abord à La Nouvelle-Orléans, puis à Saint-Francisville, à la plantation Oakley, qu'il habite durant quatre mois comme tuteur des trois sœurs de Mme Percy, veuve d'un officier naval. Jean-Jacques Audubon y a dessiné 82 des 435 planches de ses fameux «oiseaux d'Amérique». Il réalisa ses planches en parcourant un immense territoire, soit de la Floride (il s'achète une maison à Key West et y réside à partir de 1832) jusqu'au Québec. Il réalisa de nombreux dessins, croquis et peintures tout au long de sa vie. Son œuvre la plus célèbre, *Les Oiseaux d'Amérique*, en 4 volumes regroupant 435 planches, est très certainement l'ouvrage le plus cher du monde puisque l'ensemble fut adjugé pour plusieurs millions de dollars (ou livres) en 1984 à Londres.

Jean-Jacques Audubon, peintre et ornithologue, pour son apport et sa contribution à La Nouvelle-Orléans.

Le parc Audubon est l'un des plus grands parcs urbains des États-Unis et également l'un des plus réputés. Il est parsemé de lagunes et de fontaines. Plusieurs de ses chênes datent du temps de la plantation de Boré. Outre la visite du Jardin zoologique Audubon (voir plus bas), maintes activités de plein air peuvent y être pratiquées : golf, tennis, vélo, course à pied, marche et équitation. L'un des trajets de course à pied est jalonné de panneaux indiquant, à chaque quinzaine de postes, les exercices de conditionnement physique à faire lors de cette activité. Le parc offre également des aires de repos et de pique-nique, une piscine, des terrains de jeu pour les enfants, etc.

On peut atteindre le Jardin zoologique Audubon en traversant à pied le parc Audubon et en longeant le golf situé à sa droite — lorsqu'on fait face au parc sur l'avenue Saint-Charles. Prévoyez environ de 45 min à une heure de marche. Il y a aussi la possibilité d'utiliser le service de navette faisant le trajet depuis l'avenue Saint-Charles jusqu'au jardin zoologique.

Le **Jardin zoologique Audubon** ★★★ *(adulte 8,75$, aîné 4,75$, 12 ans et moins 4,50$; tlj 9h30 à 17h; 6500 rue Magazine, ☎581-4629, www.audubinstitute.org)* a déjà été considéré comme étant l'un des plus infâmes du genre aux États-Unis. Les conditions déplorables dans lesquelles vivaient ses pensionnaires suscitaient des tollés de protestations auprès des amis des bêtes. Heureusement, cette situation a radicalement changé, et aujourd'hui le jardin zoologique jouit d'une excellente réputation. Il se classe même parmi les cinq plus importants des États-Unis d'Amérique.

Le zoo privilégie l'habitat naturel des animaux, ce qui favorise d'autant plus leur reproduction. Plus de 1 800 espèces différentes peuvent être observées, dont des alligators albinos (blancs) dans une aire dénommée «Marécage Louisianais» (Louisiana Swamp). D'autres lieux reproduisent l'environnement d'un bayou 'cadien avec sa flore et sa faune. Dans cet aménagement, on apprend entre autres comment la fameuse mousse espagnole est récoltée et utilisée comme matériau de rembourrage pour les meubles; on y trouve aussi un camp de pêche reconstitué et équipé de filets à crevettes et de pièges à écrevisses, ainsi qu'un dragueur servant à la cueillette des huîtres du golfe du Mexique. Plus loin, si le cœur vous en dit, c'est le monde merveilleux des reptiles qui convie le visiteur. Au Reptile Encounter se laissent admirer les plus grandes espèces de serpents au monde, du cobra géant, qui peut atteindre jusqu'à 6 m de long, à l'anaconda vert, mesurant parfois jusqu'à 12 m. Une exposition intitulée *Butterflies in Flight* présente un vidéo sur la métamorphose et les migrations des papillons. Ensuite, on pénètre dans une serre humide (ou volière) accueillant des milliers de papillons exotiques qui volent en toute liberté. À proximité de la serre, à l'ombre des arbres séculaires, la statue de Jean-Jacques Audubon veille sur ses amis du monde animalier et sur les visiteurs.

La **Basse-Cité-Jardin** (Lower Garden District) commence au Lee Circle. Un monument en l'honneur du général Robert E. Lee, chef des armées sudistes lors de la guerre de Sécession, y a été installé au centre du rond-point. On note, à gauche, l'**éÉglise luthérienne Zion** *(1924 avenue Saint-Charles)*, construite en bois et datant de 1871.

L'Académie du Sacré-Cœur *(4521 avenue Saint-Charles)* est une école privée, fondée pour l'éducation des jeunes filles en 1899. Le vaste bâtiment, avec ses ailes rehaussées de larges galeries, entoure un jardin fleuri. On distingue en haut de la grille d'entrée, et modelé en fer forgé, l'inscription française «Sacré-Cœur».

Autour de La Nouvelle-Orléans

Métairie

Parc Lafrenière ★★ *(entrée libre; tlj 6h à 22h30; 3000 boulevard Downs, ☎838-4389)*. Ce parc de 62 ha s'adresse aussi bien à l'amateur des beautés de la nature qu'au sportif. Ses jardins paysagers et la richesse de sa flore locale séduiront le botaniste. Le fervent de plein air pourra y louer bateau, vélo ou pédalo, profiter des sentiers de jogging, des aires de piquenique et pratiquer la pêche.

Kenner

Musée historique de Kenner ★ *(adulte 3$, aîné et enfant 2$; mar-sam 9h à 17h; 1922 3e Rue, ☎468-7258)*. Résidence de l'ancien shérif Frank Clancy. Souvenirs de l'ère de «l'or vert» de la belle époque des chasseurs de primes.

Musée louisianais des trains miniatures ★ (Louisiana Toy Train Museum) *(adulte 3$, aîné et enfant 2$; mar-sam 9h à 17h; 519 boulevard Williams, ☎468-7223)*. Trains miniatures du début du XIXe siècle; expositions avec objets que les enfants peuvent toucher, vidéos.

Musée de la faune et de la pêche de la Louisiane ★★ (Louisiana Wildlife and Fishe-ries Museum)*(adulte 3$, aîné et enfant 2$; lun-sam 9h à 17h; 303 boulevard Williams, ☎468-7232)*. Réserve de 700 espèces d'oiseaux, de reptiles et d'autres animaux propres à la région; aquarium de 56 775 litres peuplé de poissons des eaux louisianaises.

Hippodrome Jefferson Downs *(ouverture 18h30, avr à mi-nov; 1300 boulevard Sunset, ☎466-8525)*. Courses de pur-sang. Les enfants de moins de 12 ans ne sont pas admis, et les 12 à 17 ans doivent être accompagnés d'un adulte. L'ancienne voie ferroviaire longeant l'hippodrome a été reconvertie en un sentier de randonnée bordé d'espaces verts.

Slidell

Cette ville est la plus populeuse de la paroisse de Saint-Tammany avec ses 25 000 habitants, travaillant pour la plupart à La Nouvelle-Orléans. Elle est située près de la frontière de l'État du Mississippi, dont elle est séparée par un marécage protégé de 28 000 ha formé par la rivière Pearl à l'est, et elle est délimitée par la réserve faunique du **parc national Bogue-Chitto ★★**. La ville fut fondée vers 1880 et abrite le **Centre d'informatique de la NASA**.

Dans la vieille ville (Old Town), les boutiques d'antiquités et les galeries d'art côtoient un petit musée et une ancienne prison. On peut y voir également la **maison Fritz-Salmen**, ancienne résidence d'un immigrant suisse dont la briqueterie approvisionna La Nouvelle-Orléans pour la construction des habitations.

Lacombe

Cette ville située entre Mandeville et Slidell fut fondée en 1700 par les Indiens choctaw, qui en choisirent le site à cause de sa végétation luxuriante. Le microclimat de la région est relié à la haute teneur en ozone de l'atmosphère.

Au **Musée Bayou Lacombe** *(2$; tlj 9h à 17h)*, installé dans la plus vieille école de la paroisse, sont exposés des outils, des meubles et des objets de la vie quotidienne des Indiens choctaw.

Mandeville

C'est à cette petite aglomération de 7 000 habitants, fondée en 1840 par Bernard Marigny de Mandeville et aujourd'hui simple ville-dortoir, qu'aboutit au nord le pont-chaussée du lac Pontchartrain. La rive du lac a été aménagée pour accueillir des terrains de jeu et des sentiers pédestres.

Au sud-est se trouve le **parc Fontainebleau ★**, qui occupe 1 080 ha sur les bords du lac. On y retrouve les ruines d'un vieux moulin sucrier.

Madisonville

La plus ancienne localité des rives de la Tchefuncte date de 1811 et fut autrefois un centre naval. C'est maintenant un endroit de choix pour les plaisanciers avec une population qui n'atteint pas 1 000 habitants.

Musée de Madisonville ★ *(entrée libre; sam-dim 12h à 16h; 201 rue Cedar, ☎845-2100)*. Le musée est situé dans l'ancien Palais de justice et présente des documents sur la vie dans la paroisse de Saint-Tammany Ouest.

À l'embouchure de la rivière Tchefuncte se trouve un ancien phare, aujourd'hui le **Musée de la Maison Otis** *(entrée libre; tlj 9h à 17h)*, géré par la Société historique de Saint-Tammany.

Covington

Cette ville de 8 000 habitants, fondée en 1813, est le siège de l'administration de la paroisse. C'est un endroit très fréquenté par les artistes et les écrivains.

Musée H.J. Smith's Son ★ *(entrée libre; lun-mar et jeu-ven 8h30 à 17h, mer 8h30 à 12h, sam 8h30 à 13h; 308 rue Columbia Nord, ☎892-0460)*. Des centaines d'objets de la vie quotidienne d'autrefois sont exposés dans un ancien magasin général (1876) restauré. On peut aussi s'y procurer des attelages à bœufs, des cuisinières en fonte, des bergères en chêne et des lampes au kérosène.

La **Christ Church**, érigée en 1846, est une petite chapelle tout en bois. À l'étage se trouve une galerie qui était autrefois exclusivement réservée aux esclaves.

Abbaye Saint-Joseph ★★ *(tlj 8h à 11h et 13h30 à 17h; Saint-Benoît/St. Benedict, Old River Road, au nord de Covington, ☎892-1800)*. Abbaye bénédictine vieille d'un siècle : séminaire et maison de retraite. L'église fut construite en 1931, et ses murs intérieurs sont tapissés de murales exécutées par dom Gregory de Wit, artiste et moine hollandais. Sur le site se trouve également une villa créole datant de 1840, ancienne résidence des premiers propriétaires, qui vendirent ensuite leur domaine aux moines de l'ordre de Saint-Benoît. Il y a des chants grégoriens aux offices religieux.

Bateaux à vapeur et excursions

Il existe plusieurs visites guidées sur le Mississippi ainsi que sur les bayous environnant La Nouvelle-Orléans.

Les premiers bateaux à aubes, apparus en 1812, firent de La Nouvelle-Orléans le premier centre de transit pour le transport du coton. Plus tard, ils servirent au transport de biens (meubles, vins de France, livres) et de passagers célèbres : artistes, chanteurs d'opéra et comédiens.

Aujourd'hui, le ***Delta Queen*** ★★★ *(☎586-0631 ou, sans frais des États-Unis, 800-543-1949)*, le ***Mississippi Queen*** ★★★ et l'***American Queen*** ★★★ proposent, de février à décembre, des croisières allant de 3 à 11 jours entre les villes de La Nouvelle-Orléans et de Saint-Paul, au Minnesota, incluant la visite de plantations ainsi qu'un arrêt à Natchez et à Viksburg, dans l'État du Mississippi.

Le ***Natchez*** ★★ *(le jour : adulte 14,75$, 6-12 ans 7,25$; le soir : adulte 18,75$, 6-12 ans 10,75$, moins de 6 ans gratuit; 11h30 et 14h30, départs du quai de la Jax Brewery; ☎586-8777 ou, sans frais des États-Unis, 800-233-2628)* fait tous les soirs à 18h des croisières de trois heures avec buffet créole et spectacle de jazz *(adulte 42,50$, 6-12 ans 21,25$)*.

Le ***Creole Queen*** ★★ *(adulte 14$, enfants 7$ selon l'heure; 10h30 et 14h, ☎524-0814 ou, sans frais des États-Unis, 800-445-4109)* propose quotidiennement, à partir du quai de la rue du Canal, une visite commentée sur le site historique de la bataille de La Nouvelle-Orléans, à Chalmette. Un buffet créole est offert à 20h, de même qu'une croisière de deux heures avec spectacle de jazz *(adulte 42$, enfant 18$)*.

Le ***Cajun Queen*** ★★ *(adulte 10$, 2-12 ans 5$; 11h, 13h15, 15h30; ☎524-0814 ou, sans frais des États-Unis, 800-445-4109)*, une réplique d'un bateau à aubes du XIXe siècle, quitte le quai de l'Aquarium des Amériques, rue de Poydras, pour une croisière d'une heure et demie, au cours de laquelle on visite le Vieux-Carré Français, le site de la bataille de La Nouvelle-Orléans (à Chalmette), les plantations et les bayous.

À Bord du ***John James Audubon*** ★★ *(10h, 12h, 14h et 16h; départ du quai de l'Aquarium des Amériques, ☎586-8777)*, la croisière de jour *(8 départs quotidiens)* va de l'Aquarium au Jardin zoologique Audubon *(aller-retour avec visite du zoo : adulte 19,50$, enfant 9,75$; aller-retour avec visite du zoo et de l'aquarium : adulte 26,50$, enfant 13,25$; aller simple : adulte 10,50$, enfant 5,25$; aller simple avec visite du zoo : adulte 17$, enfant 8,50$)*. La croisière en soirée, qui se fait sur le *Natchez*, comprend la visite de l'Aquarium et le dîner de luxe *(adulte 42,50$, enfant 21,25$; sans repas adulte 39,50$ et enfant 22$; départs du quai de l'Aquarium à 20h et 22h)*.

Le **Crown Point Swamp Tour** ★★ assure le transport depuis l'hôtel jusqu'à l'embarcadère, à 20 min à peine du centre-ville de La Nouvelle-Orléans. Croisière d'une heure et demie *(20$ pour la croisière; 38$ avec transport de l'hôtel; départs à 10h et 14h, ☎592-0560)* dans les méandres des bayous, habitat naturel des alligators, des hiboux et des ratons laveurs.

La compagnie **R.V. River Charters** propose des croisières en barge pour les touristes désireux d'utiliser leur véhicule récréatif aux escales *(sur 10 à 12 jours; 2 775$ à 3 650$ pour deux personnes, sans frais des États-Unis ☎800-256-6100)*. Cette formule est de plus en plus populaire. On monte à bord avec son véhicule pour se promener nonchalamment sur la grande voie fluviale du Mississippi et ses nombreux bayous. La croisière traverse entre autres le bassin de l'Atchafalaya et l'Acadie louisianaise, s'arrêtant aux points les plus intéressants pour y faire le plein de culture régionale : danse, musique, cuisine et autres attraits touristiques.

Abita Springs

C'est à cet endroit que se rendaient les habitants de La Nouvelle-Orléans lors des épidémies. Sur le bord de la rivière Abita se trouve un pavillon construit en 1888. La **Brasserie Abita** fabrique sa bière à partir d'une fameuse eau de source.

Bogalusa

Située dans «l'orteil» du pied que forme l'État de la Louisiane, la paroisse de Washington est une région en grande partie agricole et a, pour industrie principale, le papier. La ville de Bogalusa, mot amérindien signifiant «ruisseau noir», doit son existence au bois de coupe. On visitera avec intérêt l'**hôtel de ville** *(202 rue d'Arkansas)*, la **maison Sullivan** *(223 rue Border Sud)* et l'**ancienne gare**.

Le **Musée louisianais de la culture amérindienne** ★★ *(fin de semaine; sur rendez-vous)* possède une collection territoire louisianais. Le **Musée des pionniers de Bogue Lusa** *(sam 10h à 16h, dim 13h à 16h)* expose des outils anciens et divers autres objets historiques. Ces deux musées sont situés dans le parc Cassidy.

Folsom

Située au nord de Covington, Folsom est surtout une région rurale où l'on pratique l'élevage d'animaux exotiques tels que lamas, autruches, émeus et chevaux arabes. L'industrie laitière, les plantations de pacaniers, les cultures de champignons et les pépinières constituent également d'autres sources de revenus.

Centre Global de la faune ★ (Global Wildlife Center) *(entrée libre, visite guidée : adulte 10$, aîné 9$, enfant 8$; tlj 9h au crépuscule; route LA 40, à 15 km à l'ouest de Folsom; ou sortie 47 de l'autoroute I-12, suivez la route LA 445 sur 17 km en direction nord, puis prenez à droite sur la route LA 40 sur 1,6 km; ☎624-9453)*. Plus de 600 animaux, dont plusieurs appartiennent à des espèces menacées, vivent librement dans cette réserve de 360 ha. On y fait des promenades en diligence. Il y a possibilité d'y trouver de l'hébergement et d'y pratiquer l'équitation. Il est préférable de téléphoner avant de

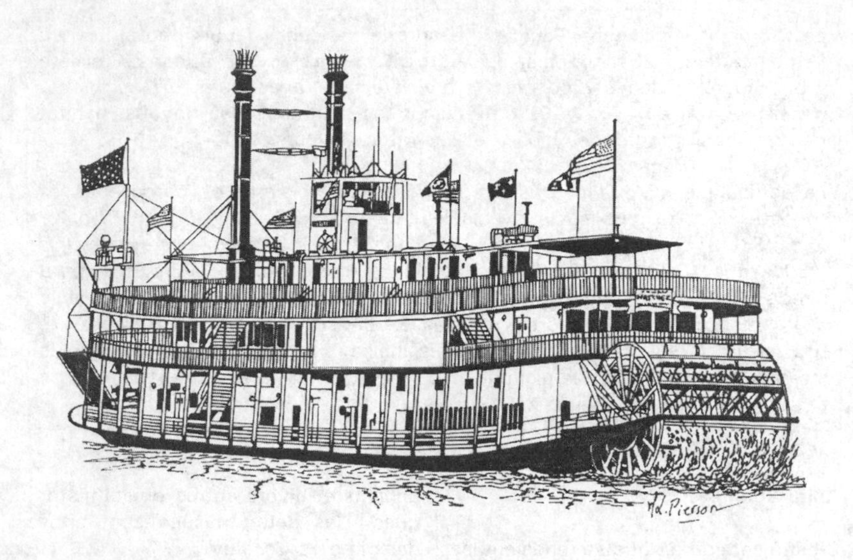

Bateau à aubes

se rendre pour vérifier s'il y a encore de la place.

Jardins Zemurray ★★ *(adulte 4$, aîné et enfant 3$; mars à mi-avr tlj 10h à 18h; route LA 40, à 15 km à l'est de Folsom, ☎878-2284)*. On s'initie aux plantes indigènes, aux bambous géants, aux azalées et aux camélias dans un parc de 30 ha parmi de grands pins et des statues grecques. Lac de 8 ha, sentiers.

Franklinton

Mile Branch Settlement ★★ *(droit d'entrée; sur rendez-vous; ☎839-6485)*. On y a reconstitué un village de pionniers de la fin du XIXe siècle avec ses maisons, son magasin général, son bureau de poste, son moulin sucrier, son église et sa forge.

Hammond

Hammond, avec ses 18 000 habitants, est le centre urbain le plus important de la région. C'est le foyer de l'Université du Sud-Est de la Louisiane (Southeastern Louisiana University), où chaque année, en octobre, on célèbre la **Fanfare**, une manifestation culturelle.

Kliebert's Turtle & Alligator Farm *(adulte 4$, aîné 3$, 3-12 ans 2$; mars à nov tlj 12h à 19h; 41067 chemin Yellow Water Ouest, ☎345-3617 ou 800-854-9164, ⇌542-9888)*. Dans cette ferme d'élevage d'alligators (5 000) et de tortues (15 000), il y a des dégustations de steak d'alligator, avec sauce piquante, et de saucisses.

Albany

Dans la plus ancienne communauté hongroise des États-Unis *(route US 190)*, il y a un **Festival de la récolte hongroise** (voir p 170) la dernière fin de semaine d'octobre : expositions consacrées à l'héritage culturel hongrois, artisanat traditionnel, gastronomie.

Springfield

Le **Palais de justice** *(près de la route LA 22)* a été construit en 1832 comme résidence coloniale, avant de devenir le premier Palais de justice de la paroisse de Livingston.
Old Louisiana Turnpike ★★ *(route LA 43, direction nord vers Greenburg)*. Cette ancienne route à péage est des plus panoramiques et va de Springfield à Greensburg en passant par Albany et Montpelier.

Indépendance (Independence)

Cette région fut colonisée par des Italiens qui y pratiquèrent sur une grande échelle la culture des fraises. L'arrondissement historique de la ville conserve un bel ensemble de résidences et de commerces du début du siècle. Le **Musée de la culture italienne** *(sur rendez-vous; ☎878-4664)*, installé dans une église du siècle dernier, présente des expositions sur l'histoire et la culture italiennes. Le **Festival italien** *(dernière fin de semaine d'avril)* met à sa programmation expositions, musique, danse et gastronomie (voir p 170).

Amite

Amite est le siège de la paroisse de Tangipahoa («épi de maïs», en langue autochtone). Le paysage y est légèrement vallonné, faisant contraste avec les régions plus au sud. Les nombreuses pinèdes sont entrecoupées de pâturages destinés à l'élevage du bétail ou à l'industrie laitière. On y pratique aussi la culture des fraises et des pêches.

Plantation Blythewood ★★ *(5$; sur rendez-vous; 400 Daniel Street, ☎748-5886)*. Manoir de trois étages construit en 1885, promenade de veuve *(widow's walk)*, vérandas à colonnades, meubles anciens.

Tangipahoa

Camp Moore State Commemorative Area ★ *(adulte 2$, 6-14 ans 1$, gratuit pour moins de 6 ans; route US 51, ☎229-2438)*. C'est ici que vivotaient les soldats confédérés pendant la guerre de Sécession. Le campement avait été installé au nord de La Nouvelle-Orléans, région nettement plus saine que le sud avec ses marécages infestés de moustiques.

Manchac ★★

Entre le fleuve et le lac Pontchartrain, à l'ouest de La Nouvelle-Orléans, traversez le bassin Bonnet-Carré. Vers le nord, sur l'autoroute I-55, vous rencontrerez une bande de terre entre le lac Pontchartrain et le lac Maurepas. C'est là que se trouve Manchac, un village de pêcheurs.

Immédiatement au nord de Manchac *(sortie 22 de l'autoroute I-55/US 51)*, la **réserve faunique Joyce ★★** (Joyce Wild-life Refuge) propose une promenade en plein bayou sur la passerelle *(boardwalk)* de plusieurs dizaines de mètres. Cet environnement propice à la croissance de plantes aquatiques accueille plus de 100 espèces d'oiseaux, des mammifères tels que les opossums, les rats musqués ou la loutre, et des reptiles dont l'alligator, les serpents (15 espèces) et les tortues. Un dépliant explicatif est offert à la **Tangipahoa Parish Tourist Commission** *(2612 boul. Morrison Sud, ☎542-7520, www.tangi/cvb.org)*.

Paroisse de Saint-Bernard

La présence espagnole, qui a fortement imprégné la région, a légué ici un riche héritage architectural. Chalmette, le **site de la célèbre bataille de La Nouvelle-Orléans**, fait figure de sanctuaire historique national. Autre excellent coin pour la chasse et la pêche, la paroisse de Saint-Bernard recèle d'invitants petits villages de pêcheurs d'où il est possible de planifier une excursion de pêche en mer.

Chalmette

Parc national historique et réserve Jean-Lafitte ★★ (Centre Chalmette) *(entrée libre; tlj 8h30 à 17h; 8606 Saint-Bernard Highway Ouest, ☎589-4430)*. Site de la célèbre bataille de La Nouvelle-Orléans, dernier affrontement majeur de la guerre de 1812 contre les Anglais. Centre d'interprétation historique avec documentation audiovisuelle, visite du champ de bataille (redoutes reconstruites) et du cimetière national.

Ici se trouve également la **maison Beauregard** (1833) : évocation de la vie d'antan sur les bords du Mississippi.

Saint-Bernard

Le **parc national historique et réserve Jean-Lafitte (Centre Isleños)** ★★ *(entrée libre; mer-dim 11h à 16h; 1357 chemin Bayou, ☎682-0862)*. En 1777, les autorités espagnoles permirent aux *Isleños* (ainsi appelait-on les habitants des îles Canaries) d'émigrer en Louisiane. Le centre présente des expositions sur leur mode de vie et leur contribution au développement de la région.

Paroisse des Plaquemines

La péninsule, à l'embouchure du Mississippi, avance dans le golfe du Mexique. Les visiteurs aiment parcourir ses routes qui longent le Mississippi, flâner au quai d'une marina, puis traverser le fleuve sur l'un ou l'autre des traversiers qui relie les rives. La balade permet aussi d'apprécier les nombreux vergers d'agrumes de la région et, le cas échéant, de s'arrêter à un kiosque installé en bordure de la route pour faire ample provision de bons fruits. Ce pays en est également un de chasse et de pêche; Empire et Venise sont des points de départ pour la pêche en haute mer.

Au sud-est de Buras et Triumph, sur la pointe d'un coude de terre contournant le Mississippi, on fera une halte au **fort Jackson** (1832), dans l'enceinte duquel se déroulent chaque année le **Festival des Plaquemines**, le **Festival de l'orange** et les **Fêtes de l'indépendance américaine** (4 juillet).

Pointe-à-la-Hache Ouest

Inscrit sur les cartes comme lac du Juge Pérez, le **lac Hermitage** ★★ se trouve à 40 km de La Nouvelle-Orléans, sur un petit chemin de gravier entre Myrtle Grove et Pointe-à-la-Hache Ouest. Cette route, qui traverse un paysage de bayous avec un petit village de pêcheurs, est un parcours très agréable.

Empire

On l'appelle la «capitale des fruits de mer de la paroisse des Plaquemines». Les passionnés de pêche s'y retrouvent en nombre lors de l'**Empire - South Pass Tarpon Rodeo** *(frais d'inscription; troisième fin de semaine d'août)* pour tenter de décrocher le trophée offert au meilleur pêcheur de ce poisson très combatif (voir p 171).

Buras

Le long de la route LA 23, les plantations d'agrumes s'alignent sur les hautes terres qui bordent le Mississippi.

Historical Fort Jackson ★★ *(entrée libre; tlj 7h à 18h; route LA 23, à environ 7 km au sud de Buras, ☎657-7083)*. Fort restauré construit entre 1822 et 1832 pour protéger La Nouvelle-Orléans et le Bas-Mississippi.

À côté du fort Jackson, on trouve un **monument à la mémoire de Robert Cavelier de La Salle**, explorateur français qui découvrit en 1682 ce territoire qu'il appela Louisiane.

PLEIN AIR

Vélo

Les rues de La Nouvelle-Orléans étant fort achalandées, faire du vélo devient particulièrement agréable au parc Audubon, au parc de la Ville ainsi qu'aux abords du lac Pontchartrain. **Crescent City Cyclists** *(☎276-2601)* donne de l'information sur les activités cyclistes.

Canot

Au **parc de la Ville** (City Park) *(5$ l'heure; ☎483-9371)*, on peut louer un canot pour explorer les lagunes et la faune subtropicale.

Pêche

Le **parc de la Ville** (City Park) *(adulte 2$, moins de 16 ans 1$; ☎483-9371)* offre aussi la possibilité de pêcher la perche et le poisson-chat dans les cours d'eau environnants. On achète sur place le permis de pêche obligatoire.

Pour obtenir des renseignements sur le droit de pêche à La Nouvelle-Orléans (incluant le lac Pontchartrain), adressez-vous au **ministère de la Faune et des Pêcheries de la Louisiane** *(Wildlife and Fisheries Department, 1600 rue du Canal, ☎568-5636)*.

Baignade

Le golfe du Mexique se situe à une centaine de kilomètres de La Nouvelle-Orléans, qui n'est donc pas une station balnéaire. En outre, la mince couche de terre recouvrant le sol de la Louisiane méridionale ne permet guère la construction de piscines. Et pourtant certains hôtels possèdent leurs piscines, modestes lorsqu'elles sont aménagées dans les cours de ces établissements et de plus grande dimension lorsqu'elles sont érigées aux étages supérieurs des grands hôtels, voire aux sommets ou sur les toits. Pour se rafraîchir lors des jours de canicule ou de grande humidité, ou pour les nageurs voulant entretenir la forme, mieux vaut donc choisir un établissement hôtelier avec piscine puisque les piscines publiques de La Nouvelle-Orléans sont quasi inexistantes.

Il faut se rendre à l'extérieur de La Nouvelle-Orléans pour trouver une piscine. La piscine à vagues du **Bayou Segnette State Park** *(adulte 8$, 11 ans et moins 6$; 7777 West-Bank Expressway, Westwego, ☎736-7140)* attire les foules. Sur place, on trouve des tables de pique-nique ainsi qu'un terrain de jeu.

Le **St. Bernard State Park** *(2$; Highway Saint Bernard, LA 39 Sud, Poydras, ☎682-2101)* s'étend sur plus de 180 ha et propose, en plus de sa piscine, des tables de pique-nique, des sentiers pédestres et un terrain de camping.

Randonnée pédestre

La plupart des parcs publics de La Nouvelle-Orléans comportent de beaux sentiers pédestres. La marche est une activité recommandée pour visiter la ville et ses environs. Le **Vieux-Carré Français**, la **Cité-Jardin** (Garden District) et la **pointe d'Alger** (Algiers Point) seront autant d'endroits où marcher tout en découvrant les multiples facettes de la cité historique. Pour vos balades pédestres, n'oubliez jamais de faire ample provision de bouteilles d'eau ou d'autres rafraîchissements.

À une heure de route de La Nouvelle-Orléans, le **parc Jean-Lafitte** *(☎589-2330)* compte plusieurs circuits de randonnée pédestre. Quelques sentiers sillonnent des marécages et des sites archéologiques.

Autour de La Nouvelle-Orléans

Parc national historique et réserve Jean-Lafitte - Réserve Barataria ★★★ *(à 24 km au sud de La Nouvelle-Orléans, Barataria, ☎589-2330, jela@globalreach.net)*. Près de 8 000 ha de forêts, cipres inclus, entrecoupés de marais d'eau douce. On y trouve un centre d'interprétation de la nature qui dévoile tout ce qu'il faut savoir sur la chasse, la pêche et le piégeage. Sentiers de promenade sur une passerelle de 13 km; canotage sur 32 km. Aires de pique-nique, débarcadère, toilettes.

Tennis

Les adeptes de ce sport trouveront des courts de tennis au **parc Audubon** *(6400 à 6900 de l'avenue Saint-Charles)* ainsi qu'au **parc de la Ville** (City Park).

Golf

Le public est admis aux terrains de golf suivants :

Parc Audubon
473, rue Walnut
La Nouvelle-Orléans
☎865-8260
(9$ en semaine, 12$ en fin de semaine)

Parc de la Ville
(City Park)
1040, rue Filmore
La Nouvelle-Orléans
☎483-9396
(9-12 en semaine, 11-15 en fin de semaine; 4 terrains de 18 trous, champs de pratique)

Brechtel
3700, Place Berhman
Westbank
☎362-4761
(6,25$ après 13h, 7,75$ avant 15h; terrain municipal de 18 trous)

Excursions

La compagnie aérienne **Air Reldan** *(à compter de 25$ par personne; 8227 Lloyd Steaman Drive, bureau 120,*

☎241-9400) propose un survol de La Nouvelle-Orléans de jour ou de nuit. On organise également des vols nolisés vers les plages de la Floride.

L'entreprise **Air Tours on the Bayou** *(tlj; 1 Coquille Drive, Belle-Chasse, au sud de La Nouvelle-Orléans, ☎394-5633)* survole la ville et les marécages des environs. L'avion se pose au milieu des marais ou sur un bayou.

Plusieurs petites ou grandes entreprises proposent des excursions sur les bayous pour y admirer l'alligator ou le cipre. Il n'y a que l'embarras du choix. Les tours, qui ont comme capitaine un authentique 'Cadien, se font en français. Adressez-vous à **Captain Terry's Swamp Tour** *(☎471-4933)* ou à **Lil Cajun Swamp Tours** *(adulte 16$, aîné 14$, enfant 12$, avec transport à l'hôtel 30$ et 15$; départs à 10h, 12h et 14h; Highway 301, Crown Point, ☎689-3213 ou 800-725-3213)*, avec Cyrus Blanchard, dit «Cyrus le 'Cadien», capitaine à bord du *Moonlight Lady*, un bateau pouvant recevoir 60 personnes. Les tours se font dans les marécages du parc national Jean-Lafitte et durent de deux à quatre heures selon la demande.

L'entreprise **Fun-Day Bayou Tours** *(adulte 18$, moins de 12 ans 12$, avec transport à l'hôtel 38$ et 25$ repas inclus; départs du quai à 9h30 et 13h30 sauf dim matin; ☎471-4900)* propose un tour commenté sur le bayou Segnette et dans les marécages situés à 30 min de La Nouvelle-Orléans. Un plat traditionnel de riz aux haricots rouges, accompagné de saucisses, est en outre offert sur l'îlot de Miss Mary, qui, de plus, nous convie à visiter son jardin.

Des excursions privées et des safaris-photos (appareils photo inclus) sont organisés par **Captain Nick's Wildlife Safaris** *(☎361-3004 ou, des États-Unis, 800-375-3474)* à bord de petites embarcations accueillant de une à quatre personnes. On vient vous chercher à l'hôtel.

Autour de La Nouvelle-Orléans

L'endroit le plus mystérieux et le plus isolé de la paroisse Saint-Tammany est sûrement le **Honey Island Swamp** (marécage de l'île au miel). Cet endroit occupe la bordure est de la paroisse, entre les États de la Louisiane et du Mississippi. Le Dr Wagner, un écologiste spécialisé dans les marécages, organise des visites dans cet immense territoire de 36 000 ha, où l'on rencontre ibis, aigrettes, hiboux et dindons sauvages. Les départs des **Honey Island Swamp Tours** *(106 Holly Ridge Dr.; sortie 266 de l'autoroute I-10, suivez la route US 190 Est sur 3,2 km, prenez, à gauche, le chemin Military Road sur 1,6 km, tout de suite après l'autoroute prenez à droite sur la voie de service et continuez jusqu'au bout le stationnement est sur la gauche, Slidell, ☎641-1769, ≠643-3960)* se font du village amérindien, à environ 8 km à l'est de Slidell.

Les **Cajun Pride Swamp Tours** *(adulte 16,50$, aîné et moins de 12 ans 12,50$; avec transport à l'hôtel adulte 35$, moins de 12 ans 18,50$; tlj 9h30, 12h et 14h; route LA 51 1 km au nord de l'autoroute I-10, La Place, ☎467-0758 ou 800-467-0758)* organisent des tournées dans les marécages de Manchac.

Immédiatement au nord de Manchac *(sortie 22 de l'autoroute I-55/US 51)*, la **zone faunique Joyce ★★** propose une promenade en plein bayou sur la passerelle *(boardwalk)* de plusieurs dizaines de mètres (voir p 121).

HÉBERGEMENT

Que l'on soit à la recherche d'un simple pied-à-terre ou d'un endroit plus luxueux, La Nouvelle-Orléans offre tout un choix d'hôtels, de motels et de *bed and breakfasts* convenant à tous les budgets.

Pour la location d'une petite chambre toute simple ou pour un séjour dans un manoir classé, le **Service de réservation Bed and breakfasts** *(1021 rue Moss, La Nouvelle-Orléans LA 70152-2267, ☎488-4640, ☎800-749-4640 des États-Unis, ⇛827-5391)* peut fournir aux visiteurs tous les renseignements nécessaires et effectuer pour eux les réservations.

New Orleans Bed & Breakfast and Accommodations *(C.P. 8163, La Nouvelle-Orléans, ☎838-0071)* offre un service de réservation de chambres, d'appartements, de meublés et de pavillons.

Le **Service de réservation Southern Comfort** *(C.P. 13294, La Nouvelle-Orléans, ☎861-0082 pour information, ☎800-749-1928 pour réservation)* permet d'obtenir tous les renseignements sur les différents hôtels de la chaîne Southern Comfort dans la région métropolitaine de La Nouvelle-Orléans et d'y faire une réservation.

La plupart des grandes chaînes hôtelières sont présentes à La Nouvelle-Orléans, particulièrement dans le quartier des affaires. Évidemment, on n'y retrouve peut-être pas le cachet et l'ambiance des hôtels plus modestes, mais autant la qualité et le service que le confort qui y sont offerts sont d'autres caractéristiques de ces grands hôtels.

Le Vieux-Carré Français et le faubourg Marigny

Maison Saint-Pierre (St. Peter Guest House) *(50-180 pdj; ≡, bp, tvc; 1005 rue Saint-Pierre, LA 70116, ☎524-9232, ☎800-535-7815, ⇛943-6536 ou 523-5198)*. Les balcons ornés de fonte ouvragée de cette belle construction du XIXe siècle surplombent le Vieux-Carré Français. On y trouve 17 chambres et 11 studios meublés à l'ancienne. Stationnement avec valet.

Le **Nine-O-Five Royal Hotel** *(75$ et plus; ≡, bp, ℂ; 905 rue Royale, LA 70116 ☎523-0219)*, construit en 1890, est un des premiers petits hôtels du Vieux-Carré Français. On sera charmé par son cachet européen, sa cour intérieure et ses balcons donnant sur la rue Royale. La maison accepte les cartes de crédit.

L'**Hôtel Cornstalk** *(75-185 pdj; ≡, bp; 915 rue Royale, LA 70116, ☎523-1515, ⇛522-5558)* est situé au cœur du Vieux-Carré Français. Cet élégant petit hôtel classé monument historique compte 14 chambres avec meubles d'époque, vitraux, foyers et lits à baldaquin. Un peu en retrait de la rue, derrière un joli jardin, cet hôtel rénové est facilement reconnaissable à sa grille en fer ouvragé aux motifs d'épis de maïs.

La **Pension Nouvelle-Orléans** (New Orleans Guest House) *(79-99 pdj; bp; 1118 rue des Ursulines, LA 70116, ☎566-1177)* est un cottage créole datant de 1848. La maison possède une belle cour intérieure où l'on sert les petits déjeuners. Les propriétaires y sont fort accueillants. Stationnement privé.

Le **Château Motor Hotel** *(79-184 pdj; ≡, bp, tvc, ≈, ℜ; 1001 rue de Chartres, LA 70116, ☎524-9636, ⇛525-2989)*, un pittoresque établissement, se situe

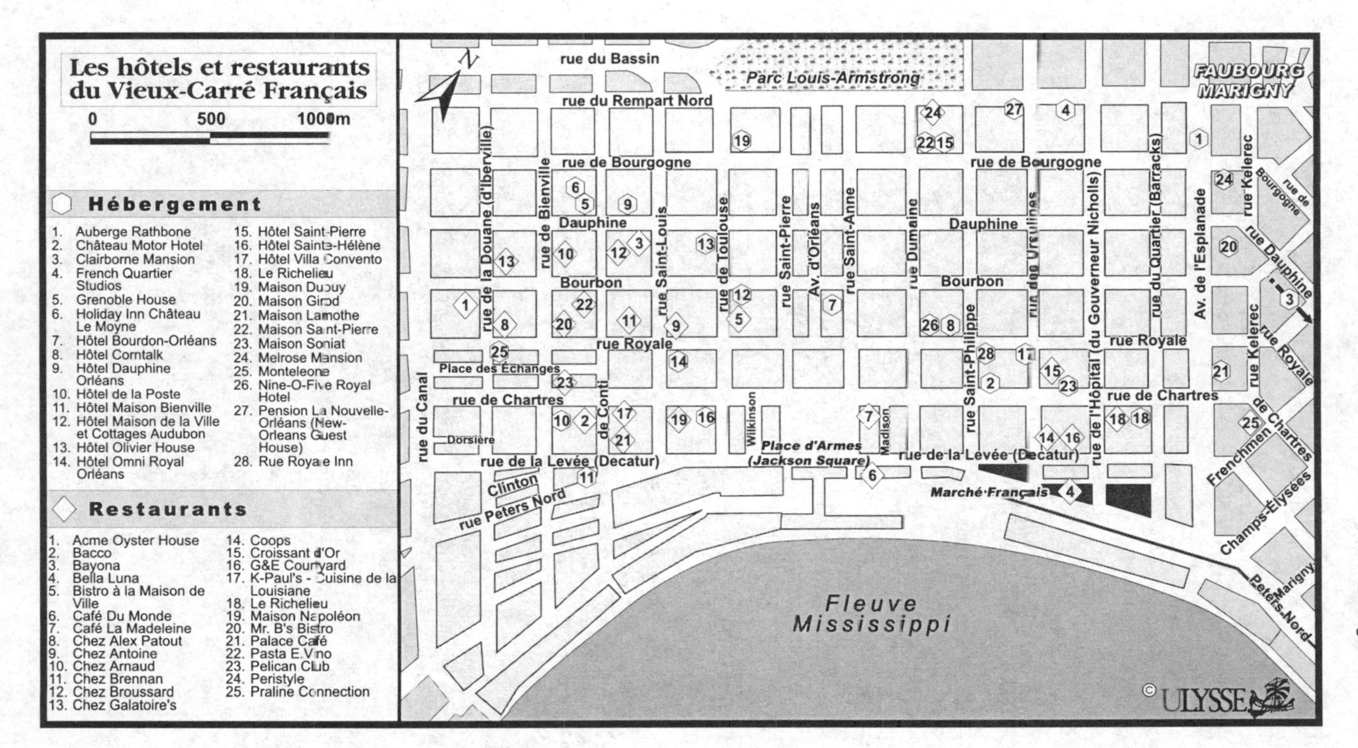

LA NOUVELLE-ORLÉANS

Les établissements qui se distinguent

Pour leur ambiance chaleureuse :
Le Méridien La Nouvelle-Orléans (p 137) et Le Richelieu (p 133).

Pour leur architecture néo-orléanaise :
L'Hôtel Maison de Ville et le Cottage Audubon (p 132),
la Maison Soniat (p 131) et le Rue Royale Inn (p 129).

Pour leur beau décor :
Les Cottages Chime (p 133), la Grenoble House (p 130),
l'Hôtel Dauphine Orléans (p 130), l'Hôtel Maison de Ville et Cottage Audubon (p 132), la Maison Soniat (p 131).

Pour leur belle cour intérieure :
Les Cottages Chime (p 133), l'Hôtel de la Poste (p 130),
la Maison Dupuy (p 129) et la Maison Soniat (p 131).

Pour leur côté bon chic bon genre :
Le Clairborne Mansion (p 130), l'Hôtel Bourbon-Orléans (p 132),
l'Hôtel Omni Royal Orléans (p 131), l'Hôtel Pontchartrain (p 134),
Le Méridien La Nouvelle-Orléans (p 137), le Melrose Mansion (p 132) et
le Monteleone (p 130).

Pour leur accueil :
les Cottages Chime (p 133), Le Avenue Plaza Hotel (p 134),
l'Hôtel Villa Convento (p 129), Le Méridien La Nouvelle-Orléans (p 137) et la Pension La Nouvelle-Orléans (p 126).

Pour leur mobilier d'époque :
La Grenoble House (p 134), l'Hôtel Cornstalk (p 133), la Maison Girod (p 134), la Clairborne Mansion (p 134), la Maison Le Duvigneaud (p 134) et la Maison Soniat (p 131).

Pour leurs petits prix :
Le Comfort Inn Downtown Superdome (p 135),
les French Quartier Studios (p 129), le Nine-O-Five Royal Hotel (p 126),
la Pension La Nouvelle-Orléans (p 132) et le Prytania Inn I, II et III (p 132).

Pour le plus beau hall :
L'Hôtel Hyatt Regency (p 136).

Pour son romantisme :
Le Melrose Mansion (p 132).

Pour leurs terrasses et balcons :
L'Hôtel de la Poste (p 130), l'Hôtel Omni Royal Orléans (p 131),
la Maison Girod (p 131), la Maison Soniat (p 131) et
le Rue Royale Inn (p 129).

Pour son point de vue sur la ville et sur le Mississippi :
L'Hôtel Westin Canal Place (p 137).

au cœur de l'historique Vieux-Carré Français. Stationnement gratuit.

Rue Royale Inn *(85-165; ≡, bp, ℝ; 1006 rue Royale, LA 70116, ☎524-3900, ☎800-776-3901, ⇌558-0566).* Très belle maison créole des années 1830 proposant de luxueux studios avec balcon ou des chambres donnant sur la cour.

Les **French Quarter Studios** *(89-249 pdj; ≡, bp, tv, ≈; 1119 rue du Rempart Nord, LA 70116, ☎524-7725, ou 800-457-2253 des États-Unis, ⇌522-9716)*, situés à proximité du Vieux-Carré Français, renferment des chambres modestes, mais tout aussi confortables les unes que les autres.

L'**Hôtel Villa Convento** *(89-155 pdj; ≡, bp, tvc; 616 rue des Ursulines, LA 70116, ☎522-1793, ⇌524-1902)*, une gentille maison créole construite en 1848, est une pension familiale qui propose un service à l'européenne des plus stylés.

L'**Auberge Rathbone** *(90-145 pdj; ≡, bp, ℂ, tv; 1227 av. de l'Esplanade, LA 70116, ☎947-2101 ou 800-947-2101, ⇌947-7454)*, aux allures de beau manoir, a été bâtie en 1850. Profitant d'un bel environnement dans l'historique faubourg Marigny, l'auberge compte huit chaleureuses chambres et deux magnifiques studios. Stationnement privé.

La **Maison Lamothe** *(90-195 pdj; bp, ℂ; 621 avenue de l'Esplanade, LA 70116-2018, ☎947-1161 ou 800-367-5858, ⇌ 943-6536)*, un hôtel particulier blotti sous les chênes, est agréablement bien située, à une rue du Vieux-Carré Français. Ses 11 chambres et 9 studios sont meublés à l'ancienne. Tout dans cette maison évoque le charme, beau mais un peu empesé, de l'ère victorienne.

Le Richelieu *(95-170; ≡, ⊗, bp, tvc, ℝ, ≈, ℜ; 1234 rue de Chartres, LA 70116, ☎529-2492 ou 800-535-9653, ⇌ 524-8179).* Les auteurs de ce guide vous recommandent fortement ce merveilleux établissement coté 4 Diamants par le Club automobile AAA. Le Richelieu se situe non loin du couvent des Ursulines, du Marché Français, de l'élégante avenue de l'Esplanade et du faubourg Marigny. Son charme romantique, son service exceptionnel et ses prix abordables pour le Vieux-Carré Français en ont fait une valeur sûre dans le circuit hôtelier de La Nouvelle-Orléans. Le bar de l'hôtel, qui sert aussi de salle à manger, donne sur une cour intérieure joliment fleurie, occupée en partie par la piscine. Le soir, ce sympathique endroit devient le lieu de rendez-vous préféré des gens du quartier. Tout le personnel brille ici d'une grande gentillesse. Planche et fer à repasser. Service de bar ou de restauration à la chambre sur demande. Stationnement gratuit.

Hôtel Saint-Pierre *(109-129 pdj; ≡, bp, ≈; 911 rue de Bourgogne/Burgundy, LA 70116, ☎524-4401 ou 800-225-4040, ⇌524-6800).* L'hôtel comprend deux cottages créoles du XVIIIe siècle, aménagés dans une cour aussi paisible qu'ombragée. Stationnement gratuit.

L'**Hôtel Olivier House** *(125$ et plus; ≡, bp, tvc, ≈, ℂ; 828 rue de Toulouse, LA 70112-3422, ☎525-8456, ⇌529-2006)*, un beau bâtiment construit en 1836 et inscrit au registre national historique, propose aux visiteurs de grandes pièces, chacune bénéficiant de hauts plafonds et d'un mobilier ancien. L'hôtel donne sur une cour luxuriante.

La **Maison Dupuy** *(130$ et plus; ≡, bp, tv, ≈, ℜ; 1001 rue de Toulouse, LA 70112, ☎586-8000 ou 800-535-9177, ⇌ 566-7450)*, un hôtel de 198 chambres et suites, a été aménagée dans 7 cottages datant du XIXe siècle qui, malgré des travaux de rénovation, ont conservé tout leur cachet d'époque. Les chambres sont spacieuses et décorées dans un style européen. Les couvre-lits et rideaux fleuris agrémentent les murs aux couleurs pâles. Plusieurs chambres ont des portes-fenêtres qui donnent sur la piscine de la magnifique cour intérieure, dont le jardin abrite de beaux arbres fruitiers (bananiers décoratifs, orangers et pamplemoussiers). L'hôtel a son restaurant, Le Bon Créole, qui propose du jazz à ses brunchs du dimanche.

Le **Holiday Inn Château Le Moyne** *(139$ et plus; ≡, bp, tv, ≈, ℜ; 301 rue Dauphine, LA 70112, ☎581-1303 ou 800-747-3279, ⇄523-5709)*, situé à proximité des activités du Vieux-Carré Français, propose, outre ses chambres, quelques beaux studios aménagés dans des cottages créoles. Les chambres sont attrayantes et toutes décorées avec goût; certaines ont un mur de brique, un lit à baldaquin et un foyer. Les fenêtres des chambres font pleine hauteur sous plafond et se parent de tentures fleuries.

Le **Claiborne Mansion** *(150-300 pdj; ≡, bp, tv, ≈; 2111 rue Dauphine, LA 70116, ☎949-7327, ⇄ 949-0388, cpmansion@aol.com)*, un petit hôtel du faubourg Marigny situé en face du square Washington, dispose de neuf chambres spacieuses. Toutes sont décorées avec sobriété mais beaucoup de goût, privilégiant les tons neutres. Certaines d'entre elles sont garnies de lits à baldaquin. Chacune des pièces crée un environnement aussi agréable qu'invitant. Les prix comprennent le petit déjeuner et une consommation en soirée.

Hôtel Dauphine Orléans *(150$ et plus; ≡, bp, tv, ≈; 415 rue Dauphine, LA 70112, ☎586-1800 ou 800-521-7111 des États-Unis, ⇄586-1409, gohfg@aol.com)*. Dès leur arrivée, les visiteurs sont accueillis avec une consommation offerte par la maison. Un thé est servi tous les après-midi. L'hôtel abrite 109 chambres. La partie «Dauphine» de l'hôtel, qui date du début du XIXe siècle, renferme 14 chambres magnifiques avec poutres d'origine apparentes au plafond et murs de brique. Les autres chambres, aux murs décorés de teintes pâles, au plancher revêtu de moquette beige et aux couvre-lits abondamment fleuris, ont aussi beaucoup de cachet. Les chambres offrent également toute une gamme de petits appareils tels que fer à repasser et séchoir à cheveux. Les salles de bain ont été rénovées.

L'adorable **Hôtel de la Poste** *(150$ et plus; ≡, bp, tv, ≈, ℜ; 316 rue de Chartres, LA 70130, ☎581-1200 ou 800-448-4927, ⇄ 523-2910)* compte une centaine de chambres avec balcon donnant sur la cour intérieure ou sur la rue. La décoration des chambres est simple mais chaleureuse, avec meubles de bois foncé. L'établissement peut s'enorgueillir d'abriter l'excellent restaurant Bacco, réputé pour sa fine cuisine italienne fortement imprégnée de saveurs créoles (voir p 144).

Au **Monteleone** *(150$ et plus; ≡, bp, tv, ≈, ℜ; 214 rue Royale, LA 70140, ☎523-3341 ou 800-535-9595, ⇄528-1019)*, on retrouve tous les avantages d'un hôtel de grande classe. Ses chambres sont spacieuses et ont été rénovées en 1996. Les murs de couleur pâle font contraste avec l'ameublement en bois d'œuvre de teinte plus foncée. Certaines chambres disposent de lits à baldaquin.

La **Grenoble House** *(150-350; ≡, ℝ, bp, tv, ≈, ℂ; 329 rue Dauphine, LA 70112, ☎522-1331 ou -800-722-1834, ⇄524-4968)*, un ravissant petit hôtel de

17 studios, dévoile un décor enchanteur. Les appartements se répartissent dans les trois vieilles parties d'origine de la maison bourgeoise : la résidence des maîtres, l'aile et les chambres des serviteurs ainsi que le quartier des esclaves. Tous les studios possèdent, outre un lit, un sofa-lit. Les cuisinettes sont munies d'équipement moderne (four conventionnel ou à micro-ondes, poêle, réfrigérateur et lave-vaisselle). Les enfants de moins de 12 ans ne sont pas admis. On y parle le français.

Soniat House—Maison Soniat *(165$ et plus; bp, ≡, tvc; 1133 rue de Chartres, LA 70116, ☎522-0570 ou 800-544-8808, ⇌522-7208)*. Ce tranquille et luxueux hôtel, que les auteurs de ce guide vous recommandent avec enthousiasme, occupe la maison Soniat du Fossat, dont on a conservé le cachet historique. Cet hôtel particulier fut construit en 1829 pour le planteur Joseph Soniat du Fossat, membre de l'aristocratie néo-orléanaise. La Maison Soniat dispose de chambres ou de studios élégamment meublés d'antiquités provenant de France, de Grande-Bretagne et de Louisiane. On sera charmé par sa bucolique cour intérieure, où l'on sert le petit déjeuner, et par son balcon aux garnitures de fonte surplombant la rue de Chartres et duquel on aperçoit un chef-d'œuvre du patrimoine architectural néo-orléanais, le couvent des Ursulines, de l'autre côté de la rue. En face, une autre maison historique, ayant appartenu au fils de Joseph Soniat du Fossat, a également été reconvertie en hôtel par les mêmes propriétaires de l'établissement; l'endroit possède aussi une magnifique cour intérieure richement fleurie et elle aussi dotée d'une belle fontaine.

Hôtel Saint-Louis *(165$ et plus; ≡, bp, ℜ, ⊛; 730 rue de Bienville, LA 70130, ☎581-7300 ou 800-535-9111, ⇌524-8925)*. Tout ici rappelle le charme de La Nouvelle-Orléans d'autrefois : son restaurant de style Louis XVI, ses fontaines, sa flore subtropicale, etc.

La **Maison Girod** *(165-250 pdj; ≡, bp, ℂ; 835 avenue de l'Esplanade, LA 70116, ☎522-5214 ou 800-650-3323, ⇌945-1794, www.girodhouse.com)* est une demeure créole fort bien conservée et joliment garnie de meubles d'époque. Ce petit hôtel particulier, récemment rénové, propose six studios. Tous les studios comportent une chambre à coucher, un salon, un coin cuisine ainsi qu'une salle de bain. Les deux plus grands studios ont un balcon donnant soit sur l'élégante avenue de l'Esplanade ou sur le bucolique jardin intérieur. Les studios combinent le confort créole et l'ameublement bourgeois du XIXe siècle.

Hôtel Omni Royal Orléans *(169$ et plus; ≡, bp, tv, ≈, ℜ; 621 rue Saint-Louis, LA 70140, ☎529-5333 ou 800-843-6664, ⇌529-7089)*. Certaines de ses chambres ne sont pas de tout repos lors de grands événements comme le Mardi gras, puisque l'hôtel se trouve dans le grouillant Vieux-Carré Français. Quelques chambres ont un lit à baldaquin. Une tapisserie à légers motifs rayés et une bande fleurie ornent les murs. De la terrasse de son toit, où se trouve la piscine, la vue qu'on a sur le Vieux-Carré Français est tout simplement saisissante.

L'Hôtel Maison Bienville *(180-300; ≡, bp, tv, ≈, ℜ; 320 rue de la Levée/Decatur, LA 70130, ☎529-2345 ou 800-535-7836, ⇌525-6079)*, un charmant petit établissement, propose quelques chambres avec balcon. La maison et ses 83 chambres ont été entièrement rénovées. L'imprimé discret des couvre-lits et les rideaux fleuris aux tons rosés se jumellent aux meubles de bois d'œuvre foncé. Face à l'Aquarium des Amériques et du Riverfront, près de la rue Bourbon et de la place d'Armes, l'hôtel bénéficie d'un des endroits les mieux situés du Vieux-Carré Français. Stationnement privé payant.

L'**Hôtel Bourbon-Orléans** *(185-250; ≡, bp, tv, ≈, ℜ; 717 rue d'Orléans, LA 70116, ☎523-2222 ou 800-521-5338 des États-Unis, ⇌525-8166)* est un luxueux hôtel de style européen du XIXe siècle, avec ameublement d'époque de style Queen Anne et salles de bain en marbre. Dans les chambres, de riches tissus couvrent les lits et habillent les fenêtres, alors que d'éclatantes moquettes s'harmonisent aux motifs fleuris des étoffes.

L'**Hôtel Maison de Ville et Cottages Audubon** *(215$ et plus avec pdj; ≡, bp, ℜ; 727 rue de Toulouse, LA 70130, ☎561-5858 ou 800-634-1600, ⇌528-9939, www.maisondeville.com)*, situé au cœur du Vieux-Carré Français, est un immeuble d'une rare beauté architecturale comprenant 16 chambres et 7 cottages. Cette maison fut à l'origine la résidence du naturaliste Jean-Jacques Audubon et de sa famille. C'est d'ailleurs en ces lieux qu'il devait nous léguer nombre de ses plus beaux croquis, dessins et toiles. La résidence principale et ses dépendances ont été soigneusement restaurées. L'aménagement des chambres – certaines rustiques, d'autres bourgeoises – reflète les différentes époques de la vie méridionale. Les enfants de moins de 12 ans ne sont pas admis. Il en coûte 18$ par nuitée pour le stationnement.

Melrose Mansion *(225$ et plus; ≡, bp, tv, ≈; 937 avenue de l'Esplanade, LA 70116, ☎944-2255, ⇌945-1794, www.melrosemansion.com)*. Les magnifiques chambres de cette élégante maison historique sont richement décorées. Les amoureux argentés peuvent s'offrir tout le romantisme de la «Suite Donecio» pour la modique somme de... 425$ par nuitée!

La Cité-Jardin et Uptown

La **Pension Longpré** *(12$ au dortoir, 35$ pour la chambre; bc, ℂ; 1726 rue Prytania, LA 70130, ☎581-4540)* est située entre le Vieux-Carré Français et la Cité-Jardin (Garden District), et se trouve à proximité du tramway de l'avenue Saint-Charles. La maison centenaire est quelque peu fatiguée et abrite actuellement une auberge de jeunesse. Ici s'offrent au choix, sans faste ni luxe, des lits dans quelques dortoirs ou dans une petite chambre privée.

La **Maison Marquette Inter Hostel** (Marquette House New Orleans International Hostel) *(2253 rue de Carondelet, LA 70130, ☎523-3014)*, membre affilié de la Fédération américaine des auberges de jeunesse, compte 160 lits, la plupart installés dans des dortoirs *(14-17; bc)* ou dans quelques chambres privées *(40-46; ≡, bp)*; on y trouve aussi des studios comprenant deux chambres avec salon et cuisinette *(60-80; ≡, bp, ℂ)*.

Prytania Inn I *(40$ et plus; bp; 1415 rue Prytania, LA 70130, ☎566-1515, ⇌566-1518)*. Bien que l'ameublement soit un peu austère, ce modeste petit hôtel propose des chambres confortables et propres. Même administration que le **Prytania Inn II** *(2141 rue Prytania)* et le **Prytania Inn III** *(2127 rue Prytania)*, deux autres endroits qui peuvent vous loger à un prix légèrement supérieur que le présent hôtel.

La **Saint-Charles Guesthouse** *(occ. simple 45-65, occ. double 65-85, pdj continental; ≡, bp/bc, ≈; 1748 rue Prytania, LA 70130, ☎523-6556)* est un petit hôtel sans prétention situé dans la Basse-Cité-Jardin (Lower Garden District) et à proximité du tramway. Vieillot et sans grand confort, il est fréquenté par une clientèle assez jeune et à petit budget, un peu bohème parfois; c'est l'un des plus économiques endroits où se loger à La Nouvelle-Orléans. On y compte 26 chambres donnant sur une jolie cour intérieure ensoleillée avec piscine.

Saint-Charles Inn *(65-95 pdj; bp; 3636 avenue Saint-Charles, LA 70115, ☎899-8888 ou 800-489-9908, ⇌899-8892)*. Bien que l'entrée de ce petit hôtel soit coincée entre un restaurant et un café, on y trouve, à l'intérieur, des chambres accueillantes et récemment rénovées.

La **Maison Saint-Charles - Quality Inn** *(65$ et plus; ≡, bp, ≈; 1319 avenue Saint-Charles, LA 70130, ☎522-0187 ou 800-831-1783 des États-Unis, ⇌525-2218)* bénéficie d'une charmante cour intérieure et regroupe un ensemble de six bâtiments historiques. Les modestes chambres brillent d'une propreté irréprochable, même si la moquette est de fabrication industrielle et le mobilier sans grand caractère. Il s'agit d'un bon endroit où loger pour qui dispose d'un budget limité.

Quality Inn - Midtown *(70$ et plus; ≡, bp, tv, ≈, ℜ; 3900 avenue Tulane, LA 70119, ☎486-5541 ou 800-228-5151, ⇌488-7440)*. Les chambres sont confortables et les prix des plus abordables. Les clients peuvent profiter d'une navette gratuite pour différents points du Vieux-Carré Français. Stationnement gratuit.

La **Maison Fairchild** *(75-135 pdj; bp, tv; 1518 rue Prytania, LA 70130, ☎524-0154 ou 800-256-8096 des États-Unis, ⇌568-0063, www.fairchildhouse.com)* est une magnifique résidence de style néoclassique construite vers 1841, située tout près de la Cité-Jardin (Garden District) et ne comptant que 14 chambres. L'aménagement des chambres rappelle l'époque victorienne. Le décor se révèle chaleureux et invitant. Une charmante cour intérieure est à la disposition des visiteurs. Stationnement privé.

L'**Hôtel Columns** *(90-175 et plus avec pdj; bp, ℜ, ≡; 3811 avenue Saint-Charles, LA 70115-4638, ☎899-9308 ou 800-445-9308)* est inscrit au registre historique national. C'est ce même grand escalier qui mène aux chambres que l'on peut admirer dans le film *La Petite*. Bien que l'ameublement soit plutôt disparate, les chambres brillent comme un sou neuf! Dix-neuf chambres y sont disponibles. Tous les mardis et mercredis soir, le bar de l'hôtel accueille un groupe de jazz-rock. Le dimanche, il y a un brunch avec jazz cool.

La **Park View Guest House** *(90$ et plus; ≡, bp/bc, tv; 7004 avenue Saint Charles, LA 70118, ☎861-7564, ⇌861-1225)*, située en bordure du parc Audubon, a été construite pour accueillir les visiteurs de l'Exposition internationale du coton en 1884. Certaines chambres de la coquette maison victorienne offrent une vue magnifique sur le parc. Les chambres donnant sur la rue Saint-Charles ont un ameublement d'époque. Les autres chambres ont moins de cachet mais une meilleure vue. Toutes sont propres et confortables.

Les **Cottages Chime** *(100-125 pdj; ≡, bp; 1146 rue de Constantinople, ☎899-2621 ou 800-729-4640 des États-Unis)* sont de coquets studios pouvant accueillir jusqu'à six personnes, avec salle de bain. On fume à l'extérieur. Charles, le sympathique et chaleureux propriétaire d'origine libanaise, qui travaille également comme maître d'hôtel au restaurant Chez Arnaud, dans le Vieux-Carré Français (voir p 146), parle le français et adore causer. C'est un charmant endroit où résider, grandement recommandé par les auteurs de ce guide, et facilement accessible par le tramway de l'avenue Saint-Charles, qui, en quelques minutes à peine, vous transporte jusqu'au cœur du Vieux-Carré Français.

La **Maison Terrell** *(100-125 pdj; ≡, bp, tvc; 1441 rue Magazine, LA 70130, ☎524-9859)*, érigée en 1858, a été reconvertie en une pension de neuf chambres. La maison a préservé son cachet d'antan, et son ameublement se veut d'époque. Située dans le quartier résidentiel de la Basse-Cité-Jardin, où se succèdent les boutiques d'antiquaires et les galeries, elle possède un luxuriant jardin à l'anglaise où deux chiens font la garde. Sur demande, cet endroit accueillant fera même votre réservation de restaurants et de visites guidées de la ville.

Avenue Plaza Hotel *(125$ et plus; ≡, bp, tv, ≈, ℜ; 2111 av. Saint-Charles, LA 70130, ☎566-1212 ou 800-535-9575, ⇌ 525-6899)*. Les spacieuses et accueillantes chambres de l'hôtel ont été rénovées. Certaines sont décorées d'un beau mobilier Art déco.

L'**Hôtel Pontchartrain** *(150$ et plus; ≡, bp, tv, ℜ; 2031 avenue Saint-Charles, LA 70140, ☎524-0581 ou 800-777-6193, ⇌529-1165, www.grandheritage.com)*, un luxueux hôtel de style européen, se situe au cœur de la Cité-Jardin (Garden District). En plus de proposer des chambres standards, l'établissement compte quelques studios romantiques. L'un des studios du réputé hôtel a déjà accueilli le prince Aly Khan et l'actrice Rita Hayworth lors de leur lune de miel à La Nouvelle-Orléans.

Mid-City

Le **New Orleans First B & B** *(65-75 pdj; bp; 3660 boulevard de Gentilly, ☎947-3401)* est une magnifique maison de style Art déco flanquée de somptueux chênes. La maison loue ses trois chambres aux non-fumeurs seulement.

La Maison Edgar Degas (Edgar Degas House B & B) *(100-200 pdj; bp; 2306 avenue de l'Esplanade, ☎821-5009, ⇌821-0870, www.degashouse.com)*, bâtie en 1854, se veut d'inspiration italienne. Le peintre Edgar Degas, en visite dans sa famille maternelle, y a résidé au cours de l'année 1873. C'est d'ailleurs pendant son séjour à La Nouvelle-Orléans que Degas a peint sa toile *Le Portrait d'Estelle* (propriété du Musée des Beaux-Arts de La Nouvelle-Orléans, voir p 105) ainsi que *Le Bureau de coton de La Nouvelle-Orléans*. La maison a été rénovée tout en conservant son caractère original. Les chambres du premier étage sont spacieuses et garnies de meubles d'époque; l'une d'entre elles possède un grand balcon privé. Si les chambres du deuxième étage ont un petit côté «sous les combles», elles ont tout de même l'avantage de coûter moins cher.

La **Pension Mechling** *(125$ et plus avec pdj; ≡, bp; 2023 avenue de l'Esplanade, LA 70116, ☎943-4131 ou 800-725-4131 des États-Unis)*, un manoir historique des années 1860, recrée l'ambiance de l'époque victorienne et se trouve à proximité du Vieux-Carré Français.

La **Maison Le Duvigneaud** *(135$; bp, tvc, ℂ; 2857 ½ Grand'route Saint-Jean, près du bayou Saint-Jean, LA 70116, ☎821-5009, ⇌821-0870)* est une résidence de plantation construite en 1834. Entièrement restaurée, elle renferme des studios pour quatre personnes. Ces studios aux murs élevés et aux planchers de bois sont vastes et aménagés de façon à se sentir chez soi. Des meubles antiques garnissent les pièces, et les visiteurs ont accès à une jolie cour privée. Tous les services et installations pour un séjour prolongé

sont disponibles sur place ou tout près (laverie, service ménager, épicerie à quelques rues). La maison se situe à proximité de l'avenue de l'Esplanade et du parc de la Ville (City Park). Stationnement gratuit.

Le quartier des affaires

L'**Hôtel international YMCA** *(50$ et moins; ≡, tvc, bp, ℜ, ⊘, ≈; 920 avenue Saint-Charles, LA 70130, ☎568-9622, ⇄568-9622)* est le rendez-vous préféré des globe-trotters à petit budget, des admirateurs de Jack London ou de Jack Kerouac, de même que de tous ceux qui conservent leur éternelle jeunesse.

Affiliée à la Saint-Charles Guesthouse (voir p 132), la **Depot Guest House** *(55$ occ. simple, 65$ occ. double; 748 O'Keefe, ☎529-2952)*, située dans le quartier des affaires, propose des chambres en occupation simple ou double.

Le **Comfort Inn Downtown Superdome** *(70-130; ≡, bp, tvc, ℝ, ℜ; 1315 rue Gravier, LA 70112-2003, ☎586-0100 ou 800-535-9141, ⇄588-9230 ou 527-5263)* profite d'un emplacement de choix, à mi-chemin entre le Superdôme et le Vieux-Carré Français. Les chambres sont simples et accueillantes, toutes dotées d'un ameublement contemporain.

Les **Comfort Studios** *(70-200; bp, ≡, tv, ⊛, ℝ; 346 rue Baronne, LA 70112-1627, ☎524-1140 ou 800-228-5150, ⇄523-4444)* sont situés à quatre rues du Vieux-Carré Français. Cet hôtel est idéal pour qui recherche un endroit confortable ainsi qu'une chambre à prix raisonnable. Stationnement privé.

Le **Radisson Hotel** *(89-109; ≡, bp, tvc, ≈, ⊘, ℜ; 1500 rue du Canal, LA 70112, ☎522-4500, ⇌525-2644)*, un hôtel bien coté et situé à proximité du Superdôme, offre une navette gratuite pour le Vieux-Carré Français. Les chambres sont décorées avec goût, pour la plupart dans des tons pastel, et renferment un bel ameublement en bois d'œuvre foncé. Aux petites familles, l'hôtel suggère une liste de personnes fiables pour le gardiennage des enfants.

Le **Days Inn - Canal** *(95-135; ≡, bp, tvc, ≈, ℜ; 1630 rue du Canal, LA 70112 ☎586-0110 ou 800-232-3297, ⇌581-2253)* est situé à quelques minutes de marche du Vieux-Carré Français, tout près de l'autoroute I-10 (sortie 235 B). Cet hôtel de 211 chambres réparties sur 8 étages comporte un ameublement classique. Les chambres régulières offrent un très grand lit (*king*) ou deux grands lits. Toutes les chambres sont confortables, garnies de moquette et de commodes, et équipées de petits appareils (séchoirs, cafetières, messageries vocales). Stationnement gratuit.

L'**Hôtel Doubletree** *(129$ et plus; ≡, bp, tv, ≈, ℜ; 300 rue du Canal, ☎581-1300 ou 800-222-8733, ⇌522-4100)*, moins coûteux que d'autres établissements de sa catégorie, a l'avantage d'être situé à quelques minutes seulement du Vieux-Carré Français. Le hall de cet hôtel de 363 chambres est plutôt modeste. Les chambres sont cependant chaleureuses, et leur ameublement en bois aux teintes pâles est agrémenté de rideaux et de couvre-lits aux tons pastel.

L'**Hôtel Hilton Riverside** *(185$ et plus; ≡, bp, tvc, ≈, ℝ, ⊘, ℜ; 2 rue de Poydras, ☎561-0500 ou 800-445-8667, ⇌568-1721)* est certes l'un des plus gros hôtels de la ville avec plus de 1 500 chambres. L'ameublement est contemporain, et le décor des chambres standards est sans grande originalité mais néanmoins confortable. Les chambres dites «du concierge» sont conçues pour les gens d'affaires puisqu'on fournit notamment un télécopieur personnel. Des studios sont également disponibles, certains avec table de billard et terrasse privée. Autres installations et services offerts : bars, courts de tennis, relais de santé et deux piscines.

Hôtel Hyatt Regency *(185$ et plus; ≡, bp, tvc, ≈, ℝ, ⊘, ℜ; 500 rue de Poydras, ☎561-1234 ou 800-233-1234, ⇌587-4141)*. Ici, l'aménagement du hall et des aires de repos profite de grands espaces et d'une lumière généreuse tout en créant une ambiance de luxe et de confort. Les chambres sont spacieuses et toutes décorées avec goût. Certaines sont conçues spécialement pour les femmes et, politesse non négligeable, situées à proximité des ascenseurs. Autres services offerts : bars, relais de santé et salon de beauté.

L'**Hôtel Marriott** *(185$ et plus; ≡, bp, tvc, ≈, ℝ, ⊘, ℜ; 555 rue du Canal, ☎581-1000 ou 800-228-9290, ⇌523-6755)*, un hôtel moderne de 1 300 chambres et de 54 studios, est situé à quelques pas du Vieux-Carré Français. Le Marriott accueille régulièrement d'importants congrès. Les chambres sont confortables et fort bien aménagées. Celles sises aux étages supérieurs profitent d'une superbe vue sur la ville, le Vieux-Carré Français et le Mississippi. Le personnel y est très courtois.

Hôtel Radisson *(185$ et plus; ≡, bp, tvc, ≈, ℝ, ⊘, ℜ; 1500 rue du Canal, ☎522-4500 ou 800-333-3333)*. Cet autre grand établissement hôtelier, inscrit au registre national des immeubles historiques, abrite 759 chambres. L'ambiance et la chaleur du Sud sont présentes dans chacune des spacieuses chambres élégamment décorées. La teinte foncée du mobilier de bois se marie harmonieusement aux jolis tissus fleuris. Le Radisson propose également plusieurs suites luxueuses ainsi que des chambres pour les personnes à capacité physique restreinte. Le personnel y parle plusieurs langues. Son accueil et son service se veulent des plus courtois. Un service de navette entre l'hôtel et le Vieux-Carré Français est offert gratuitement à la clientèle de l'hôtel.

L'**Hôtel Sheraton** *(185$ et plus; ≡, bp, tvc, ≈, ℝ, ⊘, ℜ; 500 rue du Canal, ☎525-2500 ou 800-325-3535 des États-Unis, ⇌592-5615)* est un autre hôtel recherché pour la tenue de méga-congrès. Son vaste hall a d'ailleurs été conçu afin de permettre les allées et venues de milliers de personnes. Ses 1 100 confortables chambres ont été aménagées d'une manière fonctionnelle. Le personnel s'efforce de porter une attention particulière à chaque visiteur.

Hôtel Westin Canal Place *(185$ et plus; ≡, bp, tvc, ≈, ℝ, ⊘, ℜ; 100 rue d'Iberville, ☎566-7006 ou 800-228-3000, ⇌ 553-5133)*. Les vastes chambres de cet hôtel sont joliment décorées dans des teintes pastel; chacune a son foyer de marbre et profite d'une vaste salle de bain en marbre. La piscine extérieure, sise au 30e étage de l'immeuble, permet de contempler la ville de merveilleuse façon. Le restaurant Le Jardin assure le service aux chambres 24 heures par jour. Tous les dimanches, un brunch avec jazz est servi à ce même restaurant. Parmi les autres services et installations qui y sont offerts, il y a une salle d'exercices munie de tous les appareils de conditionnement physique ainsi que deux bars.

Hôtel Inter-Continental *(235$ et plus; ≡, bp, tvc, ≈, ℝ, ⊘, ℜ; 444 av. Saint-Charles, ☎525-5566 ou 800-445-6563 des États-Unis, ⇌585-4387)*. À quelques rues du Vieux-Carré Français, l'établissement offre un confort et une élégance qui font la bonne réputation de cette chaîne internationale. Plus de 480 vastes chambres, au décor sobre et invitant, sont disponibles, certaines d'entre elles étant conçues spécialement pour les personnes à capacité physique restreinte. Tout le personnel de l'hôtel a le souci du bien-être des visiteurs. Autres installations et services offerts : bars, relais de santé et salon de beauté.

Le **Méridien La Nouvelle-Orléans** *(280$ et plus; ≡, bp, tvc, ≈, ℝ, ⊘, ℜ; 614 rue du Canal, ☎525-6500 ou 800-543-4300, ⇌ 586-1543, www.meridienneworleans.com)*. Ce luxueux hôtel haut de gamme compte 494 chambres spacieuses, élégantes et confortables. Une table de travail complète l'ameublement composé notamment d'un fauteuil et d'un canapé combinant au luxe moderne tout le charme traditionnel du Sud. Les chambres situées aux niveaux supérieurs de cet immeuble de 30 étages offrent une superbe vue sur la ville. Le personnel attentif de l'hôtel met tout en œuvre pour s'assurer du bien-être des visiteurs. La piscine extérieure et le relais de santé sont situés au 8e étage. Le Bistro La Gauloise (voir p 149) ainsi que de nombreuses salles de réunion offrant tous les services aux gens d'affaires sont également à la disposition de la clientèle. Le soir ainsi qu'au réputé brunch du dimanche, on présente des spectacles de jazz.

Autour de La Nouvelle-Orléans

Kenner

Seven Oaks Plantation *(85-95 pdj; bp; 2600 promenade Gay Lynn, ☎888-8649)*. À 20 min du Vieux-Carré Français. Cette maison de plantation de style créole des Antilles françaises a été construite sur les ruines de la plantation des Sept Chênes. La maison propose deux chambres meublées à l'ancienne et un très beau salon avec foyer où l'on retrouve plusieurs œuvres d'Audubon. La visite de la plantation est comprise dans le prix. Cartes de crédit acceptées.

Slidell

La Maison Salmen-Fritchie *(75-95, pdj; bp; 127 avenue de Cleveland, ☎643-1405)*. Manoir (1895) restauré et meublé à l'ancienne disposant de cinq chambres. Il est entouré d'un parc de 2 ha où croissent des arbres géants : chênes, pacaniers, magnolias.

Madisonville

River Run *(55-65 pdj; bc; 703 rue Main, ☎845-4222)*. Cet établissement accueillant, situé sur la rivière Tchefuncte, dispose de trois chambres avec salle de bain commune. On peut y louer un canot ou une bicyclette pour visiter les sites environnants.

Covington

La **Plantation Bell Guest House** *(40-50 pdj; bp; 204 24e Avenue Ouest, ☎893-7693)* est située près du centre-ville. Cette belle maison victorienne avec de hauts plafonds et disposant de deux chambres est meublée avec élégance.

Riverside Hills Farm Bed & Breakfast *(100$ pdj; bc; 96 promenade Gardenia, LA 70433, ☎892-1794)*. Charmante maison de gardien (1903) entourée d'un beau parc de 5 ha et donnant sur un étang. Cet endroit calme propose aux visiteurs trois chambres pouvant accueillir jusqu'à six personnes *(15$ par pers. additionnelle)* ainsi qu'une salle de séjour.

Amite

Sweethall *(40-50 pdj; bp; 313 rue Hickory, ☎748-8612)*. Cette pension de style acadien, construite dans les années quarante, dispose d'une unique chambre d'hôte.

Maison Elliot *(50-80 pdj; bp; 801 avenue Duncan Nord, ☎748-8553)*. Dans un vieux quartier résidentiel, cette grande maison «fin de siècle», avec ses plafonds de près de 3 m de haut et sa galerie à colonnade, repose dans un parc boisé de près de 2 ha. La maison a conservé en grande partie ses meubles d'origine. On y trouve une chambre d'hôte avec salle de bain et une suite de deux chambres avec salle de bain commune. Cartes de crédit acceptées.

Le **Greenlawn** *(50-85 pdj; bp; 200 rue Chestnut Est, ☎748-8946 ou 748-9062)*. Maison classée construite à la fin du XIXe siècle. Architecture unique avec ses vérandas superposées. Trois suites. Cartes de crédit acceptées.

Plantation Blythewood *(70-100 pdj; bp, tvc; 300 rue Elm, ☎345-6419 ou 748-8183)*. Maison centenaire classée comptant cinq chambres, dont deux avec salle de bain; beaux meubles victoriens et salle de conférences. On prépare le dîner sur réservation. Cartes de crédit acceptées.

Il existe d'autres *bed and breakfasts* dans la région d'Amite; pour plus de renseignements ou pour réserver, contactez l'**Amite Bed & Breakfast Association** *(adresse postale : Amite Chamber of Commerce, C.P. 383, LA 70422; contactez Caroll Glasgow, ☎748-5537)*.

Delacroix

Île Delacroix *(45$ par pers., ½p; bp; adresse postale : C.P. 133, Delacroix Isle, LA 70085; ☎895-7032)*. À l'«End of World Marina» de l'île Delacroix, à 24 km au sud de La Nouvelle-Orléans. Maison sur pilotis disposant d'une chambre et entourée d'arbres couverts de mousse espagnole. Sur le bayou Terre-aux-Bœufs, un excellent lieu de pêche. Outre le petit déjeuner, des sandwichs pour la pêche et le dîner sont inclus dans le prix.

Campings

Près du centre-ville

Tout près du centre-ville se trouve le **Mardi gras Campground** *(17$; ≈; 6050 Chef Menteur Highway, sortie 240 B de l'autoroute I-10, ☎243 0085)*. Ce camping classé AAA compte 200 emplacements pour tentes; surveillance assurée, douches, laverie, transports en commun pour le centre-ville.

Jude Travel Park *(19$ et plus; ≈, ⊛; 7400 Chef Menteur Highway, sortie 240 B de l'autoroute I-10, ☎241-0632 ou 800-523-2196 des États-Unis)*. Ce camping «Good Sam» dispose de 43 emplacements ombragés pour véhicules récréatifs; douches, toilettes, laverie. Le terrain est situé près des circuits d'autobus, et l'on trouve une agence de location de voitures sur place. Navette pour le Vieux-Carré Français et service de surveillance.

Le **Parc d'Orléans Numéro 1** *(50$ et moins; ≈; 7676 Chef Menteur Highway, LA 70126, sortie 240 B de l'autoroute I-10, ☎241-3167 ou 800-535-2598 des États-Unis)* est un camping de 74 emplacements avec douches, toilettes et laverie. On propose des visites guidées et un service de transport pour le Vieux-Carré Français.

Le **Parc d'Orléans Numéro 2** *(50$ et moins; ≈; 10910 Chef Menteur Highway, sortie 240 B de l'autoroute I-10, ☎242-6176 ou 800-535-2598 des États-Unis)*, ouvert toute l'année, compte 125 emplacements avec douches, toilettes et laverie. Visites guidées et navette pour le Vieux-Carré Français.

Métairie

KOA West New Orleans *(22$ pour les tentes et 27$ pour les véhicules récréatifs; ≈; 11129 Jefferson Highway, sortie 223 A - Williams - de l'autoroute I-10, boulevard Williams, direction sud, jusqu'à Jefferson Highway, direction est, ☎467-1792)*. Ouvert toute l'année. Le terrain est situé en bordure du fleuve, avec 96 emplacements, douches, toilettes, laverie, terrain de jeu, épicerie. Plusieurs emplacements ombragés sur terrain asphalté, protégés du soleil et bordés de pelouse. On y propose des visites guidées de La Nouvelle-Orléans. Transports en commun à proximité.

Venise (Venice)

Le **Venice Marina** *(8-12; route LA 23, ☎534-9357, pour des nouvelles fraîches, téléphoner après 18h30)*.

Marina entièrement équipée avec accès facile au fleuve. Huit emplacements de camping dont cinq avec tous les services et trois avec eau et électricité seulement. Carburant et glace; guides et bateaux pour excursions de pêche. Information sur la pêche *(24 heures par jour; ☎534-7701)*.

Slidell

KOA Est New Orleans *(18$; ≈; sortie 263 de l'autoroute I-10, à 7 km à l'ouest de la jonction des autoroutes I-10, I-12 et I-59, ☎643-3850)*. Ouvert toute l'année; 142 emplacements ombragés, douches, toilettes, laverie, terrain de jeu, épicerie. On peut y louer un chalet. On organise des tours de La Nouvelle-Orléans à partir du camping.

Mandeville

Parc d'État de Fontainebleau *(10-12; C.P. 8925, LA 70470-8925, ☎624-4443)*. Sur le lac Pontchartrain, ce camping dispose de 130 emplacements bien aménagés, d'autres ne l'étant pas. Aires de pique-nique, terrain de jeu, sentiers, rampe de mise à l'eau pour voiliers.

Madisonville

Parc d'État Fairview-Riverside *(12-15; C.P. 856, Madisonville, LA 70447; route LA 22, ☎845-3318)*. Parc sur la pittoresque rivière Tchefuncte disposant de 82 emplacements de camping aménagés, d'aires de pique-nique, de terrains de jeu et de toilettes. Également, emplacements pour camping sauvage.

Folsom

Le **Camping Tchefuncte** *(route 40, à 8 km à l'ouest de Folsom, près du parc Global Wildlife, ☎796-3654)*. Cent emplacements au total : emplacements pour véhicules récréatifs *(18$)*; emplacements pour tentes avec eau et électricité *(15$)*. Camping sommaire sur la rivière dans une chênaie *(15$)*. Épicerie, pêche, piscine. Très beau camping sur la belle rivière Tchefuncte, dont l'eau claire invite à la baignade. C'est ici que les Amérindiens tiennent leurs *pow-wow* (leurs réunions de fête).

Robert

Yogi Bear's Jellystone Park *(24$ en semaine, 30$ en fin de semaine; sortie 47 de l'autoroute I-12, 5 km plus au nord sur la route LA 445, ☎542-1507)*. Ouvert toute l'année. Ce terrain de 302 emplacements est bien aménagé et offre plusieurs services et installations : électricité, douches, toilettes, laverie, terrain de jeu, piscine, épicerie, pêche, location de bateaux, sentiers.

Hammond

KOA New Orleans/Hammond *(22$, chalet 1 pièce 28$; ≈; sortie 28 de l'autoroute I-55 Sud, 14154 chemin Club De Luxe, ☎542-8094)*. Camping complètement aménagé disposant de 59 emplacements avec douches, toilettes et laverie. On trouve sur place un terrain de jeu ainsi qu'une épicerie où l'on peut louer un bateau pour la pêche ou pour une simple promenade.

Pink Panther RV Park *(21$; ≈; sortie 35 Nord de l'autoroute I-12, à 5,5 km à l'ouest de Hammond, ☎800-735-3460)*. Ouvert toute l'année. Ce site de 54 emplacements est spécialement aménagé pour les véhicules récréatifs : douches, toilettes et laverie. On y trouve un terrain de jeu attenant à la piscine et un point de départ pour les sentiers. On fait la location de bateaux pour la pêche et de pédalos. Des visites guidées de la région y sont proposées.

Kentwood

Great Discovery Campground *(10-16; sortie 61 de l'autoroute I-55, 4 km plus loin sur la route LA 38, ☎229-7194)*. Ce camping ouvert toute l'année compte 48 emplacements aménagés avec électricité, toilettes et douches. On y trouve un terrain de jeu, des aires de pique-nique et des sentiers. À l'épicerie, on loue des équipements pour la pêche. Possibilité pour les propriétaires de véhicules récréatifs de louer un emplacement au coût mensuel de 60$.

Westwego

Sur la rive ouest du Mississippi, le **Parc d'État Bayou Segnette** *(7777 Westbank Expressway, ☎736-7140)* dispose de 100 emplacements *(12$)* et offre en location 20 chalets *(65$; max. 8 personnes)*. On y trouve également une vaste piscine à vagues, un terrain de jeu, des aires de pique-nique et une rampe de mise à l'eau. Par le bayou Segnette, on accède à la baie de Barataria. Cartes de crédit Visa et MasterCard acceptées.

RESTAURANTS

À l'intérieur et à l'extérieur du Vieux-Carré Français, on ne compte plus les délicieux endroits servant une cuisine créole, française, afro-américaine *(soul cuisine)* ou 'cadienne. La Nouvelle-Orléans est une ville propice à la gourmandise, et, à son tour, le gastronome ne manque jamais d'y faire de gourmandes trouvailles. Sauf mention, les principales cartes de crédit y sont acceptées.

Le Vieux-Carré Français et le faubourg Marigny

Pour la localisation des établissements, voir carte p 127.

Le **Café Du Monde** *($; 24 heures sur 24; 800 rue de la Levée/Decatur, Marché Français, ☎581-2914, www.cafedumonde.com)*, mondialement connu, est situé juste en face du Marché Français, près de la promenade longeant le Mississippi, et existe depuis 1860. Son café au lait et sa chicorée s'accompagnent de savoureux beignets. On y mange pour pas trop cher, soit à compter de 5$ à midi comme en soirée. Bon rapport qualité/prix.

Un petit resto sans décor, **Coops** *($; 1109, rue de la Levée/Decatur, Vieux-Carré Français, ☎525-9053)* propose un bon gombo et de délicieux «po-boys».

La pâtisserie **Croissant d'Or** *($; tlj 7h à 17h; 615-617 rue des Ursulines, Vieux-Carré Français, ☎524-4663)* propose à midi un menu du jour comprenant, par exemple, une délicieuse soupe aux pois verts, avec un sandwich jambon-fromage accompagné d'une salade. Évitez les sandwichs chauffés au four à micro-ondes. Le café est quelconque, mais les croissants et les brioches préparés par Maurice Delechelle sont remarquables pour La Nouvelle-Orléans. On y trouve des pâtisseries françaises classiques. Une jolie cour intérieure, avec fontaine, permet de s'y restaurer quand la température le permet, mais est à éviter par jour de grande humidité. Bon rapport qualité/prix. Autre établissement appartenant à Maurice Delechelle, **La Marquise** *(625 rue de Chartres, ☎524-0420)* offre les mêmes services aux mêmes heures que le Croissant d'Or.

Acme Oyster House *($-$$; déjeuner 5-10 par pers.; 724 rue de la Douane d'Iberville, Vieux-Carré Français, ☎522-5973)*. Des générations de Néo-Orléanais y ont défilé. L'établissement se spécialise dans les fruits de mer et les poissons frais; il est particulièrement réputé pour les huîtres, les crevettes et le poisson-chat. Cartes acceptées : Visa, American Express.

Le **Café La Madeleine** *($-$$; tlj 7h à 21h; 547 rue Sainte-Anne, Vieux-Carré Français, ☎568-9950)* se trouve à proximité de l'ancienne place d'Armes, aujourd'hui le square Jackson. L'ambiance et le petit déjeuner y sont français. Le café-bistro, qui fait aussi office de boulangerie, propose ses exquises fournées à la clientèle. Les pains sont cuits sur place au four à bois. Comptez environ 5$ pour le petit déjeuner.

Maison Napoléon *($-$$; lun-jeu 11h à 1h, ven-sam 11h à 2h, dim 11h à 19h; 500 rue de Chartres, Vieux-Carré Français, ☎524-9752)*. On raconte que cette demeure, datant de 1791, avait été réservée pour l'empereur Napoléon Bonaparte, au cas où celui-ci viendrait se réfugier en Louisiane. Il faut prendre l'apéritif dans l'attachante cour arrière. Sur fond de musique classique, on y déguste de bons sandwichs; un petit menu pas cher *(5$)* est également proposé.

Au café-terrasse de l'hôtel **Le Richelieu** *($-$$; tlj 7h à 21h; 1234 rue de Chartres, Vieux-Carré Français, ☎529-2492)*, on sert de bons petits déjeuners, même le soir. Sur sa terrasse donnant sur une jolie cour intérieure avec piscine, l'ambiance se veut aussi agréable que décontractée. Une clientèle néo-orléanaise d'habitués fréquente son bar. On prépare des sandwichs et des steaks. Tout le monde ici est fort sympathique, du grand patron Frank S. Rochefort à la directrice Joanne Kirkpatrick, du barman Armand au serveur Michael (un as du petit déjeuner), en passant par Lester, qui prend la relève du service en soirée.

Praline Connection *($$; dim-jeu 11h à 22h30, ven-sam 11h à 24h; 542 rue Frenchmen, à l'angle de la rue de Chartres, dans le faubourg Marigny, ☎943-3934)*. On y prépare des plats familiaux typiques de la Louisiane du Sud ainsi que des spécialités créoles. Les cuisines créole et afro-américaine *(soul)* y sont bonnes, l'ambiance s'avère décontractée et l'addition ne se révèle jamais élevée. Parmi les plats servis : gombo, crabe farci à la créole, poivrons farcis, étouffée d'écrevisses, poulet grillé, *jambalaya*, riz aux fèves de Lima, pouding au pain avec sauce aux pralines, tarte aux patates douces. Le resto possède également une confiserie-pâtisserie où le client peut se procurer des biscuits et les plus fameuses pralines aux pacanes de toute la Louisiane (une ancienne recette dont l'origine remonte à l'époque coloniale française).

Au **Bayona** *($$-$$$; lun-ven 11h30 à 13h30, lun-sam 18h à 22h30; réservation obligatoire; 430 rue Dauphine, Vieux-Carré Français, ☎525-4455)* officie une femme-chef de talent. Susan Spicer prépare d'une manière exquise autant les viandes que les poissons. Ses plats s'inspirent des primeurs et se veulent judicieusement relevés et parfumés. On mange dans la coquette salle à manger ou à la terrasse du superbe jardin fleuri de la cour intérieure où murmure le bruit d'une fontaine. En table d'hôte du soir : aiguillettes de lapin en croûte de noix de pacanes avec sauce demi-glace moutardée, feuilles de bette à carde et de moutarde à l'étuvée; velouté de lapereau aux champignons «Portobello»; limande-sole aux haricots rouges épicés et au pesto

Les établissements qui se distinguent

Pour leur côté à la mode :
Le Emeril's (p 150), le Palace Café (p 145), le Peristyle (p 152), le Mike's on the Avenue (p 154) et le Straya (p 156).

Pour leur ambiance chaleureuse :
Bacco (p 149), le Bayona (p 142), le Café Degas (p 152), l'Économie (p 148), le Martinique Bistro (p 151) et l'Upperline (p 152).

Pour son balcon :
Le K-Paul's (p 144).

Pour leur belle cour intérieure :
Le Bayona (p 142), le Bistro à la Maison de Ville (p 146), le Café Volage (p 150), Chez Broussard (p 146), Chez Brennan (p 147), le G & E Courtyard (p 145).

Pour leur beau décor :
L'Upperline (p 152) et le Sapphire (p 154).

Pour leur côté bon chic bon genre :
Chez Brennan (p 147), Chez Antoine (p 146), le Commander's Place (p 151) et le Galatoire's (p 145).

Pour leurs dîners-concerts :
Le Bistro La Gauloise—Le Méridien (jazz) (p 149), Chez Mulate (musique 'cadienne) (p 148) et le Praline Connection N° 2 (gospel) (p 148).

Pour leur romantisme :
Le Bayona (p 142), le Bella Luna (p 145), Chez Arnaud (p 146), Bistro de Ville (p 159) et l'Upperline (p 152).

Pour la meilleure cuisine française :
Bistro de Ville (p 159).

Pour le service :
Le Christian's (p 153), le Emeril's (p 150), le G & E Courtyard (p 145), le K-Paul's (p 144), le Praline Connection (p 142) et l'Upperline (p 152).

Pour leur menu santé :
Le Bella Luna (p 145), le Croissant d'Or (p 141), le Kim Son (p 163), le Mr. B's Bistro (p 144) et le Mike's on the Avenue (p 149).

Pour son point de vue sur le Mississippi :
Le Bella Luna (p 145).

Pour leur aspect typique de La Nouvelle-Orléans :
L'Acme Oyster House (p 142), le Café du Monde (p 141), le Coops (p 141), le Galatoire's (p 145), le Mother's (p 147), la Maison Napoléon (p 142) et le Uglesich's (p 150).

Pour leur petit déjeuner :
Le Richelieu (p 148) et Mother's (p 208).

de coriandre fraîche à la *salsa* d'avocat; gâteau à la rhubarbe et au gingembre à la crème pâtissière, aux mûres fraîches et à la crème fraîche. D'excellent vins californiens sont proposés au verre. Bon rapport qualité/prix.

Mr. B's Bistro *($$-$$$; tlj midi et soir; 11h30 à 15h et 17h30 à 22h, brunch dim 10h30 à 15h; 201 rue Royale, Vieux-Carré Français, ☎523-2078)*. Avec ses tables de marbre réparties dans une vaste salle, l'endroit, qui accueille le midi une clientèle de bureaucrates et de gens d'affaires, reflète une chaude ambiance de bistro parisien. Les garçons portent la tenue vestimentaire d'usage : veste noire, chemise blanche, nœud papillon noir et long tablier blanc. Les compositions de Michelle McRaney, la talentueuse femme-chef qui renouvelle son menu au gré des saisons, ne manquent pas d'arômes ni de saveurs et s'inspirent des héritages culinaires créole et français de La Nouvelle-Orléans. Plats dégustés : crème d'écrevisses et de chou-fleur; *pasta jambalaya* avec fettuccine et épinards, tomates fraîches, crevettes du golfe du Mexique, andouille (saucisse fumée), canard, bœuf et poulet; pouding au pain sauce au whiskey. La maison propose quelques bons vins du vignoble louisianais. Le service est rapide et se fait avec gentillesse. Le dimanche, on y joue du jazz pendant le brunch.

Le **Bacco** *($$-$$$$; petit déjeuner 5-10 pers., déjeuner 10-15, dîner 15-25; lun-sam 7h à 10h, 11h30 à 15h et 17h30 à 22h30, brunch dim 10h30 à 14h; réservation recommandée; 310 rue de Chartres, Vieux-Carré Français, ☎522-CIAO ou 522-2426)* est sis juste à côté de l'Hôtel de la Poste. Arches gothiques, lustres vénitiens et murales de style baroque se mêlent à un décor hétéroclite et flamboyant. L'endroit est néanmoins agréable; le service est courtois et attentif envers une clientèle décontractée et de tout âge. Ici, on fait de la cuisine créole à l'italienne, à moins que ce ne soit de la cuisine italienne à la créole. Peu importe la qualification, la présentation des plats est recherchée, et vous ne serez pas déçu par la cuisine. Quelques spécialités : ravioli aux huîtres et aubergine; pizza aux écrevisses; pâtes aux champignons sauvages et aux herbes; *risotto jambalaya*; canard ou agneau grillés au charbon de bois. On se charge de garer votre voiture. Langues parlées : anglais, italien et espagnol. Bon rapport qualité/prix.

Le **Pelican Club** *($$-$$$$; tlj à partir de 17h30; 312 Place des Échanges/Exchange Alley, ☎523-1504)* propose une table d'hôte à 19,50$ (on ajoute 17% de service aux groupes de huit personnes et plus) entre 17h30 et 18h. Le grand comptoir et ses tables rondes donnent un style de club privé de la Belle Époque. Au menu : petits gâteaux d'écrevisses et de crevettes; escargots et écrevisses à la duxelle de champignons, sauce tequila à l'ail et au beurre; suprême de canard fumé et rôti avec raviolis aux champignons; filet de poisson en croûte de pacanes et de noix de coco; crème brûlée à la vanille et au brandy; gâteau au fromage à l'orange et la crème aigre.

K-Paul's - Cuisine de la Louisiane (K-Paul's Louisiana Kitchen) *($$-$$$; lun-jeu 11h30 à 14h30 et 17h30 à 22h, ven-sam jusqu'à 23h, fermé dim; 416 rue de Chartres, Vieux-Carré Français, ☎524-7394, réservation ☎596-2530)*. On doit la bonne réputation de l'établissement au célèbre cuisinier 'cadien Paul Prudhomme. Le restaurant s'étend sur deux niveaux, l'étage et son balcon étant retenus pour les réservations; le rez-de-chaussée a plus l'allure d'un bistro. La cuisine est à aire ouverte, et un sosie de Paul, en plus mince mais bien entouré, est aux fourneaux. Le menu est émaillé de classiques de la cuisine 'cadienne et créole, ainsi que de plats originaux composés à partir des primeurs et des frais produits du marché. Il faut goûter le traditionnel gombo au poulet et à la saucisse, le fameux «poisson noirci» *(blackened fish)*, une création du populaire chef Prudhomme, et la *gorgeous* tarte aux patates douces et aux pacanes servie avec crème Chantilly aromatisée au cognac et au Grand Marnier.

Chez Alex Patout *($$$; tlj 17h30 à 22h; 221 rue Royale, Vieux-Carré Français, ☎525-7788, www.patout.com)*, on sert de la cuisine typique du sud de la Louisiane, préparée avec les produits régionaux. Au menu : *wontons* louisianais; crevettes rémoulade; pâte aux fruits de mer et tasso fumé; canard rôti à l'étouffée, façon 'cadienne; cochon de lait; sauté d'écrevisses; pouding au pain; carré au chocolat chaud (*brownie*). La salle à manger de 125 places, décorée sobrement, se veut des plus accueillantes. Il est toutefois malheureux que les groupes se rendant dans les autres salles (elles se répartissent sur trois niveaux) aient à passer derrière votre table. Le service est cependant fait avec beaucoup de gentillesse. Réservation recommandée. Stationnement disponible. Bon rapport qualité/prix.

Au **Palace Café** *($$$; lun-sam 11h30 à 14h30, tlj 17h30 à 22h, brunch dim 10h30 à 14h30; 605 rue du Canal, Vieux-Carré Français, ☎523-1661)*, où il faut réserver afin d'éviter les longues files d'attente, le service et le décor sont ceux des grands cafés parisiens. La cuisine y est autant créole que française. Au menu : crevettes et pâtes à la provençale; crevettes barbecue à la bière Abita (une bonne bière locale); homard du Maine ou poisson grillé; pouding au pain au chocolat blanc.

Le **Bella Luna** *($$$-$$$$; tlj 18h à 22h30, jusqu'à 21h30 dim; réservation recommandée; 914 rue Saint-Pierre Nord/North Peters Street, Vieux-Carré Français, ☎529-1583, ⇄522-4858, belaluna@gs.net)* se situe à l'arrière du Marché Français. Ce chic endroit, aux tables joliment dressées et au personnel stylé, offre une vue imprenable sur le Mississippi. La cuisine du chef Horst Pleifer révèle des saveurs créoles et européennes. Plats dégustés : soupe aux crevettes garnie de julienne de carotte, moules, ail rôti, basilic et aneth frais; sorbet aux pêches, fraises et mûres fraîches; filet de sébaste en croûte de noix de cajou au beurre blanc et à l'orange sanguine; crème brûlée à la vanille tahitienne avec biscuit à la banane et glace au chocolat. Bon rapport qualité/prix. Service de traiteur.

Chez Galatoire's *($$$-$$$$; mar-sam 11h30 à 21h; dim 12h à 21h; 209 rue Bourbon, ☎525-2021)*. Le «fin du fin» de la cuisine néo-orléanaise est prisé pour ses déjeuners le midi. On s'y présente sans réservation : premier arrivé, premier servi! Arrivez après 13h pour éviter la queue. Le port de la cravate est obligatoire pour le dîner.

Le **G & E Courtyard** *($$$-$$$$; ven-dim 11h à 14h30, mar-jeu et dim 18h à 22h, jusqu'à 23h ven-sam; 1113 rue de la Levée/Decatur, Vieux-Carré Français, ☎528-9376)* sert une bonne cuisine à l'italienne, mais instable du midi au soir; ici, c'est la mode des plats assaisonnés au vinaigre, un peu trop peut-être? De toute façon, cette question ne relève pas du client. Sa cour intérieure est très populaire, et il faut beaucoup de chance pour y obtenir une table. Néanmoins l'intérieur, climatisé, est coquet, et ses deux portes cochères s'ouvrent sur la rue et permettent de voir défiler des grappes incessantes de touristes bigarrés. De beaux artichauts frais sont joliment disposés sur une tablette, mais ils servent uniquement de décoration, et on ne les retrouvera nulle part au menu. La présentation des plats est soignée et la cuisson réussie. Au menu : salade César aux huîtres frites; tempura de crevettes servi avec pommes pailles; jeune poulet rôti au romarin; saucisse d'agneau avec pâte aux tomates et basilic.

Le **Bistro à la Maison de Ville** *($$$$; lun-sam 11h30 à 14h, dim-jeu 18h à 22h, ven-sam 11h à 22h30; réservation obligatoire; Hôtel Maison de Ville, 727 rue de Toulouse, Vieux-Carré Français, ☎528-9206)*, de style bistro parisien (très à la mode à La Nouvelle-Orléans), peut accueillir une quarantaine de clients dans sa salle à manger et une vingtaine d'autres dans sa coquette cour fleurie. Excellente carte des vins; possibilité de dégustation au verre. On parle le français. Établissement non-fumeurs.

Chez Broussard *($$$$; tous les soirs 17h30 à 22h; 819 rue de Conti, Vieux-Carré Français, ☎581-3866)*. Avec son cachet très européen et sa jolie cour fleurie où l'on peut manger, voilà un resto-terrasse qu'il ne faut surtout pas manquer de visiter. De nouveaux propriétaires ont repris la relève. Au menu : *cheesecake* au crabe et aux crevettes, loup Napoléon, veau Broussard. Réservation suggérée. Langues parlées : anglais, français, espagnol, allemand et italien.

Chez Antoine *($$$$; environ 50$ par pers.; lun-sam 11h30 à 14h et 17h30 à 21h30, fermé dim et jours fériés; 713 rue Saint-Louis, Vieux-Carré Français, ☎581-4422)*. Ce restaurant, fort connu à l'échelle nationale et internationale, existe depuis 1840. Depuis son ouverture par le Marseillais Antoine Alciatore, c'est la cinquième génération de ses descendants qui gère toujours l'établissement. C'est dans ce restaurant que furent créées les fameuses huîtres Rockefeller. La maison abrite plusieurs salles de réception, et certaines peuvent accueillir jusqu'à 700 personnes. Le décor plutôt rustique est agrémenté d'innombrables photos de personnalités célèbres qui ont foulé les lieux. Les plats proposés sont des classiques de la cuisine française et créole (le menu est rédigé en français), et se révèlent bien apprêtés et forts savoureux. Le service est très stylé. Langues parlées : anglais, français et espagnol.

Chez Arnaud *($$$$; environ 50$ par pers., vin, service et taxes en sus; réservation recommandée, stationnement au 912 de la rue d'Iberville; déjeuner lun-ven 11h30 à 14h30, dîner dim-jeu 18h à 22h, ven-sam 18h à 22h30; brunch dim 10h à 14h30; fermé sam midi; 813 rue de Bienville, Vieux-Carré Français, ☎523-5433)*. Fondé par Arnaud Cazenave en 1918, aujourd'hui propriété des Casbarian. Les Cazenave aimaient fêter le Mardi gras. De 1937 à 1968, Irma Cazenave ne manquait aucune réjouissance et confectionnait ses éblouissants costumes ainsi que ceux de son mari. Elle fut reine du Carnaval à plusieurs reprises. À l'étage, un musée expose la fabuleuse collection de dame Cazenave. Le golfe du Mexique est riche en poissons, crustacés et fruits de mer, et l'on apprête ces frais produits de multiples façons : crevettes Arnaud, rillettes de tortue, huîtres Suzette, mousse d'écrevisses Bourgeois, court-bouillon de fruits de mer, casserole de crevettes à l'aubergine, *pompano* en croûte, alligator en sauce piquante, cuisses de grenouilles à la provençale. Au chapitre des viandes : cailles au vin rouge, poulet braisé Rochambeau, carré d'agneau diablo, tripes à la mode de Caën, etc. Fromages, salades, desserts classiques et café brûlot de Chez Arnaud complètent l'éblouissante carte. Le service, impeccable, est assuré par des garçons parlant le français.

Chez Brennan *($$$$; environ 40$ par pers., incluant vin, service et taxes; réservation obligatoire; tlj brunch 8h à 14h30, lun-ven déjeuner 11h30 à 14h30 et dîner 18h à 22h; 417 rue Royale, Vieux-Carré Français, ☎525-9711).* Ses petits déjeuners et ses brunchs sont réputés. Ce n'est pourtant pas le paradis du gourmet; leurs œufs Bénédictine se couvrent d'une mousse de sauce béchamel, et leurs autres préparations se veulent aussi costaudes que simplistes. C'est très cher et décevant! Leurs salles à manger donnent toutefois sur un magnifique jardin subtropical. Une fontaine s'ajoute aux bananiers, fleurs et plantes de ce cadre paradisiaque, propice à la convivialité. À La Nouvelle-Orléans, on se doit d'y faire une halte. Parmi leurs inabordables spécialités proposées au petit déjeuner, au brunch ou au dîner : soupe aux huîtres, soupe à l'oignon à la créole, œufs sardou, œufs hussarde, huîtres Rockefeller, tournedos Chantecler, rouget boucané au gril, poulet au poivre 'cadien, andouilles aux crevettes du golfe, sauté de veau à la façon du chef Roussel, tartelettes au citron, bananes flambées Foster.

La talentueuse chef Anne Kearny officie chez **Peristyle** *($$$$; midi ven 11h30 à 14h, soir mar-jeu 18h à 22h, jusqu'à 23h ven-sam; 1041 rue Dumaine, Vieux-Carré Français, ☎593-9535).* Sa cuisine d'inspiration française a conservé une touche bien néo-orléanaise, telle cette crème de champignons aux arômes de sous-bois bien relevée de poivre et de piment. La salade au crabe et au raifort est servie sur un lit de betteraves rôties avec des oignons rouges marinés. Le filet de *puppy drum*, un poisson du golfe du Mexique proposé grillé, a une cuisson réussie et se présente sur un nid de riz gluant avec des tomates et des épinards relevés d'une cuillerée de pesto; une sauce aux crevettes et au safran entoure cette adorable préparation. Parmi les fabuleux desserts, il y a un pouding au citron; l'entremets est déposé sur un fond de génoise et se pare de zestes de citron confits et d'une confiture de cassis. Bons vins américains et français. Le service est plutôt froid. Une clientèle de tout âge, aisée et bien mise, fréquente cette salle à manger qui se donne des allures de bistro malgré l'austérité des lieux; beaucoup y viennent par curiosité, et certains sont confinés dans de petits espaces derrière le bar.

Le quartier des affaires et le quartier des entrepôts

Pour la localisation des établissements de ce circuit voir p 135.

Le **Red Bike Bakery & Cafe** *($; lun-ven 11h à 15h, mar-jeu 18h à 21h30, jusqu'à 23h ven-sam; 746 rue des Tchoupitoulas, ☎949-1267)* sert, en plus de ses pains maison, des soupes telles que le gombo à la dinde et à la saucisse, des sandwichs et quelques plats cuisinés : fettucine aux champignons, poisson au sésame, etc.

Le restaurant **Mother's** *($-$$; lun-sam 5h à 22h, dim 7h à 22h; 401 rue de Poydras, ☎523-9656, www.mothers.com)* se situe non loin du Riverwalk. On y fait une cuisine traditionnelle de La Nouvelle-Orléans. Mother's serait le meilleur restaurant du monde pour le jambon fumé. La maison propose un vaste choix de «po-boys» au jambon évidemment, mais également au rôti de bœuf, aux écrevisses, aux huîtres ou au poulet. Le petit déjeuner traditionnel américain est servi en tout temps. Le service y est semblable à celui d'une cafétéria.

Au **Bistro Allégro** *($-$$; lun-ven 11h à 14h; 1100 rue de Poydras, local 101, ☎582-2350)*, le décor est de style Art déco. En plein centre-ville, les gens d'affaires s'y entassent à l'heure du déjeuner. Ici, la cuisine créole subit des influences italiennes, et la symbiose – dit-on – est tout à fait harmonieuse. Stationnement gratuit. Langues parlées : anglais, français, espagnol et italien.

Forts de leur succès dans le faubourg Marigny, les propriétaires Curtis Moore et Cecil Kaigler ont aménagé le **Praline Connection N° 2** *($-$$; tlj 11h à 24h; 901 et 907 rue Peters Sud, entre Saint-Joseph et Diamond Nord, ☎523-3973)* à l'intérieur d'un vaste espace sis dans un quartier sans âme et que l'on tente de réhabiliter. En plus du restaurant, une scène reçoit des orchestres de jazz, de *rhythm and blues* ou des groupes gospel (voir p 162). La salle en noir et blanc, un peu la marque de commerce de l'établissement, est entourée d'un décor de façades de maisons créoles. La cuisine est la même que sur la rue Frenchmen, mais moins goûteuse, soit une cuisine familiale costaude et riche en friture. Au menu : tête fromagée, crabe mou pané et frit; poivrons farcis de saucisse et de crevettes; pain de viande; côte de porc (immense et archicuite ce midi-là) barbecue, sauce piquante; poulet frit, sauce brune. Tout est bien relevé de piment; il y a aussi les fritures d'alligator... Ne refusez pas le pouding au pain sauce pralines. Pour un service en français, demandez Jean Michel, un Martiniquais qui a adopté La Nouvelle-Orléans.

Café Bon Ton *($$-$$$; lun-ven 11h à 14h et 17h à 21h30; 401 rue Magazine, au coin de Natchez, ☎524-3386).* Depuis 1953, les Pierce y préparent des plats issus du répertoire culinaire familial : vivaneau «Bon Ton», étouffée d'écrevisses, crevettes et huîtres à toutes les sauces, ainsi qu'un fameux pouding au pain. Réservations obligatoires pour le repas du soir. On parle le français.

Le Bizou *($$-$$$; lun-ven 11h à 16h, mar-sam 17h à 22h30; 701 avenue Saint-Charles, ☎524-4114, bizou@bellsouth.net)* a été ouvert par Daniel Bonnot, sympathique chef-propriétaire du restaurant Chez Daniel, à Métairie. Dans ce bistro, les cuistots transforment les classiques de la cuisine à leur façon, mais tout n'est pas réussi. Pour le déjeuner, peut-être vaut-il mieux s'y restaurer, comme les habitués, d'un délicieux sandwich. Cuisine hybride française et louisianaise.

Chez Mulate *($$-$$$; tlj 11h à 23h; 201 rue Julia, ☎522-1492).* L'établissement se situe dans le quartier des entrepôts, en face du Centre des congrès. C'est un endroit fort prisé des touristes. La cuisine n'est malheureusement plus ce qu'elle était, mais chez Mulate la musique se veut authentique et les spectacles sont ceux de vrais musiciens et chanteurs 'cadiens de Lafayette, d'Abbéville, de Saint-Martinville, d'Eunice ou de la Nouvelle-Ibérie. L'ambiance est du tonnerre. Réservation recommandée. On y parle le français.

Lorsqu'on connaît peu le quartier, il faut s'y prendre à plusieurs reprises pour repérer enfin l'entrée du restaurant **L'Économie** *($$-$$$; mar-ven 11h30 à 14h et 17h à 22h, jusqu'à 23h ven-sam; 325 rue Girod, au coin de la rue du Commerce, ☎524-7405).* Le restaurant s'intègre aux bâtiments de ce qui fut autrefois de florissants entrepôts et usines. Malgré la monotonie du quartier, l'intérieur dévoile une éblouissante ambiance, et les murs aux coloris mexicains reçoivent de jolies peintures d'artistes contemporains; enfin, c'est beau, c'est jeune et plein de fraîcheur. Le chef-propriétaire Keith Mallini, né de père italien et de mère japonaise, a le goût tout à fait juste en cuisine. Il fait bon trouver chez lui un vrai et savoureux potage aux légumes, une salade César faite avec des épinards et rehaussée d'un assaisonnement parfait. Le menu propose plusieurs choix : saumon, écrevisses, poulet, pintade, porc. C'est un excellent endroit où savourer un New York Strip Steak, bien saignant si on le désire, avec une vraie sauce à la crème, au poivre et au cognac; on accompagne cette sapide pièce de viande de pommes de terre escalopées frites et de pois mange-tout sautés. Divins, la crème brûlée et le gargantuesque gâteau truffé au chocolat servi avec une crème anglaise. Le tout est dégusté aux tables recouvertes de marbre. Bon rapport qualité/prix. Malgré un incendie récent, le restaurant devrait rouvrir ses portes de nouveau bientôt.

Un nouveau venu, **Christino's** *($$-$$$; tlj 6h30 à 22h30; 228 rue du Camp, ☎571-7500)*, dont on dit le plus grand bien; on possède peu d'information à l'heure actuelle sur l'établissement. À son menu, figurent des plats de cuisine méditerranéenne. C'est l'artiste néo-orléanais Mario Villa qui en a conçu la décoration.

Le **Bistro La Gauloise** *($$-$$$$; petit déjeuner 5-15, déjeuner 15-30 et dîner 30-45; tlj 6h30 à 22h, fermé entre 15h et 17h30; Hôtel Le Méridien, 614 rue du Canal, ☎527-6712)*, le fameux bistro de l'Hôtel Le Méridien, donne sur la fébrile rue du Canal, face au Vieux-Carré Français; l'ambiance y est chaleureuse et décontractée. Plats à la carte, menu du jour et buffet sont proposés au goût de chacun. Au menu : gombo aux écrevisses; crevettes à la provençale; agneau «Vétiver» (en feuille de chou); pennine au fruits de mer à l'huile d'olive et au basilic; côte de veau grillée relevée à l'estragon et accompagnée de gnocchis aux épinards; pouding au pain; gâteau au fromage à la créole. Le dimanche, son brunch avec orchestre de jazz est réputé *(10h30 à 14h30, service de stationnement au 609 rue de la Commune-Common)*. On y parle le français.

Emeril's *($$$-$$$$; déjeuner 10-15 par pers., dîner 15-20; lun-ven 11h30 à 14h, lun-sam 18h à 22h; réservation obligatoire; 800 rue des Tchoupitoulas, ☎528-9393)*. Aménagé dans un ancien entrepôt, le restaurant fait actuellement un malheur, et l'on y vient de toutes les régions des États-Unis. Des groupes de gens bien mis s'y rassemblent autour de grandes tables; jeans, blousons et autres tenues non conventionnelles sont prohibés. Genre nouvelle cuisine créole ou américaine. Le service est chaleureux, et la plupart des serveurs sont d'origine latino-américaine. Les vrais gourmets trouveront leur cuisine tape-à-l'œil décevante. Langues parlées : anglais, espagnol, français et allemand.

Le restaurant **Mike's on the Avenue** *($$$$-$$$$$ midi; lun-ven 11h30 à 14h, tlj 18h à 22h; 628 avenue Saint-Charles, Hôtel Lafayette, ☎523-1709)* est tenu par le très apprécié et très populaire chef Mike Fennelly ainsi que par Vicky Bayley. La salle à manger est décorée d'aquarelles peintes par le chef lui-même, qui a également une formation d'architecte. Le restaurant se situe au rez-de-chaussée de l'hôtel, dont la salle s'ouvre sur le square Lafayette et le Gallier Hall. Une clientèle de gens d'affaires s'y attable. La cuisine est ici un mélange de cuisines californienne, mexicaine, japonaise et louisianaise. La symbiose est assez réussie, tels ces délicieux rectangles de riz (*sushi*) montés en petits sandwichs avec des algues *noris*, du thon noirci, une rémoulade d'écrevisses et du saumon fumé; la soupe de *tortillas* aux tomates grillées se présente en une délectable purée, crémée, poivrée et pimentée avec un léger goût de grillé; les languettes de truite à la tempura s'accompagnent d'un riz aux pacanes et d'une purée d'oignon vert un peu fade mais fort bien présentée; en guise de dessert, il y a le traditionnel pouding au pain de La Nouvelle-Orléans, servi sur fond de tarte et recouvert de raisins et de sauce au chocolat (un délice!), ou la crème brûlée qui se fait ici avec de la vraie crème. Le pain est cuit sur place. C'est moins cher à midi. Mike Fennelly a ouvert un autre restaurant en Californie.

Uptown

Cafétéria Piccadilly *($-$$; tlj 11h à 20h30; 3800 avenue Carrollton Sud, ☎482-0775, plats pour emporter ☎482-0776).* Il existe plusieurs cafétérias Piccadilly en Louisiane. Ici sont proposés quotidiennement de nombreux plats du jour, et chacun y trouve son compte. Aucune carte de crédit acceptée.

Chez Uglesich's *($-$$; lun-ven 9h30 à 16h, et aussi 2 samedis par mois; 1238 rue Baronne, ☎523-8571).* Les petits endroits inconnus des touristes – le quartier étant peu recommandable – réservent souvent de belles surprises. Dans ce café au sol recouvert de béton et aux allures de vieille épicerie de quartier s'empilent entre les tables de gros sacs d'oignons et de pommes de terre. Au comptoir, à midi, on vient y chercher un «po-boy» aux crevettes ou aux huîtres. Dans la salle s'attable une clientèle hétéroclite de bureaucrates, d'ouvriers et d'étudiants venus déguster un gombo épaulé de roux brun, une piquante bisque d'écrevisses, des huîtres du golfe du Mexique servies fraîches dans leur écaille ou un sandwich au crabe mou. Entre deux commandes, la sympathique Karin pèle et tronçonne les pommes de terre, car ici la maison propose les meilleures frites en ville. Aucune carte de crédit acceptée. Bon rapport qualité/prix.

Après avoir voyagé autour du monde, Félix Gallerani s'est enfin fixé à La Nouvelle-Orléans. Depuis quelques années, le chaleureux patron est l'âme du **Café Volage** *($-$$$; brunch dim 12,95$; tlj 11h à 15h et 16h à 22h; 720 rue de Dublin, quartier Riverbend, à une rue à l'ouest de Carrollton, ☎861-4227).* Le maître des lieux a construit une jolie terrasse à l'arrière de la petite maison *shotgun* classée au registre des monuments historiques. L'endroit est quelque peu désuet et aurait sûrement besoin d'un grand nettoyage. Un petit menu propose des spécialités italiennes, françaises et créoles. Au menu : soupe à l'oignon ou gombo; fettucine aux fruits de mer à la crème et au vin; escalope de veau marsala; steak frites (les frites sont maison); mousse au chocolat ou crème brûlée. Le patron, confortablement assis comme un prince à une table qui lui tient lieu de trône, accueille la clientèle avec un énorme Havane au coin du bec!

Des pizzas et des pâtes, une terrasse sous les arbres, voilà ce que propose la **Figaro's Pizzerie** *($$; lun-jeu 11h30 à 22h30, jusqu'à 23h30 ven-sam 11h30 à 22h dim; 7900 rue Maple, à deux rues au nord de l'avenue Saint-Charles, juste après le parc Audubon, ☎866-0100).* On y fait la pizza que l'on dit de type napolitaine, nappée de beurre à l'ail et de fromage mozzarella, avec les garnitures de votre choix : crevettes, saumon fumé, épinards, fromage feta, etc. On trouve la traditionnelle pizza américaine garnie de sauce tomate, pepperoni, poivron vert, oignons et champignons, ainsi que quelques plats de pâtes. Au dessert : le New York Cheesecake, la tarte aux *fudge* et *brownie*, ainsi qu'une tarte au beurre d'arachide.

S'attabler au **Straya** *($$; dim-jeu 11h à 23h, jusqu'à 24h ven-sam; 2001 avenue Saint-Charles, ☎593-9955; 4517 boulevard des Vétérans, Métairie, ☎887-8873)* donne l'impression de manger dans une discothèque. Tables noires à fond étoilé et canapés criards sont disposés autour d'un vaste espace parsemé de bananiers aux dorures hollywoodiennes. Dans cet univers galaxique, l'étoile thématique imprègne tous les accessoires; on propose aux goûts actuels toutes les cuisines à la mode : la créole, l'eurasienne, la 'cadienne et la californienne, auxquelles s'ajoute un peu d'italien et de japonais. Les assiettes sont gigantesques. Quelques spécialités : rouleau californien aux algues *nori*; riz *sushi* à la goberge et à l'avocat avec raifort et gingembre; pizza croustillante au fromage; filet de truite en croûte d'amandes; fettuccine aux crevettes barbecue; poulet rôti; crêpe tiramisu; pouding au pain au chocolat blanc; pizza aux pommes avec crème à l'amaretto. L'accueil est très gentil et le service aussi étincelant que le reste. Bons vins californiens au verre.

La très populaire crêperie-bistro **La Crêpe Nanou** *($$-$$$; tlj 18h à 22h, jusqu'à 23h ven-sam; 1410 rue Robert, entre Magazine et Saint-Charles, ☎899-2670)* présente son menu en français (on y trouve les classiques escargots de Bourgogne). Des spécialités : poisson grillé entier; moules à la marinière; soupe à l'oignon; soupe à la grecque au poulet et au riz; gigot d'agneau et escalope de veau. Bien sûr, il y a des crêpes : au crabe et aux épinards, à la ratatouille, à l'oignon et au fromage, aux écrevisses, à la bourguignonne (au bœuf), de même qu'une quinzaine d'autres crêpes desserts.

Le **Kyoto** *($$-$$$; midi lun-ven 11h30 à 14h30, sam 12h à 15h, soir lun-jeu 17h à 22h, jusqu'à 22h30 ven-sam; 4920 rue Prytania, ☎891-3644)* est le plus populaire pour les *sushis* actuellement; ce qui compte, c'est la fraîcheur des produits. En plus des rouleaux, on y prépare des crevettes *tempuras*, la soupe *miso* ou aux nouilles, aux crevettes et aux légumes, ainsi que le poulet ou le bœuf *teriyaki* et les *sashimis*.

Le sympathique Hubert Sandot du restaurant **Martinique Bistro** *($$-$$$; table d'hôte 23,50$; tlj 17h30 à 21h30; 5908 rue Magazine, ☎891-8495)* vous en mettra plein les oreilles; il cause, et en français : un vrai charme. Il cuisine aussi quelques classiques du répertoire français et improvise dans des gammes italiennes, antillaises, indiennes ou selon les arrivages. Au menu : soupe de poireaux et de carottes; aubergine au fromage de chèvre; endives aux noix, aux pommes et au fromage bleu; moules vapeur au vin blanc et aux herbes; crevettes sautées aux mangues séchées et au cari; gigot d'agneau braisé à la provençale. Ce chaleureux petit bistro demeure un endroit à visiter à La Nouvelle-Orléans. Bon rapport qualité/prix.

Le **Commander's Palace** *($$-$$$$; lun-ven 11h30 à 14h, sam 11h30 à 13h, dim 10h30 à 13h30, tous les soirs 18h à 22h; 1403 avenue de Washington, ☎899-8221, www.commanderspalace.com)*, sis dans l'historique arrondissement de la Cité-Jardin (Garden District), bénéficie d'une excellente réputation auprès des Néo-Orléanais. Sans être chauvins, certains le classent même meilleur restaurant des États-Unis – on le croit vraiment. La maison propose une cuisine créole classique, et son chef ose parfois tâter des compositions inattendues. Son style victorien évoque le siècle dernier. Les salles à manger peuvent accueillir jusqu'à 100 convives; d'autres jolis petits salons privés permettent des réunions plus intimes.

Chez Kelsey's *($$$; mar-ven 11h30 à 14h et 17h30 à 21h30, ven-sam jusqu'à 22h; 3923 rue Magazine, ☎897-6722)* a une chaude ambiance de café français et loge dans un quartier fort sympathique où de gentilles boutiques se succèdent. La cuisine créative de Randy Barlow s'inspire autant de la tradition 'cadienne et créole que des autres gastronomies universelles. Explorer son menu équivaut à une tournée gourmande de la planète, comme en témoignent ces plats dégustés : crème de cœurs d'artichauts et de champignons; gombo au poulet et à l'andouille; tomates et fromage *provolone* sur laitue et oignon rouge, vinaigrette moutardée; tartelette aux huîtres, au brie et aux herbes; beignets d'écrevisses, sauce à la moutarde de Meaux et au miel; poitrine de canard fumée et farcie; crabe mou farci aux fruits de mer sauce au vert; gâteau aux noix et au chocolat; tarte au citron.

Au restaurant **Upperline** *($$$-$$$$; mer-dim 17h30 à 21h30; 1413 rue Upperline, près de la rue Magazine, ☎891-9822, www.upperline.com)*, JoAnn Clevenger, la propriétaire, n'est pas avare de son temps ni de paroles; elle aime partager, et c'est dans cet esprit de générosité et avec enthousiasme qu'elle nous convie à sa table. La maison a une éblouissance quasi solaire et se pare de toiles de Martin LaBorde (voir p 172). À l'extérieur, un petit jardin fleuri ceinture la maison, et ces bosquets floraux se retrouvent en beaux bouquets sur chacune des tables. La cuisine du chef Richard Benz se veut tout en saveur. Celui-ci propose deux gombos : l'un aux fruits de mer et à l'*okra*, et l'autre, plus corsé, au canard et à l'andouille a un bon goût de roux pimenté. Parmi les bons hors-d'œuvre de la maison, il faut goûter la tomate verte frite aux crevettes rémoulade et le ris de veau poêlé sur une croustillante polenta de maïs, sur nid de champignons, avec sauce demi-glace. Des plats : poisson du Golfe grillé avec salade niçoise chaude, tapenade et beurre citronné au basilic; agneau braisé au vin, *risotto* au safran et *gremolata*; canard croustillant au porto et à l'ail. Des desserts : tarte Tatin avec sorbet aux pommes; gâteau truffé au chocolat.

L'un des grands favoris des Néo-Orléanais demeure le **Brigtsen's** *($$$$; mar-sam 17h30 à 22h; 723 rue Dante, à l'angle de l'avenue Leake, quartier du Riverbend, ☎861-7610)*, confortablement installé dans un joli cottage du quartier résidentiel Riverbend. Son chef Frank Brigtsen prépare une cuisine d'inspiration 'cadienne et créole innovatrice qui fait les délices des gourmets; mieux vaut réserver. Au menu : salade de tomates aux croûtons et au fromage bleu à la vinaigrette d'avocat; gratin d'huîtres «Bienville»; fleurs de courgettes farcies au ricotta, aux écrevisses et aux champignons, parfumé à l'huile de basilic; poisson grillé et croustillant de crabe au parmesan, mousseline au citron; thon noirci, sauce au maïs fumé; sauté de veau et d'écrevisses aux champignons, sauce au parmesan; pouding au pain et bananes, sauce au rhum; tarte aux pacanes, sauce au caramel; sabayon de champagne aux petits fruits avec un soupçon de crème fraîche.

Mid-City

Café Degas *($-$$; déjeuner et dîner 5-10; tlj 11h30 à 14h30 et 17h30 à 22h30, brunch sam-dim 10h30 à 15h; 3127 avenue de l'Esplanade, ☎945-5635)*. Ce petit coin sympathique, sur l'élégante avenue de l'Esplanade, porte le nom du célèbre peintre, graveur et sculpteur français Edgar Degas, dont les frères, qui signaient encore *de Gas*, avaient tenté de faire fortune ici. Idéal pour les petits budgets car les prix y sont fort honnêtes. Spécialités : salade de crevettes et de couscous avec vinaigrette à la moutarde; truite fumée et mayonnaise à l'ail; ris de veau à la grenobloise; diverses omelettes; carré d'agneau; steak de surlonge à l'échalote; tarte *keylime*, tarte au chocolat et au beurre d'arachide. Tous ici parlent le français. Bon rapport qualité/prix.

Certains restaurants ne payent pas de mine, et c'est vraiment dans cette catégorie qu'entre **Lola's** *($-$$; tlj 18h à 22h; 3312 avenue de l'Esplanade, face à Gabrielle's, ☎488-6946)*. Dans cet endroit vieillot et sans décor, où s'alignent quelques rangées de tables, on propose tout de même un grand choix de spécialités : soupe à l'ail; calmars grillés; paella au bœuf, végétarienne ou à la valencienne; thon grillé; linguine aux épinards; *caldereta* (ragoût d'agneau aux tomates, au vin et aux piments); crème caramel et nougat glacé.

Christian's *($$-$$$$; mar-ven 11h30 à 14h, mar-sam 17h30 à 22h; réservation recommandée; 3835 rue d'Iberville, ☎482-4924)*. Christian Ansel et Henry Bergeron ne pouvaient trouver plus noble demeure que ce vieux temple luthérien, construit en 1914, pour relocaliser leur restaurant – jusque-là à Métairie. Le chaleureux endroit a conservé les verres teintés ainsi que les boiseries d'époque, et propose une délicieuse cuisine créole et française. Plats dégustés : huîtres «Roland» à l'ail et aux champignons; gombo aux *okras*; soupe à l'oignon et aux croûtons au parmesan; espadon aux artichauts et aux champignons sautés au beurre noir; cheveux d'ange aux crevettes, écrevisses et fonds d'artichauts, sauce tomatée à la crème et au beurre; profiteroles au chocolat. Une bonne tenue vestimentaire est exigée. Le service se fait avec beaucoup de chaleur. Attention, votre voisin de table peut être le fils du patron qui épie avec intérêt vos commentaires! Bon rapport qualité/prix.

Le restaurant **Gabrielle's** *($$$-$$$$; table d'hôte à midi pour 16,95$; ven 11h30 à 14h, mar-sam 17h30 à 22h; 3201 avenue de l'Esplanade, ☎948-6233)* se démarque des autres établissements et attire, avec sa cuisine moderne, une nombreuse clientèle d'amateurs. Emprunter la magnifique avenue de l'Esplanade pour s'y rendre est un véritable enchantement. Au menu : filet de lapin enrobé de *proscuito* en sauce sucrée-salée à la moutarde; *enchilada* d'écrevisses au fromage; *ribeye* de bœuf noirci au bacon croustillant et à l'étouffée de *shitake* sauce au poivron rouge grillé et au raifort; vivaneau grillé avec ail rôti et crabe meunière; côtelette de porc glacée à la Root Beer, aux poires et aux oignons caramélisés; pouding aux pommes renversé, sauce à la vanille; crème glacée maison.

Autour de La Nouvelle-Orléans

Métairie

Au **Coffee Rani** *($; tlj 11h à 20h; 2324 boul. Veterans Memorial, entre Bonnabel et le boulevard Causeway, ☎833-6343)*, on propose des repas légers et santé à base de salades, ainsi qu'une variété de sandwichs à la fois originaux et consistants.

Le restaurant libanais **Byblos** *($$; lun-sam 17h30 à 21h30; 1501 chemin Métairie, ☎834-9773)* propose d'authentiques préparations. On y trouve, outre les traditionnelles purées à base de pois chiches (*hommos*) ou d'aubergines (*baba ghannouj*), des feuilles de vigne farcies, des brochettes (*kebab*), servies ici avec du riz et, pour dessert, un délicieux *mihallabiïa* (blanc-manger libanais).

Buster's New Orleans Kitchen *($$; déjeuner lun-ven 11h à 14h30, dîner lun-jeu 17h à 21h et ven-sam 17h à 22h; 3044 promenade Ridgelake, ☎836-2881)*. L'ambiance y est typique. Les boiseries sont d'origine, et des photos agrémentent les murs. On y cuisine à la créole et à la 'cadienne.

Restaurant Sid-Mar's *($$; mar-dim 11h à 22h30; 1824 rue Orpheum, ☎831-9541)*. Sa véranda, protégée avec une moustiquaire, donne sur le lac Pontchartrain. Le cadre est celui d'un village de pêcheurs, à quelques kilomètres seulement de la grande ville. Cuisine régionale, fruits de mer au court-bouillon ou bouillis.

Straya *($$; dim-jeu 11h à 24h, jusqu'à 2h ven-sam; 4517 boulevard des Vétérans, ☎887-8873)*. Voir p 150.

Bistro de Ville *($$-$$$; mar-sam 17h à 21h; 2037 chemin de Métairie, sortie 229-Bonnabel de l'autoroute I-10, direction sud, ☎837-6900)*. Ce petit resto de 70 places aux allures de bistro parisien portait jusqu'à tout recemment le nom Chez Daniel. Le chef Daniel Bonnot, depuis 26 ans à La Nouvelle-Orléans, vient de vendre l'établissement à son assistante-cuisinière. On y fait toujours une cuisine française qui s'imprègne de saveurs créoles voire méditerranéennes. Un mur de la pièce représente une scène de dîner champêtre inspirée des impressionnistes français. Le restaurant est sis à Métairie, à 15 min du centre-ville de La Nouvelle-Orléans. Des spécialités : huîtres Bayou et escargots à la provençale, thon au poivre, poulet rôti, canard à l'orange, veau Marengo, steak tartare. Le restaurant propose des dîners thématiques pour la Saint-Valentin, l'Halloween, le 14 Juillet, etc. Il faut réserver. On parle le français, et l'on y prend le Ricard en apéro.

Le **Charley G's Seafood Grill** *($$$; dim-ven 11h30 à 14h30 et 17h à 21h30; sam 17h à 22h; édifice Heritage Plaza, 111 boul. Veterans Memorial, ☎837-6408)* est localisé au rez-de-chaussée d'un immeuble de bureaux. La décoration contemporaine et l'aménagement sur différents niveaux lui confèrent chaleur et confort. Au menu : de bons classiques néo-orléanais tels le gombo de canard, le gâteau de crabe ainsi que le poisson grillé, ce qui est plus rare en Louisiane. Ses brunchs avec orchestre de jazz le dimanche sont réputés.

Le **Ruth's Chris Steak House** *($$$$; tlj 11h30 à 22h; 3633 boul. Veterans Memorial, à l'angle du boulevard Causeway, ☎888-3600)* est une institution à La Nouvelle-Orléans. Les viandes, servies en portions gigantesques, sont grillées sur charbons de bois puis nappées de beurre assaisonné ou de sauce bordelaise. On les accompagne de frites, juliennes ou lacets, ou de pommes de terre dauphine et de salades.

Kenner

Andy Messina's *($$; lun-sam 11h à 24h, dim 12h à 22h; 2717 boulevard Williams, ☎469-7374)*. Depuis trois générations, la famille Messina propose, et à petit prix, ses fruits de mer et sa cuisine créole, 'cadienne ou italienne.

Southshore Seafood Restaurant *($$; lun-jeu 11h à 14h et 17h à 22h, ven-sam 11h à 22h; 2000 avenue de l'Esplanade Ouest, ☎467-2735)*. La rive sud du lac Pontchartrain est réputée pour la fraîcheur de ses fruits de mer. Au Southshore, on les déguste grillés ou bouillis.

Slidell

Honey Island Restaurant *($-$$; tlj 5h à 22h; 55154 route US 90, ☎649-4807).* On y sert le petit déjeuner, le déjeuner et le dîner. On y propose des spécialités 'cadiennes, et, sur place, il y a possibilité de faire des excursions en bateau dans le marécage à 9h, 11h30 et 14h.

Cafétéria Picadilly *($-$$; tlj 11h à 20h30; 104 route US 190 Ouest, ☎646-0566).* Cette cafétéria appartient à une chaîne, et chaque établissement propose une multitude de plats régionaux. Aucune carte de crédit acceptée.

The Boiling Point *($$; lun-mar et jeu-sam 11h à 22h, dim 11h à 21h; 2998 promenade Pontchartrain, ☎641-5551).* Ce restaurant de quartier propose des fruits de mer bouillis ou frits et des «po-boys».

Restaurant chez Vera *($$; mer-jeu et dim 11h à 21h, ven-sam 11h à 22h; 337 promenade Lake View, ☎643-9291).* Du plus vieux restaurant de fruits de mer de Slidell, on a une splendide vue sur le lac Pontchartrain.

Lacombe

Sal & Judy's *($$-$$$; mar-dim 11h30 à 21h30; route US 190, ☎882-9443)* propose de généreuses portions de fruits de mer apprêtés à l'italienne. Ce restaurant est très couru, aussi est-il préférable d'y réserver une table.

La Provence *($$$$; mar-dim 17h à 21h; 25020 route US 190, ☎626-7662)* est connu comme étant l'un des meilleurs restaurants de cuisine française dans la région. Nombreux sont les Néo-Orléanais à effectuer le trajet d'environ une heure, selon le temps dont ils disposent et la densité de la circulation, surtout sur l'autoroute I-10 et aux abords du pont-chaussée du lac Pontchartrain, où ils rencontrent régulièrement des contrôles policiers. On y prépare divinement l'agneau.

Mandeville

Au **Coffee Rani** *($; tlj 8h à 18h; 3510 route US 190, à l'intersection avec la route LA 22, ☎674-0560)*, on propose des repas légers et santé à base de salades, ainsi qu'une variété de sandwichs à la fois originaux et consistants.

Roy's Diner *($; lun-ven 6h à 15h, tous les sam et les 2e dim du mois 7h à 12h; 23245 rue Kilgore, ☎892-2667).* Cuisine maison, petit déjeuner familial typiquement louisianais.

Figaro's Pizzerie *($$; lun-mar 11h30 à 22h30, jusqu'à 23h30 ven-sam, 12h à 22h dim; 2820 boul. Causeway, à l'intersection avec la route US 190, ☎624-8500).* Voir p 150.

Situé sur la rive du lac Pontchartrain, le restaurant **Bechac's** *($$-$$$; lun-sam 11h30 à 15h et 17h à 21h30 sauf le mardi, dim 22h à 20h; 2025 Lakeshore Dr., ☎626-8500)* propose des plats du patrimoine créole néo-orléanais. La maison a été érigée à la fin du siècle dernier, et sa décoration est d'époque. C'est l'endroit tout indiqué pour un brunch le dimanche sur son balcon surplombant le lac.

Benedict's Restaurant *($$-$$$; mar-ven 11h30 à 14h30 et 16h30 à 21h30, sam 16h30 à 21h30, dim buffet 11h30 à 15h30; 1144 Lovers Lane, ☎624-5070).* Cette très belle maison de plantation propose une cuisine créole traditionnelle ainsi que des fruits de mer et des steaks.

Camelia Beach House Restaurant *($$-$$$; 2025 promenade Lakeshore, ☎626-8500)*. Cottage de style antillais (1834) à deux étages. On y apprête steaks, fruits de mer, agneau, perdrix et pâtes. Son balcon donne sur le lac Pontchartrain.

Trey Yuen *($$-$$$; tlj 17h à 22h; 600 boul. Causeway Nord, ☎626-4476)*. La cuisine chinoise qu'on y propose, et que l'on dit innovatrice, a obtenu la faveur populaire. Les plats de légumes, de viande ou de fruits de mer sont bien relevés. En plus, le restaurant est situé tout près du pont-chaussée menant à La Nouvelle-Orléans.

Madisonville

Friends on the Tchefuncte *($; 213 rue Madison Nord, ☎845-5301)*. Cet établissement propose à des prix raisonnables de copieux plats de poisson grillé, de crabe amandine et, merveille des merveilles, son célèbre gâteau qui compte cinq sortes de chocolat et que l'on a baptisé «La mort par le chocolat» (*Death by Chocolate*)!

Le restaurant **Friends on the Tchefuncte** *($$; mar-jeu et dim 11h à 21h, jusqu'à 22h ven-sam; 407 rue Saint-Tammany, ☎845-7303)*, deuxième du même nom à Madisonville, est admirablement situé sur la rivière Tchefuncte, et l'on y vient soit par bateau ou par la route. On mange, à l'intérieur ou sur le quai, des fruits de mer, bouillis en saison, des steaks ou un plat du jour.

Morton's Seafood *($$; lun-ven 11h à 21h, sam-dim 11h à 22h; 702 rue Water, ☎845-4970)*. Avec vue sur la rivière, on déguste fruits de mer frits ou bouillis ainsi que des huîtres fraîches sur écaille.

Covington

Coffee Rani *($; tlj 8h à 17h30; dans la librairie Kumquat, 226 Lee Lane, ☎893-6158)*. Pour un repas sur le pouce : soupes, sandwichs, salades, plats de fruits de mer, pâtes et pâtisseries françaises. Dans ce sympathique café, les expositions d'artistes locaux se succèdent.

Courthouse Cafe *($; lun-ven 6h à 15h30, sam 7h à 12h; 323 rue New Hampshire Nord, ☎893-4041)*. Dans cet établissement situé aux environs du Palais de justice, il n'est par rare de rencontré non seulement juges et avocats, mais aussi bon nombre de notables de Covington. L'ambiance est décontractée, et l'on y prépare de bons petits déjeuner ainsi qu'un plat du jour, des «po-boys» et des hambourgeois.

Tyler Downtown Drugs Soda Fountain & Cafe Cabaret *($; lun-ven 8h30 à 18h30, sam 9h à 17h; 322 rue de la Floride Nord, ☎892-7220)*. Un drugstore comme il en existait encore il y a quelque temps, au comptoir duquel la clientèle se désaltère de laits fouettés.

Schwing's Seafood Gallery *($-$$; lun-jeu 11h à 21h, ven-sam jusqu'à 23h; 1204 21e Rue Ouest, ☎892-3287)*. Resto de quartier, steaks, fruits de mer, côte de porc barbecue et grande variété de «po-boys».

Licata's Restaurant and Seafood Market *($$; mar-ven 11h à 22h, sam-dim 11h à 23h; 1102 route US 190 Nord, ☎893-1252)*. Dans une ambiance toute familiale, on y déguste des fruits de mer bouillis ou frits et des mets italiens. Le gombo ainsi que l'étouffée d'écrevisses contribuent à la renommée de l'endroit. On peut se procurer les fruits de mer au marché attenant au restaurant.

Le **Gauthier's Market Cafe** *($$$; mar-ven 11h30 à 14h, mar-jeu 17h à 21h, jusqu'à 22h ven-sam, brunch dim 10h30 à 14h; The Market, 500 rue Theard Nord, ☎867-9911)* mérite un détour à partir de La Nouvelle-Orléans, mais les places sont limitées et il n'est pas rare de devoir attendre avant d'y obtenir une table. On y propose une cuisine actuelle néo-orléanaise grandement influencée par les courants français et italiens. Il y a de la musique de jazz pendant le brunch du dimanche.

Bush

Grey Barn Antiques & Tea Room *($-$$; mer-sam 11h à 15h, dim 11h30 à 15h; 81590 route LA 21, à 21 km de Bogalusa, ☎886-3271)*. Les objets anciens qui y sont exposés sont à vendre. Cuisine traditionnelle, sandwichs, desserts.

Hammond

Au **Coffee Rani** *($; tlj 8h à 18h; 112 rue Thomas Ouest, ☎345-1203)*, on propose des repas légers et santé à base de salades, ainsi qu'une variété de sandwichs à la fois originaux et consistants.

Cafétéria chez Morrison *($-$$; lun-sam 11h à 20h, dim 11h à 18h30; 2000 avenue Railroad Sud-Ouest, ☎542-0588)*. Service de cafétéria. On y propose un vaste choix de plats du jour. Aucune carte de crédit acceptée.

Iron Skillet *($-$$; 24 heures sur 24; 2100 avenue Railroad Sud-Ouest, ☎345-6741)*. On trouvera le «Poêlon de Fonte» au croisement de l'autoroute I-12 et de la route US 51. Décor rustique. Buffet à volonté. Petit déjeuner, sandwichs, barbecue louisianais, steaks et plats du jour.

Le **Trey Yuen** *($$-$$$; tlj 17h à 22h; 2100 boul. Morrisson Nord, ☎345-6789)* propose une cuisine chinoise que l'on dit innovatrice. Le restaurant a obtenu la faveur populaire pour ses plats de légumes ou de fruits de mer.

Pontchatoula

Paul's Old Town Cafe *($; tlj 4h à 16h; 100 rue Pine Est, ☎386-9581)*. Style campagnard. Petit déjeuner et déjeuner. Cartes de crédit acceptées.

Manchac

Le **Middendorf's** *($$; lun-sam 10h30 à 21h30, dim 10h30 à 21h; sortie 15 de l'autoroute I-55 Nord, ☎386-6666)*, sur le lac Maurepas, est géré par les mêmes propriétaires depuis 55 ans. Les spécialités, toujours les mêmes, sont aussi appréciées qu'aux premiers jours : filet de poisson-chat frit, crabe à carapace molle frit et crabe au court-bouillon ou bouilli.

Amite

Cabby's Restaurant/Tavern *($-$$; lun-sam 11h à 22h, dim 11h à 14h; 225 avenue Central Nord-Ouest, ☎748-9731)*. Entouré d'un décor champêtre, dans un patio, on savoure steaks, fruits de mer ou sandwichs. Buffet du dimanche au vendredi.

Gretna

Du centre-ville, on s'y rend en moins d'une demi-heure en empruntant le pont entre La Nouvelle-Orléans et Gretna (Greater New Orleans Bridge). Le **Kim Son** *($-$$; lun-sam 11h à 15h et 17h à 22h; 349 avenue Whitney,* *première sortie de la West Bank Expressway après le pont, gardez la droite, deuxième feu à gauche, derrière l'Oakwood Shopping Center, ☎366-2489)*, un délicieux restaurant de cuisine vietnamienne et chinoise, vaut le détour. Si vous êtes amateur de ces gastronomies, c'est sans contredit l'une des meilleures tables asiatiques de toute la région métropolitaine de La Nouvelle-Orléans. On y fait de bons rouleaux printaniers qu'on rehausse de coriandre quand il n'y a pas de menthe fraîche. La soupe aux fruits de mer ainsi que celle aux légumes et au soja sont goûteuses; les languettes de poulet sautées à la citronnelle et au brocoli, savoureuses; les nouilles à la singapourienne, judicieusement relevées de cari. Ici, on parle le vietnamien, le chinois et l'anglais.

Restaurant chez Cannon's *($$; lun-jeu 11h à 22h, ven-sam 11h à 23h, dim 12h à 21h; 19717 Westbank Expressway, Oakwood Shopping Center, ☎364-1047)*. C'est ici que fut créée la salade 'cadienne au «tac-tac» ou maïs soufflé (*Cajun popcorn salad*). Également au menu : steaks, fruits de mer, hamburgers, assiettes de poulet, pâtes et diverses salades.

Restaurant La Pointe *($$$; lun-jeu 11h30 à 14h30 et 17h à 22h; ven-sam 11h30 à 14h30 et 17h à 23h; dim brunch 10h à 15h, dîner 16h30 à 22h; 2 rue Bermuda Wharf, ☎362-2981)*. Cuisine régionale américaine; fruits de mer, poulet, pâtes. Il est sage de réserver.

Westwego

Tchoupitoulas Plantation Restaurant *($$-$$$; déjeuner lun-ven 11h30 à 15h, dîner jeu-sam 17h30 à 21h et dim 11h30 à 17h; 6535 River Road, Waggaman, ☎436-1277)*. Maison de plantation construite en 1812. Cuisine créole : veau, canard, crabe, crevettes et steaks.

Chalmette

Cafétéria Picadilly *($-$$; tlj 11h à 20h30, fermé à Noël; 3200 chemin de Paris, ☎271-6860)*. Comme dans tous les établissements de ce nom, on y sert un bon choix de plats régionaux et une grande variété de salades. Aucune carte de crédit acceptée.

Si par hasard à Chalmette la faim vous tenaille, la sympathique et économique cafétéria **Rocky and Carlo's** *($-$$; tlj jusqu'à tard; 613 Saint-Bernard Highway Ouest, ☎279-8323)* saura sûrement calmer votre appétit. La maison prépare une cuisine familiale et propose au menu macaroni gratiné, steak à l'hambourgeoise sauce à l'oignon, haricots blancs au porc. Rien de luxueux mais très fréquenté à midi. Aucune carte de crédit acceptée.

Crown Point

Le **Restaurant Des Familles** *($$; mar-dim 11h30 à 21h; intersection des routes LA 45 et LA 3134, ☎689-7834)* est situé près du parc national et réserve historique Jean-Lafitte, et offre d'une vue imprenable sur le bayou. On y suggère une cuisine 'cadienne en portion abondante et à prix raisonnable.

SORTIES

C'est à La Nouvelle-Orléans qu'est né le jazz un peu avant la Première Guerre mondiale; sous forme de blues, de ragtime ou de vieilles chansons créoles, ou encore de lancinants spirituals, il en fait toujours battre le cœur. Pour le plus grand plaisir des amateurs, la **rue Bourbon**, dans le **Vieux-Carré Français**, est une noctambule aguerrie qui leur offre sans relâche sa musique aux accords explosifs ou nostalgiques.

Bars et discothèques

Le Vieux-Carré Français et le faubourg Marigny

Le **Café Brasil** *(2100 rue de Chartres, faubourg Marigny, ☎947-9386)* est considéré comme l'un des meilleurs endroits de la ville pour danser au son de la musique reggae et afro-caraïbe. Julia Roberts y a déjà été vue.

Au **Can Can Café** du Royal Sonesta Hotel *(300 rue Bourbon, Vieux-Carré Français, ☎553-2372)*, le Silver Leaf Jazz Band joue le traditionnel Dixieland du jeudi au dimanche.

La boîte de nuit du **Café Istanbul** *(droit d'entrée; 534 rue Frenchmen, Faubourg Marigny, ☎944-4180)* ouvre tous les soirs, et l'on y danse le vendredi et le samedi. On y parle, en plus de l'anglais, l'italien et le turc. Stationnement disponible après 20h. Le rez-de-chaussée abrite le seul restaurant turc de la Louisiane, qui propose, midi et soir, hors-d'œuvre typiques, agneau, poulet grillé et salades, ainsi que dîner musical.

Au **Check Point Charlie** *(501 avenue de l'Esplanade, Faubourg Marigny, ☎947-0979)*, on croque un Charlie Burger en écoutant de la *live music*.

Le **Club Second Line** *(216 rue Bourbon, Vieux-Carré Français, ☎523-2020)*, ouvert tous les soirs, est l'un des rares endroits de La Nouvelle-Orléans où l'on présente aussi bien du Dixieland que du jazz contemporain.

Le **Famour's Door** *(339 avenue de l'Esplanade, faubourg Marigny, ☎522-7626)*, en activité depuis 1934, est l'un des plus vieux bars de l'avenue de l'Esplanade. On y écoute du jazz l'après-midi et en soirée, et l'on y danse au son du jazz et du blues.

Hard Rock Cafe *(418 rue Peters Nord, Vieux-Carré Français, ☎529-5617)*. Toutes les grandes villes du monde ont leur Hard Rock Cafe. À La Nouvelle-Orléans, le piano de Fats Domino surplombe le bar en forme de guitare, et l'on peut même y voir les souliers d'Elton John.

L'**Hôtel Fairmount** *(123 rue Baronne, Vieux-Carré Français, ☎529-7111)* compte trois différents bars, chacun avec sa propre musique : le **Fairmount Court**, le **Sazerac Bar**, un peu plus chic, et le **Bailey's** pour les fins de soirée.

La **House of Blues** *(225 rue de la Levée/Decatur, Vieux-Carré Français, ☎529-2624)* est du tout dernier cri, autant pour sa musique que pour sa table. Les artistes invités alternent chaque semaine.

Howlin' Wolf *(828 rue Peters Sud, Vieux-Carré Français, ☎523-2551)*. Ce bar a été aménagé dans un ancien entrepôt de grains et de coton. S'y donnent en spectacle des groupes de rock contemporain.

Le Jimmy Buffet's du **Margaritaville Café at Story Ville** *(1104 rue de la Levée/Decatur, Vieux-Carré Français, ☎592-2560)* met en vedette chaque semaine des musiciens se produisant en solo ou différents groupes locaux. On y sert aussi quelques plats typiques.

Le **Maxwell's Toulouse Cabaret** *(615 rue de Toulouse, Vieux-Carré Français, ☎523-4207)* est réputé pour la qualité de ses programmes artistiques. Ici, le style Nouvelle-Orléans est à son meilleur. Harry Connick, le père du célèbre chanteur du même nom, y chante deux soirs par semaine, histoire de délaisser ses fonctions de procureur judiciaire (*District Attorney*) de La Nouvelle-Orléans.

Le **Palm Court Jazz Cafe** *(1204 rue de la Levée/Decatur, Vieux-Carré Français)* offre sept jours par semaine du jazz de grand calibre. Danny Barker, considéré comme l'un des meilleurs banjoïstes du monde, s'y produit régulièrement. La collection de disques rares ou même introuvables qu'on peut y écouter est tout à fait exceptionnelle. Le prix des cocktails ainsi que la cuisine locale est des plus honnêtes.

Le **Preservation Hall** *(726 rue Saint-Pierre, Vieux-Carré Français)* demeure l'endroit par excellence pour le jazz traditionnel. Chaque soir, un groupe différent s'y produit, rassemblant les grands maîtres pour d'inoubliables jam-sessions. Ici, ni nourriture ni boissons, seulement du jazz.

Le **Rhythms** *(227 rue Bourbon, Vieux-Carré Français, ☎523-3800)* donne l'occasion d'écouter des blues enivrants dans une cour d'époque agrémentée d'une gazouillante fontaine et de beaux balcons en fer forgé.

Le **Snug Harbor** *(626 rue Frenchmen, faubourg Marigny, ☎949-0696)* présente, chaque soir à 21h et à 23h, deux séances de jazz contemporain et de *rhythm and blues*.

Uptown

La **Carrollton Station** *(8140 rue Willow, ☎865-9190)* est un petit bar tranquille qui sait néanmoins attirer de fort talentueux chanteurs et musiciens.

Le **Jimmy's Music Club** *(8200 rue Willow, ☎866-9549)*, presente indifféremment tous les styles de musique (rock contemporain, reggae, rap, etc.)

Le Maple Leaf Bar *(8316 rue Oak, passé la rue Carrollton Sud, ☎866-5323)* est ouvert sept soirs par semaine. On y présente un programme de blues le mercredi et de musique 'cadienne le jeudi, ainsi que des récitals de poésie le dimanche après-midi.

Au **Michaul's Live Cajun Music Restaurant** *(701 rue Magazine, ☎529-3121)*, vous aurez la chance de suivre gratuitement un cours de danse de musique 'cadienne, pour ensuite évoluer sur l'immense piste de danse.

Le **Muddy Water's** *(8301 rue Oak, passé la rue Carrollton Sud, ☎866-7174)* accueille aussi bien les aspirants musiciens locaux que de grands ensembles en tournée. Ambiance décontractée et décor original.

Le **Tipitina's** *(501 avenue Napoléon, ☎895-8477)*, qui a vu naître les Neville Brothers et le Professor Longhair, présente chaque jour les meilleurs artistes locaux et régionaux de *rock*, de *funk* néo-orléanais, de gospel, de «zarico», de *rhythm and blues*, de jazz, de musique 'cadienne et de reggae.

Le **Victoria Lounge** de l'Hôtel Columns *(3811 avenue Saint-Charles, ☎899-9308)* accueille des professionnels de tous âges dans une ambiance feutrée.

Le quartier des entrepôts

Chez Mulate *(201 rue Julia, par la rue Peters Sud, ☎522-1492)*. Dans cet établissement doublé d'un restaurant proposant une cuisine 'cadienne (voir p 148), des groupes de musiciens et chanteurs provenant des quatre coins de l'Acadie louisianaise donnent des spectacles tous les soirs.

C'est au troisième étage de l'hôtel **Hilton** *(2 rue de Poydras, près du Vieux-Carré Français, ☎523-4374)* que se trouve la boîte du célèbre jazzman **Pete Fountain**.

Au **Jazz Méridien** *(Hôtel Le Méridien, 614 rue du Canal, ☎525-6500)*, on écoute un pianiste de jazz les soirs de la semaine, alors que les fins de semaine sont animées par un groupe de Dixieland.

Les favoris de la communauté gay

À La Nouvelle-Orléans, la plupart des endroits fréquentés par la communauté gay sont situés dans l'arrondissement du Vieux-Carré Français et facilement repérables. Le plus populaire des troquets, le **Bourbon Pub** *(801 rue Bourbon, Vieux-Carré Français, ☎529-2107)*, est ouvert 24 heures par jour.

Le **Café Lafitte in Exile** *(901 rue Bourbon, Vieux-Carré Français, ☎522-8397)*, l'un des plus anciens et des plus populaires rendez-vous, est ouvert sans interruption. C'est un disque-jockey qui fait le choix de la musique.

Le **Charlene's** *(940 avenue des Champs-Élysées/Elysian Field, faubourg Marigny, ☎945-9328)*, bien que situé hors du Vieux-Carré Français, offre une atmosphère qui vaut le déplacement. Un conseil d'ami : prenez un taxi pour l'aller et le retour!

Le **Golden Lantern** *(1239 rue Royale, Vieux-Carré Français, ☎523-6200)*, un établissement fort ancien, a quant à lui le style «bar du coin».

Le **Good Friends Bar** *(740 rue Dauphine, Vieux-Carré Français, ☎566-7191)*, qui a tout le charme du Vieux-Carré, offre une ambiance calme qui favorise la conversation.

Le **Rawhide** *(740 rue de Bourgogne/Burgundy, Vieux-Carré Français, ☎525-8106)* fait jouer la meilleure musique en ville, et s'y presse une clientèle adorant particulièrement se vêtir de cuir.

Bars spectacle

Les amateurs de karaoké peuvent s'enregistrer sur vidéo tout en interprétant leurs chansons préférées, et ce, aussi bien au **Cat's Meow** *(701 rue Bourbon, Vieux-Carré Français, ☎523-1157)* qu'au **White Horse Bar & Grill** *(526 rue Saint-Louis, Vieux-Carré Français, ☎566-1507)*.

Le **Mid-City Lanes Rock'n'Bowl** *(4133 rue Carrollton Sud, ☎482-3133)*, où, entre deux parties de quilles, on peut danser au son d'un orchestre et déguster une étouffée de crevettes ou d'écrevisses, constitue un attrait local depuis sa création en 1941.

Gospel

Pour écouter le meilleur gospel en ville, il faut se rendre à l'église baptiste **Saint Stephen** lors de la cérémonie religieuse du dimanche *(dim 8h et 12h; 19h les 2e, 4e et 5e dimanches du mois; 2308 rue Liberty Sud, dans le quartier Mid-City, à sept rues au nord de la rue Saint-Charles, accès par la rue Philip, ☎822-6800)*. On diffuse parfois ces chants sur les ondes de certaines stations radiophoniques locales *(lun-ven à 9h15 sur WYLD 940AM et 10h45 sur KKNO 1750AM)*. L'église est assidûment fréquentée par les fidèles noirs du quartier.

Le restaurant **Praline Connection II Gospels and Blues Hall** *(19,95$; dim 11h et 14h; 901-907 rue Peters Sud, quartier des entrepôts, ☎523-3973)* offre des spectacles de gospel à l'occasion de ses brunchs du dimanche.

Activités culturelles

Cinéma

Il se trouve plusieurs salles de cinéma à La Nouvelle-Orléans. Mentionnons toutefois les salles de la **Place du Canal** *(333 rue du Canal, ☎581-5400)*, situées à proximité du Vieux-Carré Français. Le **Prytania** *(5339 rue Prytania, ☎895-4513)* présente surtout des films de répertoire. Un cinéma **IMAX** *(☎581-4629)* a été aménagé à quelques pas de l'Aquarium des Amériques. Enfin, le **Movie Pitchers** *(3941 avenue de Bienville, ☎488-8881)* présente principalement des films étrangers.

Danse et opéra

La **New Orleans Ballet Association** *(☎522-0996)* est la seule troupe de danse professionnelle de La Nouvelle-Orléans. La troupe se produit au Theater of the Performing Arts. Au même théâtre, la **New Orleans Opera Association** *(☎529-2278)* présente des opéras.

Théâtre

Le **Saenger Performing Arts Center** *(143 rue du Rempart Nord, Vieux-Carré Français, ☎524-2490)*, un superbe théâtre rénové, présente des spectacles de Broadway.

Le **Petit Théâtre du Vieux-Carré** *(616 rue Saint-Pierre, Vieux-Carré Français, ☎522-2081)* est la plus vieille troupe de théâtre des États-Unis toujours en activité. C'est dans ce théâtre qu'a lieu annuellement, au mois de mars, le réputé festival Tennesse Williams.

Le **Théâtre Marigny** *(616 rue Frenchmen, faubourg Marigny, près de la rue de Chartres, ☎944-2653)* a la réputation d'être à l'avant-garde dans le choix de ses pièces.

Le **Contemporary Arts Center** *(900 rue du Camp, près de la rue Julia, ☎523-1216)* présente des pièces expérimentales.

Le **Southern Repertory Theater** *(place du Canal, 333 rue du Canal, 3e étage, ☎861-8163)* propose des créations régionales ainsi que des œuvres classiques.

Casinos

Bien que la légalisation des casinos ait été établie en 1993, leur présence continue d'être controversée dans la population. Il y a actuellement quatre casinos ouverts 24 heures par jour et sept jours par semaine dans la région métropolitaine de La Nouvelle-Orléans; la plupart sont aménagés dans des bateaux. Si théoriquement la loi les oblige à quitter le quai pour permettre les jeux, il semble que, dans la pratique, il en soit bien autrement!

Pour les amateurs de jeux de hasard, le bateau ***Flamingo Casino New Orleans*** *(droit d'entrée 5$; croisières 11h45 à 13h15, 14h45 à 16h15, 17h45 à 19h15; quai de la rue de Poydras, adjacent au New Orleans Hilton Riverside et au marché Riverwalk, ☎587-7777)* offre 1 000 m² d'espace sur ses 4 ponts pouvant accueillir jusqu'à 2 400 passagers. Il s'y trouve plus de 100 machines à sous, des loteries vidéo, des tables de blackjack, des roulettes, etc. Restaurant, jazz, navette gratuite des hôtels du centre-ville. Stationnement gratuit, avec validation à la billeterie, au

Hilton, au World Trade Center ou au Riverwalk.

Sur le lac Pontchartrain, près de l'aéroport Lakefront, le **Bally's Casino Lakeshore Resort** *(1 boulevard Stars and Stripes, South Shore Harbor, ☎248-3200)* propose lui aussi un grand choix de machines à sous et des tables pour les jeux de dés, le mini-baccarat, la roulette, le blackjack, etc.

Situé à Kenner, sur le lac Pontchartrain, le **Treasure Chest** *(5050 boulevard Williams, ☎443-8171 ou 800-298-0711)* est une réplique d'un bateau à aubes du XIXe siècle. On y a investi 5 millions de dollars pour l'aménagement intérieur.

Enfin sur la rive droite du Mississippi, ancré au quai du canal Harvey, le **Boomtown Belle Casino** *(4132 route Peters, Harvey, ☎366-7711)*, un bateau de 75 m, rassemble sur 3 ponts 850 loteries vidéo et 50 tables de jeux, ainsi qu'une salle de danse, un bar et un café.

Le Mardi gras à La Nouvelle-Orléans

Le **Mardi gras** ★★★ s'inscrit dans l'histoire louisianaise dès le 3 mars 1699. En effet, cette année-là, l'explorateur français Pierre Le Moyne, sieur d'Iberville, dénomme «Bayou Mardi-Gras» une localité sise à quelques lieues de la future Nouvelle-Orléans. Sous le Régime français, dès 1740, des bals masqués ont lieu à La Nouvelle-Orléans; puis, sous la tutelle des gouverneurs espagnols, ils sont frappés d'interdit. La prohibition est maintenue lorsque la ville devient américaine en 1803. Cependant, la population créole fait fi de cet interdit et renoue avec la tradition des bals masqués en 1823.

Quatre ans plus tard, le premier défilé du Mardi gras se met en branle, et la tradition se poursuit depuis annuellement. L'un des éléments les plus spectaculaires et inattendus du défilé est «Le Mardi gras amérindien». Des Noirs se pavanent alors par clans dans des costumes de plumes et de verroterie scintillante faits main. Resurgissent ainsi les Tchoupitoulas, les Pocahontas et autres figures bigarrées des traditions amérindiennes, voire africaines avec les très populaires Zoulous.

Le défilé du Mardi gras est assorti de quelques règlements auxquels il est sage de se conformer. On utilise des gobelets en plastique pour boire : verre et métal sont interdits. On ne lance pas de guirlandes du haut des balcons. On prend soin de se garer ailleurs que sur le parcours des défilés. Les restrictions au stationnement sont plus nombreuses encore que d'habitude pendant la fête. Vérifiez deux fois plutôt qu'une pour éviter une contravention de 100$ ou, pis encore, un coûteux remorquage à la fourrière municipale *(400 avenue Clairborne, ☎826-1900)*. Il est conseillé de s'habiller et de se chausser confortablement, ainsi que de laisser les objets de valeur en sécurité au lieu de les garder sur soi. Des *port-o-lets*, vespasiennes modernes, sont disposées un peu partout.

Le Mardi gras est une période de festivités précédant la période de jeûne que fut pendant longtemps le carême. Le Mardi gras comme tel tombe 46 jours avant Pâques, c'est-à-dire entre le début février et la mi-mars, Pâques étant une fête mobile.

En Louisiane, les ordonnances de la paroisse en déclarent la saison officiellement ouverte 12 jours avant le Mardi gras même. Près de 70 défilés se déroulent dans les 4 paroisses d'Orléans, de Jefferson, de Saint-Bernard et de Saint-Tammany pendant cette période.

La virée du capitaine

Dans l'ambiance communicative des cafés de La Nouvelle-Orléans, on fait aisément connaissance avec des personnages hauts en couleur. C'est ainsi qu'un certain soir, au bar de l'hôtel Richelieu dans le Vieux-Carré Français, nous fûmes abordés par le capitaine Roger C. Johnson, qui, ayant appris que nous étions québécois (il a un pied-à-terre au port de Québec), nous invita pour une tournée de ses coins favoris. Le capitaine, qui sillonne le Vieux-Carré depuis plus de 30 ans, connaît on ne peut mieux les endroits divertissants qui risquent fort d'échapper au touriste moyen. Voici l'itinéraire qu'il propose, de préférence à ne pas faire en une seule fois.

Dans les bars...

On commence par le **Blacksmith Shop** *(941 rue Bourbon, Vieux-Carré Français, ☎523-0066)*, presque le plus ancien bar des États-Unis et le seul à avoir échappé aux divers incendies qui ont ravagé la ville. Clientèle d'habitués. Le soir, il y a parfois un pianiste.

Chez **Molly's on the Market** *(1107 rue de la Levée/Decatur, Vieux-Carré Français)*, à côté de Coops, c'est Jim Monaghan qui vous accueille. Le jeudi est la soirée des médias. De 22h à minuit, tous les gars de la presse et de la télé s'y retrouvent avec, chaque fois, un barman invité. Ce dernier sera aussi bien le maire de la ville, le gouverneur de l'État, un membre du Congrès ou toute autre personnalité faisant la une des journaux à ce moment-là.

La **Chart Room** *(à l'angle des rues de Chartres et de Bienville, Vieux-Carré Français)* plaît au capitaine à cause des bons cocktails qu'on y sert à bon prix.

Pour un petit arrêt «bar-buffet», il recommande le **Lord V. J.'S Bar** *(à l'angle des rues de Bienville et de la Levée/Decatur, Vieux-Carré Français)*. Le lundi soir, la clientèle régulière se régale de son pain de maïs et de ses haricots rouges.

Le **Johnny Whites** *(733 rue St-Pierre, Vieux-Carré Français)* et le **Johnny Whites Sports Bar** *(à l'angle des rues de Toulouse et Bourbon, Vieux-Carré Français)* sont tous deux ouverts sans interruption. Ils ont leur clientèle de fidèles; au Sports Bar, on peut assister à la retransmission télévisée des grands événements sportifs.

Au **Bar 711** *(711 rue Bourbon, Vieux-Carré Français)*, le barman des petites heures, «Freak», a de belles rouflaquettes et beaucoup d'esprit, et sait tout ce qui se passe en ville.

La **Maison Napoléon** *(500 rue de Chartres, angle St-Louis, Vieux-Carré Français, ☎524-9752)*. «Un des meilleurs bars au monde». Bonne musique de fond, bonne cuisine, bon service. Pas de juke-box. L'endroit a été construit pour accueillir Napoléon, mort sans avoir pu en profiter. Dites «bonjour» au gérant, Ray Fox, de la part du capitaine.

Au **Giovanni's - The Sequel** *(625 rue Saint-Philippe, Vieux-Carré Français)*, on peut s'attendre à de l'imprévu. Ici, c'est à Johnny (Giovanni) que l'on dit «bonjour» de la part du capitaine. Le mercredi et le dimanche, entre 21h et 3h, on peut y déguster un bon steak et faire ainsi le plein de protéines au cours d'une soirée bien arrosée.

Le bar **Richelieu**, du restaurant Arnaud *(813 rue de Bienville, Vieux-Carré Français)*, est parmi ceux qu'on préfère pour prendre un verre tranquille dans l'après-midi.

Depuis 1872, les couleurs du Mardi gras sont le violet, qui évoque la justice, l'or, qui symbolise le pouvoir, et le vert, qui symbolise la foi.

Chaque *krewe* choisit chaque année un thème différent que ses chars allégoriques et ses masques illustreront. Les *krewes* tiendraient leur nom de l'anglais *crew*, sans doute une écriture phonétique du mot espagnol. Il signifie, en effet, tout simplement «equipe» et désigne un club sans but lucratif, souvent associé à des activités de bienfaisance dont l'objectif principal est de contribuer à la préparation et au financement des chars devant le représenter pendant le Mardi gras. L'ancêtre de cette noble institution, le *krewe* de Comus, vit le jour à La Nouvelle-Orléans en 1857. En cet honneur, c'est lui qui assume le défilé de clôture du Mardi gras.

Le *krewe* défile avec, à sa tête, un capitaine à cheval ou en décapotable. Il est suivi de ses officiers, puis du roi et de la reine, accompagnés parfois de quelques ducs et toujours de jeunes filles avec, derrière eux, le char allégorique sur lequel les membres costumés ont pris place. Défileront ensuite des groupes de musique, des troupes de danse, des clowns, des amuseurs publics, etc. Au total, on évalue le nombre de participants à plus de 3 000.

Le choix du roi et de la reine varie d'un *krewe* à l'autre. Pour certains, c'est par tirage au sort; mais peu importe le procédé, la plupart exige une «royauté» pour régner. Le roi du Carnaval est choisi par le conseil de l'École de design, le commanditaire du défilé.

Arrivez tôt car «les places sont chères», c'est-à-dire que l'espace est compté, et soyez prudent quand doublons et colliers commencent à tomber des chars, car on se bouscule pour les attraper. Songez aussi à vous ravitailler en eau et en sandwichs, car il est aussi difficile de percer la foule que de trouver une table libre dans un restaurant.

L'avenue Saint-Charles, entre l'avenue Napoléon et le Lee Circle, se transforme ce jour-là en une vaste aire de piquenique pour toute la famille. La foule est plus remuante vers la rue du Canal et dans le Vieux-Carré Français.

Les Néo-Orléanais préfèrent, pour leur part, assister au Mardi gras de Métairie, dont les défilés commencent à rivaliser avec ceux de leur ville.

Le **Lundi gras**, addition récente, se déroule la veille à la place d'Espagne, adjacente au Riverwalk *(rue de Poydras)*. C'est ici que, vers 17h, arrive Rex, le roi du Mardi gras. Bal masqué, feux d'artifice et concert composent le programme de cette première soirée.

Le Mardi gras est toujours plus amusant quand on se déguise. Il y a même un concours de costumes uniquement pour les visiteurs. Pour y participer, on s'informe au Mardi gras **Maskathon** *(☎527-0123)*. On trouvera un bon choix de masques au Marché Français.

Le jour du Mardi gras, surveillez le passage des orchestres dits *marching clubs*. Le groupe traditionnel des Jefferson City Buzzards et le Half-Fast Walking Club du jazzman Pete Fountain sont les plus connus. Le défilé commence le matin à 8h30 avec l'arrivée des Zoulous, et à 10h survient l'événement le plus spectaculaire de la journée, l'arrivée de Rex, le roi du Carnaval, suivi de 200 chars allégoriques.

Pendant le Mardi gras, le service de transports en commun, la **RTA** *(☎560-2700)*, offre une passe valable un jour *(3$)* ou trois jours *(6$)*.

Le concours de costumes dans une partie du défilé, près du bar Rawhide, angle de Bourgogne (Burgundy) et Sainte-Anne, est l'un des plus populaires spectacles du Mardi gras chez les gays. Il commence à midi. Deux conseils : arrivez tôt et laissez les enfants à la maison!

Calendrier des événements annuels à La Nouvelle-Orléans

Janvier

Classique de football Sugar Bowl *(1er janvier; Superdôme, 1500 Sugar Bowl Drive, LA 70112, ☎525-8573).* Le Sugar Bowl est le match final qui oppose les deux meilleures équipes de football de collèges américains. C'est aussi pour célébrer cette rencontre qu'un défilé haut en couleur est présenté dans les rues de la ville.

Début de la saison du Mardi gras *(à partir du 6 janvier).*

Black Arts et Martin Luther King Jr. Festival *(mi-janvier; Université Tulane, bureau des Affaires multiculturelles, ☎596-2697).* Semaine de la Paix.

Février

Festival de la famille Zulu *(veille du Mardi gras, 10h à 17h; parc Woldenberg, ☎822-1559).* Autres festivités reliées aux célébrations du Mardi gras.

Le **Lundi gras de la place d'Espagne** *(Riverwalk, ☎522-1555)* célèbre la veille du Mardi gras par des feux d'artifice et un bal masqué (seul le masque est requis).

Le **Jour du Mardi gras** *(☎566-5068 ou 525-6427).* Festivités et défilés à travers les rues de la ville et du Vieux-Carré Français.

Mars

Défilé de la Saint-Patrick *(mi-mars; Vieux-Carré Français, ☎525-5169).* Comme dans plusieurs grandes villes américaines, la fête nationale des Irlandais est célébrée avec éclat dans le Vieux-Carré Français de La Nouvelle-Orléans.

Défilé de la Saint-Patrick dans le quartier de l'Irish Channel *(mi-mars; ☎565-7080).* Autre quartier, autre rassemblement d'Irlandais, autre fête!

Festival de l'héritage noir *(mi-mars; Jardin zoologique Audubon, ☎861-2537).* Cette activité souligne pendant deux jours la contribution de la communauté noire à la culture, à la musique, aux arts et à la gastronomie.

Saint Joseph Day Festivities *(mi-mars; Tabernacle de Saint-Joseph, Piazza d'Italia, angle des rues de Poydras et des Tchoupitoulas, ☎891-1904).* Le jour de la fête du saint patron des travailleurs est également célébré avec éclat.

Crescent City Classic *(3e fin de semaine de mars; ☎861-8686).* Marathon de 10 000 m à partir du square Jackson jusqu'au parc Audubon.

Festival littéraire Tennessee Williams *(dernière fin de semaine de mars; Service des conférences de l'Université de La Nouvelle-Orléans, ☎286-6680 ou 581-1144).* Autour de l'œuvre du célèbre écrivain et dramaturge, né Thomas Lanier, auteur entre autres de *Un Tramway nommé Désir* et de *Soudain l'été dernier*. Pendant trois jours se succèdent des manifestations théâtrales, récitals de poésie et autres activités culturelles se déroulant dans la ville que l'écrivain a tant aimée et où il écrivit ses premières pièces dont *La ménagerie de verre*.

Festival de la Terre *(dernière fin de semaine de mars, 9h30 à 18h; Jardin zoologique Audubon, ☎861-2537)*. Même le «réveil de la nature» s'inscrit au calendrier des fêtes néo-orléanaises!

Avril

Au **Festival du Vieux-Carré Français** *(☎522-5730)*, une douzaine d'orchestres se produisent sur autant de scènes. Dégustations, feux d'artifice, etc.

Festival du printemps (Spring Festival) *(☎581-1367)*. Pendant cinq jours, on est convié à visiter des sites et des maisons historiques, des plantations, etc. Le festival débute par un défilé de voitures à cheval.

Le **Festival du jazz et de l'héritage** (Jazz and Heritage Festival) *(dernière fin de semaine d'avril; hippodrome New Orleans Fair Grounds, ☎522-4786)* est l'une des célébrations les plus courues du monde. Pendant 10 jours, plus de 4 000 artistes, musiciens, chefs cuisiniers et artisans partagent leur art avec plus de 250 000 visiteurs.

Uptown Free Street Festival *(1re fin de semaine d'avril; New Orleans Jazz & Heritage Foundation, ☎522-4786)*. Une grande fête consacrée à la musique et à laquelle participent des foules en délire.

Mai

Festival de la communauté hellénique (Greek Festival) *(dernière fin de semaine de mai; Centre culturel grec, 1200 boulevard Robert E. Lee, ☎282-0259)*. Cet événement présente des danses folkloriques grecques, de la musique et des expositions d'art.

Juin

Festival Reggae (Reggae Riddums Festival) *(2e fin de semaine de juin; Cité-Jardin/City Park, ☎367-1313)*. Ce festival réunit des spécialistes de reggae et de calypso du monde entier.

Carnaval latin (Carnival Latino) *(dernière fin de semaine de juin; angle Mississippi River Front et du Canal, ☎522-9927)*. Pendant ces quatre jours de festivités, on peut écouter des orchestres et des groupes folkloriques d'Amérique latine, d'Es-pagne et du Portugal.

Great French Quarter Tomato Festival *(1re fin de semaine de juin; Marché Français, ☎522-2621)*. On y présente quantité de manifestations populaires ayant pour thème la tomate, juin étant en Louisiane la saison du fameux fruit rouge.

Zydeco Bay-Ou *(3e fin de semaine de juin; Crown Point, ☎689-2663)*. S'y déroulent de nombreux spectacles avec des artistes, chanteurs et musiciens de zarico.

Juillet

Fête nationale américaine (jour de l'Indépendance) *(Riverfront, ☎528-9994)*. Il y a la célébration du 4 Juillet, fête nationale des États-Unis d'Amérique, par diverses activités et manifestations qui attirent toujours une foule bigarrée et joyeuse.

Wine and Food Experience *(juillet; Ernest N. Morial Convention Center, 900 boulevard Convention, ☎529-9463)*. Dégustations de vins et d'une variété de mets sont également proposées dans le Vieux-Carré Français. Quelque 40 restaurants participent à cet événement.

Août

Festival international de l'héritage africain *(fin août et début septembre; ☎949-5600 ou 949-5610)*. Festivités consacrant l'art afro-américain sous toutes ses formes et disciplines.

Octobre

Festival des marécages (Swamp Festival) *(Parc zoologique Audubon et parc Woldenberg, ☎861-2537)*. Pendant deux fins de semaine, l'accès est gratuit au Parc zoologique, où l'on peut également s'offrir de la cuisine 'cadienne et admirer à loisir la faune particulière des marécages.

Festival du film et de la vidéo *(3$ à 6$; 365 rue du Canal, ☎523-3818)*. Une semaine pendant laquelle sont projetés des films, des vidéos et des productions diverses provenant de tous les coins du monde. Le festival se déroule dans les salles de cinéma de la place du Canal.

Festival de gombo *(début octobre; Bridge City, Westwego, ☎436-4712)*. Il y a du gombo, de la musique et... du gombo!

Gay Pride Weekend *(mi-octobre; ☎800-345-1187)*. Fin de semaine très animée pour la communauté gay. Parade, danse et spectacles se tiennent au Washington Square.

Halloween *(31 octobre; ☎566-5055)*. Partout dans la ville, des fêtes costumées sont organisées, mais la plus populaire est certes celle du Vieux-Carré Français. Un défilé a également lieu.

Boo At The Zoo *(10$; 29 au 31 octobre; Jardin zoologique Audubon, 6500 rue Magazine, ☎871-2537)*. On profite de la fête de l'Halloween pour organiser des activités spéciales au zoo. Les profits de ces journées sont versés aux hôpitaux pour enfants de la ville.

Octoberfest *(tout le mois d'octobre)*. Dans une vingtaine d'établissements de la ville, on sert de la bière et des mets germaniques. Au Deutches Haus *(☎522-8014)*, on danse la polka.

Novembre

Festival du Cochon de Lait à Luling *(1re fin de semaine de novembre; sur la rive ouest du fleuve, route US 90, Luling)*. Lors de ce festival, on fête le petit cochon de toutes les façons et, clou de ces festivités, on le déguste grillé ou à toutes les sauces!

Célébration sous les chênes (Celebration in the Oaks) *(en soirée, fin novembre à début janvier; parc de la Ville)*. Les arbres du parc sont décorés de centaines de milliers de lumières. Cet éblouissant spectacle est agrémenté de musique.

Décembre

Noël créole (Creole Christmas) *(☎522-5730)*. À cette occasion, on est invité à se joindre à des chœurs de chants de Noël sur la place d'Armes (Jackson Square), à des excursions à la lueur des bougies, à des feux de joie et à des réveillons.

Veille du jour de l'An à la place d'Armes *(Jackson Square, ☎566-5046)*. Les Néo-Orléanais et les nombreux visiteurs s'y rassemblent pour faire leurs adieux à l'année qui vient de terminer et pour célébrer les premières minutes du jour de l'An.

Festival de l'orange et foire paroissiale des Plaquemines *(1re fin de semaine de décembre; Port Sulphur, ☎656-7752)*.

Cuisine, musique, concours de préparation du poisson-chat, concours d'appel de canards, «fais do-do» (bal traditionnel 'cadien).

Festivals autour de La Nouvelle-Orléans

Madisonville

Le **Wooden Boat Festival***(adulte 5$, gratuit au moins de 12 ans; oct; sur la rivière Tchefuncte, ☎845-9200 ou 800-634-9443, ≠845-9201)* est sûrement le plus grand rassemblement de bateaux dans le sud de la Lousiane. Anciens ou modernes, à voiles ou à moteur, ils ont la particularité d'être construits en bois. En plus d'y voir des expositions on peut se procurer, aux kiosques des exposants, les tout derniers accessoires de marine, ou d'autres, démodés ou non, au marché aux puces. Excursions, musique, cuisine.

Covington

Foire paroissiale de Saint-Tammany *(1er fin de semaine d'oct; 1304 rue Columbia Nord, ☎892-2208).* La fête allie toutes sortes d'activités : bazar, spectacles de musique ou de théatre, rodéo, exposition agricole, etc.

Folsom

Pow Wow amérindien ★★★ *(adulte 2,50$, enfant 2$; 25-26 nov et premiers ven et sam de mai; contactez Elaine Brunett, ☎748-4052).* Deux fois par an, au printemps et à l'automne, les Amérindiens des quatre coins de l'État se retrouvent ici pour célébrer leur culture : concours de danses traditionnelles, artisanat, conteurs, jeux, rencontres, etc. Le Pow-Wow attire chaque année des milliers de personnes au camping Tchefuncte.

Bogalusa

Festival dans le Parc *(fin avr à début mai; parc Cassity, ☎735-5731).* Artisanat, cuisine, musique, courses de canots dans le Bogue Lusa Creek, courses de tortues, voitures anciennes, etc.

Franklinton

Festival du melon d'eau de la paroisse de Washington *(mi-juin; ☎839-5767).* Festival thématique mettant la pastèque à l'honneur!

Foire paroissiale de Washington *(mi-oct; ☎735-1456).* Grande exposition agricole avec musique, gastronomie et artisanat.

Hammond

Festival de l'héritage noir de la paroisse de Tangipahoa *(dernière fin de semaine d'août; ☎345-9134).* Cet événement est prétexte à des manifestations et à des spectacles rendant hommage à la culture afro-américaine.

Tout au long d'octobre, Hammond vit au rythme de **Fanfare** *(campus de l'Université du Sud-Est de la Louisiane/Southeastern Louisiana University, SLU 2000, LA 70402, ☎549-2341 ou 549-2333)*, une manifestation culturelle mettant en vedette le théâtre, la danse, la musique, la littérature ainsi que les arts visuels. Il y a même un mini- festival du film où l'on peut visionner, outre les dernières œuvres primées lors des *Academy Awards*, quelques films étrangers. Un calendrier des événements est remis gratuitement.

Pontchatoula

Festival de la fraise à Pontchatoula *(1re fin de semaine d'avr; parc mémorial*

LA NOUVELLE-ORLÉANS

de Pontchatoula, 6e Rue, ☎438-6344). La fraise est à l'honneur, et l'on en mange!

Albany

La plus ancienne communauté hongroise des États-Unis *(route US 190)*. Il y a un **Festival de la récolte hongroise** la dernière fin de semaine d'octobre : expositions consacrées à l'héritage culturel hongrois, artisanat traditionnel, gastronomie.

Springfield

Festival du patrimoine de Springfield *(mi-juin; ☎294-3413)*. Comme dans tous les festivals reliés au patrimoine régional, toutes sortes de manifestations s'y déroulent.

Indépendance (Independence)

Festival Italien *(dernière fin de semaine d'av; ☎878-6871 ou 878-6437)*. Gastronomie et musique italiennes, danse, expositions.

Loranger

La **Journée des fermiers d'autrefois** (The Old Farmer's Day) ★ *(dernière fin de semaine d'oct, ☎878-9343)* est consacrée à des expositions sur la vie d'antan dans la paroisse. On y fait des démonstrations du travail aux champs avec des chevaux de labour; il y a des concours de tir à cheval et à dos de mulet, ainsi que des alambics de l'époque de l'alcool de contrebande. À quoi s'ajoutent cuisine sur poêle à bois, fabrication de sirop et divers jeux d'adresse.

Amite

Festival des huîtres d'Amite *(3e fin de semaine de mars; ☎748-8018)*. Il y a des concours de gobeurs d'huîtres, de la musique, de la danse, de l'artisanat, etc.

Festival de la fraise de la Légion Américaine *(mi-avr; ☎644-1978)*. Des spectacles, des jeux et... des fraises!

Foire de la paroisse de Tangipahoa *(1re fin de semaine d'oct; ☎748-8632)*.

Greensburg

Festival forestier de la paroisse de Sainte-Hélène *(dernier samedi de sept; ☎777-4833)*. Des concours, des expositions, des démonstrations ayant pour thème l'industrie forestière. Spectacles.

Kentwood

Festival laitier de Kentwood *(début juin; ☎229-3361)*. Foire agricole annuelle à laquelle participent les producteurs laitiers de la région et les industries agro-alimentaires.

Livingston

Foire de la paroisse de Livingston *(2e fin de semaine d'oct; ☎665-5525)*. Exposition sur les techniques agricoles d'hier à aujourd'hui.

Crown Point

Zydeco Bay-Ou *(3e fin de semaine de juin; ☎689-2663)*. S'y déroulent de nombreux spectacles avec des artistes, chanteurs et musiciens, de zarico.

Port Sulphur

Festival de l'orange et Foire Paroissiale des Plaquemines *(1re fin de semaine de déc; ☎656-7752).* Cuisine, musique, concours de préparation du poisson-chat, concours d'appel de canards, «fais do-do» (bal traditionnel 'cadien).

Empire

On l'appelle la «capitale des fruits de mer de la paroisse des Plaquemines». Les passionnés de pêche s'y retrouvent en nombre lors de l'**Empire - South Pass Tarpon Rodeo** *(frais d'inscription; troisième fin de semaine d'août)* pour tenter de décrocher le trophée offert au meilleur pêcheur de ce poisson très combatif.

ACHATS

Plus de 1 000 marchands de La Nouvelle-Orléans participent au programme de remboursement de la taxe de vente. Il suffit de présenter passeport et billet d'avion au moment des achats pour obtenir le formulaire à remettre au **Centre de remboursement des achats hors taxes de Louisiane** de l'aéroport international de La Nouvelle-Orléans (Moisant). Les montants inférieurs à 500$ sont remboursés en espèces, tandis que ceux dépassant cette somme sont effectués par chèque et expédiés par la poste à la résidence du visiteur.

Les quartiers

À La Nouvelle-Orléans, chaque quartier a sa spécialité. Le Vieux-Carré Français, essentiellement touristique, rassemble de nombreux commerces allant de la galerie la plus élégante aux simples comptoirs de souvenirs. Plus loin, *Uptown*, un quartier résidentiel, est reconnu pour sa rue des antiquaires, la rue Magazine; y sont aussi réunis plusieurs restaurants, des magasins d'alimentation et quelques cafés. Dans le quartier *Riverbend*, aux environs de la rue Carrollton et de l'avenue Saint-Charles, on trouve aussi quelques bons restaurants, des boîtes de jazz et des boutiques de vêtements.

Les centres commerciaux

Le principal point d'intérêt pour les amateurs de lèche-vitrine est le **Canal Place Fashion Mall**, regroupant plus de 60 magasins et cafés. Bien sûr, le **JAX** ou **Jackson Brewery** constitue aussi un endroit de choix pour les consommateurs.

Le tout récent **Centre commercial de La Nouvelle-Orléans** (New Orleans Centre), adjacent au Superdôme et à l'hôtel Hyatt, propose ses boutiques raffinées sur trois étages sous un dôme de verre.

Le long du Mississippi, sur le site de l'Exposition universelle tenue en 1984, le **Riverwalk**, un marché regroupant 140 magasins, boutiques et restaurants, permet de faire ses courses tout en jouissant d'une vue unique sur le fleuve.

Galeries et antiquités

Sur la **rue Royale** sont concentrées une quarantaine (plus de 60 dans le Vieux-Carré Français) de boutiques et de galeries spécialisées dans la vente d'œuvres d'art et d'antiquités de toutes sortes. Peintures, joaillerie, meubles, verres, porcelaines, bronzes, etc., qu'ils soient décoratifs ou de collection, vrais ou faux, il y en a pour tous les goûts sans pour autant être à la portée de toutes les bourses. Inutile de toutes les nommer : la meilleure méthode est de marcher dans la rue et de profiter de l'ambiance qui y règne.

Au même titre que la rue Royale, la **rue Julia**, dans le quartier des entrepôts (Warehouse District), est reconnue pour ses nombreuses galeries. Elles sont regroupées près du Musée d'art contemporain.

A Gallery for Fine Photography *(322 rue Royale, ☎568-1313)* vend des affiches de photographes américains et internationaux.

La **Boutique française d'antiquités** (French Antique Shop) *(225 rue Royale, ☎524-9861)* se spécialise dans les objets des XVIIIe et XIXe siècles : luminaires, marbres, porcelaines, bronzes.

On peut trouver chez **Dixon & Dixon** *(237 rue Royale, ☎524-0282 ou 800-848-5148)* des collections exceptionnelles de peintures, de tapis orientaux, de porcelaines européennes ou orientales et des bijoux anciens.

Endangered Species *(619 rue Royale, ☎568-9855)* propose objets rituels, icônes, masques et figurines sculptées dans l'ivoire.

La **Galerie des encans Morton M. Goldberg** *(547 rue Baronne, ☎882-7422)*, l'une des plus importantes d'Amérique du Nord, renferme des meubles importés, des peintures et des objets divers. Régulièrement, des ventes aux enchères de biens provenant de diverses successions y ont lieu.

La **Galerie La Belle** *(309 rue de Chartres, ☎529-3080)* abrite l'une des plus importantes collections d'œuvres afro-américaines aux États-Unis.

La **Galerie Martin LaBorde** *(631 rue Royale, ☎587-7111)* expose les peintures de l'artiste. Des tableaux richement colorés, avec une influence mexicaine; par exemple ceux qui représentent un petit personnage flottant librement dans l'air. On voit quelques-uns de ses tableaux au chaleureux restaurant Upperline (voir p 152).

Le portraitiste **Johnny Donnels** *(634 rue Saint-Pierre, ☎525-8550)* présente le travail d'une carrière de plus de 50 ans ainsi qu'une belle collection de photos de La Nouvelle-Orléans.

Macon Riddle *(☎899-3027)*, consultant et expert, propose des visites chez les antiquaires et les galeries des rues Royale et Magazine.

La **rue Magazine** offre aux amateurs d'objets anciens la possibilité d'assouvir leur passion. Sur près de 10 km, boutiques, arcades et galeries proposent porcelaines, pièces en étain, verreries et autres objets anciens.

La boutique **Antiques-Magazine** *(2043 rue Magazine, ☎522-2043)* propose toute une gamme d'objets allant de l'époque victorienne jusqu'aux années vingt, la belle période de l'Art déco : verreries, lampes, meubles, pièces d'argenterie et objets insolites.

Sur la même rue, **Aurat Antiques** *(3005 rue Magazine, ☎897-3210)* abrite la plus grande collection de meubles coloniaux anglais et portugais de tout le sud des États-Unis.

Accent Antiques *(2855 rue Magazine)* et **Collection Antiques** *(3123 rue Magazine)* renferment tissus fins, courtepointes, encriers et cadres anciens.

Librairies

La passionnante histoire francophone de la Louisiane et de La Nouvelle-Orléans a été façonnée en grande partie par le dynamisme de ses communautés françaises, créoles, afro-américaines et 'cadiennes.

À La **Librairie d'Arcadie** *(714 rue d'Orléans, Vieux-Carré Français, ☎523-4138)*, le sympathique et érudit libraire Russel Desmond, passionné d'histoire et de littérature, propose les meilleurs ouvrages «pour l'étude de la Louisiane française et francophone», dont ceux de Barry Ancelet (*Contes bilingues 'cadiens et creole*), de Jeanne Castille (*Moi, Jeanne Castille de la Louisiane*) et de Maurice Denuzière (*Je te nomme Louisiane*), ainsi que celui de la révérende mère Saint-Augustin de Tranchepain (*Relation du voyage des premières ursulines à La Nouvelle-Orléans et leur établissement en cette ville*), publié en 1859. M. Desmond sait aussi conseiller à sa clientèle les meilleurs auteurs américains anciens et contemporains.

Le **Book Star** *(414 rue Peters Nord, Vieux-Carré Français, ☎523-6411)* possède un grand choix de livres dont un rayon complet sur l'histoire, la culture et la cuisine en Louisiane et à La Nouvelle-Orléans.

L'endroit par excellence pour dénicher un livre de recettes du terroir louisianais et de La Nouvelle-Orléans demeure l'**Aunt Sally's Praline Shop** *(810 rue de la Levée/Decatur, Vieux-Carré Français, ☎524-3373 ou 524-5107)*.

Livres de recettes de cuisine louisianaise

L'importance de la gastronomie louisianaise est telle que vous aimerez sans doute rapporter quelques ouvrages consacrés aux cuisines 'cadienne, créole, sudiste ou afro-américaine. Voici donc quelques suggestions.

Creole Gumbo and All That Jazz : cuisine de La Nouvelle-Orléans.

River Road Recipes I : 2 millions d'exemplaires vendus depuis 1959.

La Bonne Cuisine : cuisine créole de La Nouvelle-Orléans.

The Little New Orleans Cookbook : cuisine de La Nouvelle-Orléans.

La Bouche Créole I : recettes créoles authentiques.

Commander's Palace Cookbook : recettes d'un haut lieu de la gastronomie néo-orléanaise.

Recipes & Reminisces of New Orleans I : ouvrage rédigé par les ursulines de La Nouvelle-Orléans.

The Best of New Orleans : merveilleux petit ouvrage, abondamment illustré de jolies photos en couleurs et regroupant les meilleures recettes créoles et 'cadiennes de La Nouvelle-Orléans et de la Louisiane, dont quelques-unes du chef Paul Prudhomme et des grands restaurants.

Musique

Tower Records - Video *(tlj 9h à 24h; Jackson Brewery, 408-410 rue Peters Nord, à l'angle de la Levée/Decatur, ☎529-4411)*. Excellente sélection de disques de musique locale.

Record Ron's *(tlj 11h à 19h; 239 rue de Chartres, ☎522-2239; 1129 rue de la Levée/Decatur, ☎524-9444)*. L'une des plus grandes sélections sur vinyle de pop, R & B, jazz, soul, Dixieland, rock, blues, gospel, 'cadien, etc. Cartes de crédit acceptées.

Records Rock & Roll *(tlj 10h à 22h; 1214 rue de la Levée/Decatur, ☎561-5683)*. Disques (33, 45 ou 78 tours), cassettes, disques compacts et vidéos.

Louisiana Music Factory *(tlj 10h à 19h: 225 rue Peters Nord, Vieux-Carré Français, ☎523-1094)*. Musique régionale, livres, photos, vidéos, affiches.

Alimentation, café et vins

À l'**Aunt Sally's Praline Shop** *(810 rue de la Levée/Decatur, Vieux-Carré-Français)*, on peut acheter des livres de recettes, des pots de sauce au piment, d'autres denrées en conserve et des aliments typiques de la Louisiane. On reconnaît le commerce à son comptoir vitré donnant sur la rue de la Levée, où une employée confectionne des montagnes de doucereuses pralines.

On trouve du bon café un peu partout à La Nouvelle-Orléans; procurez-vous le café **Community**, car il est torréfié selon la tradition.

Au **Croissant d'Or** *(tlj 7h à 17h; 615-617 rue des Ursulines, Vieux-Carré Français, ☎534-4663)*, Maurice Delechelle, un pâtissier français, prépare de délicieux croissants au beurre (ils sont immenses), des pains au chocolat, des danoises et des pâtisseries. Il y a aussi des quiches et un petit menu du jour le midi (soupe, sandwich et salade). L'endroit possède une jolie cour intérieure, mais il y fait très chaud les jours de grande humidité. Heureusement, le café est climatisé!

Le **Marché des producteurs vietnamiens** (Vietnamese Farmer's Market) *(les samedis matin; 13344 Chef Menteur Hwy, route US 90, à la sortie est de la ville, ☎254-9646)* est le plus intéressant marché aux légumes de La Nouvelle-Orléans. Il faut y aller tôt.

On ne peut visiter La Nouvelle-Orléans sans s'arrêter à l'historique **Marché Français** *(rue de la Levée/Decatur, Vieux-Carré Français)*. On y trouve quelques primeurs locales ou des autres États, comme des oranges du Texas, des pêches de la Géorgie, du raisin de la Californie, pour ne nommer que celles-ci. Les tresses d'ail sont très populaires, de même que les petits pots de sauce au piment.

Pas facile de trouver des fromages à La Nouvelle-Orléans. **Martin Wine Cellar** *(3827 rue Baronne, à deux rues au nord de l'avenue Saint-Charles, Uptown, ☎899-7411)* importe du stilton, du chèvre, du brie et du parmesan. On y trouve aussi l'une des plus grandes sélections de vins à La Nouvelle-Orléans ainsi qu'un comptoir à sandwichs.

Le restaurant **Praline Connection** *(542 rue Frenchmen, Faubourg Marigny)* vend, à sa boutique de souvenirs, des produits de La Nouvelle-Orléans dont les pralines traditionnelles et des pralines au chocolat ou à la noix de coco.

La **Progress Grocery** *(912 rue de la Levée/Decatur, Vieux-Carré Français, ☎525-6627)*, plus connue pour ses *muffalettas*, propose un peu d'épicerie, des cigarettes et un kiosque à revues et journaux.

Au **Saint-Roch Seafood Market** *(2381 avenue Saint-Claude, à l'est du Vieux-Carré Français et au coin de la rue Saint-Roch, ☎943-5778 ou 943-6666)*, on peut acheter tous les produits de la pêche de la Louisiane dont le crabe mou (en saison), les crevettes, les écrevisses, les huîtres, les poissons, etc.

Vieux-Carré Wine and Spirits *(422 rue de Chartres, Vieux-Carré Français, ☎568-9463)*. Le commerce est tenu par un Italien qui a fait ses premières armes dans la restauration néo-orléanaise. On y trouve un très grand choix de bons vins de tous les pays ainsi qu'une grande variété de bières.

Photographies

Un peu partout en ville, des boutiques et magasins d'accessoires photographiques ont un service de développement et tirage. Ils sont regroupés sur la rue du Canal, près des rues de la Levée (Decatur), de Chartres et Royale, ainsi qu'en face, de l'autre côté de la rue du Canal. Les professionnels trouveront des pellicules spécialisées au **Liberty Camera Center** *(337 rue de Carondelet, à une rue au nord de l'avenue Saint-Charles, entre les rues Gravier et Union, ☎523-6252)*.

Mardi gras

On peut se replonger dans l'atmosphère de cette fôto tout au long de l'année en visitant le **Musée de l'État de la Louisiane** (voir p 91) (Louisiana State Museum) *(751 rue de Chartres, ☎568-6972 ou 568-6978)*, avec sa collection permanente de costumes, de chars allégoriques anciens, de documents et d'accessoires (cartons d'invitation, décorations) datant du siècle dernier.

Il est également possible de voir de plus près et de manipuler à sa guise costumes, masques et autres atours en visitant les boutiques spécialisées suivantes.

L'**Accent Annex** *(1120 Jeff Davis Parkway Sud, ☎733-4700 ou 838-8818)* est un grossiste en objets et décorations de toutes sortes.

Barth Brothers *(4346 Poche Court Ouest, ☎254-1794)* est une entreprise qui a fait des fêtes du Mardi gras une forme d'art en soi et qui se spécialise dans la conception et la construction de chars allégoriques élaborés. Ses travaux sont exposés au Musée de l'histoire américaine de Washington.

Blaine Kern's Mardi Gras World *(233 rue Newton, pointe d'Alger/Algiers Point, ☎361-7821)* fabrique des chars allégoriques et propose tous les accessoires du Mardi gras.

Boutique de variétés Jefferson *(239 avenue Iris, Métairie, ☎834-5222)*. Costumes et «jetons», jouets du Mardi gras.

Costume Headquarters *(3635 rue Banks, ☎488-9523)*. Location de costumes de toutes sortes, de perruques, de masques, etc.

Le **Garage Antiques and Clothing** *(1234 rue de la Levée/Decatur, Vieux-Carré Français, ☎522-6639)* se spécialise dans la vente d'accessoires et d'apparats du Mardi gras; on y trouve une belle collection de costumes et de masques anciens. Le propriétaire, Marcus Fraser, est au fait de la moindre nouveauté.

Galerie d'art du Quartier (Neighborhood Art Gallery) *(2131 rue Soniat, contactez Sandra Berry, ☎891-5537)*. La coopérative des artistes afro-américains de La Nouvelle-Orléans y expose quantité de leurs œuvres.

Galeries Bergen *(dim-jeu 9h à 21h, ven-sam 9h à 22h; 730 rue Royale, ☎523-7882 ou 800-621 6179)*. La plus grande sélection d'affiches du Mardi gras, anciennes ou modernes. Elles peuvent être expédiées partout dans le monde.

Au nombre des boutiques présentant les plus éclatants masques du Mardi gras, il y a **Little Shop of Fantasies** *(523 rue Dumaine, Vieux-Carré Français, ☎529-4243)*.

Marché aux puces du Marché Français *(tlj; à l'angle des rues Saint-Pierre et de la Levée/Decatur, ☎522-2621)*. On trouve de tout, masques du Mardi gras compris, dans ce marché vieux de plus de deux siècles.

Rumors *(513 et 319 rue Royale, Vieux-Carré Français, ☎525-0292 ou 523-0011)* est un des endroits préférés pour l'achat d'un masque du Mardi gras. On y trouve une très grande variété de paires de boucles d'oreilles, de la très classique à la plus excentrique.

Fleuriste

Chez **Scheinuk Le Fleuriste** *(2600 avenue Saint-Charles, à l'angle de l'avenue de Washington, ☎895-3944 ou 800-535-2020)*, les clients sont servis en peu de temps. On y propose un joli choix de fleurs coupées, et les bouquets, à prix raisonnable, sont arrangés avec goût.

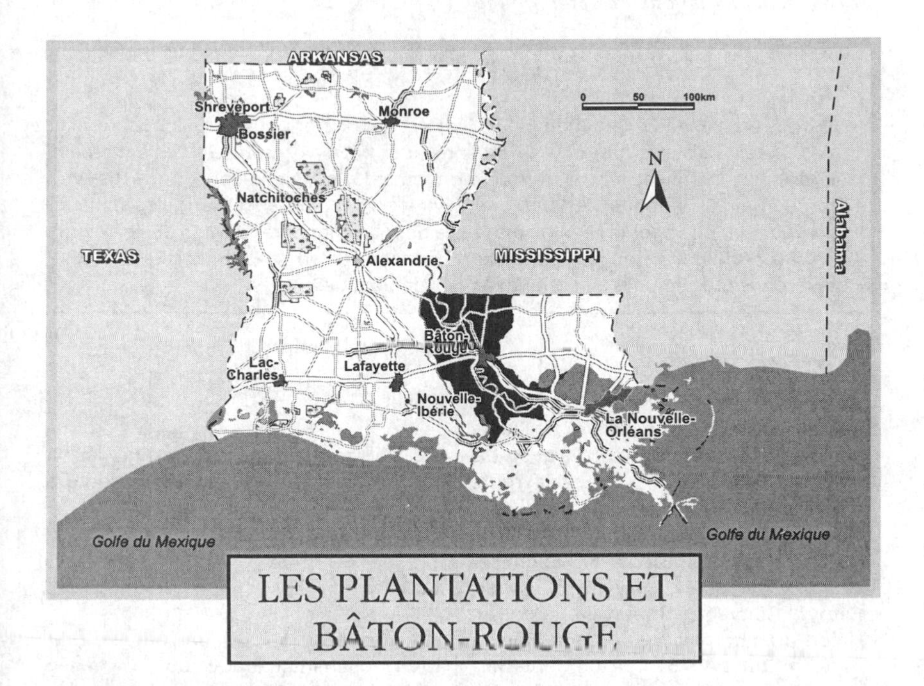

LES PLANTATIONS ET BÂTON-ROUGE

Les terres longeant le cours sinueux du Mississippi constituèrent de véritables eldorados pour la culture du coton et de la canne à sucre. Les planteurs en furent les maîtres absolus, exploitant d'immenses domaines, au milieu desquels étaient construites leurs somptueuses résidences, grâce à un personnel renouvelable à merci, et ce, jusqu'à la guerre de Sécession. Il reste peu de plantations actives, et les vieilles résidences, maintenant classées, font aujourd'hui office de musées ou ont été reconverties en hôtels.

Les plantations importantes sont presque toutes situées sur les rives du Mississippi, entre Les Natchitoches et Pointe-à-la-Hache, à l'ouest de La Nouvelle-Orléans. On peut non seulement admirer ces majestueux domaines, mais aussi en visiter plusieurs et même y séjourner.

L'emplacement de Bâton-Rouge, la capitale de l'État de la Louisiane, sur le Mississippi, a été déterminante dans son développement économique. De nombreuses industries, des complexes d'hydrocarbure et des raffineries de pétrole y sont implantés, profitant à la fois de la voie navigable du Mississippi et des importantes installations portuaires qui confèrent à Bâton-Rouge le quatrième rang sur la liste des grands ports des États-Unis.

La rive est du Mississippi

Voici l'ensemble des indications routières pour mener, depuis la rive, de La Nouvelle-Orléans jusqu'à Saint-Francisville.

Chemin du Fleuve (River Road)

Ce qu'on appelle le chemin du Fleuve est en fait une double route longeant les rives du Mississippi. Il est agrémenté, de part et d'autre, de superbes plantations installées pour profiter au mieux de la voie d'eau que le fleuve représentait à l'époque des bateaux à vapeur. Malheureusement, les digues élevées pour protéger la région contre ses débordements rendent difficile la vue sur l'autre rive. On trouvera par ailleurs, concentrés entre La Nouvelle-Orléans et Bâton-Rouge, plusieurs complexes pétrochimiques.

À la sortie de La Nouvelle-Orléans par l'autoroute I-10 Ouest, empruntez juste après Kenner l'autoroute I-310 et sortez à Sainte-Rose. De là, suivez la route d'État LA 48 pour atteindre Destrehan, Good Hope et enfin Norco. À partir de Norco, la route d'État LA 44 va croiser LaPlace, Réserve, Garyville, Lutcher, Remy, Convent, Romeville, Central, Union puis Burnside. On prend alors la route d'État LA 75, que bordent Darrow, Geismar, Carville et Saint-Gabriel. La route d'État LA 30 mène jusqu'à Bâton-Rouge, d'où l'on emprunte la nationale US 61 pour Saint-Francisville.

Destrehan

Après avoir quitté La Nouvelle-Orléans par l'autoroute I-10 Ouest, empruntez juste après Kenner l'autoroute I-310 jusqu'à la sortie Destrehan à 11 km, puis la route d'État LA 48/chemin du Fleuve.

LaPlace

À 48 km de La Nouvelle-Orléans par l'autoroute I-10, on croise la nationale US 51 Sud, continuité de l'autoroute I-55, qui mène au centre de cette municipalité de 24 000 habitants. La sortie 206 (route d'État LA 3188) de l'autoroute I-10 conduit également au centre-ville.

Réserve

De LaPlace, longez le fleuve par la route d'État LA 44 jusqu'à Réserve à 5 km.

Lutcher

De Réserve, suivez la route d'État LA 44/chemin du Fleuve sur 16 km. On peut atteindre Lutcher de façon plus rapide par la nationale US 61 en empruntant, 12 km après LaPlace, la route d'État LA 641 jusqu'à Gramercy, puis la LA 44 sur quelques kilomètres. De l'autoroute I-10, prenez la sortie 194.

Convent

De Lutcher, suivez la LA 44/chemin du Fleuve sur 32 km. Convent est le centre administratif de la paroisse de Saint-Jacques.

Burnside

À 27 km de Convent par la LA 44/chemin du Fleuve. Il est possible d'atteindre Burnside sans longer le fleuve. Prenez l'autoroute I-10 sortie 182/Donaldsonville, puis la route d'État LA 22 sur 5 km.

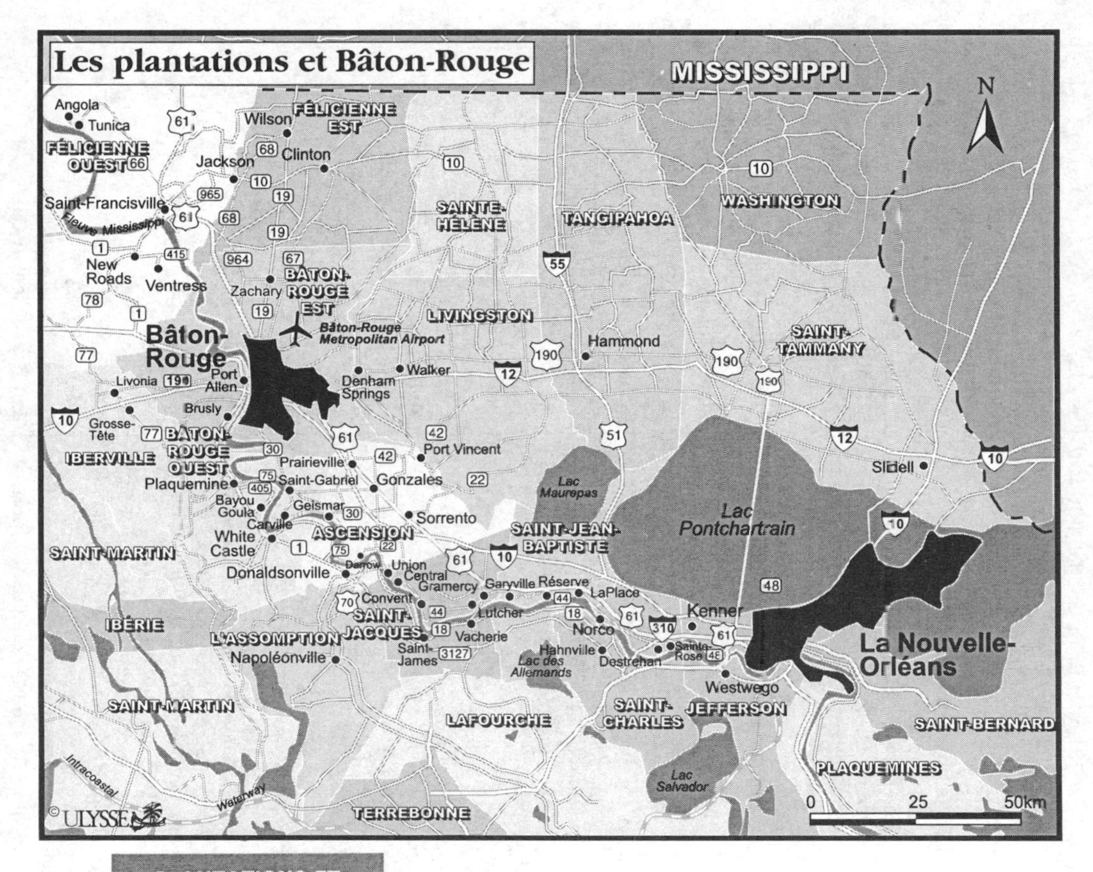
Les plantations et Bâton-Rouge
MISSISSIPPI
N
Angola
Tunica
FÉLICIENNE OUEST
FÉLICIENNE EST
Wilson
Clinton
Jackson
Saint-Francisville
Fleuve Mississippi
New Roads
Ventress
Zachary
BÂTON-ROUGE EST
SAINTE-HÉLÈNE
TANGIPAHOA
WASHINGTON
LIVINGSTON
Bâton-Rouge Metropolitan Airport
Bâton-Rouge
Hammond
SAINT-TAMMANY
Livonia
Port Allen
Denham Springs
Walker
Brusly
Grosse-Tête
BÂTON-ROUGE OUEST
IBERVILLE
Port Vincent
Prairieville
Plaquemine
Saint-Gabriel
Gonzales
Slidell
Lac Maurepas
Lac Pontchartrain
Bayou Goula
Geismar
Carville
Sorrento
White Castle
ASCENSION
SAINT-JEAN-BAPTISTE
SAINT-MARTIN
Donaldsonville
Darrow
Union
Central
Gramercy
Garyville
Réserve
LaPlace
Convent
Lutcher
Kenner
IBÉRIE
SAINT-JACQUES
Norco
L'ASSOMPTION
Vacherie
Hahnville
Sainte-Rose
La Nouvelle-Orléans
Napoléonville
Saint-James
Lac des Allemands
Destrehan
Westwego
SAINT-MARTIN
LAFOURCHE
SAINT-CHARLES
JEFFERSON
SAINT-BERNARD
PLAQUEMINES
Lac Salvador
Intracoastal
Waterway
TERREBONNE
© ULYSSE
0 25 50km

Darrow - Carville - Saint-Gabriel

De Burnside, empruntez la route d'État LA 75. Barrow se trouve à 8 km, Carville à 28 km et Saint-Gabriel à 36 km. De là, on atteint Bâton-Rouge, à 23 km par la route d'État LA 30.

Sorrento - Gonzales - Prairieville

On quitte le chemin du Fleuve pour arriver, au-delà de l'autoroute I-10 (sortie 182 ou 187/US 61), d'abord à Sorrento, puis en suivant la nationale US 61 sur 11 km à Gonzales et sur 21 km à Prairieville.

Port-Vincent

En sortant de Prairieville, suivez la nationale US 61 Nord sur 2 km, puis empruntez la route d'État LA 42 sur 16 km. Port-Vincent est située dans la paroisse de Livingston.

French Settlement (Côte Française)

Prenez, à la sortie de Port-Vincent, la route d'État LA 16 Sud sur 8 km.

Bâton-Rouge

Bâton-Rouge, la capitale de l'État de la Louisiane, est située à 125 km de La Nouvelle-Orléans et à 85 km de Lafayette par l'autoroute I-10, tandis que 150 km séparent Slidell de Bâton-Rouge par l'autoroute I-12.

Aéroport métropolitain de Bâton-Rouge
(Baton Rouge Metropolitain Airport)
9430, avenue Jackie-Cochrine
Terminal Building
Bureau 212
Bâton-Rouge, LA 70807
☎(504) 355-0333 ou 357-4165

L'aéroport métropolitain, situé à 18 km au nord de Bâton-Rouge, est desservi par American Eagle, Continental Express, Delta Airlines, Northwest Airlink et USAir. Un service assure la navette vers le centre-ville.

Autocars : la compagnie d'autocars **Greyhound/Trailways** assure la liaison entre Bâton-Rouge et les principales villes de la Louisiane. Le trajet Bâton-Rouge – La Nouvelle-Orléans coûte 12,50$, et Bâton-Rouge – Lafayette 12,50$. Pour les horaires de départs ou d'arrivées, adressez-vous à la gare routière :
Greyhound/Trailways
1253, boulevard de la Floride
Bâton-Rouge
☎(504) 383-3124 ou 800-231-2222

Location de voitures : les agences suivantes ont un bureau de location à l'aéroport métropolitain de Bâton-Rouge. De l'Amérique du Nord, on les rejoint sans frais, sauf Hertz, dont le préfixe 800 n'est valable qu'à partir des États-Unis.

Avis
☎800-331-1212
Budget
☎800-527-0700
Hertz
☎800-654-3131
National
☎800-227-7368

D'autres agences ont leur bureau au centre-ville :

Thrifty
☎800-367-2277

Entreprise Rent-A-Car
8121, boulevard de la Floride (Florida Blvd)
Quartier des affaires (Business District)
Bâton-Rouge, LA 70806
☎(504) 929-7560

Taxis : Yellow Cab
☎(504) 926-6400

Transports en commun : Société de transport de la Communauté urbaine de la Capitale (Capital Transportation City Bus)
2222, boulevard de la Floride
Bâton-Rouge, LA 70802
☎(504) 389-8920
Horaires : ☎(504) 336-0821

Denham Springs - Walker

Ces deux agglomérations sont situées à l'est de Bâton-Rouge. Par la nationale US 190 Est, Denham Springs est à 25 km de Bâton-Rouge et Walker à 34 km. La distance est à peu près la même par l'autoroute I-12.

Zachary

Zachary est à 24 km de Bâton-Rouge par la route d'État LA 19 Nord.

Saint-Francisville

Saint-Francisville est à 48 km de Bâton-Rouge par la nationale US 61 Nord.

Tunica - Angola

De Saint-Francisville, faites 5 km sur la nationale US 61 Nord, puis empruntez la route d'État LA 66; faites 30 km pour Tunica et 32 km pour Angola.

Jackson

De Saint-Francisville, suivez la route d'État LA 10 sur 18 km en direction est.

Wilson

De Jackson, continuez sur la route d'État LA 10 Est sur 3 km, puis empruntez la route d'État LA 68 Est sur 13 km. On peut atteindre Wilson depuis Zachary en suivant la route d'État LA 19 sur 32 km.

Clinton

De Jackson, empruntez la route d'État LA 10 Est sur 20 km.

La rive ouest du Mississippi

De Westwego, en face de La Nouvelle-Orléans, la route d'État LA 18/chemin du Fleuve longe le Mississippi sur plus de 100 km jusqu'à Donaldsonville, en passant par Luling, Hahnville, Edgard et Vacherie. À Donaldsonville, prenez la route d'État LA 1 et continuez jusqu'à White Castle, Plaquemine, Port-Allen (à 50 km) et New Roads (à 110 km).

Hahnville

De Destrehan, traversez le fleuve par le pont de l'autoroute I-310 et empruntez la route d'État LA 18/chemin du Fleuve sur 5 km, en direction ouest, jusqu'à Hahnville. Hahnville est le centre administratif de la paroisse de Saint-Charles.

Vacherie

De Hahnville, continuez sur la route d'État LA 18/chemin du Fleuve sur 40 km. De La Nouvelle-Orléans, suivez l'autoroute I-10 et empruntez à 65 km la sortie 194; un pont franchit le fleuve à Lutcher pour atteindre l'autre rive à 5 km à l'est de Vacherie.

Saint-Jacques (Saint-James)

De Vacherie, la route d'État LA 18/chemin du Fleuve croise Saint-James à 13 km.

Donaldsonville

De Saint-Jacques/Saint-James, faites 18 km sur la route d'État LA 18/chemin du Fleuve, puis suivez la nationale-US 70 sur 10 km jusqu'à Donaldsonville. On peut atteindre Donaldsonville d'une manière plus rapide par l'autoroute I-10, en empruntant, à 72 km de La Nouvelle-Orléans, la nationale US 70 sur 24 km.

White Castle

En sortant de Donaldsonville par la route d'État LA 1 Nord, on rencontre White Castle à 18 km.

Bayou-Goula

De White Castle, faites 6 km sur la route d'État LA 1 et empruntez la route d'État LA 405 sur 3 km.

Plaquemine

Plaquemine est à 20 km de White Castle par la route d'État LA 1. À Plaquemine, un traversier (bac) aborde l'autre rive du fleuve, près de la route d'État LA 75/chemin du Fleuve, entre Saint-Gabriel et Bâton-Rouge.

Brusly - Port-Allen

De Plaquemine, en continuant sur la route d'État LA 1, on rencontre Brusly à 13 km et Port-Allen à 20 km. Port Allen est située en face de Bâton-Rouge et est le centre administratif de la paroisse de Bâton-Rouge-Ouest.

Grosse-Tête - Rosedale

Grosse-Tête est à 24 km de Port-Allen par l'autoroute I-10 Ouest. On peut atteindre Grosse-Tête à partir de Plaquemine en empruntant la route d'État LA 77 Nord.

Rosedale - Livonia

De Grosse-Tête, la route d'État LA 77 Nord rencontre Rosedale à 3 km et Livonia à 22 km. Livonia est située sur la nationale US 190, qui passe par Port-Allen et Bâton-Rouge à 40 km.

New Roads

À la sortie nord de Port-Allen, suivez la route d'État LA 1 sur 56 km. Un traversier assure la liaison avec Saint-Francisville.

Ventress

De New Roads, suivez la route d'État LA 415 en direction est sur 3 km, puis prenez à droite la route d'État LA 413, qui mène à Ventress à 1 km.

RENSEIGNEMENTS PRATIQUES

L'actuel indicatif régional de Bâton-Rouge et de ses environs, soit le 504, est en phase de changement pour le 225.

Urgences

Police, pompiers, ambulance
☎911

Hôpital

Clinique médicale générale de Bâton-Rouge
(Baton Rouge General Medical Center)
3600, boul. de la Floride (Florida Blvd)
Bâton-Rouge, LA 70806
☎387-7000

Renseignements touristiques

Office de tourisme de la Louisiane
(Louisiana Office of Tourism)
1051, 3rd Street Nord
Bâton-Rouge
Adresse postale :
C.P. 94291
Bâton-Rouge, LA 70802
☎342-8119
☎800-33-GUMBO
(lun-ven 8h à 16h30)

Centre d'information touristique du Capitole
(State Capitol Tourist Information Center)
Édifice du Capitole
State Capitol Drive
Bâton-Rouge
☎342-8144
(tlj 8h à 16h30)

Société historique et culturelle de Saint-Jacques et Musée central du patrimoine
(St. James Historical Society Culture & Heritage Center Museum)
1988, route d'État LA 44
Lutcher
Adresse postale :
C.P. 426
Grammercy, LA 70052
☎869-9752

Office de tourisme de la paroisse de l'Ascension
(Ascension Parish Tourist Center)
6474, autoroute 22 (Hwy 22)
Sorrento, LA 70778
☎675-8687

Office de tourisme de la paroisse d'Iberville et Chambre de commerce
(Iberville Chamber of Commerce, Iberville Parish Tourist)
23675, rue Church
Plaquemine
Adresse postale :
C.P. 248
Plaquemine, LA 70765-0248
☎687-7158 ou 687-3560
☎800-233-3560

Bureau d'information touristique de Bâton-Rouge
(Baton Rouge Tourist Center)
730, boulevard North
Bâton-Rouge, LA 70802
☎383-1825
☎800-527-6843 des États-Unis
(tlj 8h à 17h)

Commission de tourisme de Bâton-Rouge-Ouest
(West Baton Rouge Tourist Commission)
2855, route I-10 (Frontage Road)
Port-Allen, LA 70767
☎344-2920
☎800-654-9701 de l'Amérique du Nord
(tlj 9h à 17h)

Commission de tourisme de la paroisse de Félicienne-Ouest
(West Feliciana Parish Tourist Commission)
Adresse postale :
C.P. 1548
Saint-Francisville, LA 70775
☎635-6330

Commission de tourisme de la paroisse de Félicienne-Est et Chambre de commerce
(East Feliciana Parish Tourist Commission, Feliciana Chamber of Commerce)
Adresse postale :
C.P. 667
Jackson, LA 70748
☎634-7155

Office de tourisme de Pointe-Coupée et Chambre de commerce
(Pointe-Coupée Chamber or Commerce and Office of Tourism)
Route d'État LA 1, à 10 km au sud de New Roads
☎638-3500, ⇌638-9858
(mar-ven 10h à 15h, sam 10h à 16h, dim 12h à 16h)

Associations

Les Amis du Conseil pour le développement du français en Louisiane – CODOFIL
Adresse postale :
C.P. 66902
Bâton-Rouge, LA 70896
☎388-2162, adressez-vous à Mme Mary Delahoussaye
(parmi les activités : fête de la prise de la Bastille, avec messe en français)

France-Louisiane
1816, promenade Beechgrove (Drive)
Bâton-Rouge, LA 70806
☎927-2539, adressez-vous à
Mme Jacqueline Labat
(accueil des enseignants et des groupes de l'association France-Louisiane)

Stations de radio

WYNK 101,5 FM
Bâton-Rouge
Programmation 'cadienne
☎231-1860
animateur Mick Abed *(sam 5h à 6h)*

KKAY 104,9 FM/1590 AM
Donaldsonville
☎800-626-5529 des États-Unis

ATTRAITS TOURISTIQUES

La rive est du Mississippi

Destrehan - Réserve

Cette partie de la Louisiane, qui a été l'une des plus anciennes à s'ouvrir à la colonisation, sera le point de départ de la visite des plantations. L'itinéraire mène d'abord à la plantation Destrehan, la doyenne des honorables domaines qui organise annuellement son festival, et se poursuit ensuite vers la plantation San Francisco, dont l'extravagance lui vient de l'imposant balcon ceinturant la toiture de sa maison.

En direction de LaPlace, une ville-dortoir de banlieue, on découvre le canal Bonnet-Carré, qui relie le Mississippi et le lac Pontchartrain. La construction de ce canal a été rendu nécessaire afin de contrôler le débit des eaux.

La **plantation Destrehan** ★★ *(adulte 7$, 13-17 ans 4$, 6-12 ans 2$, 5 ans et moins gratuit; visites guidées tlj 9h30 à 16h, sauf jours fériés; C.P. 5, 13034 chemin du Fleuve/River Road, Destrehan, LA 70047, ☎764-9315 ou 524-5522)* se trouve à seulement 16 km de l'aéroport international de La Nouvelle-Orléans (Moisant), sur la route d'État LA 48/chemin du Fleuve, entre Sainte-Rose et Destrehan. La demeure, construite en 1787 dans le style colonial français et remodelée à la manière néoclassique vers 1830, a été homologuée comme la plus ancienne résidence de la vallée inférieure du Mississippi. De grands chênes verts la bordent, et l'on y trouve de beaux meubles

Plantation San Francisco

anciens. Notez que les prix sont sujets à changement.

La **plantation Ormond** ★ *(adulte 5$, aîné 4$, enfant 2,50$; tlj 10h à 16h; 13786 chemin du Fleuve/River Road, Destrehan, ☎764-8544)* possède une magnifique maison construite vers 1790, typique des habitations que l'on trouvait sur les plantations à l'époque française, avec des murs en bousillage, et meublée à l'ancienne. On y expose des collections de poupées, de cannes et de fusils.

L'**église catholique Saint-Charles-Borromée** *(chemin du Fleuve/River Road)* conserve jalousement son vieux cimetière datant du XVIIIe siècle.

La **plantation San Francisco** ★★ *(adulte 7$, 12-17 ans 4$, 6-11 ans 3$; visites guidées tlj 10h à 16h, sauf jours fériés; route d'État LA 44, Réserve, LA 70084, ☎535-2341)* a été fondée en 1856. Sa demeure de style créole, entourée de galeries imposantes, est inscrite au Registre national des sites historiques. Considérée comme un chef-d'œuvre, elle impressionne par ses multiples volutes, ses grilles en fer forgé et ses colonnes cannelées soutenant un toit monumental. Ses 22 pièces renferment de beaux meubles du XVIIIe siècle.

Lutcher - Grand-Point - Convent

La **Société historique et culturelle de Saint-Jacques – Musée central du patrimoine** ★★ (St. James Historical Society Culture & Heritage Center Museum) *(entrée libre; 1988 route d'État LA 44, Lutcher, ☎869-9752)* loge dans une ancienne pharmacie transformée en musée (centre d'interprétation historique et culturelle de la paroisse de Saint-Jacques). Le centre d'information touristique se trouve également dans le musée.

La **maison de retraite Manresa** (Manresa House of Retreats) *(route d'État LA 44/chemin du Fleuve, Convent)* a été construite en 1931 dans le même style néogothique que le collège Jefferson. Ce centre de retraite pour fidèles catholiques est aujourd'hui dirigé par les jésuites. Hors des périodes de retraite, le parc attenant est ouvert au public.

L'**église catholique Saint-Michel** ★★ *(St. Michael's Convent)* abrite une réplique de la grotte de Lourdes constituée d'une matière dérivée de la canne à sucre, la bagasse. L'autel sculpté à la main provient de l'Exposition universelle de 1867, qui eut lieu à Paris.

L'**habitation de plantation du Juge Poche** *(droit d'entrée; sur rendez-vous; Convent, ☎562-3537)*, construite en 1870, est une illustration du style victorien.

Burnside - Darrow

Tezcuco ★★ *(adulte 7$, 13-18 ans et aîné 6$, enfant 3,25$; visite guidée, lun-sam 9h30 à 16h30;* bed and breakfast *et restaurant : lun-sam 9h à 17h; les deux sont fermés à l'Action de grâces, à Noël et au jour de l'An; 3138 route d'État LA 44/chemin du Fleuve, à 9 km au sud de Burnside, ☎562-3929)*. Cette demeure de style néoclassique datant de 1855 est ornée de frises et de balcons en fonte aux dessins élaborés. Elle dispose d'une allée circulaire bordée de chênes centenaires et de magnolias. Ce fut l'une des dernières maisons de plantation construites avant la guerre de Sécession, et elle est inscrite au Registre national des sites historiques.

Le **Musée-galerie afro-américain du chemin du Fleuve** (River Road African-American Museum & Gallery) *(sam-dim 13h à 17h, lun-sam sur rendez-vous pour les groupes; sur le site de la plantation Tezcuco, Burnside, contactez Kathe ou Darryl Hambrick, ☎644-7955)* relate l'histoire de l'esclavagisme sur les plantations ainsi que le quotidien des descendants d'esclaves à travers les ans.

La **maison Houmas** (Houmas House Plantation and Gardens) *(adulte 6,50$, 12-17 ans 4,50$, enfant 3,25$; service de traiteur; visites guidées; forfaits pour groupes; fév à oct 10h à 17h, nov à jan 10h à 16h, fermé à l'Action de grâces, à Noël et au jour de l'An; 40136 route d'État LA 942, Darrow, LA 70725, ☎888-323-8314)* est un manoir de style néoclassique datant de 1840 et restauré en 1940. La maison est réputée pour son magnifique escalier en spirale et son mobilier ancien fabriqué par des ébénistes louisianais. La maison, entourée de jardins luxuriants, est inscrite au Registre national des sites historiques.

Carville

Ici se trouve le **Centre national de la maladie Hansen** ★★ *(route d'État LA 75, 5445 chemin Point-Clair, ☎642-4740, ☎800-642-2477 des États-Unis)*, le seul hôpital nord-américain spécialisé dans le traitement de la lèpre. On peut visiter *(☎642-7771)* cet établissement centenaire et les locaux administratifs logés à l'**Indian Camp**, une ancienne maison de plantation.

Saint-Gabriel

L'**église Saint-Gabriel** ★★ *(route d'État LA 75, ☎642-8441)* est la plus ancienne église catholique de la Louisiane. Elle fut construite en 1770 par les Acadiens accueillis ici après la Déportation, et sa cloche aurait été, dit-on, offerte par la reine d'Espagne.

Sorrento - Gonzales

Au début du XVIIIe siècle, plusieurs colons venus de France, d'Allemagne et d'Espagne s'installèrent sur les berges du Mississippi. Il y furent rejoints en 1760 par les Acadiens du «Grand Dérangement». Vers la fin du siècle, un mouvement de migration poussa les colons vers l'intérieur des terres, sur les rives d'un petit bayou appelé Nouvelle-Rivière (New River). Tee Joe Gonzales y créa en 1887 le premier bureau de poste. Fermes et plantations de coton s'y développèrent graduellement. Aujourd'hui, Gonzales, la plus multiethnique des petites villes de la Louisiane, se trouve au cœur du circuit des plantations. C'est donc un point de départ privilégié pour qui veut rayonner à travers ce pays chargé d'histoire.

Le Village 'Cadien *(entrée libre; tlj 6h à 21h; 6490 route d'État LA 22, Sorrento, ☎675-8068)*. Regroupement de bâtiments de style acadien en cipre de la région du chemin du Fleuve (River Road). Galerie d'art contemporain, antiquités et restaurant.

Le **Musée Tee Joe Gonzales** ★★ *(mer-ven 13h à 17h; 728 rue de l'Ascension Nord, Gonzales)* est installé dans une ancienne gare; ses collections mettent en valeur le patrimoine de la paroisse de l'Ascension.

Le **Centre d'information touristique de Gonzales** a ses locaux dans le musée *(☎664-6000)* et organise tous les mois d'avril la visite de cinq plantations.

Gonzales est jumelée à Meylan, en France *(Bureau du maire, 120 boulevard Irma Sud, Gonzales, LA 70737, ☎647-2841)*.

French Settlement (Côte Française)

La Côte Française tire son nom des émigrés français qui vinrent s'y établir au début du XXe siècle. Le **Musée de la maison créole** ★★ *(mars à août dim, et aussi 2e dim des autres mois sur rendez-vous; route d'État LA 16, derrière l'hôtel de ville, ☎698-9886)*, est consacré à ces pionniers (documents généalogiques, meubles anciens, photos et objets divers).

Bâton-Rouge ★

Bâton-Rouge est la capitale de l'État de la Louisiane. Ses premiers habitants amérindiens l'avaient appelée Istrouma, mot signifiant «bâton peint en rouge» dans leur langue. La légende veut que la capitale louisianaise doive son nom français actuel aux explorateurs Pierre Le Moyne, sieur d'Iberville, et à son frère Jean-Baptiste Le Moyne, sieur de Bienville, qui, au cours d'une expédition sur le Mississippi en 1699, auraient remarqué un pieu maculé de sang animal. Ce «bâton rouge» servait à marquer la frontière entre le territoire de la nation des Bayous Goulas et celui des Houmas, et c'est ainsi que les explorateurs montréalais auraient inscrit cette information sur leur carte.

La ville qui fut fondée sur cet emplacement en 1719 prit le nom de Dironbourg. Les Anglais la rebaptisèrent New Richmond après le traité de Paris en 1763. Ce n'est qu'en 1817, presque un siècle après sa fondation, qu'elle redevint Bâton-Rouge.

La ville historique comprend deux parties : le **Quartier espagnol** ★ et le **vil-**

lage de Beauregard ★. Le premier fut créé par les Espagnols qui se replièrent à Bâton-Rouge, demeurée sous la juridiction de l'Espagne après la cession de la Louisiane aux Américains en 1803. Quoique de dimensions réduites, le Quartier espagnol, avec ses petites rues aux pavés irréguliers et ses nombreuses maisons historiques, a conservé beaucoup de cachet.

Le village de Beauregard tire son nom du pionnier Élias Beauregard, qui le fonda en 1806. À la fin du XIXe siècle, ses villas furent agrémentées de tourelles et de pièces de bois chantournées dites «en pain d'épices». Les bureaux d'avocats et les petits commerces qui l'occupent aujourd'hui lui ont rendu l'aspect de respectabilité recherché à l'origine par son fondateur.

La plupart des hauts lieux historiques de Bâton-Rouge sont rassemblés autour du **Capitole ★★★**. Ce bâtiment, terminé en 1932, ne passe pas inaperçu : avec ses 34 étages, c'est le capitole le plus élevé du pays. Ironiquement, son ambitieux concepteur, le gouverneur Huey P. Long, fut plus tard assassiné au rez-de-chaussée de l'immeuble. Visites guidées *(entrée libre; lun-dim 8h à 16h30)*. On visite la Chambre des députés et l'endroit où le sénateur Long fut assassiné. **Vue panoramique de Bâton-Rouge ★★** à partir d'un point d'observation situé au 27e étage de l'immeuble *(lun-sam 10h à 16h, dim 13h à 16h)*. Derrière le comptoir de la boutique de souvenirs, Mme Bernice Economou vous racontera volontiers les funérailles du sénateur Long, auxquelles ella a assisté, et d'autres événements de l'histoire louisianaise, passée aussi bien que présente.

Le **Manoir du gouverneur** *(entrée libre; sur rendez-vous; lun-ven 9h à 11h et 14h à 16h; 1001 chemin Capitol Access, ☎342-5855)* est l'habitation officielle du gouverneur de l'État. Cette résidence fut construite en 1963 dans un style évoquant l'architecture des maison de plantation inspirée de la tradition néoclassique.

Le **Centre d'accueil des visiteurs pour les bâtiments du Capitole ★★** (Capitol Complex) *(entrée libre; mar-sam 10h à 16h, dim 13h à 16h; Riverside Drive Nord, ☎342-1866)* est situé dans l'immeuble C des casernes du Pentagone, à côté du Capitole. On y retrace l'histoire de ces bâtiments de style néoclassique construits au début du siècle dernier et ayant servi de casernes depuis leur construction.

Toujours dans le parc du Capitole, se trouve le **fort San Carlos ★**, aux fondations construites en étoile. Ce fort espagnol protégeait les paroisses au nord de La Nouvelle-Orléans à l'époque du Régime espagnol, qui dura ici de 1779 jusqu'à 1810.

Musée du Vieil Arsenal ★ *(adulte 1$, enfant 0,50$; lun-sam 10h à 16h; dans les jardins du Capitole, ☎342-0401)*. Ce musée était autrefois la poudrière du fort.

Au **Musée des arts et des sciences Riverside ★★** *(adulte 3$, aîné 2$, étudiant 2$, 2-12 ans 2$, premier dimanche du mois gratuit et tous les autres dimanches 1$; mar-ven 10h à 15h, sam 10h à 16h, dim 13h à 16h; angle rue Front et boulevard Nord, ☎344-5272)*, dont l'édifice est la réplique de la gare qui occupait autrefois le **Site de la bataille de Bâton-Rouge**, on peut aussi admirer une intéressante collection de sarcophages égyptiens.

Louisiana Arts & Science Center, Old Governor's Mansion ★★ *(adulte 3$, aîné 2$, étudiant 2$, 2-12 ans 2$, premier dimanche du mois gratuit et tous les autres dimanches 1$; mar-ven 10h à 15h, sam 10h à 16h, dim 13h à*

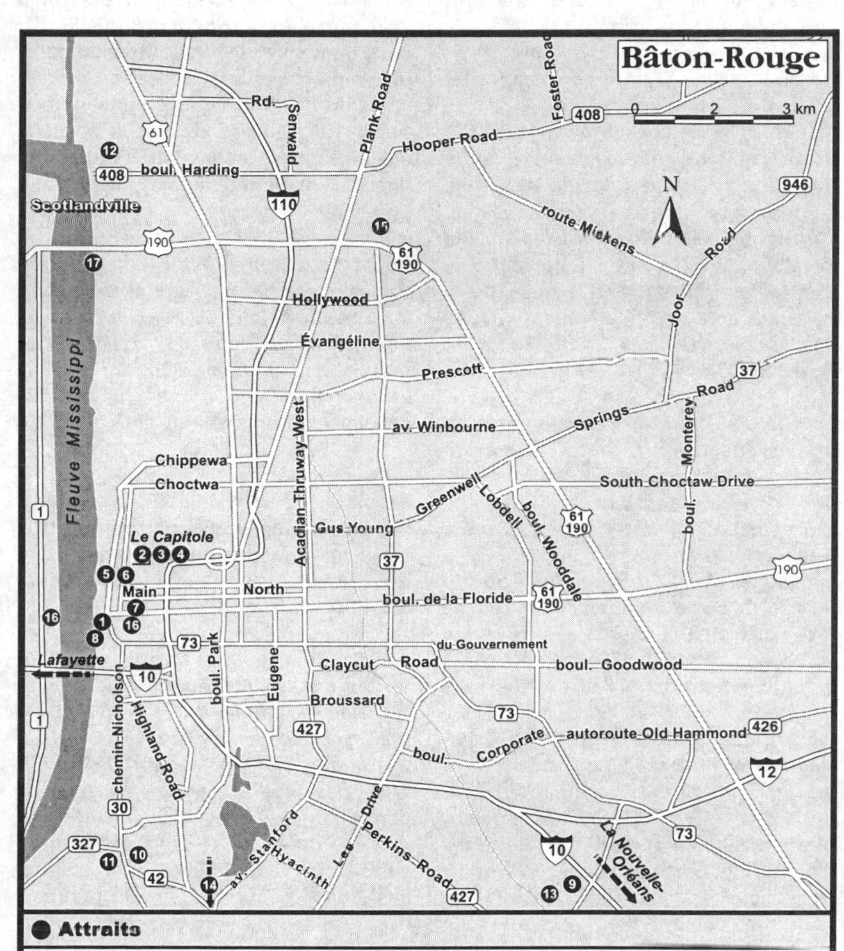

Attraits

1. Quartier espagnol et village de Beauregard
2. Le Capitole - vue panoramique - Centre d'accueil des visiteurs - Fort San Carlos
3. Manoir du gouverneur
4. Musée du vieil arsenal
5. Musée d'arts et des sciences Riverside
6. Louisiana Arts and Science Center - Old Governor Mansion
7. Vieux Capitole
8. *Destroyer USS Kidd*
9. Archives de l'État de la Louisiane
10. Université de l'État de la Louisiane - Musée des sciences naturelles - Pavillon de la géodésie - Musée de géoscience - Stade de football et Union Gallery de l'Université de la Louisiane
11. Magnolia Mound
12. Southern University
13. Musée de la vie rurale
14. Arboretum Hilltop de l'Université d'État de la Louisiane
15. Arboretum Memorial Laurenes
16. Église épiscopale Saint-James
17. Bateau à vapeur *Samuel-Clemens*

16h; 502 boulevard Nord, ☎344-5272). Ce manoir a été construit par l'ancien gouverneur Huey P. Long. Meubles anciens et expositions.

On peut utiliser le tramway pour visiter le centre-ville; c'est gratuit. À ne pas manquer, le **Vieux Capitole** ★★★ (Old State Capitol), château d'allure gothique surmonté d'un dôme de verre multicolore que Mark Twain qualifiait d'*«horreur sur le Mississippi»*. Aujourd'hui, le Vieux Capitole abrite le **Centre Louisianais de l'Histoire de la Politique et du Gouvernement** *(adulte 4$; lun-sam 10h à 16h, dim 12h à 16h; ☎342-0500)*.

En bas de la rue du Gouvernement se trouve le **destroyer *U.S.S. Kidd*** ★★, un vestige de la Seconde Guerre mondiale que l'on peut visiter *(adulte 6$, 12 ans et moins 3,50$; tlj 9h à 17h, fermé à l'Action de grâces et à Noël; 305 chemin du Fleuve Sud/River Road South, ☎342-1942)*. Le quai est construit de telle sorte qu'aux basses eaux on a une vue presque complète sur la structure de ce bâtiment de 112 m de long.

Les **Archives de l'État de la Louisiane** ★★ *(entrée libre; lun-ven 8h à 16h30, sam 9h à 17h, dim 13h à 17h; 3851 Essen Lane, ☎922-1206)* peuvent être consultées autant par les férus d'histoire que par les archivistes et les bibliothécaires, puisqu'on y trouve une foule de documents historiques sur l'État de la Louisiane depuis le XVIIe siècle.

À 2 km au sud-ouest de la capitale, entre le chemin Highland et la promenade Nicholson, se trouve le campus de l'**Université d'État de la Louisiane**, qui abrite plusieurs musées ainsi qu'un amphithéâtre de 3 500 places.

Dans la **Tour commémorative** (Memorial Tower), érigée en 1923 en hommage aux Louisianais morts à la Première Guerre mondiale, loge le **Musée d'art anglo-américain** ★ *(entrée libre; lun-ven 9h à 16h, sam 10h à 12h et 13h à 16h, dim 13h à 16h; ☎388-4003)*. On peut y admirer, entre autres choses, une impressionnante collection de gravures du XVIIe siècle à la première moitié du XIXe siècle. Le musée possède également une collection d'argenterie ancienne et de poterie fabriquée à Newcomb.

Tout près, dans le **Foster Hall**, le **Musée des sciences naturelles** ★ *(entrée libre; lun-ven 8h à 16h, et aussi un samedi par mois; 119 Foster Hall, ☎388-2855)* propose des dioramas illustrant la faune et la flore de la Louisiane ainsi que des spécimens d'animaux et de reptiles.

À voir également sur le campus, la majestueuse allée de chênes plantés à la mémoire des étudiants victimes de la Deuxième Guerre mondiale, ainsi que deux tumulus dont l'origine remonterait à 3 800 ans avant notre ère.

Au nord-ouest du campus, on peut visiter le **Magnolia Mound** ★★ *(adulte 5$, aîné 4$, étudiant 2$, 5-12 ans 1$; mar-sam 10h à 16h, dim 13h à 16h; 2161 chemin Nicholson, ☎343-4955)*, l'une des plus anciennes maisons de plantation de l'État (1791). Cette magnifique demeure de style créole français, entourée de chênes et de magnolias, surplombe le fleuve. On pourra y observer de magnifiques boiseries ainsi que de beaux meubles d'époque. Démonstrations de cuisine d'antan devant le foyer *(oct à mai, mar et jeu)*. «Slave Tour» sur demande.

Le **stade de football de l'Université d'État de la Louisiane** *(visites autorisées; renseignez-vous auprès des employés de la boutique de souvenirs au ☎334-4578 ou ☎388-3202)* est appelé, un peu mystérieusement, la «Vallée de la Mort». Les habitants de Bâton-Rouge sont des mordus de football américain, et leur équipe, les Tigres, fut longtemps l'une des meilleures au pays. Quand ce stade de 68 000 places est rempli de partisans applaudissant à tout rompre au moindre bon coup de leurs favoris, on ne s'entend plus parler. D'où, dans un premier temps, le surnom de *Deaf Valley* (Vallée des Sourds), que l'esprit étudiant a vite transformé en *Death Valley* (Vallée de la Mort).

Tout à côté du stade se trouve le centre social des étudiants : la L.S.U. Union. À l'intérieur, il y a l'**Union Gallery de l'Université**, où ont lieu des expositions d'art et d'artisanat. Mike, la mascotte des Tigres, a sa cage près d'un des bâtiments proches. Les Tigres ont emprunté leur nom au bataillon de zouaves louisianais dont le courage et l'esprit combatif sont demeurés célèbres.

La **Southern University** *(entrée libre; sur rendez-vous, juin et juil lun-ven 8h à 17h; ☎771-2430)*, fondée en 1880, est la plus grande université noire des États-Unis. Elle possède un musée des beaux-arts, un institut de jazz et une bibliothèque présentant des expositions sur l'héritage culturel afro-américain.

Le **Musée de la vie rurale ★★** (Rural Life Museum) *(12-61 ans 5$, 62 ans et plus 4$, 5-11 ans 3$, 4 ans et moins gratuit; tlj 8h30 à 17h; 6200 Burden Lane, ☎765-2437)* apparaît sous la forme d'un village reconstitué avec son commissariat, son école, sa forge, son moulin à blé et son fumoir. L'infirmerie et les huttes des esclaves ajoutent une note un peu sévère. Le domaine, qui s'étend sur 180 ha, abrite également un centre de recherche sur l'agriculture.

L'**Arboretum Hilltop de l'Université d'État de la Louisiane** *(entrée libre; tlj de l'aube au crépuscule; 11855 promenade Highland, ☎767-6916)* possède un terrain paysager de 5 ha sur lequel poussent une variété d'arbres et de plantes rares de la région, dont plusieurs sont étiquetés pour satisfaire la curiosité des visiteurs. On peut laisser sa contribution en sortant.

L'**Arboretum Memorial Laurens H. Cohn ★★** *(entrée libre; tlj 8h à 17h; 12056 chemin Foster, ☎775-1006)* abrite une grande collection de flore indigène poussant à l'air libre; des orchidées et des plantes tropicales en serre composent le décor de ce jardin botanique étalé sur 6,5 ha.

L'**église épiscopale Saint-James** *(lun-ven 8h30 à 15h30; 208 4e Rue Nord, ☎387-5141)*, de style néogothique, a été achevée en 1835.

Le **bateau à vapeur *Samuel-Clemens*** *(départs au quai du boulevard de la Floride/Florida Blvd; ☎654-5432)*, qui porte le nom véritable du fameux écrivain Mark Twain, propose des promenades d'une heure dans la rade de Bâton-Rouge *(adulte 6$, moins de 12 ans 4$; tlj avr à août 10h, 12h et 14h; sept, déc et mars mer-dim; fermé jan et fév)*. Également croisières «poisson-chat» *(13$, enfant 8$; mar, jeu et sam en soirée)*.

Visites et promenades : The Norfolk Tours *(424 Lovers Lane, ☎383-2215, ☎800-626-6957 des États-Unis)*. Visite commentée de la capitale louisianaise *(15$ par pers.; tlj 10h à 12h)*. Visite des plantations *(25$ par pers.)*; de Nottoway *(lun et jeu)*, de Rosedown et de Saint-Francisville *(mar et ven)*. Promenade en bateau dans les marécages *(25$ par pers.; 14h à 18h)*. On vient vous prendre à votre hôtel. Il est recommandé de réserver.

The Tiger Taxi and Tours *(☎921-9199 ou 635-4641)*. Visites de la ville, des plantations et de la zone des marécages. Mark Armstrong, le très volubile et sympathique «responsable-présidentguide» de l'agence de tourisme The Tiger Taxi and Tours, organise des visites intimistes, soit pour quatre personnes ou moins à la fois. Ses tarifs tournent autour de 22,50$ l'heure.

Denham Springs

Cette ancienne station thermale est le siège social de l'**Association nationale des chiens Catahoulas de Louisiane.** Il s'agit d'un croisement d'une race de chiens guerriers, introduite par l'explorateur Hernando de Soto, avec un canin autochtone, et particulièrement identifiée à la Louisiane. Musée : exposition canine le dernier dimanche de mars.

Zachary

Le **Musée de la maison McHugh** *(entrée libre, dons acceptés; lun-ven 10h à 13h et sur rendez-vous; 4524 rue de Virginie, ☎654-1912)* loge dans une vénérable maison victorienne à 16 km au nord de Bâton-Rouge. Le musée propose des documents sur la vie à Zachary pendant la première moitié du XXe siècle.

Site commémoratif de Port-Hudson (Port Hudson Commemorative Area) *(2$, aîné et moins de 12 ans gratuit; tlj 9h à 17h sauf au jour de l'An, à l'Action de grâces et à Noël; 756 chemin de Port-Hudson-Ouest, à 12 km à l'ouest de Zachary, ☎654-3775).* Par la route US 61, au nord de Bâton-Rouge, on accède aux lieux où s'est tenu l'un des plus terribles sièges de la guerre de Sécession. Les champs de bataille sont aujourd'hui convertis en parc. Le long des 10 km du sentier historique, on découvrira des ouvrages militaires, un centre d'inter-prétation, une tour d'observation et trois aires de piquenique aménagées. Visites guidées et reconstitutions des batailles de la guerre de Sécession *(3e fin de semaine de mars).*

Au **cimetière national de Port-Hudson** *(route d'État LA 3133, à l'ouest de la route US 61)* reposent de nombreuses victimes de la guerre de Sécession.

Saint-Francisville ★★★

Randonnée dans l'arrondissement historique. Dans la boucle formée par les rues Royale et Ferdinand, on ne trouve pas moins de 140 maisons d'intérêt historique. Bien des maisons privées ouvrent leurs portes à l'occasion du pèlerinage d'Audubon à la mi-mars *(☎635-6300).*

Le **Musée historique de Félicienne-Ouest ★★** *(entrée libre; 364 rue Ferdinand, ☎635-6330)* est le point de départ de toute visite de Saint-Francisville. Information touristique : guichet pour le pèlerinage d'Audubon.

L'**église épiscopale Grace ★★** *(rue Ferdinand)* est un temple de style gothique; il remplaça en 1858 la première église en bois qui avait été érigée 30 ans plus tôt. On en admirera les vitraux, l'impressionnant lustre et l'orgue installé en 1860, sans doute le plus ancien de ceux qui sont encore utilisés de nos jours.

L'**église catholique Notre-Dame du Mont Carmel ★** fut construite en 1871 d'après les plans du grand chef militaire sudiste Pierre-Gustave Toutant Beauregard.

Propinquity ★ *(4$; sur rendez-vous; 523 rue Royale, ☎635-6540)* est une élégante maison de style *antebellum* (1809), restaurée et meublée d'antiquités exquises. Possibilité d'hébergement.

square Jackson (Place d'Armes) et la cathédrale Saint-Louis-Roi-de-France,
s de la rue Peters Nord, à La Nouvelle-Orléans. - Roch Nadeau

Balcons ornés de fer ouvragé dans le Vieux-Carré Français. - R.N.

La **maison Barrow** ★ *(524 rue Royale, ☎635-4791)*, de style «d'avant la guerre de Sécession», est devenue un *bed and breakfast*.

L'**église méthodiste** ★ fut construite en 1899 pour remplacer la précédente, endommagée lors d'une inondation.

Région de Saint-Francisville

Oakley House - Parc commémoratif Audubon ★★ *(parc : droit d'entrée sauf pour les aînés; tlj, oct à avr 9h à 17h, avr à oct 9h à 19h pour le parc, 9h à 17h pour la maison; C.P. 546, Saint-Francisville, LA 70775; 11788 route d'État LA 965 Est, à 5 km de la route US 61 et à 4 km au sud de Saint-Francisville, ☎635-3739)*. La maison de style créole au mobilier d'époque est au centre d'un parc de plus de 50 ha. Le parc a été créé en mémoire du peintre et ornitholoque Jean-Jacques Audubon. À son arrivée en Louisiane en 1821, le célèbre peintre naturaliste, originaire de l'île de Saint-Domingue (Haïti), habita ici, se faisant tuteur des sœurs cadettes de Mme Percy, veuve d'un officier naval. Jean-Jacques Audubon y a dessiné 82 des 435 planches de ses fameux «oiseaux d'Amérique».

Plantation et jardins Rosedown ★★ *(10$; mars à oct 9h à 17h, nov à fév 10h à 16h; adresse postale : C.P. 1816, Saint-Françisville, LA 70775; 12501 route d'État LA 10, chemin Grande-Rivière/Great River, au croisement avec la route US 61, ☎635-3332)*. Belle résidence de style néoclassique (1835) entourée de 12 ha de jardins et d'allées inspirés de Versailles.

Les Myrtes ★★ (The Myrtles) *(adulte 8$; enfant 4$; tlj 9h à 17h; le vendredi soir et le samedi soir à 19h30, il y a un «Mystery Tour»; C.P. 7747, route US 61, Saint-Francisville, LA 70775, ☎635-6277)*. Son nom vient de l'abondante végétation parfumée qui l'entoure; la myrte, un arbrisseau originaire des régions méditerranéennes, semble avoir trouvé ici un climat idéal. La résidence est reconnue pour ses balcons ornés de fonte dentelée et pour ses salles décorées de plâtres ouvragés. Les Myrtes a la réputation d'être une des maisons les plus hantées du pays. Restaurant; *bed and breakfast*.

La **plantation Butler Greenwood** ★ *(5$, enfant gratuit; lun-sam 9h à 17h, dim 13h à 17h; 8345 route US 61, juste au nord de Saint-Francisville, ☎635-6312)*, avec sa maison datant de 1790 et restée depuis dans la même famille, est toujours en activité. Parloir victorien original; vaste parc et jardins. *Bed and breakfast*.

Les **Jardins Afton Villa** ★ *(1$; mars à juin, tlj 9h à 16h30; oct et nov, mar-dim; 9247 route US 61, à 6 km au nord de Saint-Francisville, ☎635-6773 ou 861-7365)* bordent la plus longue allée de chênes verts de la Louisiane. Milliers de tulipes et de jonquilles au printemps.

La **plantation Catalpa** ★ *(5$, 6-12 ans 2,50$; tlj 10h à 12h et 14h à 16h; fermé déc et jan; 9508 route US 61, à 8 km au nord de Saint-Francisville, ☎635-3372)* possède une magnifique allée de chênes verts qui mène à un cottage victorien rempli de meubles anciens et de riches souvenirs de famille. Visites guidées en compagnie d'un membre de la cinquième génération.

La **plantation Cottage** *(5$; route US 61, à 8 km au nord de Saint-Francisville, ☎635-3674)*, de style *antebellum*, abrite une demeure à l'ameublement original. C'est l'une des plantations dont la maison est la mieux conservée. Celle-ci, datant de 1795, compte de nombreuses dépendances. *Bed and breakfast*.

La **plantation Greenwood** ★★ *(6$ maison et parc, 2$ parc seulement; tlj mars à oct 9h à 17h, nov à fév 10h à 16h; 6838 chemin Highland, à 5 km de la route d'État LA 66 et à 13 km de la route US 61, direction Angola, ☎655-4475, ☎800-259-4475 des États-Unis)* comprend une superbe demeure ayant servi de décor à de nombreux films, dont celui tiré du roman de Maurice Denuzière, *Louisiane*, et à plusieurs productions télévisuelles. La maison d'origine, construite en 1830, sortit intacte des atrocités de la guerre civile, mais l'incendie qui la ravagea en 1960 n'en laissa debout que les 28 colonnes doriques. Richard Barnes, son actuel propriétaire, entreprit en 1968 de la restaurer selon les plans originaux. Les travaux furent terminés en 1984 et, depuis, la maison est considérée par le célèbre magazine *National Geographic* comme le plus bel exemple d'architecture néoclassique de tout le Sud louisianais. N'oubliez pas, au passage, de goûter le café bien corsé de M. Barnes.

L'**habitation de plantation Highland** ★ *(4$; sur rendez-vous; chemin Highland, en sortant de la route d'État LA 66, au nord de Saint-Francisville, ☎635-3001)* est la maison ancestrale de la famille Barrow. À remarquer : son style d'influence italienne.

À la **Locust Grove State Commemorative Area** ★ *(entrée libre; tlj 9h à 17h; au nord de Saint-Francisville par la route US 61, ☎635-3739)* se trouve le cimetière où sont enterrés le général Éléazor W. Ripley et Sarah Knox Taylor, épouse du président des États confédérés, Jefferson Davis.

Visites guidées

La **Tournée à bicyclette de Catalpa, Oakley et Cottage** *(26$ déjeuner inclus)* permet de découvrir trois habitations de style «d'avant la guerre de Sécession» : Catalpa, Cottage et la maison Oakley. Longueur du parcours : 37 km.

Tunica - Angola

À quelques kilomètres au nord de Saint-Francisville sur la route d'État LA 66, le chemin panoramique, qu'on appelle aussi la **piste des Tunicas**, se termine en cul-de-sac à Angola, la prison de l'État, installée sur le site de l'ancienne plantation d'Angola. Le **rodéo d'Angola** *(droit d'entrée; oct dim après-midi)* présente «le plus farouche spectacle de cow-boys de tout le Sud».

Le **Festival d'artisanat d'Angola** *(entrée libre; fin avr à début mai; sur le site du rodéo, ☎655-4411)* a lieu dans la prison. À cette occasion, les visites de l'institution sont permises *(adulte 1$, enfant 0,50$)*. On peut y danser le *jailhouse rock* au rythme des orchestres de détenus chargés de l'animation musicale de l'événement.

Juste avant d'arriver à Angola, on rencontre une petite communauté amérindienne de Tunicas, installés là où furent trouvés les trésors de leur nation. On peut admirer à Marksville, dans la paroisse des Avoyelles, des objets provenant d'un lieu de sépulture qui se trouvait sur la rive est du Mississippi.

Jackson - Wilson - Clinton

Au siècle dernier, la paroisse de Félicienne-Ouest était rattachée à la république de la Floride Ouest avant d'être reprise par les États-Unis en 1810.

Centre administratif de la paroisse de Félicienne-Est depuis 1824, Clinton fut l'un des premiers points de la culture du coton, qui y fut introduite par des fermiers anglophones venus du sud. Les amateurs d'architecture pourront y admirer le **palais de justice** (Maison de cour), construit en 1840 dans le style néoclassique, et sa coupole octogonale. On peut également visiter, sur rendez-vous, la **maison Marsten** *(droit d'entrée; ☎683-5594)*, l'**église épiscopale Saint-Andrews** et le **cottage Woodside**, de style néogothique, ainsi qu'une propriété de style néoclassique, la **maison Woodside** *(chemin Woodville)*. Le cimetière des Confédérés vaut également une visite.

La **maison historique Milbank** ★ *(adulte 4$, enfant et aîné 3,50$; tlj 10h à 16h; adresse postale : C.P. 1000, 102 rue Bank, Jackson, LA 70748, ☎634-5901)* possède une belle collection de meubles anciens. Ce manoir néoclassique se trouve au cœur du vieux Jackson.

Le **Musée historique de la république de la Floride Ouest** ★★ *(2$; mar-dim 9h à 17h; village «Old Hickory», rue du Collège Est, Jackson, ☎634-7155)* présente des expositions sur la faune et l'histoire locale : égreneuse de coton originale, presse pour la canne à sucre, équipement de ferme d'autrefois et objets amérindiens.

La **plantation Glencoe** ★ *(à 13 km à l'ouest de Clinton, C.P. 178, Wilson, LA 70789)* abrite un imposant manoir victorien datant de 1870 et reconstruit en 1898 après qu'un incendie l'eut rasé. À voir absolument pour ses vitraux multicolores, les lambris diagonaux de sa salle à manger et ses galeries imposantes.

La **plantation Oakland** ★ *(adulte 5$, aîné 4,50$; groupes sur rendez-vous; route d'État LA 963 entre les routes 68 et 19, près du village de Wilson)* possède une belle maison de deux étages datant de 1827 et construite en brique. Ses boiseries et sa salle à manger sont particulièrement intéressantes.

La rive ouest du Mississippi

Hahnville

Comme son nom peut le laisser entendre, Hahnville fut fondée par des colons germanophones venus de l'Alsace-Lorraine. Cette paroisse de Saint-Charles portait le nom de «Côte-des-Allemands» (il existe aussi le lac Des Allemands, le bayou Des Allemands et la ville Des Allemands). Michael Hahn fut gouverneur fédéral de la Louisiane pendant la guerre de Sécession, alors que les Confédérés avaient aussi leur gouverneur.

La **maison de plantation Keller Home Place** *(sur rendez-vous, 9h à 17h; route d'État LA 18, ☎783-2123)* fut construite vers 1790. Cette demeure est un exemple d'architecture coloniale française des Antilles avec sa grande galerie ceinturant la maison.

Vacherie - Saint-Jacques (Saint-James)

À l'origine, la municipalité de Saint-Jacques était le chef-lieu de la paroisse du même nom. En 1869, on a déménagé le siège administratif à Convent, en bordure du fleuve et à proximité du couvent du Sacré-Cœur.

Plantation Laura ★★★ *(adulte 7$, enfant et adolescent 4$; rabais pour les groupes; tlj 9h à 17h, visites guidées en français; fermé à l'Action de grâces, à Noël et au jour de l'An; 2247 LA 18, chemin du Fleuve/River Road, Vacherie, LA 70090, ☎265-7690)*. La «belle créole» du Mississippi fut malheureusement laissée à l'abandon en 1984; fidèles à leurs traditions, ses occupants successifs ont fait du français la langue parlée de la plantation jusqu'à leur départ, cette même année de 1984. Son acquisition par un groupe féru d'histoire, dont un architecte et l'historien Norman Marmillion, lui-même descendant d'une riche famille d'aristocrates de la Louisiane, a permis de préserver ce bel ensemble patrimonial – construit en 1805 – qui autrement aurait disparu sous le poids des ans et des inévitables actes de vandalisme. Après avoir été en partie restaurée, la maison des maîtres de la plantation ouvrait ses portes au public en 1994. Malgré que d'autres bâtiments soient encore en cours de rénovation, ces lieux demeurent incontestablement les plus chaleureux et les plus agréables de toutes les plantations existantes. Moins connue que certaines autres «plantations-vedettes», la plantation Laura est tout de même la plus intéressante tant par l'authentique cachet créole, dont une des particularités est d'être peinte de couleur vive, que par son histoire qui s'appuie sur de longues recherches. En effet, les passionnantes anecdotes qu'utilisent les guides pour la visite de la plantation reposent sur des documents anciens (5 000 pages de documents) consultés aux Archives nationales de Paris et d'après *Les Mémoires de Laura*. Ce journal ou mémoires de Laura Locoul, relatant la vie quotidienne de ceux et celles qui ont habité et travaillé la plantation de canne à sucre durant près de deux siècles, a été retrouvé à Saint-Louis-sur-le-Missouri en 1993. Le volet historique ne dissimule aucunement l'esclavagisme pratiqué à l'époque sur le domaine, et l'empla-cement des anciennes «cases-nègres» de la plantation créole est un témoignage émouvant des années difficiles que durent traverser les Afro-Américains.

La plantation Laura propose également à ceux et celles qui en font la demande cinq différents circuits thématiques du domaine : 1- L'architecture créole; 2 - La présence féminine et le matriarcat sur la plantation; 3 - Les esclaves créoles : folklore et traditions artisanales; 4 - Le quotidien des enfants sur une plantation créole; 5 - Dégustation des vins français chez Laura Locoul.

La **plantation Oak Alley** ★★★ *(visites guidées; adulte 8$, adolescent 5$, enfant 3$; mars à oct 9h à 17h30, nov à fév 9h à 17h, fermé à l'Action de grâces, à Noël et au jour de l'An; restaurant et chalets pour hébergement; 3645 route d'État LA 18, Vacherie, LA 70090, ☎265-2151, ☎800-442-5539 des États-Unis)* loge une maison qui a été aménagée sur le chemin du Fleuve en 1837-1839 dans le style néoclassique. Elle est fort célèbre à travers le monde pour son allée bordée de chênes déjà centenaires au moment de son érection et ses 28 colonnes doriques de plus de 2 m de circonférence. C'est l'un des sites les plus impressionnants du circuit.

Église catholique et cimetière de Saint-Jacques ★★. L'église date du XIXe siècle. C'est sur le site de son cimetière, l'un des plus anciens de l'État de la Louisiane, que vinrent s'établir les premiers Acadiens après leur déportation en 1755.

Donaldsonville ★★★

Établie en 1750 sur les rives du bayou Lafourche, Donaldsonville est, après Les Natchitoches et La Nouvelle-Orléans, la plus ancienne ville de Louisiane. Les Acadiens y débarquèrent en nombre en 1758, et la présence francophone y est demeurée forte jusqu'à nos jours.

Plus de 600 des immeubles, résidences et commerces du quartier historique ont été construits entre 1865 et 1933 *(renseignements touristiques à la Chambre de commerce de Donaldsonville, ☎473-4814)*.

L'**église catholique de l'Ascension** *(716 rue du Mississippi)* a été construite en 1772 sous le règne du monarque espagnol Charles III. Elle possède les plus anciens documents d'archives religieuses de la Louisiane.

L'**église méthodiste Saint-Pierre** *(à l'angle des rues Houmas et Claiborne)* demeure, depuis sa construction en 1871, le centre spirituel de la communauté noire de Donaldsonville. Dans un pays de canne à sucre comme Donaldsonville, on trouve toujours une forte concentration d'Afro-Américains, descendants de ceux qui furent amenés ici pour travailler aux plantations.

La **prison paroissiale** *(angle des rues Chetimatches et Nicholls)* a été la prison de la paroisse pendant plus de 100 ans, mais ne l'est plus aujourd'hui.

B. Lemann & Frères *(entre la rue Mississippi et l'avenue Railroad)*, un magasin à rayons construit en 1836, est le plus ancien de toute la Louisiane. Ses galeries parées de fer forgé et son ornementation élaborée lui confèrent un grand charme.

Le **moulin à sucre Evan Hall** *(route d'État LA 1 Nord)* date en partie de l'époque de la plantation Evan Hall.

White Castle - Bayou-Goula - Plaquemine ★★★

On se trouve à l'est du bassin de l'Atchafalaya, pays de canne à sucre et de plantations avec leurs maisons, dont celle de Nottoway, qui se démarque par ses allures de château, ce qui lui confère l'appellation populaire de «White Castle». Quant à la paroisse d'Iberville, elle tire son nom de l'explorateur français. Elle fut l'un des premiers lieux où s'établirent les Acadiens déportés.

La **plantation Nottoway** ★★ *(adulte 8$, enfant 3$; musée : tlj 9h à 17h, restaurant : 11h à 15h et 18h à 21h; fermé à Noël; C.P. 160, route d'État LA 1, White Castle, LA 70788, ☎545-2730 ou 545-2409, ≠545-8632, ou à Bâton-Rouge, ☎346-8263)* abrite une maison qui fut construite en 1859. La résidence de style néoclassique de goût italien est la plus grande maison de plantation du Sud (64 pièces). Elle repose au centre d'un parc de 15 ha. On y trouve un restaurant de 300 places, et des chambres sont disponibles pour la location (de 125$ à 250$, petit déjeuner inclus).

Sur la route de Plaquemine se trouve la **chapelle de la Madone**, dont on dit qu'elle est la plus petite église du monde *(route d'État LA 405, entre Bayou-Goula et La Pointe-Plaisante)*. Messe solennelle le 15 août, jour de l'Assomption (fête nationale des Acadiens).

Aussi sur la route d'État LA 405, on peut voir **Tally-Ho** (reconstituée), qui fut la maison du concierge de la plantation avant qu'elle ne disparaisse dans un incendie.

Les **Écluses de Plaquemine** ★ *(entrée libre; lun-ven 8h à 16h; Plaquemine, ☎687-0641)* forment un centre d'interprétation historique du fleuve comme voie maritime. Aire de piquenique et tour d'observation.

L'**hôtel de ville de Plaquemine** ★ *(angle des rues Principale et de l'Église/Main et Church)* est un immeuble de style néoclassique construit en 1849.

Il y a plusieurs maisons de plantation dans la région de Plaquemine. On trouvera, à River Road, celle de la **plantation Saint-Louis** *(droit d'entrée; 1er mai au 15 nov, 9h à 17h sauf dim)* de style néoclassique. Sur le chemin du Bayou, le **Cottage Plantation Variety** *(sur* *rendez-vous; ☎659-2510)*. À Bayou Grosse-Tête, la **plantation Live Oaks**, avec son église réservée aux esclaves et, sur la route d'État LA 1, les deux maisons restaurées d'**Old Turnerville** *(5$; groupes de 10 et plus; 23230 rue Nadler, Plaquemine, ☎687-5337)*.

Brusly

La petite communauté de Brusly est située entre Port-Allen et Plaquemine, sur la rive ouest du Mississippi. On y admirera un chêne vert vieux de 350 ans et inscrit au registre de la Société louisianaise des chênes verts. À voir également, quelques maisons du début du siècle précédent : les **résidences Lockman, Antonio et Cazenave**. Le **cimetière de l'église Saint-Jean-Baptiste**, qui date du milieu du XIXe siècle, vaut également la peine d'être visité.

Tout près de Brusly *(route d'État LA 1)*, on trouvera l'un des plus anciens moulins à sucre de la région sud, celui de la **plantation Cinclare**.

Port-Allen

Port-Allen, en face de la capitale louisianaise, est le siège administratif de la paroisse de Bâton-Rouge-Ouest. Ici se trouve l'importante infrastructure portuaire de Bâton-Rouge, ce qui en fait le quatrième port en importance aux États-Unis *(☎387-4207)*.

Musée de la paroisse de Bâton-Rouge-Ouest ★★ *(entrée libre; mar-sam 10h à 16h30, dim 14h à 17h; 845 rue Jefferson Nord, ☎336-2422)*. La maison Aillet, domaine «franco-créole» des années 1830, comprenant les quartiers des esclaves et le moulin à sucre, a été transformée en un musée de la vie quotidienne à l'époque des plantations. Information disponible au port de Bâton-Rouge.

La **plantation Allendale** *(route US 190 Ouest)* loge une maison qui a été construite en 1852 par l'ancien gouverneur Henry Watkins Allen.

La **plantation Poplar Grove** *(droit d'entrée; visites guidées sur rendez-vous pour groupes de 20 et plus; 3142 chemin du Fleuve Nord/River Road North, ☎899-8087)* abrite une maison qui fut construite exprès pour l'Exposition mondiale du coton et de l'industrie. À l'époque de Noël, on peut se promener à travers la plantation, dont les anciennes cases et le moulin sont illuminés.

Les **écluses de Port-Allen** *(tlj 9h à 16h)* forment un passage entre la voie maritime Intracoastal et le Mississippi.

Rosedale

Voisine de Grosse-Tête et de Maringouin, la localité de Rosedale est également située dans la paroisse d'Iberville. Ses routes longent les bayous et traversent un paysage champêtre. La fameuse autoroute I-10, sur pilotis, débute ici. Ce chef-d'œuvre d'ingénierie, qui surplombe le bassin de l'Atchafalaya sur plus de 30 km, s'arrête à Henderson, juste avant la capitale 'cadienne Lafayette.

La **plantation Live Oaks ★** *(5$, sur rendez-vous; mars à juin tlj 9h à 16h30, oct et nov mar-dim; route d'État LA 77, ☎648-2346)* abrite une très belle habitation entourée de chênes verts, d'azalées et de camélias, et donnant sur un bayou pittoresque. On y trouve une tombe insolite et une chapelle d'esclaves. Inscrite au Registre national.

Visites d'installations industrielles

Il y a des visites d'installations agroalimentaires au **H.C. Bergeron Pecan Shelling Plant** *(entrée libre; nov à avr, lun-ven 8h à 15h; route d'État LA 1, ☎638-9626 ou 638-7667)*, une usine de conditionnement des noix de pacane. Point de vente sur place.

New Roads

New Roads, avec ses 5 000 habitants, est le chef-lieu de la paroisse de la Pointe-Coupée. Dans ce pays paisible où le temps semble s'être arrêté au XIXe siècle, la population jouit d'une douce quiétude et propose aux visiteurs ses lieux de villégiature. Les vacanciers apprécient particulièrement les eaux calmes de la Fausse-Rivière, qui favorisent la pratique de leurs activités nautiques préférées. La Fausse-Rivière est un bassin aménagé au XVIIIe siècle, alors que le lit du Mississippi changea sensiblement son cours. De chaque côté s'alignent des terres fertiles qui ont suscité l'implantation de fabuleux domaines, dont la plantation Parlange, fondée en 1750. Les richesses agricoles de la région sont multiples : maïs, canne à sucre, soja, produits maraîchers, noix de pacane, coton, élevage, etc.

La petite municipalité de New Roads n'est pas dépourvue de charme. En se baladant dans les étroites rues de son arrondissement historique, le visiteur découvre avec intérêt une forte concentration de magnifiques résidences aux entrées bordées d'arbres.

Chemin faisant, sur la route d'État LA 1, on s'accordera une halte au joli **Musée de la Pointe-Coupée**.

L'**église catholique Sainte-Marie** ★ *(entrée libre; 348 rue Principale Ouest/Main West, ☎638-9665)* est un bâtiment historique datant de 1823. Le cimetière tout proche *(rue New Roads)* existe depuis 1865.

L'**Exposition - vente d'antiquités de la Pointe-Coupée** (Antique Show & Sale) *(4$ par pers.; fin avr; Centre Civic Scott, ☎638-9858)* dure trois jours. Cette exposition d'antiquités rassemble des tableaux, bijoux, porcelaines, cristaux, dentelles, argenterie, meubles rustiques et victoriens. On y fait aussi de la cuisine et des échanges de vieilles recettes.

À l'est et au sud de New Roads

La **plantation Wickliffe** ★ *(5$; pour les groupes de 30 à 40 personnes seulement et exclusivement sur rendez-vous; route d'État LA 415, à 5 km à l'est de New Roads, ☎638-9504)* abrite une demeure de style créole construite en 1820 pour un planteur de canne à sucre. La plantation se spécialise aujourd'hui dans la culture de la noix de pacane.

La **maison LeBeau** ★ (LeBeau House) *(5$ par pers.; groupes sur rendez-vous; route d'État LA 414, Jarreau, près de l'extrémité sud de la Fausse-Rivière, ☎627-5466)* est un beau cottage créole (1840) doté de gracieux meubles anciens. Chênes centenaires dans le magnifique parc.

Bonnie Glen ★★ *(adulte 5$, enfant 2$; sur rendez-vous; route d'État LA 1, sur la Fausse-Rivière, à quelques kilomètres à l'est de New Roads, ☎638-9004)*, une maison de plantation construite entre 1825 et 1834, est toujours restée dans la même famille. Murs en bousillage, galeries importantes côté façade et côté cour. Grange et chalet datant du XVIIIe siècle.

La **Villa de Mon Cœur** ★ *(7$; tlj 9h à 17h; 7739 False River Dr., Oscar, route d'État LA 1, à 13 km au sud de New Roads, ☎638-9892)* s'élève sur deux étages et se pare de beaux jardins. Il y a possibilité d'hébergement dans cette maison de style classique.

Plantation Parlange ★★ *(adulte 7$, enfant 3$; tlj 9h à 17h sur rendez-vous; route d'État LA 1, près de la jonction avec la route d'État LA 78, ☎638-8410)*. Logeant l'une des plus ravissantes résidences de la région de la Fausse-Rivière. Maison coloniale en brique et en bois de cipre construite en 1750 par les ancêtres des propriétaires actuels, descendants de la famille d'origine.

Le **Musée et centre de tourisme de la paroisse de la Pointe-Coupée** ★★ *(entrée libre; on accepte les dons; lun-ven 9h à 15h, sam 10h à 15h; route LA 1, à 10 km au sud de New Roads, ☎638-9858)* occupe un immeuble qui illustre fort bien l'architecture louisianaise des XVIIIe et XIXe siècles. Le musée met l'accent sur les liens que la culture et l'histoire ont tissés avec le Québec, le Canada et la France.

Les quartiers Chérie ★ *(3645 rue Gladiola, N° 6, à 16 km au sud de New Roads, Bâton-Rouge, LA 70808; contactez Mme Ruth Laney, ☎752-5627)*. C'est ici que naquit le romancier noir Ernest J. Gaines, auteur de *L'autobiographie de Miss Jane Pittman* et de *Colère en Louisiane*, adapté au cinéma par Volker Schlondorff peu après sa parution en 1983. Les quartiers Chérie demeurent une source d'inspiration constante pour l'écrivain. Il n'en reste plus guère aujourd'hui qu'une petite église, deux «cases-nègres» et le cimetière où sont enterrées les cinq générations d'esclaves qui ont travaillé à la plantation River Lake.

Région au nord de New Roads

L'**église épiscopale Saint-Stephen** ★ *(2$; sur rendez-vous; route d'État LA 418, près d'Innis, à 31 km au nord de New Roads, ☎638-9858)*, construite en 1848, est de brique. Elle est aujourd'hui inscrite au Registre national. On y trouve un monument au Soldat inconnu de la guerre de Sécession et un cimetière historique.

La **chapelle Saint-Francis** ★ *(1$; sur rendez-vous; chemin du Fleuve/River Road, entre New Roads et Morganza, ☎638-9858)* est un oratoire catholique érigé en 1895 sur les vestiges de l'église originale (1760). Déménagée en 1930 sur son site actuel.

PARCS

La rive est du Mississippi (région de Bâton-Rouge)

Le **Jardin zoologique de Bâton-Rouge** *(adulte 3$, aîné 2$, 2-12 ans 1$; tlj sauf 24 déc et jour de l'An, 10h à 17h, 10h à 19h en été; Greenwood Park, chemin Thomas, Baker, au nord de Bâton-Rouge, par l'autoroute I-110 puis par la route d'État LA 67, ☎775-3877)* abrite près de 1 000 espèces d'oiseaux et d'animaux de tous les continents. On y circule en petit train ou en tramway.

Au **Parc aquatique du Bayou Bleu** (Blue Bayou) *(18142 chemin Perkins, Bâton-Rouge, sortie 66 de l'autoroute 10, ☎753-3333)*, on peut pratiquer la natation et d'autres activités nautiques.

Saint-Francisville

The Bluffs on Thompson Creek *(60$ lun-jeu, 70$ ven-dim; tlj jusqu'à la tombée de la nuit, fermé à Noël; adresse postale : C.P. 1220, Saint-Francisville, LA 70775; route d'État LA 965, à la jonction avec le chemin Freeland, à l'est de Saint-Francisville, ☎634-3410)*. Golf dessiné par Arnold Palmer, tennis, croquet, hébergement. Cartes de crédit acceptées.

HÉBERGEMENT

La rive est du Mississippi

Burnside

Au **Tezcuco** *(60-150 pdj créole; ≡, bp; 3138 route d'État LA 44, Darrow, LA 70725, ☎562-3929)*, on trouve 16 chambres réparties dans la grande maison ainsi que quelques chalets sur les terres de la plantation. Vin, café ou thé servis à l'arrivée.

Prairieville

Tree House in the Park *(110-125 pdj, on y offre le dîner pour la première nuitée; bp, ⊛, ≈; adresse postale : 16520 autoroute de l'Aéroport - Airport Highway, Prairieville, LA 70769; ☎622-2850)*. Ce chalet 'cadien se dresse dans les marécages avec grande chambre, son lit d'eau et sa baignoire à remous privée sur une terrasse. Débarcadère, quai pour la pêche, promenade en kayak à deux places sur la rivière Amite.

Bâton-Rouge

Knight's R.V. Park *(18,36$ par nuitée; nationale US 190, à 11 km à l'est de Bâton-Rouge, ☎275-0679)*. Ouvert toute l'année; 35 emplacements aménagés pour véhicules récréatifs; douches, toilettes, laverie.

Service de réservation Bed & Breakfast Southern Comfort *(adresse postale : C.P. 13294, La Nouvelle-Orléans, LA 70185; réservations : ☎800-749-1928 des États-Unis)*.

Comme toutes les grandes villes, Bâton Rouge propose aux touristes qui séjournent dans la capitale de la Louisiane des hôtels, des motels et des *bed and breakfasts* dans toute une gamme de prix. Les grandes chaînes, telles Holiday Inn *(☎800-HOLIDAY de l'Amérique du Nord)*, Hampton Inn *(☎800-HAMPTON de l'Amérique du Nord)*, Hilton Hotels *(☎800-HILTONS de l'Amérique du Nord)* ainsi que Wilson Inn *(☎800-WILSONS de l'Amérique du Nord)*, offrent un service de réservation international et rivalisent d'avantages de toutes sortes : petit déjeuner inclus, séjour sans frais pour les adolescents, etc.

All Round Suite Hotel *(35-47; ≡, bp, tv, ≈; 2045 Riverside Nord, ☎344-6000, ☎800-487-8157 de l'Amérique du Nord)*. Au centre-ville, à trois rues du Capitole.

Le **Plantation Inn** *(35-70; ≡, bp, tvc, ≈, ℜ; 10330 autoroute de l'Aéroport/Airline Highway, sortie 2 de l'autoroute I-12, ☎293-4100)* est un hôtel de 175 chambres situé à l'est du centre-ville et à proximité de la nationale US 61, une voie rapide.

L'**Hôtel Belmont** *(40-90; ≡, bp, tvc, ≈, ℜ; 7370 autoroute de l'Aéroport/Airline Highway sortie 2 de l'autoroute I-12, ☎357-6812,*

☎800-272-8300 des États-Unis) se situe à proximité des grands axes routiers menant à l'aéroport.

La Quinta Motor Inn *(55-70; ≡, bp, tvc, ≈; 2333 Acadian Thruway Sud, sortie 157 B de l'autoroute I-10, ☎924-9600, ☎800-531-5900 de l'Amérique du Nord)*. Cet hôtel est situé près du centre-ville.

Le **Hampton Inn** *(65-72; ≡, bp, tvc, ≈; 10045 promenade Gwenadele; sortie 2 de l'autoroute I-12, ☎924-4433, ☎800-HAMPTON des États-Unis)*, un complexe hôtelier disposant de 122 chambres, se trouve à l'angle d'Airline Highway et de l'autoroute I-12, à l'est de la ville.

Le **Hampton Inn** *(72-81 pdj; ≡, bp, tvc, ≈; 4646 avenue de la Constitution, sortie College Drive de l'autoroute I-10, ☎926-9990, ☎800-HAMPTON des États-Unis)* propose 140 chambres et un confort standard.

L'**Hôtel Hilton** *(75-120; ≡, bp, tvc, ≈, △, ⊘, ℜ; 5500 avenue Hilton, sortie College Drive de l'autoroute I-10, ☎924-5000, ☎800-621-5116 de l'Amérique du Nord)* compte 298 chambres et est adjacent au centre-ville. Le **Holiday Inn South** *(80-100; ≡, bp, tvc, ⊛, ⊘, ≈, ℜ; 9940 autoroute de l'Aéroport/Airline Highway, ☎924-7021, ☎800-HOLIDAY de l'Amérique du Nord)* abrite un grand jardin intérieur, deux restaurants et deux bars de même qu'une salle de jeu. Fer et planche à repasser dans chaque chambre.

Denham Springs

KOA - Bâton-Rouge Est *(≈; sortie 10 de l'autoroute I-12, route d'État LA 16 Sud sur 1 km, puis à l'ouest sur 0,5 km, Denham Springs, ☎664-7281, ☎800-292-8245 des États-Unis)*. Ouvert toute l'année; 72 emplacements entièrement aménagés pour véhicules récréatifs, 102 autres avec électricité seulement; douches, toilettes, laverie, terrain de jeu, épicerie.

Saint-Francisville

Camping Green Acres *(route d'État LA 965 Est, à 5 km de la route US 61 Sud, ☎635-4903)*. Parfaitement aménagé.

Service de réservation Bed & Breakfast Southern Comfort *(adresse postale : C.P. 13294, La Nouvelle-Orléans, LA 70185; réservations : ☎800-749-1928 des États-Unis)*.

Best Western Saint-Francisville *(55-80; ≡, bp, tvc, ≈; à la jonction des routes US 61 et d'État LA 10, ☎635-3821, ☎800-523-6118 des États-Unis)*. L'hôtel compte 101 chambres.

Pour les voyageurs désireux de passer une nuit dans une somptueuse résidence historique, voici les principaux lieux qui offrent le service d'hébergement dans les paroisses de Félicienne-Est et de Félicienne-Ouest.

La Maison Wolf-Schlesinger - L'Auberge Saint-Francisville *(55-75 pdj; bp, ≈, ℜ pour la clientèle seulement; adresse postale : C.P. 1369, Saint-Francisville, LA 70775; 118 rue du Commerce Nord, ☎635-6502, ☎800-488-6502 des États-Unis)* avoisinent le quartier historique. La maison victorienne de neuf chambres donne sur une cour typique de La Nouvelle-Orléans.

The Printer's Cottage *(60-75 pdj; ≡, bp; adresse postale : C.P. 299, Saint-Francisville, LA 70775; 533 rue Royal, ☎635-6376)*. Dans le quartier historique. Cottage de style créole avec deux chambres.

La **Maison historique Milbank** *(75$ pdj; ≡, bp/bc; 3045 rue Bank; adresse postale : C.P. 1000, Jackson, LA 70748, ☎634-5901)* est un manoir de style néoclassique construit en 1825 et situé au cœur du vieux Jackson. Meubles anciens de qualité.

Le **Butler Greenwood** *(75-100 pdj; ≡, bp; 8345 route US 61, Saint-Francisville, LA 70775, ☎635-6312, ☎800-749-1928 des États-Unis)* abrite deux *bed and breakfasts* situés derrière la maison de plantation : l'un dans une cuisine originale détachée (1790) et l'autre dans le cottage du cuisinier (XIXe siècle), avec vue sur un étang. Cartes de crédit acceptées par le biais du Service de réservation.

L'**Auberge du lac Rosemound** *(75-105 pdj; ✱, ♿; 10473 Lindsey Lane, Saint-Francisville, LA 70775, à 20 km au nord de Saint-Francisville, ☎635-3176)*. Quatre chambres avec vue sur le lac. Interdit de fumer. Accessible aux handicapés. Les animaux de compagnie sont admis.

Hemingbough *(85-105 pdj; ≡, bp; route d'État LA 965, à 3 km au sud de Saint-Francisville; adresse postale : C.P. 1640, Saint-Francisville, LA 70775, ☎635-6617)* est une paisible retraite de campagne sur 90 ha avec un lac qui en fait 15. Huit chambres et deux suites meublées à l'ancienne.

La **Plantation Green Springs** *(95-150 pdj; ≡, bp; 7463 Tunica Trace, Saint-Francisville, LA 70775, ☎635-4232, ☎800-457-4978 des États-Unis)* est un cottage récent de style Félicien offrant une vue magnifique sur les champs où paissent les troupeaux, tout près d'un tumulus amérindien. Trois chambres. L'une des spécialités du petit déjeuner est le plat d'épinards «Madeline». Interdit de fumer.

La **Plantation The Cottage** *(95-145 pdj; ≡, bp, ℜ, ≈; adresse postale : C.P. 1816, Saint-Francisville, LA 70775, par la route d'État LA 68, ☎635-3110)* est située sur un terrain de 160 ha et est entourée de chênes centenaires. Cette magnifique résidence érigée en 1795 est inscrite au Registre national des sites historiques. On y a ajouté une piscine et un restaurant.

Les Myrtes (The Myrtles) *(95-195 pdj; ≡, bp; adresse postale : C.P. 1100, route d'État LA 61, Saint-Francisville, LA 70775, ☎635-6277)*. Maison luxueuse disposant de 12 chambres : dîner aux chandelles sur réservation.

The Lodge at the Bluffs *(110-130 pdj; ≡, bp, ≈; adresse postale : C.P. 1220, Saint-Francisville, LA 70775, route d'État LA 965 à la jonction avec le chemin Freeland, à 10 km à l'est de Saint-Francisville, ☎634-3410, ☎888-634-3410 des États-Unis)* comprend 29 luxueuses suites décorées à la façon du XIXe siècle. Golf, tennis.

La rive ouest du Mississippi

Vacherie

L'**Habitation de plantation Oak Alley** *(95-125 pdj; ≡, bp, ℜ; 3645 route d'État LA 18/chemin du Fleuve, Vacherie, LA 70090, ☎265-2151)* dispose de six charmants chalets sous les arbres du parc. Interdit de fumer.

White Castle

L'**Auberge de White Castle** *(55-75 pdj; ≡, bp; 55035 rue Cambre, White Castle, LA 70788, ☎545-9932 ou 545-2271)* fut construite en 1897 pour abriter une banque. Elle a été convertie

PLANTATIONS ET BÂTON-ROUGE

en résidence en 1945 et transformée en *bed and breakfast* en 1990.

L'**Habitation de plantation Nottoway** *(125-250 pdj; ≡, bp; adresse postale : C.P. 160, White Castle, LA 70788, ☎545-2730 ou 346-8263, ⇉545-8632)* se présente comme la plus grande maison de plantation du Sud, avec ses 64 pièces. Treize chambres d'hôte dans le manoir et dans le cottage restauré du gardien.

Plaquemine

Le **Bayou Bait Shop, R.V. Park/Cabins** *(7$ tente, 12$ véhicule récréatif, 45$ pour la location d'un chalet; route d'État LA 75, Bayou-Sorrel, à 21 km au sud de Plaquemine, ☎659-7060)* ouvre toute l'année. Quarante emplacements, dont 30 aménagés pour véhicules récréatifs; électricité, douches, toilettes, laverie, épicerie, poste d'essence, pêche, débarcadère. Dix chalets climatisés, avec literie et vaisselle.

L'**Old Turnerville B & B** *(60-65 pdj; ≡, bp; 23230 rue Nadler, Plaquemine, LA 70764, ☎687-5337)*, un cottage plus que centenaire dans le beau village de Plaquemine, possède une grande véranda avec balançoire et fauteuils à bascule. Chambres meublées à l'ancienne. Il y a une visite des belles maisons avoisinantes.

Port-Allen

Le **Cajun Country Campground** *(19$; 4667 Rebelle Lane, à 3 km de la sortie 151 de l'autoroute I-10, à 7 km à l'ouest de Bâton-Rouge, ☎383-8554)* est exclusivement destiné aux véhicules récréatifs et est ouvert toute l'année. Soixante-dix-sept emplacements; douches, laverie, épicerie, poste d'essence, pêche. Les campeurs ont droit à un souper 'cadien gratuit le samedi soir.

Le **Newcourt Inn** *(50$; ≡, bp, tvc, ≈; route d'État LA 415, sortie 294 de l'autoroute I-10, ☎381-9134, ☎800-826-3375 des États-Unis)* est un hôtel tout à fait convenable de 148 chambres à l'entrée ouest de Port-Allen.

A Cottage at Poplar Grove Plantation *(95-125 pdj; bp, ℂ; 3142 chemin du Fleuve Nord/River Road North, Port-Allen, LA 70767, à 3 km au nord de Port-Allen, ☎344-3913)*. Cottage créole restauré (1840) sur les terres de la plantation des Peupliers. Ambiance rurale à proximité du fleuve; vue sur les champs de canne à sucre. Une chambre équipée d'une cuisinette, salon, galerie avec berceuses. Mansarde à l'étage avec mini-baignoire. Visite de la maison et petit déjeuner continental inclus.

New Roads

L'**Auberge River Blossom** *(65-85 pdj; ≡, bp; 300 rue Caroline du Nord, New Roads, LA 70760, ☎638-8650)* propose quatre vastes chambres avec meubles anciens. Petit déjeuner à la mode du Sud. Thé ou vin servis à l'arrivée. Aires limitées pour fumeurs.

Bed & Breakfast Mon Rêve *(à partir de 75$ pdj; ≡, bp; 9825 False River Road/route d'État LA 1, New Roads, LA 70760, ☎638-7848 ou 800-324-2738 des États-Unis)*. L'arrière-grand-mère du propriétaire actuel aimait tellement cette habitation créole construite en 1820 qu'elle l'a surnommée «Mon rêve». Il y a une belle galerie donnant sur la Fausse-Rivière et même un petit quai réservé aux invités. Prix négociables.

The Garden Gate Manor *(80-140 pdj; ≡, bp; 204 rue de Poydras, New Roads, LA 70760, ☎638-3890, ☎800-487-3890)*. Considéré comme l'un des 10 meilleurs *bed and breakfasts* de style entre Houston (Texas) et Mobile (Alabama). Maison victorienne restaurée en 1912, sept grandes chambres, baignoires somptueuses. Jardins, petit déjeuner gastronomique, thé l'après midi.

RESTAURANTS

En ce qui concerne les restaurants fermés le jour de l'Action de grâces, notez que cette fête tombe toujours le dernier jeudi de novembre, contrairement au deuxième lundi d'octobre au Québec et au Canada.

La rive est du Mississippi

Burnside

The Cabin *($$-$$$; lun 11h à 15h, mar-jeu 11h à 21h, ven-sam 11h à 22h, dim 11h à 18h; route d'État LA 44, au croisement avec la route d'État LA 22, ☎473-3007)*. La maison prépare une bonne cuisine 'cadienne et admirablement bien les fruits de mer du golfe du Mexique. Fermé durant les jours fériés.

French Settlement (Côte Française)

Au **Restaurant Chez Bordelon** *($$$; mer-jeu 17h à 21h, ven-sam 17h à 22h, dim 12h à 21h, fermé à Noël et à Pâques; 14476 rue du Chêne/Oak Street, ☎698-3804)*, la salle à manger offre une superbe vue sur la rivière Amite; on y dîne aux chandelles. Cuisine créole, steaks, fruits de mer de la région.

Bâton-Rouge

Le **Coffee Call** - Promenade du Collège *($; lun-jeu 6h à 2h, ven-sam sans interruption, dim 6h à 0h30; fermé à Noël; 3010 promenade du Collège/College Drive, ☎925-9493)* sert le traditionnel café au lait que l'on accompagne de beignets à la mode de La Nouvelle-Orléans. «Po-boys», excellente soupe maison à midi. Aucune carte de crédit acceptée.

Le **Coffee Call** - Catfish Town *($; lun-ven 6h à 18h, sam-dim 7h à 18h; 110 rue Saint-Jacques/Saint-James, Catfish Town – centre commercial sur le fleuve –, ☎925-9493)* sert le café au lait avec des beignets comme à La Nouvelle-Orléans. «Po-boys». Buffet à midi, du lundi au vendredi. Aucune carte de crédit acceptée.

Le **Poor Boy Lloyds** *($; lun-ven 6h30 à 16h; 210 boulevard de la Floride/Florida Blvd, ☎387-2271)* constitue le lieu de rencontre des fonctionnaires du centre-ville. Petit déjeuner, table d'hôte, fruits de mer et «po-boys». Passablement affairé à midi, plus calme après 13h.

Les **Cafétérias Piccadilly** *($-$$; tlj 11h à 20h30, fermé à Noël; six établissements : 3332 boulevard Sherwood Sud, Mail Cortana, Mail Bon Marché, centres commerciaux Westmoreland Village et Delmont Village, 5474 Essen Lane, ☎293-9440)* existent dans la plupart des villes du sud de la Louisiane, et chacune offre toujours un bon choix de plats régionaux. Aucune carte de crédit acceptée.

Ellington's *($-$$; Hôtel Howard Johnson, 2045 rue Riverside Nord)* propose une cuisine familiale et, chaque samedi soir, du jazz.

Le **Restaurant Chez Carlino** *($-$$; lun-ven 7h30 à 14h; 392 boulevard de la Floride/Florida Blvd, ☎387-5148)*, dans le centre-ville, se spécialise dans les petits déjeuners, a aussi une table d'hôte et prépare de bons «po-boys«, salades, sandwichs, *muffulettas* et hambourgeois. Ambiance décontractée.

The Louisiana House of Representatives Dining Hall *($-$$; lun-ven 6h à 14h; Capitole de l'État de la Louisiane, ☎342-0371)*. Au sous-sol du Capitole, c'est la cantine des législateurs. Cuisine populaire, service de style cafétéria. Comptoir à salades et à soupes, menu du jour, petit déjeuner. Fermé durant les jours fériés.

Au **Phil's Oyster Bar** *($-$$; lun-sam 10h30 à 21h30; 5162 rue du Gouvernement, ☎924-3045)*, on mange des fruits de mer, des huîtres sur écaille, des «po-boys» ainsi que des mets italiens et louisianais.

Le **Restaurant Chez Maggio** - Promenade du Collège *($-$$$; tlj 11h à 23h; 5294 promenade du Collège, ☎926-1462)* est très certainement l'un des meilleurs restos italiens de Bâton-Rouge, aussi réputé pour ses grillades et ses poissons vraiment frais. Fermé durant les jours fériés.

Le **Juban's Restaurant** *($$-$$$; déjeuner lun-ven 11h30 à 14h, dîner lun-sam 17h30 à 22h, fermé à Noël; 3739 chemin Perkins/Drive, ☎346-8422)* propose une cuisine louisianaise. Ses spécialités : crabe «Hallelujah» et gombo. Ambiance du Vieux-Carré Français de La Nouvelle-Orléans.

Au **Ralph & Kacoo's Seafood Restaurants - Airline** *($$-$$$; lun-jeu 11h à 14h et 17h à 22h, ven 11h à 14h et 17h à 22h30, sam 11h à 22h30, dim 11h à 21h; 7110 chemin de l'Aéroport/Airline Drive, ☎356-2361)*, on sert des fruits de mer du golfe du Mexique cuisinés à la 'cadienne. Fermé durant les jours fériés.

Chalet Brandt *($$-$$$, lun-ven 11h30 à 14h, lun-sam 17h à 22h; 7655 autoroute Old Hammond/Highway, ☎927-6040)*. Betsy et Erik Brandt sont propriétaires du restaurant. Erik, fils d'un homme d'affaires suisse, a étudié à l'America Culinary Institute à New York. On retrouve au menu quelques spécialités suisses et un excellent canard au madère et aux bleuets que le symphatique maître d'hôtel, Bill, se fait un plaisir de proposer.

Le **Restaurant Chez Mamacita** *($$-$$$; lun-sam 11hà 22h, dim 11h à 21h; 7524 chemin Bluebonnet, ☎769-3850)* se spécialise dans les *fajitas* grillés sur bois de prosopis, les crevettes et le poisson. Chaleureuse ambiance du Sud.

Le **Serop's Restaurant** *($$-$$$; lun-ven 11h à 14h et 17h à 21h, sam 17h à 22h; 4065 rue du Gouvernement, ☎383-3658)* prépare une cuisine libanaise. Fermé durant les jours fériés.

Le **Ruth's Chris Steak House** *($$$; lun-ven 11h30 à 23h30, sam 17h à 23h30; 4836 rue de la Constitution, ☎925-0163)* est le meilleur endroit pour les amateurs de viande rouge et de grillades. Bonne carte des vins.

Le **Restaurant français Maison Lacour** *($$$-$$$$; lun-ven 11h30 à 14h et 17h30 à 22h, sam 17h30 à 22h; 11025 chemin Harrell-Ferry Nord/Harrell's Ferry North, ☎275-3755)* abrite 5 salles à manger de 50 tables chacune dans un immeuble de style «années vingt». Ce restaurant de cuisine française traditionnelle propose également quelques classiques de la cuisine louisianaise. L'ambiance y est aussi bourgeoise qu'élégante, et la maison exige une tenue vestimentaire appropriée. C'est cher, très cher même. Mais comme on accepte les cartes de crédit...

Au **Restaurant Chez Mansur** *($$$-$$$$; déjeuner lun-ven 11h30 à 14h, dîner lun-sam 17h30 à 22h; 3044 promenade du Collège, ☎923-3366)* prépare une cuisine créole et française : veau, agneau, cailles, steaks, homard et fruits de mer servis à la façon néo-orléanaise. Piano-bar tous les soirs. Réservations recommandées; tenue vestimentaire élégante obligatoire. Fort heureusement, on y accepte les cartes de crédit!

Denham Springs

Au **Crawford's Restaurant** *($$; lun-ven 11h à 21h, sam 11h à 22h, dim 11h à 15h; 136 Rushing West, ☎664-1412)*, la famille Crawford propose des spécialités de poisson-chat et de fruits de mer, une table d'hôte, des «po-boys» et d'excellents desserts maison. Fermé durant les jours fériés.

Saint-Francisville

Le **Café Bayou Sara Coffee & Tea Co** *($; mar-dim 8h30 à 18h30; 215 rue Ferdinand, ☎635-5446)* sert du café *espresso*, du *cappuccino*, des glaces et des desserts. Souvenirs, t-shirts amusants. Aucune carte de crédit acceptée.

Au **Glory B's Diner** *($; lun-ven 10h à 19h, sam 10h à 16h; 116 rue Ferdinand, ☎635-4764)*, on se sert au comptoir comme dans une cafétéria. «Poboys» à la mode de La Nouvelle-Orléans, préparés avec du pain français chaud. Desserts maison tous les jours. Fermé durant les jours fériés.

Le **D'John's** *($-$$; dim-jeu 11h à 21h, ven-sam 11h à 22h; route US 61, ☎635-6982)* a tout le charme d'une auberge campagnarde. Ses murs se parent d'œuvres anciennes du naturaliste franco-américain Jean-Jacques Audubon et d'artistes locaux. Spécialités : fruits de mer, steaks et viandes cuites sur le grill.

Le Magnolia Café *($-$$; dim-mer 10h à 16h et jeu-sam soir; 121 rue du Commerce Est, ☎635-6528)*. Sandwichs, soupe du jour, salades, pizzas et cuisine mexicaine. Tartes maison tous les jours. Fermé durant les jours fériés.

La **Mattie's House** *($$; tlj 5h30 à 21h; Plantation Cottage, route US 61, ☎635-3674)* prépare des plats de crevettes et de poulet, du pain et des desserts maison. Fermé durant les jours fériés.

The Wolf-Schlesinger House - St-Francisville Inn *($$-$$$; lun-ven 6h30 à 9h, sam-dim 7h à 10h : en dehors de ces heures, le resto n'accueille que des groupes qui ont réservé; 118 rue du Commerce Nord, ☎635-6502, ☎800-488-6502 des États-Unis)*. Dans cette maison victorienne de 1880, on propose un buffet déjeuner tous les matins. Parmi les autres spécialités, on retrouve les crêpes, les quiches, le poulet frit et quelques plats créoles dont le gombo et les écrevisses en saison.

The Clubhouse at the Bluffs *($$$; lun-ven 7h à 21h, jusqu'à 21h ven-sam, jusqu'à 19h dim; fermé à Noël; sur la route d'État LA 965 Est, au croisement avec le chemin Freeland, à 10 km à l'est de Saint-Francisville, ☎634-5088)*. Fine cuisine louisianaise et européenne. Salle à manger donnant sur un terrain de golf conçu par Arnold Palmer. Dîner servi dans le patio ou sur la terrasse. On peut y passer la nuit.

Jackson

Jackson Bear Corner Restaurant *($$-$$$; ven-sam 17h à 22h; route d'État LA 10, ☎634-2844)*. Un ancien bâtiment, construit en 1820 et fidèlement restauré, abrite désormais ce restaurant servant une cuisine continentale. Fermé durant les jours fériés.

La rive ouest du Mississippi

Vacherie

Si vous voulez vous restaurer avant ou après votre visite de la plantation Laura ou de celle d'Oak Alley, une halte s'impose alors au sympathique commerce de la famille Breaux, dont les membres pratiquent la pêche dans les bayous et les lacs de la région. Au **B & C Seafood - Marché des Délices 'cadiens** *(au 2155 route d'État LA 18, ou chemin du Fleuve/River Road, Vacherie, LA 70090, ☎265-8356)*, on va choisir son poisson et ses fruits de mer au comptoir, qui, une fois pesés, se préparent à la façon 'cadienne ou créole. Au menu : alligator, cuisses de grenouille, poisson-chat, crevettes, écrevisses, huîtres du Golfe, tortue, palourdes, crabe, etc. La maison propose aussi une multitude d'autres produits tels que boudin 'cadien, saucisse fumée (andouille), *tasso*, pouding au pain, épices, gelées de mûre sauvage, gelées de piment, confiture de figues et vinaigrettes.

Restaurant de la Plantation Oak Alley *($$; tlj petit déjeuner 8h30 à 10h et déjeuner 11h à 15h; 3645 route d'État LA 18/chemin du Fleuve, ☎265-2151)*. Dans le parc de la plantation, au cadre à la fois attrayant et décontracté, les hôtes dégustent une cuisine traditionnelle du Sud.

Donaldsonville

Au **Ruggiero's on the Avenue** *($$; mar-ven 11h à 13h et 17h à 21h, sam 17h à 21h15; 206 avenue Railroad, ☎473-8476)*, la famille Ruggio propose des spécialités régionales : fruits de mer, steaks, poulet, pâtes et «po-boys». Table d'hôte à midi. Fermé durant les jours fériés.

Au **Lafitte's Landing Restaurant** *($$$-$$$$; dim 11h à 20h, lun 11h à 15h, mar-sam 11h à 15h et 18h à 22h, fermé à Noël et au jour de l'An; 10275 route d'État LA 70, voie d'accès au pont Sunshine/Sunshine Bridge, ☎473-1232)* œuvre le chef louisianais John Folse. Comme le chef Prudhomme, Folse conçoit ses menus à partir de produits typiquement louisianais. Le bâtiment en soi est très intéressant : c'est une ancienne maison de plantation acadienne (1797) dont la légende locale dit qu'elle fut fréquentée par le pirate Jean Lafitte.

Brusly

Le **Swab's Family Restaurant** *($-$$; lun-jeu 11h à 14h, ven 11h à 14h et 17h à 22h, sam 16h à 22h, dim 11h à 20h;4631 chemin Raymond-LaBauve, ☎749-3423)* est réputé pour sa cuisine 'cadienne familiale. Aussi : buffet, fruits de mer et steaks.

Port-Allen

À l'**Ethel's Seafood Village** *($$; mar-ven 11h à 21h30, sam-dim 15h à 22h; sortie 151 de l'autoroute I-10 Est, 2901 chemin Frontage, ☎334-0968)*, l'ambiance est chaleureuse. Steaks, fruits de mer et spécialités variées. Fermé durant les jours fériés.

Livonia

Le **Joe's Dreyfus Store Restaurant** *($$-$$$; lun-sam 11h à 14h et 17h à 21h, dim 11h à 14h; route d'État LA 78, entre Livonia et New Roads, ☎637-2625)* a beau être installé dans un endroit isolé, les Louisianais n'hésitent pas à parcourir plus de 50 km pour venir y déguster les fabuleuses spécialités du chef. Le restaurant est aménagé dans un ancien magasin général des années vingt.

Ventress

Dailey's Seafood - Bar & Grill *($$; lun-ven 17h à 22h, sam-dim 11h à 14h et 17h à 23h; 8204 chemin de l'Île/Island Road, ☎638-9222)*. Sur la route d'État LA 413, à côté de l'île de la Fausse-Rivière. Ambiance familiale. La maison dit préparer les meilleures écrevisses de la Louisiane. Spécialité de fruits de mer bouillis ou frits. Buffet d'huîtres. Aucune carte de crédit acceptée.

New Roads

Lyn-Z's Cafe *($-$$; déjeuner lun-ven 11h à 14h, dîner mer-sam 17h à 23h, fermé à Pâques, à l'Action de grâces et à Noël; 2371 chemin de l'Hôpital - Hospital Road, ☎638-4580)*. Ce café est très populaire auprès des gens du coin. Au menu : fruits de mer, plats 'cadiens, spéciaux du midi et table d'hôte les fins de semaine.

Le **Café Créole chez Al Coffee** *($$; lun-ven 11h à 14h, mer-jeu 17h à 20h, ven 17h à 22h, sam 12h à 22h, dim 12h à 15h; 124 rue Principale/Main Street, ☎638-7859)* loge dans une ancienne banque au cœur de l'arrondissement historique. Cuisine créole, forfaits hébergement et repas (échange possible avec le *bed and breakfast* de La Pointe-Coupée). Boutique sur place : antiquités, livres de cuisine louisianaise et objets d'art.

Le **Morel's Restaurant** *($$; tlj 10h à 22h, fermé à Noël et au jour de l'An; 210 Morrison Parkway, ☎638-4057)* est situé au cœur de New Roads et offre une vue imprenable sur la Fausse-Rivière. Fruits de mer grillés et frits, steaks, «po-boys», table d'hôte et soupes maison.

The Oxbow on False River *($$$; lun-ven 11h à 13h30, mar-sam 17h à 21h, dim 11h30 à 19h, fermé au jour de l'An, à l'Action de grâces et à Noël; route d'État LA 1, au sud de New Roads, 6813 False River Road, ☎627-5285)*. Après avoir arpenté l'arrondissement historique «Les quartiers Chérie», on peut se permettre une halte dans cet élégant restaurant. Belle vue sur la Fausse-Rivière. Fruits de mer frais, steaks, cuisine louisianaise.

SORTIES

La rive est du Mississippi

Bâton-Rouge

Catfish Town. Dans l'arrondissement historique du vieux port de Bâton-Rouge, les entrepôts ont été restaurés et abritent désormais d'agréables boutiques, restaurants et boîtes de nuit. La restauration des bâtiments se poursuit; parmi les derniers-nés : le **Music Hall - Club Louisiane**, où les artistes venus de la Louisiane et d'ailleurs se donnent en spectacle dans une salle pouvant accueillir plus de 400 personnes *(tous les soirs)*, et le **Pilot House Restaurant & Brewery**, qui peut accueillir 200 personnes dans son restaurant et quelque 120 autres clients dans sa brasserie (bières brassées sur place selon une méthode artisanale).

Au départ du quai d'Argosy, le **bateau-casino *La Belle de Bâton-Rouge*** effectue des croisières sur le Mississippi, comme à l'époque où les bateaux à aubes faisaient la navette entre Saint-Louis et La Nouvelle-Orléans. *La Belle de Bâton-Rouge* est la reproduction authentique d'un de ces célèbres bateaux : 9 000 m^2, trois ponts, deux cheminées et une roue à aubes toujours en fonction *(cinq croisières de trois heures tlj à partir de 9h, croisières de minuit jeu-sam)*.

Chez Mulate - restaurant 'cadien *($$; tlj 11h à 22h30, fermé à Noël; 8322 chemin Bluebonnet, ☎767-4794)*. Comme les trois autres établissements de la chaîne de restaurants Mulate, le Mulate de Bâton-Rouge présente, chaque soir, un orchestre 'cadien; le repas est inclus dans le prix d'entrée.

On Stage - Boîte de nuit et café (Quality Inn) *(10920 chemin Mead, ☎293-9370)*. Musique tous les soirs.

Les amateurs de théâtre apprécieront la programmation variée du **Théâtre pour les arts de la scène Centroplex** *(220 rue Saint-Louis, ☎389-4953)*. Il y a aussi d'autres activités culturelles au **Théâtre de l'Université d'État de la Louisiane** *(chemin Raphaël-Semmes, ☎388-5118)*.

Walker

The Old South Jamboree *(droit d'entrée; route US 190, à 13 km à l'est de Bâton-Rouge)*. Spectacles de musique country un samedi sur deux.

Calendrier des événements annuels

Festivals

Dans la région des plantations, comme d'ailleurs dans toutes les paroisses de la Louisiane, chaque semaine, chaque mois et chaque saison sont autant de prétextes au déroulement d'un festival. Afin d'obtenir plus de renseignements sur ces nombreux festivals, écrivez ou téléphonez à l'**Association des Foires et des Festivals de la Louisiane** (Louisiana Association of Fairs & Festivals) *(601 Oak Lane, Thibodaux, LA 70301, ☎800-940-1462 des États-Unis)* ou à l'**Office de tourisme de la Louisiane** (Louisiana Office of Tourism) *(C.P. 94291, bureau 5091, Bâton-Rouge, LA 70804-9291, ☎342-8119)*.

Les festivals mentionnés ci-dessous sont parmi les plus intéressants.

Mai

The Premier Symphony Summerfest ★★ *(adulte 15$, enfant 8$; en été, à partir de mai; Hemingbough, près de la route US 61 à Saint-Francisville, ☎635-6617, ou à Bâton-Rouge, ☎926-8181)*. Série de concerts en plein air mettant en vedette des artistes de grand talent comme Lou Rawls et Emmylou Harris. Dans un parc de 96 ha parfait pour un pique-nique en famille. Il est sage de réserver.

Juin

«Capitale mondiale du *jambalaya*», la ville de Gonzales accueille, pendant la dernière fin de semaine du mois de juin, plus de 100 000 visiteurs à l'occasion de son **Festival du Jambalaya** ★★ *(Gonzales Civic Center, 219 boulevard Irma Sud, Gonzales, ☎647-5779)*. Cet événement riche en musique et en activités de toutes sortes atteint son point culminant avec le concours de cuisine, au cours duquel des cordons-bleus aussi fébriles qu'affairés vont se disputer le titre de «champion mondial du *jambalaya*», qui est, on le sait, le plat national de la Louisiane.

Août

Festival du blues de Bâton-Rouge ★★★ *(fin de semaine précédant la fête du Travail)*. Bâton-Rouge s'enorgueillit aussi d'être la capitale du blues, et son festival, qui peut attirer jusqu'à 100 000 personnes, est l'un des plus importants de tous les États-Unis. Le jazz, le 'cadien classique et le «zarico» ajoutent leurs rythmes à cette fête gigantesque, pendant laquelle on peut apprécier aussi bien le talent des artistes que des chefs cuisiniers.

Octobre

Au **Festival international des Acadiens ★** *(3e fin de semaine d'oct; aux écluses de Plaquemine, ☎687-7319)*, on honore l'arrivée des Acadiens dans cette région par des festivités : expositions historiques, artisanat, musique, cuisine.

ACHATS

La rive est du Mississippi

Les **Antiquités Landmark** *(tlj 10h à 18h; Catfish Town près du* USS Kidd, *☎383-4867)* rassemblent plus de 70 boutiques d'antiquités. Les cartes de crédit sont acceptées dans presque toutes les boutiques.

The Louisiana Art & Artists' Guild : The Guild Gallery *(entrée libre; mar-ven 12h à 17h et sur rendez-vous; ☎928-2960)*. Cet organisme sans but lucratif gère une galerie destinée à faire connaître les œuvres des artistes de la région. Les expositions se renouvellent chaque mois. Fermé durant les jours fériés.

The Neubig Art Gallery *(entrée libre; lun-sam 9h à 16h30 et sur rendez-vous; 16950 chemin Strain, sortie 7 de l'autoroute I-12, 1,6 km plus au nord par O'Neal Lane, ☎275-5126, ☎800-446-4209 des États-Unis)*. Ce grand atelier installé dans un parc est également une galerie d'art; il appartient à l'artiste louisianais Henry Neubig, qui a développé une technique utilisant la boue dans la composition de ses tableaux. Démonstrations de cette technique pour des groupes de 10 à 50 personnes. Fermé durant les jours fériés.

La rive ouest du Mississippi

Grosse-Tête

The Midway Grocery *(route d'État LA 77, sortie Grosse-Tête de l'autoroute I-10 Ouest, ☎648-2222)*. Cette ancienne épicerie rurale offre une gamme de bons produits de la Louisiane : boudin, roux brun, tête fromagée, etc. Elle est située sur une route panoramique menant à New Roads.

Jackson

Feliciana Cellars Winery and Vineyards *(lun-ven 10h à 17h, sam 9h à 17h, dim 13h à 17h; 1848 rue Charter, route d'État LA 10, ☎634-7982)*. Les celliers de Félicienne offrent huit différents vins élaborés dans la région. Ces vins, rouges ou blancs, varient de sec à sucré, pour les amateurs, et portent des noms évocateurs de la Louisiane tels l'*Évangeline*, le *La Salle*, l'*Audubon* ou le *Blanc du Bois*. On y brasse également quelques bières.

PAYS DU BAYOU LAFOURCHE ET DE TERREBONNE

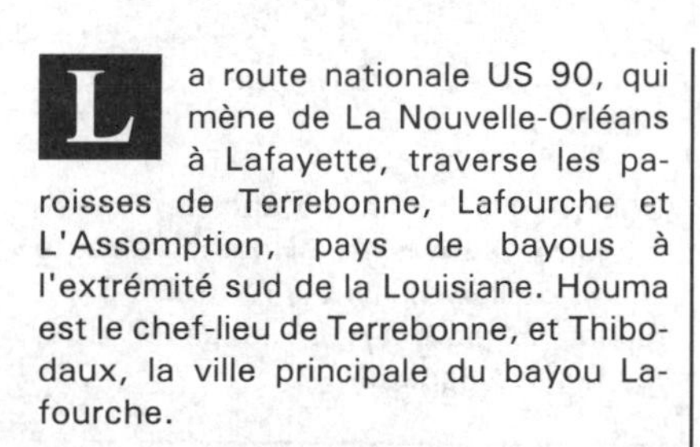

La route nationale US 90, qui mène de La Nouvelle-Orléans à Lafayette, traverse les paroisses de Terrebonne, Lafourche et L'Assomption, pays de bayous à l'extrémité sud de la Louisiane. Houma est le chef-lieu de Terrebonne, et Thibodaux, la ville principale du bayou Lafourche.

Le bayou Lafourche prend sa source dans le Mississippi, à Donaldsonville, et va se jeter dans le golfe du Mexique. La route LA 1 le suit entièrement. Plantations, raffineries de sucre, églises monumentales et marécages s'y succèdent pour faire de cette route, qui défile sur 180 km, «la plus longue rue du monde». On rencontre de plus en plus de francophones au fur et à mesure qu'on se rapproche du sud.

POUR S'Y RETROUVER SANS MAL

Houma

On accède à Houma par la nationale US 90 Est, à 175 km de Lafayette et à 90 km à l'ouest de La Nouvelle-Orléans.

Autocars

Seules les villes situées le long de la route nationale US 90 sont desservies par autocar; renseignez-vous auprès de la compagnie d'autocars.

Greyhound/Trailways
7806 Park Avenue
☎(504) 873-8573

Trains

La gare pour la région se trouve à Schriever, entre Houma et Thibodaux. Renseignez-vous auprès de la compagnie de chemins de fer.

Trains Amtrak
☎800-872-7245

Services routiers

Jeffery's Truck and Auto Repair
250, rue Robert
Houma
☎(504) 851-6098

Schexnayder's Shell Service Station
1800, chemin du Grand-Caillou
Houma
☎(504) 872-0390

Terrebonne Motors
202, rue Saint-Charles
Houma
☎(504) 876-5100
(réparations mineures)

Conseils routiers

Dans la paroisse de Lafourche, surtout sur la route d'État LA 1 et dans le village de Grand'Isle, faites attention aux excès de vitesse car les agents ont la contravention facile.

Avant de traverser à Grand'Isle, qui est fort insulaire, il est prudent de se ravitailler à Cut Off, Galliano ou Golden Meadow, qui offrent plus de choix à meilleur prix.

Région au sud de Houma

Chauvin - Cocodrie

De Houma, depuis la rue Main Est, suivez la route LA 24 sur 6 km jusqu'à sa jonction avec la route LA 56, que vous emprunterez jusqu'à Chauvin, à 26 km, et Cocodrie, sur le golfe du Mexique, à 50 km.

Pointe-aux-Chênes - Montegut - Isle Jean-Charles

De Houma, suivez la rue Main Est/route LA 24 jusqu'à Bourg, où, passé le village, vous continuerez sur la route LA 55 pour atteindre Pointe-aux-Chênes (16 km) et Montegut (3 km plus loin). De Pointe-aux-Chênes, on atteint l'Isle Jean-Charles, à 17 km, par la route LA 665.

Dulac

Dulac est à 32 km au sud de Houma par la route LA 57. De Houma, la route Grand Caillou devient la route LA 57 et rejoint la route LA 56, plus au sud, menant à Cocodrie.

Région au nord-ouest de Houma

Gibson - Morgan City

De Houma, la nationale US 90 Ouest rencontre Gibson à 38 km et Morgan City à 60 km.

Morgan City - Pierre-Part - Paincourtville

De Morgan City, la route d'État LA 70 Nord longe les marais sur 30 km

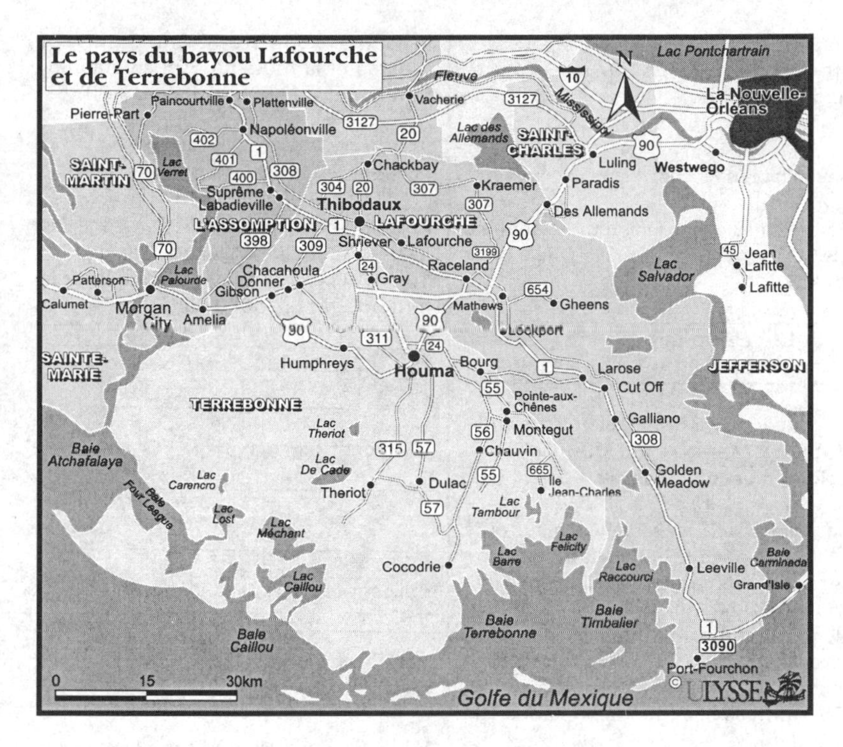

avant d'atteindre le petit village de pêcheurs de Pierre-Part. Près de 20 km plus loin, la LA 70 arrive à Paincourtville et au bayou Lafourche.

La région nord du bayou Lafourche

De Paincourtville à Thibodaux : Napoléonville - Suprême - Labadieville - Thibodaux

De Paincourtville, la route LA 1 descend le bayou Lafourche, du côté ouest (rive droite), et passe par Napoléonville (8 km), Suprême (20 km), Labadieville (23 km) et Thibodaux (37 km).

Sur la rive gauche, la route LA 308 longe le bayou Lafourche en passant par Plattenville, Freetown et Thibodaux jusqu'à Morgan City.

Quatre ponts relient les rives dans cette région, soit à Paincourtville (route LA 70), Suprême, Labadieville et Thibodaux.

Schriever - Thibodaux

En sortant de Houma par l'avenue Park Ouest/route LA 24 Ouest, on croise Schriever à 25 km et Thibodaux à 30 km.

Chackbay - Kraemer

De Thibodaux, on prend la route LA 20 Est sur 11 km pour Chackbay. Près de 6 km plus loin, on croise la route

LA 307, que l'on suit sur 16 km jusqu'à Kraemer. La route LA 307 rejoint Raceland plus au sud.

Des Allemands

De Houma, prenez la route nationale US 90 Est vers La Nouvelle-Orléans sur 38 km.

La région sud du bayou Lafourche

De Thibodaux à Grand'Isle : Raceland - Mathews - Larose - Cut Off - Galliano - Golden Meadow - Leeville - Grand'Isle

De Thibodaux, en restant sur la route LA 1, qui longe le bayou Lafourche, on descend vers le golfe du Mexique par Raceland (24 km), Mathews (32 km) et, partie la plus pittoresque du trajet, Larose (55 km), Cut Off (60 km), Galliano (72 km), Golden Meadow (78 km), Leeville (95 km) et Grand'Isle (125 km).

La route LA 308, sur la rive gauche, rencontre Lafourche (7 km), Saint-Charles (11 km), Clotilda (35 km), Jay (Valentine) (50 km), Ludevine (55 km) et Golden Meadow.

Des ponts à Thibodaux, Jay, Cut Off, Galliano et Golden Meadow permettent de rejoindre l'autre rive.

Raceland

Raceland est à 18 km de Houma par la nationale US 90 Ouest puis par la route LA 3199.

Gheens

Gheens est en retrait du bayou Lafourche du côté est. De Clotilda, suivez la route LA 654 sur 12 km. On atteint Clotilda et la route LA 308 en empruntant le pont de la Nationale US 90.

Port-Fourchon

Port-Fourchon est un petit village de pêcheurs sur le golfe du Mexique. À 12 km au sud de Leeville, empruntez la route d'État LA 3090 sur 5 km.

RENSEIGNEMENTS PRATIQUES

L'indicatif régional est le 504.

Urgences

Police, pompiers, ambulances
☎911

Hôpitaux

Hôpital général Notre-Dame-de-la-Mer
(Lady of the Sea General Hospital)
200, 134e Place Ouest
Cut Off, LA 70345
☎632-6401

Centre médical général de Terrebonne
(Terrebonne General Medical Center)
8166, rue Main
Houma, LA 70360
☎873-4141

Renseignements touristiques

Office de tourisme de Houma-Terrebonne
1702 rue Saint-Charles
C.P. 2792
Houma, LA 70361
☎868-2732
☎800-688-2732 de l'Amérique du Nord
www.houmatourism.com

Office de tourisme de la paroisse de Lafourche
C.P. 340
Raceland, LA 70394
☎537-5800, ⇄537-5831
www.lafourche-tourism.org

Associations

Les Amis du Conseil pour le développement du français en Louisiane
Mme Audrey Babineaux George
815, rue Funderburk
Houma, LA 70360
☎879-3285, ⇄851-5777
www2.cajun.net

Quelques villes jumelées

Houma et Cambrai (France)
Mme Audrey Babineaux George
914, rue Broadmoor
Houma, LA 70360
☎879-3285

Napoléonville et Pontivy (France)
Bureau du maire
C.P. 6
Napoléonville, LA 70390
☎369-6365

Thibodaux et Loudon (France)
Thibodaux et Shippagan
(Nouveau-Brunswick, Canada)
Bureau du maire
C.P. 5418
Thibodaux, LA 70301
☎446-7200

Stations de radio francophones

Golden Meadow

KLEB 1600 AM/Callais Cable
☎798-7788
85% de la programmation se fait en français.

Télévision francophone

Callais Cable
Câble 5
☎256-5665

Service de guides

Charter Time, USA *(C.P. 2018, Galliano, LA 70354; contactez Dennis Sandras, ☎632-7184)*. Pêche en mer ou en eau douce. Plongée sous-marine pour pêcheurs ou photographes. Location d'équipement. Hébergement sur la plage, guides parlant le français, l'espagnol ou l'allemand.

Il existe dans la région de Houma-Terrebonne plusieurs endroits offrant le service de location de bateaux de pêche avec guides et accompagnateurs. On en obtiendra la liste complète au **Centre d'information touristique de Houma-Terrebonne** *(1702 rue Saint-Charles, Houma, ☎868-2732)*.

Paul Bradeberry *(Grand'Isle; ☎687-3216)* propose des activités de chasse et de pêche.

À la **My Favorite Marina** *(2488 route d'État LA 1, Boudreaux Lane, ☎787-3179)*, il y a des excursions à bord de bateaux de pêche nolisés.

À la **Griffin's Station & Marina** *(route d'État LA 1 Sud, Leeville, ☎396-2415)* peuvent vous aider à trouver des guides pour pratiquer la pêche.

Au **Capitaine T-Man Cheramie** *(C.P. 293, Cut Off, LA 70345, ☎798-7166 ou 632-5000)*, il y a un service de guides professionnels pour la pêche en eau douce ou salée. On peut également y faire des promenades en bateau.

Charlie Hardison et fils *(route 1, C.P. 360, Golden Meadow, LA 70357, ☎396-2442, ⇌396-2673)* propose des excursions de pêche en haute mer (golfe du Mexique) ou sur les bayous.

À la **Bonne Chance - pêche** *(Capitaine Bobby Chouest, ☎787-2602)*, l'amateur de partie de pêche à la truite de mer et à la perche louisianaise peut noliser un bateau pour une à quatre personnes. Excursion de pêche nocturne.

ATTRAITS TOURISTIQUES

Houma ★★

Houma est affublée de deux titres évocateurs : la **Venise d'Amérique** et la **capitale des Marais**. Ce qui, évidemment, en fait un endroit privilégié pour la pêche en eau douce et en mer, ainsi qu'un coin recherché pour l'amateur de chasse, qui y trouve canards et oies en grand nombre. Riche d'une flore et d'une faune abondantes qui se laissent découvrir lors de balades organisées sur ses marécages, la région en est également une vouée à l'agriculture, comme en témoignent ses nombreuses plantations de canne à sucre.

Le **quartier historique** ★★ de Houma, datant de 1840, regorge de belles maisons victoriennes ou Art déco; on remarquera surtout le **bureau de poste**, la **cathédrale Saint-François-de-Sales**, le **cimetière Magnolia** et l'**église épiscopale Saint-Mathieu**. Documentation et vidéo sur les attraits de la région offerts par le **Centre d'information touristique de Houma-Terrebonne** *(rue Saint-Charles, ☎868-2732)*.

Plantation Southdown – Musée de Terrebonne ★★ *(adulte 5$, étudiant, aîné, plus de 12 ans 2,50$; mar-sam 10h à 16h; à l'intersection de la rue Saint-Charles et de la route 311, ☎851-0154, southdown@ampersand.net)*. Dans un magnifique manoir anglais du siècle dernier, on peut visiter une vingtaine de pièces. Le bâtiment principal est flanqué de deux tourelles. On peut y obtenir de l'information sur l'histoire 'cadienne et admirer une intéressante collection d'oiseaux ou une exposition d'acces-soires du Mardi gras.

La **plantation Magnolia** ★★ *(pour groupes et sur rendez-vous seulement; Schriever, à 24 km au nord de Houma par la route 311, ☎446-1493)* abrite une maison de style néoclassique ombragée que d'immenses magnolias protègent du soleil. Cette demeure fut utilisée comme hôpital durant la guerre de Sécession.

L'**Arboretum** ★ *(sur rendez-vous seulement; 256 Lower Country Drive, Bourg, ☎594-2722)* est un beau jardin sur le bayou que l'on peut visiter après un arrangement avec les maîtres des lieux. Il avoisine le *bed and breakfast* **Le Jardin sur le Bayou** (voir «Hébergement», p 225), où l'on peut également séjourner.

Wildlife Gardens ★ *(fermé dim-lun, visites 10h, 13h et 15h30; 5306 promenade du Bayou Noir Nord/Bayou Black North, ☎575-3676)*. Ces jardins écologiques, et biologiques, permettent de connaître toutes les espèces qui sont particulières à la faune et à la flore subtropicales de la Louisiane. On y trouve une reconstitution d'une cabane de trappeur. Cet attrait n'est-il pas en contradiction avec la préservation de la faune?

La **Tournée 'cadienne de Terrebonne** (Cajun Tours of Terrebonne) *(709 avenue May, LA 70362, ☎872-6157)*, une balade à travers la paroisse de Terrebonne, permet de découvrir le

Visites d'installations industrielles

L'**usine de fruits de mer Motivatit** ★★ *(visites guidées pour des groupes de 20 personnes ou plus seulement et sur réservation; 5$ par personne pour la visite d'un des sites et 7,50$ pour les deux; lun-sam 7h à 17h; angle des rues Palm et Gum, Houma, ☎868-7191)*. Visite des installations de transformation et de conditionnement des fruits de mer et des crustacés (huîtres, crabes, écrevisses). L'usine est située à côté du chantier maritime.

patrimoine culturel et architectural 'cadien.

Services de guides

Le **Camp de chasse et pêche Coup-Platte** *(212 promenade Midland, Houma, LA 70360; contactez Terry Trosclair, ☎868-7940 ou 868-7865 et composez le 0611 après le message)* propose la chasse au canard en saison *(nov à jan; 150$ par jour)* ainsi que la pêche en mer toute l'année *(70$ par jour)* : truite de mer.

La région de Houma-Terrebonne offre à qui souhaite visiter les marais de la Louisiane un choix des plus intéressants :

Aventures sur le bayou Circle ★ (The Adventures on a Bayou Circle) et **ABC Balade en auto dans la paroisse de Terrebonne** ★ (Driving Tour of Terrebonne Parish) *(adressez-vous au Centre d'information touristique de Houma-Terrebonne, rue Saint-Charles, C.P. 2792, Houma, LA 70361, ☎868-2732, ☎800-688-2732 de l'Amérique du Nord)*. Les automobilistes y trouveront une brochure indiquant les lieux à visiter en priorité : plantations, cimetières amérindiens, usine de transformation et de conditionnement de fruits de mer, crevettiers en activité, ciprière, marais, etc.

Les **Hammond's Cajun Air Tours** ★ *(30$ par pers.; 1200 rue Dunn, ☎872-1423)* proposent le survol des terres côtières et des marécages. À bord de l'hydravion, on aperçoit des oiseaux, des alligators et des chevreuils en liberté; un peu plus loin, on voit les plates-formes de forage en mer, les baies où se réfugiaient autrefois les pirates dont les célèbres frères Lafitte, les crevettiers au travail et un fort datant de la guerre de Sécession. On peut se poser au choix sur un lac isolé, sur la plage ou même à la porte d'un restaurant du bayou. Comptez environ trois heures pour l'excursion.

Annie Miller's Swamp & Marsh Tours ★★★ *(adulte 15$, enfant 10$; horaire selon la saison; départ du restaurant Bayou Delight, 100 Alligator Laneroute nationale US 90 Ouest, ☎879-3934)*. Les Tours Annie Miller sont renommés : Mme Miller, guide chevronnée qui jouit d'une excellente réputation, possède l'art «d'appeler» les alligators, qu'elle attire jusqu'à son bateau pour le plus grand plaisir de ceux et celles qui l'accompagnent. Annie Miller parle le français. La promenade dure de 2 heures à 2 heures 30 min.

A Cajun Man's Swamp Cruise ★★★ *(adulte 15$, enfant 10$; printemps-été : lun-dim 8h au coucher du soleil, automne-hiver : 10h à 14h; marina du Bayou Noir/Bayou Black, route nationale US 90 Ouest, à 16 km de Houma;*

contactez «Black» ou Sondra Guidry, ☎868-4625, ⇌876-3095). De ce bateau d'une cinquantaine de passagers, on pourra observer des alligators dans l'eau et des aigles dans le ciel. De plus, M. Guidry, le guide, parle le français, joue de l'ac-cordéon et chante des airs 'cadiens. La croisière dure, selon le temps désiré, de 1 heure 30 min à 2 heures 30 min.

Les **Atchafalaya Basin Backwater Tours** *(25$ par pers.; tlj 11h; 6302 promenade du Bayou Nord/Black North, aux environs de Gibson, à 36 km à l'ouest de Houma, ☎575-2371)* organisent une promenade de 2 heures 30 min dans les marécages voisins de Gibson en compagnie de Jon Faslun, un guide qui parle aussi bien de l'évolution historique de la faune que de la multitude de plantes médicinales qui poussent dans la région.

Les **Bayou Black Swamp Tours** *(tour d'hydravion 35$ par pers. ou de bateau 15$; tlj 5h à 14h; ☎575-2315)* proposent un survol de la région en hydravion avec quelques haltes dans les marécages. La balade dure 1 heure 30 min, même pour celle en bateau, qui permet également de lancer sa ligne de pêche.

Aux **Tours 'cadiens du marécage de Terrebonne** (Cajun Tours of Terrebonne Swamp) *(10$ et 20$; tlj; 709 rue May; contactez Mme Sandra Pellegrin, ☎872-6157)*, on observe des alligators dans un marais privé.

Les **Munson's World Famous Swamp Tours** *(adulte 15$, 5-17 ans 10$; tlj 9h à 18h; 4328 chemin Grand-Caillou, à 11 km au sud de Houma, sur la route LA 57, ☎851-3569)* proposent la visite en bateau d'une ciprière privée. L'excursion d'une durée de 2 heures permet de découvrir et d'admirer des alligators («cocodrils» ou «cocodries»), des ragondins, des ratons laveurs, des oiseaux et la flore typique du bayou.

La région au sud de Houma

Pointe-aux-Chênes - Dulac - Chauvin - Cocodrie

À la **Pointe-aux-Chênes** ★★★ *(route d'État LA 55, à 13 km au sud-est de Houma)*, il y a deux personnes que tout visiteur intéressé à la culture francophone du sud-est de la Louisiane sera heureux de rencontrer : d'abord Mlle Laïse Ledet *(722 route 665, Pointe-aux-Chênes, près de l'église, ☎594-4385)*, la plus précieuse source d'information sur l'histoire du pays de Terrebonne. La septuagénaire, avec laquelle on peut aisément prendre rendez-vous par téléphone, parle un excellent français et aime partager son savoir. C'est elle qui a fondé la première école pour les Indiens houmas. Jusque-là, les autochtones n'avaient pas le droit de fréquenter l'école des Blancs, non plus les écoles réservées aux Afro-Américains, c'est-à-dire aux Noirs. Le cousin de Mlle Ledet, Dovie Naquin *(maison identifiée par une pancarte à côté des bureaux de la «Wildlife & Fisheries», ☎594-2690)*, est le conteur par excellence du pays de Terrebonne. Il raconte en français l'histoire de la chasse au «cocodril», que ses 80 ans ne l'empêchent d'ailleurs pas de toujours pratiquer. M. Naquin sait aussi jouer de l'accordéon et de l'harmonica. Annoncez votre visite par un coup de fil, et, avant de partir, vous pouvez discrètement «laisser la pièce» dans la petite soucoupe.

Le **Centre amérindien des Houmas** ★★★ (Houmas Indian Center) *(101 Coastguard Road, Dulac, par la route 55)* est un magasin coopératif où l'on trouve de l'artisanat créé par les Amérindiens de l'**Isle Jean-Charles** *(empruntez la route 665 jusqu'au bout*

Visites d'installations industrielles

Entreprise de transformation de crevettes Indian Ridge ★★ *(visite sur rendez-vous durant la saison, mai à déc; ☎594-3361)*. Une intéressante visite à faire pour en apprendre davantage sur les différentes techniques utilisées dans la transformation et l'empaquetage des crevettes.

en longeant le bayou Pointe-aux-Chênes, ☎563-7483).

Le **Magasin général de canal Boudreaux** *(lun-ven 7h30 à 16h, sam 7h30 à 12h; route d'État LA 56, Chauvin)*, qui a été construit vers 1940, recèle de belles antiquités ainsi que des pièces amérindiennes et des objets anciens.

Sportman's Paradise *(tlj 5h à 21h; 6830 route d'État LA 56, Chauvin, ☎594-2414)*. Avec ses huit bateaux, c'est la plus importante agence d'excursions de pêche en Louisiane. L'entreprise possède sa marina, son restaurant et son motel.

The Louisiana Universities Marine Consortium ★★ *(entrée libre; tlj 8h à 16h30; 8124 route LA 56, Chauvin, ☎851-2800)* est un «aquamusée» présentant les spécimens louisianais d'eau douce, comme des bayous, ou des eaux chaudes salées du golfe du Mexique. D'un poste d'observation, on a une vue panoramique sur la côte.

La région au nord-ouest de Houma

Gibson

Wildlife Gardens ★★ *(adulte 8$, enfant 3,25$; lun-dim 10h, 13h et 15h30; 5306 promenade du Bayou Noir Nord/Bayou Black North Drive; contactez Mme Betty Provost, ☎575-3676)*. Cette réserve faunique située dans un marais naturel offre une promenade à pied avec guide. Il y a des démonstrations sur la fabrication des appelants pour la chasse au canard. Leurs caches de piégeurs et leur ferme d'élevage d'alligators suscitent beaucoup d'intérêt chez les visiteurs, qui se voient également offrir un service d'hébergement incluant le petit déjeuner. Comptez environ 1 heure 30 min pour la visite.

Pierre-Part ★★

Si l'on contourne les lacs Palourde et Verret en quittant le pays du bayou Tèche pour s'acheminer vers La Nouvelle-Orléans, on entrera dans le pays du bayou Lafourche par Pierre-Part (route d'État LA 70). Cette région doit à son isolement, au milieu des marais, d'être restée très francophone, et les 'Cadiens qui y habitent vivent de pêche comme leurs ancêtres. En 1882, une inondation a ravagé Pierre-Part, emportant même l'église. Seule la statue de la Vierge y échappa; aujourd'hui encore, c'est à elle que s'adressent les prières des fidèles dans l'espoir de se protéger des intempéries.

Le programme de bain linguistique proposé par l'école de Pierre-Part a favorisé un renouveau du français dans la paroisse de L'Assomption, ce dont est très fière Mme Carole Aucoin, l'ancienne directrice de l'établissement qui fut l'initiatrice du projet et qui s'y intéresse toujours d'aussi près.

La région du bayou Lafourche

En descendant le bayou Lafourche, on peut apercevoir de belles maisons de style *antebellum* (d'avant la guerre de Sécession), victorien et Reine-Anne. La culture de la canne à sucre et la pêche, dans le golfe du Mexique, contribuent pour une bonne part à l'économie de cette région où vit une population réputée très active et besogneuse.

Napoléonville - Suprême

À la **plantation de Madewood ★★★** *(adulte 6$, enfant 4$; tlj 10h à 17h; 4250 route d'État LA 308, à 7 km environ de Napoléonville, ☎369-7151 ou 800-375-7151 des États-Unis)*, la résidence, construite en 1846, est considérée comme l'un des plus beaux spécimens d'architecture néoclassique, et son parc abrite le traditionnel cimetière familial. Il y a des possibilités d'hébergement dans ses neuf chambres. Madewood est à 26 km du pont «Sunshine», qui enjambe le Mississippi sur la route d'État LA 70 pour rejoindre l'autoroute I-10 (Bâton-Rouge - La Nouvelle-Orléans). La visite dure 45 min.

Thibodaux ★★

Thibodaux, le chef-lieu de la paroisse de Lafourche, a été fondée en 1820. On ne manquera pas l'intéressant circuit historique de son tour de ville.

Tour de la vieille ville de Thibodaux ★★. Le boulevard du Canal est bordé d'anciennes demeures avec vérandas parées d'intéressantes ornementations architecturales. À voir également : la **cathédrale Saint-Joseph** *(7e Rue)*, l'**église épiscopale Saint-Jean** *(angle rue Jackson et 7e Rue)*, la **Maison de Cour** (palais de justice) de la paroisse de Lafourche, la **maison Dansereau** et le **cimetière catholique Saint-Joseph**. Pour de plus amples renseignements, adressez-vous à la **Chambre de commerce de Thibodaux** *(1048 boulevard du Canal, ☎446-1187)*.

Plantation Laurel – Village historique de la vallée ★★★ (Laurel Valley Village) *(droit d'entrée; printemps-été : mar-ven 10h à 16h, sam-dim 12h à 16h; automne-hiver : 11h à 16h; route LA 308, à 9,6 km au sud de Thibodaux, ☎446-7456)*. L'une des plus grandes plantations de canne à sucre encore intactes laisse voir plus de 70 des «cases-nègres» qui étaient réservées aux esclaves. La plantation abrite également le **Musée de la vie rurale** ainsi que le **Magasin général**, servant à la fois de vitrine d'exposition et de boutique de vente aux artisans régionaux. On y parle le français.

Le **Centre culturel acadien des terres côtières - Parc national Jean-Lafitte ★★★** *(entrée libre; lun 9h à 19h30, mar-dim 9h à 17h, ven-dim 9h à 17h; 314 rue Sainte-Marie, le long du bayou Lafourche, ☎448-1375)* est intégré au parc national, et l'on y présente des expositions sur la vie des artisans acadiens des terres côtières : constructeurs de bateaux, pêcheurs et fermiers. Il y a des démonstrations de construction de bateaux, de la musique, de l'artisanat et la projection d'un film sur les divers aspects de la culture acadienne dans le sud-est de la Louisiane. La visite dure de 1 heure à 1 heure 30 min. Leur *jam session* de musique 'cadienne du lundi soir, de 17h30 à 19h, est fort courue.

Kraemer ★

Sur la route d'État LA 307, entre la US 90 et la LA 20, se trouve la petite

Jean-Lafitte - pirate et patriote

Jean Lafitte fait partie de ces personnages dont la légende s'empare volontiers. Né en France vers 1780 et mort autour de 1825, ce baroudeur des mers aura, entre-temps, été fort occupé. Arrivé très jeune dans les Antilles françaises avec Pierre, son frère aîné, il obtint de la république sud-américaine de Carthagène des «lettres de marque» qui lui permettaient d'attaquer à son profit les navires ennemis, anglais ou espagnols. Au début des années 1800, il se serait installé à La Nouvelle-Orléans en tant que forgeron, bonne couverture pour ses activités d'importateur d'esclaves et de contrebandier.

À la recherche de réseaux pour écouler ses prises, il découvrit bientôt les avantages de la baie de Barataria, que ses eaux marécageuses ouvrant sur le golfe du Mexique rendaient imprenable. C'est là qu'il forma sa bande de «baratariens» (mot d'origine espagnole signifiant «tricheurs»), dont les Anglais sollicitèrent l'aide en 1814 pour envahir La Nouvelle-Orléans tout proche, américaine, on le sait, depuis le traité de 1803 avec Napoléon. Soucieux d'échapper aux poursuites plutôt ses services au général Jackson, en échange d'un pardon que l'ardeur avec laquelle il se battit à la tête de ses hommes lui valut aisément. Il est, pour cette raison, considéré par plusieurs comme un héros de la jeune république américaine.

Par la suite, il fonda au Texas ce qui allait devenir Galveston, avant de reprendre sa vie de pirate jusqu'à ce qu'on perde sa trace après 1825. Jean Lafitte, dont le nom ne figure pas encore dans *le Petit Larousse*, devait inspirer Hollywood, où, dès 1937, le célèbre réalisateur Cecil B. de Mille en fit le héros des *Flibustiers*. Anthony Quinn tourna une nouvelle version de ce film en 1958, avec Yul Bryner dans le rôle principal.

Patriote ou pirate, Jean Lafitte reste présent en Louisiane, où l'on a donné son nom au Parc historique national ainsi qu'à une multitude de rues, avenues, boulevards et places publiques.

communauté de Kraemer, point de départ d'intéressantes excursions.

Aux **Torres Cajun Swamp Tours** *(10$ par pers.; tlj 9h à 17h sur réservation; 101 chemin Torres; route d'État LA 307, à 30 km au nord-est de Thibodaux, ☎633-7739)*, les visites guidées des marais se font en compagnie d'un authentique chasseur d'alligators. On y parle le français. Comptez deux heures pour l'excursion.

Les **Zam's Swamp Tours & Cajun Cookin'** *(adulte 12,50$, enfant 6$; tlj 10h30 et 15h30; 135 chemin du Bayou; à 20 min de Thibodeaux, sortie de la route LA 307 : au pont, prenez le chemin du Bayou, ☎633-7881)* proposent une promenade en bateau dans un marécage naturel. On peut visiter le musée, voir des alligators vivants, manger 'cadien et obtenir qu'un membre de la famille Tregle nous donne un aperçu de la culture francophone au pays de Lafourche. Comptez 2 heures 30 min pour la visite guidée, qui se déroule en français.

Des Allemands ★

Cette région située entre le bayou Lafourche et La Nouvelle-Orléans porte le nom de «Côte-des-Allemands» pour rappeler qu'à l'époque du Régime français, dès le milieu du XVIIIe siècle, des Allemands sont venus s'y installer. L'endroit est célèbre pour ses poissons-chats, comme en témoigne le **Festival louisianais du poisson-chat** (voir p 230), qui s'y tient chaque année au cours de la deuxième fin de semaine de juin.

Lockport

Les **Croisières 'cadiennes Juliana** (Juliana's Cajun Cruises) *(☎532-6538)* nous font explorer ce pays de marécages et de bayous.

Golden Meadow - Port-Fourchon - Grand'Isle

Grand'Isle, la seule île habitée de la Louisiane, recèle de belles plages de sable fin; au loin, dans le golfe du Mexique, apparaissent les plates-formes de forage. Les endroits de baignade étant rarissimes en pays louisianais, les amateurs de plages oublient ces inévitables plates-formes qui obscurcissent l'horizon. Quant aux campeurs, malgré tout, ils en apprécient le calme insulaire; et les ornithologues amateurs, la multitude d'oiseaux qui y trouvent refuge.

Petit-Caporal ★. Au cœur de Golden Meadow, ce bateau, construit en 1854, est le plus vieux crevettier qui reste en Louisiane.

Port-Fourchon. Port de pêche sur le golfe du Mexique, plages tranquilles, couchers de soleil superbes.

Île Grande Terre *(à l'est de la Grand'Isle)*. La visite de cette île accessible par bateau seulement se fait bien à pied : on peut y voir l'ancien **fort Livingston**, construit juste avant la guerre de Sécession, et le **laboratoire marin Lyle S. Saint-Amant**. S'y trouve également une **station d'aquaculture**, ouverte en semaine.

PARCS

Houma

Parc aquatique de Houma *(8$, après 17h 5$; tlj 10h à 18h; angle route 311 et rue Saint-Charles, au nord de Houma, ☎872-6143 ou 872-6144)*. Avec ses toboggans nautiques et ses piscines, le parc est l'endroit idéal quand il fait chaud! Il y a aussi un minigolf.

Grand'Isle

Parc d'État de Grand'Isle ★★ (Grand Isle State Park) *(sur la Grand'Isle, ☎787-2559)*. Le parc permet à ses usagers d'obtenir une foule de renseignements sur la géologie et l'histoire de l'île. Il y a des possibilités de baignade, de pique-nique, de pêche et de camping sur la plage.

HÉBERGEMENT

Houma

La Louisiane connaissant de longues périodes chaudes et humides, toutes les résidences ainsi que les commerces et bâtiments publics possèdent leur système d'air conditionné.

Chez **Bernard Whitney** *(2706 rue Principale Est, ☎873-7629)*, on trouve 18 emplacements entièrement aménagés pour véhicules récréatifs, une station d'essence et une laverie.

Le **A-Bear Motel** *(21-27; ≡, bp, tvc; 341 boulevard de La Nouvelle-Orléans, ☎872-4528)* offre toutes les commodités qui font la marque de ce genre d'établissement hôtelier.

L'**Economy Inn** *(32$; ≡, bp, tvc; 224 chemin Hollywood Sud/ Hollywood Road South, ☎851-6041, ⇌879-2889)* est une chaîne offrant à peu de frais tout le confort moderne.

Le **Sugar Bowl Motel** *(38$; ≡, bp, tvc, ℜ; 8053 avenue du Parc, ☎872-4521, ⇌872-5045)* est un autre établissement hôtelier économique. Cartes de crédit acceptées.

L'**Association 'cadienne de Bed and Breakfasts «Le Français à la maison»** *(45$ pdj; bp; 815 avenue Funderburk, LA 70364; contactez la responsable de l'association, Mme Audrey Babineaux George, ☎879-3285, www2.cajun.net)*. Ce réseau est un regroupement de *bed and breakfasts* 'cadiens offrant le petit déjeuner complet ainsi que d'autres repas sur demande. Et, comme il est indiqué, on parle le français partout. Aucune carte de crédit n'est acceptée.

Le **Grand Manoir Houma - Houma Grand Manor** *(42$, 47$, 55$ et 65$ pdj; bp; 217 Lynwood Drive, LA 70360, tout près de l'Office de tourisme de Houma-Terrebonne, ☎876-5493)* est une coquette maison de deux chambres. La généreuse hôtesse, Cecilia Rodriguez, offre, outre un généreux petit déjeuner, le dîner à qui en fait la demande. Mme Rodriguez, une authentique 'Cadienne, prend grand plaisir à causer français avec ses pensionnaires provenant des pays francophones. Il y a un service de buanderie. On fume dehors!

La Petite maison de bois *(45$ pdj; forfaits pour groupes; 4084 Southdown Mandalay, route 90 à l'ouest de Houma, ☎879-3815 ou 876-1582)*. Voilà une gentille maison 'cadienne ayant vue sur le bayou Noir (Bayou Black).

Le Jardin sur le Bayou *(80$ pdj; bp; 256 chemin de la Basse-Campagne/Lower Country Drive, à quelques kilomètres au sud-est de Houma, près de l'autouroute 24, Bourg, LA 70343, ☎594-2722, ⇌594-8973)*. La maison de Dave et de Jo Ann Coignet profite de la proximité d'une réserve ornithologique qui est enregistrée au répertoire des sites protégés par l'État. C'est donc un merveilleux endroit où séjourner pour les ornithologues amateurs ou professionnels. On ne manquera pas de profiter du merveilleux jardin du domaine des Coignet.

Thibodaux

Au **Court-Capri** *(à 6 km de Houma par la route nationale US 90 Est, prenez à gauche sur la route d'État LA 316 sur 6 km jusqu'au 101 Court-Capri, ☎879-4288, ☎800-428-8026 des États-Unis)*, les usagers profitent de 45 emplacements (toilettes, douches, piscine, laverie, pêche, débarcadère, sentiers). Tours guidés dans les marécages, visites de plantations, Mardi gras, etc. Ouvert toute l'année.

Camping du Bayou Neuf *(ouvert toute l'année; route d'État LA 56, entre Houma et Chauvin, ☎594-2628)*. Outre ses quatre emplacements sommaires, le camping propose des chalets pour six personnes avec eau, électricité, douches et toilettes. Épicerie, débarcadère, pêche, marina, excursions dans les marécages.

Maison Lovell - Lovell House B & B *(60$ pdj; 221 7e Rue Ouest, Thibo-*

daux, LA 70301, ☎446-2750). Au cœur de Thibodaux, l'hospitalité 'cadienne est au rendez-vous dans l'accueillante maison de Richard et Charlène Elmore, qui sont à l'aise en langue française. Ils parviennent à se débrouiller en allemand.

Chauvin

La **Marina Coco** *(20$ par nuitée; route LA 56, Cocodrie, à 45 km au sud de Houma, ☎594-6626)* appartient au même propriétaire que le Motel Co-Co. L'endroit compte 17 emplacements pour véhicules récréatifs : eau, électricité, épicerie, débarcadère, pêche. Ouvert toute l'année.

La **Marina - Motel Co-Co** *(motel 50$ par pers.; 100$ pour 4 pers., motel ou appartement partagé – condominium; forfaits disponibles; ≡, bp, tvc, ℜ; 106 Pier 56, ☎594-6626, ☎800-648-2626 des États-Unis)* est vraiment à la portée de toutes les bourses.

Gibson

Chez Linda *(ouvert toute l'année; tente 10$, véhicule récréatif 12$; route US 90, ☎575-3934)*. Linda dispose de 17 emplacements de camping ou de sites aménagés pour les véhicules récréatifs. Services disponibles : eau, toilettes, buanderie.

Aux **Jardins de la Faune - Wildlife Gardens** *(70$ pdj; 51$ pour chaque pers. additionnelle, forfaits pour groupes; ≡, bp; 5306 promenade du Bayou Noir Nord/Bayou Black North, à 22,4 km à l'ouest de Houma, ☎575-3676)*, on peut louer trois chalets tout confort dans un marais naturel. Chez James et Betty Provost, le petit déjeuner 'cadien est aussi délicieux que copieux. Depuis le balcon de la maison, on peut lancer de la nourriture aux alligators, qui vous en seront très reconnaissants. Sentiers, embarcations de promenade. On fume à l'extérieur. Aucune carte de crédit acceptée.

Napoléonville

Plantation Madewood - Bed & Breakfast *(215$ pdj; ≡, bp; 4250 route d'État LA 308, ☎369-7151, ⇌369-9848)*. La maison a conservé ses escaliers de bois et ses hauts plafonds d'origine. On y dîne aux chandelles.

Larose

Au **«Coucher-Déjeuner» des Gaudreaux - Bed & Breakfast** *(85$ pdj; bp/bc; 507 West 11th Street, ☎693-4316, ⇌693-4369)*, les pensionnaires profitent d'un cottage 'cadien tout confort et du bel étang se trouvant à proximité.

Cut Off

À La Maison Hassell - Bed & Breakfast *(85$ pdj; forfaits pour groupes; bp, ⊛, ℂ; 500 74e Rue Est, Cut Off, LA 70345, ☎632-8088, ⇌632-4694)*, la propriété de 11 ha donne sur le bayou Lafourche. Il y a des possibilités de louer un chalet de six chambres avec cuisinette équipée. Le petit déjeuner est typiquement américain, donc généreux. On fume à l'extérieur seulement. Aucune carte de crédit n'est acceptée.

Galliano

Le **Parc d'État de la Grand'Isle** *(accès au parc, adulte 2$, enfant 1$; C.P. 741, Grand'Isle, LA 70358, ☎787-2559)* se trouve tout au bout de l'île. On y dénombre une centaine d'emplacements de camping donnant sur la plage *(10$; aucun raccordement à l'eau et à l'électricité pour les véhicules récréatifs)* avec toilettes et douches communes. Aires de pique-nique, baignade, pêche en mer ou à partir du quai.

Au **Cigar's Marina - Camping** *(après le pont, à l'entrée de l'île, ☎787-3220)*, on trouve sur place, outre la marina évidemment, une épicerie et un restaurant. On y parle le français.

Au **Cajun Inn Motel** *(25-37; ≡, bp, tvc; route LA 1 Ouest, 217e Rue Ouest, ☎475-5677)*, on parle le français.

Grand'Isle

Si les tarifs pour les **chalets de Grand'Isle** se situent entre 55$ et 130$ par jour, selon la grandeur, on peut louer une chambre de motel à partir de 40$.

Au **Roussel's Beach Front Camp Ground** *(C.P. 263, Grand'Isle, LA 70358, ☎787-3393)*, le terrain appartient à Edna et Rodney Roussel; on offre tous les services pour les véhicules récréatifs. On parle le francais.

Le **Motel Cajun Holiday** *(à partir de 40$; ≡, bp, ℂ, ≈; 2002 route d'État LA 1, ☎787-2002)* dispose de 16 chalets entièrement équipés.

Le **Motel Offshore** *(à partir de 40$; ≡, bp, tvc, ℂ; au centre de la Grand'Isle, ☎787-3178)* profite de la proximité de la mer (golfe du Mexique).

Les **Appartements Bruce** *(60$; ℂ, ≡; location à la journée, à la semaine ou au mois; bp; route d'État LA 1, à gauche après le bureau de poste, ☎787-3374)* donnent sur la plage. Services et installations : buanderie, aires de préparation des fruits de mer. Les coûts y sont très raisonnables. Mme Irène Bruce parle le français.

Cabines et Marina Bridge Side *(50$, 70$ avec air conditionné; ℂ, bp; route d'État LA 1, au pont de la Grand'Isle, ☎787-2418 ou 787-2419, ⇌787-2146)*. Ici peuvent se louer des chalets entièrement équipés. Le parc accueille les véhicules récréatifs et dispose de deux quais pour les pêcheurs.

Cabines Sun & Sand *(75-85; ≡, bp, tvc, ℂ; adresse postale : C.P. 1094, Grand'Isle, LA 70358; 2 km après le pont Caminada, ☎787-2456)*. Les chalets de deux chambres, avec salon et patio, profitent d'une aire de préparation pour les fruits de mer et d'une table de pique-nique. La literie est fournie, pas les serviettes. Aux **Cottages Sea Breeze** *(60$; bp, ℂ; 3210 route d'État LA 1, ☎787-3180)* il y a la possibilité de louer un des neuf chalets de deux chambres avec salon. Les tarifs varient selon la saison.

RESTAURANTS

Houma

Au **French Loaf** *($; 6949 rue Westport, tout près du K-Mart, ☎851-6000)*, on prépare de très bons plats du jour, de savoureuses grillades ainsi que des «po-boys». Aucune carte de crédit acceptée.

Chez **Dave - Cuisine 'cadienne** *($; lun 10h30 à 14h, mar-jeu et sam 10h30 à 21h, ven 10h30 à 22h; 6240 rue Main West, ☎868-3870)*, on déguste au choix des fruits de mer, du crabe mou, du gombo ou des salades peu chers.

Chez **Dula et Edwin** *($; mar-dim 10h à 22h; 2424 chemin du Bayou Bleu, ☎876-0271)*, les pommes de terre farcies de fruits de mer sont délicieuses, de même que les écrevisses au court-bouillon et le crabe. On y joue de la musique 'cadienne tous les mardis soir.

Le **Bayou Delight** *($-$$; lun-jeu et dim 10h à 21h, ven-sam 10h à 22h; 4038 promenade du Bayou Noir/Bayou Black, face au quai d'Annie Miller, ☎876-4879)* est une chaleureuse maison qui propose une cuisine 'cadienne traditionnelle, y compris de l'alligator en sauce piquante, du gombo, des écrevisses au court-bouillon pimenté et de l'étouffée de crevettes. Il y a musique 'cadienne avec orchestre les vendredis et samedis.

Boulangerie - Supermarché Rouse *($-$$; 2737 rue Principale Ouest, ☎868-5033)*. C'est le seul endroit en ville où se procurer la fameuse «tarte à la bouillie», une pâte à beignets fourrée avec de la crème pâtissière.

Le **Restaurant de fruits de mer Highway 24** *($-$$; lun-jeu 10h30 à 21h; ven-sam 10h30 à 21h30; près de l'aéroport, Bourg, ☎563-7483)* se spécialise dans les *okras* frits, les croquettes de crabe, les écrevisses et les crevettes au court-bouillon ou frites.

À l'**Eastway Seafood West** *($-$$; dim-jeu 11h à 21h, ven-sam 11h à 22h; 1029 boulevard du Tunnel Ouest, ☎876-2121)*, on se sent comme en famille, et l'on se laisse tenter par les fruits de mer et les plats 'cadiens : étouffée d'écrevisses ou de crevettes, gombo et alligator en sauce piquante.

À la **Cafétéria Piccadilly** *($-$$; tlj 11h à 20h30; 1704 avenue du Parc/Park Avenue, ☎879-4222)*, comme dans toutes les Cafétérias Piccadilly, on prépare toujours soigneusement la cuisine locale.

Chauvin

La Brise du Bayou *($; tlj; 7h à 21h; 5531 autouroute 56/Hwy 56, ☎594-3388)*. Ici, on déguste des fruits de mer et des plats de cuisine familiale 'cadienne.

La Trouvaille *($-$$; oct à mai, mer-dim midi; ☎594-9503 ou 873-8005)*. Ici la cuisine est résolument maison; et l'ambiance, absolument chaleureuse. Musique le premier dimanche du mois en automne. Nous sommes chez les Dusenberry, champions du chant traditionnel acadien. Aucune carte de crédit acceptée.

Sportman's Paradise *($-$$; route d'État LA 56, sur le bayou Petit-Caillou, ☎594-2414)*. Dans un décor de camp de chasse, on sert des fruits de mer frais du golfe du Mexique. Petit déjeuner, déjeuner et dîner. Les heures d'ouverture varient selon la saison. Aucune carte de crédit acceptée.

Dulac

Au **Restaurant d'Annie - Annie's Restaurant** *($; tlj 8h à 22h; 5550 chemin du Grand-Caillou, par la route d'État LA 57)*, la patronne propose des fruits de mer ainsi que des plats traditionnels 'cadiens. Aucune carte de crédit acceptée.

Cocodrie

Point Cocodrie Inn *($$; dim-jeu 6h à 21h, ven-sam 6h à 22h; 8250 autouroute 56/Hwy 56, ☎594-4568)*. La maison se spécialise dans les poissons et fruits de mer. La maison inscrit quotidiennement sur son menu des plats authentiquement 'cadiens.

La **Marina Coco - Fruits de mer** *($$-$$$; tlj 6h à 21h; ☎594-6626)* se situe à proximité du port. Ce restaurant propose des poissons et des fruits de mer très frais, ainsi que des grillades, des crevettes au vin et des huîtres.

Labadieville

Le **Nubby Duck's** *($; lun-sam 9h à 14h, 2614 route d'État LA 1, ☎526-8869)* est un casse-croûte d'âge vénérable qui prépare une cuisine 'cadienne et bien d'autres spécialités typiques du Sud : poulet frit, *jambalaya*, salades, poulet grillé et pain de maïs.

Au Bayou - Bar laitier *($; route d'État LA 1)*. Ce casse-croûte sert des hambourgeois, un gombo aux crevettes et aux *okras*, ainsi que de rafraîchissantes boissons au lait glacé.

Thibodaux

Chez **Politz** *($-$$; mar-ven 11h à 13h30, dim 11h à 14h, mar-sam 17h à 21h; 535 rue Sainte-Marie Nord, ☎448-0944)*, le menu du restaurant se limite à peu : des fruits de mer, des hambourgeois et du gombo.

Chackbay

Chez **Boudreaux** *($; tlj 11h à 23h; 507 route 20, ☎633-2382)*, la cuisine 'cadienne est à l'honneur, avec spécialités d'alligator.

Kraemer

Chez **Edwina** *($; à côté de Zam's Swamp Tours, ☎633-5628)*, les spécialités sont l'alligator, la tortue et les fruits de mer. Aucune carte de crédit acceptée.

Des Allemands

Aux **Fruits de mer Chez Spahr's** *($$; lun-jeu 9h à 21h30, ven-dim 9h à 22h; 52 route US 90 Ouest, ☎758-1602)*, l'ambiance est détendue. Tout près, on a une vue sur les alligators, les tortues et autres hôtes des marais. Spécialités : poisson-chat Des Allemands, alligator sauce piquante, cuisses de grenouille, gombo.

Lockport

Le Po-boy de Blackie *($; route d'État LA 1, ☎532-5117)*. Les «po-boys» aux huîtres et aux crevettes de Blackie sont réputés et attirent une clientèle nombreuse à midi. Aucune carte de crédit acceptée.

Golden Meadow

Randolph's Cafe *($$; mer-dim 11h à 21h; 806 promenade du Bayou Sud/Bayou South Drive, ☎475-5272)*. Dans un décor de bistro français, on y mange des fruits de mer, des steaks et des plats du Sud louisianais. On y parle le français.

Grand'Isle

À la **Cigar's Cajun Cuisine** *($; tlj, 10h à 23h; avant le pont de la*

Grand'Isle sur votre gauche, ☎787-2188), les fruits de mer et les spécialités 'cadiennes sont concoctés par les francophones Bobby et Levita Cheramie. La marina voisine dispose de tout ce dont tout pêcheur et tout campeur peuvent avoir besoin.

Le resto de **Fruits de Mer Chez Camardelle** *($; 5h à 20h; route d'État LA 1, Chênière, ☎787-3222)* se situe tout près de la mer. Ses plats se composent de fruits de mer au court-bouillon, de chair de crabe, de crevettes à l'étouffée, de queues d'écrevisse et de crabe mou.

SORTIES

Calendrier des événements annuels

Février-mars

Défilés du Mardi gras

Houma *(M. Don Kinnard, C.P. 1995, Houma, LA 70361, ☎868-3806)*. La programmation varie d'une année à l'autre, mais le traditionnel défilé est toujours au rendez-vous.

Thibodaux *(Mme Nathalie Dantin, C.P. 340, Raceland, LA 70394, ☎537-5800)*. Le Mardi gras est l'événement le plus attendu de l'année et, pour ne rien manquer des festivités, demandez le programme à la personne responsable.

Avril

Bénédiction des crevettiers *(M. A. Dupré fils, ☎446-FAIR, Dulac)*. Défilé traditionnel des bateaux de pêche dans la rade et bénédiction annuelle des crevettiers.

Mai

La **Foire des pompiers** (Fireman's Fair) *(Thibodaux)*, célébrée depuis 1857, est devenue avec le temps une manifestation traditionnelle fort appréciée. Pour l'occasion, il y a défilé, manèges, musique, ventes à l'encan et repas communautaire. Elle se tient la première semaine de mai.

Le **Festival louisianais de la praline** *(Houma)*. Pour l'occasion, on confectionne la plus grosse praline du monde. La musique, l'artisanat et la cuisine sont aussi au programme. Il a lieu la première fin de semaine de mai.

Juin

Festival louisianais du poisson-chat Des Allemands *(Révérend Leszczynski, P. O. Drawer G, Des Allemands, LA 70003, ☎758-7542)*. Début juin, sur le thème du fameux poisson-chat, c'est la saison pour cette pêche : on danse, on chante et l'on mange... du poisson-chat!

Festival du Bon Manger de Gheens *(M. Lindel Toups, Raceland, LA 70394, ☎532-5889)*. Les 'Cadiens ne peuvent résister à cette invitation où il y a tant à boire et à manger. La localité organise annuellement ce gargantuesque festival la première semaine de juin.

Juillet

Rodéo international de tarpon de Grand'Isle *(M. Nickie Candies, Grand'Isle, ☎469-7700)*. Cette manifestation réunit chaque année, à la fin de juillet, plus de 3 000 amateurs de pêche au tarpon. Ceux-ci prétendent qu'il n'y a pas plus excitant à attraper qu'un spécimen de cette espèce, joliment surnommée par eux «l'acrobate argenté». Le «rodéo» attire annuellement à Grand'Isle environ 15 000 visiteurs.

Août

Bénédiction des bateaux de pêche *(Golden Meadow)*. C'est une vieille tradition acadienne que de bénir, chaque année, les bateaux de pêche dans la plupart des petits ports de pêche du golfe du Mexique, au cours de la première semaine d'août.

Au **Festival du patrimoine 'cadien** *(Galliano)*, il y a des démonstrations de fabrication d'artisanat local dont la réalisation de bateaux miniatures ou d'appelants pour la chasse au canard. Au programme, des compétitions, de la musique et de la cuisine. Troisième fin de semaine d'août.

Septembre

Le **Festival Pow Wow des Indiens houmas de Houma** *(Mme Janie Luster, 2247 chemin Brady, Thériot, LA 70397, ☎872-2917)*, la première semaine du mois, célèbre le patrimoine culturel des Houmas par des spectacles de danse et des chants amérindiens traditionnels.

Le **Festival de l'héritage 'cadien** (Cajun Heritage Festival) *(M. James Lynch, Cut Off, ☎175-7491)* se tient la deuxième semaine de septembre. On se rassemble alors à Cut Off pour faire de la musique, pour danser et pour déguster une multitude de plats régionaux.

Octobre

Le **Festival de la sauce piquante de Raceland** *(M. Larry Babin, 114 1re Rue, Raceland, LA 70394, ☎537-7638)* se déroule au début d'octobre, en pleine période des récoltes de l'explosif piment entrant dans la préparation de la sauce traditionnelle. Il fallait donc marquer le coup! Alors pourquoi pas un Festival de la sauce piquante, puisqu'elle fait partie de la table quotidienne de tout vrai Louisianais?

Festival du gombo de Chackbay *(M. Johnny Louvière, Thibodaux, LA 70301, ☎633-7789)*. Pendant la première semaine d'octobre, le plat national des 'Cadiens, et des Louisianais de toutes origines, a aussi sa fête... Et les 'Cadiens en font tout un plat!

Le **Festival louisianais de l'huître de Cut Off** *(M. Otis Pitre, ☎632-3800)*. Au cours de la deuxième semaine d'octobre, en pleine saison des fameuses huîtres du golfe du Mexique, les délicieuses huîtres se préparent de toutes les façons, et l'on organise cette fête en leur honneur.

Foire des pompiers volontaires de Raceland *(M. Richard Hackworth, 131 chemin de Service Sud/Service Road South, Raceland, ☎537-3524)*. Durant la troisième fin de semaine d'octobre, une foule d'activités se déroulent à l'occasion de ce «flamboyant» festival des pompiers, dont un bazar, des jeux, des manèges et une fête foraine.

Le **Festival de la vie lafourchaise de Mathews** *(☎537-5800)* est un hommage à la vie traditionnelle du pays du bayou Lafourche. Des expositions d'artisanat, des défilés en costumes d'époque, des démonstrations de fabrication du sirop de canne à sucre, des orchestres, une boucherie de saison, des plats régionaux et quelques autres activités se greffent à ce festival haut en couleur qui se tient la troisième fin de semaine d'octobre.

Festival de la cuisine française (French Food Festival) *(M. Henri Boulet, Centre municipal de Larose/Larose Civic Cen-*

ter, 307 5e Rue Est, Larose, ☎693-7355). Durant la dernière semaine d'octobre, il y a concours de gastronomie, démonstrations culinaires et dégustations à profusion.

Novembre

Au **Festival du patrimoine 'cadien de Raceland** *(M. Hamilton Dantin, 115 rue Lowerline Raceland, LA 70394, ☎537-3236 ou 537-5444)*, qui se tient la première semaine de novembre, les musiciens et chanteurs de l'Acadie louisianaise se donnent en spectacle.

Décembre

Noël sur le bayou *(Galliano)*. Un spectacle aussi éblouissant que multicolore à ne pas manquer : le défilé de bateaux parés de décorations de Noël sur le bayou Lafourche est féerique. Deuxième fin de semaine de décembre.

Noël à la plantation Laurel (Laurel Valley Village) *(route d'État LA 308, à 9,6 km au sud de Thibodaux; contactez Mme Ruby Landry, ☎447-2902)*. Pour le temps des fêtes, le village se pare d'une féerie de lumières et de décorations multicolores.

ACHATS

Houma

La Trouvaille *(route d'État LA 56, au sud de Houma, près de Chauvin, ☎594-9503)* est la boutique des amateurs d'artisanat local.

Shriever

L'**Épicerie Bourgeois** *(lun-ven 7h à 17h30, sam 7h à 15h; route 20, ☎447-7128)* prépare entre autres d'excellentes viandes fumées.

Thibodaux

Le **Magasin général du village de Laurel Valley** *(mar-dim 10h à 16h; route LA 308, ☎446-7456)* est un beau magasin général d'époque d'où l'on ressort toujours avec un petit quelque chose.

Mathews - Cut Off - Golden Meadow

Le **Marché et fruiterie Adam** *(tlj 6h30 à 18h30; 5013 route d'État LA 01, Mathews, ☎532-3165)* propose toute une gamme de produits régionaux, du sirop de canne, du miel, des accessoires pour la pêche et quelques souvenirs.

Productions Côte-Blanche de Glen Pitre *(en bordure du bayou Lafourche, Cut Off, face à la 69e Rue Ouest, ☎800-634-4104 ou 800-375-4100 des États-Unis)*. Chez le cinéaste 'cadien Glen Pitre, on trouve le magasin de produits louisianais le plus complet. Côte-Blanche est surtout un service d'achat par catalogue (livres, disques, films, vidéos, souvenirs, cartes, nourriture, etc.). On y parle le français.

La **Pâtisserie Dufresne** *(lun-dim 5h à 19h; 1706 rue Principale Ouest, Golden Meadow, ☎798-7780)* est également une boulangerie. On y fait ample provision de bons pains frais, de biscuits, de savoureuses tartes aux pacanes et de bien d'autres délices du pays.

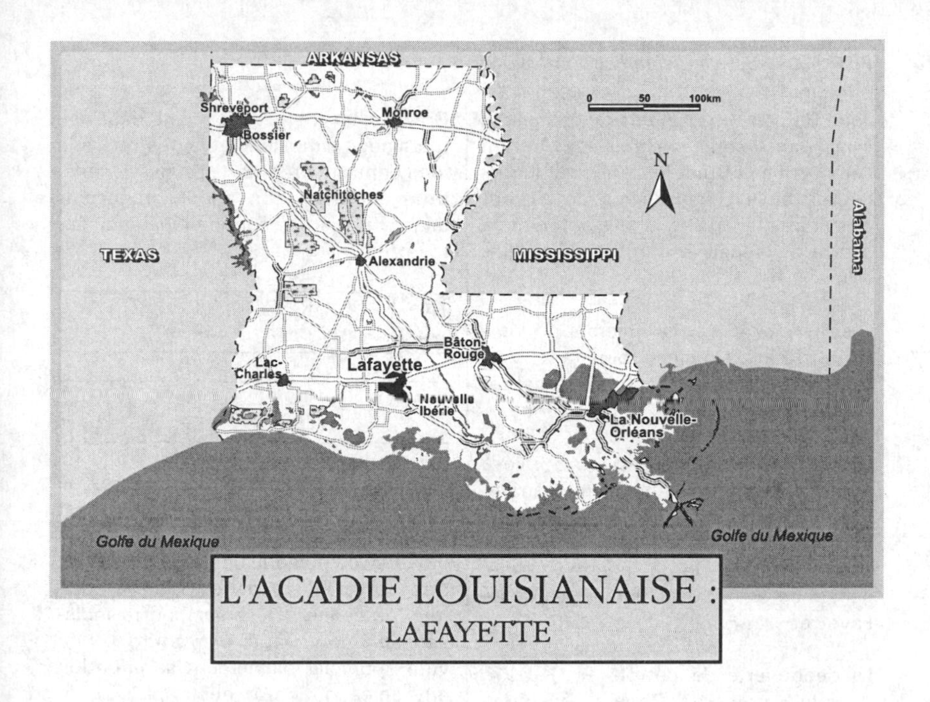

L'ACADIE LOUISIANAISE : LAFAYETTE

Acadie louisianaise ou «Acadiana» occupe à elle seule 22 des 61 circonscriptions (divisions) administratives ou «paroisses» que compte la Louisiane. Ses frontières, plus ou moins officielles, forment un triangle dont la base longe sur 200 km la côte dentelée du golfe du Mexique; elles suivent, à l'est, le Mississippi (environ jusqu'à La Nouvelle-Orléans) et obliquent, à l'ouest, à partir de la frontière du Texas, pour rejoindre au sommet, à environ 125 km au nord-ouest de La Nouvelle-Orléans, la paroisse des Avoyelles.

Si vaste soit-elle, l'Acadie louisianaise ne renferme aucune des grandes villes de la Louisiane. Sa capitale, Lafayette, arrive au quatrième rang derrière La Nouvelle-Orléans, Bâton-Rouge et Shreveport-Bossier, et elle est entourée de hameaux pour la plupart transformés en villes-dortoirs, comme Broussard, Carencro et Pont-Breaux. Il s'agit par contre d'une région fort animée, idéale pour apprécier la gastronomie et la musique 'cadiennes et créoles.

Capitale 'cadienne du sud de la Louisiane, Lafayette, dont la population métropolitaine atteint les 150 000 habitants, en est la ville pivot. Lafayette est située entre le bassin de l'Atchafalaya et la Prairie 'cadienne, sur les bords du bayou Vermillon, ainsi nommé pour la couleur rougeâtre de ses eaux. Ses premiers habitants furent les Acadiens. Déportés en 1755 de leur lieu d'implantation devenu le «Nouveau-Brunswick», l'«Île-du-Prince-Édouard» et la «Nouvelle-Écosse», ils s'établirent tout d'abord sur le bayou Tèche. À la suite de conflits avec la communauté aristocrate créole, ils se déplacèrent vers l'ouest, sur le site actuel de la ville, au croisement du bayou Tortue et de la «rivière» Vermillon, appelée dans le nord «bayou» Vermillon. En 1812, une mésentente éclata entre l'Acadien Jean Mouton et le spéculateur anglais

John Reeves, chacun désirant établir la ville sur son territoire. Mouton l'emporta en offrant le terrain sur lequel l'église et le palais de justice allaient être érigés. En 1836, la ville obtenait sa charte et prenait le nom de Vermillonville.

C'est en 1756 que la rivière s'ouvrit à la navigation. Un siècle plus tard, Vermillonville était devenue un centre commercial et culturel d'importance.

Le chemin de fer desservait la ville à partir de 1880, trois ans avant d'arriver à San Francisco. C'est en 1884 que Vermillonville prit le nom du célèbre héros français de la guerre d'Indépendance américaine, le marquis de La Fayette.

La découverte de pétrole en 1900 à Anse-la-Butte (Pont-Breaux) y amena les grandes sociétés pétrolières qui la préféraient au trop lointain Texas. En 1959, le Centre pétrolier Heymann n'abritait pas moins de 250 entreprises, et, de 1960 à 1970, la population doubla presque, passant de 40 000 à 70 000 habitants. Cette croissance, associée à l'augmentation de la population étudiante à l'Université du Sud-Ouest de la Louisiane, favorisa l'éclosion des arts et de la culture.

Dans les années quatre-vingt, la chute des prix du pétrole entraîna la dégringolade économique de la ville. En 1986, le nombre des faillites dépassa même celui de la crise de 1929.

Depuis quelques années, l'activité économique de Lafayette semble en nette progression. Le taux de chômage y est l'un des moins élevés de l'État et, en juin 1997, la revue économique *Money* classait la région de Lafayette au deuxième rang des meilleurs endroits où vivre en Louisiane après La Nouvelle-Orléans.

Grâce à un intérêt croissant des visiteurs pour la musique et la gastronomie 'cadiennes et créoles, le tourisme constitue également un apport important dans l'industrie économique de Lafayette.

POUR S'Y RETROUVER SANS MAL

Lafayette

Lafayette est située à deux heures de route de La Nouvelle-Orléans. Il est facile de s'y rendre en autocar, en train ou en avion puisque ces trois modes de transport desservent fort bien la capitale 'cadienne. Il est par contre indispensable de voyager en voiture si l'on veut apprécier pleinement sa situation privilégiée au cœur géographique du pays 'cadien. La première chose à faire en y arrivant est de se munir d'un plan de la ville, les rues étant d'un enchevêtrement indescriptible. Comme à La Nouvelle-Orléans, elles rayonnent à partir de la rivière et se recoupent en angles anarchiques. La route nationale US 90 et l'ancienne route d'Abbéville (LA 167) se superposent aux autoroutes plus récentes et à leurs embranchements.

Au nord de Lafayette, on rencontre l'autoroute I-10, qui traverse l'État d'est en ouest. De la sortie 103 B, on accède à l'Évangéline Thruway Sud-Est, qui va vers le sud en passant par le centre-ville.

On arrive du nord par l'autoroute I-49, qui devient, à Lafayette, l'Évangéline Thruway Sud-Est.

On vient du sud par la nationale US 90, qui prend le nom d'Évangéline Thruway Nord-Ouest à Lafayette.

La principale artère, la rue Jefferson, se situe à l'est de l'Évangéline Thruway.

Aéroport

Lafayette est desservie par les compagnies aériennes American Eagle, Atlantic Southeast Airlines (correspondance Delta), Continental, Northwest Airlink et USAir. L'aéroport est situé au sud de la ville, et l'on y accède par la nationale US 90.

Aéroport régional de Lafayette
200, promenade Terminal
☎(318) 266-4400

Depuis les États-Unis, appelez :

American Eagle : ☎800-433-7300
Continental : ☎800-523-0280
Atlantic Southeast Airline (Delta Connection) : ☎800-282-3424
Northwest Airlink : ☎800-225-2525
USAir : ☎800-428-4322

Autocars

Greyhound Bus Lines
315, avenue Lee
Lafayette
☎(318) 235-1541

Cette compagnie d'autocars dessert les villes situées le long des routes nationales. Le trajet Lafayette - La Nouvelle-Orléans coûte 18$; Lafayette - Bâton-Rouge, 12$; Lafayette - Lac-Charles, 11$, et Lafayette - Alexandrie, 16$.

Horaire des autobus :
Lafayette - La Nouvelle-Orléans
Départs de l'aéroport : 9h et 14h.
Départs de la gare centrale : 7h, 8h30, 9h45, 12h30 et 13h30.

Trains

Amtrak : ☎800-872-7245
(des États-Unis)

Horaire de trains :

De Lafayette à La Nouvelle-Orléans : départ à 15h33 et arrivée à 19h35 (dim, mar, jeu).

De La Nouvelle-Orléans à Lafayette : départ à 13h20 et arrivée à 16h28 (lun, mer, ven).

IMPORTANT : le train repart sitôt les wagons déchargés et les passagers montés à bord.

Le train en direction de La Nouvelle-Orléans poursuit ensuite son itinéraire jusqu'en Floride, puis s'arrête à Jacksonville d'abord, puis à Miami.

Location de voitures

On trouve plusieurs agences dont :

Agency Rent-a-Car
3909, rue du Congrès Ouest
☎(318) 988-0186

Avis
100, John Glenn Drive
☎(318) 234-6944

Budget
200, Terminal Drive
☎(318) 233-8888
⇄(318) 233-0501

Hertz
200, Terminal Drive
Aéroport régional
☎(318) 233-7010
⇌(318) 233-7012

National Car Rental System
Aéroport régional
☎(318) 234-3170

Airport Thrifty
401, route Pinhook Est
☎(318) 237-1282 ou 989-9933

Acadiana auto And Truck Rental
2433, rue Cameron
☎(318) 237-6121

Rent-a-Wreck
4480, rue Johnston
☎(318) 981-7433
☎800-554-7433 des États-Unis

Stan's Rent a Van
(location de fourgonnettes)
2500, chemin Footage Nord-Est
(le long de l'Évangéline Thruway)
☎(318) 237-5729
(on y parle le français)

Enterprise Rent-a-Car
135, chemin James-Comeaux
☎(318) 237-2864

Taxis

AAA Cab : ☎(318) 264-9709
Acadian Cab : ☎(318) 264-9709
Acadiana Yellow Cab :
☎(318) 237-5701
Affordable Cabs of Acadiana :
☎(318) 234-2111
City Cab : ☎(318) 235-7515
City Dixie Cab : ☎(318) 235-7517
Dixie Cab : ☎(318) 237-3333

Transports en commun

Société de transport de la communauté urbaine de Lafayette
(City of Lafayette Transportation)
☎(318) 261-8570

Les transports en commun ne sont pas très développés en Louisiane (presque tout le monde roule en voiture), mais il existe à Lafayette un service de transport très avantageux pour le visiteur sans voiture.

Services routiers

D & S Automotive
304, rue Saint-Antoine Sud
☎800-296-8028
(le propriétaire, Darrell Domingue, parle le français)

Gauthier's R.V. Center
Autoroute I-49
Sortie chemin du Pont-des-Moutons
☎(318) 235-8547
ou 800-235-8547
(pièces et service pour véhicules récréatifs)

Remorquage A-1 Discount
407 ½, chemin Pecan Grove
☎(318) 232-2124
(24 heures sur 24; cartes de crédit acceptées)

Remorquage Ace
☎(318) 896-6135
(24 heures sur 24; cartes de crédit acceptées)

Les remorquages Benoît
200, chemin Pecan Grove
Lafayette
☎(318) 235-0327

Réparations d'autos Grossie
503, avenue Mudd
☎(318) 234-3761
(lun-ven 8h à 17h)

Carencro

De Lafayette, empruntez l'autoroute I-49 Nord sur 8 km ou, à partir de la rue Université, continuez en direction nord.

Services routiers

Remorquage Faul's et U-Haul
4129, rue Saint-Joseph
☎(318) 873-3622 ou 896-0041
(service 24 heures; location de voitures d'occasion)

Broussard

De Lafayette, suivez l'Évangéline Thruway Sud-Est, ou nationale US 90, sur 8 km. On accède également à Broussard par le chemin Pinhook, ou route LA 182.

Milton

De Lafayette, suivez la rue Johnston, ou route LA 167, en direction d'Abbéville jusqu'à Maurice, où vous emprunterez la route LA 92 Est sur 5 km.

RENSEIGNEMENTS PRATIQUES

L'indicatif régional est le 318.

Renseignements touristiques

Office des congrès et du tourisme de Lafayette (Lafayette Convention and Visitors Commission)
1400, Évangéline Thruway Nord-Ouest
C.P. 52066
Lafayette, LA 70505
☎232-3808 ou 232-3737
☎800-346-1958 *(des États-Unis)*
☎800-543-5340 *(de l'Amérique du Nord)*
⇌232-0161
(tlj 9h à 17h)
lcvc@worldnet.att.net

Urgences

Police, pompiers, ambulances
☎911

Police

Bureau du shérif de la paroisse de Lafayette
☎232-9211

Ambulance

Service acadien d'ambulances
Urgence : ☎911
☎267-1111

Hôpitaux

Clinique médicale Columbia du Sud-Ouest de la Louisiane
(Columbia Medical Center of Southwest Louisiana)
2810, Ambassador Caffery Parkway
Lafayette
☎981-2949

Centre médical régional Notre-Dame-de-Lourdes
(Our Lady of Lourdes Regional Medical Center)
611, rue Saint-Landry
Lafayette
☎289-2000
(entre les rues Johnston et du Congrès)

Hôpital de la Charité
Centre hospitalier universitaire
(University Medical Center)
2390, rue du Congrès Ouest
Lafayette
☎261-6064

Hôpital général pour femmes et enfants
(Women's & Children's Hospital)
4600, Ambassador Caffery Parkway
Lafayette
☎981-9100
(au sud du chemin Kaliste-Saloom)

Banques

The First National Bank
600, rue Jefferson
Lafayette
☎265-3200

The Whitney National Bank
911, avenue Lee
Lafayette
☎264-6000

Bureaux de poste

Central
1105, rue Moss
Lafayette
☎269-4800

Succursale centre-ville
101, rue Jefferson
Lafayette
☎232-4910

Succursale Oil Center
1031, boulevard Coolidge
Lafayette
☎234-3822

Succursale Southside
3609, Ambassador Caffery Parkway
Lafayette
☎988-3732

Bureau de poste de Broussard
4200, route US 90 Est
Broussard
☎837-6651

Bureau de poste de Carencro
509, rue Bernard
Carencro
☎896-6884

Villes jumelées

À Lafayette

Le Cannet (France), Longueuil (Québec), Moncton (Nouveau-Brunswick, Canada, Namur (Belgique) et Poitiers (France).

Bureau du maire
Adresse postale :
C.P. 4017-C
Lafayette, LA 70502
(☎261-8300)

À Broussard

Broussard est jumelée à Cap-Pelé (Nouveau-Brunswick).

Bureau du maire
612, rue Principale Est (Main East)
Broussard, LA 70518
☎837-6681

Associations

Le Conseil pour le développement du français en Louisiane (CODOFIL)
217, rue Principale Ouest
Lafayette, LA 70501
☎262-5810

Action 'Cadienne
M. Zachary Richard
C.P. 30104
Lafayette, LA 70593-0104
☎984-1422
www.rbmulti.nb.ca/cadienne.cadienne.htm

Note : Action 'Cadienne, qui a mission de promouvoir la langue et la culture 'cadienne, a comme devise «Ensemble, on est capable!».

Association francophone Louisiane-Belgique
M. John C. Broussard
735, rue Jefferson
Lafayette, LA 70501
☎268-5474

Association des relations internationales d'Acadiana
Mlle Iva Clavelle
Université du Sud-Ouest de la Louisiane (USL)
C.P. 42849
Lafayette, LA 70504-2849
☎233-4550

Créole Inc.
(Association culturelle créole)
M. Melvin César
C.P. 2505
Lafayette, LA 70502
☎232-9076 ou 232-6216

Le Centre Greenhouse pour les aînés
(The Greenhouse Senior Center)
Mme Claire Hernandez
110, Évangéline Thruway Nord-Est
Lafayette, LA 70501
☎261-8456
(centre de loisirs pour les aînés; accueil des visiteurs francophones)

Les Amis du CODOFIL
M. Lee Broussard
526, Circle Robert Lee
Lafayette, LA 70506
☎235-1478
(accueil des francophones de passage)

The Pi Delta Phi - Chapitre Psi
Mme Mathé Allain
Université du Sud-Ouest de la Louisiane
C.P. 43331
Lafayette, LA 70504-3331
☎231-6811
(conférences et causeries le premier jeudi de chaque mois pendant l'année scolaire)

Association 'cadienne des musiciens francophones
(Cajun French Music Association CFMA)
207, chemin Notre-Dame
Lafayette, LA 70506
☎800-487-0981 des États-Unis

Médias francophones

Stations de radiodiffusion en langue française en Louisiane

La programmation en français étant irrégulière, en voici les horaires.

Lafayette

KJCB 770 AM : ☎233-4262
Programmation créole («zarico»)
(dim 12h à 14h, lun 7h à 9h, sam 9h à 11h)
Programmation créole et afro-américaine (gospel)
(lun-sam 4h à 9h, dim 4h à 12h)

KRVS 88,7 FM : ☎482-5668 ou 482-5787
Programmation 'cadienne, créole et française,
(lun-ven 5h à 7h, dim 6h à 17h);
«Zarico»,
(sam 6h à 12h);
Bonjour Louisiane,
animateur Pete Bergeron *(lun-sam 5h à 7h)*;
Michot Mercredi,
animateur Rick Michot *(mer 6h à 7h)*;

Le Congrès mondial acadien de la Louisiane en 1999

En août 1994 se tenait en Acadie du Nord, au Nouveau-Brunswick, le premier Congrès mondial acadien. C'était là le plus important rassemblement international du peuple acadien depuis le «Grand Dérangement» en 1755. L'événement avait attiré dans la province maritime canadienne, autrefois rattachée à l'Acadie, comme l'étaient aussi les provinces voisines de la Nouvelle-Écosse et de l'Île-du-Prince-Édouard, plus de 300 000 membres de la diaspora acadienne. Fort de ce grandiose succès, la deuxième édition de cette rencontre aura lieu en Louisiane à l'été 1999.

Du 31 juillet au 15 août 1999, année du tricentenaire de la Louisiane française et du trentième anniversaire du Conseil pour le développement du français en Louisiane (CODOFIL), le Congrès mondial acadien tiendra de nombreuses manifestations dans l'ensemble des 22 paroisses de l'Acadie louisianaise : jumelages de villes et de villages 'cadiens avec d'autres municipalités acadiennes et francophones d'Amérique du Nord et d'Europe, rassemblements de familles acadiennes et 'cadiennes du monde entier, festivals (cinéma, théâtre, musique, gastronomie) et conférences. Les cérémonies de clôture de l'événement se termineront par un mégaconcert au Cajundôme de Lafayette, le jour même de la Fête nationale (et internationale) des Acadiens, le 15 août.

Pour tout renseignement concernant les différentes activités qui se dérouleront à cette occasion, veuillez vous adresser à M. Brian Comeaux :
Congrès mondial acadien de la Louisiane 1999
CMA-Louisiane
C.P. 3804
Lafayette, LA 70502-3804
☎234-6166
⌯233-9353

La FrancoFête 1999

La FrancoFête 1999 a été créée par le Conseil pour le développement du français en Louisiane (CODOFIL) et parrainée par l'Office du tourisme de la Louisiane. Les manifestations, qui auront lieu dans toutes les régions, ont débuté le 1er janvier 1999, ouvrant ainsi l'année du tricentenaire de la Louisiane française, et se termineront le dernier jour de la même année, le 31 décembre 1999.

Pour tout renseignement concernant les différentes activités de la FrancoFête qui se dérouleront à cette occasion, ou pour participer aux manifestations, on s'adresse à M. Curtis Joubert, à l'**Office du Tourisme de la Louisiane** *(C.P. 94291, Bâton-Rouge, LA 70804-9291; ☎504-342-6799, ☎457-5864)*.

Boîte à Musique,
animateur Olivier Châtelain *(mer 21h à 23h)*;
Zarico est pas salé!,
animateurs John Broussard et Melvin César *(sam 6h à 12h)*;
Le Rendez-Vous des Cajuns,
émission préenrégistrée en public et radiodiffusée *(sam 18h à 20h)*;
Bonjour Dimanche,
animateur Pete Bergeron *(dim 6h à 9h)*;
Le Bal de Dimanche,
animateur Jules Guidry *(dim 12h à 16h)*;
Mélange du Monde,
animateur Tracy Fontenot *(dim 16h à 17h)*.

FOXY 106 FM : ☎898-1112
Programmation créole («zarico»)
(dim 10h30 à 14h)

KFXZ 106,3 FM
Programmation créole («zarico»)
The Paul Cluse Show,
animateur Paul Cluse *(sam 6h à 11h)*.

Chaînes de télévision

TV5
Câble 37
☎262-5810 (CODOFIL)
(Télévision des communautés francophones)

Acadiana Open Channel (AOC)
Câble 5
☎232-4434

KATC-TV3
Câble 4
☎235-3333
Zarico Extravaganza (dim 15h)

KLFY-TV10
Câble 11
☎981-4823

KADN TV-15
Câble 8
☎237-1500

LPB
Câble 13
☎800-272-8161
(Louisiana Public Broadcasting)
La télévision d'État diffuse un bulletin de nouvelles nationales et internationales en français *(dim 12h)*.

Journaux

Le ***Lafayette Daily Advertiser*** est le seul quotidien de la capitale 'cadienne. Charles Larroque *(☎289-6300)* y signe «Ça se plume» (Ça se plume : *Tout va très bien*, en langue 'cadienne), l'unique rubrique du journal qui soit rédigée en français.

L'édition du vendredi du quotidien fait paraître la liste des événements intéressants de la semaine.

The Times of Acadiana *(☎237-3560)*, un hebdomadaire gratuit, publie la liste la plus complète des événements culturels. On le trouve au Centre d'information touristique et dans tous les lieux publics (supermarchés, restaurants, etc.).

Soccer

L'équipe de soccer **Lafayette Swampcats** *(saison de juin à août; 5-25; Cajundôme de Lafayette, ☎265-2100)*.

Serruriers

Lafayette Locksmith Service
411, chemin Kaliste-Saloom
Lafayette
☎261-5464
☎800-737-7091 des États-Unis

La Louisiane à vol d'oiseau ★★★

Une entreprise propose un passionnant **survol des marais côtiers et du bassin de l'Atchafalaya en avion**. On s'adresse à **Lafayette Aéro** *(99$ pour 3 passagers, réservations nécessaires, durée 1 heure; 123 promenade Grissom/Grissom Drive, départ à l'aéroport de Lafayette, ☎234-3100, ⇄272-0260)*. Le Cessna 172 vole à basse altitude au-dessus des marécages côtiers de la pointe Cypre-Mort, pousse une pointe jusqu'à Franklin, à l'est, revient en direction du bayou Tèche et poursuit enfin son vol vers Henderson, où apparaît le bassin de l'Atchafalaya. Le pilote Martin Angelle vole suffisamment bas pour permettre aux excursionnistes d'admirer, de photographier ou de filmer la riche faune de cet environnement particulier où abondent entre autres le cerf et le dindon sauvage. Le pilote parle le français.

Bonnet's Key & Lock
410, boulevard Sainte-Marie Ouest
Lafayette
☎233-6644

Quincaillerie

Quincaillerie Guidry *(lun-ven 7h à 17h, sam 7h à 13h; 1818 rue Jefferson, Lafayette, ☎234-5253)*. On y trouve de tout, depuis les boulons jusqu'à l'équipement pour faire bouillir les écrevisses. On y parle le français.

Tours guidés «La Louisiane francophone»

Allons à Lafayette! *(127 rue Baudoin, Lafayette, LA 70503, ☎988-5003 ou 800-264-5465)*. Spécialisé dans l'accueil et l'hébergement des visiteurs francophones auxquels on propose des visites guidées en français de la capitale 'cadienne, des soirées et des repas traditionnels.

L'**Acadiana To Go** *(619 avenue Woodvale, Lafayette, LA 70503, ☎981-3918)* organise des itinéraires guidés en français à travers l'Acadie louisianaise.

International - Tour de la Louisiane *(C.P. 52449, Lafayette, LA 70505-2449, ☎233-3972, ⇄233-3952)*. Circuits touristiques de 8, 9 ou 11 jours avec guides parlant la langue des clients. Au cours de ces circuits, on aura droit à la visite de plusieurs villes, musées, plantations et monuments, ainsi qu'à des «soirées en boîte», à un déjeuner dans une réserve amérindienne, à une croisière de découverte sur l'Atchafalaya, à une soirée de jazz à bord du *Natchez*, à un «fais dodo», etc.

The French Louisiana Bike Tours *(601 chemin Pinhook Est, Lafayette, LA 70501, ☎232-5854 ou 800-458-4560 des États-Unis, ⇄232-6688)* dispose de forfaits intéressants pour la visite du pays des 'Cadiens et des Créoles. Il s'agit d'excursions à vélo de 48 à 90 km par jour. On pédale en groupe de 8 à 14 personnes à travers de petits villages de campagne, des régions de marais et de prairies, etc. Les randonnées sont bien étudiées, et l'on fait halte dans les meilleurs sites touristiques de la région (auberges, cuisine authentique, musique, danse). On propose trois tours : **Le Tour du Pays 'Cadien** *(750$ pour 5 jours, petits déjeuners et déjeuners inclus; oct, mars, avr)*; **Le**

Tour Musique-Cuisine 'cadienne *(595$ pour 4 jours, petits déjeuners, déjeuners et ticket pour le Théâtre Liberté inclus; oct, nov, mars, avr)*; **Au Mardi gras à Vélo**! *(750$ pour 4 jours, petits déjeuners, déjeuners et quelques dîners inclus; costume du Mardi gras; ticket pour le Théâtre Liberté, le Bal du Mardi gras et le Courir du Mardi gras)*. Également location de vélos : 89$ pour les trois tours. Cartes de crédit pour les arrhes seulement.

Autres circuits guidés

Le **parc national Jean-Lafitte** *(tlj 8h à 17h)* propose aussi des circuits touristiques en français d'une durée de 1 heure (voir ci-dessous).

ATTRAITS TOURISTIQUES

Lafayette ★★

La capitale de l'Acadie louisianaise, carrefour de la francophonie universelle, est aussi une ville universitaire et culturelle. Lafayette, qui se nomma Vermillonville de 1836 à 1880, conserve jalousement tout ce qui la rattache à son patrimoine. Les descendants des Acadiens, composant la grande majorité de sa population, n'hésitent pas un instant à faire connaître et découvrir aux visiteurs les multiples facettes de leur culture et de tous ces merveilleux endroits reliés à leur émouvante histoire.

Centre culturel acadien au parc national Jean-Lafitte ★ *(tlj 8h à 17h; rue Sur rey, près de la route US 90 en face de l'aéroport, ☎232-0789)*. Avec ses expositions et son excellent film en français sur le «Grand Dérangement», trame historique relatant la Déportation par les Anglais des populations d'Acadie en 1755, le Centre propose l'information la plus complète sur l'histoire et la culture des 'Cadiens. Il est, pour cette raison, le meilleur point de départ de toute visite de la ville, et l'on y trouve des guides parlant le français.

Maison d'Alexandre Mouton ★ *(adulte 3$, aîné 2$, enfant 1$; mar-sam 9h à 17h, dim 15h à 17h; 1122 rue de Lafayette, ☎234-2208)*. Cette ancienne résidence d'Alexandre Mouton, qui fut le premier gouverneur démocrate de l'État, a été construite en 1800 et est aujourd'hui inscrite au Registre national des sites historiques. On peut y admirer des objets et documents relatifs à la guerre de Sécession, ainsi que du mobilier d'époque et des costumes du Mardi gras.

Cathédrale Saint-Jean-l'Évangéliste ★ *(tlj 6h à 18h; 914 rue Saint-Jean, ☎232-1322)*. Cet édifice d'inspiration gothique datant de 1916 est le siège du diocèse de Lafayette. Il est flanqué d'un chêne impressionnant, vieux de 500 ans. Il faut aussi visiter le cimetière, dont les plus anciennes stèles portent des inscriptions en français.

Centre international de Lafayette *(735 rue Jefferson, ☎268-5474)*. L'ancien hôtel de ville, devant lequel se trouve la statue du général Alfred Mouton, est maintenant le siège de l'Office de la promotion du commerce et des affaires internationales pour Lafayette.

Maison du CODOFIL ★ *(217 rue Principale Ouest/Main St., ☎262-5810)*. Le Conseil pour le développement du français en Louisiane fut créé en 1968 par James Domengeaux. Cette agence de l'État œuvre pour la propagation du français, surtout dans le domaine de l'éducation des jeunes. Elle loge dans l'ancien et bel hôtel de ville de Lafayette.

Alliance des Artistes ★ *(mer-ven 11h à 17h; 121 rue Vermillon Ouest, ☎233-7518)*. Situé dans une ancienne quincaillerie, ce centre d'arts visuels présente des expositions itinérantes ou des œuvres d'artistes locaux.

Université du Sud-Ouest de la Louisiane (USL) ★ *(angle des rues de l'Université et Sainte-Marie)*. Le centre du campus est occupé par un marécage entouré de cyprès couverts de mousse espagnole, d'où son nom de Lac-des-Cyprès. On peut y admirer un bel échantillon de la flore et de la faune locales, caïmans compris. L'USL est la seule université américaine où l'on peut obtenir un doctorat en études francophones.

Musée d'art de l'Université du Sud-Ouest de la Louisiane ★ *(lun-ven 9h à 16h, dim 14h à 17h; 101 promenade du Parc Girard/Girard Park Dr., ☎482-5326)*. Expositions d'art contemporain, arts décoratifs et collections permanentes dans l'édifice de la Fondation.

Bibliothèque Dupré de l'Université du Sud-Ouest de la Louisiane ★ *(lun-jeu 7h30 à 23h, ven 7h30 à 18h, sam 10h à 18h, dim 14h à 23h; angle boulevards Sainte-Marie et Hebrard, ☎482-6039)*. Dans le hall d'entrée, coupures de presse et photos constituent une source précieuse de renseignements sur l'industrie pétrolière, la généalogie et la culture de la région.

Musée d'histoire naturelle - Planétarium ★ *(entrée libre; lun, mer, jeu 9h à 17h, mar 9h à 21h, sam-dim 13h à 17h; 637 promenade du Parc Girard/Girard Park Dr., ☎291-5544, ⇌291-5464)*. Le musée présente d'intéressantes expositions sur l'environnement de même que des expositions interactives et une «salle des découvertes». Représentations diverses au Planétarium les lundis et mardis.

Le **Village Acadien - Musée de la Vallée du Mississippi** ★★ *(adulte 6$, aîné 4$, 6-14 ans 2,50$; tlj 10h à 17h; 200 promenade Green Leaf, en sortant du chemin Ridge de Lafayette, ☎981-2364 ou 800-962-9133 des États-Unis)*. Cadre authentique de la société acadienne du XIXe siècle. Presque toutes les structures sont originales. Visites guidées en français.

Parc thématique de Vermillonville ★★ *(adulte 8$; aîné 6,50$; étudiant 5$; tlj 10h à 17h, fermé à Noël et au jour de l'An; 1600 rue Surrey, ☎233-4077 ou 800-99-BAYOU des États-Unis)*. Parc de 9 ha entre la rivière Vermillon et l'aéroport de Lafayette : village acadien avec plantation, école, chapelle, etc. Démonstrations d'artisanat, concerts, expositions, conférences et autres manifestations culturelles 'cadiennes et créoles. Un restaurant est intégré au centre : **La Cuisine de maman**, où l'on propose des repas à 8$.

Piste de l'azalée ★ *(☎232-3737)*. Visite guidée, à travers les rues de la ville, des célèbres sites et parcs d'azalées de Lafayette : floraison de la mi-mars à la mi-avril.

The Crepe Myrtle ★ *(à partir de la banlieue nord de Lafayette)*. Piste d'une quarantaine de kilomètres le long de la rivière Vermillon. À bicyclette ou en voiture, on traverse des endroits ombragés avec des pâturages et des fermes d'élevage de chevaux. Les cyclistes apprécieront les terrains plats, la circulation rare et la signalisation nette.

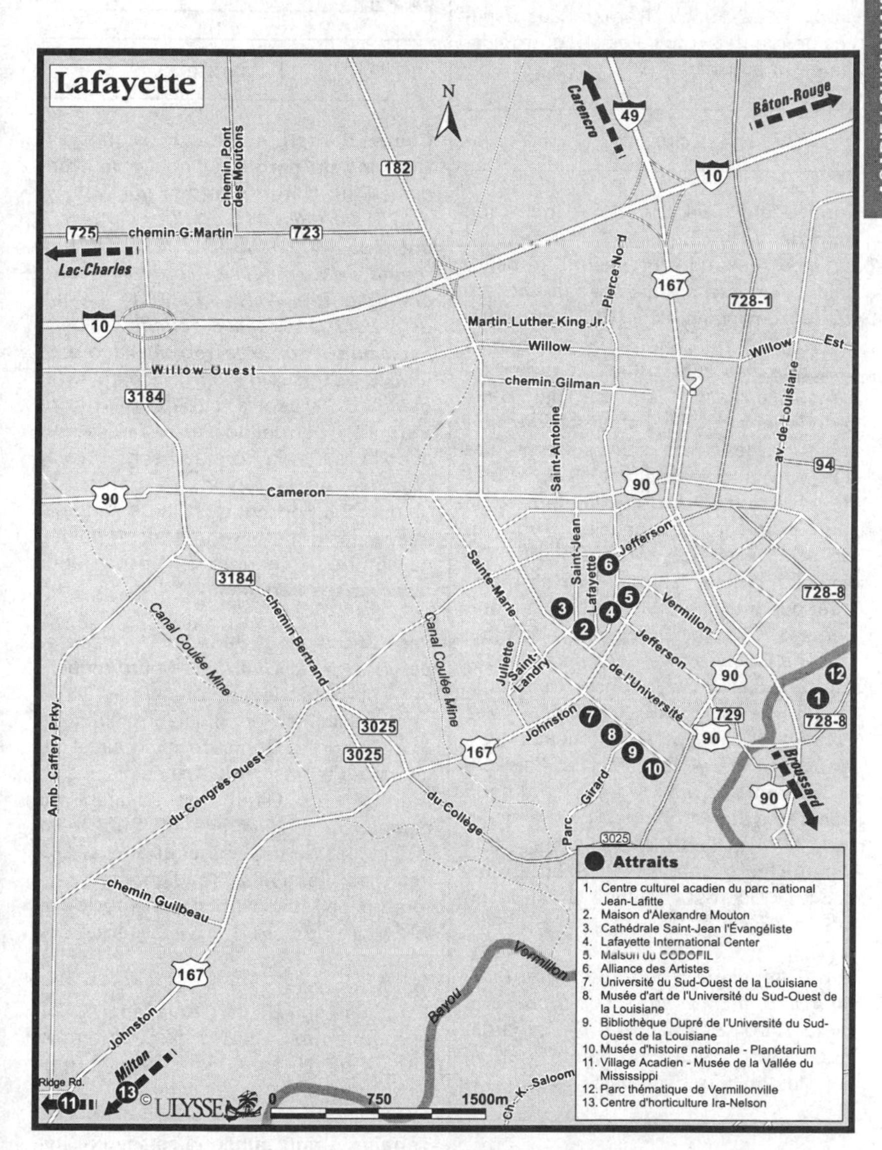
Lafayette
N
Carencro
49
Bâton-Rouge
10
182
chemin Pont des Moutons
725
chemin G.Martin
723
Lac-Charles
Pierce No-d
167
728-1
10
Martin Luther King Jr.
Willow
Willow
Est
Willow Ouest
chemin Gilman
3184
Saint-Antoine
av. de Louisiane
94
90
Cameron
90
Saint-Jean
Jefferson
Lafayette
Sainte-Marie
3184
Vermillon
728-8
Canal Coulée Mine
chemin Bertrand
Canal Coulée Mine
Juliette
Saint-Landry
Jefferson
90
de l'Université
729
728-8
Amb. Caffery Prky.
3025
Johnston
3025
167
90
Broussard
du Congrès Ouest
du Collège
Parc
Girard
90
3025
chemin Guilbeau
Vermillon
Bayou
167
Johnston
Milton
Ridge Rd.
Ch. K. Saloom
ULYSSE
0
750
1500m
Attraits
1. Centre culturel acadien du parc national Jean-Lafitte
2. Maison d'Alexandre Mouton
3. Cathédrale Saint-Jean l'Évangéliste
4. Lafayette International Center
5. Maison du CODOFIL
6. Alliance des Artistes
7. Université du Sud-Ouest de la Louisiane
8. Musée d'art de l'Université du Sud-Ouest de la Louisiane
9. Bibliothèque Dupré de l'Université du Sud-Ouest de la Louisiane
10. Musée d'histoire nationale - Planétarium
11. Village Acadien - Musée de la Vallée du Mississippi
12. Parc thématique de Vermillonville
13. Centre d'horticulture Ira-Nelson

Centre d'horticulture Ira-Nelson *(entrée libre; lun-ven 7h à 16h; 2206 rue Johnston, ☎482-5339)*. Nombreuses espèces de plantes tropicales et subtropicales de la Louisiane.

Broussard

Fondée en 1884, Broussard tient son nom de Valsin Broussard, descendant direct d'Alexandre Broussard de Beausoleil, l'un des premiers Acadiens arrivés en Louisiane en 1765. L'ancienne Côte-Gelée a bien changé depuis l'époque des cabriolets et des plantations. Elle n'est plus guère aujourd'hui qu'une annexe de Lafayette où sont regroupés les bureaux des sociétés liées au pétrole. Le dépliant ***Beau Soleil Broussard, A Driving Tour*** permet de faire un très joli tour de ville en voiture. On pourra, en suivant bien les indications, apprécier la gracieuse architecture des maisons Melançon, Ducôté, Bernard, Valsin Broussard, Yongue, Charles Billeaud *(rue Principale Ouest)*, André Billeaud, Alphonse Comeaux, Paul Billeaud, Breaux, et Pineau *(rue Principale Est)*, A.A. Comeaux *(rue Madison Est)*, Alesia, Martial Billeaud, Jr., Janin *(avenue Morgan)*, Edmond Comeaux et Marguerite Roy Saint-Julien *(2e Rue Est)*, ainsi que l'école Sainte-Cécile, l'église du Sacré-Cœur, l'édifice Ducrest, l'édifice Saint-Julien et le magasin Janin.

Zoo d'Acadiana *(adulte 6$, enfant 3$; 9h à 17h; à 6 km au sud de Broussard, route LA 182, ☎837-4325)*. Le jardin zoologique a recréé un habitat naturel pour les animaux sauvages.

PARCS

Lafayette

Centre d'interprétation de la nature - Camping du parc Acadiana ★★ (Acadiana Park Nature Station) *(lun-ven 9h à 17h; sam-dim 11h à 15h; rue Alexandre Est, ☎261-8348; pour vous y rendre, d'Évangéline Thruway Nord, prenez la rue Willow jusqu'à l'avenue de la Louisiane, puis à gauche sur de la Louisiane jusqu'à la rue Alexandre; à droite, 800 m plus loin : le parc est à gauche)*. Ce centre, situé sur la rivière Vermillon, permet de bien se familiariser avec la faune, la flore, la géographie et l'histoire de la région. Le naturaliste 'cadien Bill Fontenot est la personne la mieux désignée pour une visite guidée du centre; téléphonez à l'avance pour réserver ses services.

Parc Girard *(boulevard Sainte-Marie et cercle du Parc Girard)*. Ce parc municipal est doté de beaux chênes, d'un étang paisible, de plusieurs aires de pique-nique, de grils de plein air et de courts de tennis. YMCA avec piscine en été. Le parc Girard est adjacent au campus de l'Université du Sud-Ouest de la Louisiane. C'est ici que se déroulent Les Festivals Acadiens en septembre. Le Musée d'histoire naturelle et le Planétarium se trouvent derrière le parc.

Terrain de golf du parc municipal *(1121 avenue Mudd, ☎268-5557)*. Ce terrain de golf de 18 trous est ouvert au public.

Terrain de golf public «Les Vieux-Chênes de Lafayette» *(1600 autoroute 89/Highway 89, Youngsville, ☎837-1159)*. Un 18 trous à 5 min du centre-ville de Lafayette. Ouvert au public.

Golf Links de Lafayette *(1040 chemin Broussard Est, ☎984-1556)*. Un autre terrain de golf de 18 trous à proximité de Lafayette.

Il existe dans la région de Lafayette, et plus particulièrement dans la communauté noire créole, plusieurs associations de ***trail rides*** ★★★ (randonnées de style cow-boy). On passe trois jours en selle, généralement du vendredi au dimanche, et l'on y est fort bien servi en fait de musique «zarico», de danse et de cuisine créole. Renseignez-vous auprès de Don ou Charles Cravins à la station de radio KFXZ *(☎232-5363)*.

Les pourvoiries Aventures Provost *(C.P. 31892, LA 70593, ☎988-6531)* offrent un service de guides de chasse et de pêche. Ces pourvoiries se font une spécialité de la chasse à la colombe sauvage (tourte), au canard, à l'oie, au dindon, à l'alligator et au chevreuil. Fourgonnettes disponibles.

Les amateurs de chasse qui se trouveront à Lafayette en septembre ou en octobre n'auront pas à aller bien loin pour chasser la tourte. Le 'Cadien Maxie Broussard *(☎232-9785)* garantit une chasse intéressante, même si l'on ne remplit pas trop sa gibecière. C'est que Maxie est le conteur 'cadien par excellence, et ses histoires de chasse à elles seules valent, si l'on peut dire, le coup. Comptez 40$ par jour, incluant un sandwich «po-boy» lors de l'inscription et des boissons rafraîchissantes pendant le périple. Le domaine de Maxie Broussard (Le Palais-des-Vaches et La Pacanière) est situé sur le chemin de La Neuville, à la sortie du chemin de l'École Verrot (à Youngsville, au sud-est de Lafayette).

HÉBERGEMENT

Lafayette

Lafayette étant la capitale de l'Acadie louisianaise, les visiteurs apprécieront davantage leur séjour en résidant dans une famille 'cadienne proposant le gîte et le petit déjeuner. La plupart de ces hôtes disposent également de forfaits à la semaine.

Note : sauf mention, les cartes de crédit ne sont pas acceptées dans les gîtes touristiques et *bed and breakfasts*. Elles sont cependant acceptées dans la plupart des hôtels et motels. La Louisiane ayant un climat subtropical aux longs mois chauds et humides, tous les établissements possèdent leur système de climatisation.

Camping du parc Acadiana *(1201 rue Alexandre Est, ☎234-3838)*. C'est le plus beau camping de Lafayette, juste à côté du Centre d'Interprétation de la nature, dont on ne saurait se priver de visiter. Le terrain propose 69 emplacements, avec électricité et fort bien aménagés, et offre tous les services.

Centre Alleman *(303 chemin New Hope, ☎984-6110)*. Le camping, situé juste à côté du captivant Village Acadien, dispose de 80 emplacements avec électricité. Tous les services y sont disponibles.

Le **Smith's Lodge** *(route LA 96, Broussard, à 2 km de la route LA 182, sur la gauche, vers Saint-Martinville, ☎837-6286)* est joliment installé près d'un cours d'eau dans un environnement agricole. Le site est paisible et l'on y propose de nombreux emplacements ainsi que tous les services. Le sympathique propriétaire, M. Beaudoin, parle le français.

Camping KOA de Lafayette *(tente 15,50$, véhicule récréatif 18,50$-22,50$, chalets 27-35; sortie 97 de l'autoroute I-10, Scott, ☎235-2739)*. Ce camping, reconnu par le KOA comme l'un des meilleurs aux États-unis, dispose de 175 emplacements avec électricité et services. Golf miniature, pêche, location de chaloupes. On y parle le français. Des cassettes en français sont disponibles pour les visiteurs désirant en apprendre davantage sur l'histoire de Lafayette.

Le **Lafayette Inn** *(18-30; ≡, bp, tvc; 2615 rue Cameron, ☎235-9442)* est un petit motel sans prétention, tout près du centre-ville et fort bien tenu.

L'**Acadian Motel** *(30$; ≡, bp, tvc; 120 avenue Université Nord, ☎234-3268)* propose un hébergement de qualité et a l'avantage d'être situé pas trop loin du centre-ville de la capitale 'cadienne.

Le **Red Roof Inn** *(50-60; ≡, bp, tvc; 1718 avenue de l'Université Nord, ☎233-3339 ou 800-843-7663 des États-Unis, ⇌233-7206)* se trouve près de l'autoroute I-10. L'économique ensemble hôtelier abrite 108 chambres aussi propres que confortables.

Le **Days Inn** *(60-67; ≡, bp, tvc, ≈, ℜ; 1620 avenue de l'Université Nord, ☎237-8880 ou 800-325-2525 des États-Unis, ⇌235-1386)*, près de l'autoroute I-10, propose 120 chambres ainsi qu'un studio tout équipé.

Le **Travelodge Lafayette Oil Center** *(50$ pdj; ≡, bp, tvc, ≈, ℜ; 1101 chemin Pinhook Ouest, ☎234-7402 ou 800-255-3050 des États-Unis, ⇌234-7404)* est un hôtel de 61 chambres situé au sud de la ville. Navette aller-retour de l'aéroport, stationnement.

Cypress Tree Inn *(50$; ≡ bp, tvc, ≈, ⊙, ℜ; 2501 Évangéline Thruway Sud-Est, ☎234-8521, ⇌232-5764)*. L'Évangéline Thruway est une voie passante, mais le moderne et confortable hôtel, appartenant autrefois à la chaîne des Ramada Inn, est quand même bien situé, près du centre-ville et à proximité du parc de la ville. On y trouve des chambres confortables et des salles de conférences. Le stationnement est gratuit.

Bed and Breakfasts Acadien *(55-85 pdj; bp, tvc; 127 chemin Vincent, ☎/⇌856-5260)*. Les francophones Léa et Raymond LeJeune proposent aussi bien le petit déjeuner complet qu'un repas du soir dévoilant tous les délices de la gastronomie 'cadienne. Les amateurs de musique 'cadienne apprécieront la proximité de la plus populaire salle de danse de Lafayette, celle du restaurant Randol's.

Le **Quality Inn** *(59-69; ≡, bp, tvc, ≈, ℝ; 1605 avenue de l'Université Nord, ☎232-6131 ou 800-752-2682 des États-Unis, ⇌232-2682)* se trouve près de l'autoroute I-10 et abrite 153 chambres. Salles de réunion disponibles. Navette aller-retour de l'aéroport. On y parle le francais.

À La Jolie Campagne 'Cadienne - Cajun Country Home B & B *(60-75 pdj; bp/bc; 1601 chemin de La Neuville, Youngsville, LA 70508; prenez la sortie 100 de l'autoroute I-10, suivez l'Ambassador Caffery Pkwy sur 14 km jusqu'au chemin de l'École Verrot/Verot School Rd. ou route LA 339, puis prenez à droite et continuez sur 1 km jusqu'au chemin La Neuville, à gauche, ensuite faites 1 km jusqu'à un virage serré à gauche : le chemin qui mène à la maison est tout droit; ☎856-5271)*. Les auteura de ce guide vous recommandent vivement cette chaleureuse maison construite en 1830 dans le plus pur style 'cadien sur la ferme ancestrale de Maxie Broussard. Le couple Audrey et Maxie Broussard y reçoit aujourd'hui les visiteurs avec une gentillesse sans pareille. La belle ferme de 50 ha demeure un endroit rêvé pour qui veut profiter pleinement de la nature et de la proximité de la trépidante ville de Lafayette. Sur ce pastoral domaine, où les vaches arpentent le pacage à deux pas de la maison, se trouvent un généreux potager, des mûriers, de beaux chênes verts ainsi que d'imposants pacaniers qui agrémentent le terrain d'une façon majestueuse. En mai, le verger fournit de juteuses pêches que dame Audrey ne tarde pas à transformer en une succulente confiture qui est servie le matin avec les délicieux croissants au beurre de chez Poupart, la fameuse boulangerie française de Lafayette (aussi, petit déjeuner 'cadien ou américain) À l'ombre des chênes de la petite terrasse fleurie, il fait bon se détendre en admirant le bucolique paysage; c'est là aussi que se retrouvent les fumeurs, puisqu'on ne fume pas dans la maison. Chez Audrey et Maxie Broussard, le français est de rigueur et se parle au quotidien. Les pensionnaires peuvent faire leur lessive moyennant quelques dollars supplémentaires et utiliser le gril de plein air de la terrasse.

L'Auberge Créole *(60$ pdj; bp/bc; 204 rue Madison, LA 70501, ☎232-1248)*. Au cœur du quartier afro-américain et près du centre-ville de Lafayette, la Créole Ruby Henderson reçoit les gens dans sa coquette demeure et leur propose six grandes chambres. L'établissement, dont les pièces sont entièrement décorées de beaux meubles d'époque, est vivement recommandé par les auteurs de ce guide. Mme Henderson vous apprendra tous les secrets du «zarico» et du gospel, de même que la façon de préparer le meilleur des gombos, un plat qu'elle prépare divinement. Si l'auberge est réservée aux non-fumeurs, rien n'empêche les adeptes de la nicotine de griller leurs cigarettes à l'extérieur. Stationnement. On y parle le français et le créole.

Le **Holiday Inn Central Holidôme** *(60-70; ≡, bp, tvc, ≈, ℜ; 2032 Évangéline Thruway Nord-Est, ☎233-6815 ou 800-942-4868 de l'Amérique du Nord)*, un hôtel de 242 chambres, offre un service de navette aller-retour de l'aéroport. Pour un service ou des renseignements en français, adressez-vous à M. Harvey Taylor.

La Maison de Repos - Bed and breakfast *(65-85 pdj; bp/bc; 218 chemin Vincent, LA 70508, ☎856-6958)*. Sur le terrain de ce grand bungalow de ville, également recommandé, abondent des buissons de myrtes multicolores, de magnifiques chênes verts et de généreux pacaniers. La propriétaire, Mme Mildred Doucet, propose aux visiteurs trois chambres, dont une avec entrée privée côté jardin. La gentille hôtesse, cordon-bleu émérite, adore préparer pour les petits plaisirs gourmands de ses pensionnaires (avec les produits de son potager) gelée de piments Jalapeño, beurre aux fraises, gâteau aux figues ou au sirop de canne, sablés, quiches, vinaigre pimenté, etc. Les croissants français et les «biscuits» américains du matin arrivent sur la table bien chauds. On y parle le français.

L'**Alida's Bed & Breakfast - Chez Tante Da** *(75-100 pdj; bp; 2631 Évangéline Thruway Sud-Est, à 3 km au sud de l'aéroport, ☎264-1191 ou 800-922-5867 des États-Unis)*, de style Reine-Anne, est une belle maison appartenant à Doug et Tanya Greenwall. Un service de buanderie est offert aux pensionnaires. Les hôtes parlent le français.

Au Bois des Chênes *(75-105 pdj; bp, ℂ, tvc; 338 rue Sterling Nord, ☎233-7816)* se classe dans la liste du répertoire des 100 meilleurs *bed and breakfasts* d'Amérique du Nord. L'établissement occupe les anciennes et splendides écuries de l'historique plantation Charles Mouton (1890). On y parle le français et l,espagnol. Service de navette aller-retour de l'aéroport. Stationnement.

Le **Best Western Hotel Acadiana** *(80$; ≡, bp, tvc, ≈, ℝ; 1801 chemin Pinkhook Ouest, ☎233-8120 ou 800-874-4664 des États-Unis, ⇄234-9667)* est un confortable hôtel de 300 chambres situé à proximité de l'aéroport régional et offrant à sa clientèle d'affaires ou de professionnels de nombreuses salles de réunion.

Sunny Meade Bed and Breakfast *(85-125 pdj; bp, ≈, ⇄; 230 chemin Topeka, Scott, LA 70583, ☎873-3100 ou 800-833-9693 des États-Unis)*. Classée monument historique, cette chaleureuse maison de style victorien, aussi recommandée, se terre dans la bucolique campagne de Scott, à quelques kilomètres seulement de Lafayette. C'est un endroit fort tranquille et reposant. Les 'Cadiens Charles et Barbara Primeaux proposent aux visiteurs quatre accueillantes grandes chambres, chacune avec salle de bain privée. La maison a bonne réputation pour ses petits déjeuners, et c'est avec appétit que les convives se régalent de pain de maïs, «couche-couche» (une semoule servie avec du lait), confitures et pain maison, pain perdu et «biscuits» américains. Les hôtes parlent le français, et c'est sans doute ce qui attire ici tant de francophones venus du monde entier.

Chez Jane Fleniken - Jane Fleniken's Country French B & B *(90-120 pdj; bp; 616 rue du Général Mouton, LA 70501, ☎234-2866)*. Cette élégante maison (son style rappelle celui d'un vieux manoir français) est entièrement meublée de belles antiquités. Les deux chambres ont chacune leur salle de bain privée. On y parle le français.

À La Maison de T'Frère *(95$ pdj; bp, tvc, ℝ; 1905 chemin de l'École Verrot/Verot School Rd., ☎/⇄984-9347)*. La sympathique maison ancienne de style victorien, construite en 1880, offre une oasis de tranquillité en milieu de Un service de navette aller-retour est offert vers l'aéroport sur demande. Stationnement. On y parle le français.

Carencro

Le **Béchet Homestay Bed & Breakfast** *(80$ pdj; bc/bp; 313 rue de l'Église Nord/Church Street North, ☎896-3213)*, une maison de style victorien, compte cinq chambres plus une autre aménagée dans un beau cottage. Langues parlées : anglais, francais, espagnol et italien.

La **Maison de Campagne, Lafayette Bed & Breakfast** *(95-140 pdj; bp, ≈; 825 chemin Kidder, au nord de Lafayette, ☎896-6529 ou 800-895-0235 des États-Unis)*, une autre belle maison de style victorien, profite d'un site agréablement campagnard.

Broussard

Le **Camping Maxie's Mobile Valley** *(tente 8$, véhicule récréatif 10,55$; route US 90 Sud, à 6 km au sud de l'aéroport, ☎837-6200)* dispose de 70 emplacements aménagés avec électricité et comprenant tous les services.

La **Maison André Billeaud Bed & Breakfast** *(85-125 pdj; bp; 203 rue Principale Est/Main East, LA 70518,*

☎837-3455), une demeure historique, sise à 10 min du centre-ville de Lafayette et à 5 min de l'aéroport régional. L'hôte, Craig Kimball, propose également son service de traiteur. Alors, son petit déjeuner... promet!

La Grande Maison Bed and breakfast *(85-195 pdj; bp; 302 rue Principale Est, ☎837-4428, ☎800-829-5633 des États-Unis)*, aux allures victoriennes, abrite sept chambres. Normand Fakir et son épouse Brenda sont les hôtes de cette belle demeure.

Milton

Des 'Cadiens francophones exploitent d'autres *bed and breakfasts*, mais un peu à l'extérieur de la ville. C'est le cas des Bordeaux avec leur agréable **«Cottage de Campagne»** *(75$ pour 2 pers. avec pdj, 100$ pour 4 pers. avec pdj; ≡, bp, tvc, ℂ; 311 rue Grand, route d'État LA 92, ☎856-5762)*. Le cottage compte deux chambres, un salon et une cuisinette avec four à micro-ondes et aire de barbecue, qinsi qu'une vuanderie. L'accueil des Bordeaux se veut toujours aussi chaleureux.

RESTAURANTS

Outre la cuisine 'cadienne, qui y est fameuse, on ne peut pas séjourner à Lafayette sans goûter à l'authentique cuisine créole. À ce chapitre, les restaurants servant la *soul food cuisine* sont nombreux, de même que ceux qui proposent d'autres gastronomies.

Lafayette

Boulangerie Poupart *($; mar-sam 7h à 18h30, dim 7h à 16h; 1902 chemin Pinhook, près du chemin Kalisteloom, ☎232-7921)*. Les Poupart, Français d'origine, proposent depuis une génération aux gens de la région le «pain quotidien» et de délicieuses pâtisseries. Leurs croissants au beurre sont particulièrement réussis et agrémentent le petit déjeuner de plusieurs pensions de famille de Lafayette. On peut s'y asseoir pour les déguster avec un bon café.

Café Chez Laura *($; lun-ven 10h à 14h; 918 rue Voorhies, derrière l'épicerie Langlinais, près de la rue du Congrès, ☎234-3915)*. Ce populaire et chaleureux restaurant a été ouvert par la Créole Laura Broussard, malheureusement décédée il y a quelques années. Le café demeure une entreprise familiale, et c'est toujours Dot et Harold Broussard qui officient aux cuisines. Les places sont prises d'assaut au déjeuner. Si l'on n'arrive pas assez tôt, c'est-à-dire avant 11h30, on risque fort d'avoir à repartir avec son «panier-repas» sous le bras. Il y règne une sympathique ambiance.

Café Dwyer *($; lun-ven 4h à 16h, sam 4h à 14h; 323 rue Jefferson, ☎235-9364)*. Ce restaurant qui fonctionne à la façon d'une cafétéria est le plus populaire de Lafayette depuis 70 ans. Pêle-mêle, s'y croisent gens d'affaires, familles, ouvriers, étudiants et artistes 'cadiens; le célèbre chanteur Zachary Richard y déjeune parfois. Le chef, fils du propriétaire, nous accueille. Petits déjeuners succulents, rôtis, ragoûts de poulet et sauces diverses. Ambiance chaleureuse et service rapide.

Chez Charlie et Pearl Arceneaux - Charlie's & Pearl's Penny Saver Seafood *($; mar-sam 9h à 18h, dim 9h à 12h; 2022 rue Moss, ☎234-9973)*. L'établissement est fortement recommandé par les auteurs de ce guide. On trouve de tout dans ce marché 'cadien de Lafayette : une boucherie-charcuterie, une poissonnerie, une épicerie et un casse-croûte où sont dévorés chaque semaine 1 800 savoureux beignets d'écrevisses ou de crabe et 6 000 gourmands chiens-chauds à la 'cadienne, nappés de sauce explosive à la viande et aux tomates! Les comptoirs regorgent de sauces pimentées, de riz de la Louisiane, de bon café, de poivre de Cayenne, de sirop de canne, d'épices créoles, de haricots rouges ou «z'yeux noirs», de saucisses piquantes, de poudre «filée» à gombo, de roux brun, d'œufs de caille marinés à la 'cadienne, de boudin blanc, de patates douces, d'*okras*, d'espadon, de poisson-chat, d'écrevisses, de thon, de crevettes (chevrettes) et de crabe. Leur comptoir réfrigéré de poissons et de fruits de mer est riche de tous les délices du golfe du Mexique et des lacs et rivières de la Louisiane. À midi, Pearl inscrit à son petit menu du jour d'adorables poissons au court-bouillon. Bref, pour casser la croûte, voilà un gourmand endroit à ne pas manquer à Lafayette!

The Country Cuisine *($; mar-sam 10h à 20h, dim 11h à 14h; 709 avenue de l'Université Nord, ☎269-1653).* Arthur Williams prépare le meilleur boudin créole de Lafayette. Le matin, on voit de loin la fumée sortir de la cheminée. Barbecues et grattons de cochon sont d'autres spécialités de la maison.

Earl's Supermarket & Deli *($; tlj 7h à 19h; 510 chemin de l'École Verrot/Verot School Rd., ☎237-5501).* Service au comptoir. «Po-boys», déjeuners aux fruits de mer, poulet rôti. Barbecue le dimanche.

Épicerie-charcuterie Cedar *($; lun-ven 9h à 18h, sam 9h à 16h; 1115 rue Jefferson, ☎233-5460).* Cuisine libanaise et méditerranéenne, service au comptoir. Spécialités : *muffulettas* de La Nouvelle-Orléans, *gyros*, chaussons aux épinards, *kibbés*.

Épicerie Olde Tyme *($; 218 boulevard Sainte-Marie Ouest, ☎235-8165).* Ce petit marché possède son casse-croûte, où l'on déguste les meilleurs «po-boys» aux huîtres et aux crevettes de Lafayette. À midi, c'est le rendez-vous préféré des travailleurs et des étudiants; on y vient aussi en famille.

The Judice Inn *($; 3134 rue Johnston, ☎984-5614).* Géré par la famille Judice depuis 1947, cet établissement fut longtemps voisin du cinéma en plein air. Pour les amateurs de bons hambourgeois, de pommes de terre frites ou en croustilles et de bière.

Léger's Meat Market *($; lun-ven 6h à 18h, sam 6h à 16h; 1008 rue Simcoe Est, ☎232-7630).* La famille Léger est fière de son boudin, qui contient moins de gras grâce à une méthode qui consiste à égoutter le boudin après sa fabrication. Certains restaurants de La Nouvelle-Orléans affichent le «boudin de Léger's» à leur menu. Le français y est de rigueur.

Louvière *($; lun-ven 10h à 14h; 1015 rue Lamar, angle Jefferson, ☎235-6258).* Le menu varie chaque jour. On y déguste essentiellement des ragoûts d'écrevisses, de crevettes, de court-bouillon, de porc ou de bœuf. La salle à manger vaut le déplacement pour sa collection de gravures sur les alligators des bayous.

Restaurant Chez Jack - Jack's Restaurant *($; lun-sam 11h à 15h; 200 rue Madison, ☎237-5273).* Avec ses cinq tables, ce boui-boui ne paye certainement pas de mine, mais demeure tout de même un petit resto fort attachant. Les «petits budgets» en raffolent car on s'y restaure, pour quelques dollars à peine, de bons petits plats créoles cuisinés par la maman de Patrick Jack, une authentique Créole francophone, lequel propriétaire des lieux vous renseignera sur les meilleurs endroits pour écouter de la musique «zarico» dans la région. Au menu, selon le jour : gombo «févi», poulet farci à la créole, boulettes de viande, étouffée d'écrevisses, fettuccine aux écrevissses, bifteck braisé, etc. On mange sur place, ou l'on emporte avec soi.

Lindon's *($; lun-jeu 10h à 21h, ven-sam 10h à 2h30, dim 18h à 1h; 313 rue Simcoe Est, ☎232-4526)*. La meilleure affaire de Lafayette en ce qui a trait à la nourriture créole : en effet, tous les plats, barbecue, rôti de porc et autres, sont offerts à un prix unique de 4,30$. Les couche-tard s'y régaleront aux petites heures en compagnie des noctambules du coin. Aucune carte de crédit acceptée.

Savoy's Famous Boudin *($; lun-ven 7h à 17h30, sam 8h30 à 15h; 2832 chemin de l'École Verrot/Verot School Rd., ☎984-0920)*. Les Savoy préparent du bon boudin, des grattons, des saucisses boucanées, de la volaille, du barbecue, du *tasso* et de l'andouille (en hiver). Le français y est de rigueur.

Service de Barbecue Chavis *($; tlj 8h à 21h; 407 rue Brooks, ☎233-1318)*. Nous sommes ici chez John Chavis, le maître-chef incontesté de la cuisine «barbecue».

Chez T-Coon *($; lun-ven 6h à 14h; 740 rue Jefferson, ☎232-3803)*. La meilleure cuisine 'cadienne du centre-ville de Lafayette : *jambalaya*, lapin à la sauce piquante, fricassée, riz aux haricots rouges, «po-boys» aux crevettes, salades, pain maison. On y sert le petit-déjeuner de 6h à 10h.

Cafétérias Piccadilly *($-$$; tlj 11h à 20h30; 100 boulevard Arnould, ☎984-7876; 838 rue Coolidge, ☎232-4317)*. Service de type cafétéria. Plats régionaux soigneusement préparés.

Créole Lunch House *($-$$; lun-sam 11h à 19h30, dim 11h à 15h; 713 12e Rue, ☎232-9929)*. Raymond et Merline Herbert créole proposent ici leur fameux pain farci, leur pain de maïs et leur riz en sauce. Service de cafétéria. On y parle le créole et le français. Autre succursale *(Mall Northgate, ☎232-8605)*.

The Hub City Diner *($-$$; lun-ven 7h à 22h, sam 8h à 22h, dim 8h à 15h; 1412 chemin du Collège Sud, ☎235-5683)*. «Hub City», parce que c'est le sobriquet de Lafayette («la ville pivot»); «*diner*», parce que son cachet est celui des années cinquante, avec même une «semaine Elvis!». On y sert une cuisine *fast food*, mais avec un parfum 'cadien.

Lagneaux *($-$$; lun-jeu 17h à 22h, ven-dim 17h à 23h, 445 chemin Ridge, à 2 km à l'ouest de l'Ambassador Caffery Parkway, ☎984-1415)*. Lagneaux se trouve sur le chemin qui mène au Village Acadien. Buffet de fruits de mer à volonté. Ce restaurant est très populaire auprès des 'Cadiens de Lafayette.

Miss Helen's Cajun Seafood Restaurant *($-$$; lun-dim 11h à 22h; 109 chemin Benoît-Patin, Scott, ☎234-3536, 3151 rue Johnston, ☎989-7001)*. Ce restaurant situé à proximité du camping KOA propose une cuisine 'cadienne authentique : poisson-chat, étouffée d'écrevisses, gombo aux fruits de mer, pouding au pain, etc. Miss Helen est un cordon-bleu émérite de la trempe d'Enola Prudhomme, la sœur du réputé chef Paul Prudhomme. Helen est aussi considérée à juste titre comme l'une des plus grandes dames de la cuisine en Acadie louisianaise.

Pizzeria Chez Dean-o's *($-$$; lun-ven 11h à 23h, sam-dim 11h à 1h; 305 promenade Bertrand, ☎233-5446).* Resto familial unique, bonne variété de pizzas insolites (aux crevettes, aux écrevisses, etc.).

Poppa T's *($-$$; lun-sam 8h à 18h, dim 8h à 13h; 1508 promenade Bertrand Nord, ☎235-9432).* Une bonne cuisine locale à emporter (peut-être même pour un pique-nique au parc Girard). Spécialités : poulet désossé, boudin, saucisses, pain à saucisse.

Ruby *($-$$; lun-ven petit déjeuner 7h à 9h30 et déjeuner 10h à 14h, dim 10h30 à 14h au 520 chemin Kaliste-Saloom et au 1601 chemin Éraste-Landry, ☎235-2046; lun-ven 10h30 à 14h au 315 rue Louis XIV, ☎989-0222).* Tous les Ruby proposent une cuisine familiale 'cadienne et créole. Au menu : rôti de porc, étouffée d'écrevisses, ailes de dinde, étouffée de lapin.

Préjean's *($$; dim-jeu 11h à 22h, ven-sam 11h à 23h; 3480 route US 167 Nord, juste au sud de l'hippodrome Évangéline Downs, ☎896-3247).* Cuisine 'cadienne : aubergines, poisson-chat, alligator.

Poor Boy's Riverside Inn *($$; lun-jeu 11h à 22h, ven 11h à 23h, sam 17h à 23h; 240 chemin Tubing, sortie de l'autoroute 90 Est, à 4 km de l'aéroport, ☎837-4011).* Cuisine 'cadienne authentique : huîtres sur écaille, chair de crabe, écrevisses, crevettes, steaks.

Randol's *($$; dim-jeu 17h à 22h; ven-sam 17h30 à 22h30; 2320 chemin Kaliste-Saloom, ☎981-7080).* Il fut un temps où les amateurs devaient aller jusqu'au Mulate's de Pont-Breaux quand ils voulaient bien manger et danser. Maintenant le grand restaurant Randol's (500 places) rend la chose possible au centre-ville de Lafayette. Le décor est plus moderne, mais la musique est toujours bonne (surtout l'orchestre Jambalaya), et la foule est un mélange réussi de touristes et de 'Cadiens.

Cajun Pier *($$-$$$; tlj 11h à 14h et 17h30 à 22h; 1601 chemin Pinhook Ouest, ☎233-8640).* Ce restaurant propose une multitude de crudités et sauces à son comptoir à salades, ainsi qu'une cuisine 'cadienne, des fruits de mer et des grillades. Une murale sur laquelle apparaissent des vedettes politiques 'cadiennes telles que l'ancien sénateur Dudley LeBlanc et l'ex-gouverneur Edwin Edwards décore la salle à manger. Il y a un «5 à 7» tous les soirs *(17h à 19h)* et des spectacles de musique «zarico» *(jeu-ven à partir de 21h).* Le propriétaire, Ken Guilbeau, est également éleveur de chevaux de course.

Café Vermillonville *($$$; lun-ven 11h à 14h et 17h à 22h, sam 17h30 à 22h; 1304 chemin Pinhook Ouest, ☎237-0100).* Ce coquet restaurant, en bordure du bayou Vermillon, loge dans une maison historique datant de 1818; elle fut même occupée par les Nordistes durant la guerre de Sécession. On doit au réputé chef Michael Richards, un authentique 'Cadien, de cuisiner de savoureux plats 'cadiens, créoles et français en leur ajoutant sa touche personnelle. Au menu : espadon, andouillette de vivaneau (ou perche rouge) et une recette primée de crevettes au Kahlua (liqueur de café). Ce restaurant est connu pour la fraîcheur de ses produits, ses sauces délectables et ses bonnes soupes campagnardes. La dinde fumée et l'andouille gombo sont divines.

Charley G's Seafood Bar and Grill *($$$; lun-jeu 11h à 14h et 17h30 à 22h, ven jusqu'à 23h, sam 17h30 à 23h, dim 11h à 14h; 3809 Parkway Ambassador Cafery, ☎981-0108).* Spécialités : fruits de mer grillés, soupe à la tortue, beignets de crabe et de thon. Jazz classique et piano-bar les fins de semaine, brunch et jazz le dimanche. Réservations recommandées.

Restaurant italien I Monelli *($$$; mar-ven 11h30 à 14h, mar-sam 17h30 à 22h; 4017 rue Johnston, ☎989-9291)*. Cuisine continentale et de l'Italie du Nord. Spécialités : écrevisses aux artichauts, truite arc-en-ciel farcie, tortellinis au ricotta et aux épinards.

Carencro

Café 'Cadien d'Énola Prudhomme *($-$$; mar-sam 11h à 22h, dim jusqu'à 14h30; 4676 Évangéline Thruway Nord-Ouest, ☎896-7964)*. La chaleureuse maison 'cadienne d'Énola, une construction traditionnelle, se situe en pleine campagne, sur une voie de service longeant l'autoroute Lafayette – Bâton-Rouge. Sœur du réputé chef 'cadien de La Nouvelle-Orléans Paul Prudhomme, Énola prépare d'excellentes aubergines farcies avec des écrevisses et des crevettes qu'elle accompagne d'une sauce au fromage, de pain au fromage et d'une vinaigrette à la crème sure. Le menu est truffé de bien d'autres mets exquis. Énola a obtenu plusieurs prix avec son rôti de porc piqué à l'ail et son «po-boy» aux huîtres. Comme son frère Paul, Énola se fait occasionnellement l'ambassadrice de la cuisine 'cadienne lors d'événements culinaires à l'étranger.

Paul's Pirogue *($$; dim-jeu 17h à 22h, ven-sam 17h à 23h; 209 rue Saint-Pierre Est, en face de l'église, ☎896-3788)*. Ce restaurant est connu pour ses écrevisses au court-bouillon. Il est prudent de réserver.

Broussard

Chez Norbert *($; lun-ven 11h à 14h; 521 avenue C, en sortant de l'autoroute Évangéline, direction Saint-Martinville, ☎837-6704)*. Les Norbert, John et son épouse, concoctent un plat différent tous les midis : barbecue, *jambalaya*, poulet, tourte aux écrevisses, fruits de mer le vendredi.

SORTIES

Lafayette

Downtown Alive! («La fête en ville»). Tous les vendredis d'avril à juin et de septembre à novembre entre 17h30 et 20h30, étudiants et employés de bureau se retrouvent pour danser en plein air sur les rues Jefferson et Vermillon. Les restaurants sont ouverts, et l'on peut boire de la bière sur les trottoirs tout en écoutant d'excellents orchestres de musique «zarico», 'cadienne et rock.

Zarico

Cajun Pier *(21h; 1601 chemin Pinhook Ouest, ☎233-8640)*. Sur une scène aménagée près du bar se succèdent des spectacles de musique «zarico» mettant en vedette divers groupes : Zydeco Joe, Jean-Pierre and the Zydeco Angels, etc. Tous les soirs, de 17h30 à 19h, une foule animée se joint à son *Happy Hour*. On peut aussi y manger puisque l'endroit est aussi un restaurant (voir «Restaurants», p 254).

Club El Sido *(1523 rue Saint-Antoine Nord, ☎235-0647)*. Le vendredi, le samedi et parfois le dimanche, Nathan Williams, le frère du proprio, se produit ici avec son orchestre, le Zydéco Cha Chas, l'un des meilleurs du genre à Lafayette, voire en Louisiane, pour ne pas dire aux États-Unis. Plusieurs autres groupes réputés s'y succèdent. Le tout débute vers 22h.

Hamilton *(1808 chemin de l'École Verrot/Verot School Rd., ☎984-5583)*. Salle de danse ouverte depuis les années vingt. M. Hamilton en est le directeur depuis une trentaine d'années. Orchestres créoles.

'Cadien

Back to Back *(jeu-sam 21h30, dim 15h30; 201 rue Pine, ☎232-9500 ou 232-0272)*. Cette boîte de nuit, sise à l'arrière du Mail Northgate, invite, les dimanches soir, des orchestres de musique 'cadienne et de *swamp pop*, histoire de faire danser sa nombreuse clientèle. Le droit d'entrée varie d'un groupe à l'autre.

Préjean *(tous les soirs 19h30 à 21h30, sam jusqu'à 23h; 3840 route 167, au nord de Lafayette)*. Restaurant de fruits de mer et danse.

Randol's *(2320 chemin Kaliste-Saloom, ☎981-7080)*. Restaurant de fruits de mer : musique, spectacle et danse à partir de 20h tous les soirs. L'endroit le plus populaire de Lafayette pour la danse 'cadienne.

Vermillonville *(1600 rue Surrey, ☎233-4077)*. *Jam sessions* le samedi de 10h30 à 0h30 et le dimanche à 14h. Musique avec orchestres 'cadiens. Le droit d'entrée varie selon l'orchestre invité.

Country

Yellow Rose *(mer-sam 10h à 2h; 6880 rue Johnston, à la limite sud-ouest de ☎989-9702)*. Un endroit réputé où, pour une fraction du prix d'un concert en salle, on peut danser et entendre les interprètes les plus connus du pays.

Boîte mixte (hétérosexuelle et gay)

Metropolis Club *(tous les soirs; 425 rue Jefferson, ☎233-6320)*. En plein centre-ville. La boîte est fréquentée par une clientèle très diverse : touristes, travestis, professionnels et travailleurs se mêlent ici pour écouter un bon choix musical.

Autres sorties

Antler's *(17h30 à 22h; 555 rue Jefferson, ☎234-8877)*. C'est le «fais do-do» avec danse dans la rue le vendredi soir pendant la saison du *Downtown Alive!* ou «La Fête en ville!». Grande variété d'orchestres (blues, «zarico», 'cadien, rock, etc.), de boissons et de victuailles dans ce bar qui a gardé son charme d'autrefois.

Chez Poet - Poet's Restaurant et Bar *(119 chemin James-Comeaux, centre commercial Pinhook Plaza, ☎235-2355)*. La boîte la plus populaire de musique rock et progressive. Curieusement le *Happy Hour*, le fameux «5 à 7», se déroule ici du lundi au samedi de 14h à 19h. Orchestre les lundis, mardis et jeudis. La maison présente du bon blues le jeudi soir.

Grant Street Dance Hall *(113 rue Grant Ouest, ☎237-8513 ou 237-2255)*. Cet ancien entrepôt a vu défiler les plus grands noms de la musique louisianaise : Clifton Chénier, Dr. John, Zachary Richard, Beausoleil, etc. Le Grant Street Dance Hall est ouvert de façon irrégu-

Jeunes musiciens de rue dans le Vieux-Carré Français. - R.N.

La Plantation Laura, à Vacherie. - R.N.

La Louisiane : le royaume de la sauce Tabasco et de bien d'autres sauces piquantes. - R.N.

lière, mais les spectacles qu'on y présente sont toujours de bonne qualité.

Carencro

Hippodrome Évangéline Downs *(1$, 2$, 2,50$; avr à sept, ven-sam 19h15, dim 13h15 et lun 18h45; autoroute I-49 Nord, sortie 2, ☎896-7223)*. Courses de pur sang. Bourses de 40 000$ à 125 000$. Air conditionné, restaurant, poker vidéo. Au début de chaque course, on annonce au micro en français : *«Ils sont partis!»*

Calendrier des événements annuels

La région de Lafayette et l'Acadie louisianaise en général sont réputées pour la multitude et la diversité de leurs festivals annuels. Nulle part ailleurs en Louisiane ne trouvera-t-on un aussi grand nombre d'activités, de manifestations culturelles ou de réjouissances consacrant avec éclat l'évidente joie de vivre du 'Cadien, pour qui il faut «laisser le bon temps rouler». Voici quelques-uns des événements plus marquants. Pour plus de renseignements sur l'ensemble des festivals dans cette partie de l'État, adressez-vous à l'**Office des congrès et du tourisme de Lafayette - Capitale de la Louisiane francophone** *(C.P. 52066, Lafayette, LA 70505, ☎232-3808)*.

Décembre-janvier

Le Noël du Village Acadien *(droit d'entrée; 200 promenade Green Leaf, en sortant du chemin Ridge de Lafayette, ☎981-2364 ou 232-3808, ☎800-962-9133 des États-Unis)*. De la dernière semaine de novembre et se poursuit jusqu'à la Nativité. À ne pas manquer.

Les Chandeliers de Noël de Vermillon *(Lafayette)*. Expositions et manifestations débutant un peu avant la mi-novembre et se poursuivant jusqu'après Noël.

Exposition hivernale annuelle de Lafayette. Troisième semaine de janvier. Son rodéo attire les foules.

Février-mars

Festival du boudin de la Louisiane *(parc Arceneaux, Broussard)*. Troisième semaine avant le Mardi gras.

Le Mardi gras en Acadie louisianaise

Le Mardi gras de Lafayette est le deuxième en importance après celui de La Nouvelle-Orléans. Comme à La Nouvelle-Orléans, les «Krewes», ces associations locales, y rivalisent d'excentricité. Les défilés, que tout le monde peut suivre, descendent la rue Jefferson à partir de la rue Surrey jusqu'au Colisée Blackham. Le «Krewe» de Bonaparte a son défilé le samedi précédent à compter de 18h. La veille du Mardi gras, c'est le défilé de la Reine à 18h et, le jour du Mardi gras, on peut attraper colliers et doublons au défilé du Roi.

Le Courir du Mardi gras de Vermillonville *(droit d'entrée, ☎233-4077)*. Dégustation, musique, etc. Deux semaines avant le Mardi gras.

Floraison des azalées de Lafayette. Troisième semaine de mars environ jusqu'à mi-avril.

Avril-mai

Le **Festival des fleurs de la Louisiane**. Deuxième semaine d'avril.

Le **Festival international de la Louisiane** *(C.P. 4008, Lafayette, LA 70502, ☎232-8086)*. Ce festival se déroule dans l'arrondissement historique de la ville de Lafayette. Gastronomie, musique, films et œuvres d'art de tous les pays francophones sont à l'honneur lors de ce festival francophone, le plus important aux États-Unis. Plus de 600 artistes et artisans d'Afrique, du Québec, du Canada, des Antilles francophones ainsi que créolophones et d'Europe s'y mêlent aux créateurs louisianais. L'événement a lieu la quatrième semaine d'avril. Chaque année amène un nouveau thème : «Révélations de la Diaspora» en 1995, «Carnaval du Monde» en 1996, «Les Amérindiens» en 1997, «Les Racines Latines» en 1998, «300 ans de Français en Louisiane» en 1999, etc.

Fantaisie Zydéco *(adulte 5$, enfant 2$; Colisée Blackham, rue Johnston, ☎234-9695)*. Musique «zarico» avec les meilleurs orchestres du sud de la Louisiane. Dernière semaine de mai.

Août-septembre

Fête nationale des Acadiens. Le 15 août, à Lafayette et dans l'ensemble des paroisses 'cadiennes.

Festival «Le Cajun» de l'Association 'cadienne des musiciens francophones - Cajun French Music Association (CFMA) *(5$; Colisée Blackham, ☎896-8186)*. La CFMA a pour but la promotion de la musique, de la langue et de la culture 'cadiennes, action qu'elle exerce par le biais de huit regroupements régionaux couvrant un territoire qui va de La Nouvelle-Orléans jusqu'à Houston, au Texas. Pendant son festival a lieu la remise du prix «Le Cajun», attribué au meilleur auteur ou interprète de musique 'cadienne de l'année. Le festival se déroule la troisième fin de semaine d'août. Le chapitre Lafayette de la CFMA présente en outre la Danse du Mardi gras *(Harry's Club, Pont-Breaux, ☎231-6597)*, le samedi avant le Mardi gras, et une soirée dansante le dernier samedi de juin.

Festival d'été - SummerFest *(Carencro, ☎837-FEST)*. Sur le terrain de camping et de caravaning : cuisine régionale, fête foraine, manèges. L'événement se tient entre la première et la dernière fin de semaine d'août selon les années. **Les Festivals Acadiens**, à la mi-septembre, regroupent six événements : l'exposition commerciale Acadiana, l'animation des rues du centre-ville «La Fête en ville!» (*Downtown Alive!*), le festival de musique acadienne, le festival d'artisanat, le festival des aînés et le festival de la cuisine du Bayou. On se renseigne auprès de l'Office des congrès et du tourisme de Lafayette *(☎232-3808)*.

Octobre-novembre

Festival de musique du Village Acadien ★ *(☎232-3808)*. Les représentants des divers groupes culturels de la Louisiane y proposent tout ce qui fait la culture 'cadienne : humour, musique et gastronomie. Deuxième fin de semaine d'octobre.

ACHATS

Lafayette

La rue Jefferson est la principale artère commerciale de Lafayette. On y trouve nombre de petites boutiques, de restaurants et de boîtes de nuit.

Achats hors taxes

La Louisiane est le seul État américain à consentir aux visiteurs étrangers la détaxe de leurs achats. Dans la grande région de Lafayette, on ne trouve pas moins de 80 boutiques qui adhèrent au programme d'achats hors taxes. On peut obtenir la liste de ces boutiques *(☎232-3737)*.

Antiquités

Old Fashion Things *(402 Évangéline Thruway Sud Ouest, ☎234-4800)*. Cette boutique se spécialise dans le mobilier lourd d'époque.

Ruins & Relics *(900 promenade Évangéline – Évangéline Drive, angle rue Cameron, ☎233-9163)* vend tout ce qu'aiment les collectionneurs : meubles, verrerie, etc.

Boulangerie-pâtisserie

Boulangerie Poupart *(1902 chemin Pinhook, près du chemin Kaliste-Saloom, ☎232-7921)*. Les Poupart confectionnent de savoureux pains et pâtisseries de toutes sortes. L'endroit s'est acquis d'une excellente réputation auprès des gens de Lafayette et de bien d'autres gourmands venus des quatre coins de l'Acadie louisianaise. Pains, croissants au beurre et pâtisseries sont tous frais du jour. On emporte ses délices ou on les déguste sur place avec un *espresso* ou un café au lait. Fermé le lundi.

Boutiques

Cajun Country Store *(tlj 10h à 18h; 401 rue du Cyprès Est, angle Johnston, Lafayette, ☎233-7977)*. Un vaste choix de livres de recettes, épices, condiments, artisanat, cassettes, t-shirts et souvenirs est proposé dans cette boutique hors taxes.

Horseman Store *(sur l'autoroute I-49, face à l'Évangeline Downs, Carencro, ☎896-4848)*. Ce magasin a tout le vestiaire qu'il faut pour habiller le cowboy ou le quidam qui rêve de l'être!

Centre commercial

Mail d'Acadiana *(lun-sam 10h à 21h, dim 12h30 à 18h; 5725 rue Johnston, ☎984-8240; de l'autoroute I-10, prenez la sortie 100 jusqu'à Ambassador Caffery)*. Le centre commercial abrite plus de 100 boutiques et grands magasins à rayons tels que Sears, Maison Blanche, etc.

Drapeau de l'Acadie louisianaise

Évangéline Spécialités *(lun-ven 8h à 17h; 210 3e Rue Est, Lafayette, ☎232-3898)*. Cette papeterie demeure l'un des rares endroits où l'on peut se procurer le drapeau officiel de l'Acadie louisianaise.

Glacier

Crème Glacée Borden's *(tlj 11h à 22h; 1103 rue Jefferson, Lafayette, ☎235-9291)*. Depuis bien des années, ce pâtissier-glacier rend le climat subtropical de Lafayette un peu plus tolérable grâce à sa grande variété de propositions rafraîchissantes : laits fouettés, coupes glacées, glaces, etc.

Librairie

La **Librairie française - French Heritage Books** *(193 boulevard Westmark, bureau 1, Lafayette, LA 70506,*

Une halte gourmande

Au **Charlie's Penny Saver Seafood**, l'«épicerie-boucherie-poissonnerie et casse-croûte» de Pearl et Charlie Arcenaux *(2022 rue Moss, ☎234-9973; voir aussi «Restaurants», p 251)*, étagères et comptoirs abondent de produits 'cadiens et créoles : sauces pimentées, riz de la Louisiane, sirop de canne, poivre de Cayenne, épices de toutes sortes, haricots rouges, haricots «z'yeux noirs», «poudre filé» à gombo, roux brun, œufs de caille marinés à la 'cadienne, boudins blancs, saucisses piquantes, patates douces, *okras*, crabes, thon, espadon, poisson-chat, écrevisses, crevettes (chevrettes), etc.

Même le goûter 'cadien diffère de celui des «Américains». À leur casse-croûte, sis à l'intérieur du marché, les Arcenaux servent chaque semaine aux gourmands 1 800 de leurs fameux beignets farcis avec des écrevisses ou du crabe et 6 000 chien-chauds à la 'cadienne nappés de sauce explosive à la viande et aux tomates!

☎989-2333) est la seule librairie française de la capitale de l'Acadie louisianaise.

Magasins d'alimentation

Épicerie Chez Sid One Stop - Sid's One Stop *(803 Martin-Luther-King Jr. Drive, Lafayette, ☎235-0647)*. Au cœur du vivant quartier créole noir, l'épicerie-marché de Sid Williams est riche en denrées et cochonnailles créoles. Les amateurs font des kilomètres à genoux pour y faire ample provision de grattons de cochon, ces croquantes croustilles de porc relevées de vinaigre et de poivre de Cayenne, les meilleurs de tout le sud de la Louisiane, que l'on déguste sans vouloir s'arrêter; mieux vaut se renseigner au préalable sur les jours de cuisson des fameux grattons. On ne mange pas sur place, mais, avec les bonnes denrées achetées, on peut fort bien improviser un pique-nique dans l'un des jolis parcs de Lafayette. Le propriétaire est le frère et gérant du célèbre chanteur et musicien de «zarico» Nathan Williams.

Supermarché Breaux's Mart *(tlj 7h à 21h; 2600 rue Moss, angle Alexandre, Lafayette, ☎234-4398)*. Épicerie-charcuterie. Service en français. Particulièrement intéressant pour les campeurs du parc Acadiana, situé tout près.

Paniers-cadeaux

Le Monde des fruits (Fruit World) *(6404 rue Johnston, Lafayette)*. Tout ce qu'il faut pour le pique-nique ou pour un «panier-cadeau 'cadien» gourmet, dans lequel s'entassent *okras*, «mirlitons», conserves et gelée de piments et de muscadines.

Vins

Le Marché de vins chez Marcello *(2800 rue Johnston, Lafayette, ☎264-9520)*. La plus grande sélection de vins de la région. La maison se spécialise dans les vins de Californie.

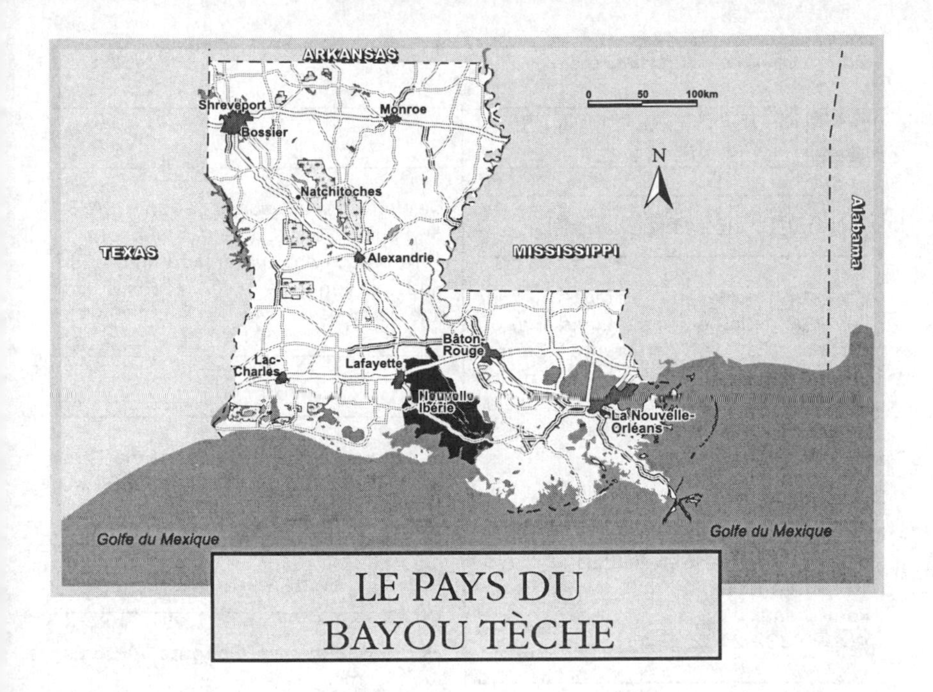

LE PAYS DU BAYOU TÈCHE

Le bayou Tèche est au cœur du pays 'cadien; c'est sur ses rives que s'installèrent les premiers colons venus de France et d'Acadie. La région se situe en bordure du bassin de l'Atchafalaya, dans lequel se déversent la rivière Rouge, le trop plein du Mississippi ainsi que d'innombrables cours d'eau venant du nord. Le bassin de l'Atchafalaya, l'un des plus impressionnants marécages de la planète, s'étend sur des centaines de kilomètres carrés. Ce gigantesque réservoir aux eaux troubles forme un labyrinthe où foisonnent une flore et une faune abondantes. Ce royaume, qui se partage en zones aquatiques et terrestres, est le lieu de prédilection du cipre, auquel s'accrochent et croissent des guirlandes de mousse espagnole, ainsi que de la jacinthe d'eau, du serpent, du cochon «farouche», du cerf, de l'ours noir, du lapin «farouche», de l'opossum, du tatou, du ragondin, du raton laveur, du héron, de l'aigrette des neiges, de l'alligator, de l'écrevisse et de nombreux poissons d'eau douce. Les bourgs, villes et campagnes du bayou Tèche sont habités par une population dynamique et fière de ses héritages culturels : amérindien, français, africain, créole, espagnol et acadien.

Lafayette, Pont-Breaux, Henderson, Butte-la-Rose, Saint-Martinville, Nouvelle-Ibérie, l'Île d'Avery, l'Île Jefferson, tels sont les noms que rencontrera l'automobiliste le long de ce circuit. Il pourra le parcourir en deux étapes, chacune ayant Lafayette comme point de départ. L'une, vers l'est, mènera à Pont-Breaux, Henderson et Butte-la-Rose; l'autre, vers le sud, traversera Saint-Martinville, Nouvelle-Ibérie, l'Île d'Avery et l'Île Jefferson jusqu'au golfe du Mexique.

POUR S'Y RETROUVER SANS MAL

Pont-Breaux (Breaux Bridge)

Du centre-ville de Lafayette, par l'avenue de la Louisiane (Louisiana) ou Pinhook Est, on emprunte Carmel Drive/route LA 94 Est sur 15 km jusqu'à Pont-Breaux. On y accède également par l'autoroute I-10 Est.

Location de voitures

Martin Chevrolet-Geo Rentals
1315, rue Rees
Pont-Breaux
☎(318) 332-2132

Henderson

De Pont-Breaux, suivez la route LA 347 en direction est sur 8 km, puis la route LA 352 sur 7 km jusqu'à Henderson. Pour un accès plus rapide, prenez l'autoroute I-10 puis la route LA 352 (sortie 115).

Débarcadère McGee - Butte-la-Rose

En sortant de Henderson par la route 352 Est (la rue principale), tournez à droite et longez la jetée (le chemin de la Levée) sur 4 km. Le débarcadère McGee (McGee's Landing) apparaîtra à gauche sur le bassin de l'Atchafalaya. Vous rencontrerez plus au sud un petit pont qui mène à Butte-la-Rose. On atteint également Butte-la-Rose par l'autoroute I-10 puis par la route LA 3177 Sud (sortie 122).

Parks

De Pont-Breaux, suivez la route LA 31 Sud sur 11 km. On peut également de Pont-Breaux emprunter la route LA 347 Sud, qui longe le bayou Tèche sur sa rive gauche.

Broussard

De Lafayette, prenez l'Évangéline Thruway Sud-Est/nationale US 90 sur 15 km.

Saint-Martinville

De Broussard, suivez la route LA 96 Est sur 11 km.

On atteint Saint-Martinville à partir de Pont-Breaux en empruntant la route LA 31 Sud (sur la rive droite du bayou Tèche) ou LA 347 Sud (rive gauche) sur 20 km.

Il est également possible de s'y rendre depuis le débarcadère McGee (McGee's Landing); il suffit de longer le pittoresque chemin de la Levée en direction sud jusqu'à la route LA 96 Ouest, que l'on emprunte sur 15 km.

Nouvelle-Ibérie

Vous avez le choix, au départ de Saint-Martinville, entre la route d'État LA 31 et la route LA 347 Sud, après quoi vous devez prendre la route LA 86. Depuis la route nationale US 90, sortez à la route d'État LA 14 Est (qui traverse la ville).

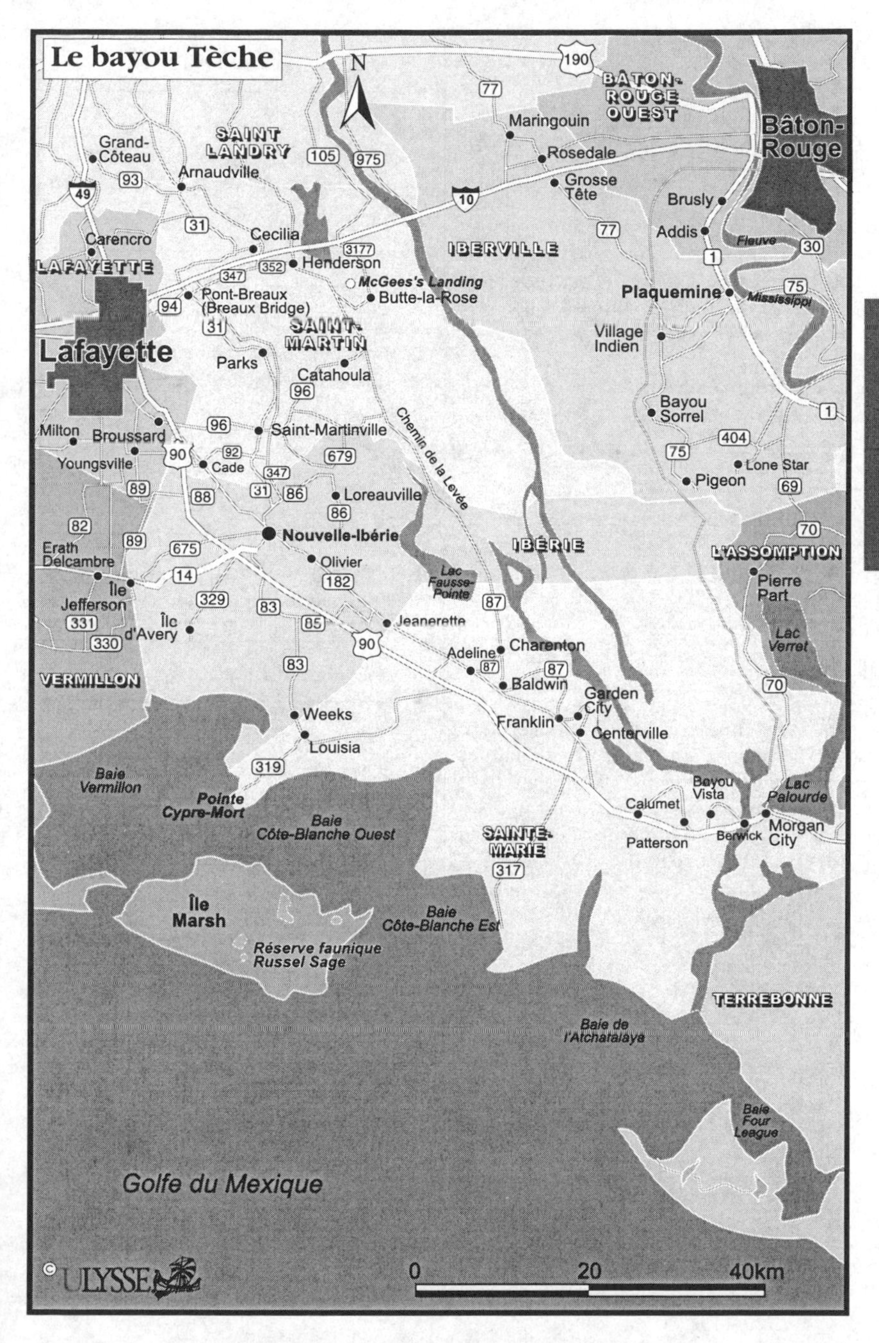
Le bayou Tèche
Saint Landry
Grand-Côteau
Arnaudville
Carencro
Lafayette
Cecilia
Henderson
McGees's Landing
Butte-la-Rose
Pont-Breaux (Breaux Bridge)
Saint-Martin
Parks
Catahoula
Milton
Broussard
Youngsville
Cade
Saint-Martinville
Loreauville
Nouvelle-Ibérie
Erath
Delcambre
Île Jefferson
Île d'Avery
Olivier
Jeanerette
Vermillon
Weeks
Louisia
Baie Vermillon
Pointe Cypre-Mort
Baie Côte-Blanche Ouest
Île Marsh
Réserve faunique Russel Sage
Baie Côte-Blanche Est
Golfe du Mexique
Chemin de la Levée
Lac Fausse-Pointe
Ibérie
Adeline
Charenton
Baldwin
Garden City
Franklin
Centerville
Sainte-Marie
Calumet
Patterson
Bayou Vista
Berwick
Morgan City
Lac Palourde
Baie de l'Atchafalaya
Terrebonne
Baie Four League
Maringouin
Rosedale
Grosse Tête
Bâton-Rouge Ouest
Bâton-Rouge
Brusly
Addis
Iberville
Fleuve Mississippi
Plaquemine
Village Indien
Bayou Sorrel
Lone Star
Pigeon
L'Assomption
Pierre Part
Lac Verret
N
0 20 40km
© Ulysse

Location de voitures

Rent-A-Wreck *
1314, promenade Hangar
Nouvelle-Ibérie
☎(318) 367-5568

* Ce mot composé, qui signifie «louez une épave», est heureusement plus accrocheur qu'exact; on peut en effet y louer là de bonnes voitures à des prix intéressants.

Les Entreprises Rent-A-Car
501, promenade Admiral Doyle
Nouvelle-Ibérie
☎(318) 364-5851

Musson-Patout Automotive Groupe
Nouvelle-Ibérie
☎(318) 365-3411
☎800-960-AUTO

Autocars

Au pays du bayou Tèche, seules sont desservies par autocar les villes situées sur la route d'État LA 182.

Pour tout renseignement concernant les autocars, adressez-vous à :

Greyhound/Trailways
101, rue Terry
Nouvelle-Ibérie
☎(318) 364-8571

Trains

Renseignements sur les services de trains :

Amtrak
☎800-872-7245

Loreauville

Prenez la route d'État LA 86 Est en sortant de Nouvelle-Ibérie; cette route longe le bayou Tèche et rencontre Loreauville à 14 km.

Jefferson

De Nouvelle-Ibérie (rue du Centre/ Center), empruntez la route LA 14 Ouest sur 24 km, puis la route d'État LA 675 Nord sur quelques kilomètres.

Île d'Avery

Île d'Avery est à 10 km au sud-ouest de Nouvelle-Ibérie par la route LA 329.

Pointe Cypre-Mort

Pointe Cypre-Mort est située sur le golfe du Mexique. De Nouvelle-Ibérie, empruntez la route d'État LA 83 Sud sur 32 km jusqu'à Louisa, puis la route LA 319 sur environ 12 km. La nationale US 90 croise la route LA 83 à 40 km au sud de Lafayette.

Jeanerette

En sortant de Nouvelle-Ibérie par la rue principale/route LA 182 Sud, on rencontre Jeanerette à 16 km. On surnomme cette route «The Old Spanish Trail» (le vieux sentier des Espagnols). Jeanerette est située sur le bayou Tèche. On y accède également par la nationale US 90.

Charenton

De Jeanerette, empruntez la route LA 182 Sud sur 8 km jusqu'à Adeline, d'où vous suivrez la route LA 87 sur 6,5 km.

Lac Fausse-Pointe

À partir de Charenton, suivez le chemin de la Levée en direction nord sur 8 km. Le lac Fausse-Pointe fait partie d'un parc d'État qui longe la route du côté est sur plus de 15 km. En continuant plus au nord, on rencontre le débarcadère McGee (McGee's Landing) puis Henderson.

Franklin

Franklin est à 20 km de Jeanerette par la route LA 182 Sud.

Morgan City

De Franklin, suivez la nationale US 90 sur 45 km. On peut s'y rendre également par la route LA 182; la route longe le bayou Tèche et rencontre les villages de Centerville, Patterson et Bayou-Vista.

Lac Palourde - Lac Verret

De Morgan City, en longeant la route LA 70, on rencontre le lac Palourde à quelques kilomètres et le lac Verret à 25 km.

Urgences

Police, pompiers, ambulance
☎911

Renseignements touristiques

Chambre de commerce de Pont-Breaux
111, rue Rees
Immeuble des Assurances Huval
Pont-Breaux
☎(318) 332-5406

Office de tourisme de Saint-Martinville
(St. Martinville Tourism Commission)
C.P. 379
Saint-Martinville
☎(318) 394-2233 ou 394-2232

Office de tourisme de la paroisse d'Ibérie
(Iberia Parish Tourist Commission)
2704, autoroute d'Abbéville (Abbeville Highway)
Nouvelle-Ibérie, LA 70560
☎(318) 365-1540

Centre des visiteurs de la ville de Franklin
(City of Franklin Tourism Department)
200, rue d'Ibérie
Franklin
☎(318) 828-6323
ou 800-962-6889 des États-Unis

On peut y obtenir un plan de la ville indiquant les principaux points d'intérêt : quartier historique et maisons de plantation *(lun-ven 9h à 16h30)*.

Office de tourisme de la paroisse de Sainte-Marie
(St. Mary Parish Tourist Commission)
1600, boulevard Northwest
Franklin
☎(504) 395-4905
ou 800-256-2931 des États-Unis
(lun-ven 8h30 à 16h30)

Centre des visiteurs de la ville de Morgan City
(Morgan City Tourist Information Center)
725, rue du Myrte (Myrtle)
Morgan City
☎(504) 384-3343
(tlj 9h à 16h)

Villes jumelées

Pont-Breaux et Shédiac (Nouveau-Brunswick, Canada)

Bureau du maire
101, rue Bernard
Pont-Breaux, LA 70517
☎(318) 332-2172

Saint-Martinville et Ploërmel (France)
Saint-Martinville et Grand-Pré (Nouvelle-Écosse, Canada)
Saint-Martinville et Bouctouche (Nouveau-Brunswick, Canada)

Bureau du maire
120, rue du Nouveau-Marché Sud
(New Market South)
Saint-Martinville, LA 70582
☎(318) 394-2230

Napoléonville et Pontivy (France)
Nouvelle-Ibérie et Woluwé Saint-Pierre (Belgique)
Nouvelle-Ibérie et Saint-Jean d'Angely (Charente-Maritime, France)
Nouvelle-Ibérie et Bruxelles (Belgique)
Nouvelle-Ibérie et Malaga (Espagne)

Bureau du maire
457, rue Principale Est
(Main East)
Nouvelle-Ibérie, LA 70560
☎(318) 369-2300

Franklin et Étang-Salé (La Réunion)
Franklin et Cure-Pipe (Île Maurice)
Franklin et Genappe (Belgique)

Visites organisées

Cajun «FUN» Tours of New Iberia *(701 promenade Parkview, Nouvelle-Ibérie, LA 70560, ☎318-369-6777)*. Visites guidées des paroisses d'Ibérie, de Lafayette et de Saint-Martin. Guides multilingues pour groupes ou individus.

Guides de chasse et de pêche

Aventures Provost *(C.P. 31892, Lafayette, LA 70593, ☎318-988-6531)* propose des guides pour la chasse au chevreuil, à l'alligator, à la perdrix, au canard et au dindon, ou d'autres guides pour la pêche en eau douce et en mer. Il y a possibilité d'y louer des camionnettes pour ces expéditions sportives.

Le **Service de pêche Richard Legnon** *(Pointe Cypre-Mort, ☎318-867-4443)* fera l'impossible pour que votre expédition de pêche soit une réussite.

Médias francophones

Morgan City

KQKI 95,3 FM, KDLP 1170 AM :
☎(504) 252-9616
Programmation 'cadienne, *Saturday Morning South Louisiana Style*; animateur Bobby Richard,
(sam 5h à 8h).

ATTRAITS TOURISTIQUES

Pont-Breaux ★★

Tous les 'Cadiens nomment l'endroit «Pont-Breaux», mais la plupart des panneaux routiers rédigés par les «Américains» ne respectent pas le nom d'origine et indiquent Breaux Bridge. Néanmoins, à l'entrée de la ville, l'affichage bilingue «Pont-Breaux/ Breaux Bridge» prédomine.

Pont-Breaux, ainsi nommée en l'honneur d'Agricole Breaux, qui avait pont sur le bayou Tèche, est la capitale mondiale de l'écrevisse. On y entend parler 'cadien ou créole, car il y a ici beaucoup de Noirs francophones. Le **Festival de l'écrevisse** (voir p 292), qui a lieu chaque année en mai, est fort célèbre. Célèbre aussi est le restaurant **Chez Mulate** (voir p 285), lieu de rencontre par excellence de l'endroit.

C'est en automne qu'on coupe les cannes à sucre et qu'on les porte au moulin de la coopérative pour les opérations de transformation. Le processus a bien évolué depuis les premières extractions réussies, il y a deux siècles, par Étienne de Boré, et l'on traite désormais chaque année à Pont-Breaux quelques centaines de milliers de tonnes de canne à sucre.

Le moulin de la **Louisiana Sugar Co-op** est situé sur l'avenue du Moulin (Mills Avenue). En saison, vous n'avez même pas besoin d'en connaître l'adresse : l'odeur sucrée vous y mènera. Dans les périodes moins occupées, le gérant, M. Jack Thériot, un 'Cadien francophone, sert de guide aux visiteurs.

Henderson

Henderson donne accès au bassin de l'Atchafalaya par l'ouest. La seule route qui longe le bassin, le chemin de la Levée, mène à Morgan City. L'abondance des fruits de mer, l'une des richesses de la région, explique le nombre et la qualité des restaurants que l'on trouve à Henderson. L'écrevisse y est reine sur les menus. Visites guidées du bassin et rampes de mise à l'eau pour les pêcheurs. La région a subi de graves inondations en 1927, qui ont amené le départ d'une importante partie de la population.

Bassin de l'Atchafalaya ★★★

On peut y effectuer une excursion à travers les marécages et les bayous à partir du **débarcadère McGee - McGee's Landing** *(adulte 12$, aîné 10$, enfant 6$; départs à 8h, 10h, 13h et 15h; 1337 chemin de la Levée, Henderson; contactez Marc ou David Allemond, la famille Allemond parle le français, ☎318-228-2384, ☎800-445-6681 des États-Unis)*. L'excursion permet de découvrir une infime partie de l'immense bassin de l'Atchafalaya, l'autoroute (I-10) sur pilotis de béton qui l'enjambe, ainsi que sa flore et sa faune à bord d'un bateau (apportez votre appareil photo) : cipres, mousse espagnole, jacinthes d'eau, serpents, etc. Visites guidées en français et en anglais. Sur place, un «café-resto-terrasse» propose quelques mets typiques dont de l'alligator. (Voir aussi section «Restaurants» : Café de l'Atchafalaya - Chez McGee, p 285).

Angelle's Atchafalaya Basin Swamp Tours *(adulte 12$, aîné 10$, moins de 12 ans 6$; tlj départs 10h, 13h, 15h et 17h; aucune excursion si le montant total de la vente de billets est inférieur* *à 25$; chemin de la Levée, sortie 115 de l'autoroute I-10, ☎318-228-8567 ou 667-6135)*. Les excursions Angelle proposent des promenades sur la rivière Whisky (Whisky River) et dans les romantiques marécages du bassin de l'Atchafalaya. La visite guidée pour cette promenade, qui dure 90 min, peut se faire en français. Le dimanche, de 16h à 20h, il y a un orchestre 'cadien à bord.

Pour les promenades en bateau, on peut également faire appel à un autre riverain du bassin, **Errol Verret**, qui habite à Henderson. Entre deux séances avec le groupe Beausoleil, ce joueur d'accordéon vous offrira une petite excursion dans des marais familiers. On le joint au ☎(318) 394-7145 pour convenir d'un rendez-vous. Prix compétitifs variant selon la longueur de la promenade, voire selon la tête du visiteur!

Wiltz's «Cajun» Boat Landing *(canot 12$ par jour, bateau 35$ par jour, moteur et essence inclus; chemin de la Levée, ☎318-228-2430)* se trouve sur le premier embarcadère de l'autre côté du chemin de la Levée. En plus d'y trouver bateaux et canots à louer, on peut s'y procurer des permis de pêche et des appâts. Vous devrez débourser 1$ pour les rames et es vestes de sécurité.

Cypress Cove *(145$ par nuitée mars à oct, 100$ par nuitée nov à fév; juste après le débarcadère McGee/McGee's Landing, ☎800-491-4662 des États-Unis)* donne la possibilité, aux plus aventureux, de faire un séjour sur une maison flottante au cœur du bassin d'Atchafalaya. Un bateau à moteur est fourni pour vous rendre à votre «demeure aquatique», entourée de fleurs et d'oiseaux des marais, et équipée du matériel nécessaire : ustensiles de cuisine, literie, serviettes de bain et gril de plein air compris, pour faire cuire les poissons que vous attraperez par un trou pratiqué dans la cale de la maison flottante. Les quatre bateaux, ou maisons flottantes, du Cypress sont climatisés. L'entreprise de Doug Sabatier loue également un chalet (tout équipé) de deux chambres, deux salles de bain, cuisine et salon *(150$ par nuitée mars à oct, 100$ par nuitée, nov à fév avec un minimum de 3 nuitées pour la location)*.

Butte-la-Rose 

Lieu de villégiature autour du bassin de l'Atchafalaya où nombre de 'Cadiens ont leur résidence secondaire (quelques autres y vivent à longueur d'année). Une halte au sympathique **Magasin général** de M. et Mme Doucet (ils parlent français), où l'on trouve de tout et qui est aussi le lieu de rendez-vous préféré des pêcheurs et des chasseurs, s'impose.

Broussard

Les **Pelican Aviation's Flight «Seaing» Tours** ★ - jeu de mots sur *sea* (mer) et *see* (voir)! *(90$ l'heure pour 2 pers. en avion Cessna 172; à 13 km au sud de Lafayette sur la route US 90, au-delà du viaduc de la route LA 182, près de Broussard, prenez à gauche sur la route LA 3013; renseignez-vous auprès du pilote, M. Jeff Ayo, ☎318-235-7303)* nous donnent l'opportunité de survoler pendant une heure le bassin d'Atchafalaya, la région côtière avec les plantations de canne à sucre, Île d'Avery, Île Jefferson et le lac Peigneur.

Parks

Une importante communauté créole vit entre Pont-Breaux et Saint-Martinville.

À l'origine, le nom de cette localité était «Pâques», en souvenir du jour où la voie ferrée en construction y arriva.

Saint-Martinville ★★★

Nombre d'aristocrates émigrèrent ici après la Révolution française de 1789. Dans leur tentative de recréer sur cette terre toujours française l'ambiance des soirées à Versailles, ils organisaient de grands bals et des spectacles d'opéra, ce qui valut à Saint-Martinville le surnom de «petit Paris d'Amérique». Dès le début du XVIIIe siècle toutefois, avec la construction du fort militaire en 1714, des trappeurs venus de la Nouvelle-France septentrionale s'y étaient installés.

Puis, après des années d'errance, des milliers d'Acadiens victimes de la déportation de 1755 adoptèrent ce coin comme lieu d'exil. En plus, la paroisse de Saint-Martinville compte aujourd'hui une forte population créole.

Le poète Henry Wadsworth Longfellow a immortalisé la mémoire d'Évangéline. Celle dont le vrai nom était Emmeline Labiche est enterrée au cimetière de la plus vieille église catholique de la Louisiane, **Saint-Martin-de-Tours** ★★ *(100 rue Principale Sud/Main South, ☎318-394-6021)*. L'église a été construite en 1765; le revêtement extérieur en brique et en béton date de 1832. À l'intérieur, les inscriptions des stations du chemin de la croix sont rédigées en français. C'est cette église que le cardinal de Paris, monseigneur Lustiger, a choisie pour célébrer la messe lors de sa visite en Louisiane. La **statue d'Évangéline**, sous laquelle Emmeline repose, fut offerte par les interprètes d'un film sur ses tragiques aventures tourné en 1927. L'actrice Dolores del Río servit de modèle au sculpteur.

À gauche de l'église, sur la **Grand'Place**, face à la rue Principale, une demeure du siècle dernier, devenue le **Musée le Petit Paris** ★★, abrite aujourd'hui une collection de costumes du Mardi gras et des objets typiques de l'époque coloniale française. Le **presbytère** ★, de style néoclassique, adjacent à l'église, date de 1857.

Plus loin, dans le parc attenant au bayou Tèche, le chêne sous lequel, raconte le poète, Évangéline attendit désespérément le retour de son bien-aimé Gabriel existe toujours. L'arbre, aujourd'hui tricentenaire, a bien failli disparaître lorsqu'un réflecteur ayant chuté durant la nuit brûla et endommagea la base du vénérable chêne jusqu'à l'aube. C'est l'un des lieux de rendez-vous préférés des vieux 'Cadiens, conteurs, chanteurs et musiciens. Les célèbres frères Lennis et Ophe Romero y font souvent une halte, le temps de jouer à l'accordéon et au «ti-fer» un peu de musique traditionnelle, d'interpréter une chanson ou de raconter en français quelques truculentes histoires locales. Demandez-leur de vous chanter *Les maringouins ont mangé ma belle*, ou encore interrogez Emmet Charles sur les faits cocasses dont il a été témoin dans ce parc dont il est le gardien.

La **maison Du Champ** ★ *(tlj 10h à 16h; à l'angle de la rue Principale/Main et du boulevard Évangéline, ☎318-394-2229)* a été construite en 1876 par Eugène Du Champ de Chastaignier.

Le **palais de justice** ★ de la paroisse de Saint-Martin *(400 rue Principale Sud/Main South)*, érigé en 1859, est une construction de style néoclassique. Le bâtiment réunit une collection importante de documents datant des régimes français et espagnol.

Le **parc d'État Longfellow-Évangéline** ★ *(voiture 2$; tlj 9h à 17h; bureau*

Le Mémorial des Acadiens ★★★

(Monument acadien - Musée acadien)

En 1755, lorsqu'ils sont chassés de leurs terres d'Acadie en Nouvelle-France, dans le nord-est de l'Amérique du Nord, aujourd'hui la Nouvelle-Écosse, le Nouveau-Brunswick et l'Île-du-Prince-Édouard, commence pour les déportés acadiens une interminable saga. Ce «Grand Dérangement» disperse aux quatre coins de la planète des familles entières, souvent séparées les unes des autres. En Louisiane, restée française, certaines communautés s'installent. Dès lors, pour plusieurs Acadiens, la lointaine Louisiane apparaît comme une terre promise, une «Nouvelle-Acadie» qui leur permet de se refaire une vie. Puis en 1784, le territoire louisianais étant devenu espagnol, un traité entre la France et l'Espagne permet à plusieurs de réaliser leur rêve de s'établir dans cette partie méridionale du continent. Ce que des milliers d'Acadiens feront l'année suivante, en quittant le port de Nantes pour rejoindre leurs compatriotes à Saint-Martinville.

Le **Musée acadien**, érigé en l'honneur des Acadiens venus faire souche en Louisiane après la Déportation, demeure un émouvant et incontournable endroit à visiter. L'édifice à deux étages – l'ancienne mairie restaurée par l'architecte Robert Barras ayant été prêtée gracieusement par la municipalité de Saint-Martinville – abrite en effet une imposante peinture murale de 10 m sur 4 m. L'œuvre de Robert Dafford s'intitule *L'Arrivée des Acadiens en Louisiane*, auprès de laquelle brûle une **Flamme éternelle**, allumée lors de la cérémonie d'inauguration le 10 décembre 1995. Sur 5 plaques en bronze de 2 m de hauteur sur 1 m de largeur, sont inscrits environ 3 000 noms de personnes identifiées comme réfugiés acadiens dans les documents louisianais de l'époque. Au-dessus des plaques figure l'inscription suivante, gravée, en français puis en anglais : *«Arrête-toi, mon ami, lis mon nom et souviens-toi de moi» - «Pause friend, read my name and remember»*, car elle est destinée non seulement aux lecteurs francophones mais aussi aux nombreux visiteurs américains de toute origine.

Parmi les noms les plus fréquemment cités, on trouve des LeBlanc, Landry, Comeau, Dugas, Guédry, Pitre, Trahan, Hébert, auxquels s'ajoutent ceux devenus plus rares aujourd'hui, tels d'Arosteguy, Semer, Longuepée...

Le comité du Monument acadien, basé à Saint-Martinville depuis sa création en 1990, travaille à souligner l'originalité de la culture 'cadienne qui perdure dans le grand melting-pot américain. Son choix a fait de Saint-Martinville un lieu de pèlerinage pour les Acadiens de la diaspora et l'un des points d'attraction pour le Congrès mondial acadien d'août 1999.

L'auteur de la murale, l'artiste louisianais Robert Dafford, a fait beaucoup plus qu'exécuter une commande. *«Dès que j'ai entendu parler de la création du comité du Monument acadien, j'ai pris contact avec eux pour leur proposer de réaliser une fresque. Après deux ans de discussion, mon projet a pris sa forme actuelle, celle d'une peinture murale où figurent près de 300 personnages historiques témoignant de l'implantation acadienne en Louisiane.»* Ce sont leurs descendants qui ont posé en costume d'époque; on peut en apercevoir certains sur la photo de Steve Comeaux. Par exemple, Eddie Richard, ancien maire de la ville de Scott et père de Zachary, a servi de modèle pour leur ancêtre Pierre Richard (couverture sous le bras sur la fresque). A. P. Broussard, qui, jusqu'à sa retraite, a vendu de la machinerie agricole, a servi de modèle pour le chef de la résistance acadienne Joseph Broussard dit Beausoleil (poche à la main sur la photo). J.P. Thibodaux, concessionnaire d'automobiles, a posé pour son ancêtre Armand Thibodeau. Olivier Thériault, qui alla en France convaincre les Acadiens fixés à Nantes de venir rejoindre leurs frères et sœurs en Louisiane (en 1785, malgré qu'elle soit devenue espagnole, la Louisiane demeure fortement francophone), est représenté par Ronnie Thériault. Policier, Ronnie est venu à l'inauguration en uniforme, prenant place à côté de son portrait en costume ancestral. Mmes Modeste Barras Bourque et Dolores Guidry Respess ont servi de modèles pour leurs ancêtres Jeanne Chaillon Bourg et Marguerite Martin respectivement.

Robert Dafford, qui est né et a grandi à Lafayette, où il habite toujours, n'est pas descendant d'Acadiens, mais – comme d'ailleurs beaucoup de Louisianais – a des ancêtres français. Ses parents, partis de l'Arkansas, sont venus en Louisiane travailler pour les compagnies pétrolières. Soldat pendant la guerre du Viêt Nam, Dafford eut la chance d'être envoyé en France. *«C'est là que j'ai réalisé que la culture acadienne venait de l'Europe, ce dont bien peu de gens ici se rendaient compte. Aussi, quand j'ai appris que des gens travaillaient ici à sauver ce vivant héritage d'une musique et d'une langue que j'entends depuis mon enfance, j'ai voulu me joindre à eux.»* La murale de Robert Dafford a été choisie l'image officielle du Congrès mondial acadien d'août 1999.

Le Monument acadien est géré par Jolène Adam, une jeune femme née à Thibodaux qui s'exprime très agréablement en français. *«Nous avons beaucoup de visiteurs des États voisins : Texas, Mississippi, Arkansas. Nous recevons aussi des Belges, des Québécois, des Canadiens, et les Acadiens sont en train de nous découvrir.»*

Mémorial des Acadiens : Monument acadien et Musée acadien *(adulte 3$, aîné 2$, enfant 6-12 ans 1$, entrée libre pour moins de 5 ans; le billet sert de carte de membre et est valable un an; tlj 10h à 16h; visites guidées en français et en anglais; pour plus de renseignements, adressez-vous à la conservatrice, Mme Jolène Adam : 121 rue du Nouveau Marché Sud/New Market South, C.P. 379, Saint-Martinville, LA 70582, ☎318-394-2233)*

PAYS DU BAYOU TÈCHE

d'information touristique sur place, 1200 rue Principale Nord/Main North, ☎318-394-3754), dont les beaux chênes couverts de mousse espagnole bordent les rives du bayou Tèche, vaut qu'on s'y arrête. On y trouve le **Magasin d'artisanat acadien** et la **Maison acadienne de plantation**, construite par Charles Olivier du Clozel au début du siècle dernier, dans un style très représentatif des villas créoles surélevées de l'époque coloniale française en Louisiane et dans les Antilles.

Allée de chênes et de pins ★ *(route LA 96, à 5 km au nord de Saint-Martinville)*. Au bout de cette allée d'arbres centenaires s'élevait la villa de Charles

Durande, un planteur dont les fantaisies sont demeurées célèbres. C'est en 1829 qu'il fit construire sa résidence (aujourd'hui disparue) et qu'il fit planter par ses esclaves noirs l'allée, longue de 5 km, qui menait du bayou Tèche à sa maison. Son immense fortune lui permit bien d'autres extravagances. Ne dit-on pas que, chaque matin, des serviteurs venaient vaporiser autour de lui des parfums avant de l'éveiller?

Mais c'est surtout au moment du mariage de ses deux filles que l'imagination de Charles Durande devient débordante. Il fit venir de Chine des araignées d'une espèce fort active, qui se mirent à tisser leur toile entre les arbres de l'allée quelque temps avant la cérémonie. Le matin du grand jour, des serviteurs soufflèrent de la poussière d'or et d'argent sur le fil presque invisible, et c'est sous cette voûte scintillante que défilèrent les futurs mariés et leurs invités.

La guerre de Sécession allait provoquer la ruine de Durande, qui mourut peu après. Dans une niche accrochée à l'un des arbres de l'ancienne allée patricienne, on apercevra un Christ en croix. On en trouvera plusieurs autres tout le long de la route d'État LA 96.

Nouvelle-Ibérie ★★

La ville a ainsi été nommée par ses premiers habitants espagnols en souvenir de leur Ibérie natale. On trouve aujourd'hui encore nombre de leurs descendants : les Romero, les Viator, les Segura, les Hernández...

Nouvelle-Ibérie est vraiment la ville reine du Tèche. Une simple promenade sur la rue Principale (Main), avec ses belles maisons coloniales entourées de parcs et de jardins tropicaux, rappelle la belle époque des bateaux à vapeur. On y trouve aussi la célèbre plantation **Les Ombrages-sur-le-Tèche** ★★★ et le **moulin à riz Konriko** ★★, dont l'appellation se compose du nom de son propriétaire (Conrad), de «riz» et de «compagnie». Nouvelle-Ibérie a aussi son **Festival de la canne à sucre** (voir p 292).

Le **Centre des visiteurs d'Ibérie** *(tlj 8h à 17h; 2704 autoroute 14/Highway 14, ☎318-365-1540)* a été aménagé dans une petite maison 'cadienne (plans disponibles pour la visite à pied du quartier historique).

The Bayou Art Gallery ★ *(entrée libre; lun-ven 10h à 16h, sam 10h à 14h; 143 rue Principale Ouest/Main West, ☎318-369-3014)*. Art et artisanat locaux, livres sur la région.

Maison Antebellum Justine ★★ *(4$; sur rendez-vous; 2250 chemin de Loreauville; à 4 km à l'est de Nouvelle-Ibérie sur la route d'État LA 86)*. Collection de meubles et objets typiques de la Louisiane dans une maison de 1822 transformée en musée.

Les Ombrages-sur-le-Tèche ★★★ (Shadows-on-the-Tèche) *(adulte 6$, aîné 3$; tlj 9h à 16h30; 317 rue Principale Est/Main East, ☎318-369-6446)*. Cette superbe maison de style *antebellum* fut construite en 1834 et restaurée, sans perdre pour autant son charme exotique, par l'arrière-petit-fils du premier propriétaire, M. Weeks Hall. De grandes personnalités de Hollywood, dont D.W. Griffith, Cecil B. de Mille, Walt Disney, Elia Kazan et l'écrivaine Anaïs Nin, y ont séjourné.

Konriko Company Store/Conrad Rice Mill ★★ *(adulte 2,75$, aîné 2,25$, moins de 12 ans 1,25$; lun-sam 9h à 17h; visites guidées du moulin 10h, 11h, 13h, 14h et 15h; 307 rue Ann, ☎318-367-6163, ☎800-551-3245 des États-Unis)*. Le Conrad Rice Mill est la plus ancienne rizerie d'Amérique du Nord. Au cours de la visite, on vous offrira gracieusement le café et des échantillons de riz. Un diaporama complète la visite, qui dure environ 40 min.

Lifetime Memories *(lun-mar et jeu-sam 18h, ou sur rendez-vous; 611 rue Ashton, ☎318-369-7571)* propose des promenades en calèche avec guide.

William G. «Bunk» Johnson Memorial Plaza ★ *(entrée libre; rue Hopkins, au cœur de l'historique quartier afro-américain, ☎318-365-1540)*. Ce parc a été aménagé afin de commémorer la mémoire de William G. «Bunk» Johnson, à qui l'on doit d'avoir appris sa façon bien particulière de souffler dans une trompette à nul autre qu'au célèbre jazzman Louis Armstrong. Le trompettiste Bunk, à la fois ouvrier au moulin de riz Konriko et à la plantation Les Ombrages-sur-le-Tèche, montait souvent «en ville» (La Nouvelle-Orléans), où il jouait dans différents cafés du Vieux-Carré Français et des faubourgs environnants. C'est là, dans un tripot alors à la mode dans les années quarante, que Johnson fit la connaissance de celui qui allait devenir son meilleur ami : Louis «Satchmo» Armstrong.

Par mesure de sécurité, on recommande fortement d'éviter d'arpenter ce parc durant la nuit.

La dépouille de William G. «Bunk» Johnson repose aujourd'hui au cimetière Saint-Édouard (St. Edward) de Nouvelle-Ibérie.

Loreauville

Après s'être d'abord appelée «Picotville», la localité prit le nom du Français qui avait fait don à la paroisse d'un terrain pour le cimetière.

Cette petite communauté de 100 habitants n'est guère favorisée par sa situation géographique, car elle est située dans la grande courbe du bayou Tèche, que les automobilistes empruntent rarement, roulant de préférence sur la route US 90 ou sur la route d'État LA 192, qui relie le Tèche et Jeanerette. Dommage, car Loreauville, située à la limite sud de l'Atchafalaya, offre de spectaculaires promenades en aéroglisseur sur le grand bassin.

On mange bien à Loreauville, et l'on peut y écouter de la musique «zarico» dans la boîte que dirigeait la veuve de son plus illustre compositeur, Clifton Chénier.

C'est dans le petit **cimetière de Loreauville** ★ qu'est enterré Clifton Chénier, le «roi du Zarico». Les admirateurs de cette musique des Noirs créoles qui aimeraient se recueillir sur sa tombe n'y arriveront pas sans peine, car le musicien repose sous une pierre tombale anonyme *(prenez à Loreauville la route LA 3242 sur environ 2 km jusqu'au chemin Landry puis à gauche sur 3 km; à partir de la deuxième entrée, rendez-vous au centre du cimetière; le caveau des Chénier se trouve près de l'allée de droite, parallèlement à ceux des familles Broussard et Verret)*.

L'influence de Clifton Chénier se fait encore beaucoup sentir ici, et plus particulièrement au **Clifton's Club** *(chemin paroissial 409, Croche Lane, à 800 m du cimetière, ☎318-229-6576)*, que sa veuve Margaret dirigeait encore il y a quelques années, jusqu'à ce que Mme Bessie Mitchell en prenne la direction. Comme le faisait hier sa prédécesseure, Mme Bessie y organise des soirées de danse, toujours avec d'excellents orchestres. Orchestres «zarico» du vendredi au dimanche. Appelez avant pour vous en assurer.

Le lac Peigneur se vide!

Le matin du 20 novembre 1980, alors qu'on travaillait sur la plate-forme de forage sur le lac Peigneur, une tige de perforation endommagea la galerie d'une mine de sel qui se trouvait sous le lac. La tige de forage se coinça, puis bientôt la plate-forme se cabra, entraînant l'évacuation immédiate des travailleurs. C'était comme si l'on avait tiré le bouchon d'une immense baignoire, l'eau s'échappa dans un immense tourbillon, entraînant tout ce qui se trouvait sur son passage, engloutissant même dans sa course infernale plus de 25 ha de terrain, une maison ainsi que les cinq serres attenantes. Le lac se vida en l'espace de sept heures et, dans la catastrophe, 11 barges furent ainsi aspirées, de même que des petits bateaux de pêcheurs et un remorqueur posté sur le canal Delcambre. Des témoins rapportent qu'il était étonnant de sentir le cours d'eau inverser sa course. Il coula ainsi pendant deux jours, le temps de remplir la galerie souterraine. Il n'y eut heureusement aucune perte de vie dans cet extraordinaire incident. De la maison, il ne reste plus que la cheminée et les colonnes qui pointent hors de l'eau (le lac est à nouveau rempli); on peut les apercevoir du poste d'observation installé en bordure du lac Peigneur, et auquel on accède par une allée des Jardins de l'Île Jefferson.

Les **Airboat Tours** ★★ *(15$ par pers.; aucune excursion si le montant total de la vente de billets est inférieur à 60$; mar-dim 8h à 17h; adresse postale : C.P. 716, Loreauville, LA 70552; contactez Lon Prioux, ☎318-229-4457)* sont des promenades à pont dé- couvert à travers les méandres du lac Fausse-Pointe. Trois bateaux d'une capacité de six passagers chacun assurent le service. Départ du débarcadère Marshfield (comptez une heure pour le tour).

Île Jefferson ★★★

Île Jefferson s'élève sur un bloc salin en bordure du lac Peigneur. L'ancien domaine des Jefferson, une famille de planteurs, est aujourd'hui devenu un magnifique jardin.

Dans les **Jardins de l'Île Jefferson** ★★★ (Live Oak Gardens)*(adulte 9$, moins de 15 ans 5$; tlj 9h à 17h, 9h à 16h en hiver; 5505 chemin Rip Van Winkle, ☎318-367-3485 ou 365-3332)* poussent à foison camélias, hibiscus et azalées, ainsi qu'une grande variété de plantes subtropicales. Ses chênes séculaires en sont l'un des plus beaux ornements. Le droit d'entrée inclut la visite des jardins, la visite de la **maison Jefferson**, datant de 1870 (avec son mobilier et sa décoration d'origine), et une promenade en bateau sur le lac et le canal Delcambre. Une cafétéria sert des repas légers et de succulentes glaces maison. Jusqu'à récemment, de gentilles dames 'cadiennes travaillant à cette cantine recevaient les visiteurs en français.

Île d'Avery ★★★

Le **Centre Tabasco d'accueil aux visiteurs** ★★★ (Tabasco Visitor's Center) *(entrée libre; tlj 9h à 16h; McIlhenny Company, LA 70513, ☎318-365-8173)* reçoit chaque année des milliers de visiteurs. C'est un endroit à voir absolument. Les amateurs de piquant pourront y visiter l'usine où l'on fabrique depuis 1868 la fameuse sauce Tabasco. La boutique attenante propose toutes sortes de produits (dégustation gratuite) et souvenirs «Tabasco» : conserves de haricots rouges, chapelets de piments, affiches, tabliers, cravates, tasses et même bonbons (à la Tabasco!)... aussi ce guide sur la Louisiane et celui sur La Nouvelle-Orléans. L'usine appartient depuis sa fondation à la famille McIlhenny, des Créoles francophones d'origine irlandaise.

Aux romantiques, le site propose deux magnifiques lieux de promenade contigus, aménagés sur l'ancien domaine des McIlhenny : les **Jardins de la Jungle** ★★★ *(adulte 5,75$, enfant 4$; tlj 8h à 17h; ☎318-369-6243)*, consacrés à la flore tropicale et subtropicale, et la **réserve ornithologique** ★★★ (tour d'observation), où ne vivent pas moins de 20 000 aigrettes des neiges, une espèce menacée. De beaux étangs, grouillants d'alligators, parsèment le domaine.

Le **domaine de la famille McIlhenny** s'étend sur plus de 80 ha; ni motos ni bicyclettes, mais les voitures sont autorisées.

Pointe Cypre-Mort ★★

Village de pêcheurs et station balnéaire sur le golfe du Mexique entre les baies de Weeks et de la Côte-Blanche.

Jeanerette

«Le cœur du Bas-Tèche», comme on appelle Jeanerette, est une région très riche en plantations de canne à sucre. Au moment de la récolte (roulaison), l'air autour des moulins est lourd d'odeurs sucrées.

Jeanerette perpétue le nom de John Jeanerette, qui en fut le premier maître de poste en 1830. La population est en partie 'cadienne (les Hébert, Landry, Le Blanc, Boudreaux...) et créole (les Provost, Estève, LeJeune, Lançon).

L'expansion de l'industrie du bois de cipre (cyprès) allait par la suite attirer un bon nombre de familles anglophones, et la présence des plantations explique la forte concentration de population afro-américaine qu'on y retrouve encore aujourd'hui.

Le **Beau Petit Musée de Jeanerette** ★★ *(adulte 3$, aîné 1,50$, étudiant 1$; lun-ven 10h à 16h; 500 rue Principale Est/Main East, ☎318-276-4408)* offre un très bon résumé de la vie sur le bayou Tèche. Il est riche en objets et documents liés à l'industrie de la canne à sucre et du bois de cipre, principales activités économiques de la région. On peut y voir entre autres les moules de cipre, à partir desquels on fabriquait les engrenages sur lesquels avançait la canne tout au long des opérations pratiquées au moulin, ou encore ceux des historiques bateaux à vapeur.

Jeanerette est au centre de la culture de la canne à sucre, et la période de la récolte, d'octobre à novembre, donne lieu à de nombreuses activités. Le moulin de la compagnie sucrière de Jeanerette est situé presque au centre du village; on ne visite pas, mais on peut voir au musée un vidéo relatant l'évolution de cette industrie. Au moment de la récolte, on peut aussi observer de la route les «coupeurs» à l'œuvre et assister au chargement de la canne sur les camions. Attention toutefois, surtout à la tombée du jour, aux camions qui roulent au ralenti.

À 5 km de Jeanerette vers l'ouest, par la route LA 182 et LA 318, on aperçoit le **moulin de la St-Mary Sugar Co-op**.

La **fonderie Moresi ★** *(506 rue Principale Est/Main East, ☎318-276-4533)* loge dans la même ancienne bâtisse dans laquelle on fabriquait les engrenages utilisés par les moulins à sucre et les bateaux à vapeur. La fonderie est toujours en activité, et son propriétaire, M. Pierre Larroque, vous y accueillera en français. Il vous parlera volontiers des vieux cimetières qu'on trouve sur les propriétés des familles qui cultivaient la canne à sucre, et d'autres aspects insolites de la vie locale.

La **maison de la plantation Albania ★** *(visite sur rendez-vous, avec préavis de 24 heures ou de 48 heures; route LA 182, sortie est de Jeanerette, ☎318-276-4816)*, une belle résidence d'un trentaine de pièces, est bâtie sur quatre niveaux. La demeure se terre derrière un rideau de mousse espagnole parmi les chênes verts et les magnolias. Sa propriétaire actuelle, Mme Emily Cyr Bridges, l'a décorée de meubles d'avant la guerre de Sécession et l'a enrichie d'une intéressante collection de poupées anciennes.

La **maison de la plantation Bayside ★** *(on ne visite pas; rive nord du bayou Tèche, chemin du Vieux-Jeanerette/Old Jeanerette Road)*, entourée de superbes chênes verts, est un bel exemple du style néoclassique. Elle tire son nom de la baie voisine, où poussent des magnolias. Un peu plus loin vers l'est, tout de suite après la courbe qui précède le pont Bayside, on aperçoit, sur une butte dominant le bayou, le cimetière familial des planteurs, les Richardson. Cette butte serait un ancien lieu de sépulture amérindien.

À quelques kilomètres au nord-ouest de Jeanerette, se trouve la communauté créole de Grand-Marais *(chemin des 40 Arpents, sur la route d'État LA 674)*. Tout comme Olivier, Saint-Martinville, Parks, Pont-Breaux, Les Opélousas et Palmetto, Grand-Marais est en grande partie habitée par des descendants des gens de couleur qui furent affranchis après la guerre de Sécession. La plupart sont fermiers et cultivent la canne à sucre. Le **défilé du Mardi gras** est le grand événement annuel de l'endroit.

Pour rejoindre Charenton et Franklin, on peut soit longer la rive nord du bayou Tèche, que bordent les champs plantés de canne à sucre, ou prendre sur la rive sud la route LA 182, qui traverse Albanie. Deux ponts relient Jeanerette et Charenton. Sur la rive nord, on traverse un pays peu connu des touristes. Ce sont surtout des fermiers et des ouvriers des plantations qui habitent cette bande de terre entre le bassin de l'Atchafalaya et le bayou. Un peu plus près de Charenton, on trouve surtout des pêcheurs. Presque tout le monde ici possède un bateau et un camion.

Charenton

Parc Jean-Lafitte et centre culturel des Chitimachas ★★★ *(entrée libre; mar-ven 8h à 17h, sam 8h30 à 17h; adresse postale : B.P. 609, Charenton, LA 70523, ☎318-923-4830 ou 923-7215)*. Cette «terre-mère» des Chitimachas est la seule réserve amérindienne de la Louisiane reconnue officiellement par le gouvernement. On peut voir au centre culturel des expositions sur l'art, l'histoire et les traditions de cette nation.

Derrière l'église catholique se trouvent d'**anciens caveaux ★** des Chitimachas ainsi qu'un **monument** à la mémoire des 200 victimes de l'ouragan du 10 août 1856 à la Dernière Île, dont parle dans son roman *Chita* l'écrivain d'origine louisianaise Lafcadio Hearn.

Les **Expéditions Atchafalaya ★★★** *(2 heures : adulte 20$, enfant 5$;*

4 heures : adulte 35$, enfant 10$; adresse postale : C.P. 181, Charenton, LA 70523; après la traversée du bayou Tèche, prenez à gauche la route LA 87, puis immédiatement à droite le chemin Charenton Beach jusqu'à la digue; tournez à gauche et faites 5 km jusqu'à l'entrée, située sur la gauche après le débarcadère de l'Anse-de-la-Grande-Avole; contactez Marcus de la Houssaye, ☎318-566-2251), grâce au sympathique M. de la Houssaye, proposent des visites guidées qui sortent de l'ordinaire. Votre guide vous montrera entre autres des cipres vieux de 500 ans, des sépultures amérindiennes, des scieries abandonnées, les vestiges d'une raffinerie de sucre et même un village accessible seulement par voie d'eau. Vous pourrez également admirer, pendant la traversée des lacs Fausse-Pointe et Chitimacha, la flore et la faune typiques de la région. Photographes, naturalistes, écotouristes et ornithologues pourront profiter d'itinéraires établis selon leurs intérêts particuliers. Balades nocturnes, excursions de pêche, safaris-photos à l'aube ou au crépuscule, camping, hébergement, repas et même repérages de lieux de tournage peuvent également être proposés.

Franklin ★★

La rue principale de Franklin n'a rien à envier à celle de Nouvelle Ibérie, pourtant fort réputée. Cette artère, où se succèdent presque sans interruption les demeures historiques, est en effet d'une exceptionnelle beauté.

L'**habitation de plantation Arlington** ★★ *(sur réservation seulement, adulte 4$, entrée libre pour les moins de 12 ans; 56 rue Principale/Main; sur la route d'État LA 182, à 2 km à l'est de Franklin, ☎318-828-2644, ☎800-279-2119 des États-Unis)* est une maison de style néoclassique construite en 1830 sur le bayou Tèche. On y trouve une magnifique collection de meubles anciens.

Le **Musée de la maison Grevemberg** ★★ *(adulte 4$, aîné et étudiant 3$, enfant 2$; tlj 10h à 16h; 407 chemin Sterling, ☎318-828-2092)* est une autre splendide maison néo-classique datant de 1851 et meublée d'antiquités.

Le **moulin à Sterling** ★★★ *(visites sam matin; route LA 322, ☎318-828-0620)* demeure un des seuls moulins à sucre en activité que l'on puisse visiter.

Manoir Oaklawn ★★★ (Oaklawn Manor) *(adulte 6$, 7-17 ans 4$; tlj 10h à 16h; ☎318-828-0434)*. Cette fort belle maison de style néoclassique datant de 1837, propriété de Mike Foster, gouverneur de l'État de la Louisiane, contient l'une des plus importantes collections d'œuvres du célèbre peintre naturaliste franco-américain Jean-Jacques Audubon, natif de l'île de Saint-Domingue (Haïti). Elle est entourée de fleurs et de magnifiques chênes verts.

L'**épicerie Médric Martin** ★★ *(route d'État LA 322, à 4 km à l'est du Manoir Oaklawn)* est une épicerie entièrement construite en bois de cipre. L'endroit servait autrefois de point de ravitaillement pour les ouvriers des plantations. Aujourd'hui, les deux frères Martin n'y servent plus guère que des boissons avec ou sans alcool. Les écouter parler vous transportera comme par magie à l'époque de leur jeunesse.

Si l'on se rend de Franklin à Morgan City par la route LA 182, on pourra admirer le long du bayou Tèche une succession de beaux villages : **Garden City**, **Centerville**, **Calumet**, **Patterson**, **Bayou-Vista** et **Berwick**.

Patterson

Le **Musée louisianais de l'aviation Wedell-Williams ★★** *(adulte 3$, enfant entrée libre; mar et sam 9h à 17h, tlj, 9h à 16h; 394 Airport Circle, près de la route US 90, ☎504-395-7067)* présente la fascinante histoire des transports aériens en Louisiane racontée à l'aide de dioramas, de panneaux d'interprétation, de documents audiovisuels et de vieux avions reconstitués. Le musée est situé sur l'ancienne piste d'atterrissage de la compagnie Wedell-Williams, pionnière du service aérien en Louisiane.

Au **Cajun Jack's Swamp Tour** *(adulte 20$, enfant 10$, prix spécial pour les groupes; tlj 9h, «Tournée du crépuscule» 14h30; 112 rue Principale/Main, ☎504-395-7420)*, on propose une promenade dans les marais de l'Atchafalaya. La promenade dure deux heures trente minutes.

Morgan City ★★

C'est ici, dans le bassin d'Atchafalaya, à l'extrémité du bayou Tèche, que furent effectués les premiers forages en mer aux États-Unis. Pétrole et gaz naturel sont les principaux moteurs économiques de la région.

Le **Centre d'interprétation Gathright ★** *(entrée libre; tlj jusqu'à 16h; 725 rue du Myrte/Myrtle, ☎504-384-3343)* raconte, à l'aide de documents, de photos et de films, le rôle joué par le bassin de l'Atchafalaya dans le développement de Morgan City. Comptez une heure pour la visite.

Le **Musée international du pétrole et des expositions** (International Petroleum Museum & Exposition) *(adulte 5$, enfant 3,50$; lun-ven 9h à 17h, sam sur réservation; sur Riverfront, ☎504-384-3744)* est un centre d'interprétation consacré à l'exploitation pétrolière terrestre et sous-marine.

Cajun Houseboat Rentals *(95$ par nuitée, plus 10$ personne additionnelle; 108 Ruth Drive, Lafayette 70506, ☎504-385-2738 ou 989-1250, ⇒318-989-1230, kbilleaudeau@earthlink.com)* se trouve à une heure et demie de Lafayette ou à deux heures de La Nouvelle-Orléans. La petite entreprise loue une maison flottante de deux chambres, mais pouvant accueillir jusqu'à huit personnes (cuisinette, salle de bain, télévision et téléphone). *Le Magnolia* (c'est le nom de cette maison flottante) reste à quai.

The Great Wall ★ *(entrée libre; tlj)*. Vue imprenable sur la région du haut du mur de 7 m construit le long de la rue Front pour endiguer les crues du bassin.

L'**arrondissement historique de Morgan City ★★**, qui regroupe une cinquantaine de maisons datant du siècle dernier, constitue l'un des plus beaux attraits du centre-ville.

The Swamp Gardens & Wildlife Zoo ★★ *(adulte 3$, enfant 1,50$, entrée libre pour les moins de 4 ans; tlj, visites guidées : lun 11h, 13h, 15h et 16h; mar-sam 10h, 11h, 13h, 14h, 15h et 16h; dim 13h, 14h, 15h, et 16h; 725 rue du Myrte/Myrtle, ☎504-384-3343)* est un Jardin zoologique : alligators et autres créatures des marais, au milieu d'une ciprière naturelle.

The Brownell Memorial Park & Carillon Tower *(entrée libre; tlj 9h à 17h; route LA 70, lac Palourde, ☎318-384-2283)*. Lataniers, oreilles d'éléphant, iris, cipres et autres essences propres aux marais de la Louisiane agrémentent ce parc de 4 ha. La sonnerie d'un carillon se fait entendre à intervalles réguliers d'une tour haute de 30 m.

Aux **Scully's Swamp Tours** *(adulte 20$, enfant 10$; lun-sam 10h, 12h30 et 15h, dim sur réservation; 3141 route LA 70, ☎504-385-2388)*, les promenades à travers les marais, sur des bateaux de divers types, sont d'une durée de deux heures. Location de pédalos, restaurant.

PARCS

Henderson

Promenades dans le **grand marais de Henderson**, qui fait partie du bassin de l'Atchafalaya *(chemin de la Levée)*. Location de bateaux et de canots, promenades en barges avec guides.

Pointe Cypre-Mort

Parc d'État de la Pointe Cypre-Mort ★ *(2$ par voiture; 1er avr au 30 sept; 7h à 20h, oct à mars 8h à 19h; route d'État LA 319, au sud de Jeanerette, ☎318-386-4510)*. On y trouve une aire de pique-nique, une rade pour les voiliers et une petite plage dans un lieu un peu nu où l'on arrive mal à se protéger du soleil.

Lac Fausse-Pointe

Parc d'État du lac Fausse-Pointe ★★★ *(aires de pique-nique 2$ par voiture; avr à sept 7h à 20h, oct à mars 8h à 19h; ☎318-229-4764, 504-342-8111 ou 888-677-7200 depuis les États-Unis)*. Dans un parc de 2 400 ha, une ciprière offre 8 km de sentiers aménagés. Ceux et celles qui désirent y séjourner y trouveront 8 chalets bien équipés pouvant chacun accueillir jusqu'à 8 personnes, 50 emplacements de camping, des aires de pique-nique avec toilettes et un magasin d'alimentation.

Le parc possède de belles étendues d'eau, et les promenades en bateau vous permettront d'admirer des cipres vieux de 800 ans. Il y a des visites guidées des marais; on peut aussi louer des bateaux et des canots à la «pourvoirie-épicerie» du parc : **Captain Cleve's Landing and Grocery** *(excursion 20$ l'heure; canot 5$ l'heure, bateau avec moteur, 6$ l'heure; ☎318-229-6333)*. Cleve Bergeron, le propriétaire de la pourvoirie, a pratiqué toute sa vie la chasse et la pêche dans le bassin de l'Atchafalaya. De plus, ce 'Cadien natif de Henderson parle le français.

Des promenades en soirée permettent de se familiariser avec les mœurs nocturnes des reptiliens et autres habitants des eaux louisianaises. Cartes de crédit acceptées pour les réservations.

Burns Point

Burns Point Recreation Area ★ *(camping 3-7, aires de pique-nique 1$; baie de la Côte-Blanche Est; de Centerville, empruntez la route LA 317 Sud, ☎318-836-9784)*. Le site compte quelques emplacements de camping avec douches, aires de pique-nique, plage et pêche. Située dans une zone de marais, la plage de Burns Point se prête mieux, à vrai dire, à la pêche qu'à la natation.

Morgan City

Au **Parc Lake End** ★★ *(2$ par voiture; par la route d'État LA 70, à 1,6 km au nord de Morgan City, ☎504-380-4623)* on trouve une plage, un camping avec toilettes et douches ainsi que des aires de pique-nique. Le parc se situe à proximité du lac Palourde, dans un espace ombragé par de magnifiques cipres.

HÉBERGEMENT

Pont-Breaux (Breaux Bridge)

Bayou Boudin & Cracklin *(50-60; 100 avenue du Moulin/Mills Avenue, à proximité de Chez Mulate, ☎318-332-6158)*. Le Bayou, en plus de proposer son fameux boudin 'cadien du mardi au dimanche de 7h à 18h, loue de sympathiques chalets construits en cipre qui donnent sur le bayou Tèche.

La **Maison Bérard** *(75-95 pdj; bp/bc; 209 rue du Pont Ouest, Pont-Breaux, LA 70517, ☎318-989-0228 ou par téléavertisseur 265-9168)* est un cottage de style victorien avec, outre des chambres, quelques studios. Les hôtes, Kenneth et Kathleen LeBlanc Dugas, sont francophones et membres de l'association culturelle Action 'Cadienne.

Butte-la-Rose

Parc de l'Oncle Dick Davis *(tentes 3$; à 4 km de Butte-la-Rose, près du chemin de la Levée)*. Ce petit terrain de camping peut aussi accueillir les véhicules récréatifs. Toilettes.

Le **Camping Frenchman's Wilderness** *(tentes 10-11; ≈; sortie 122/Butte-la-Rose de l'autoroute I-10, ☎318-228-2616)* est juste assez éloigné de l'autoroute pour en éviter le bruit. Ce camping, équipé de toilettes et de douches, est fréquenté surtout par les citadins de la région de Lafayette et de Bâton-Rouge qui fuient un moment la chaleur tropicale des villes. On y organise des soirées de musique 'cadienne et, le samedi soir, le traditionnel bal («fais do-do»). On y accepte aussi les véhicules récréatifs.

La **halte routière de l'autoroute I-10** *(sortie Butte-la-Rose)* est particulièrement appréciée des voyageurs qui y font un arrêt pour se détendre ou pour se restaurer avant de reprendre la route. Il n'y a pas de camping, mais s'y trouvent des aires de pique-nique ainsi qu'une rampe de mise à l'eau, et l'on y propose un service de vidange gratuit pour les véhicules récréatifs.

Saint-Martinville

Le **Beno's Motel and Steakhouse** *(35-40; bp, ≈, tvc; 1178 Clover Hill Road ou route LA 31, au sud de Saint-Martinville, ☎318-394-5523)* est un établissement qui a la faveur des gens du bayou Tèche.

Le **Old Castillo Bed & Breakfast** *(50-80 pdj; bp; 200 boulevard Évangéline; Mme Peggy Hulin, ☎318-394-4010, ☎800-621-3017 des États-Unis, ≠394-7983, phulin@world net.att.net)* est une auberge historique à l'ombre du célèbre chêne sous lequel Évangéline rêvait de son bien-aimé Gabriel. Le petit hôtel dispose de cinq chambres et est situé au cœur de la vieille ville. Cartes de crédit acceptées.

La **Maison Bleue Bed & Breakfast** *(75-85 pdj; bp/bc; 417 rue Principale Nord/Main North, Saint-Martinville, LA 70582, ☎318-394-1215)* est une construction de style Reine-Anne. Mme Debbie LeBlanc Kranske y propose deux chambres (lit standard ou grand format), dont l'une avec salle de bain et entrée privée. Ici, les petits déjeuners seront particulièrement prisés du gourmand lève-tôt qui aura plaisir à déguster omelette aux écrevisses, étouffée d'écrevisses sur «biscuits» de maïs, œufs au boudin et bien d'autres mets 'cadien typiques. Les cartes de crédit sont acceptées.

La **Maison Dautreuil Bed & Breakfast** *(75$ pdj; bp; ℝ; 517 rue du Pont Est/Bridge East, Saint-Martinville, LA 70582, ☎318-394-1872, Mme Sandra Martin)*, une charmante résidence classée monument historique, a été construite en 1850. Aussi connue sous le nom de «Maison Louis Dautreuil», elle propose un studio agrémenté d'un beau mobilier français. L'hôtesse réserve à ses visiteurs un accueil sans pareil, et une bouteille de vin est gentiment déposée pour eux dans le réfrigérateur. La table est généreuse, avec, selon le jour, œufs au jambon, pain perdu aux pacanes arrosé de sirop de canne, gâteau au sirop et confiture de figues maison. Mme Martin, dont le fils est maire de la très francophone cité de Saint-Martinville, parle évidemment le français.

La **Maison Bienvenue** (Bienvenue House) *(90-115 pdj; bp/bc; 421 rue Principale Nord/Main North, Saint-Martinville, LA 70582, ☎318-394-9100, ☎888-394-9100 des États-Unis, bienvenu@spring.com)*, propriété de Leslie Leonpacher, bâtie en 1830 et classée monument historique, propose quatre chambres thématiques. La chambre «Scarlet» dévoile un style victorien; l'«Évangéline» se pare d'un mobilier provençal rustique; la «Joséphine» déploie un décor impérial français, tandis que celui de la «Montgomery», qui a son balcon sur la rue, se veut plus éclectique. Les chambres offrent le choix de lits à deux places ou de grandes dimensions. Dès l'arrivée des visiteurs, ceux-ci se font servir des amuse-gueule et un verre de «soco», un vin apéritif à base de canneberges. Le petit déjeuner est varié et comprend entre autres des crêpes aux canneberges et des œufs à la provençale; les œufs super-frais proviennent du poulailler voisin. On accorde une attention spéciale aux personnes devant suivre une diète. On y parle le français. Cartes de crédit acceptées.

Nouvelle-Ibérie

Le **Camping Belmont** *(2$ pour 2 pers.; véhicules récréatifs 12$ en hiver, 13$ en été ou 72$ par semaine; à la jonction des routes LA 31 et LA 86, à 13 km au nord de Nouvelle-Ibérie, ☎318-369-3252)* est un très beau terrain de 200 emplacements (avec toilettes et douches) situé à l'ombre de chênes verts sur le site d'une ancienne plantation créole. L'endroit est propre et des plus tranquilles; on peut même pêcher et nager dans le bayou! S'y trouvent aussi des sentiers pour la balade. On y parle le français.

Le **Camping Sher-Mac** *(ouvert toute l'année; ≈; 3104 Curtis Lane, route LA 14, à 2 km à l'est de la route US 90, ☎318-364-4256)* compte 170 emplacements avec eau et électricité et 25 emplacements pour véhicules récréatifs (toilettes, douches, laverie) Possibilité de pratiquer la pêche ou de faire des randonnées pédestres à travers les beaux sentiers avoisinants.

Harry Smith Lodge RV Park *(12,50$; route LA 96, à 5 km à l'est de Saint-Martinville, ☎318-837-6286)* est un très beau parc, à égale distance de Saint-Martinville et de la route nationale US 90, et peut accueillir plus de 300 véhicules récréatifs.

La **Maison Estorge-Norton** *(35-80 pdj; bp/bc; 446 rue Principale Est/Main East, ☎318-365-7603)* est un bungalow de trois étages qui possède cinq jolies chambres avec meubles d'époque. Il y a même un ascenseur. Ici, on ne fume pas. Cartes de crédit acceptées.

Les trois établissements qui suivent offrent tous les services et un hébergement tout aussi classique que convenable (les cartes de crédit y sont acceptées) :

The Inn of New Iberia *(45$; bp, tvc, ≈, ℜ; 924 promenade de l'Amiral Doyle Est/Admiral Doyle Drive East, ☎318-367-3211)*. On y parle un peu le français.

Au **Motel Best Western** *(65-85 pdj; bp, tv, ≈, ℜ; 2700 rue du Centre/Center, ☎318-364-3030, ☎800-528-1234 des États-Unis, ⇌367-5311)*, on parle un peu le français.

Le **Holiday Inn New Iberia/Avery Island** *(50-80; bp, tv, ≈, ℜ; 2801 rue du Centre/Center, ☎318-367-1201, ☎800-HOLIDAY des États-Unis)* est comme tous les établissements appartenant à cette chaîne internationale et offre le même confort moderne. On y parle fort peu le français.

La Maison *(75$ pdj; bp; 8317 chemin Weeks Island/Weeks Island Road; route d'État LA 83, à 3 km au sud de la nationale US 90; contactez Mme Eleanor Naquin, ☎318-364-2970, ⇌364-2624)* est un cottage acadien entouré de chênes verts et d'arbres fruitiers, et qui avoisine aussi les champs de canne à sucre; on y propose deux chambres avec accès au salon, à la salle à manger et à la cuisine. Une jolie galerie ceinture la maison. On y parle très bien le français. Cartes de crédit acceptées. Il y a la possibilité d'effectuer une excursion en bateau dans les marais avoisinants *(☎800-CAJUNS-1 des États-Unis)*.

La **Maison Pourtos** (The Pourtos House) *(50-85 pdj; bp, ≈; 5610 chemin du Vieux-Jeanerette/Old Jeanerette Road; contactez Mme Emma Bassin Fox, ☎318-367-7045 ou 800-336-7317 des États-Unis)* se terre dans un luxueux domaine sur le bayou Tèche, où évoluent des cygnes, des paons et d'autres oiseaux exotiques. La propriétaire des lieux propose quatre chambres décorées avec soin. On n'y accepte aucune carte de crédit.

La **Maison Marceline** *(60-80 pdj; bp; 442 rue Principale Est/Main East; contactez M. Ernest Nereaux, ☎318-364-5922)*, une fière demeure de style victorien entièrement restaurée et meublée comme à l'époque, est située dans l'arrondissement historique. On y loue une suite ainsi qu'une chambre d'hôte. Le déjeuner est servi d'une manière royale, avec vaisselle de porcelaine et verrerie en cristal, dans le magnifique jardin tropical de la propriété. Aucune carte de crédit acceptée.

La **Maison du Tèche** *(85$ pour 2 pers., plus 15$ par pers. add. pdj; bc; 417 rue Principale Est/Main East, Nouvelle-Ibérie, LA 70560, ☎318-367-9456, ☎800-667-9456 des États-Unis)*, une belle habitation centenaire de style victorien, est sise dans le quartier historique et donne sur le bayou Tèche. La célèbre plantation Les Ombrages-sur-le-Tèche ainsi que le moulin à riz Konriko (voir «Attraits touristiques», p 272) se trouvent à proximité de ce gîte comprenant un studio et deux chambres. Pain perdu aux pommes sautées à la sauce pralinée et soufflé d'écrevisses sont servis au généreux petit déjeuner 'cadien de

Mary Livaudais. On fume sur le perron. Les cartes de crédit sont acceptées.

La **Maison Sandoz** *(100-125 pdj; bp/bc, tvc; 775 rue Principale Est/Main East, ☎318-369-7737)* est une élégante demeure du début du XXe siècle (1906) au cœur d'un quartier classé historique. Les hôtes, John et Carolyn Hébert-Hutchison, proposent à l'étage supérieur une chambre luxueuse avec salle de bain privée et solarium, ainsi que d'autres chambres plus modestes avec salle de bain commune; chaque chambre possède sa galerie. On ne fume pas à l'intérieur, mais la maison se fait un plaisir de servir à boire. Les principales cartes de crédit sont acceptées.

Jeanerette

La **Plantation Alice Bed and Breakfast** (Plantation Bed & Breakfast) *(100-125 pdj; bp/bc, ≈; 9217 chemin du Vieux-Jeanerette/Old Jeanerette Road, Jeanerette, LA 70544, ☎318-276-3187, ⇌276-2557)*, c'est l'élégante habitation créole de l'ancienne plantation Fuselier, construite en 1796, et déménagée par barge sur le bayou Tèche en 1961 depuis Baldwin. M. et Mme Rodgers proposent à leurs visiteurs deux cottages et un studio. Leur petit déjeuner est savoureux. Les amateurs de tennis peuvent y pratiquer leur activité. Cartes acceptées : Visa et MasterCard.

Lac Fausse-Pointe

Le **Camping du parc d'État du Lac Fausse-Pointe** *(chalets 6-8 personnes 65$, camping 10$-12$, aires de pique-nique 2$ par voiture; avr à sept 7h à 20h, oct à mars 8h à 19h; chemin de la Levée, ☎318-229-4764 ou 504-342-8111)* est une oasis bénéficiant d'un agréable cadre sylvestre qui favorise le repos et la détente. Dans un parc de 2 400 ha, une ciprière offre 8 km de sentiers aménagés. Ceux et celles qui désirent y séjourner y trouveront 8 chalets bien équipés pouvant chacun accueillir jusqu'à 8 personnes, 50 emplacements de camping, des aires de pique-nique avec toilettes et un magasin d'alimentation.

Franklin

Le **Forest Best Western** *(50-68; bp, tvc, ≈, ℜ; 1909 rue Main, par la route d'État LA 182, ☎/⇌318-828-1810, ☎800-528-1234 des États-Unis)* a l'avantage d'abriter un restaurant qui serait, de l'avis général, le meilleur en ville (voir p 288).

La **Maison Hanson - Bed and Breakfast** *(95-125 pdj; bp/bc; 114 rue Principale Est/Main East, Franklin, LA 70538, ☎318-828-3217 ou 828-7675, ⇌828-0497)*, un beau cottage datant de 1849, au cœur de l'arrondissement historique de la ville, a été construite par le capitaine anglais Albert Hanson – celui-ci naviguait alors sur le bayou Tèche. Son propriétaire et hôte actuel offre chaque matin à ses pensionnaires un petit déjeuner traditionnel de plantation.

Morgan City

Le **Camping du parc Kemper Williams** *(droit d'entrée; dim-jeu 8h à 20h, ven-sam 9h à 18h; chemin du Coton, par la nationale US 90, Patterson, à 7 km à l'ouest de Morgan City, ☎504-395-2298)*, un terrain de 26 emplacements, profite de quelque 100 ha. On y offre les services d'eau, d'électricité, de douches, de toilettes et de buanderie. S'y trouvent des aires de pique-nique, et l'on peut y pratiquer la pêche, le golf et le tennis. Il y a une visite guidée des marais.

Au **Camping Lake End** *(tente ou véhicule récréatif 10$; lac Palourde, par la route LA 70, ☎504-380-4623)*, les nombreux cipres, parés de guirlandes de mousse espagnole, font de ce parc du lac Palourde l'un des plus beaux campings de la région : 135 emplacements pour tentes et véhicules récréatifs.

Le **Camping Lonely Oaks - Promenades en avion** *(tente 7$, véhicules récréatifs 10$; 30 min de vol 80$, 1 heure 150$; Bayou-Vista, par la route d'État LA 182, à 4 km à l'ouest de Morgan City, ☎504-395-6765)* est équipé de toilettes et douches, en plus de faire la location de bateaux.

Les établissements qui suivent offrent tous les services et un hébergement tout aussi classique que convenable (les cartes de crédit y sont acceptées) :

Le **Plantation Inn** *(60$; bp, tvc, ≈, ℜ; 815 route nationale US 90 Est, ☎504-395-4511, ≠395-4862)* propose des chambres modestes à des prix fort intéressants.

L'**Acadian Inn** *(60$; bp, tvc, ≈ ℜ; 7008 route nationale US 90 Est, ☎504-384-5750, ≠385-0224)* est un hôtel de 155 chambres. On y parle le français.

Le **Holiday Inn** *(75$ pdj; bp, tvc, ≈, ℜ; 520 rue Roderick, ☎504-385-2200, ☎800-HOLIDAY des États-Unis, ≠384-3810)*, comme tous ceux affiliés à cette chaîne, offre tout le confort moderne.

RESTAURANTS

Pont-Breaux (Breaux Bridge)

Bayou Boudin & Cracklin *($; mar-dim 7h à 18h; 100 avenue du Moulin/Mills, en bordure du bayou Tèche, peu après Chez Mulate, ☎318-332-6158)* propose de bonnes spécialités 'cadiennes traditionnelles, parmi lesquelles le boudin blanc, les grattons, la tête fromagée, les sandwichs «po-boys». On y prépare des grillades et de la fricassée de porc le dimanche. Le resto loge dans une vieille maison 'cadienne construite en 1869.

La Boucherie et le Restaurant Chez Poché *($; tlj, déjeuner 11h à 14h, dîner 17h30 à 20h; sortie 109 de l'autoroute I-10; suivez la route d'État LA 31 Nord sur 4 km, puis prenez à gauche sur le chemin Poché Bridge, ☎318-332-2108)*. La Boucherie Chez Poché est particulièrement fière de ses grattons, qui, comme son boudin et ses viandes, peuvent être emportés ou dégustés sur place. Le restaurant, de style cafétéria, sert une cuisine traditionnelle à midi et en soirée.

Au **Café des Amis** *($-$$; mar-ven 8h à 22h, sam 7h30 à 22h, dim 7h30 à 15h; 140 rue du Pont Est/Bridge East, ☎318-332-5273)*, on prépare une cuisine créole et 'cadienne recherchée qui plaît aux gourmets : soupe à la tortue, bisque aux fruits de mer et au maïs, crevettes grillées, beignets, crabe, etc.

La **Crawfish Kitchen** *($-$$; dim-jeu 9h à 21h; ven-sam 9h à 22h; sortie 109 de l'autoroute I-10, route d'État LA 328, ☎318-332-2687)*, un restaurant de cuisine 'cadienne, est fréquentée par les familles de la région. On y vient surtout pour le buffet de

Une gentille halte sur l'Atchafalaya

Le Café de l'Atchafalaya - Débarcadère McGee *($-$$; tlj : lun-jeu 10h à 17h, ven-dim 10h à 22h30; 1337 chemin de la Levée, Henderson, ☎318-228-7555 ou 228-2384).* Chez McGee, les patrons, les frères Marc et David Allemond, vous proposeront d'abord une promenade sur le bayou à bord de leur bateau, puis, au retour, un arrêt au café-restaurant familial qui donne sur le bassin de l'Atchafalaya. La cuisine y a déjà été superbe, mais on se demande pourquoi on ne fait plus le gombo de crabe, l'étouffée de cuisses de grenouille et l'alligator en sauce piquante qui, hier, faisaient tant les délices des visiteurs! Il y a une danse les vendredis et les samedis soir, de même que le dimanche midi, avec des orchestres 'cadiens qui ajoutent à l'ambiance. On y parle le français, et le menu qu'on vous propose est aussi rédigé en français. C'est le plus chaleureux endroit de la région.

fruits de mer qui y est proposé tous les soirs.

Chez Mulate - Mulate's *($$-$$$; lun-sam 7h à 10h30, dim 11h à 23h; 325 avenue du Moulin/Mills Avenue, ☎318-332-4648 ou 800-42-CAJUN des États-Unis).* L'établissement est ouvert du petit déjeuner au dîner. Il y a un orchestre 'cadien tous les soirs de la semaine ainsi que les samedis et dimanches au repas du midi.

The Old Sugarmill Seafood Patio *($$-$$$; tlj 10h à 22h; 282 rue Rees, ☎318-332-4120 ou 800-487-5820 des États-Unis).* La maison concocte une cuisine 'cadienne traditionnelle et fait danser son monde les vendredis et samedis au son des meilleurs orchestres 'cadiens. On peut y acheter des fruits de mer pour emporter, voire quelques souvenirs à offrir en cadeau.

Henderson

Crawfish Town, USA *($-$$; tlj 11h à 22h; chemin du Grand-Point, sortie 115 de l'autoroute I-10, puis vers le nord sur 800 m, ☎318-667-6148).* Ici, on sert les écrevisses pêchées dans le bassin d'Atchafalaya, et non des écrevisses d'élevage, plus petites. Autre spécialité : le poisson-chat grillé à la façon du chef. L'ambiance y est des plus rustiques.

Chez Las's *($-$$; tlj 10h à 22h; route LA 352, juste avant Henderson, ☎318-228-2209).* La maison propose tous les classiques de la cuisine 'cadienne.

Chez Robin *($-$$; lun-jeu 10h à 22h, ven-dim 10h à 23h; route LA 352, ☎318-228-7594).* Au menu de Chez Robin : des fruits de mer, du steak, des grillades et des desserts maison.

Chez Pat – Au quai du Pêcheur (Pat's Fisherman Wharf Restaurant) *($$-$$$; tlj 10h à 23h; 1008 chemin de la Levée, au bout de la route LA 352, après le pont à gauche, ☎318-228-7110).* De la terrasse du restaurant, vous aurez une vue inoubliable sur le bayou Amy; mais vous risquez aussi d'y faire connaissance avec les «maringouins», qui sont de fort piquants moustiques. Chez Pat, on déguste des bons plats 'cadiens et créoles comme la tourte aux écrevisses, le gombo, le *jambalaya* et de savoureuses écrevisses au court-bouillon. Le menu est rédigé en français.

Saint-Martinville

La **Boulangerie Chez Danna** *($; jeu-dim 5h30 à 17h30; 207 rue du Pont Est/Bridge East, juste avant le pont, ☎318-394-3889)* prépare d'excellentes pâtisseries locales.

La Place d'Évangéline *($$; dim 8h à 14h, lun-mar 8h à 17h, mer-sam 8h à 21h; 220 boulevard Évangéline, ☎318-394-4010, ☎800-621-3017 des États-Unis)*. Le restaurant de l'historique Vieil Hôtel Castillo, près du chêne d'Évangéline, propose les meilleurs plats des cuisines 'cadienne et créole.

Chez Possum *($$; route LA 31 Sud, à 1,6 km de Saint-Martinville, ☎318-394-3233)*. Ce n'est pas de l'opossum, mais plutôt de bons fruits de mer qu'on sert ici.

Nouvelle-Ibérie

Le **Restaurant Freezo** *($; tlj 10h à 22h; 1215 rue du Centre/Center Sreet, ☎318-369-9391)* est un arrêt quasi obligatoire après une visite aux «Îles» Jefferson et d'Avery, toutes proches; la rue du Centre, qui devient la route LA 14, y mène. Le Freezo est un bon endroit où se régaler pour pas cher. Spécialités de poulet au four.

La Boucherie Chez Legnon *($; mar-ven 8h à 16h, sam 8h à 12h; 513 avenue Bank/Bank Avenue, ☎318-367-3831)* est reconnue pour son boudin, ses grattons, ses saucisses, sa tête fromagée et ses autres charcuteries. Un bon endroit pour se ravitailler avant d'aller pique-niquer à l'ombre des chênes du parc municipal, de l'autre côté du bayou.

Épicerie Thériot *($; lun-ven 6h30 à 13h30; 330 rue Julia, ☎318-369-3871)*. La maison se vante de préparer les meilleurs déjeuners en ville et le petit-déjeuner y est servi dès l'ouverture. Les principales spécialités de la maison sont le boudin et les grattons de cochon.

Le **Viator's Drive Inn** *($; lun-sam 9h à 21h; 1403 rue Hopkins, ☎318-364-4537)* est un pionnier de la restauration rapide. Bien avant l'avènement de cette mode, Viator's servait déjà aux affamés affairés sa «mangeaille exprès»! Hambourgeois et chiens-chauds y sont servis sur du pain français frais du jour.

Cafétéria Chez Victor *($; lun-ven 6h à 14h, sam 6h à 10h, dim 11h à 14h; 109 rue Principale Ouest/Main West, ☎318-369-9924)*. Depuis des années, les commercants du centre-ville de Nouvelle-Ibérie tiennent table Chez Victor. Cuisine 'cadienne populaire dans un décor résolument louisianais (expositions de tableaux du peintre Rodrigue et d'autres artistes exposant à la Galerie Lockwood). Fruits de mer; fameuses tourtes aux écrevisses, à la viande ou au poulet. Aucune carte de crédit acceptée.

Le **Café Lagniappe Too** *($-$$; déjeuner lun-ven 10h à 14h, dîner ven-sam 18h à 21h; 204 rue Principale Est/Main East, ☎318-365-9419)* sert des soupes maison, des gombos, des salades, des sandwichs et une cuisine régionale dans un décor unique.

Au **Restaurant Chez Dolores - Dolore's Restaurant** *($-$$; lun-jeu 10h à 22h, ven 5h30 à 23h, sam 10h à 23h, dim 6h30 à 15h30; 617 rue Hopkins Sud/Hopkins South, ☎318-365-9419)*.

La maison prépare de bons plats créoles et propose une petite table d'hôte, en plus d'un buffet qu'elle dresse tous les jours. Aucune carte de crédit acceptée.

The Guiding Star *($-$$; tlj 15h à 22h; 4404 route nationale US 90, ☎318-365-9113)*. Le chef utilise les herbes de l'Île d'Avery pour la préparation de sa délectable potée d'écrevisses, dont il refuse – évidemment! – de dévoiler le secret. Ces savoureux crustacés sont présentés à la bonne franquette : un bout de papier journal sur la table sert de nappe, alors qu'un lavabo, à proximité, permet de se rincer les doigts (un cérémonial qui se pratique dans toutes les familles 'cadiennes).

Au **Restaurant de Fruits de mer Chez Monté** *($-$$; lun-jeu 17h à 21h, ven 10h à 20h, sam 15h à 21h; 203 chemin Daspit, ☎318-276-7123)*, les fruits de mer au court-bouillon (plus ou moins pimenté!) ou en friture à la façon de la famille Monté sont des plus délicieux.

Parker's *($-$$; mar-jeu 10h à 21h, ven-sam 10h à 22h; 600 promenade de l'Amiral Doyle Ouest/Admiral Doyle Drive West, ☎318-367-3737 ou 367-0401)* est particulièrement apprécié pour ses fruits de mer bouillis ou frits. Spécial déjeuner *(4$; 10h à 16h)*.

La **Cafeteria Picadilly** *($-$$; tlj 11h à 20h30; 723 rue Lewis Sud, ☎318-367-3171)* dévoile une ambiance tout à fait décontractée et propose un bon choix de plats régionaux.

Au **Top's Landing** *($-$$; lun-sam 11h à 22h, dim 13h à 18h; à l'angle des rues Jefferson et Fulton, ☎318-364-8677)*, on se presse pour savourer de bons sandwichs «po-boys», des soupes, des salades, des gombos et toute une gamme de boissons rafraîchissantes et désaltérantes. Un casse-croûte recommandé : le fameux «po-boy» à l'étouffée d'écrevisses.

Au **Little River Inn** *($$-$$$; lun-jeu 11h à 22h, ven 11h à 23h, sam 17h à 23h; 1000 promenade Parkview/Parkview Drive, ☎318-367-7466)*, la cuisine est familiale : plats de crabe, turbot, écrevisses, alligator, steaks et autres grillades.

Chez Armand *($$-$$$; mar-ven 11h à 14h, mar-sam 17h à 22h; 111 rue Principale Est/Main East, ☎318-369-8029)* est situé dans le quartier historique du centre-ville. Un beau bar en bois du pays et de grands miroirs décorent cet endroit fort apprécié des gens du coin, qui raffolent aussi de ses plats traditionnels 'cadiens et créoles.

Le Rosier *($$-$$$; mar-sam 18h à 22h; 314 rue Principale Est/Main East, ☎318-367-5306)*. Ce cottage des années 1850, voisin de l'éblouissante propriété Les Ombrages-sur-le-Tèche, a le charme d'une vieille auberge de campagne. On y prépare une cuisine 'cadienne créative, ou nouvelle cuisine, avec les fraîches denrées du potager. Interdiction de fumer.

Île Jefferson

Le Café Jefferson - Live Oak Gardens *($-$$; tlj 11h à 15h; 5505 chemin Rip Van Winkle, ☎318-365-3332)*. Le café se situe à proximité de la maison Jefferson et du jardin des Chênes Verts, en plus d'offrir une vue imprenable sur le lac Peigneur. Au menu : gombos, sandwichs, salades, plats de poisson-chat et quelques spécialités 'cadiennes.

Loreauville

Le Patio *($-$$; mar-sam 11h à 14h et 17h à 21h, dim 11h à 14h; 105 rue Principale/Main, ☎318-229-8281)* cuisine des plats typiquement louisianais dans une ambiance des plus décontractées.

The Boiling Place *($$; mer-sam 17h à 22h; 7413 autoroute 90 Ouest, ☎318-365-7596)*. Fruits de mer grillés, au court-bouillon ou en friture.

Jeanerette

Boulangerie LeJeune *($; 1510 rue Principale Ouest/Main West, ☎318-276-5690)*. Le meilleur pain de goût français entre Lafayette et La Nouvelle-Orléans. La famille LeJeune œuvre dans la région depuis plus de 110 ans pour le grand plaisir de tous. Si vous passez devant la boulangerie vers 11h30, une petite lumière rouge qui clignote vous annoncera la sortie imminente de la prochaine fournée. On frappe à la porte de côté pour se faire servir, puis on traverse au parc municipal pour vraiment casser la croûte à l'ombre des grands chênes!

Landry's Seafood and Steakhouse *($-$$; mar-jeu 11h à 21h30, ven-sam 11h à 22h, dim 11h à 14h30, grand buffet du midi tlj; 20415 nationale US 90, à 4 km à l'est de Jeanerette, ☎318-376-4857)* sert des spécialités 'cadiennes : écrevisses, fruits de mer, steaks et autres grillades.

The Yellow Bowl *($-$$; mer-jeu 11h à 13h30 et 17h à 21h30, ven 11h à 14h et 17h à 22h, sam 11h à 14h30 et 17h à 23h, dim 11h à 14h30; route d'État LA 182, à 5 km à l'est de Jeanerette, ☎318-276-5512 ou 828-4806)*. En Acadie louisianaise, dès qu'on dit «Jeanerette», on pense inmanquablement à la Boulangerie LeJeune et au restaurant Yellow Bowl. Ce dernier commerce est dirigé depuis 1961 par la même famille, dont l'un des membres est toujours aux fourneaux : The Yellow Bowl est devenu une institution dans la localité. Il se spécialise dans la préparation des écrevisses, des fruits de mer et des steaks.

Pointe Cypre-Mort

Le **Bayview Inn Restaurant & Bar** *($-$$; mar-jeu 11h à 20h, ven-sam 11h à 21h; 141 Mitchel Lane, ☎504-867-4478)* est le seul restaurant de Pointe Cypre-Mort. Fruits de mer. Bon endroit pour prendre un verre à l'heure où les crevettiers rentrent au port avec leurs prises du jour.

Franklin

Au **Charlie's Meat and Deli** *($; lun-sam 11h à 14h; 1803 rue Principale Ouest/Main West, ☎318-828-4169)*, on prépare un plat du jour et une excellente cuisine régionale.

Le **Restaurant Forest Inn** *($$; lun-sam 5h30 à 21h30; 1909 rue Principale Ouest/Main West, ☎318-828-3300)* est le meilleur restaurant de Franklin, et peut-être même de la région. Cuisine 'cadienne, gombos ou écrevisses suivis d'une portion de «Mississippi Mud», la fameuse tarte louisianaise aux pacanes et au chocolat.

Morgan City

Le **Harbor Seafood Restaurant** *($$; mar-jeu 11h à 14h et 17h à 21h; ven 11h à 22h, sam 17h à 22h, dim 11h à 14h; 500 rue Universe, Bayou-Vista, un* *peu à l'ouest de Morgan City, ☎504-395-3474)* est un restaurant de style familial. Fruits de mer et cuisine 'cadienne.

Chez Manny *($$; tlj 5h à 21h; 7021 de nationale US 90 Est, ☎504-384-2359).* Ambiance plaisante. Cuisine 'cadienne et plats du terroir. Menu santé sur demande. Petit-déjeuner servi dès 5h.

Au **Richard Restaurant and Lounge** *($$; mar-sam 16h à 21h; route d'État LA 182 Est, ☎504-395-7282),* on se spécialise dans les écrevisses, les crabes et et les crevettes. Leçons de danse 'cadienne le jeudi de 19h à 21h.

Le **Scully's Cajun Seafood Restaurant** *($$; lun-sam 11h à 21h; route d'État LA 70, à 8 km au nord de Morgan City, ☎504-385-2388)* offre une jolie vue sur le bayou. Fruits de mer.

Le **Landry's Seafood Inn** *($$-$$$; lun-ven 11h à 22h, sam 17h à 22h; Centre commercial Colonial Plaza, ☎504-385-2285)* propose une cuisine 'cadienne et tous les bons fruits de mer frais du golfe du Mexique.

SORTIES

Pont-Breaux

Chez Mulate's *(325 avenue du Moulin/Mills Avenue, ☎318-332-4648).* L'établissement le plus populaire de la région attire aussi de nombreux visiteurs étrangers. On y sert des repas de 7h à 22h30. On y chante et l'on y danse tous les soirs en compagnie de chanteurs et musiciens 'cadiens. La rivalité avec Randol's (voir p 254), une boîte de Lafayette, est grande, mais l'ambiance de Chez Mulate's reste toujours aussi authentique et chaleureuse.

Harry's Club *(519 promenade Parkway/Parkway Drive, à gauche à la sortie 109 Sud de l'autoroute I-10, ☎318-332-9515).* Le premier dimanche de chaque mois, à partir de 20h, la danse 'cadienne est à l'honneur au Harry's. C'est également ici que l'**Association 'cadienne des musiciens francophones** / Cajun French Music Association *(CFMA, ☎318-231-6597)* tient ses réunions et son bal du Mardi gras.

La Poussière *(droit d'entrée; 1301 chemin du Grand-Point, ☎318-332-1721).* Une véritable institution en ce qui concerne la danse 'cadienne. On saupoudre traditionnellement les pistes de farine de maïs pour les rendre moins glissantes. C'est de cette même «poussière» que la boîte tire son nom. Les plus sérieux mordus de danse 'cadienne s'y retrouvent volontiers, aux côtés d'une fidèle clientèle de l'âge d'or. Orchestres 'cadiens le samedi soir de 20h30 jusqu'à tard la nuit.

Musique zarico

Le **Ranch Caffery Alexander** *(Au Large, chemin Zin Zin, entre Pont-Breaux et Henderson, ☎318-332-5715),* un temple de la musique «zarico», est curieusement isolé au milieu des verdoyants champs de canne à sucre. Le décor de la salle de danse où alternent ventilateurs et moustiquaires est une création du propriétaire, M. Caffery, pour lequel la langue créole n'a pas de secrets. On parle du «Ranch» Caffery, car les cavaliers créoles des plantations y arrêtent volontiers leur monture après leur journée de travail dans les champs. Orchestres les fins de semaine à partir de 21h *(3-6)*; appelez pour vous en assurer. Dîner gratuit le vendredi au son d'une musique enregistrée. Le **Festival de zarico et de blues**, qui se tient entre la mi-juin et la fin juillet selon l'année, permet d'entendre quelques-uns des meilleurs orchestres de toute la Louisiane. Le chemin le plus facile pour trouver le «Ranch» consiste à emprunter l'autoroute I-10 jusqu'à la sortie 109, pour ensuite tourner à gauche sur le chemin du Pont (Bridge Road), qu'on suit sur environ 2,6 km; puis il faut prendre à droite sur le chemin Doyle-Melançon, faire près de 3 km jusqu'au chemin Zin Zin et enfin tourner à gauche.

Joseph Dural, le petit-fils de Caffery Alexander, organise des **fins de semaine de randonnée équestre** *(trail ride clubs)* dans la plus pure tradition créole *(tarifs sur demande; ☎318-332-5363)*. Ce jeune et sympathique Créole parle un patois typique de la paroisse de Saint-Martin.

Davis' Disco and Lounge *(tous les soirs de 19h jusqu'à tard la nuit; adresse postale : Route 4, C.P. 258, Pont-Breaux, LA 70517; pas de téléphone)*. Orchestres «zarico».

Edmond's Club *(ven-dim musique disco, sam orchestres «zarico», dim 11h à 14h; 667 rue Anderson, pas de téléphone)*.

Valley Club *(fin de semaine dès 17h; route d'État LA 31, au nord de Pont-Breaux, entre Cécilia et Arnaudville; pas de téléphone)*. Orchestres «zarico», sandwichs.

Henderson

L'**Angelle's Atchafalaya Basin Bar** *(chemin de la Levée, ☎318-228-8567 ou 667-6135)* organise une danse les fins de semaine. À la troisième rade de l'autre côté du chemin de la Levée.

Le Café de l'Atchafalaya (McGee's Atchafalaya Café) *(1339 chemin de la Levée, ☎318-228-7555 ou 228-2384)*. Danses 'cadiennes les fins de semaine. On peut y manger (voir section «Restaurants», p 285).

Butte-la-Rose

Camping Frenchman's Wilderness *(entrée libre; sortie Butte-la-Rose de l'autoroute I-10, ☎318-228-2616)*. Le samedi soir *(20h)*, les campeurs et les amateurs vont chez le «Frenchman» pour danser le *two-steps* ou valser à la belle étoile.

Parks

Le **Dauphine's Tuxedo Club** *(chemin Saint-Louis; traversez le bayou par la route LA 31 jusqu'à la route LA 347, puis tournez à droite sur le chemin Saint-Louis, ☎318-394-9616 ou 845-4880)* est la boîte favorite des Créoles des plantations et fait salle comble chaque samedi soir avec sa musique «zarico». Le Dauphine's Club est souvent appelé le «Double D Cotton Club». La maison possède aussi son propre club de randonnée équestre, le **Double D Trail Ride Club**, dont les activités sont ouvertes à tous.

Saint-Martinville

Salle de danse chez Podnuh's *(route LA 96, Cade, à quelques kilomètres de Saint-Martinville, ☎318-394-9082)*. Si un 'Cadien t'aime bien, il dit que tu es son «podnuh», c'est-à-dire son pote. Chez Podnuh's, le pote pourrait être 'cadien, créole ou quelque «Américain» amateur de musique country. Le thème des soirées varie chaque semaine, mais la foule est toujours au rendez-vous.

La sauce Tabasco

C'est à l'Île d'Avery, dans le pays du bayou Tèche, que l'on fabrique la fameuse sauce au piment Tabasco. La cuisine 'cadienne, née d'une fusion des cuisines amérindienne, française, africaine et espagnole, demeure incontestablement la meilleure gastronomie des États-Unis, l'une des plus relevées aussi! Il suffit de visiter un simple marché d'alimentation pour constater combien les denrées sont multiples.

Musique «zarico»

Au **Candle Lite Lounge** *(3721 rue Principale Sud/Main South, ☎318-394-9188)*, c'est Dalton Reed and The Musical Journey qui est en vedette un dimanche sur deux.

Au **Tee's Connection** *(fins de semaine, 18h jusqu'à tard la nuit; 704 rue Principale Sud/Main South; pas de téléphone)*, on écoute de la musique «zarico» et du blues.

Le **Margaret's Lounge** *(fins de semaine 15h jusqu'à tard la nuit; adresse postale : Route 4, C.P. 4762, Saint-Martinville, LA 70582; pas de téléphone)* fait jouer toutes sortes de musique.

Nouvelle-Ibérie

Le **Club La Lou** *(route LA 14 Ouest, ☎318-369-7020)*, une aimable abréviation de «Louisiane», est la salle de danse la plus populaire de la région. La mode est aujourd'hui au country, que viennent y jouer les vedettes de l'heure.

Entre Nouvelle-Ibérie et Lafayette, l'endroit pour danser au son de l'accordéon 'cadien le samedi soir est le **Club Rainbeaux** *(8h à 24h; 1373 route LA 182 Ouest, ☎318-367-6731)*. Même si la piste est immense, la salle est comblée par les fervents de *La valse du bayou Tèche* et de *Jolie blonde*.

Charenton

Comme les Tunica-Biloxi à Marksville, les Chitimachas exploitent ici une maison de jeux : le **Cypress Bayou Casino** *(lun-jeu 10h à 2h, ven-dim 10h à 4h; 832 chemin Martin-Luther-King, ☎923-7284 ou 800-284-4386 des États-Unis)*. Huit cent cinquante machines à sous et 39 différents jeux de table, entre autres de black jack. Le casino abrite deux restaurants. Service de navette gratuit à partir de Lafayette.

Calendrier des événements annuels

Février

La Grande Boucherie des 'Cadiens *(dimanche précédant le Mardi gras; Saint-Martinville, ☎318-394-5912)*. Dans la plus pure tradition du terroir 'cadien, il y a abondance de nourriture et des dégustations de viandes grillées, voire préparées à toutes les sauces.

Défilés du Mardi gras

Loreauville *(☎318-229-6825)*.

Grand-Marais ★★ *(près de Jeanerette, ☎318-276-4713)*.

Franklin *(Debbie Melançon, C.P. 567, Franklin, LA 70538).*

Mai

Festival de l'écrevisse ★★★ *(1re fin de semaine de mai; Pont-Breaux, ☎318-332-6655).* Ce festival attire chaque année plus de 100 000 personnes. Musique 'cadienne et «zarico», courses d'écrevisses, concours de consommation d'écrevisses.

Festival du Poisson-Armé *(première fin de semaine de mai; Baldwin, entre Jeanerette et Franklin).* Autre manifestation culturelle très populaire auprès des 'Cadiens.

Juin

Festival de zarico et de blues ★★★ *(mi-juin; près de Henderson, au «Ranch» de Caffery Alexander, ☎318-233-4262).* Les meilleurs musiciens et chanteurs de «zarico» et de blues de la Louisiane s'y donnent rendez-vous, puis en spectacle devant des dizaines de milliers de fans venus des quatre coins d'Amérique du Nord.

Juillet

Courses de pirogues ★ *(4 juil; au parc Victoria, Patterson).* La paroisse de Sainte-Marie organise ces compétitions le jour même de l'Indépendance américaine.

Septembre

Festival louisianais de la crevette et du pétrole ★ (Louisiana Shrimp & Petroleum Festival) *(première fin de semaine de septembre; Morgan City, ☎504-385-0703).* Les crevettes et le pétrole étant deux des richesses «naturelles» de la région, il n'en fallait pas plus pour créer ce festival!

Festival de la canne à sucre ★★ *(dernière fin de semaine de sept; Nouvelle-Ibérie, ☎318-369-9328).* À l'époque des récoltes, l'événement attire toujours des milliers de visiteurs, toujours prêts à faire la fête!

ACHATS

Nouvelle-Ibérie

The Combined Effort *(lun-sam 9h à 17h; 121 rue Burke, ☎318-369-7569).* Les artisans locaux, regroupés en coopérative, vendent ici leurs produits.

Le magasin de la plantation Jules J. Olivier *(6703 chemin Weeks Island, à 8 km au sud de Nouvelle-Ibérie).* L'endroit servit de magasin général pour la plantation de canne à sucre à partir de la fin du siècle dernier jusqu'aux années cinquante. Il appartient toujours à des membres de la famille Olivier, qui ont utilisé pour son décor des reproductions et des restes d'inventaire de tout ce qui s'y vendait autrefois. Il peut constituer une halte intéressante pour qui se rend à Pointe Cypre-Mort. On y parle le français.

Franklin

Maison du tricotage - House of Neddlework *(tlj 10h à 17h; 610 chemin 131 de la Paroisse Sainte-Marie/St. Mary Parish Road, ☎318-836-5442).* Dans sa résidence donnant sur le bayou Tèche, Mme Ruth Weels, dont la famille se transmet l'art du tricot depuis cinq générations, propose de magnifiques ouvrages réalisés à l'aiguille ou au crochet.

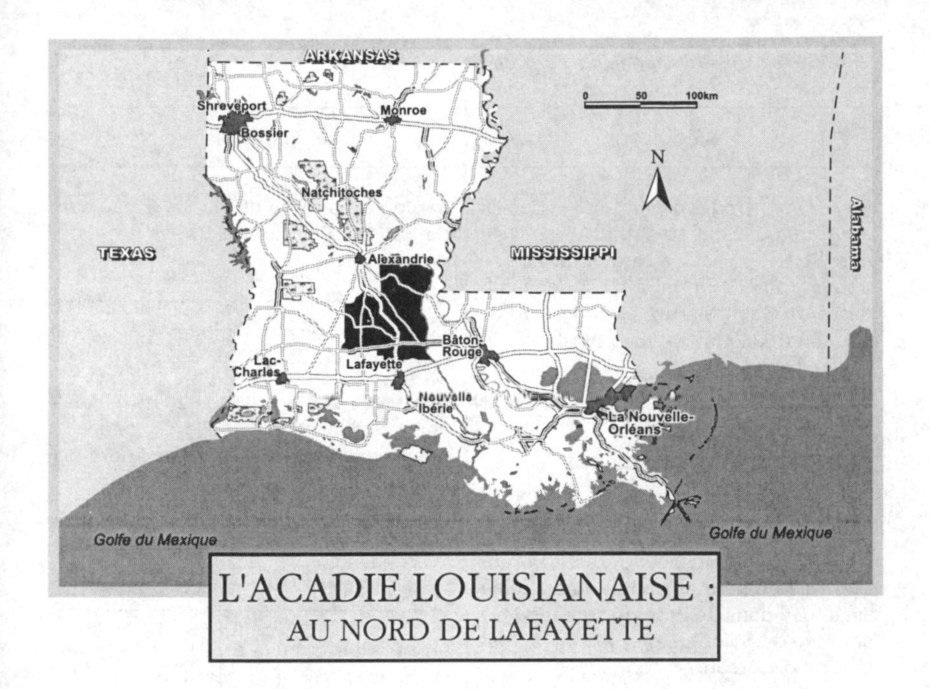

L'ACADIE LOUISIANAISE : AU NORD DE LAFAYETTE

En Acadie louisianaise, on traverse de coquettes petites villes, une charmante campagne et de magnifiques lieux desservis par le chemin de fer. Ce circuit nous amène dans la région sise au nord de Lafayette, soit l'extrémité nord de la paroisse de Saint-Martin, où le bayou Tèche prend sa source (Cécilia, Arnaudville, Léonville), les paroisses d'Évangéline et Saint-Landry (Grand-Côteau, Sunset, Cankton, Pointe-Chrétien, Les Opélousas, Port-Barre, Krotz Springs, Plaisance, Washington-en-Louisiane, Palmetto, Grande-Prairie, Ville-Platte, Mamou, Eunice, Richard, Pointe-de-l'Église, Branch) et la paroisse des Avoyelles (Bunkie, Cottonport, Mansura, Simmesport, Marksville). On y trouve une grande concentration de populations 'cadienne et créole. Le pays est plat, propice aux rizières et aux autres cultures, comme celles de la patate douce et du coton.

POUR S'Y RETROUVER SANS MAL

Depuis quelques mois maintenant, les Louisianais peuvent se fier, comme bien d'autres aux États-Unis, au service d'urgence du 911. Pour faciliter l'accès aux résidences, en particulier hors des grands centres, plusieurs adresses et noms de rues ont été modifiés. Nous vous suggérons de bien vous informer avant de vous déplacer, mais, comme les changements sont tout récents, il ne devrait pas être difficile de trouver ce que vous cherchez avec l'aide d'un bon samaritain! Exemple de changement : la Romain Castille House, à Sunset, anciennement au 254 de la rue Budd, se trouve maintenant au 145 de la rue South Budd.

Cécilia

Roulez sur la route d'État LA 31; Cécilia est située à 9 km au sud d'Arnaudville et à 11 km à l'est de Lafayette. Elle se trouve dans l'extrémité nord de la paroisse de Saint-Martin, entre les routes d'État LA 347 et LA 31, qui longe le bayou Tèche.

Arnaudville

Arnaudville se trouve à 11 km à l'est de l'autoroute I-49, sur la route d'État LA 31, qui suit le bayou Tèche, entre Léonville au nord et Cécilia au sud. Elle est située dans l'extrémité sud-est de la paroisse de Saint-Landry, à 9 km à l'est de Grand-Côteau.

Léonville

Léonville est située au croisement des routes d'État LA 103 et LA 31 (route qui suit le bayou Tèche), à 9 km à l'est de l'autoroute I-49. Elle se trouve à 11 km au nord d'Arnaudville.

Grand-Côteau

En sortant de Lafayette, l'autoroute Évangéline Nord-Ouest devient l'autoroute I-49; allez vers le nord jusqu'à la route d'État LA 93, puis vers l'est jusqu'à Grand-Côteau, sur la route LA 182.

Sunset

Prenez de nouveau la route 93 vers l'ouest; Sunset se trouve de l'autre côté de l'autoroute, à quelques kilomètres à l'ouest de Grand-Côteau.

Cankton

Parcourez la route d'État LA 93 au sud de Sunset; Cankton se trouve à 14 km de Lafayette.

Les Opélousas

Retournez sur la route 182, et dirigez-vous vers le nord. La ville est située à une trentaine de kilomètres au nord de Lafayette, au croisement des autoroutes 49 et 190.

Port-Barre

Port-Barre se trouve à 11 km à l'est des Opélousas, sur la route d'État LA 103, immédiatement au nord de la route nationale US 190.

Krotz Springs

Krotz Springs est située sur la route nationale US 190, à 16 km à l'est de Port-Barre.

Plaisance

Plaisance se trouve sur la route LA 10, à 11 km au nord-ouest des Opélousas.

Washington-en-Louisiane

La route 182 devient la route d'État LA 10; Washington-en-Louisiane est située 9 km plus au nord des Opélousas.

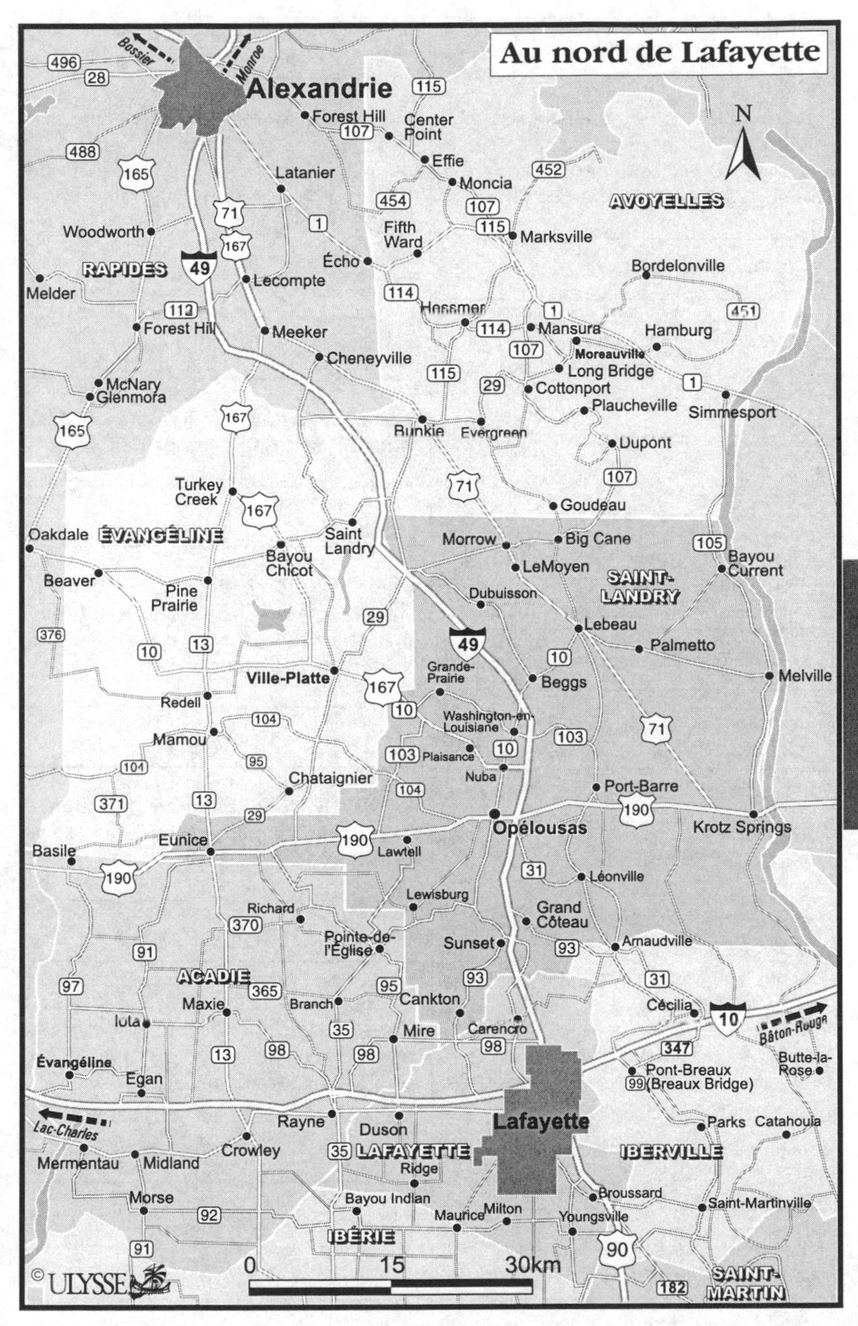
Au nord de Lafayette
Alexandrie
Bossier
Monroe
Forest Hill
Center Point
Effie
Latanier
Moncia
AVOYELLES
Woodworth
Fifth Ward
Marksville
RAPIDES
Écho
Bordelonville
Melder
Lecompte
Hessmer
Forest Hill
Meeker
Mansura
Hamburg
Moreauville
Cheneyville
Long Bridge
McNary
Glenmora
Cottonport
Plaucheville
Simmesport
Bunkie
Evergreen
Dupont
Turkey Creek
Goudeau
Oakdale
ÉVANGÉLINE
Saint Landry
Morrow
Big Cane
Bayou Chicot
LeMoyen
Bayou Current
Beaver
Pine Prairie
SAINT-LANDRY
Dubuisson
Lebeau
Palmetto
Ville-Platte
Grande-Prairie
Beggs
Melville
Redell
Washington-en-Louisiane
Mamou
Plaisance
Nuba
Chataignier
Port-Barre
Opélousas
Krotz Springs
Basile
Eunice
Lawtell
Léonville
Lewisburg
Richard
Grand Côteau
Pointe-de-l'Église
Sunset
Arnaudville
ACADIE
Maxie
Branch
Cankton
Cécilia
Iola
Mire
Carencro
Bâton-Rouge
Évangéline
Egan
Pont-Breaux (Breaux Bridge)
Butte-la-Rose
Lac-Charles
Rayne
Duson
Lafayette
Parks
Catahoula
Mermentau
Midland
Crowley
LAFAYETTE
Ridge
IBERVILLE
Morse
Bayou Indian
Broussard
Maurice
Milton
Youngsville
Saint-Martinville
IBÉRIE
0
15
30km
SAINT-MARTIN
© ULYSSE

Palmetto

Parcourez la route nationale US 71 jusqu'à la sortie vers Lebeau (route d'État LA 10 Est). Palmetto se trouve à 16 km à l'est de l'autoroute I-49.

Grande-Prairie

Grande-Prairie est située à 9 km à l'ouest de Washington-en-Louisiane sur la route d'État LA 103.

Ville-Platte

De Washington-en-Louisiane, roulez sur la route 103, qui passe par Grande-Prairie, puis sur la route 10 vers l'ouest.

Mamou

De Ville-Platte, parcourez la route 10 sur environ 11 km, et prenez à gauche sur la route 13, puis faites 8 km.

Eunice

À 32 km au nord de l'autoroute I-10 et à 32 km à l'ouest de l'autoroute I-49, la ville se trouve au croisement avec la route nationale US 190. Eunice est située à une trentaine de kilomètres à l'ouest des Opélousas, dans la paroisse de Saint-Landry, entre les paroisses d'Évangeline et d'Acadie.

Richard

Richard est située sur la route LA 370 au sud d'Eunice et à 3 km de la route LA 95.

Pointe-de-l'Église (Church Point)

À Eunice, prenez la route 190 vers l'est, puis la route 95 Sud; suivez les panneaux indicateurs pour Pointe-de-l'Église (Church Point). La route d'État LA 95 Sud rejoint l'autoroute I-10 pour un retour rapide (30 min) vers Lafayette.

Branch

Branch se trouve sur la route LA 35, à 8 km au sud de Pointe-de-l'Église.

Bunkie

Prenez la route nationale US 71, qui se trouve à 8 km à l'est de l'autoroute I-49, puis la sortie vers Bunkie (route d'État LA 115 Ouest).

Cottonport

Faites 13 km au nord-ouest de Bunkie jusqu'à la jonction des routes d'État LA 29 et 107.

Mansura

De Bunkie, parcourez la route d'État LA 115 Nord sur 9 km jusqu'à Hessmer, puis suivez la route d'État LA 114 Est sur 8 km.

Simmesport

Faites 25 km sur la route d'État LA 1, à l'est de Mansura.

Marksville

Prenez la route d'État LA 1; Marksville se trouve à 8 km au nord de Mansura.

L'indicatif régional est le 318.

Sunset

Sunset est jumelée à la municipalité française de Saint-Paul-en-Carnillon *(Bureau du maire, C.P. 6, Sunset, LA 70584, ☎662-5297)*.

Les Opélousas

Arrêt d'autocars

Autocars Greyhound/Trailways
255, rue Landry Est
☎942-2702

Agences touristiques

Gem Tours
415, rue du Marché Nord/Market North
Les Opélousas, LA 70570
☎942-5767

Spécialiste en accueil des visiteurs francophones (groupes et individus), l'agence Gem Tours propose des itinéraires en autocar, selon les goûts de chacun, pour des excursions dans le sud de la Louisiane (y compris La Nouvelle-Orléans et le pays des plantations).

Visite sur l'histoire de Saint-Landry
(Saint-Landry Historical Tours)
441, rue Grolée Est
Les Opélousas, LA 70570
☎948-6784

Visite sur l'histoire de Saint-Landry organise des excursions dans la paroisse de Saint-Landry, avec circuits individuels ou en groupe; les repas sont inclus et les guides sont bilingues.

Information touristique

Commission de tourisme de Saint-Landry
C.P. 1415
☎800-424-5442 des États-Unis

Centre d'information touristique des Opélousas
rue Vine Est
route nationale US 190 Ouest
☎948-6263 ou 800-424-5442 des États-Unis

Chambre de commerce Les Opélousas/Saint-Landry
☎942-2683

Hôtel de Ville des Opélousas
☎948-2531

Hôpital

Hôpital général des Opélousas
520, rue Prudhomme Est
☎948-3676

Station radio (radiodiffusion bilingue et française)

KSLO Les Opélousas, 1230 AM *(lun-sam, 5h à 19h; nouvelles en français lun-sam 5h55, 6h25, 12h35 ainsi que lun-ven 16h55 et 18h10)*. La programmation française hebdomadaire de cette station radio totalise 25 heures.

Les émissions et sujets sont très diversifiés : musique 'cadienne avec animateur francophone *(mar-jeu 19h à 23h)*, émission en direct, enregistrée depuis Chez Frank's *(sam 10h)*. L'animateur musical de cette dernière émission est nul autre que Raymond «La La» Lalonde avec son orchestre 'cadien, membre actif du Conseil pour le développement du français en Louisiane (CODOFIL) et ex-politicien.

Stations-service

Doucet's Towing
1437, rue Principale Nord (Main North)
☎942-2662

LaFleur's Towing and Recovery
Route nationale US 167
☎942-8363

Pat's Wrecker Service
563, rue Laurent
☎948-6420

Station radiophonique

KSLO 1230 AM
☎942-2633

Palmetto

Station-service

Thomas Wrecker Service
Route d'État LA 740
Léonville
☎879-2821

Ville-Platte

Ville-Platte est jumelée à la ville de Durbuy, en Belgique *(Bureau du maire, C.P. 390, Ville-Platte, LA 70586, ☎363-2939)*.

Information touristique

Chambre de commerce de Ville-Platte
306, rue Main Ouest
☎363-1878

Hôpital

Clinique médicale de Ville-Platte
(Ville-Platte Medical Center)
800 rue Principale Est (Main East)
☎363-5684

Station radiophonique

KVPI 93,5 FM/1050 AM
☎363-2124

Mamou

Hôpital

Clinique médicale Savoy
(Savoy Medical Center)
801, rue Poinciana
☎457-3363 ou 457-7943

Eunice

Eunice est jumelée à La Roche-en-Ardennes, en Belgique *(Bureau du maire, C.P. 1106, Eunice, LA 70535, ☎457-7389)*.

Information touristique

Chambre de commerce d'Eunice
C.P. 508
Eunice, LA 70535
☎457-2565
☎800-C-ACADIA des États-Unis

Association 'cadienne des musiciens francophones
(Cajun French Music Association CFMA)
Chapitre Acadiana Charter
☎457-4399

Hôpital

Hôpital du Mémorial Moosa
(Moosa Memorial Hospital)
400, boulevard Moosa
☎457-5244

Stations radiophoniques

KBAZ 101,1 FM : ☎454-3543
KEUN 1490 AM : ☎457-3041
KJJB 105,5 FM : ☎546-6091

Station-service

Robbie's Speed Shop and Wrecker Service
Old Crowley Road
☎457-4795

Pointe-de-l'Église (Church Point)

Pointe-de-l'Église est jumelée à Pointe-de-l'Église, au Nouveau-Brunswick, Canada *(Bureau du maire, 102 boulevard de l'Église, Pointe-de-l'Église, LA 70525, ☎684-5252)*.

Bunkie

Hôpital

Hôpital général de Bunkie
Autoroute Evergreen
(Evergreen Highway)
☎346-6681

Station-service

Dan's Auto Service
(mécanique générale)
Route nationale US 71
☎346-6297

Marksville

Marksville est jumelée à Saint-Hubert, en Belgique *(Bureau du maire, 503 rue Principale Nord/Main Street, Marksville, LA 71351, ☎253-9500)*.

Hôpital

Hôpital des Avoyelles
autoroute 1192/chemin Blue Town
(Hwy 1192/Blue Town Road)
☎876-2555

Ambulance

Service d'ambulances Acadian
☎253-4000
☎800-267-1111 des États-Unis

Station-service

Earl's Body Shop
(service de remorquage 24 heures sur 24)
route d'État LA 1 Sud
☎563-4657

Station radiophonique

KAPB 730 AM/97,7 FM
☎253-5272

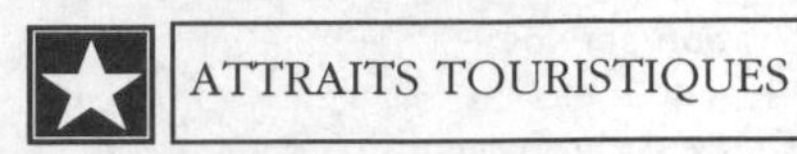

Cécilia

Cécilia fait partie d'une grande région agricole (haricots, choux, patates douces, pacanes).

Léonville

Léonville est la plus grande des communautés créoles de la paroisse de Saint-Landry et a été établie par des gens de couleur affranchis (libres). Ici, les terres sont propices à la culture de la patate douce, de la canne à sucre et du coton.

Grand-Côteau

Grand-Côteau est un village idyllique de 1 100 habitants, aux maisons classées et aux vieilles villas et métairies créoles. On peut y visiter entre autres l'Académie du Sacré-Cœur, la plus ancienne institution d'enseignement à l'ouest du Mississippi.

Fondée en 1821, l'**Académie du Sacré-Cœur** ★ *(5$, 3,50$ aîné; durée de la visite : 1 heure à 1 heure 30 min; lun-ven 10h à 15h, sam-dim sur rendez-vous seulement; 1821 chemin de l'Académie/Academy Road, ☎662-5275)*, une école pour filles, est restée fidèle à sa longue tradition en matière d'éducation. C'est le site du seul miracle survenu aux États-Unis et officiellement reconnu par le Vatican. Le parc du couvent est en fait un jardin superbe flanqué d'une allée de magnifiques chênes et de pins. Il est important de téléphoner au préalable si l'on veut une visite guidée en français (ou en espagnol).

À côté du collège Saint-Charles, tenu par les jésuites, se trouve l'**église catholique romaine Saint-Charles-Borromée** ★ *(droit d'entrée; visites guidées sur rendez-vous; rue de l'Église, ☎662-5279 ou 662-3875)*. Cette magnifique église en bois datant de 1880 et entourée de chênes centenaires est fréquentée par les communautés créole et 'cadienne.

Le **cimetière Saint-Charles-Borromée**, derrière l'église, mérite une visite. On peut y admirer des caveaux datant du début du siècle dernier; certains monuments ont été endommagés par les intempéries et les ouragans, mais la plupart sont en bon état.

Sunset

Sunset fait partie d'une région d'élevage de chevaux. L'**Habitation de la plantation Pointe-Chrétien** ★★ *(6,50$; tlj, 10h à 17h; sur la route panoramique «Jusqu'au cœur de la francophonie» / Scenic Byway «Real French Destination», ou route d'État LA 93, à 24 km au nord de Lafayette, ☎662-5876 ou 800-880-7050)*, une maison de style néoclassique, a été construite en 1831 par Hippolyte Chrétien et sa femme Félicité. L'habitation, bâtiment principal de cette plantation de coton de 20 000 ha, allait être abandonnée par la suite et même servir d'entrepôt. Aujourd'hui restaurée, elle a retrouvé son éclat original. Elle reste un bel exemple d'architecture ancienne en Louisiane et du style recherché de cette époque glorieuse. Le nom de la famille Chrétien revient souvent dans la chronique locale. La légende veut que dame Félicité ait abattu un voleur de grand chemin dans l'escalier en spirale de cette grande demeure, devenue mondialement célèbre pour avoir inspiré les décors du domaine de Tara dans le classique du cinéma américain *Autant* *en emporte le vent*. On raconte aussi que le célèbre pirate Jean Lafitte était un ami intime des Chrétien et qu'il fréquentait assidûment la famille. Le domaine fut également le site d'une grande bataille lors de la guerre de Sécession; on peut toujours y voir les traces des balles de fusil.

La **Bibliothèque française** *(Bibliothèque communautaire de Saint-Landry Sud/South St. Landry Community Library); adressez-vous à la bibliothécaire, Mme Betty Pellerin)* abrite une multitude de livres édités dans les pays francophones, des ouvrages pédagogiques, des livres pour enfants et adolescents, des romans, etc. Sunset étant jumelée avec le petit bourg français de Saint-Paul-en-Carnillon, cette dernière a fait don à la bibliothèque de plusieurs ouvrages, surtout destinés aux écoliers louisianais. La bibliothèque, qui reçoit déjà de nombreux visiteurs, a pour objectif de rassembler la plus importante collection de livres francophones en Acadie louisianaise.

La **Romain Castille Home** *(sur rendez-vous seulement; 145 rue South Budd, ☎662-5401)*, une maison victorienne, est aujourd'hui habitée par le sénateur francophone Armand Brinkhaus et sa famille.

Les Opélousas

C'est dans la paroisse de Saint-Landry, plus particulièrement dans la région des Opélousas, que l'on observe le plus bel exemple de l'héritage multiculturel et multiethnique louisianais, qualifié ici de «gombo culturel». Cette mosaïque 'cadienne, et francophone se compose d'Amérindiens, d'Espagnols, de Français, d'Africains, d'Anglais, d'Allemands et d'Irlandais. Les Opélousas est la troisième plus ancienne ville de la Louisiane, après Natchitoches et La Nouvelle-Orléans. Les Français s'y installent en 1720 et la nomment aussitôt «Poste des Opélousas», du nom de la nation autochtone Opelousa, qui occupe alors le territoire. Dès ses premiers jours, le Poste des Opélousas devient un carrefour commercial. Peu à peu, la région s'oriente vers l'agriculture, activité qui se poursuivra jusqu'à nos jours. D'abord royaume du coton et de l'élevage du bétail, elle est maintenant celui du riz et de la patate douce.

La rencontre des différentes cultures ou «gombo culturel» aura donné naissance à plusieurs générations de musiciens 'cadiens et créoles. La création du style «zarico» (*zydeco* en anglais) a propulsé la musique des Créoles noirs au sommet du palmarès. Cette forme d'expression musicale, rendue célèbre par Clifton Chénier, est devenue aussi populaire que la musique 'cadienne proprement dite. Même si le roi du «zarico» n'est plus de ce monde, son fils en perpétue la mémoire en interprétant sa musique dans les nombreuses boîtes de nuit de la Louisiane et pendant les festivals.

Les Opélousas est aussi la ville natale du chef 'cadien Paul Prudhomme, l'enfant chéri de la cuisine contemporaine aux États-Unis. C'est au chef Prudhomme que l'on doit la création du fameux «poisson noirci» (perche de la Louisiane cuite dans sa peau sur le gril; commandez le *blackened red fish*), tout comme on lui doit d'avoir proposé aux gourmets américains des saveurs nouvelles inspirées de la tradition culinaire 'cadienne et du riche éventail de produits que l'on trouve dans le sud de la Louisiane.

Quand on entend l'expression *«Lâche pas la patate!»*, c'est de la patate douce et non de la pomme de terre qu'il s'agit. En effet, la culture de la patate douce dans la paroisse de Saint-Landry remonte aux premiers jours de la fondation des Opélousas; la ville se proclame d'ailleurs la capitale mondiale de la patate douce (Yam Capital). Il ne faut cependant pas confondre le *yam*, comme on appelle en anglais la patate douce, et l'igname, un tubercule cultivé dans les pays tropicaux.

Les 'Cadiens sont, dit-on, de grands conteurs, ou «raconteurs», avec un tel penchant pour la farce qu'on considère ici cette forme d'esprit comme un véritable trésor national. Voilà d'où est né le **Concours international des raconteurs et des farceurs** *(3e fin de semaine d'avril; ☎948-4731)*.

Le **Musée Jim Bowie** *(8h à 16h; nationale US 190 Est, ☎948-6263 ou 800-424-5442 des États-Unis)* présente une exposition d'objets reliés à la carrière de ce héros légendaire ainsi que des documents, photos et armes qui racontent la culture acadienne. Ce musée étant également un centre d'information touristique, on peut s'y procurer le plan du quartier historique de la ville. À voir : la **résidence Bowie** *(rue Union Sud)* et le **chêne Bowie** *(rue Landry)*.

Musée et centre d'interprétation des Opélousas ★ (Opélousas Museum and Interpretive Center) *(lun-sam 9h à 17h; 329 rue Principale Nord/Main North, ☎948-2589, ≠948-2592, musdir@hotmail.com)*. Ils présentent des expositions sur la vie des Amérindiens vivant dans la région de même que sur l'agriculture, la culture locale et la guerre de Sécession. On peut également y admirer une intéressante collection de quelque 400 poupées.

Pendant la **Visite de la ville historique ★★** *(angle rues Saint-Landry et Vine, centre-ville)*, on se rend à la Maison de Cour (palais de justice) ainsi qu'à la caserne des pompiers, où l'on conserve encore une charette à âne et tout un vieil arsenal d'instruments de lutte contre les incendies.

La **maison Michel Prudhomme ★** *(5$, sur rendez-vous; 1152 contour Prudhomme Circle, ☎942-9602)*, l'édifice le plus ancien des Opélousas, a été entièrement restaurée par le ministère du Patrimoine afin de conserver l'architecture coloniale française du XVIIIe siècle que présente cette magnifique habitation de plantation.

L'**église baptiste Mount Olive** *(angle des rues du Marché et de l'Église/Market et Church)* a été fondée en 1897, tout comme l'Académie Noire (afro-américaine).

L'**église Holy Ghost** *(rue Union Nord)* constitue la plus grande église catholique noire des États-Unis.

L'**église Little Zion Baptist** *(rue de l'Académie)* fut la première église noire des Opélousas.

L'**église catholique Saint-Landry** *(rue Principale Nord/Main North)* porte le nom de la paroisse.

La **maison Estorge** *(on ne visite pas; 427 rue du Marché Nord/Market North)* construite en 1827, se présente comme un bel exemple du style néoclassique.

La vieille **Ray Homestead** *(sur rendez-vous; 378 rue Bellevue, ☎948-6784)*, construite en 1853, était autrefois rattachée à une métairie.

Durant la guerre de Sécession, quand l'armée nordiste occupa Bâton-Rouge (la capitale d'État), les Confédérés déménagèrent aux Opélousas. La cité devint de ce fait en 1862 la nouvelle capitale, et le gouverneur Homère Mouton s'installa dans la **Résidence du gouverneur** *(on ne visite pas; angle des rues Grolée et Liberté)*.

Usines de transformation agroalimentaire (visites sur rendez-vous)

L'usine **Lou Ana Foods** *(prenez rendez-vous; avenue du Chemin de Fer Nord, Les Opélousas, ☎948-6561)* se spécialise dans le traitement des huiles végétales alimentaires.

L'usine **Créole Foods** *(rue Lombard, Les Opélousas, 800-551-9066 des États-Unis)* fabrique les condiments et les assaisonnements portant la marque «Tony Chachere».

L'usine **Savoie's Sausage and Food Products** *(entrée libre; Vieux Chemin de Port-Barre/Old Port Barre Road, Les Opélousas, ☎942-7241)* confectionne des saucisses, du roux brun (utilisé dans de nombreuses recettes 'cadiennes et créoles), des sauces à barbecue et des préparations pour le riz.

La **maison Yesterday** ★ *(droit d'entrée; sur rendez-vous; 441 rue Grolée Est, ☎948-4731)*, une résidence dont l'architecture remonte à la fin du siècle dernier, recèle une belle collection d'antiquités louisianaises de la période Empire ainsi que de nombreux objets historiques et préhistoriques.

Washington-en-Louisiane ★★★

«*Aux États-Unis, il y a deux Washingtons,* racontent les 'Cadiens, *Washington D.C. et Washington d'icitte!*» Le temps, dans cette ville dont la plupart des bâtiments sont classés, semble s'être arrêté aux années 1880. La municipalité, qui s'est d'abord appelée le «Débarcadère-de-l'Église», en raison d'un terrain jadis donné par le gouvernement français à l'Église catholique, accueillit son premier bateau à vapeur en 1832 et devint rapidement le port le plus important entre La Nouvelle-Orléans et Saint-Louis-du-Missouri. Des tonnes de coton et de sucre et des milliers de peaux s'entassaient dans ses entrepôts avant d'être échangées contre d'autres marchandises. Avec l'arrivée du chemin de fer en 1883, commence le déclin de cette ville aux belles maisons victoriennes et de plantations. Le dernier bateau à vapeur en partit en 1900.

Le **Musée de Washington-en-Louisiane** *(lun-ven 10h à 15h, sam-dim 9h à 16h; entre les rues Principale et Dejean)* fournit des renseignements sur les maisons historiques environnantes. Également un centre d'information touristique, il dispose d'itinéraires de promenade à pied ou en automobile. Des livres et des articles de journaux relatant la florissante époque des bateaux à vapeur peuvent être consultés sur place, et des vidéos y sont aussi présentés.

La **maison Hinckley** ★ *(sur rendez-vous; 405 rue Dejean Est)*, construite en 1700, fut la propriété d'une même famille durant plus de deux siècles. Elle est en bois de cipre, et les murs sont tapissés de peaux de bêtes à cornes. Le domaine possède son propre cimetière familial.

La **maison Nicholson** *(sur rendez-vous; 304 rue Principale, entre les rues Principale et Vine, ☎826-3670)*, bâtie en 1835, servit d'hôpital lors de la guerre de Sécession.

La **maison de la Morandière** *(sur rendez-vous; 515 rue Saint-Jean, ☎826-3510)* date de 1830.

Le **cimetière du Vieux Washington-en-Louisiane** *(rue Vine)* possède de vieilles stèles funéraires datant du début du XIXe siècle.

À l'extérieur du village, on peut voir d'autres maisons dites de style *antebellum* (d'avant la guerre de Sécession).

La **Plantation Magnolia Ridge** ★ *(résidence privée, entrée libre au parc; route d'État LA 103, entre les rues Dejean et Prescott)* abrite un beau bâtiment de style néoclassique construit en 1830, qui, durant la guerre, servait à loger tour à tour le corps de garde des troupes sudistes et des troupes nordistes. Une randonnée pédestre longe le bayou Courtableau.

La **maison Starvation Point** *(au confluent des bayous Bœuf et Cocodrie)* date de la fin du XVIIIe siècle.

Le **chêne vert Lastrapes** ★★ *(route d'État LA 10 Sud)*, cet arbre unique comportant sept troncs entrelacés, est considéré comme un joyau de son espèce par la Live Oak Society, distinguée confrérie vouée à la sauvegarde et à la protection des chênes verts en Louisiane.

En 1863, deux ans après le début de la guerre de Sécession, l'armée de Lincoln, envisageant une invasion du Texas, occupa tout le sud de la Louisiane. La prairie des Opélousas fut le lieu de nombreux affrontements entre les Confédérés et les milices fédérales. Le festival de la **Reconstitution de la bataille du Bayou Bourbeux** ★ *(3$ par jour; fin sept; route LA 103, ☎826-5256 ou 826-7404)* dure deux jours et recrée, avec la participation de figurants en costume d'époque, la célèbre bataille. Compétitions de tir et duels.

Palmetto

La région de Palmetto a été fondée par d'anciens esclaves affranchis. Nombre de leurs descendants y vivent toujours, mais on constate une émigration importante vers l'ouest : Houston, San Francisco, Los Angeles, etc.

Ville-Platte

La paroisse d'Évangéline fut créée en 1910. Son chef-lieu, Ville-Platte, fut fondée par un vétéran des guerres de l'Empire, le lieutenant Marcellin Garand, qui s'était converti en tenancier de taverne; celle-ci fut transformée par la suite en bureau de poste. Le comité qui a rédigé la charte de la Ville aurait souhaité la nommer Garandville, mais Garand a refusé et a plutôt suggéré le nom actuel du fait de la topographie «plate et bourbeuse».

Les nombreuses résidences privées qu'on découvre à Ville-Platte sont autant d'exemples d'architecture et de style acadiens : **maison O.E. Guillory**, construite en 1835; **maison Louis De Ville** *(tout près de la jonction de la route nationale US 167 et de la route d'État LA 10)*; **résidence Jean Vidrine** *(route d'État LA 29)*; **maison Aldes Vidrine** *(route d'État LA 363 Est)*; **Vieille maison Ardoin**; **Octave Thompson House** et **résidence Johnson** *(route nationale US 167)*.

Mamou

L'une des haltes culturelles des plus populaires auprès des visiteurs demeure celle que l'on fait dans la petit localité de Mamou, au cœur du pays 'cadien.

Usine de transformation agroalimentaire

Il n'y a pas de bonnes grillades 'cadiennes et créoles sans la fameuse sauce Jack Miller's, que l'on retrouve sur toutes les tables louisianaises. On peut visiter la **Jack Miller's Barbeque Sauce Factory** *(lun-ven 7h à 16h; 811 chemin Humana, à côté de l'hôpital Humana, Ville-Platte, ☎363-1541)* pour en apprendre davantage sur la façon dont se prépare cette sauce réputée.

Le nom de Mamou lui viendrait de la découverte d'un squelette de mammouth, déterré à quelques lieues d'ici. Au XIXe siècle, Mamou intégrait à la culture cadienne tous les immigrants non francophones. C'est cette acadianisation massive qui fait en sorte que de nombreux 'Cadiens portent des noms qui ne sont pas nécessairement d'origine française. Ainsi en va-t-il du regretté Revon Reed, l'auteur de *Lâche pas la patate!*, et du dénommé Fred Tate, aujourd'hui décédé, l'ex-proprio du Fred's Lounge, ainsi que des célèbres musiciens 'cadiens Nathan Abshire et Dewey Balfa. Toujours une institution dans le village, le Fred's Lounge (voir «Sorties», p 319) demeure le principal attrait de Mamou. Ce bar a une devise toute 'cadienne : «Laisse le bon temps rouler!»

Petite ville de 3 200 habitants, Mamou est réputée pour son **Courir du Mardi gras ★★★**, l'un des plus anciens. C'est aussi le plus impressionnant et l'un des plus courus du pays 'cadien. Les festivités commencent la veille, le lundi, avec un «fais do-do», soit une danse dans les rues du village qui réchauffe les pieds et les esprits. Le jour même, dès 7h, on peut assister au départ des cavaliers en costume, qui sera suivi d'un autre «fais do-do» dans une véritable ambiance de 14 Juillet. La fête se poursuit toute la journée au son des orchestres de musique 'cadienne; vous pourrez aussi suivre les joyeux lurons du Mardi gras dans leurs déplacements à cheval à travers la campagne. Vers 15h, les fêtards reviennent au village, et la fête reprend son deuxième souffle.

Eunice

Capitale de la Prairie 'cadienne de la Louisiane, cette petite localité de 12 000 habitants, tout en étant privée des attraits touristiques les plus courants, telles la visite de plantations et les activités nautiques, a quand même trouvé la recette du succès touristique en mettant en valeur sa plus grande ressource : le patrimoine acadien.

Le **Musée d'Eunice ★** *(entrée libre; durée de la visite : 1 heure; mar-sam 9h à 17h; 220 promenade Duson, ☎457-6540)*, installé dans la vieille gare, possède une collection d'objets et de photos des premiers temps de la Prairie 'cadienne.

En s'implantant dans la partie occidentale des prairies du sud-ouest de la Louisiane, les Acadiens, qui retrouvaient là un endroit propice à l'élevage du bétail et à la culture du riz, y introduisirent un style de vie qui persiste encore de nos jours. Au **Centre culturel Jean-Lafitte ★★★** *(dim-ven 8h à 17h, sam 8h à 18h; 250 avenue du Parc Ouest, ☎457-8499)*, de nombreuses expositions mettent en relief l'histoire et la culture de ces 'Cadiens d'hier et d'aujourd'hui de même que d'autres aspects de leur vie collective : loisirs, vêtements, meubles, religion, cuisine et agriculture. La région dispose de nombreuses autres attractions, comme des soirées de musique 'cadienne avec des musiciens locaux, des présentations de films et de vidéos, des ateliers d'initiation à la musique ou à la fabrication d'instruments, ainsi que des démonstrations d'artisanat ou de gastronomie locale *(sam)edi*.

Le **Courir du Mardi gras d'Eunice ★★★** *(fév ou mars, le jour précédant le mercredi des Cendres; ☎457-6502, ☎800-222-2342 des États-Unis)* attire des foules de plus en plus nombreuses. À Eunice, le carnaval dure quatre jours. Déjà, pendant la fin de semaine qui précède le jour du fameux Mardi gras, on peut danser au son des musiques 'cadienne et «zarico» lors des bals masqués à l'église Sainte-Mathilde ou au Théâtre Liberté. Il ne faut pas manquer les expositions sur le thème du Mardi gras que présentent, huit jours avant la fête, le Musée d'Eunice, le Centre culturel de la Prairie acadienne et le Théâtre Liberté.

Tout comme à Mamou, Pointe-de-l'Église et Iota, le jour du Mardi gras, les coureurs d'Eunice vont se balader dans les campagnes environnantes *(départ à 8h derrière le National Guard Armory; retour au village vers 15h)*. Plus familial que ceux de Mamou ou de Pointe-de-l'Église, semblable plutôt à celui d'Iota, le Mardi gras d'Eunice se déroule dans une ambiance bon enfant, avec concours de costumes et kiosques de cuisine et d'artisanat. Et, comme «tout partout», le jour du Mardi gras, il y a musique 'cadienne et «zarico», ainsi que le traditionnel défilé.

Le **Festival de musique 'cadienne ★★** (Cajun Music Festival - CFMA) *(2e dimanche après Pâques; ☎457-3543)* est parrainé par l'Association 'cadienne des musiciens francophones (Cajun French Music Association - CFMA).

Le **Festival de musique et culture traditionnelles 'cadiennes «LCCMC»** *(au début du printemps; ☎457-5106)* est une manifestation mettant en valeur la musique et la culture 'cadiennes.

Fidèle à l'époque des James Dean, Elvis et Little Richard, la course d'automobiles du **Louisiana Raceway Park** *(5$; dim 8h, éliminatoires 13h; à 6 km à l'est d'Eunice, sur la route nationale US 190, ☎546-6031)* a su conserver son style original. Les amateurs de *hot rods* et de *drag races* ne trouveront pas mieux. En ajoutant un autre 5$, on a accès aux aires de réparation mécanique. Comptoir de restauration rapide (chiens-chauds, hambourgeois, boissons, etc.).

Richard

À environ 15 km au sud-ouest d'Eunice se trouve le petit bourg de Richard. C'est dans le cimetière de la paroisse de Saint-Édouard que se trouve la **tombe de Charlène Richard** *(Les amis de Charlène, C.P. 91623, Lafayette LA 70509-1623)*, une jeune 'Cadienne âgée de 12 ans, morte de leucémie en 1959. Plusieurs 'Cadiens voient en cette enfant une sainte et, depuis sa disparition, ils sont nombreux à venir s'incliner sur sa tombe afin de lui demander quelques faveurs. Entre 8 000 et 10 000 fidèles s'y recueillent chaque année.

Pointe-de-l'Église (Church Point)

Cette municipalité portait autrefois le joli nom de «Pointe-Plaquemine» en raison de sa situation sur le cours d'eau Plaquemine-Brûlé. En 1800, les jésuites de Grand-Côteau y construisirent une église, et la ville fut baptisée «Pointe-de-l'Église» (Church Point). Aujourd'hui, malgré son appellation anglo-saxonne,

Usines de transformation agroalimentaire de l'écrevisse (visites sur rendez-vous)

Jeff Derouen Crawfish Supply *(à l'ouest d'Eunice, sur la route d'État LA 757, ☎457-1138).*

Riceland Crawfish *(101 rue South East, ☎457-1811).*

Church Point est devenue le bastion de la culture 'cadienne et de la langue française en Louisiane.

Ce village résolument 'cadien et francophone est reconnu comme étant l'un des centres les plus actifs de la musique 'cadienne régionale. Ici est né le légendaire Iry LeJeune, qui allait redonner à l'accordéon une place de choix dans la musique 'cadienne.

Le **Courir du Mardi gras** ★★★ *(le dimanche précédant le Mardi gras; route d'État LA 178, Saddle Tramp Riders Club, 1036 rue Abbey Est, ☎684-2026 ou 684-3333)* est un événement très «couru» à Pointe-de-l'Église. Le Saddle Tramp Riders, d'où partent les coureurs du Mardi gras, se trouve juste à côté du Richard's Feed Store. Ce magasin de nourriture pour bétail appartient à Joey Richard, qui est aussi le capitaine des coureurs du Mardi gras, un titre qu'on porte toute la vie.

Les cavaliers arrivent entre 7h et 8h, déjà costumés et masqués. Le capitaine fait alors la lecture des règlements. Le tout se déroule dans une atmosphère surréaliste qui permet toutes les bizarreries et extravagances possibles ou inimaginables.

On peut suivre les «carnavaleux» en auto ou à cheval, et faire avec eux halte chez tous les habitants auxquels ils vont demander la charité moyennant quelques pitreries de leur invention. Les dons ramassés serviront à la préparation d'un gargantuesque gombo et, dès qu'ils les auront reçus, ils vont recommencer «chez l'autre voisin».

La septième halte les amène à la maison David, où aura lieu une extravagante «course à la débandade». Le nom seul suffit à faire comprendre aux suiveurs qu'ils ont intérêt à ne pas trop s'approcher. Puis, essoufflement oblige, les cavaliers vont se détendre au son de la musique et même esquisser, (toujours à cheval), quelques pas de danse avant d'aller prendre part à une autre fantaisie, la «chasse aux 'tites poules grasses».

Deux haltes plus loin, à la maison Hanley, la bande de joyeux lurons s'arrête pour une heure. On s'amuse ferme, et l'on picole entre le concours de cochon graissé et celui de la chasse aux poules.

Les cavaliers reprennent de nouveau la route (comme dans la chanson thème du Mardi gras : *«Allons se mett' dessus le chemin...»*) et, la tradition l'exige, vont faire étape dans un foyer de personnes âgées avant de poursuivre leur randonnée jusqu'au prochain village, où se déroulera le défilé tant attendu.

Le défilé se termine au Saddle Tramp Club, où toute la population est invitée à participer aux célébrations dans une ambiance de kermesse. Il y a de la musique, de la danse, de la bière et, enfin, la remise des trophées pour les costumes les plus originaux, du plus

La paroisse des Avoyelles

Ce nom vient des Indiens avoyels, qui précédèrent la nation des Tunica-Biloxi. La région a été colonisée par les Espagnols, qui y établirent le «Poste des Avoyelles» en 1783. Puis, aux XVIIIe et XIX [e] siècles, d'autres colons, en majorité des immigrants venus de France parmi lesquels d'anciens soldats de Napoléon, s'y installèrent. La ville de Mansura fut ainsi nommée par les soldats auxquels ce coin de la Louisiane rappelait Mansera, lieu d'une célèbre bataille pendant la campagne d'Égypte. La culture du coton dans Les Avoyelles à l'époque dite *antebellum* (d'avant la guerre de Sécession) suscita par son importance l'essor de nombreuses plantations. Le bateau à vapeur jouait alors, sur les voies maritimes (la rivière Rouge et le bayou Bœuf), un rôle essentiel. La région fut le théâtre de nombreuses activités militaires, particulièrement au fort de Roussey et autour du bayou Jaune, pendant la guerre civile.

La paroisse des Avoyelles compte aujourd'hui près de 40 000 habitants, parmi lesquels nombreux sont ceux qui portent encore des noms français : Couvillon, Grémillion, Bordelon, Mayeux, Dauzat, Dupuy, LaBorde, etc. L'ex-gouverneur de l'État Edwin Edwards, lui aussi un 'Cadien, est né à Marksville.

Lorsque les vieux des Avoyelles veulent parler d'un endroit très éloigné, ils emploient l'expression «Là-bas à Tchébec*». Le réseau routier actuel a bien réduit ces distances, et le sentiment d'appartenir à la famille francophone nord-américaine est aujourd'hui plus fort que jamais dans cette région septentrionale de l'Acadie louisianaise. Malgré la proximité du pays anglo-saxon, des villes comme Marksville, Mansura et Bunkie sont reconnues comme des bastions francophones où rayonnent les cultures et traditions 'cadiennes.

* Vient de Québec : sous le Régime français, la ville de Québec était la capitale de la Nouvelle-France, quelque trois milliers de kilomètres plus au nord-est.

beau au plus laid, selon les préférences de chacun.

Branch

La **Maison patrimoniale du village rural** ★ (Heritage Farm Village) *(droit d'entrée; lun-sam 11h à 17h, dim 9h à 18h; route d'État LA 35, à 8 km au sud-ouest de Pointe-de-l'Église/Church Point, ☎334-2949)* est une maison acadienne datant de 1852 qui a été restaurée et transformée en un musée d'interprétation sur la vie quotidienne des 'Cadiens au siècle dernier.

À l'**Acadiana Fish Farm** *(droit d'entrée; près de Branch, sur la route d'État LA 365)*, les amateurs de pêche peuvent s'adonner à leur sport favori.

Bunkie

Bunkie est la principale porte d'entrée au pays des Acadiens de la Louisiane centrale. Le territoire a été, jusqu'à l'arrivée du chemin de fer, une région de plantations. On raconte que le mot «bunkie» serait dû aux efforts d'un petit garçon de planteurs qui tentait de prononcer le mot *monkey*.

Les habitations *antebellum* des Avoyelles ★★★

Dans la paroisse des Avoyelles, il existe de nombreuses maisons de style *antebellum*. À **Bunkie**, il ne faut pas manquer la **maison Epps** *(lun-ven 8h à 17h; route US 71, ☎926-3944)*, où Solomon Northup connut de bien cruelles années d'esclavage sous l'ignoble tyran Edwin Epps. Entièrement construite en cipre, la maison est typique des habitations de plantation qui s'alignent le long du bayou Bœuf. Elle est devenue aujourd'hui un centre d'information touristique.

D'autres maisons de style *antebellum* (d'avant la guerre de Sécession) sont toujours utilisées comme résidences, mais rien n'empêche de les admirer de la route. Au nord de Bunkie, dans la courbe de la route US 71, la **maison Bubenzer** retient aussi l'attention. Dans son ouvrage *Esclave pendant douze ans*, Solomon Northup décrit les somptueuses fêtes que les maîtres de la plantation organisaient à Noël.

À proximité de Bubenzer, on peut admirer l'impressionnante **maison Ashland**, construite en 1857. La maison Ashland, tout comme la maison Bubenzer, avait appartenu à la famille du président des États confédérés d'Amérique, Jefferson Davis.

Chemin faisant, entre Éola et Saint-Landry, au sud de Bunkie, on retrouve la **Maison Blanche** (White House), bâtie en 1835. Cette maison inspirée du style colonial est entourée de chênes verts géants dont quelques-uns ont été répertoriés par la Live Oak Society, qui recense tous les chênes verts de la Louisiane.

À l'est de Bunkie, la **maison Hillcrest** (1840) et la **maison Frithland** sont représentatives du style néoclassique; la dernière a été entièrement reconstruite après que la maison originale eut été incendiée. C'est aujourd'hui la neuvième génération de la famille Frith qui occupe la demeure.

Toujours à l'est de Bunkie, sur la route d'État LA 29, on arrive à **Evergreen**, endroit heureusement épargné pendant la guerre de Sécession. On y trouve donc encore de superbes demeures, telles les **maisons Oakwold, Clarendon** *(à 1,5 km à l'ouest d'Oakwold, sur la route LA 29)*, **West, Cappel, Quirk, Karpe** (de style victorien), **Flournoy, Buck Muse, Foster Grimble** et **Robert.** La construction du chemin de fer, qui mit un terme à la navigation, freina l'économie de cette petite localité; la belle époque des bateaux à vapeur n'y est plus aujourd'hui qu'un souvenir.

Poursuivez l'itinéraire jusqu'à la route LA 29, puis continuez sur la route LA 107, qui mène à **Mansura**, où l'on peut visiter la **maison Desfossé** *(entrée libre)*, construite autour de 1790.

La région de Bunkie devint célèbre avant même la guerre de Sécession grâce à la publication du livre de Solomon Northup : *Esclave pendant douze ans*. Ancien esclave affranchi, Northup s'était rendu dans l'État de New York, où il pouvait vivre en liberté. Enlevé traîtreusement, il fut ramené à Washington en 1841 et vendu de nouveau comme esclave. De là, il est expédié à La Nouvelle-Orléans, où le ministre baptiste de Cheneyville le rachète. Deux ans plus tard, il est revendu à un certain Edwin Epps, qui allait se conduire envers lui en véritable tortionnaire.

Grâce à la complicité d'un menuisier canadien, il réussit à expédier à New York une lettre à ses amis blancs antiesclavagistes. L'un d'entre eux, un juge, se rend aux Avoyelles pour exiger sa libération immédiate. Northup devait être libéré définitivement en janvier 1853. Northup, qui a des lettres, va écrire ses mémoires. L'ouvrage connaîtra autant de succès que *La case de l'oncle Tom*.

On peut suivre aujourd'hui les traces de l'illustre écrivain grâce aux nombreuses plaques commémoratives qui indiquent, tout au long du **Sentier Solomon-Northup** *(12,50$; 105 rue Walnut, contactez Debbie, ☎346-7663)*, les endroits par où est passé le célèbre écrivain. Le circuit peut se faire en compagnie de guides accompagnateurs.

Marksville

À l'entrée comme à la sortie de Marksville, on peut voir les roues cassées d'un vieux chariot. L'histoire raconte qu'un jour un certain marchand du nom de Marc Eliché, voyageant dans cette région voisine du Poste des Avoyelles, tomba en panne. Devant l'accueil chaleureux que lui réservent ses habitants, il décide d'y ouvrir un commerce. Pour le remercier, les gens de l'endroit donnèrent au village qui se forma tout autour le prénom du généreux visiteur investisseur.

Si l'on en croit la légende, Marksville aurait été, le 23 octobre 1947, le théâtre d'un très mystérieux événement. Au plus fort d'une tempête, un tourbillon aurait aspiré des centaines de poissons dans un des lacs environnants et les aurait recrachés en plein centre-ville. C'est du moins ce que certains racontent.

Au **Musée Tunica-Biloxi** ★★★ *(700 rue Allen, ☎253-8954)*, construit sur la réserve amérindienne des Tunica-Biloxi, on peut admirer l'une des plus belles collections d'objets amérindiens et européens de la période coloniale. Des fouilles archéologiques témoignent de la présence autochtone dans la région de Marksville depuis au moins 2 000 ans; aussi a-t-on pu reconstituer les rites funéraires de ces peuples indigènes qui enterraient leurs morts sous de petites élévations de terre coniques. Le musée nous apprend aussi d'autres particularités de la culture amérindienne, par exemple le fait qu'ils importaient des matières premières, la façon dont ils fabriquaient leurs poteries décoratives et le fonctionnement complexe de leur réseau d'échange. On peut apercevoir sur place une dizaine de ces buttes funéraires. Le musée est intégré au réseau des parcs historiques nationaux Jean-Lafitte.

Votre visite de la région de Marksville ne sera pas complète si vous n'avez pas entrepris une excursion sur le bayou Spring. Les **Fins & Feathers Bayou Tours** *(adulte 30$, moins de 12 ans 10$; lun-ven 18h, sam-dim départs 9h, 12h et 15h; 172 chemin Fins & Feathers/Road, Bayou Spring, près de Marksville, ☎253-8709)* proposent une intéressante balade de quelques heures

Le patrimoine architectural de Marksville

À **Marksville**, la **maison Hypolite Bordelon** *(2$; mar-sam 11h à 15h; route LA 1, promenade Tunica Ouest/Tunica Drive West, ☎253-7047)*, construite entre 1790 et 1820 (à la fin du régime espagnol), sert aussi de centre d'information touristique. La **Maison Laborde** *(817 rue Principale)*, bâtie en 1843, a déjà été un hôtel, une taverne et une école avant d'être retransformée en résidence privée. La **Maison Denux** *(angle des rues Monroe et Tarleton)* érigée au début des années 1800, compte quelque 14 pièces; ses plafonds ont près de 4 m de haut. **The Corner School** *(215 rue Waddil Ouest)*, qui servit d'école pour jeunes filles à partir des années 1880, est aujourd'hui une résidence privée. La **Maison des Dupuys** *(824 rue Principale Sud)* date de 1868. Au nord de Marksville, dans la commune de **Johnson**, se trouve l'**habitation de la famille Wallace Edwards**, grand-père de l'ex-gouverneur de la Louisiane Edwin Edwards. La région de Marksville regroupe également une multitude de maisons construites après la guerre de Sécession et avant la fin du siècle dernier.

à travers le bayou Spring et les lacs à ciprières environnants. L'excursion permet de découvrir la faune de ce milieu aquatique et forestier, véritable royaume de l'alligator, de l'aigrette, du héron, du chevreuil et du canard.

Le **Sarto Old Iron Bridge** ★ *(gratuit pour les piétons; près de la route d'État LA 451, au sud-est de Marksville, Big Bend, près de Bordelonville)*, un pont renforcé d'acier construit en 1916, enjambe le bayou des Glaises. C'est le premier pont de l'État à avoir été déclaré monument historique.

La **Black History Month Parade** ★ *(en février, dates changeantes d'une année à l'autre; ☎253-9208)* est un défilé annuel à l'occasion du Mois du patrimoine afro-américain.

Moncla

Le **Mardi gras à Moncla** *(fév ou mars; à 8 km au nord de Marksville, sur la route d'État LA 107, ☎253-9208)* se veut tout aussi animé et coloré que les Mardi gras se déroulant dans les autres villages de la région.

PARCS

Port-Barre

C'est ici que prend sa source le plus célèbre bayou de l'État de la Louisiane : le **bayou Tèche**. Ce bayou romantique puise ses eaux au bayou Courtableau. Un joli petit parc et un minuscule musée 'cadien s'y trouvent *(☎585-7646)*. On peut y faire du camping.

Washington-en-Louisiane

La **Thistlethwaite Wildlife Management Area** ★ *(au nord-est de Washington-en-Louisiane, sur la route d'État LA 10, ☎948-0255)* compte 440 ha de forêts (chêne, pacanier, copal, érable, noyer, etc.). La faune y est abondante (chevreuil, écureuil, lapin de marais, canard, bécasse, raton laveur, loutre, sanglier, opossum, etc.). On peut y parcourir au moins 17 km de sentiers. Chasse, pièges à gibier, promenades. Pas de camping.

Ville-Platte

À 12 km au nord de Ville-Platte, sur la route 3042 (à côté du parc d'État de Chicot), on peut visiter le plus ancien **arboretum** du pays, d'une superficie de 8 ha et sillonné de sentiers. Ce domaine majestueux est planté d'arbres recouverts de mousse espagnole. Y poussent, entre autres essences, des magnolias, des noyers d'Amérique et des pacaniers. Le terrain, fort accidenté, est entrecoupé de nombreux ravins.

Le **parc d'État de Chicot** ★ *(1er avr au 30 sept, 7h à 20h; 1er oct au 31 mars, 8h à 19h; fermé 25 déc et 1er jan; à 9 km au nord de Ville-Platte, sur la route d'État LA 42 Nord, ☎363-2403)* est le plus important parc de la Louisiane *(200 emplacements de camping; 27 petits chalets; pêche sur un lac de 4 000 ha; aires de pique-nique; plage; piscine; 12 km de sentiers)*. Il fut créé dans les années trente sur les collines entourant le lac Chicot et emprunte son nom aux souches de cipre qui parsèment les marais. Le cipre, cyprès chauve qui pousse dans l'eau (*bald cypress* en anglais, à ne pas confondre avec le cyprès, qui est *cedar* en anglais), particulier à la Louisiane, peut vivre quelque 500 ans avant d'atteindre sa maturité. Les forêts de cipres ont été décimées par l'industrie forestière au début de ce siècle. À la suite de cette coupe excessive, de nombreux marécages de la Louisiane offrent aujourd'hui le désolant spectacle de leurs chicots décharnés. Il y a possibilité de louer un des chalets offerts ou de retenir un emplacement sur le terrain de camping adjacent. Location de bateaux *(8$ par jour)*. Cartes de crédit acceptées.

La **Crooked Creek Recreation Area** *(à 22 km au nord-ouest de Ville-Platte, route d'État LA 13, puis route LA 3187, ☎599-2661)* dispose d'aires de pique-nique, d'un camping et d'une plage sur le réservoir Crooked Creek, où l'on peut pêcher, louer un bateau ou faire de la voile.

Les abords du **lac Cazan** *(à l'est du parc d'État Chicot, route d'État LA 29, ☎363-1558)* offrent 40 ha pour le camping. On y fait la location de chalets et de bateaux; on peut également y pêcher poissons et crustacés.

Le **lac Miller** *(à l'est de Ville-Platte, route d'État LA 376)* s'avère excellent pour la pêche à l'achigan (*bass* en anglais), de loin le poisson le plus recherché ici par les amateurs. Location de bateaux.

La **Pourvoirie Boar Busters** *(☎363-7019)* propose la chasse au sanglier, au chevreuil et au canard, ainsi que la pêche; elle dispose de services d'hébergement.

Eunice

L'**Eunice Country Club and Municipal Golf Course** *(route nationale US 190 Ouest)* possède un beau terrain paysager de 18 trous.

Au **parc municipal d'Eunice** *(route nationale US 190 Ouest, à 3 km à l'ouest de la route LA 13)*, un petit lac et des aires de pique-nique constituent l'essentiel du décor. Il y a même des barbecues pour ceux et celles qui désirent cuisiner leurs écrevisses, ou autres spécialités régionales au grand air.

Le **Projet de préservation de la Prairie 'cadienne** ★★ *(angle Martin Luther King Drive et rue Magnolia, ☎457-2016 ou 457-4497)* occupe un territoire qui a fait l'objet d'un réaménagement écologique. Dans cette zone protégée, on a planté de nouveau une flore indigène menacée de disparition. Dans son livre *Esclave pendant douze ans*, l'auteur Solomon Northup fait la description de ces prairies louisianaises du milieu du XIXe siècle, aperçues alors qu'on le conduisait vers le pays de la canne à sucre. On n'y voyait déjà plus d'arbres, mais, tout le long de la savane, de grandes herbes. L'agriculture intensive avait fait de grands ravages; aujourd'hui, on tente de recréer peu à peu l'habitat naturel original.

Branch

À l'**Acadiana Fish Farm** *(droit d'entrée; tout près de Branch, sur la route d'État LA 365)*, les amateurs de pêche peuvent s'adonner à leur sport favori.

Simmesport

Le **Yellow Bayou Civil War Memorial Park** *(à 25 km au sud-est de Marksville, route LA 1, sur la rivière Atchafalaya)* commémore le lieu de la dernière bataille des Nordistes pendant la guerre de Sécession dans la campagne environnant Rivière-Rouge. Terrains de camping, emplacements pour véhicules récréatifs, aires de pique-nique, sentiers, tours d'observation.

Marksville

Spring Bayou *(à 3 km au sud-est de Marksville, routes d'État LA 1 ou LA 107, ☎948-0255 ou 253-7068)* constitue une réserve faunique protégée et gérée par l'État de la Louisiane. Véritable paradis pour la pêche en eau douce, ce territoire est parsemé de noms de lieux aux consonances évocatrices : Bayou Cocodrie, Point-Tournant, Lac-Perion-du-Chat, Lac-Tête-de-Bœuf, Bayou-Creux, etc. Trois terrains de camping sont accessibles.

Dans la région de Marksville, il existe d'autres réserves fauniques protégées et gérées par l'État, sauf qu'on y trouve aucun emplacement de camping. Mentionnons, entre autres, celles de **Pomme-de-Terre** (chasse et pêche; téléphonez au Spring Bayou), de **Lac-Ophélie** ★ (habitat pour la volaille d'eau douce) et de **Grand-Côté** ★ (réserve ornithologique pour faucons et aigles).

Il y a aussi la **Ben Routh Recreational Area** *(route LA 1196, Vick)*, où vous trouverez des aires de pique-nique, une rampe de mise à l'eau et des toilettes.

Le **Lock and Dam No. 1** *(à 19 km de Marksville, sur la route LA 1196, Basse-Brouillette)* dispose d'aires de pique-nique et de jeu, de sentiers et de toilettes; on peut aussi y pêcher.

HÉBERGEMENT

Arnaudville

Le **Vin-O-Lyn's - B & B** *(85-100 pdj; bp; ≈; 1160 route Joe-Kidder, LA 70512, ☎754-8153)*. Sur les deux étages de la sympathique maison de Melvin (il parle le français) et Carolyn Tate, ont été aménagées une douzaine de chambres aussi coquettes les unes que les autres, décorées dans un style résolument 'cadien, et chacune avec son bain. Par jour de beau temps, ce qui n'est pas rare en Louisiane, le petit déjeuner traditionnel du Sud est servi à l'ombre des majestueux chênes verts. L'endroit est fort prisé des jeunes mariés de la région qui y font leur réception de noce, puisque la maison fait également office de traiteur et a même sa... chapelle! Le domaine possède un petit étang peuplé de poissons. Des vélos sont disponibles. On ne fume pas à l'intérieur.

Sunset

Bed & Breakfast Pointe-Chrétien *(95-200 pdj; bp/bc; ≈; route 1, C.P. 162, LA 70584; à 24 km au nord de Lafayette en quittant la route d'État LA 93, ☎800-880-7050 des États-Unis)*. L'endroit propose, outre ses cinq luxueuses chambres, des cocktails et hors-d'œuvre, un court de tennis ainsi qu'une visite guidée de l'Habitation de la plantation Pointe-Chrétien.

Les Opélousas

Le **South City Park Campground** *(tente 7$, véhicule récréatif 10$; 1489 rue du Marché Sud/South Market, ☎948-2560)* est un camping situé dans un endroit tranquille non loin du centre-ville. On y trouve des emplacements pour les véhicules récréatifs et les tentes, des aires de pique-nique et des grils de plein air.

Au **Camping Acadiana Wilderness** *(8$ tente, 12$ véhicule récréatif; à 3 km au sud des Opélousas, autoroute I-49 Sud, sortie 15, ☎662-5154)*, il y a bal au pavillon un samedi sur deux.

Maison De Saizan *(chambres 65-75 pdj; studios 75-120 pdj; bp/bc; 412 rue de la Cour Sud/Court South, Les Opélousas, LA 70570, ☎942-1311)*. De nombreuses antiquités meublent cette grande maison victorienne datant de 1889 qui réserve trois de ses magnifiques chambres, dont une avec salle de bain privée, ainsi que trois studios aux visiteurs qui choisissent d'y séjourner. L'ancienne résidence bourgeoise possède une jolie cour avec un jardin abondamment fleuri, où les fumeurs se retrouvent. M. Doucet, le propriétaire, parle le français. Aucune carte de crédit acceptée.

Au **Quality Inn of Opelousas** *(69-101; tvc, ®, ℜ, ≈; autoroute I-49 Sud, 4501 chemin Guilbeau, ☎948-9500 ou 800-228-5151 de l'Amérique du Nord)*, on parle français. Salle à manger, café, laverie, relais santé.

Port-Barre

Le **Camping du parc Birthplace-of-the-Teche** *(8$; à 9 km à l'est des Opélousas sur la route d'État LA 103, juste au nord de la route nationale US 190, Hôtel de Ville : ☎585-7646)* offre tous les services d'usage.

Krotz Springs

Le **Country Store Bed and Breakfast Inn** *($$ pdj; bp/bc; route nationale US 190, à 24 km à l'est des Opélousas; 208 rue Principale Nord/Main North, ☎566-2331)* propose aux visiteurs qui s'y arrêtent quatre belles chambres, dont trois avec salle de bain privée.

Washington-en-Louisiane

Au **Bell's Washington Campground** *(12$ véhicule récréatif, 7$ tente; rue Principale, près du pont traversant le bayou Courtableau, ☎826-9987)*, il y a de la musique country les vendredis et samedis soir.

On trouve à Washington-en-Louisiane quelques charmants *bed and breakfasts*, du plus humble au plus luxueux :

Cottage Place De Ville - B & B *(60$ pour 2 pers., 5$ par pers. add., pdj; bc; C.P. 6723, LA 70589, ☎826-3367)*. M. et Mme De Ville, deux francophones, proposent un accueillant, chaleureux et propret petit cottage 'cadien de deux chambres, le tout entièrement meublé de superbes antiquités. De beaux pacaniers ombragent le jardin. Les hôtes n'habitant pas le cottage, réservé à l'usage exclusif des pensionnaires, ils prennent soin de placer au réfrigérateur toutes les victuailles nécessaires au petit déjeuner, café inclus. Cartes de crédit acceptées.

La **Country House** *(70$ pdj; bp, ©; 608 rue Carrière, C.P. 706, LA 70589, ☎826-3052)* propose deux chambres dans la résidence et une troisième dans le cottage annexe doté d'une cuisinette. Ici, les petits déjeuners se veulent généreux : fruits frais, œufs, saucisses, fromages composent de copieuses assiettes joliment présentées qui s'accompagnent de belles tranches de pain dorées au four. Cette gentille maison, faisant aussi office de galerie, appartient à l'artiste peintre June Lowry, qui y expose ses œuvres avec d'autres toiles d'artistes louisianais.

Le **Camellia Cove Bed and Breakfast** *(75$ pdj; bp; 205 rue Hill Ouest, LA 70589, ☎826-7362)* compte trois chambres avec salle de bain privée. La maison fut construite en 1825 sur un terrain planté de camélias et de myrtes. Mme Annie Bidsrtup parle le français. Aucune carte de crédit acceptée.

Ville-Platte

Au **parc d'État Chicot** *(1er avr au 30 sept, 5h à 22h; 1er oct au 31 mars, 7h à 19h; à 9 km au nord de Ville-Platte, route d'État LA 3042 Nord; adresse postale : route rurale 3, C.P. 494, Ville-Platte, LA 70586; ☎363-2403)*, on peut louer des chalets pour quatre ou six personnes *(45-60; ≡)*, ou encore un emplacement pour le camping *(12$; électricité, eau; 12$ camping sauvage)*.

À la **Crooked Creek Recreation Area** *(véhicule récréatif 12$, tente 10$; à 22 km au nord-ouest de Ville-Platte, route d'État LA 13, puis Crooked Creek Parkway, ☎599-2661)*, le terrain compte une centaine d'emplacements pour ceux et celles qui veulent brancher leur véhicule récréatif ou simplement y planter leur tente.

Au **lac Cazan** *(22$; à l'est du parc d'État Chicot, sur la route d'État LA 29, ☎363-1558)*, il y a un terrain de camping, et l'on peut aussi y louer des chalets entièrement équipés.

Le **Platte Motel** *(29-45; rue Principale Ouest/Main West, ☎363-2148)* loue ses chambres à des taux économiques. Plus bas que ça, on se gratte toute la nuit!

Mamou

L'**Hôtel Cazan** *(20$; bp/bc; 6e Rue, au face à Fred's Lounge, ☎468-7187)* loge dans une ancienne banque reconvertie en hôtel. Peut-être rêverez-vous durant la nuit que vous avez gagné le million! Bref, l'hôtel est parfaitement situé pour qui veut visiter les «boîtes de musique» locales. L'endroit ne manque pas de charme, et les commodités y sont acceptables. Les réservations y sont recommandées, car l'hôtel ne compte que 12 chambres. En 1996, le cinéaste québécois Marc-André Forcier y a tourné quelques scènes extérieures et intérieures, dont la chambre de Nuna Breaux (France Castel), pour son film *La Comtesse de Bâton-Rouge*.

Eunice

Le **Camping Cajun** *(10$; route nationale US 190, à 5 km à l'est d'Eunice, ☎457-5753)* est un endroit ombragé offrant terrain de jeu, lac, piscine, sentiers et pêche sur le bayou.

Le **Camping Allen's Lakeview Park** *(12$; route nationale US 190 Ouest, ☎546-0502)* ouvre sa salle de danse tous les samedis soir.

Le **Bed and Breakfast La Maison Fontenot** *(45$ pdj; bp/bc; 550 4e Rue Nord, près du centre-ville d'Eunice, LA 70535, ☎861-0082 ou 800-749-1928 des États-Unis)* propose un cottage avec entrée privée, une chambre et un studio avec salle de bain, salon et salle à manger.

Howard's Inn Motel *(45-50; tvc; vers Les Opélousas, sur la route nationale US 190 Est, route 1, C.P. 19-A, LA 70535, ☎457-2066)*. Café, laverie.

The Seale Guesthouse *(75$, suite 85$-95$, cottage 100$, pdj; bc/bp; route d'État LA 13, à 3 km au sud d'Eunice, 123 Seal Lane, LA 70535, ☎457-3753)*. Cette auberge de la fin du siècle dernier renferme de magnifiques meubles anciens. Six chambres, dont deux avec salle de bain privée, cottage à deux chambres. Certaines suites peuvent coûter jusqu'à 250$ par nuitée. Possibilité de longs séjours dans les cottages (location mensuelle). Petit déjeuner continental. Pas de cartes de crédit.

Potier's Cajun Inn *(110 avenue du Parc, ☎457-0440)*. Petite auberge au décor 'cadien d'autrefois.

RESTAURANTS

Un petit conseil : si l'on visite la Louisiane durant la période des fêtes, la majorité des bons restaurants (petits, moyens et grands) sont fermés le jour de Noël. Il faudra donc prévoir cet inconvénient.

Grand-Côteau

Le **Restaurant du Catahoula** (Restaurant Catahoula's) *($$-$$$; mar-jeu 11h à 14h et 17h à 21h, ven-sam 11h à 14h et 17h à 22h, dim brunch 11h à 14h; 235 King Drive, ☎662-2275)* porte le nom d'un chien originaire de la Louisiane, dont on dit qu'il est le croisement d'un cabot amérindien et d'un autre amené par les Espagnols; le «catahoula» est d'ailleurs l'un des emblèmes animaliers de l'État. L'endroit est surtout réputé pour sa cuisine 'cadienne créative, une fusion en quelque sorte des saveurs nouvelles de la Californie et de celles plus classiques du Sud-Ouest louisianais.

Sunset

Café Dugas *($; lun-ven 10h30 à 14h; route d'État LA 182, centre-ville de Sunset, à côté de la voie ferrée, ☎662-9208)*. Cuisine 'cadienne familiale.

Les Opélousas

Le **Country Meat Block Diner** *($; 1618 rue Union Sud)* prépare une cuisine familiale : bœuf au barbecue au menu le jeudi. À la porte d'à côté, le boucher Kelly Cormier se fera un plaisir de vous transmettre les secrets de tous les bons plats 'cadiens.

The Palace Cafe *($-$$; lun-sam 6h à 21h, dim 7h à 15h; 167 rue Landry Ouest, face à la Maison de Cour/palais de justice, ☎942-2142)*. Le restaurant préféré des gens du «cru». Le propriétaire, Pete Doucas, propose une cuisine familiale fort appréciée des gourmets qui visitent l'arrondissement historique de la ville, et un baklava maison qui ferait rougir de jalousie bien des restaurateurs grecs. Autres spécialités : salade de poulet, rondelles d'oignon à la française et un délectable lait fouetté.

Washington-en-Louisiane

À ne pas manquer, le restaurant **Jack Womack** *($$-$$$; rue Principale)*, qui sert une cuisine 'cadienne et créole. Son chef est le récipiendaire d'une médaille d'or pour ses plats de fruits de mer. Le restaurant est situé dans le seul entrepôt pour bateaux à vapeur qui reste en Louisiane. On peut y déguster entre autres un poisson farci ou un poisson-chat «Palmetto» nappé d'une sauce à la crème, aux écrevisses et aux amandes. Le plat le plus réputé est le gombo de fruits de mer servi avec une patate douce (*yam*) cuite au four, spécialité qui apparaît sur la table de toutes les familles de la paroisse mais qui se retrouve rarement dans les restaurants, sauf ici même, pour le grand plaisir des touristes.

Ville-Platte

Le **Pig Stand** *($; tlj 5h à 22h; 318 rue Principale, ☎363-2883)* propose tout le répertoire de la bonne et authentique cuisine 'cadienne, du *tasso* (viande séchée) aux saucisses piquantes, du boudin aux grillades et barbecues.

À l'**Elmand's Cajun Restaurant** *($-$$; jeu-ven-sam, midi et soir; à 5,8 km au nord de la municipalité, sur le chemin Tate Cove - route d'État LA 1171, ☎363-3768)*, on sert des mets 'cadiens. La maison dresse un généreux buffet le midi ainsi que le jeudi soir. Ses trois jours d'ouverture concordent avec les soirées de musique 'cadienne (voir «Sorties», p 319). Ici, le français est de rigueur.

Le **Jungle Dinner Club** *($$; dim-jeu 17h30 à 23h, ven-sam 17h30 à 24h; route nationale US 167 Ouest, ☎636-2888)* est renommé pour ses écrevisses; elles sont servies moyennement assaisonnées ou extrêment pimentées : *«Mild, hot, super hot or extra super hot!»* La famille Manuel «brasse du chaudron» depuis plus de 40 ans. L'établissement a été classé parmi les cinq meilleurs restos spécialisés dans les écrevisses par la revue *Jazz Festival*.

Eunice

Au **Restaurant Pélican** *($; dim 6h à 14h, lun-sam 6h à 22h; rue Laurel Ouest, ☎457-2323)* sont servis au choix, le dimanche midi, rôti de porc ou de bœuf, canard, poulet, côtelettes et côtes levées grillées au barbecue, le tout accompagné de pain de maïs, de haricots «z'yeux noirs» et de riz à la 'cadienne.

Le **Café Ruby** *($; lun-sam 5h à 15h; 221 rue Walnut Ouest, ☎457-2583)* prépare une excellente cuisine familiale : rôti de porc à l'ail, poulet rôti et frit.

Au **Mama's Fried Chicken and Cajun Restaurant** *($; dim-mer 10h à 21h, jeu-sam 10h à 22h; 1640 rue Laurel Ouest, ☎457-9978)*, la clientèle apprécie autant sa cuisine locale que familiale.

L'**Allison's Hickory Pit** *($; 501 rue Laurel Ouest, ☎457-9218)* se fait une spécialité du barbecue et réussit fort bien ses côtes levées.

Le **Chatterbox** *($; 1141 rue Laurel Est, ☎457-8255)* se démarque par sa cuisine 'cadienne familiale.

Le **Nick's on Second** *($; 123 2e Rue, ☎457-4921)* abrite un resto et un bar classique depuis 1930.

Le **Crispy Cajun** *($; centre commercial Amy, rue Laurel Est, ☎546-0259)* prépare du poulet frit, des fruits de mer et des «po-boys».

Le **Crawfish Hut** *(en saison; 1029 rue Laurel Ouest, ☎457-9490)* cuisine des écrevisses à toutes les sauces.

Le **Debarge's Crawfish** *(en saison; 101 Veterans Drive, par LSUE Drive, ☎457-4252)* est un autre endroit pour déguster des écrevisses.

Le **Restaurant l'Acadien** *($$; 1415 rue Laurel Est, ☎457-4760)* se spécialise surtout dans les fruits de mer et les steaks.

Marksville

La municipalité possède peu d'endroits se démarquant par leur cuisine; vous trouverez néanmoins, dans la liste des établissements qui suivent, très certainement un endroit qui vous plaira plus particulièrement.

L'**A and J's Cafe** *($; route d'État LA 1 Nord, ☎253-4991)* est davantage un casse-croûte qu'un café.

Au **Chico's Tacos** *($; route d'État LA 1 Sud, ☎253-9929)*, vous trouverez une mangeaille «Tex-Mex», beaucoup texane, ou américaine, mais très peu mexicaine!

Au **Nanny's Restaurant** *($; 307 rue Tunica Ouest, ☎253-6058)*, il arrive qu'on inscrive au menu de bons plats familiaux.

Roy's Cajun Cabin *($; chemin du Spring Bayou, ☎253-7186)* peut dépanner, sans plus!

The Lunch Box *($; 208 rue Principale, ☎253-5290)*, c'est le «repas sous tranches» (sandwich) que l'on avale en quelques minutes.

Au **Tunica Cafe** *($; Tunica Drive, ☎253-7673)*, on retrouve un peu de tout ce qui a été énuméré dans les précédents endroits.

Au **Grand casino de la réserve amérindienne des Tunica-Biloxi** *($$-$$$; 24 heures sur 24; 711 promenade Tunica/Tunica Drive, ☎253-2838)* se trouvent deux restaurants. Si l'on gagne la cagnotte, on mange au plus chic et, si l'on perd, on s'attable au plus économique!

SORTIES

Les Opélousas

Slim's Y-Ki-Ki ★★★ *(route nationale US 167 Nord, rue Principale Nord/Main North, ☎942-9980)*. Vénérable salle de danse «zarico» avec les meilleurs groupes locaux. Bals les fins de semaine.

Richard's Club ★★★ *(fins de semaine à partir de 19h; à 8 km à l'ouest des Opélousas, sur la route nationale US 190 Ouest, Lawtell; contactez M. Carman Richard, ☎543-6596)*. On ne peut visiter la Louisiane sans s'arrêter au Richard's Club : c'est le meilleur endroit de la région pour la musique «zarico». Cette vieille salle de danse offre une ambiance unique, avec de la musique noire et des chansons interprétées en français créole de la Louisiane.

Offshore Lounge *(à 8 km à l'ouest des Opélousas, route nationale US 190, Lawtell; contactez M. Roy Carrier, ☎543-9996)*. Boîte «zarico» *(jeudi soir et fin de semaine)*.

Bourque's Club *(à 12 km au sud des Opélousas : prenez la route d'État LA 357, tournez à droite sur la route d'État LA 759, puis encore à droite sur la rue Cedar, Lewisbourg, ☎948-9904)*. Cette populaire boîte de musique 'cadienne vous permettra de vivre une expérience inoubliable; c'est en effet le lieu de vie nocturne des 'Cadiens des Prairies. Salle de danse; bar et danse les fins de semaine.

Guidry's Friendly Lounge *(tout de suite avant le Bourque's Club, Lewisbourg, ☎942-9988)*. Si toutes les autres boîtes de musique sont pleines (les fins de semaine, les 'Cadiens des Prairies sortent en nombre), rabattez-vous sur Guidry's! Musique 'cadienne, danse les fins de semaine *(dim à partir de 17h)*.

Toby's Little Lodge Lounge *(route d'État LA 182, ☎948-7787)*. Au Toby's, on peut dîner puis aller danser à côté au son d'une musique 'cadienne *(jeudi soir)* ou country et soul *(mer, ven, sam soirs)*.

Mamou

Le **Fred's Lounge** ★★★ *(sam 9h à 13h; 6e Rue, centre-ville de Mamou, ☎468-5411)* a célébré son cinquantième anniversaire en 1997 en grande pompe : même que le gouverneur Mike Foster, venu exprès pour l'occasion, s'est adressé à la foule de joyeux fêtards. Ce restaurant est une véritable institution qui attire tous les adeptes de l'authentique joie de vivre 'cadienne. On y rencontre aussi bien le postillon du village que des caméramen de télévision australiens heureux d'y retrouver les aspects de cette «mythique» Louisiane. Les matinées du Fred's Lounge sont retransmises en direct à partir de 9h sur les ondes de KVPI 1250 AM. Il faut voir sur place le fameux mur des célébrités (Wall of Fame), où s'alignent les noms des plus prestigieux musiciens 'cadiens qui y ont défilé.

Ville-Platte

À l'**Elmand's Cajun Restaurant** *(le soir, jeu-sam; à 5,8 km au nord de la municipalité, sur le chemin Tate Cove, route d'État LA 1171, ☎363-3768)*, les orchestres 'cadiens se succèdent les soirs de fin de semaine. Leur *jam session* du jeudi soir, qu'on dit «très spéciale», fait accourir les amateurs. La maison sert aussi des repas (voir «Restaurants», p 317) et dresse un généreux buffet le midi ainsi que le jeudi soir. Ses trois jours d'ouverture concordent avec les soirées de musique 'cadienne. On y parle le français.

Snook's Bar et Salle de Danse 'Cadienne *(route nationale US 190 Ouest, ☎363-0451)*. Depuis des générations, les soirs de fin de semaine, les 'Cadiens s'y réchauffent les pieds.

Eunice

On ne visite pas Eunice sans assister au **Rendez-vous des 'Cadiens** ★★★ *(2$; ven 17h, sam 19h05; angle 2e Rue et rue Park, centre-ville d'Eunice, Théâtre Liberté, accolé au centre culturel, ☎232-4434)*, retransmis en direct sur les ondes de KJJB 105,5 FM et de KEUN 1490 AM. L'émission, animée par le folkloriste Barry Ancelet, met en vedette des formations de musique 'cadienne et «zarico». Y participent également des conteurs, et des cordons-bleus y dévoilent le secret de leurs meilleures recettes. Le Théâtre Liberté, ancienne scène de vaudeville entièrement rénovée, peut accueillir 800 spectateurs. Il est souvent complet. Il est prudent d'acheter ses tickets dès l'ouverture du guichet à 16h. En attendant le spectacle, on peut visiter le centre d'interprétation Prairie Acadian Cultural Center d'à côté. À défaut d'y assister en personne, on pourra toujours le regarder à la télévision communautaire de Lafayette le vendredi suivant *(17h, chaîne 5 du câble)* ainsi que le samedi *(18h05; chaîne 58 de l'Acadiana Open Channel)* ou l'entendre le samedi *(19h05; station de l'Université de Lafayette, KRVS 88,7 FM)*.

À la sortie du spectacle, les 'Cadiens, bien réchauffés, aiment poursuivre la soirée dans un endroit d'ambiance. À Eunice, ce n'est pas le choix qui manque. Au **Lakeview Campground Lounge** *(1$; sam 20h; route d'État LA 13 Nord, ☎457-9263)*, on peut passer une soirée des plus agréables à danser au son de formations musicales 'cadiennes. Entrée libre pour les campeurs.

Pour terminer leur soirée, les 'Cadiens vont aussi au **VFW Restaurant and Dance Hall** *(route nationale US 190, rue Laurel Est, ☎457-1055)* ou à la salle de danse du **Homer's** *(route nationale US 190, rue Laurel Est, ☎457-5922)*.

Les amateurs de musique «zarico» se rendent nombreux à la salle de danse du **Gilton's Lounge** *(à 8 km à l'est d'Eunice, angle route nationale US 190 Est et route d'État LA 95, ☎457-1241)*.

Certains préfèrent allez chez **Richard's et Slim's** *(paroisse de Saint-Landry)*, plus vaste et plus moderne que l'ensemble des boîtes «zarico» traditionnelles, et où l'on peut retrouver la même qualité de formations musicales. Souper le vendredi soir.

Fabrique de Marc Savoy ★★★ *(route 190, à l'est d'Eunice, ☎457-9563)*. Marc Savoy, musicien et artisan, fabrique et répare des accordéons 'cadiens, mais il est aussi un grand défenseur de la culture des siens et de la francophonie. Son fameux *Manifeste pour la défense de la culture 'cadienne* en a fait l'un des grands leaders de ce mouvement. Il organise des concerts de musique 'cadienne (accordéon, violon et «ti-fer») chaque samedi matin vers 10h dans sa fabrique d'accordéons. Ces événements qui rassemblent des musiciens provenant de toutes les paroisses de l'Acadie louisianaise suscitent rencontres, discussions, échanges. Le maire d'Eunice, Curtis Joubert, est un habitué de l'endroit.

Ann Allen Savoy, la femme de Marc, une «Américaine»*, s'intéresse avec autant de passion à la culture francophone, plus particulièrement à la musique 'cadienne. Née à Richmond, en Virginie, Ann a étudié la musique et le français, puis a séjourné à Paris et en Suisse. On doit à Ann Allen Savoy de nombreux et merveilleux ouvrages, abondamment illustrés, sur la musique 'cadienne, dont *Cajun Music - A Reflection of a People* ★★★, aux éditions Bluebird Press (Eunice, Louisiane), véritable bible sur le sujet, et qu'on peut se procurer à la fabrique de Marc Savoy.

* Rappelons que le 'Cadien dénomme «Américain» toute personne d'origine anglo-saxonne habitant aux États-Unis.

L'**Association 'cadienne des musiciens francophones** (Cajun French Music Association - CFMA) *(entrée libre;*

mar-sam 9h à 17h; Hall des Célébrités - Hall of Fame : 210 rue C.C. Duson Sud, ☎457-6534) présente aux amateurs de musique 'cadienne l'historique de cette forme d'expression culturelle en mettant l'accent sur la musique française de la Louisiane.

Marksville

La plupart des nations amérindiennes de la Louisiane échappent par statut aux lois fédérales concernant le fisc. Cela leur permet d'exploiter des maisons de jeux dont le **Grand casino des Avoyelles** *(entrée libre – c'est après que ça se gâte! – 24 heures sur 24; route d'État LA 1, ☎800-WIN-1-WIN)*. Quelque 1 100 machines «manchot» *(0,50$, 0,25$, 1$ et 5$)*, 45 tables de jeux, une salle de poker, 3 restaurants et des spectacles *(mar-dim)* attendent les visiteurs dans ce grand casino qui constitue le Las Vegas de la Louisiane.

Calendrier des événements annuels

Février

Le Mardi gras est largement fêté dans la campagne des Opélousas. En voici les dates pour les prochaines années :

2000 : 7 mars
2001 : 26 février
2002 : 12 février
2003 : 4 mars

Courir du Mardi gras de Ville-Platte *(le jour du Mardi gras; au centre-ville de Ville-Platte et dans la campagne environnante)*.

Mamou est réputée pour son **Courir du Mardi gras** ★★★, l'un des plus anciens. Voir la section «Attraits touristiques», p 305.

Courir du Mardi gras d'Eunice ★★★ *(fév ou mars, le jour précédant le mercredi des Cendres; Eunice, ☎318-457-6502, ☎800-222-2342 des États-Unis)*. Voir la section «Attraits touristiques», p 306.

Le **Courir du Mardi gras** ★★★ *(le dimanche précédant le Mardi gras; route d'État LA 178, Saddle Tramp Riders Club, 1036 rue Abbey Est, Pointe-de-l'Église/Church Point, ☎684-2026 ou 684-3333)* est un événement très couru à Pointe-de-l'Église. Voir la section «Attraits touristiques», p 307.

Mardi gras à Moncla *(fév ou mars; à 8 km au nord de Marksville, sur la route d'État LA 107, ☎253-9208)*.

La **Black History Month Parade** ★ *(fév; Marksville, ☎253-9208)* est un défilé annuel à l'occasion du Mois du patrimoine afro-américain.

Mars

Festival du Courtableau ★★★ *(3e fin de semaine de mars; Washington-en-Louisiane, renseignez-vous auprès de Me James Fontenot, ☎893-2936)*. Au cours de ce festival, outre les traditionnels «fais do-do» et agapes 'cadiennes, il y a possibilité de visiter les belles demeures anciennes de Washington-en-Louisiane.

Le **World's Championship Crawfish Étouffée Cook-Off** ★★ *(dernier dimanche de mars ou, si Pâques tombe ce jour-là, le dimanche qui précède; pavillon du centre communautaire Northwest, Samuel Drive, Eunice, ☎457-6502 ou 800-222-2342 des États-Unis)* réunit une centaine d'équipes fort colorées de cuisiniers amateurs ou professionnels, qui se disputent le championnat de la meilleure préparation d'écrevisse, le crustacé préféré des 'Cadiens. On peut y entendre de la musique 'cadienne et du «zarico».

Avril

Au **Festival «Here's the Beef»** ★ *(entrée libre; 3e dimanche du mois de mars; Yambilee Ag-Arena, route nationale US 190, Les Opélousas; on se renseigne auprès de M. Daniel Lyons, ☎684-6751)*, l'Association des éleveurs de bétail propose aux amateurs de barbecue une kermesse boucanée à la 'cadienne : musique, danse et dégustation de viande grillée.

Le **Festival des arts** ★ *(entrée libre; 1re fin de semaine d'avr; Université de l'État de la Louisiane d'Eunice-LSUE, Eunice, ☎457-2156)* met en évidence l'artisanat autochtone ainsi que la musique et la cuisine régionales.

La vieille coutume de «pâcquer» les œufs perdure chez les francophones louisianais. On frappe l'un contre l'autre des œufs durs; l'enjeu est de casser la coquille du voisin. Certains malins «plombent» leurs œufs pour les rendre plus efficaces. À Marksville, cette coutume est l'objet de l'**Easter Egg Knocking Festival** *(Pâques; square du Palais de justice, Marksville, ☎253-9222)*, un festival annuel.

Festival de la chèvre de Plaisance (Goat Festival) *(3e fin de semaine d'avr; route nationale US 167, à 16 km au sud-ouest de Ville-Platte et à 6 km à l'est de l'autoroute I-49, ☎942-2392 ou 826-3431)*. Cet événement pour le moins inusité, une idée d'un éleveur créole du nom de Wilbert Guillory, constitue autant une foire agricole qu'un festival ayant pour thème la chèvre. Il se déroule au même endroit que le Festival de Zarico du Sud-Ouest de la Louisiane (voir le mois de septembre).

Le **Concours international des raconteurs et des farceurs** ★★ *(3e fin de semaine d'avr; Les Opélousas, ☎948-6263)* est un grand rassemblement tout à fait approprié pour qui a le verbe facile ou pour qui a des dons d'humoriste. Le moins qu'on puisse dire, c'est que l'événement ne s'adresse surtout pas aux gens tristes et ternes. Que le vainqueur se lève sans trébucher ou *«s'enfarger dans les fleurs du tapis!»*, comme disent les Québécois.

Mai

Le **Congé** *(dates changeantes d'une année à l'autre; Académie du Sacré-Cœur, Grand-Côteau)* est une fête organisée offrant musique, cuisine, jeux, courses à pied, encans, visites guidées, etc.

Mansura est réputée pour la qualité de ses bêtes d'élevage, et la raison d'être du **Festival du cochon de lait** ★★ *(mai, fin de semaine de la fête des Mères; Mansura, ☎964-2152)* est d'en honorer les bons produits.

Juin

Le **Festival afro-américain «Malaki Jubilee»** ★★ (Malaki Jubilee Festival) *(1re fin de semaine de juin; l'événement se déroule entre Plaisance et Washington-en-Louisiane, ☎826-3934)* est un hommage à la culture et aux traditions afro-américaines par le biais de la danse, de la musique, du chant, de l'artisanat et de la cuisine. Dès l'ouverture du festival, très tôt à l'aube, un groupe de gospel anime les lieux de ce festival qui attire de plus en plus de visiteurs.

Festival du boghei de Pointe-de-l'Église ★★ (Church Point Buggy Festival) *(1re fin de semaine de juin; au* *centre-ville de Pointe-de-l'Église, ☎684-4264 ou 684-2739)*. Les voitures d'antan, bogheis ou autres, qui parcouraient autrefois les routes et les sentiers des Prairies, y sont à l'honneur. On organise des manifestations : foire, concours d'accordéon et de violon. Le tout se termine par un défilé le dimanche.

Festival du maïs de la Louisiane *(2e fin de semaine de juin; Bunkie, ☎346-2575)*. À la saison du «blé d'Inde», on l'épluche, on le cuit... et on le déguste!

Festival amérindien Tunica-Biloxi du blé *(fin juin-début juil; ☎253-9222)*. Cet autre festival amérindien demeure fidèle à une ancienne tradition de la «célébration du blé».

Juillet

Pour vous rendre au **Festival de Zarico de Lebeau** ★ *(1re fin de semaine de juil; route d'État LA 10 Est, au parc de l'église de l'Immaculée-Conception, Lebeau, ☎942-2392, ☎800-424-5442 des États-Unis)*, l'un des grands festivals de musique de la région, prenez la route LA 10 Est à la jonction des routes US 71 et LA 10, et rendez-vous jusqu'à l'église, qui ne se trouve pas très loin sur la droite.

Festival du 4 Juillet ★ *(10h à 21h; réserve amérindienne des Tunica-Biloxi, ☎253-9222)*. Cette manifestation culturelle amérindienne se déroule dans le cadre de la fête nationale américaine.

Août

Le **Festival du lapin de Grande-Prairie** *(fin août-début sept; ven 18h à 23h30, sam 10h à 23h, dim 9h30 à 15h; église catholique Saint-Pierre, Grande-Prairie, ☎826-3870)* est un hommage au lapin et, pour l'occasion, il y a une dégustation de plats régionaux et, bien sûr, de la musique 'cadienne.

Septembre

Festival de Zarico du Sud-Ouest de la Louisiane ★★★ (Southwest Louisiana Zydeco Festival) *(10$ adulte, 2$ enfant; dernière fin de semaine d'août ou début sept; les dates changent selon les années; sur la route nationale US 167, à 16 km au sud-ouest de Ville-Platte et à 6 km à l'est de l'autoroute I-49, ☎232-3803, ☎800-346-1958 des États-Unis, ☎800-543-5340 de l'Amérique du Nord)*. Ce festival, le plus important du genre en Louisiane et considéré par plusieurs comme un événement majeur dans le sud des États-Unis, célèbre la culture créole, avec 13 heures de musique, de la bonne cuisine et de l'artisanat afro-américain.

Musique «zarico» : le terme provient de *«les z'haricots sont pas salés!»*, protestation courante dans les familles où l'on n'a pas les sous pour acheter le lard salé traditionnel. «Zarico» a donné en anglais, après quelques péripéties phonétiques, *zydeco*. On doit au regretté Clifton Chénier d'avoir modernisé le son «lala», inspiré du blues et du soul; l'accompagnement au frottoir (planche à laver) et à l'accordéon à touches est toujours de rigueur. Participent aussi, à ce grandiose festival, des conteurs, des artisans et d'autres artistes de tous genres. Il y a possibilité d'hébergement pour les visiteurs.

The Harvest Festival *(les dates changent d'une année à l'autre; réserve amérindienne des Tunica-Biloxi, ☎253-9767 ou 253-8174)*. Cet autre événement culturel est une autre fête organisée par les Amérindiens.

Octobre

Festival 'cadien et amérindien des arts et des traditions populaires d'Eunice ★★ (Eunice Cajun Capital Folklife Festival) *(1re ou 2e fin de semaine d'oct; au Théâtre Liberté / Liberty Theater, au centre-ville d'Eunice, ☎457-2265 ou 800-222-2342 des États-Unis)*. Eunice est la capitale de la culture populaire de l'Acadie louisianaise. L'événement, qui gravite surtout autour du célèbre Théâtre Liberté, et malgré que son appellation anglaise puisse porter à la confusion, n'est pas que consacré à des activités folkloriques. En effet, participe aussi à cette manifestation, davantage culturelle que folklorique, la communauté amérindienne des Coushattas, qui profite de l'occasion pour faire connaître sa cuisine ancestrale, son artisanat et ses danses. Le volet 'cadien quant à lui met l'accent autant sur la musique que la cuisine et ajoute une exposition de machinerie agricole ancienne. Enfin, des humoristes et des conteurs participent à ce festival fort diversifié.

Festival annuel du coton ★ *(2e fin de semaine d'oct; Ville-Platte, ☎363-4521)*. On y organise diverses activités autour du thème du coton, l'un des richesses de la région depuis plus de 200 ans.

Festival louisianais de la patate douce ★ (Louisiana Yambilee Festival) *(4e fin de semaine d'oct, le dimanche sur la rue Landry, centre-ville des Opélousas, ☎948-8848)*. La région des Opélousas est une grande productrice de patates douces *(yam)*. La saison des récoltes constitue donc un heureux prétexte pour organiser ce festival qui, avec sa «Reine de la Patate Douce» et sa colorée parade à travers les rues de la ville, a des allures de carnaval. Se greffent aussi à l'événement des spectacles et des dégustations de plats à base du fameux tubercule.

Novembre

Le **Louisiana Folklife Festival ★** *(entrée libre; mi-nov; Eunice, ☎457-7389)* dure deux journées consécutives et reflète les traditions culturelles de la Louisiane : musique, artisanat, conteurs, cuisine, etc.

Décembre

Pendant le **Festival de Grand-Côteau** *(déc, dates changeantes d'une année à l'autre; église Saint-Charles-Borromée, Grand-Côteau, ☎662-5279)*, toutes sortes d'activités ont lieu : cuisine, musique, visites, promenades en bogheis.

ACHATS

Les Opélousas

Vidrine Records *(route 4, C.P. 249, LA 70570, ☎826-77504)* se spécialise dans les disques et cassettes de musique 'cadienne et «zarico».

Washington-en-Louisiane

L'**Antique School Mall** *(tlj; vieille école de Washington-en-Louisiane)* est l'une des plus grandes boutiques d'antiquités de la région.

Ville-Platte

L'**Épicerie Dupré** *(102 rue Hickory Ouest, ☎363-4186)* est l'endroit par excellence à Ville-Platte pour goûter le boudin 'cadien, les grattons de cochon et les viandes boucanées. On déguste sur place ou l'on emporte chez soi.

Le **Disquaire Floyd Soileau** (Floyd's Record Store) *(lun-sam 8h à 17h; 434 rue Principale Est/Main East, ☎363-2138)* est un sympathique magasin, voire un temple des musiques 'cadienne et «zarico». On y trouve le plus vaste choix d'enregistrements du genre qui soit. Le magasin existe depuis une quarantaine d'années. Son propriétaire, Floyd Soileau, pressait autrefois les disques des plus grandes vedettes de la Louisiane sous l'étiquette *Swallow*, *Maison de Soul* ou *Jin*. L'ancienne manufacture de disques a été détruite par un incendie au cours de l'été 1994, mais la boutique a été épargnée. On y vend aussi quelques souvenirs, des livres et même des instruments de musique. Pour vous procurer le catalogue de la maison, écrivez à Floyd's Record Store, Mail Order and Tape Service, C.P 10, Ville-Platte, LA 70586, États-Unis.

Eunice

À l'**Acadiana Records** *(124 rue Bernard, LA 70535, ☎457-1786)*, il y a un bon choix de disques et cassettes de musique 'cadienne et «zarico».

Au **Music Machine and Video** *(235 avenue Walnut Ouest, ☎457-4846)*, on trouve des cassettes et des disques compacts de musique 'cadienne et «zarico».

Boutique des Watley (Watley's Store) *(à deux rues au nord de la route US 190, à droite avant la voie ferrée, rue Sainte-Marie Nord, ☎457-5140)*. S'il ne s'est pas absenté pour l'un des nombreux festivals de musique 'cadienne se déroulant aux quatre coins de la Louisiane, vous pourrez sans doute faire connaissance du propriétaire des lieux, le fort coloré Preston Watley. M. Watley est aussi un artisan réputé qui fabrique des chaises traditionnelles en peau de vache. Mme Watley est une spécialiste en matière de tartes et de confiture de mûres, qu'elle vend d'ailleurs sur place.

Au **Potpourri** *(361 avenue Maple Ouest, ☎457-2683 ou 457-9078)*, Georgie et Allen Manuel confectionnent des masques typiques des festivités du Mardi gras.

Le **Potier's Cajun Inn** *(avenue du Parc Est, ☎457-0440)* est un autre endroit regroupant une multitude de souvenirs.

Designs *(2e Rue Nord, ☎457-1433)* est un joyeux bric-à-brac de souvenirs de toutes sortes.

La **Pharmacie Potier** *(centre commercial Amy, route US 190 Est, ☎457-5698)* a aménagé un coin pour la vente de souvenirs 'cadiens.

Pointe-de-l'Église (Church Point)

Lanor Records *(C.P. 233, Pointe-de-l'Église/Church Point, LA 70525, ☎684-2176)* se spécialise dans les disques et cassettes de musique 'cadienne et «zarico».

Chez **Bee Records** *(route 3, Pointe-de-l'Église/Church Point, LA 70525, ☎684-5441)*, on trouve tous les disques et cassettes de musique 'cadienne et «zarico».

Bunkie

Au centre-ville de Bunkie, les amateurs de belles antiquités trouveront plusieurs boutiques pouvant les satisfaire.

Boudins et saucisses

Aucun vrai 'Cadien ne commence sa journée du samedi sans avaler quelques bons boudins en prévision des bals de la soirée. Il y a plusieurs endroits à Eunice où l'on peut se procurer ce piquant délice des Prairies. Et puisque la région est également réputée pour ses saucisses, profitons-en pour en faire ample provision :

Épicerie Johnson *($; lun-ven 6h à 18h, sam 5h à 17h; près de la route d'État LA 13 Sud, 700 rue Maple Est, Eunice, ☎457-9314)*. On y fait la queue pour le boudin!

Chez **LeJeune's Sausage** *(Old Crowley Road, Eunice, ☎457-8491)*, des chapelets de belles saucisses s'offrent à la convoitise des gourmands. On ne peut résister!

La **Mowata Grocerie** *(route d'État LA 13, au sud d'Eunice, ☎457-1140)* est un autre endroit où se procurer de bonnes cochonnailles.

Cottonport

The Bottle Shoppe *(rue Principale Nord/Main North, ☎876-3885)*. Dans cette épicerie, on peut se procurer non seulement des fruits de mer, mais surtout des écrevisses (vivantes ou bouillies).

Marksville

Boutique d'alimentation Panorama (Panorama Foods) *(815 promenade Tunica Ouest/Tunica Drive West, ☎253-6403)*. John Ed Laborde, le propriétaire de cet invitant magasin d'alimentation, prépare de beaux «paniers-cadeaux» remplis de pain aux écrevisses, à la saucisse ou aux «chevrettes» (crevettes) et de bien d'autres délices 'cadiens.

L'ACADIE OUEST

L'Acadie Ouest couvre la région s'étendant à l'ouest de Lafayette. À Scott, à la sortie de Lafayette, on dit : «C'est ici que commence le *far-ouest*.» L'autoroute 10 va en ligne droite en passant par Crowley, Jennings et Lac-Charles, à 55 km de la frontière texane. Pour un meilleur aperçu du paysage et de la culture locale, l'ancien chemin, la route nationale US 90 (Old Spanish Trail), est préférable. Au nord, avant de quitter le triangle de l'Acadie louisianaise, là où commencent les grandes forêts de pins, vous vous trouverez dans le plat pays des clos, servant à la fois à la culture du riz et à l'élevage des écrevisses. Au sud, le long du golfe du Mexique, il existe une grande région de marécages, de lacs et de réserves naturelles. On peut s'adonner à la baignade et aux sports nautiques au lac Arthur. L'Acadie Ouest, c'est aussi la route 82 (Hug the Coast Highway), la Holly Beach-La Pacanière (Pecan Island), les terres côtières, les «mèches» (marécages d'eau salée), les «chêniers» et les camps de chasse et pêche.

POUR S'Y RETROUVER SANS MAL

Scott - Rayne - Crowley - Mermentau - Estherwood - Jennings - Welsh - Lac-Charles

La nationale US 90, parallèle à l'autoroute I-10, s'étire droit dans la plaine louisianaise jusqu'à la frontière texane. À partir de Lafayette (rue Cameron), sur la nationale, on rencontre Scott à 8 km, Rayne à 25 km, Crowley à 35 km, Estherwood à 45 km, Mermentau à 56 km et, à mi-chemin entre la capitale 'cadienne et Lac-Charles, Jennings à 62 km. Viennent ensuite Welsh à 78 km puis Lac Charles à 113 km.

Iota

De l'autoroute I-10, à la sortie 76 (Crowley), prenez la route d'État LA 1120 Nord sur 9 km, puis tournez à gauche sur la route d'État LA 98, que vous suivrez sur 2,5 km.

Évangéline - Basile

De Jennings, faites 7 km sur la route d'État LA 97 pour atteindre Évangéline et 32 km pour rejoindre Basile. Basile se situe sur la nationale US 190, qui relie Bâton-Rouge à la frontière texane en passant par Les Opélousas, à 50 km de Basile, et Eunice, à 17 km.

Elton

De Basile, faites 11 km sur la nationale US 190 Ouest.

Fenton

Fenton se situe à 14 km au nord de l'autoroute I-10, sur la nationale US 165, à égale distance de la nationale US 190.

Lac-Arthur

De Jennings, empruntez la route d'État LA 26 Sud sur 17 km. De là, la route d'État LA 14 rejoint Gueydan, Kaplan et Abbéville.

Quincy

De l'autoroute I-10 Ouest, à environ 15 km de Lac-Charles, empruntez la route d'État LA 27 Nord sur 30 km.

Sulphur - Vinton

De Lac-Charles, suivez l'autoroute I-10 Ouest pour Sulphur à 19 km et Vinton à 40 km. Vinton est située près de la frontière texane sur la nationale US 90.

Holly Beach

Empruntez, à 15 km à l'ouest de Lac-Charles, la route d'État LA 27 Sud sur 56 km. La route franchit le canal Intracoastal au nord du lac Calcasieu, serpente sur sa rive ouest entre champs d'iris et «chênaies», et traverse Hackberry et le parc national Sabine avant d'atteindre Holly Beach, sur le golfe du Mexique.

Bayou Johnsons - Cameron - Créole - Grand-Chênier - La Pacanière (Pecan Island) - Abbéville

La route d'État LA 82 s'étend le long de la côte du golfe du Mexique entre Port-Arthur, au Texas, et Abbéville. Bayou Johnsons, le premier village que l'on rencontre à l'ouest, est situé à 36 km de la frontière et à 19 km de Holley Beach. La route borde une longue plage de sable gris plus propice toutefois à la pêche qu'à la baignade. À l'est de Holley Beach, Cameron est à 16 km et Créole à 38 km, où la route d'État LA 27 remonte vers Lac-Charles. De Créole, la route traverse une vaste région marécageuse entrecoupée de bandes de terre légèrement surélevées où croissent de grands chênes verts; c'est le cas de Grand-Chênier à 18 km et de La Pacanière (Pecan Island) à 72 km; Abbéville est à 60 km.

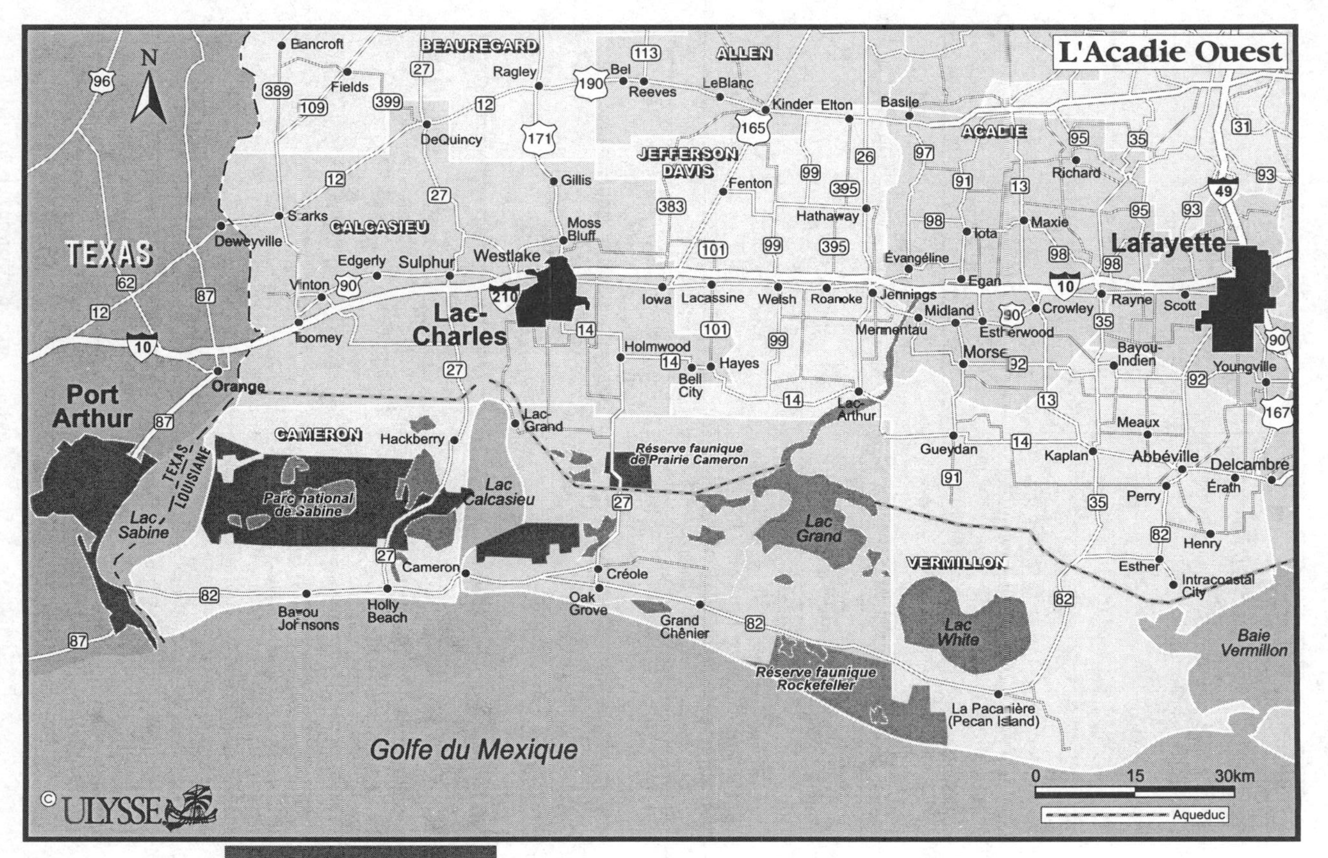
L'Acadie Ouest
Lafayette
Lac-Charles
Port Arthur
TEXAS
LOUISIANE
Golfe du Mexique
Baie Vermillon
Lac Sabine
Lac Calcasieu
Lac Grand
Lac White
Parc national de Sabine
Réserve faunique de Prairie Cameron
Réserve faunique Rockefeller
BEAUREGARD
ALLEN
ACADIE
JEFFERSON DAVIS
CALCASIEU
CAMERON
VERMILLON
Bancroft
Fields
DeQuincy
Ragley
Gillis
Bel
Reeves
LeBlanc
Kinder
Elton
Basile
Richard
Maxie
Iota
Egan
Évangéline
Hathaway
Fenton
Moss Bluff
Westlake
Sulphur
Edgerly
Vinton
Deweyville
Orange
Iowa
Lacassine
Welsh
Roanoke
Jennings
Midland
Crowley
Rayne
Scott
Youngville
Bayou-Indien
Morse
Holmwood
Bell City
Hayes
Lac-Arthur
Lac-Grand
Hackberry
Cameron
Holly Beach
Créole
Oak Grove
Grand Chênier
Gueydan
Kaplan
Meaux
Abbéville
Delcambre
Érath
Perry
Esther
Henry
Intracoastal City
(Pecan Island)
0 15 30km
Aqueduc
N
© ULYSSE

Kaplan

D'Abbéville, faites 14 km sur la route d'État LA 14 Ouest.

Gueydan

De Kaplan, empruntez la route d'État LA 14 Ouest sur 20 km. Cette route rejoint Lac-Arthur à 19 km. De la nationale US 90, prenez, à l'ouest d'Estherwood, la route LA 91 Sud sur 17 km.

Maurice - Abbéville

De Lafayette, suivez la nationale US 167 (rue Johnston) sur 10 km pour Maurice et sur 24 km pour Abbéville.

Érath

D'Abbéville, faites 5 km sur la route d'État LA 14 en direction est.

RENSEIGNEMENTS PRATIQUES

L'indicatif régional de l'Acadie Ouest est le 318.

Autocars

Bus Greyhound, à Lafayette :
☎235-1541.
De Lafayette à Lac-Charles : six liaisons quotidiennes, départs à 5h45, 10h25, 13h, 16h05, 19h15 et 20h55; aller simple 11$, aller-retour 22$.

De Lafayette à Jennings : départs à 10h25 et à 16h05.

De Lafayette à Elton : départ à 8h30.

Urgences

Police, pompiers, ambulanciers
☎911

Hôpital

Hôpital de Jennings
Autoroute I-10, sortie Jennings–Lac-Arthur
Route d'État LA 26
☎824-2490
(24 heures sur 24)

Services routiers

Remorquage Truman Abshire
1922, promenade Cheryl/Drive
Abbéville
☎893-1608 ou 893-2400
(24 heures sur 24)

Villes jumelées

À Jennings

Bernay (France) et Fléron (Belgique)

À Lac-Charles

Perpignan (France)

Renseignements touristiques

Crowley

Le **Centre d'information touristique de Crowley** *(lun-ven 9h à 16h30;*

Le réseau routier

En principe, plus on s'éloigne de l'autoroute I-10, moins les services de mécanique automobile sont complets. Les stations-service se trouvant près de l'autoroute sont plus recommandées pour entreprendre d'éventuelles réparations après les heures normales de travail et les fins de semaine.

En général, on peut facilement trouver de l'essence dans tous les villages (stations-service, épiceries), mais il est recommandé de faire le plein avant la fin de la journée, particulièrement dans les campagnes éloignées.

Sur les routes de campagne, dans les prairies, les automobilistes devraient être aux aguets pour ne pas manquer les panneaux d'arrêt, qui souvent apparaissent brusquement à un carrefour.

Il faut se rappeler que le virage à droite est permis à un feu rouge en Louisiane. Il s'agit d'effectuer un arrêt complet et de bien s'assurer que la voie est libre avant de redémarrer.

☎788-0177, ⇌783-9507) occupe une vieille gare restaurée, là où débute l'avenue Parkerson.

Jennings

Office de tourisme de la paroisse de Jeff Davis *(dans le Louisiana Oil Gas Park, ☎821-5521)*

Elton

La réserve des Indiens koasatis ou coushattas *(à 5 km au nord du village d'Elton)* se trouve isolée dans les odoriférantes forêts de pins qui dominent le pays à l'extérieur de l'Acadie louisianaise. Sur la réserve même, il y a une station-service — épicerie Chevron *(lun-sam 6h30 à 20h, dim 8h à 20h)*. Grâce à son statut fédéral, les prix de l'essence et du tabac y sont intéressants. On y trouve aussi un restaurant-boutique de souvenirs *(lun-dim 9h à 16h)* et une laverie.

Lac-Charles

Pour mieux vous orienter et vous renseigner sur les activités et les manifestations en cours dans la région de Lac-Charles, faites une halte au **Centre d'accueil des visiteurs du Sud-Ouest de la Louisiane** (Southwest Louisiana Visitors Center) *(lun-ven 8h à 17h, sam-dim 8h à 15h; 1205 Lakeshore Drive Nord, ☎436-9588, ☎800-456-SWLA des États-Unis, ⇌494-7952).* Sur l'autoroute I-10, prenez la sortie Lakeshore Drive.

Quant au **Centre d'accueil et d'information de la Louisiane**, il est situé dans une ciprière où une promenade élevée traverse le marais. Toilettes et aires de pique-nique.

Office de tourisme de la paroisse de Cameron (Cameron Parish Tourist Commission) *(C.P. 388, Cameron, LA 70631).*

Office des congrès et du tourisme du Sud-Ouest de la Louisiane - Southwest Louisiana Convention & Visitors Bureau

(C.P. 1912, Lac-Charles LA 70602, ☎436-9588, ☎800-456-SWLA des États-Unis, www.travelfile.com/get?swllccvb).

Radiodiffusion dans la région du sud-ouest de la Louisiane

La musique est une tradition importante qui se perpétue dans la vie quotidienne 'cadienne. Dans les prairies, où chaque famille 'cadienne possède au moins son musicien, la radio ne fait pas que diffuser de la musique 'cadienne, mais elle joue aussi un rôle important dans la sauvegarde de la culture.

Il n'existe pas de station radiophonique exclusivement française à l'heure actuelle (mais il y a un mouvement en ce sens); nombreuses sont les stations qui diffusent toutefois des émissions matinales en langue 'cadienne.

Émissions francophones

KSIG Crowley, 1450 AM *(dim 6h30 à 7h; ☎783-2520).*

KJEF Jennings, 92,9 FM et 1290 AM *(8h à 12h; ☎824-2934).*

La station de radio de Jennings, **KJEF**, a été la première à faire jouer de la musique 'cadienne en Louisiane dans le cadre de son émission *Allons danser, la Louisiane!* Depuis plus de 40 ans, cette station diffuse de la musique locale.

KROF Abbéville, 960 AM, 105 FM : ☎893-2531
Programmation 'cadienne, *The Cajun Bon Temps Train (tlj 6h à 10h).*

ATTRAITS TOURISTIQUES

Scott

Aujourd'hui village-dortoir de Lafayette, Scott se vante d'être la porte du *West*. Comme dans la plupart des villes s'élevant aux abords d'un chemin de fer, le vieux centre commercial se trouve du côté nord de la voie ferrée (virage à droite sur la rue Sainte-Marie). Scott se situe sur la **route panoramique «Jusqu'au cœur de la francophonie»** ★★ (Scenic Byway «Real French Destination») ou route LA93 (Highway 93), qui, depuis Arnaudville, dans la paroisse de Saint-Landry, traverse les municipalités et villages de Grand-Côteau, Sunset, Cankton, Scott et Lafayette.

Le village de Scott est «l'endroit où commence l'Ouest», et la localité a un passé historique (relaté assez justement dans un ancien saloon rénové) qui a toutes les saveurs voire les attributs du Far West. Le «vieux saloon» évoque un passé douteux avec des allures de «Lucky Luke». Aujourd'hui, l'ancien bar est devenu le **studio-galerie de l'artiste 'cadien Floyd Sonnier** ★★★ *(à l'angle des rues Sainte-Marie et Delhomme)*. Le poète, auteur, chanteur et compositeur Zachary Richard fait partie de ces artistes 'cadiens qui ont élu domicile à Scott.

On trouve aussi à Scott, rue Sainte-Marie, un petit espace verdoyant commémorant le jumelage de la ville à celle de Saint-Aubin, en France.

Rayne

Cette municipalité de près de 10 000 âmes se proclame la «Capitale mondiale de la grenouille», ou du «ouaouaron» comme disent les gens du pays et leurs lointains cousins du Québec. On y remarque des dizaines de murales en représentant les différentes variétés. Lors du déroulement du **Festival de la grenouille** ★ (voir p 360), la troisième semaine de septembre, on a droit à de nombreuses activités insolites, qui vont de la cuisine mettant à l'honneur la grenouille jusqu'à un concours consacrant le plus beau de tous les ouaouarons. Rayne est jumelée à Granby, au Québec, et à Neufchâteau, en Belgique.

Crowley

La Louisiane est l'un des principaux producteurs de riz, et Crowley est la capitale en ce domaine. Tout autour de la municipalité, on peut d'ailleurs apercevoir une multitude de **rizières** ★★.

Avec l'arrivée du chemin de fer et la migration des fermiers du Midwest vers les prairies situées à l'ouest de Lafayette, les communautés comme Crowley, ayant adopté les us et coutumes de la vie américaine, ont cette apparence de «Mainstream America», et ce, même si la présence acadienne y est aussi forte qu'ailleurs. Aujourd'hui, avec près de 14 000 habitants*, Crowley est la ville la plus importante entre Lafayette et Lac-Charles. L'importance de l'industrie du riz est évidente, et un peu partout en ville s'élèvent de nombreux moulins à riz. Il y a quelques temps, des échanges se sont faits entre la ville américaine de Crowley et les villes productrices de riz du Japon, afin de rapprocher les communautés de ces deux grands rivaux situés aux antipodes; on a même créé une pièce de théâtre, une collaboration intercommunautaire écrite en japonais, en anglais et en français 'cadien, sur les vicissitudes des familles fermières face à la culture du riz. Crowley est jumelée à Vaux-sur-Sure, en Belgique.

* De 16 036 qu'elle était au recensement de 1980, la population de Crowley se chiffrera à 13 983 habitants 10 ans plus tard.

Près du centre-ville, à l'est du palais de justice (la Maison de Cour), on trouve le **Quartier historique** ★★★, comprenant 33 quadrilatères de maisons, presque toutes de style victorien. Ces magnifiques et grandioses habitations sont souvent bordées d'une allée de chênes imposants et plusieurs fois séculaires. Voilà une petite promenade à pied ou en voiture qui en vaut vraiment la peine.

Le **Musée du riz** ★★ présente une fascinante collection d'outils anciens et modernes de même qu'une interprétation sur la culture du riz et l'histoire locale. D'autres renseignements peuvent être obtenus par le biais de la Chambre de commerce de Crowley *(☎788-0177, ⇒783-9507)*.

Une halte s'impose au **Musée de la Rose Bleue – Maison Blanchet-Romero** ★★ *(4$; sur rendez-vous; à 8 km au sud-ouest de Crowley, ☎783-3096)*. Le nom du musée vient d'une variété de riz propagée par la famille Wright. Construite autour de 1848, la maison Blanchet-Romero est typique du style acadien : briques faites à la main, cipre et bousillage (mélange de boue et de mousse espagnole). On trouve dans cette maison centenaire des objets en cristal et en porcelaine, des meubles de style victorien, une collection de poupées et une autre, fort impressionnante, de voitures anciennes.

Avec son sobriquet de «Capitale louisianaise du riz», il n'est pas surprenant que Crowley ait son **Festival du riz** *(1re ou 2e fin de semaine d'oct; ☎788-0177)*. Le clou du festival est le bal «fais do-do», qui se déroule dans les rues de la ville.

Iota

Festival du Mardi gras Tee-Mamou/Iota ★★

Au cœur du pays 'cadien, en pleine campagne, le petit bourg d'Iota est reconnu pour son festival du Mardi gras. On raconte que les 'Cadiens des prairies, aux alentours d'Iota et de Tee-Mamou (ne pas confondre avec la ville de Mamou, sise dans la paroisse d'Évangéline), célèbrent le plus ancien Mardi gras des États-Unis d'Amérique, depuis 1750 plus précisément, soit 90 ans avant celui de La Nouvelle-Orléans. Les amateurs de carnaval recherchent les célébrations d'Iota parce qu'elles offrent une atmosphère différente de celle de La Nouvelle-Orléans.

Il existe deux courses du Mardi gras à Iota. Celle des femmes se tient le samedi précédent le Mardi gras, et celle de la gent masculine se déroule le jour même du fameux Mardi gras. Les deux courses empruntent sensiblement le même parcours, et les deux manifestations se ressemblent beaucoup. La rencontre débute le matin : dès 7h, on organise les préparatifs à la grange des Frugé *(route d'État LA 97, tout près du restaurant DI's)*. La bière coule déjà, l'orchestre commence, et l'on met la touche finale aux costumes.

Tous les costumes et masques sont de fabrication artisanale et entièrement modelés à la main, comme le capuchon (chapeau conique s'inspirant des temps médiévaux qui avait pour but de tourner en dérision aussi bien l'Église que la noblesse) et les masques traditionnels.

Un capitaine lit ensuite les règlements. Il est strictement interdit de s'opposer au capitaine; la bière sera distribuée sous un contrôle strict, chacun ayant la responsabilité de ses limites de consommation. Chaque «mardi gras» participant est tenu d'apprendre et les règlements et la chanson thème traditionnelle. À cette fin, ont lieu des réunions obligatoires.

Tous les «mardis gras» ou «masqués» montent à bord d'un grand wagon tiré par un camion. Une longue procession de camions s'ébranle alors pour entreprendre un parcours s'étendant sur plus de 32 km et ne comportant pas moins de 15 haltes. Ailleurs, à Mamou et à Pointe-d'Église par exemple, le traditionnel parcours du Mardi gras se fait surtout à dos de cheval, mais, à Tee-Mamou/Iota, la tradition a changé au cours des années quarante, à la suite d'une pénurie de chevaux et de la prolifération des véhicules motorisés servant à l'industrie du riz. Comme ceux de toutes les villes de l'Acadie louisianaise, le Mardi gras de Tee-Mamou/Iota a ses couleurs symboliques : le rouge, le vert et le jaune. Que représentent ces couleurs au juste? Ce sont, bien sûr, les couleurs fétiches de l'entreprise manufacturière des célèbres tracteurs John Deere.

Sitôt arrivés «chez l'autre voisin», comme ils disent, les «mardis gras» débarquent, et leur capitaine les incite à entonner l'une des chansons traditionnelles. Les adeptes du Mardi gras d'Iota insistent pour dire que ces chansons sont parmi les plus anciennes du répertoire consacré au Mardi gras. Dans la mêlée, on entonne en français 'cadien :

«Les Mardi gras quoi portes-tu,
Tout à l'entour du fond d'hiver?

On porte que la bouteille, Ô mon cher!
Ô mon cher!
On porte que la bouteille
Tout à l'entour du fond d'hiver.

Bonjour le maître et la maîtresse
On vous demande un peu de chose
On vous demande la fille aînée
On va la faire faire une bonne chose
On va la faire chauffer ses pieds.»

Après la chanson-thème, l'orchestre se met de la partie; l'ambiance devient alors électrisante et incite tout le monde à danser. Pour respecter la tradition, il faut ensuite que chaque «mardi gras» demande la charité en mimant le geste du mendiant : la paume d'une main tendue et l'index de l'autre main pointé vers la main vide. La scène est fellinienne : les quémandeurs crient à tue-tête *«Ti cinq sous!»*..., puis la musique et la danse reprennent dans une frénésie furieuse. Dans cette cohue indescriptible, chacun interprète les règlements du capitaine à sa manière et, plus souvent qu'autrement, les fêtards «malcommodes» goûtent aux «fouettes» de leur capitaine. Lors de la course des femmes, ledit cérémonial n'est pas sans rappeler certains rites anciens de fertilité.

Les habitants remercient les carnavaleux en leur donnant du riz, de la farine, des oignons, voire de l'argent, de quoi faire un grand gombo à la fin de la journée. Mais le clou de la halte est sans contredit la «chasse aux poules»...

La «chasse aux poules» est un événement loufoque. L'hôte visité, qui se voit envahir par cette horde de joyeux fêtards, est contraint de lancer une malheureuse poule en l'air. Lors de ce défoulement collectif, sans aucune cruauté, les participants doivent attraper l'oiseau, qui, pris de panique, erre dans toutes les directions. Attraper la poule n'est pas seulement l'occasion d'un spectacle singulier; chaque coureur considère cet exploit comme un geste de fierté autant que de bravoure.

L'adrénaline remontant à toute pompe, les coureurs arrivent au village pour clôturer le festival le jour du Mardi gras. Ils se faufilent dans la foule, rechantent leur chanson et dansent des *two-steps* et des valses.

À la fin de la journée, la communauté se rassemble dans une salle de danse où la bande des «masqués» chante et quémande pour la dernière fois. Puis, un à un, ils sont expulsés de force par les capitaines. Ils peuvent revenir une fois dépouillés de leur costume, et tout ce beau monde retrouve alors son identité. Lors de ce cérémonial, les femmes s'amusent à ne pas rendre la vie facile à leur capitaine!

Puis, les «mardis gras» réunissent leur famille et leurs amis autour d'un bon bol de gombo, et... l'on danse! Mais à minuit commence le carême, et tout doit se terminer avant l'heure fatidique. Beaucoup de ces «macaques» du Mardi gras se retrouveront le matin même à l'église pour le mercredi des Cendres.

Estherwood

Construite en 1900, la **station d'irrigation et de pompage** *(☎783-2108)*, sur le bayou Plaquemine, fut l'une des premières et la plus grande à desservir la riziculture de la paroisse d'Acadie.

Mermentau

En bordure de la rivière Mentau (Mermentau) se trouve un vrai château, **Le Petit Château de Luxe** ★★ *(adulte 6$, enfant 2$; mar-sam sur rendez-vous; suivez la route nationale 90 jusqu'à la route d'État 92, puis tournez à droite; à 4 km sur la droite, il y a un petit chemin de gravier de 3 km qui mène au château; ☎783-3641)*, avec une architecture rappelant les grands châteaux français de la vallée de la Loire.

Tout y est : tourelles, échauguettes, toits d'ardoise et de cuivre.

Lovic Desormeaux, décédé il y a quelques années au seuil de son centenaire, avait toujours voulu bâtir une grande maison sur sa propriété au bord de la Mentau. Pendant les inondations de 1940, une grande quantité de bûches de cipre rouge s'étaient entassées dans la rivière. M. Desormeaux les récupéra afin de construire une maison de plantation semblable à celle de l'allée des Chênes (Oak Alley), ou de Nottoway, en bordure du Mississippi.

Mais, lors d'un séjour en France, Lovic décida que sa construction s'inspirerait plutôt de l'architecture des châteaux de la Loire. Après quantité de notes et d'études sur le sujet, il dessina enfin les plans de sa future résidence.

Lovic Desormeaux commença la construction de son château en 1969. Après 15 années de dur labeur, il devait toutefois admettre qu'il ne pourrait compléter sa tâche. Son fils Philippe prit alors la relève et, après des années de patience, le château allait enfin devenir sa résidence familiale jusqu'à ce dernier en hérite.

Lorsque Philippe prit la relève des travaux de son père, il était diplômé en horticulture. Il avait cependant plusieurs cordes à son arc puisqu'il avait également des qualités de charpentier, de mécanicien, de riziculteur, d'éleveur de bétail et de constructeur de maisons.

On doit à Philippe Desormeaux l'ensemble des grands travaux tels que l'installation d'un escalier en spirale dominant le foyer et les trois cheminées de marbre taillé à la main en France il y a plus de 400 ans, importées en Louisiane pour le château.

C'est ce même Philippe qui a vu à la pose des centaines de carreaux en bois qui composent la magnifique marqueterie du plancher, presque identique à celle du château de Fontainebleau en France. On lui doit aussi, il y a plus de 40 ans, d'avoir dessiné et aménagé les jardins.

Le rez-de-chaussée est ouvert au public. On peut y admirer des meubles d'époque et divers objets de style Louis XV. Le château apparaît tel un petit coin de France en pleine prairie 'cadienne. Avec une gentillesse remarquable et une élégance digne de la grande noblesse, Philippe Desormeaux et sa famille accueillent les visiteurs. Et, bien sûr, on y parle le français.

Jennings

Ici, c'est la plaine à perte de vue. Le pays est riche de prairies cultivées et de rizières. On y creusa le premier puits de pétrole en Louisiane.

La ville a un slogan particulier et fort amusant, qui n'est surtout pas une devise : «Douze mille gens accueillants, et un ou deux vieux grognards, vous souhaitent la bienvenue». Comment résister?

Les premiers habitants de cette région furent des colons français, acadiens et créoles qui s'établirent le long de bayous aux noms à consonance bien française : bayou Nez-Piqué, bayou Grand-Marais, bayou Lacassine et bayou Serpent. La ville de Jennings, fondée en 1888, doit son nom à Jennings McComb, un constructeur de chemins de fer.

La **route panoramique Jean-Lafitte ★★** (Jean Lafitte Scenic Byway) traverse la paroisse de Jeff Davis. Au départ de Jennings, le circuit conduit à Lac-Arthur, puis, en direction ouest, traverse la réserve faunique Lacassine,

Alligator

pour remonter ensuite par la route d'État LA 101 à Lacassine. Cette route est parsemée de nombreux points d'intérêt, de lieux historiques et de sites naturels.

La création du chemin de fer attira vers ces prairies fertiles de nombreux colons et fermiers américains venus des prairies du nord de l'État de l'Iowa. Ce mélange d'anglophones et de francophones persiste encore aujourd'hui.

Jennings est reconnue comme étant le berceau de l'industrie pétrolière en Louisiane. En effet, c'est en 1901 que le premier puits de pétrole en Louisiane y fut foré, sur la **ferme de Jules Clément ★**, à 8 km au nord de Jennings *(route d'État LA 97)*. Ce champ pétrolier, dénommé Évangéline, est toujours en activité; de nombreux puits y demeurent en effet actifs, même après 100 ans d'exploitation. On peut voir une reconstitution de la première tour de forage dans le **parc du Pétrole et du Gaz** *(sortie 64 de l'autoroute I-10, 100 rue L'Acadienne)*. On peut même parfois y rencontrer l'un des descendants de Jules Clément et s'entretenir avec lui en français.

À côté de la tour se trouve une réplique de maison acadienne typique de la Louisiane; ce bâtiment abrite le **Centre d'information touristique** *(lun-ven 9h à 16h30)*.

Dans le même parc se trouve également le **Château des cocodrils ★** *(entrée libre; tlj 9h à 14h. Note : on donne à manger aux alligators tous les lundis à 13h30, de juin à août)*. Le mot «cocodrie» (ou «cocodril») vient de l'espagnol *cocodrilo*, et veut dire «alligator» dans le plus pur français des 'Cadiens de l'Ouest. Les visiteurs peuvent photographier des «cocodrils»... de très près!

Musée des pionniers du téléphone ★ (Louisiana Telephone Pioneer) et **musée W.H. Tupper General Merchandise ★** *(3$, visite guidée en français, mais faire la demande à l'avance; lun-sam 9h30 à 17h30; 311 rue Principale Nord/Main North, ☎821-5532)*. Ici, on peut visiter une authentique boutique de campagne ayant desservi les petits habitants 'cadiens, créoles, américains et amérindiens au cours de la première moitié du XXe siècle. On peut y admirer de beaux étalages ainsi qu'une magnifique collection de paniers confectionnés par les

Amérindiens que le magasin prend en dépôt de la communauté voisine.

Le **Manoir de la rose créole** ★ (Creole Rose Manor) *(1$; 214 rue Plaquemine Ouest, ☎824-3145)* est une spacieuse maison victorienne de 14 pièces, construite en 1898 par un des premiers francophones à s'établir à Jennings. On y trouve une superbe boutique d'antiquités et de souvenirs. On peut également y dormir et y prendre le petit déjeuner.

Au **Musée Zigler** ★★ *(adulte 2$, enfant 1$; mar-sam 9h à 17h, dim 13h à 17h; 411 rue Clara, ☎824-0114)*, on peut admirer de belles sculptures sur bois et des peintures avec textes explicatifs en anglais et en français. Expositions itinérantes d'artistes américains et européens. Le **Musée d'histoire naturelle** occupe une partie du bâtiment et présente des reproductions de peintures et de croquis de la collection «Les oiseaux d'Amérique» du célèbre naturaliste Jean-Jacques Audubon.

Les premiers colons acadiens étaient réputés pour leur connaissance des chevaux. On raconte même que les cow-boys 'cadiens ont précédé leurs confrères américains. Les cavaliers de la savane louisianaise conduisaient leurs vaches à La Nouvelle-Orléans en traversant la rivière Atchafalaya à la nage. Autant que le Texas, l'Ouest louisianais est un pays de cow-boys. Au mois de mars Jennings, on peut assister aux **rodéos** ★ *(arène du Jeff Davis Parish Fairground; ☎824-4457, contactez Billy Walker)*.

Partout aux États-Unis, on connaît le phénomène des expositions agricoles de comté ou, en Louisiane, de paroisse. La **Jeff Davis Parish Fair** a lieu la première fin de semaine d'octobre aux Jennings Fairgrounds (voir p 361).

Puisque l'agriculture est l'industrie principale de la région de Jennings, il y a une forte présence de services agricoles aériens. Aujourd'hui, le bimoteur a toujours la faveur des agriculteurs pour l'arrosage des champs de riz et de fèves de soja.

La deuxième fin de semaine d'octobre, il y a un spectacle aérien avec de vieux avions de style *Stearman* : le **Stearman Fly-In** *(à l'aéroport de Jennings, près de l'autoroute I-10, face au parc du Pétrole et du Gaz)* (voir p 361).

Au **Musée acadien** *(entrée libre; tlj 10h à 17h; contactez M. David Marcantel, de l'Association France-Louisiane chapitre ouest, C.P. 1366, Jennings, LA 70546, ☎824-7380)*, c'est l'association franco-louisianaise qui a la responsabilité de l'accueil des visiteurs. Le musée présente diverses facettes du patrimoine acadien par le biais de la technologie.

Lac-Arthur

Si on longe le lac Arthur par la rue Pleasant, on a droit à une magnifique promenade panoramique avec, comme cadre, le lac d'un côté et de superbes maisons bourgeoises de l'autre.

Le 4 juillet, **fête de l'Indépendance américaine**, la population de Lac-Arthur se donne rendez-vous à l'ombre des grands chênes centenaires de la municipalité de Lac-Arthur *(☎774-2211)* pour faire la fête.

Cajunfest *(5$; 1ère fin de semaine de juin; ☎774-2211)*. L'événement printanier se déroule au parc de Lac-Arthur. À cette fête populaire participent des orchestres régionaux. D'autres activités sont au programme : artisanat, compétitions nautiques, cuisine, etc.

Les amateurs de bazars apprécieront celui de l'**Our Lady of the Lake Catholic Church Bazaar** *(1ère fin de semaine de nov.; au Christian Unity Center, 8e rue Est/East Eighten Street, ☎774-2614)*. Au cours du bazar de l'église catholique, il y a orchestre, vente aux enchères, tournoi d'«euchre» (jeu de cartes) et parties de bras de fer.

Elton

À 5 km au nord du village habite une nation autochtone souveraine : les **Koasatls ★★** *(☎584-2261, www.coushattatribela.org)*. Cette communauté peuple les forêts de pins de la région, mais la plupart de ses membres besognent sur des fermes. On propose sur les lieux différentes créations artisanales, dont de jolis paniers tressés en aiguilles de pin à tiges longues. Il y a aussi une dégustation de douceurs faites à partir de baies et de fruits sauvages, ainsi que de «pain frit à la façon amérindienne». Les Koasatis (ou Coushattas) parlent encore leur langue, mais plusieurs d'entre eux parlent également le français.

Le **moulin à riz d'Elton ★** (Elton Rice Mill) *(lun-ven 7h à 16h; ☎584-2218)* est réputé. On organise des visites guidées du moulin en activité à la saison des récoltes du riz, de la fin de l'été jusqu'à la fin de l'automne. Les propriétaires, Tom LeJeune et David Bertrand, sont fiers de leur moulin et des multiples services qu'il rend encore à la communauté. Sur place, le visiteur peut faire ample provision, à la livre, avec «empaquetage sur mesure», de riz aromatique et de riz «tac-tac» (à l'arôme de maïs soufflé). Autre particularité : le sac (ou la poche) de riz est fabriqué au moulin, et l'on en confectionne même un tout spécialement pour le Mardi gras, la fameuse «poche du Mardi gras».

Welsh

Les **Welsh Threshing Days ★** (jours de battage du riz produit dans la région de Welsh) débutent quelque part au mois d'octobre, selon les conditions propices à la récolte du riz (voir p 361). On fait le battage du riz à la façon d'autrefois avec de l'équipement d'époque.

La région de Lac-Charles

La ville de Lac-Charles est la plus importante agglomération de cette région et se situe, comme son nom l'indique, en bordure du lac Charles. La ville est réputée pour son **«quartier des charpentiers»** : 20 pâtés de maisons au caractère unique et du plus pur style victorien.

Le **Musée ferroviaire De Quincy** *(tlj 9h à 16h; au nord de Lac-Charles, ☎786-7113)* occupe une gare de style colonial espagnol; y sont exposés une locomotive à vapeur (1913) et d'anciens wagons, de l'équipement ferroviaire, du matériel de télégraphie ainsi que de vieux uniformes d'époque.

Le **Musée Brimstone ★** *(entrée libre; lun-ven 9h30 à 17h, sam 12h à 15h; 800 chemin Picard, Sulphur, ☎527-7142)* se présente comme un musée d'interprétation et d'initiation aux techniques de l'industrie minière, expliquant plus particulièrement l'importance du soufre recueilli dans la région.

La **Galerie des Beaux-Arts du Sud-Ouest de la Louisiane ★** (Fine Art Gallery of Southwest Louisiana) *(lun-ven 9h30 à 17h30, sam 10h à 15h, fermé dim; 1424 rue Ryan, Lac-Charles, ☎439-1430)* est une galerie marchande où l'on trouve des boutiques de peintures, de sculptures, de poteries et de porcelaines d'artistes et d'artisans de la région.

Au **Musée impérial de Calcasieu ★** *(adulte 2$, enfant 1$; mar-sam 10h à 17h; 204 rue Sallier Ouest, angle Éther, ☎439-3797)*, on retrace l'histoire de Lac-Charles depuis sa fondation. Le musée est situé sur le domaine où Charles Sellier (fondateur du bourg d'origine) s'était installé; on y retrouve le salon, la cuisine, la chambre d'époque avec lit en bois de rose, la vaisselle et les ustensiles, la courtepointe, la pharmacie et le salon de coiffure. On peut aussi y admirer une superbe collection de dessins du grand maître naturaliste américain d'origine française Jean-Jacques Audubon.

Il existe à Lac-Charles deux associations qui font la promotion du français tout en étant les porte-parole de la francophonie : **Le Club des Acadiens** *(George Frugé, 2518 13e Rue, Lac-Charles, LA 70601, ☎477-7530)*.

La paroisse de Vermillon

La paroisse de Vermillon, *Vermillion* en anglais, se proclame «l'endroit le plus 'cadien de la planète». Vous pouvez visiter cette paroisse par l'entremise de **Vermillion Cajun Tour** *(☎893-2663, contactez Sandy Segura)* ou **Utila** ***Tours*** *(☎893-0013, contactez Arleen White)*.

Intracoastal City

Outre ses installations industrielles, la compagnie de pétrole et de gaz naturel Intracoastal City est reconnue pour ses écluses construites sur la grande voie maritime qu'est le canal Intracoastal. Aux lieux-dits **Leland Bowman Locks ★** *(entrée libre; lun-ven 8h à 15h, sam sur rendez-vous seulement; à 24 km au sud d'Abbéville, sur la route d'État LA 333, ☎893-6790 ou 893-4412, contactez Harold Trahan)*, on raconte que c'est ici que se trouve «la fin du monde». Administré par le corps des ingénieurs de l'armée des États-Unis, cet endroit nous fait comprendre davantage (en français) le fonctionnement des écluses et de la voie maritime. Une tour d'observation permet d'admirer les nombreuses barges à l'œuvre. C'est aussi un poste important pour la Garde côtière américaine. On peut y pique-niquer tout en zieutant les «cocodrils» dans leur élément naturel.

Kaplan

L'élevage du bétail contribue largement à l'économie des prairies sises en bordure des marécages du sud de la Louisiane. Une visite s'impose (vous en garderez un souvenir mémorable) au **Flying J Ranch ★** *(droit d'entrée; route d'État LA 82, au sud de Kaplan; ☎642-5287)* de Charles Broussard. Sa famille d'éleveurs gagnait sa vie à la «vacherie»; autrefois, les 'Cadiens désignaient ainsi le travail des cow-boys conduisant leurs troupeaux de bêtes à cornes jusqu'au marché, cela bien avant l'apparition des premiers cow-boys texans, tout le long de l'«Old Spanish Trail» (aujourd'hui la route nationale US 90). M. Broussard, fier descendant du légendaire chef de la résistance acadienne Joseph Broussard dit Beausoleil, raconte l'intéressante histoire de l'implantation en Louisiane des espèces bovines de race brahmane et charolaise.

Il y a à Kaplan un autre endroit intéressant à visiter : le **Liberty Rice Mill** *(visite sur rendez-vous; lun-ven 7h à 16h30; 200 rue du Moulin Ouest/Mill West, ☎643-7175)*, le plus important moulin de riz de la région.

Abbéville ★

Les premiers habitants s'établirent dans la région d'Abbéville autour des années 1730. Cependant, on doit au père Antoine Désiré Megret, mécontent de l'administration à Vermillonville (Lafayette), d'avoir obtenu l'incorporation de la municipalité en 1850. Il la baptisa alors «Abbéville», une appellation qui soulève bien des interrogations. Il existe deux possibilités : ou bien ce nom vient du bourg français d'Abbéville, où est né l'ecclésiastique, ou bien la ville honore simplement l'abbé fondateur en question. Aujourd'hui, Abbéville est une ville charmante avec des places publiques qui rappellent à la fois le Far West américain et les jolies villes de province de France. Une promenade à pied dans l'Abbéville historique peut se faire avec un guide de la Chambre de commerce ou, si l'on préfère être seul, on pourra se procurer un plan du centre-ville *(Abbéville Tourist Information Center, 1905 promenade du Mémorial des Vétérans/Veterans Memorial Drive, ☎893-2491)*. N'oubliez pas d'admirer les huit pâtés de maisons historiques. Près de la place de la Madeleine (Magdalen) se trouve l'**église catholique romaine de Sainte-Marie-Madeleine** ★, dont l'architecture néogothique est assez exceptionnelle pour cette région du sud de la Louisiane. Abbéville est jumelée avec Lasne, en Belgique.

À l'angle de la rue du Bas et de la 1re Rue, on ne peut manquer de voir les impressionnants **silos du moulin à riz Riviana** *(visites sur rendez-vous; ☎893-2220)*. C'est aussi une région sucrière et, dans toutes les épiceries de la Louisiane, on retrouve la populaire boîte jaune et noire de sirop de canne Steen's. Le **moulin du sirop Steen's** *(on ne visite pas; 119 rue Principale Nord, juste derrière l'église Sainte-Marie-Madeleine)* est également implanté à Abbéville. Depuis 1910, la famille Steen produit un sirop de canne de qualité supérieure grâce à sa fameuse variété de canne à sucre d'appellation *blue ribbon*. Il n'y a pas si longtemps, dans les campagnes louisianaises, chaque habitant faisait son propre sirop de canne. Aujourd'hui, il ne reste plus qu'une poignée d'immenses raffineries de sucre qui desservent tout le sud de l'État. Chez Steen, on a conservé la méthode traditionnelle de fabrication dite de «roulaison». Malheureusement, on ne peut plus visiter le moulin Steen. Néanmoins, au moment de la roulaison *(oct à déc)*, on pourra toujours s'enivrer des odeurs de sucre et constater l'activité bourdonnante qui se déroule dans les parages dudit moulin.

Non loin d'Abbéville se trouve **Le Bayou Légendaire** ★★ *(tlj 9h à 16h; 1307 rue Henry Sud/South Henry, ☎893-5760 ou 893-1582)*. Ce centre culturel, fondé en juin 1997 par Kathy et Johnny Richard, loge dans une ancienne grange servant aux encans agricoles. Le vaste espace de présentation et de vente des bêtes, où se rassemblaient autrefois les cow-boys 'cadiens de la région, a été aménagé en amphithéâtre. C'est là qu'ont lieu aujourd'hui, l'endroit bénéficiant d'une acoustique exceptionnelle, des concerts musicaux (orchestres et chorales), des pièces de théâtre, des spectacles de danse et des soirées de poésie. Certaines manifestations présentées au centre culturel se font en français.

Érath

Une halte s'impose au **Musée acadien** ★★ *(lun-ven 13h à 16h; 203 rue Broadway/South Broadway, ☎937-5468)*, où la Fondation culturelle du patrimoine acadien maintient les grandes traditions culturelles acadiennes et tente, par tous les moyens dont elle dispose, de contrer l'assimilation. Ici, on retrace l'histoire de l'Acadie, depuis le fameux «Grand Dérangement» (la déportation) jusqu'à l'implantation des populations acadiennes dans le sud de la Louisiane. Cette fondation n'a surtout rien de folklorique et cautionne même une pétition déposée en 1990, au nom des droits de la personne, contre l'Angleterre, pour demander «la levée de la déportation des Acadiens» et exiger qu'on déploie tous les efforts nécessaires afin de protéger les peuples de la terre de ce genre de persécutions. Le meilleur guide que l'on puisse trouver pour la visite du musée demeure l'avocat Warren Perrin, lui-même à l'origine du projet de pétition et très féru d'histoire acadienne.

Après la chanson 'cadienne *Jolie Blonde*, c'est incontestablement *La Porte d'en arrière* qui est la plus connue autant en Louisiane que dans les pays de la francophonie; cette dernière composition est l'œuvre de Doris Lee Ménard, né à Érath. Le succès que Ménard a connu grâce à cette chanson l'a amené un peu partout à travers le monde; on lui doit donc d'avoir contribué à faire connaître et aimer la musique et la culture 'cadiennes. Cependant, comme pour les centaines de musiciens 'cadiens que compte la Louisiane, la musique ne le fait pas vivre. Ébéniste de profession, M. Ménard fabrique des chaises; sa petite usine, juste à côté de sa résidence, constitue un véritable **musée** *(à 3 km au sud d'Érath, sur la route d'État LA 331; route 1, C.P. 9, Érath, LA 70533)*; on y trouve des appareils et de l'équipement anciens, ainsi que d'autres instruments construits par l'artisan lui-même. Son «usine à chaises» a été incendiée en 1993. Pour lui venir en aide, les amis de D.L. ainsi que tout le milieu artistique ont organisé des concerts et des soupers-bénéfice afin de ramasser les fonds nécessaires à la reconstruction de son atelier d'ébénisterie. Si vous avez la chance de rencontrer le vaillant M. Ménard (ce genre de rencontre personnelle est toujours possible chez les 'Cadiens de la Louisiane), vous en apprendrez beaucoup sur ce personnage haut en couleur; d'ailleurs, comme on dit dans le sud de la Louisiane : *«Voilà quelqu'un qui aime la visite!»*

Delcambre ★

Le petit village portuaire de Delcambre chevauche les paroisses de Vermillon et d'Ibérie. Sur les quais du canal de Delcambre, le départ des crevettiers pour la pêche dans le golfe du Mexique demeure toujours un spectacle impressionnant. Les pêcheurs sont de toutes origines : 'cadienne, asiatique, amérindienne (des Houmas provenant de la région du bayou Lafourche), latino-américaine, etc. Si l'on discute avec eux (la plupart parlent le français), on en apprend davantage sur la vie de ces pêcheurs de «chevrettes» et sur les techniques utilisées pour cette pêche particulière.

À votre retour des quais, vous pouvez faire ample provision de bonnes crevettes fraîches **Vinet's Shrimp** *(604 rue Wilfred-Landry, Delcambre, LA 70528, ☎685-2530)*.

PARCS

Lac-Arthur

Au sud-est de la paroisse de Lac-Arthur, le **lac Arthur** permet plusieurs activités de plein air. Le petit **parc** ★ au bord du lac, avec ses chênes verts et ses cipres enguirlandés de mousse espagnole, offre un magnifique lieu de pique-nique. S'y trouve une petite plage; cependant, lors de la saison de culture des rizières, la baignade est interdite certains jours à cause de la pollution. Pour information : **Municipalité de Lac-Arthur** *(710 1re rue, Lac-Arthur, LA 70549, ☎774-2211)*. Le parc est ouvert de 7h à 21h.

La région de Lac-Charles

Même si la paroisse d'**Allen** ne se situe pas à l'intérieur du triangle que forme l'Acadie louisianaise, sa proximité justifie un détour, surtout pour les amateurs de canotage qui visitent cette magnifique région. La **rivière Whiskey Chitto**, parsemée d'impressionnants bancs de sable et répertoriée comme la rivière la plus panoramique par les services touristiques de l'État, est un site des plus populaires auprès des canoteurs. **Arrowhead Canoe Rentals** *(tlj; ☎639-2086 ou 800-637-2086 des États-Unis)* se trouve à 14 km au nord-ouest d'Oberlin, sur la route d'État LA 26.

C'est avec raison que les plaques d'immatriculation de l'État de la Louisiane portent l'inscription «Sportman's Paradise», puisque le pays constitue un véritable paradis pour les chasseurs et les pêcheurs. **Southern Traditions** *(à 13 km au sud de l'autoroute I-10 entre Sulphur et Vinton, et à 5 km au sud de la route d'État LA 108, sur le chemin Charley-Ross; ☎436-0214 ou 583-GRAY)* est une pourvoirie. On pourra opter pour la pêche au *bass* (espèce de perche connue pour son agressivité) de mars à septembre, ou pour la chasse aux sarcelles (dernière semaine de septembre), voire la chasse aux canards et aux oies (novembre à janvier). Il y a aussi des possibilités de chasse au «cocodril».

Dans certains endroits de la Louisiane, on peut également pêcher dans des étangs privés sans même avoir de permis de pêche. On trouvera sur place non seulement tout le matériel nécessaire tel qu'attirail de pêche et appâts, mais aussi, bien sûr, la promesse de belles et abondantes prises. Au **lac du Beausoleil** *(5588 route d'État LA 1-4 Est, à 11 km au sud-est de Lac-Charles, ☎433-1688 ou 474-7777)*, les amateurs peuvent pêcher au moins huit espèces différentes de poissons.

Les paroisses de Calcasieu et de Cameron sont reliées par le **Sentier créole de la nature ★★**; ce chemin, qui part du golfe du Mexique, traverse le territoire protégé du **Sabine National Wildlife Refuge**. Pour atteindre le Sentier créole (Creole Nature Trail), il faut faire 160 km sur la route 27 et, à partir de Sulphur, se diriger vers le sud pour le golfe du Mexique. On traverse alors **Hackberry**, la capitale du crabe, ainsi que le fameux **Parc écologique de conservation de la faune et de la flore de Sabine**.

Le **parc national de Sabine ★** *(entrée libre; lun-ven 7h à 16h, sam-dim 12h à 16h; ☎762-3816)* est une importante réserve d'animaux sauvages, et plus particulièrement d'oiseaux migrateurs. Les meilleures périodes d'observation s'étalent de la mi-avril à la mi-mai pour le printemps, et du début de septembre au début d'octobre ainsi que de la mi-novembre jusqu'à la fin de janvier pour les migrations automnales et hivernales. **Centre d'interprétation** *(à 40 km au sud de l'autoroute I-10)* sur l'importance écologique des marécages avec 3 km de sentiers *(durée de la visite : de 1 heure à 1 heure 30 min)*. Un endroit idéal pour les ornithologues.

Il existe un autre point d'observation fort intéressant sur le **sentier Sabine** *(à 6 km au sud du centre d'interprétation)*. Là, au bout d'une promenade de 2,5 km construite sur pilotis en surplomb sur les marécages, se trouve une tour d'observation. Attention! Les reptiles sont particulièrement présents en saison estivale. En outre, en raison de l'abondance de moustiques, il est recommandé d'avoir à la portée de la main un bon produit insecticide; cette recommandation est de rigueur pour toutes vos promenades dans les marais et forêts de la Louisiane.

Par ce circuit, on atteindra **Holly Beach** ★ *(☎775-5222)*, une station balnéaire doublée d'un port de pêche; les eaux y sont riches en crevettes et en huîtres. On pourra faire ample provision de ces produits frais en les achetant directement des pêcheurs sur les quais. Les gens du pays dénomment Holly Beach la «Riviera 'cadienne». Lorsqu'on voit les camps du patelin (le mot «chalet» se veut trop prétentieux), et surtout la façon qu'ont les résidants d'identifier leur propriété par de criardes pancartes où ils inscrivent même leur numéro de téléphone, on retrouve là tous les éléments d'une joyeuse bourgade de vacanciers, toujours prêts à faire la fête! Holly Beach, la «Riviera 'cadienne» sur la côte du golfe du Mexique, offre plus de 40 km de plages, dont 10 km de plages publiques. Seule vraie «plage» louisianaise entre la frontière texane et la plage à la Grande Île au sud de La Nouvelle-Orléans, Holly Beach est assez fréquentée en été. On peut y pratiquer la natation, la pêche, la chasse au crabe, la cueillette de coquillages (octobre à mars inclusivement) et l'ornithologie. Terrains de camping, chalets. Renseignez-vous auprès de l'**Office de tourisme de la paroisse de Cameron** *(C.P. 388, Cameron, LA 70631, ☎775-5222)*.

En quittant ce savoureux havre sympathique, on suit la route longeant la côte en direction de Lac-Charles. On peut y admirer de magnifiques paysages conservés à leur état sauvage d'origine, avec leurs marécages parés de plantes aquatiques en fleurs et grouillants d'alligators, de crabes, de canards et d'oies sauvages.

Il convient également de mentionner les **plages de Constance**, entre Holly Beach et Bayou Johnson, de **Rutherford**, à Oak Grove, et de **Hackeberry**, sur le lac Calcasieu.

À Créole, à 22 km à l'est de Cameron, là où se fait la jonction des routes d'État LA 82 et LA 27, si l'on prend la 27 Nord, on poursuit sa route via le Sentier créole de la nature, qui aboutit au lac Charles. Si l'on prend plutôt la 82 Est, on continue de longer la côte du golfe du Mexique pour finalement arriver au sud de Lafayette par Kaplan ou par Abbéville.

Pour boucler le Sentier créole de la nature, on pique vers le nord et, tout de suite après le pont traversant la voie maritime intracôtière, on arrive à la **Réserve faunique de Prairie Cameron** *(entrée libre; lun-ven 7h30 à 16h, sam 10h à 16h; ☎598-2216)*, ouverte depuis le 1er janvier 1994. On y présente des projections sur la faune et les barrages.

En prenant la route d'État LA 82 Est à Oak Grove, au sud de Créole, on pénètre dans le pays des «chêniers» de la côte. Les chênes difformes, pliés et voûtés sous l'effet des vents violents et des nombreux ouragans, y constituent de véritables forêts. Les résidants de ces terres côtières de la Louisiane étaient autrefois des plus isolés, et les forêts de cette région servaient de refuge aux hors-la-loi. Plus tard, la région fut habitée par des familles d'agriculteurs qui exploitèrent une à une les terres défrichées. Nombreux sont ceux qui travaillent encore la terre ou qui élèvent du bétail.

La chasse et la pêche jouent toujours un rôle important dans l'économie régionale, tout autant que l'industrie pétrolière avec ses nombreux sites de forage et ses plates-formes au large. À 14 km à l'ouest d'Oak Grove vit la communauté de Grand-Chênier. Les premiers colons français appellaient «chêniers» les bois de la côte; ce sont en réalité d'anciennes buttes de sable, formées sur les plages par l'action des vagues et les courants successifs de la mer de même que par l'influence du Mississippi.

Le territoire de la **Réserve faunique Rockefeller** ★★ *(tlj, 1er mars au 30 oct, du lever au coucher du soleil; droit d'entrée 2$ pour les non-détenteurs du permis de chasse et de pêche* ***«Wild Louisiana Stamp»*** ** en vente au bureau de la réserve de Grand-Chênier ou dans les commerces environnants)*. Le parc a une superficie de plus de 33 600 ha. Ce site constitue un endroit privilégié pour les ornithologues amateurs, puisque les marais environnants servent de haltes à plusieurs espèces d'oiseaux migrateurs passant l'hiver en Amérique centrale ou en Amérique du Sud. On peut aussi y observer une faune permanente : rats musqués, ragondins, «chaouis» (ratons laveurs), loutres et «cocodrils». La meilleure période pour l'observation des «cocodrils» débute en avril et se poursuit jusqu'à la mi-juillet. À la fin de l'été plus particulièrement, la prudence est de mise puisque l'alligator n'apprécie guère être dérangé en pleine période de rut! De la route 8, empruntez le **chemin Price Lake** *(fermé du 1er déc au 1er mars)* si vous voulez profiter des activités de plein air qui y sont offertes; on y trouve des postes d'observation de la faune, et il est possible d'y pêcher le poisson ou le crabe.

* Muni de ce timbre, le détenteur aura les mêmes droits que les résidants. Ce «passeport» sert également de permis de pêche.

De La Pacanière, la route LA 82 bifurque vers le nord; de là, on pourra poursuivre sa route vers Abbéville ou bien prendre la route d'État LA 35 en direction de la municipalité de Kaplan.

Abbéville

Tous les amateurs de chasse apprécieront la «pourvoirie de Hammy Patin», le **Club de chasse Ace** *(250$ par jour : chasse, hébergement, repas, boissons et chien de chasse inclus; 19337 Russ Road, route 1, C.P. 1465, Abbéville, LA 70510, ☎643-2910, acehunt@sportsman-paradise.com)*. Conteur et boute-en-train reconnu, le propriétaire Patin possède un véritable éden de 2 600 ha peuplés de milliers de canards et d'autant d'oies sauvages. Tous se souviendront des fameuses soirées de «bourrée» et de poker, des repas gargantuesques ainsi que des fructueuses parties de chasse que le maître chasseur prend autant de plaisir à faire que son chien; on peut amener le sien ou choisir son canin sur place.

HÉBERGEMENT

Rayne

L'**Acadian Oaks Campground** *(10$ par nuitée; par l'autoroute I-10, sortie route 98 Nord, à 1,5 km au nord de Rayne, ☎334-9955)* est un petit camping situé non loin de l'autoroute I-10 proposant des emplacements avec les installations et les services essentiels de même que les raccordements pour véhicules récréatifs.

La Maison de Mémoire - Bed and Breakfast *(60$ pour 1 pers., 75$ pour 2 pers. pdj, 95-145 avec cuisinette; ℂ, bp; 403 avenue de la Louisiane Est,*

☎334-2477, ⇌334-4809). Dans leur maison classée monument historique, M. et Mme Guidry ne disposent que d'une seule chambre. Dans cette intimité assurée, le couple aime à partager sa culture 'cadienne avec ses visiteurs, dont plusieurs proviennent de pays francophones. On s'abstient de fumer seulement.

La Maison Daboval *(65-100 pdj; bp; 305 avenue de la Louisiane Est, ☎334-3489)*. Dans leur chaleureuse maison ancienne, construite en 1892 et déclarée historique, les 'Cadiens Gene et Martha Royer proposent cinq belles chambres, chacune ayant sa propre baignoire et douche. On parle le français.

Crowley

Le **Cajun Haven Campground** *(11-13 par nuitée; sur l'autoroute I-10, à 13 km à l'ouest de Crowley, sortie 72, Egan, ☎783-2853)* propose tous les services d'usage aux campeurs et aux usagers de véhicules récréatifs.

Construit en 1910, alors que la région de Crowley était reconnue comme un important centre de riziculture, le **Rice Hotel** *(27$ - 1 grand lit, 38$ - 2 grands lits; 125 3e Rue, à une rue à l'ouest de la rue Parkerson, ☎783-6471)* demeure toujours une institution du centre-ville. Si l'«Hôtel du Riz» est un lieu d'hébergement quelque peu vieillot, il n'en demeure pas moins d'une propreté impeccable. M. Adam Primeaux, un vrai 'Cadien, est le propriétaire de cet établissement depuis une trentaine d'années.

Jennings

Le **Paradise Park** *(15$; ven-lun; 1108 avenue Lac-Arthur South/Lake Arthur Avenue South, sortie 64 Sud de l'autoroute 64 I-10, faites 4,8 km, le parc est sur la gauche; renseignez-vous auprès de M. et Mme Ellsworth et Deanna Duhon, ☎824-0312)* offre tous les services aux propriétaires de véhicules récréatifs.

Le **Sundown Inn** *(30$ petit lit, 35$ grand lit ou deux petits lits; forfaits à la semaine pour deux personnes; route d'État LA 26 Nord, ☎824-7041)* est un autre économique établissement fort apprécié des visiteurs voyageant en famille.

Au **Holiday Inn** *(55$; ≈, ℜ, ⇌; route d'État LA 26, sortie 64 de l'autoroute I-10, ☎824-5280 ou 800-HOLIDAY de l'Amérique du Nord, ⇌824-7941)*, plusieurs apprécient le confort standard de cette chaîne hôtelière américaine internationale.

Le **Days Inn Jennings** *(60$ occ. double; ≈; sortie 65 de l'autoroute I-10, 2502 chemin du Port/Port Drive, ☎824-6550, ☎800-329-7466 de l'Amérique du Nord)* est affilié à la grande chaîne nationale et internationale portant cette appellation.

Motel Days Inn *(55$ + taxes pour 2 grands lits, 65$ + taxes pour 2 très grands lits; ℜ, ≈; 2502 chemin du Port/Port Drive, sortie 65 sud de l'autoroute I-10, ☎824-6550 ou 800-329-7466 de l'Amérique du Nord)*. Ce moderne établissement de 132 chambres, situé en bordure de l'autoroute, offre le café gratuitement à sa clientèle.

Le **Bed and Breakfast Créole Rose Manor** *(65$ pdj; bp, quatre chambres; 214* *rue Plaquemine Ouest, ☎824-3145)* se présente comme une belle grande maison victorienne de 14 pièces. Les hôtes parlent le français.

Lac-Charles

Durant la guerre de Sécession se dressait un fort sur le site actuel du **parc et camping Niblett's Bluff** *(5¢, 10,30$ avec électricité; 6h à 22h; à la frontière texane : autoroute I-10, sortie 4 pour Toomey/Starks, puis route d'État LA 109 Nord sur 5 km, et à gauche sur la route d'État LA 3063, ☎589-7117)*. À cette époque, les nordistes, qui occupaient tout le sud de la Louisiane, tentaient de contrer une invasion, toujours possible par l'ouest, des soldats de l'empereur Louis Napoléon regroupés au Mexique. Aujourd'hui, on peut apercevoir la redoute de ce fort. Les sentiers pédestres et les aires de pique-nique sont accessibles gratuitement. En bordure de la rivière Sabine, les vacanciers ou les visiteurs peuvent loger dans une cabane *(20$ pour quatre adultes; ≡)* ou, s'ils préfèrent la rusticité, sous la tente *(5$, 10$ avec services)*. Emplacements pour véhicules récréatifs. Le parc Niblett's Bluff est situé à proximité de l'hippodrome de Delta Downs.

Le **Camping Jamie Mobile** *(tente 8$, véhicule récréatif 12$; 3256 autoroute 27, au coin de la rue des Opélousas, ☎439-4422)* compte 46 emplacements pour les campeurs ou propriétaires de véhicules récréatifs. Le propriétaire francophone, Earl Fontenot Ryder, est un fier descendant d'un des miliciens expédiés en Louisiane par Napoléon.

En bordure de la rivière Calcasieu, le **parc d'État Sam Houston** *(12$ par nuitée, 60$ par nuitée pour une cabane d'une capacité de six pers.; ℂ, ≡, ♯; à 11 km au nord de Lac-Charles : autoroute I-10, puis route d'État 171 sur 6 km, à gauche sur la route d'État 378 sur 5 km, et à droite sur le chemin du parc, ☎855-2665)* est doté de magnifiques emplacements de camping *(73 au total)* qui possèdent tous les services.

Le **Days Inn Lac-Charles** *(34-40; ℜ, ≈; 1010 route nationale US 171 Nord, Lac-Charles, LA 70601, ☎433-1711, ☎800-325-2525 de l'Amérique du Nord)* est un autre endroit économique où loger à Lac-Charles.

Le **Travel Inn** *(41$; 1212 promenade du Bord-du-Lac Nord/Lakeshore Drive North, ☎433-9834)* a l'avantage d'être situé en bordure de la promenade longeant le lac.

L'**Inn on the Bayou** *(60-65; ≈; 1101 chemin du lac Prien Ouest/Lake Prien West, ☎474-5151, ☎800-642-2768 des États-Unis)* conviendra fort bien au visiteur se baladant dans la région de Lac-Charles ou aux environs du lac Prien. L'endroit offre tous les services et le confort d'un hôtel moderne.

Château Charles *(70-80; ≈, ℜ, tvc, ℝ, micro-ondes, poker vidéo, navette gratuite jusqu'au bateau-casino, spectacles tous les soirs; autoroute I-10, sortie 26, sur le chemin Columbia Southern, ☎882-6130)*. Ce grand hôtel a été rénové pour coïncider avec l'ouverture du bateau-casino voguant sur les eaux du lac Charles.

Le **Best Western Richmond Suites** *(75-125 pdj; au croisement de l'autoroute I-10 et de la route nationale US 171, ☎433-5213, ⇛439-4243)* est bien situé pour qui doit reprendre la route avant le trafic du matin.

Le **Player's Casino** *(89$; ≈, ℜ; 505 promenade du Bord-du-Lac Nord/Lakeshore Drive North, Lac-Charles, LA 70601, ☎433-7121, ⇛437-6010)* bénéficie d'un site agréable en bordure du lac Charles.

Sulphur

Les deux hôtels qui suivent offrent les services et le confort des grandes chaînes hôtelières classiques :

La Quinta Inn *(70$; ≈; 2600 rue Ruth, Sulphur, LA 70663-7465, ☎527-8303, ☎800-531-5900 de l'Amérique du Nord, ⇌527-0132).*

Holiday Inn *(60-70; ≈, ℜ; 2033 rue Ruth, Sulphur, LA 70663, ☎/⇌528-2061, 800-645-2425 de l'Amérique du Nord).*

Vinton

Au **Best Western Delta Downs Motor Inn** *(60$; ≈, ℜ; route d'État 2, C.P. 125, Vinton, LA 70668, de l'autoroute I-10, sortie Toomey, ☎589-7492, 800-528-1234, ⇌589-5928)*, plusieurs membres du personnel parlent le français.

Kaplan

Au **Motel Sunnyside** *(45-50; ≈, ⊛, ℂ, tvc; 700 1re Rue Ouest, Kaplan, LA 70548, ☎643-7181)*, on réserve une chambre aux clients accompagnés de leur animal domestique. La propriétaire, Mme Brenda Hoffpauir, est une descendante des premières familles allemandes qui se sont établies en Louisiane au XVIIIe siècle sous le Régime français, et qui se sont intégrées à la culture 'cadienne. Brenda parle donc le français.

Abbéville

Le **Camping Coulée Kinney** *(4$ par nuitée; route d'État LA 14 Business Ouest, rue de la Charité/Charity Street, puis environ 0,8 km après le pont enjambant le bayou Vermillon, enfin sur la gauche par un petit chemin de terre tout de suite après le chemin La Fourche, jusqu'au panneau annonçant le terrain de camping à 0,8 km)* dispose de 52 emplacements avec services d'eau courante et d'électricité. Attention, on ne trouve sur place aucun service de buanderie ou d'épicerie.

Le **Sunbelt Lodge Motel** *(42-45; 1903 promenade du Mémorial des Vétérans/Veterans Memorial Drive, ☎898-1453, ⇌898-1463)* est un établissement standard où l'on parle un peu le français.

Le **Bed and Breakfast Kisinoaks** («château des chênes qui s'embrassent») *(70-95 pdj; route 2, C.P 86, sur le chemin du Bayou Nord, à 2 km au nord du restaurant McDonald's d'Abbéville; réservations, ☎893-8888)*, un luxueux cottage, est situé sur un magnifique domaine planté de chênes verts; le bâtiment a été transporté jusqu'ici depuis la ville de Jeanerette sur une barge empruntant le bayou Tèche. La maison a été rénovée.

Scott

Selon les inconditionnels de camping, membres de l'association Kampgrounds of America, le terrain du **KOA-Scott-La** *(à 8 km à l'ouest de Lafayette par l'autoroute I-10, sortie 97 pour Scott; réservations, ☎235-2739 ou 800-224-7724 des États-Unis)* est le meilleur au pays. On y trouve une douzaine de petites cabanes en bois rond *(37$ pour une chambre, 47$ pour deux chambres; ≡, literie non incluse; réservations nécessaires)*, des emplacements pour les tentes *(18,50$ pour deux personnes)* et 180 emplacements pour les véhicules récréatifs *(25$)*. On peut y pêcher dans un lac assez important. Entre les mois d'octobre et d'avril, on organise un souper 'cadien tous les mercredis soir. Il y a aussi, jusqu'à 18h, un vidéo de 20 min sur les attraits touristiques de la région, et l'on prête sur demande une cassette interprétant en français l'histoire de la région.

Lac-Arthur

Charmant petit camping, le **Lorrain Bridge Campground** *(8$ par nuitée; six emplacements, eau courante et électricité; à l'ouest de Lac-Arthur, près de la communauté des Hayes; prenez la route d'État LA 14 Nord, puis la route LA 101 sur 3 km et, à l'est sur le chemin Lorrain, poursuivez votre route encore sur 1,5 km, pour enfin tourner à droite à la fourche)* se perd dans les ciprières et les «chêniers» où convergent les bayous Lacassine et Chêne. En 1860, François, Louis et Eugène Lorrain, venus de France, furent les premiers de la lignée des Lorrain qui allaient donner leur nom au bourg. À cette même époque, la région grouillait d'une activité économique intense, et nombreuses étaient les goélettes qui transportaient le bois par la voie des bayous, des marécages et des lacs vers Galveston, au Texas. Au cœur de la localité de Lorrain se trouvait aussi un pont spécialement construit pour les voitures à chevaux, ou «bogheis». Le pont existant a été construit en 1920; à son tour, il mériterait d'être remplacé car, malgré son apparence pas très rassurante, il est toujours utilisé. Avec l'arrivée du chemin de fer et du transport par camion, Lorrain est devenu un village fantôme, et le seul vestige de son époque glorieuse demeure son fameux pont. Le camping de Pont-Lorrain est un endroit idéal pour la pêche, le pique-nique et le canotage (on y trouve un débarcadère).

Welsh

John Blank Sportman's Park *(6$ par nuitée; 10 emplacements pour véhicules récréatifs, aires de pique-nique, services d'usage; autoroute I-10, sortie Welsh Sud sur 2,5 km, puis rue Adams, la rue Principale; renseignez-vous à l'Hôtel de Ville : ☎734-2231, lun-ven 8h à 17h ou, après les heures de travail et les fins de semaine, au département de la police, ☎734-2626).*

Fenton

Au **Mobile City Campground** *(14$ par nuitée; autoroute I-10, sortie 44 Nord, puis 19 km au nord de l'autoroute jusqu'à Fenton, et deux pâtés de maisons à l'ouest de la route nationale US 165, ☎756-2230)*, on dispose de 30 à 35 emplacements équipés de services d'électricité et autres.

Holly Beach, Cameron

Il existe plusieurs motels et terrains de camping sur les plages de **Holly Beach**, **Constance** et **Rutherford**.

Le **Motel Rutherford** *(28-35; route 1, C.P. 2, Créole, ☎542-4148)* se trouve à une heure de Lac-Charles et propose des logis avec patio. Des guides pour la chasse et la pêche sont disponibles.

Les **Appartements Broussard** *(40-80 pour un appartement pouvant accueillir de 4 à 10 personnes; véhicule récréatif 12$; C.P. 117, Cameron, LA 70631, ☎569-2375)* sont situés sur la plage. Les propriétaires parlent le français.

Le **Motel Holly Beach** *(45$ par nuitée en semaine en été, 55$ en fin de semaine; 35$ en hiver; ℂ; C.P. 67, Cameron, LA 70631, ☎569-2352)* se trouve à proximité de l'épicerie de Holly Beach. Chaque logis dispose d'une cuisinette entièrement équipée.

Le **Motel Cameron** *(45-52; C.P. 447, Cameron, LA 70631, ☎775-5442)* se situe à seulement 1,5 km du golfe du Mexique et dispose de logis tout équipés.

Aux **Tommy's Motel and Cabins** *(45-75; 404 avenue Tarpon, Holly Beach, ☎569-2426)*, Mme Anita Miguez loue aux vacanciers ses cabanes à la nuitée et offre d'intéressants forfaits à ceux qui y résident à la semaine.

Appartements Gulfview *(50-65 en saison estivale, 30-45 en hiver; véhicule récréatif 15$; ℂ; C.P. 66, Cameron, LA 70631, ☎569-2388)*. Les appartements ont chacun leur cuisinette, entièrement équipée des accessoires d'usage, et donnent sur la plage.

Le **Joe Nick's Motel** *(60$ en été, 30$ en hiver; ℂ; 2564 rue Teal, C.P. 49, Cameron, LA 70631, ☎569-2421)* est situé à 65 m de la plage, et chacun de ses logis possède sa propre cuisinette.

RESTAURANTS

Scott

Cajun Cone *($; lun-ven 6h30 à 15h; 5802 rue Cameron, ☎235-8772)* propose une cuisine régionale très appréciée des habitants de Scott. Il suffit d'y aller après la messe de 6h30 pour constater à quel point les gens du coin apprécient les fameux petits déjeuners qu'on y prépare et les «biscuits» américains maison dont on se régale amplement. À midi, la cuisinière, Mme Fontenot, propose un repas complet; son menu est renouvelé tous les jours *(lun-jeu,* jambalaya, *steak, poulet grillé, etc.; ven, fruits de mer)*. Le français est de rigueur chez les propriétaires, M. et Mme Arceneaux.

Rayne

Le restaurant **Michael's and Sun's** *($-$$; lun-jeu 7h à 15h30, ven-sam 7h à 22h; 201 avenue Texas Est, ☎334-5539)* propose un menu tout à fait inusité puisque la cuisine qu'on y prépare, aussi agréable pour les yeux que pour le palais, constitue une symbiose des gastronomies 'cadienne et coréenne avec des spécialités à saveur aussi bien créole qu'asiatique.

S'il existe un restaurant à la fois folklorique et original, c'est bien **Hawk's** *($$; mi-nov à mi-juin, mer-sam 17h à 22h, ☎788-3266)*. Il a la réputation de préparer les meilleures écrevisses de toute la Louisiane, celles-ci étant dégorgées avant d'être cuisinées. On raconte que le restaurant Hawk's est la Mecque des amoureux de crustacés. Se rendre au fameux restaurant Hawk's tient d'une véritable chasse aux trésors : de l'autoroute I-10, prenez la sortie pour Rayne, tournez à gauche du resto McDonald's sur la route d'État 98, continuez sur 9 km, tournez à droite sur le chemin paroissial 2-7 et, finalement, à peine 1,5 km plus loin, vous découvrirez le restaurant sur la gauche.

Crowley

Au **Drive-in Frosto** *($; angle 3e Rue Est et avenue G Nord, 228 avenue North, ☎783-0917)*, après la promenade dans le district historique de Crowley, on peut se régaler de plats rapides et d'une multitude de desserts et d'entremets rafraîchissants.

Restaurant **Chef Roy** *($-$$; ven-sam 17h30 à 23h, mar-jeu 17h30 à 22h,*

Les repas gratuits

Il n'y a plus à se tracasser pour trouver un bon resto pour le dîner lorsqu'on connaît les bars offrant, à certaines heures, des repas gratuits : il y en a tous les soirs un peu partout en Acadie louisianaise. Presque tous les bars 'cadiens et créoles offrent ces dîners à la bonne franquette. Chez l'un, c'est le lundi soir; chez l'autre, c'est le mardi...

ven-sam 17h à 23h; 2307 rue Parkerson Nord/Parkerson North, ☎981-5355). Le chef est un personnage connu dans la région, où l'on apprécie l'authenticité de sa cuisine 'cadienne.

Jennings

Près de Jennings, on peut goûter de la cuisine sino-américaine au restaurant **Cajun Dragon** *($; tlj, dim-jeu 11h à 21h30, ven 11h à 22h, sam 17h à 22h; 3014 chemin Frontage/Frontage Road, au nord du parc Oil and Gas par l'autoroute d'État I-10, ☎824-4280)*. La maison propose des mets chinois américanisés à la carte ou au buffet *(5,99$)*, ainsi que des inédits «sino-cadiens» tels que gombo au rouleau impérial.

Corner Store Deli *($; 314 avenue Cutting Nord, ☎824-7702)*. L'établissement est un dépanneur-épicerie et offre un service de charcuterie et de traiteur. On déguste sur place ou l'on emporte chez soi «biscuits» américains pour le petit déjeuner, «po-boys», boudin et salades.

Au **Rocket Drive Inn** *($; 1118 rue de l'État Sud/State Street South, ☎824-2120)*, on fera un retour aux années cinquante; même les préparations ont une allure *fast-food* rétro. Attention! Devant l'intérêt suscité par l'endroit, l'attente est plus longue que dans d'autres restaurants. Les hambourgeois sont fameux, préparés comme au bon vieux temps, et ne se comparent nullement à ceux, ô combien douteux, qui nous sont offerts de nos jours dans des emballages en plastique. Un autre péché exquis auquel il ne faut pas résister : les laits fouettés (*milk shakes*).

Au **Ruth's Coffee Shop** *($; 918 rue Main Nord, ☎824-9219)* se donne rendez-vous la magistrature de la Maison de Cour (palais de justice). Dans cet espace exigu où s'entassent les habitués, magistrats ou simples travailleurs, la discussion est aussi franche que soutenue; on raconte même que certains s'y attablent pour mieux se mettre au courant des dernières rumeurs et nouvelles de l'heure. La maison est réputée pour ses fameux biscuits *cat eye*, dont elle est la seule à détenir le secret et la recette.

Au supermarché **Winn Dixie** *($; chemin Elton, ☎824-3793)*, on se procure des charcuteries ou une multitude de plats cuisinés pouvant constituer un repas complet.

Le Boudin King *($-$$; lun-sam 8h à 21h; 906 rue Division Ouest, ☎824-6593)* sert de la cuisine 'cadienne : boudin, gombo au poulet et à la saucisse, écrevisses, poisson-chat, riz aux haricots rouges, tête fromagée, etc. Ellis Cormier, le propriétaire, a été nommé «chef louisianais de l'année» en 1985.

Les associés 'cadiens du restaurant **Donn E.'s Cooking** *($-$$; lun-jeu 10h à 20h30, ven-sam 10h à 22h; 15358 autoroute 26 Nord, à 0,4 km au nord de l'autoroute I-10, sur la route d'État LA 26, ☎824-3402)* affichent fièrement leur devise : «Viens nous voir où le manger est tout le temps bon!» Dans de multiples établissements, les restaurateurs offrent plus souvent qu'autrement des fritures qui, à la longue, finissent par lasser n'importe quel amateur; aussi la table du Donn E.'s apparaîtra-t-elle comme une cure gastronomique. En effet, la maison propose un bon choix d'excellents fruits de mer grillés ou cuits au four. À ne pas manquer : le buffet du dimanche *(10h à 14h)* avec son populaire barbecue («barbéque») à la façon du Sud-Ouest louisianais.

Le **Restaurant Chez Landry** (Landry's Restaurant) *($-$$; mar-mer 6h à 14h, jeu-ven 6h à 14h et 17h à 21h, sam 17h à 21h; route nationale US 90 Est, ☎824-4744)* apprête des spécialités 'cadiennes.

Au restaurant chinois **Golden Dragon** (Golden Dragon) *($-$$; 3014 rue Frontage Nord, route d'État LA 26 Nord, ☎824-4280)* sont proposées des spécialités cantonaises et sino-américaines.

Basile

Les restaurants sont plutôt rares dans cette région de rizières. Néanmoins, le réputé **D.I.'s Cajun Restaurant** *($$; fermé dim; 6561 autoroute Evangeline, à 19 km au nord de Jennings sur la route d'État LA 97, ☎432-5141)* de la famille Frugé comble cette lacune. Le chef-propriétaire, M. D.I. Frugé, est reconnu comme un véritable maître dans l'art de préparer les écrevisses. L'atmosphère y est des plus familiales, et, les mardis, mercredis, vendredis et samedis soir, entre deux bouchées, on s'en donnera à cœur joie en dansant quelques *two-steps*. M. Frugé accueille les coureurs lors des festivités du Mardi gras de Tee Mamou/Iota (l'endroit leur sert même de quartier général). L'un de ses frères, Gérald Frugé, est capitaine du Mardi gras, et un autre, Rooney, est député de la paroisse d'Acadie et escorte la joyeuse caravane des carnavaleux du Mardi gras.

Lac-Arthur

Il ne faut pas manquer la **Lake Sausage House** *($; lun-sam 9h30 à 20h; 108 avenue Arthur, ☎774-3703)*, où l'on sert des saucisses fabriquées sur place, des plats du jour, des fruits de mer, du steak et d'autres grillades.

Les amateurs de cuisine régionale qui ne disposent que de peu de temps pour se restaurer, ou qui veulent simplement éviter la routine des salles à manger conventionnelles, apprécieront les comptoirs de la plupart des supermarchés de Lac-Arthur, où l'on propose toute une gamme de charcuteries et de cochonnailles. Au **Market Basket** *($; tlj; route d'État LA 26, au nord du village, ☎774-3467)*, on peut déjeuner de 11h à 14h.

Pappy's Drive Inn *($; 326 rue Calcasieu, ☎774-3334)*. Les nostalgiques d'une certaine époque, pas si éloignée, apprécieront y retrouver leur lait fouetté (11 saveurs) et leur hambourgeois généreusement garni. Le menu affiche également une assiette de fruits de mer, du poisson-chat à l'étouffée, du crabe ainsi que bien d'autres plats de «cuisine rapide». Le montant de l'addition n'y est jamais élevé.

La cathédrale Saint-Jean-l'Évangéliste, à Lafayette. - R.N.

Dans le centre-ville de Lafayette, groupe de musiciens zarico. - R.N.

Welsh

Le supermarché **Market Basket** *($; 516 rue Rondel Est, route nationale US 90, ☎734-2126)* dispose d'un comptoir de restauration et de charcuterie.

Cajun Tales *($$; lun-dim 7h à 22h; 501 rue Adams Nord, ☎734-4772)* prépare quelques spécialités maison, surtouts composées de fruits de mer et de grillades, dont de bons steaks. La maison est aussi réputée pour ses généreux buffets.

Hayes

Restaurant **Harris Seafood** *($$; mar-sam 10h à 23h, dim 16h à 22h; 7591 route d'État LA 14 Ouest, ☎622-3582)*. Sont proposés ici des poissons et des fruits de mer grillés, en beignets, frits ou en sauce.

Lac-Charles

Au **Smokey Joe's Bar-B-Que** *($; lun-dim 10h à 20h; 408 rue McNeese Ouest, ☎478-3352)*, on mange des grillades («barbéque») à la bonne franquette et en plein air sur des tables de pique-nique; on peut aussi emporter ses plats si l'on ne souhaite pas les manger sur place.

L'**Acadian Delight/Barbeque Geyen** *($; 2007 rue Moeling, ☎433-6020)* est un restaurant populaire qui sert une cuisine créole familiale. Spécialités : grillades, pains et pâtisseries de la boulangerie.

La **Hackett's Cajun Kitchen** *($; lun-ven 7h30 à 18h, sam 7h30 à 15h; 5614 route 14, ☎474-3731)* propose une cuisine familiale. Spécialités : boudin et fruits de mer.

Le **Miller's Cafe** *($; lun-ven 7h à 20h et sam 7h à 19h; 138 avenue de la Louisiane, à une rue au nord de l'autoroute I-10, ☎433-9184)* se révèle très populaire auprès de la communauté afro-américaine. Cuisine créole familiale.

Le **Crab Palace** *($-$$; mar-sam 10h30 à 21h; 2218 boulevard Enterprise, ☎433-4660)*, comme son nom l'indique, se spécialise dans le crabe en différents apprêts.

Les **Picadilly Cafeterias**, situées près de l'autoroute 1-210 *($-$$; lun-ven 11h à 20h30, Mail du lac Prien/Prien Lake Mall, 316 chemin du lac Prien Ouest/Prien Lake Drive West, ☎477-7010; lun-ven 11h à 20h30, sam-dim 7h à 10h, 3539 rue Ryan, ☎477-8695)*, servent une cuisine régionale.

Le restaurant de type familial **Pat's of Henderson** *($$-$$$; lun-jeu 11h à 22h, ven-sam 11h à 22h30, dim 11h à 21h; 1500 promenade Siebarth/Drive, ☎439-6618)* cuisine des spécialités de fruits de mer.

Selon la revue *Louisiana Life*, le meilleur restaurant de cuisine française et continentale en Louisiane est le **Café Margaux** *($$-$$$; lun-ven 11h à 14h et 18h à 22h, sam 18h à 22h; 765 chemin du Bayou Pines Est, ☎433-2902)*.

Abbéville

Les crevettes et les huîtres du golfe du Mexique, recueillies au large de la Louisiane, sont réputées. La Nouvelle-Orléans, capitale incontestée du «po-boy», propose partout des demi-baguettes de pain français parsemées d'huîtres fraîches panées et frites que l'on assaisonne de sauces pimentées.

Ce mets peu coûteux faisait autrefois le délice des enfants démunis ou «pauvres garçons» (*poor boys* en anglais), d'où son appellation. Si La Nouvelle-Orléans demeure la Mecque de la gastronomie aux États-Unis, il y a cependant meilleur «po-boy» qu'au Vieux-Carré Français. Le meilleur qu'on trouve, dit-on, en pays 'cadien est celui préparé Chez Dupuy, rue du Quai des Français, à Abbéville.

Il est étonnant qu'une si petite ville puisse compter autant de bonnes tables. Si les restaurants ci-dessous sont fort populaires auprès des Abbévillois, ils demeurent aussi prisés auprès de nombreux gourmands et gourmets venus des quatre coins de la Louisiane, voire des États voisins. Bref, en ce qui concerne la cuisine, Abbéville a aussi bonne réputation que La Nouvelle-Orléans.

Les gens d'Abbéville apprécient particulièrement le restaurant **Park** *($; lun-sam 5h à 20h30; 204 avenue du Parc, ☎893-9957)* pour ses petits déjeuners, sa cuisine traditionnelle 'cadienne, ses délicieux «po-boys» aux crevettes et ses hambourgeois qu'elle prépare à la façon d'autrefois. La propriétaire, Melba Frederick, parle le français.

Au restaurant **Bertrand's Charity Street** *($; centre-ville, à l'est de la Maison de la Cour, ou palais de justice; 400 rue de la Charité/Charity, ☎898-9008)*, on sert une cuisine régionale. Le menu du petit déjeuner recèle un véritable trésor : une omelette à l'étouffée d'écrevisses. Le gentil propriétaire, Robert Bertrand, parle le français.

La cuisine mexicaine est fort appréciée des Louisianais, et le restaurant **El Camino** *($-$$; fermé sam-dim après-midi, 1901 Veteran's Memorial Drive, ☎898-2710)* en présente une version fortement influencée par le terroir 'cadien.

La municipalité possède deux excellents restaurants proposant les merveilleuses huîtres du golfe du Mexique. On y vient de toute la Louisiane et même d'ailleurs. Le doyen des deux, le **Dupuy** *($-$$; lun-sam 11h à 21h; 108 rue Principale Sud/Main South, à droite après le pont du bayou Vermillon/Vermillion, ☎893-2336)* a ouvert ses portes en 1887; c'est un descendant du fondateur Joseph Dupuy qui gère l'endroit. L'ancêtre Dupuy a été le premier à louer quelques emplacements sur le golfe pour son propre approvisionnement en huîtres; aujourd'hui, la famille perpétue cette coutume. L'accueil y est chaleureux, l'ambiance, fort sympathique, et le service, d'une gentillesse toute 'cadienne. Puisque la maison se spécialise dans les huîtres, on optera surtout pour des plats apprêtés avec ce mollusque : huîtres frites, huîtres gratinées, gombo, «po-boys», etc. Le spectacle des écailleurs d'huîtres vaut bien le déplacement, et de nombreux employés de la maison Dupuy ont été consacrés champions en ce domaine lors de concours. Respectant la coutume qui veut qu'on ne consomme pas d'huîtres en dehors des mois en *R*, le restaurant Dupuy ferme du mois de mai au mois d'août; l'ouverture coïncide toujours avec la nouvelle lune du mois d'août.

L'autre perle rare pour les amateurs d'huîtres est le **Black's Oyster Bar** *($-$$; mar-jeu 10h à 21h30, ven-sam 10h à 22h, fermé mai à août; 319 rue du Père-Megret, ☎893-4266)*, plus récent que le Dupuy. À ses premiers jours, l'établissement, avec ses employés ouvrant les huîtres derrière le comptoir (*bar*), constituait une copie des célèbres *oyster bars* de La Nouvelle-Orléans. Tout comme au Dupuy, particulièrement les fins de semaine, il faut faire la queue ou s'asseoir patiemment sur la banquette installée à même le trottoir avant de pouvoir pénétrer dans cet auguste sanctuaire pour gourmets. Le succès aidant, on a acquis l'ancienne quincaillerie voisine afin d'agrandir la salle à manger.

Le plus récent restaurant à s'inscrire au répertoire des tables gourmandes d'Abbéville est **Shucks! La Maison des fruits de mer de la Louisiane** (The Louisiana Seafood House) *($-$$, lun-jeu 11h à 21h, ven-sam 11h à 22h; 701 rue du Port Ouest/Port West, ☎898-3311)*. L'établissement mène une féroce compétition à ses compétiteurs Dupuy et Black's Oyster Bar, autant pour la qualité de ses plats que pour ses prix raisonnables; à titre d'exemples : une demi-douzaine d'huîtres et de crevettes frites pour 9,25$ ou 12 huîtres sur écaille pour 4$. Le restaurant est de plus en plus populaire auprès des gens de l'endroit et des environs. On se fait un plaisir de parler le français.

Les amateurs d'écrevisses feront une halte gastronomique au **Richard's Seafood Patio** *($$; nov à juin, lun-dim 17h à 22h30; par la route d'État LA 355 Sud, suivez la rivière Vermillon sur 4 km; 1516 rue Henry Sud, ☎893-1693)*. L'ambiance du Richard's se veut typique d'un restaurant de campagne, familial et sans prétention aucune, tel que recherché par les gens du pays.

Nunez

Hébert's Steak House *($$-$$$; mar-sam 17h; route d'État LA 14, ☎643-2933)*. Entre Abbéville et Kaplan, il existe un petit bourg du nom de Nunez, qu'on n'arrive pas toujours à situer sur la carte. Cependant, dans tous les carnets gourmands, particulièrement ceux des amateurs de steak, «Goulou» (le sobriquet de l'ancien proprio, M. Hébert) s'inscrit en première page. Dans cet établissement extrêmement populaire auprès des carnivores de la région, même les Texans viennent en nombre afin de déguster la rassurante cuisine de Janelle et Gérald Le Maire. Le menu est assez peu varié : gombo aux fruits de mer, salade de crabe, sandwich «po-boy» aux huîtres, crabe en coquille, moules à l'étouffée, filet d'entrecôte, steak et crevettes, perdrix grillée, etc. Service en français. Les fins de semaine, on peut danser au bar d'à côté.

Kaplan

Chez Suire–Épicerie-Restaurant (Suire's Grocery and Restaurant) *($; lun-jeu 7h à 19h, ven-sam 7h à 20h30; à 4,8 km au sud de Kaplan par l'autoroute d'État 35 Sud/LA Highway 35 South, ☎643-8911)* est un petit commerce bien sympathique offrant aussi bien les services de son épicerie que de son restaurant; l'endroit se situe sur le chemin menant à la réserve faunique Rockefeller. Comme le dit si bien le slogan de la maison : «Si vous voulez déguster l'authentique cuisine du terroir, eh bien c'est à la campagne qu'il faut venir!» L'endroit est tellement populaire qu'il arrive aux militaires en manœuvre d'y faire atterrir leur hélicoptère, histoire de se restaurer. S'inscrivent entres autres au menu de Chez Suire le traditionnel gombo, la friture d'alligator, la tortue en sauce piquante, les *pistolettes* d'écrevisses, le poisson-chat, les «po-boys», le steak-frites et le boudin 'cadien.

Le **Homestead** *($; lun-ven et dim 6h à 21h, sam 6h à 10h et 16h à 22h; 303 avenue Cushing, angle 5e Rue, ☎643-6660)* est un vrai café populaire et un lieu de rencontre pour les gens de l'endroit, autour d'un bon café fraîchement moulu et d'exquis «biscuits» américains qui se préparent ici selon la tradition culinaire du Sud. Les repas, aussi copieux que savoureux, se composent de spécialités régionales.

Érath

Le **Perate's Seafood Patio** *($-$$; mer-dim à partir de 17h; route d'État LA 14, ☎937-5037)* ne s'inscrit peut-être pas au répertoire des adresses gourmandes à retenir, sa cuisine aux fruits de mer frais (crabes, crevettes, écrevisses) étant plutôt ennuyante, mais c'est l'une des meilleures et des plus authentiques salles de danse 'cadienne de la région.

Maurice

Le restaurant **Soop's à Maurice** *($-$$; lun-jeu 9h à 21h, ven-sam 9h à 20h, fermé lundi soir; route nationale US 167, ☎893-2462)* prépare une cuisine traditionnelle.

SORTIES

Basile

Au premier abord, le petit village de Basile semble des plus désolés. À tort car, pour peu qu'on cherche à percer le mystère de cette apparente quiétude, on se rend vite compte que le petit bourg a vu naître quelques grands musiciens 'cadiens dont les plus connus, Nathan Abshire et les frères Balfa, ont fait vibrer la population de Basile. Sur la route nationale US 190 (à 16 km à l'ouest d'Eunice), au carrefour nord de la route d'État LA 97, on entre à Basile. Il faut alors traverser la voie ferrée au nord de la US 190 (sur la rue Lewis), juste avant l'Easy Mart. On débouche ensuite sur la rue Stagg, l'artère principale. Le bourg ressemble à un village du Far West, et les vieux bâtiments arborent des façades tout à fait typiques de cette référence.

L'endroit le plus réputé est le **Main Street Lounge ★★** *(tlj 9h à 24h; 3008 rue Stagg, juste au coin de la rue Lewis, ☎432-6697)*, une véritable institution à Basile. Dans cette vieille salle de danse, les héritiers des grands maîtres de la musique 'cadienne continuent de chauffer les pieds des nouvelles générations. Après les récoltes et durant toute la saison hivernale, alors que les travailleurs agricoles qui sont également musiciens ne besognent pas dans les rizières ou les champs de fèves, on a droit aux *jams* de ces derniers *(entrée libre; lun-jeu 15h à 1h, ven-sam 15h à 2h, dim 15h à 1h; danses les samedis à 19h, droit d'entrée)*. La propriétaire, Juanita Fontenot, parle le français.

Si vous demandez aux gens de Basile où se trouve le meilleur endroit pour danser au son d'un orchestre 'cadien, il est certain qu'ils vous répondront : *«Chez D.I's!»* Et, si la population de Jennings se rassemble ainsi au **restaurant cajun D.I.'s ★★** *(mar, ven et sam soirs, à partir de 20h; à 19 km au nord de Jennings sur la route d'État LA 97)*, c'est qu'on peut y entendre les orchestres les plus réputés de la région, tel le groupe de Nonc Allie Young. Sur place, la famille Frugé ne propose pas qu'une excellente cuisine locale, mais aussi des soirées musicales qui retiennent l'attention des amateurs et qui, sans exception, deviennent toutes mémorables.

Lac-Arthur

Il existe une association de VFW (vétérans de la Première Guerre) qui possède un centre dans presque tous les villages du sud de la Louisiane. Lorsque les anciens combattants ne sont pas à leurs cartes de bingo, ils sont inévitablement occupés à faire quelques pas de *two-steps*, voire à se laisser entraîner par une valse au son d'un orchestre 'cadien local. Au **centre VFW** *(2$; prenez la 3e Rue Nord, faites 1,5 km vers la ciprière; le centre se trouve sur la droite)* de Lac-Arthur, comme partout ailleurs, les bals débutent le samedi soir à 20h et attirent nombre de 'Cadiens de la région.

Lac-Charles

Deux bateaux proposent aux amateurs de jeux de passer quelques heures à bord de leur navire. Le premier, le **bateau-casino *Players*** *(2$ lun-jeu et dim; 5$ sam; ☎437-1500, ☎800-ASK-MERV des États-Unis)*, entreprend des excursions sur le lac Charles six fois par jour. Quant au ***Star Casino***, il est également un hôtel-restaurant et propose sept excursions par jour *(24 heures par jour; autoroute d'État I-10 - sortie 29 ou 30 A, ☎800-977-PLAY des États-Unis)*.

L'industrie pétrochimique a attiré beaucoup de 'Cadiens dans la région de Lac-Charles, avec leurs traditions de musique et de danse qui aujourd'hui sont de toutes les manifestations. À Lac-Charles, l'**Association 'cadienne des musiciens francophones** ★ (Cajun French Music Association ou CFMA) demeure l'une des plus actives à ce chapitre. De plus, le **Grand Ole Opry** *(sam à partir de 20h; 2130 chemin Country Club, ☎477-9176)* de musique 'cadienne est diffusé sur les ondes de la radio du centre VFW. L'association des anciens combattants se trouve du côté sud de la ville, à la jonction de la promenade de l'Université (University Drive) et du chemin du Country Club.

Vinton

La particularité de la piste de **courses de chevaux de Delta Downs** *(1,50$; stationnement gratuit; jeu-sam 18h30, dim 17h15; autoroute I-10, sortie 4 Nord, 5 km sur la route d'État LA 109, puis à droite sur la route LA 3060 sur 1,5 km; ☎433-3206, ☎800-589-7441 des États-Unis)* est qu'elle se trouve dans un cadre absolument bucolique. Les parieurs peuvent miser à l'hippodrome même ou à l'extérieur des lieux, dans des endroits dits d'*off-track betting* (paris hors-piste de courses).

Il n'y a pas que les chevaux qui font l'objet de paris dans le sud-ouest de la Louisiane; malheureusement, les cruels combats de coqs ont également la faveur populaire. L'une des plus grandes arènes de combats de coqs se situe à la frontière du Texas, et le bourreau a pour nom le **Circle Club Cockpit**. Ces spectacles dégradants, qu'il faut dénoncer, se déroulent entre les mois d'octobre et d'août. À moins d'être insensible à cette cruauté commise envers les animaux, évitez de participer à de tels événements!

Kaplan

Les bars de village, et ceci vaut pour tous les villages de la paroisse de Vermillon, apparaissent comme de véritables centres socioculturels. Au vieux bar de 'tit Paul et de Virley Duhon, **L'Il Tavern** ★★ *(lun-jeu 10h à 2h, ven-dim 10h à 4h; 300 rue Cushing Nord, à côté du bureau de poste, ☎643-9810)*, le visiteur trouvera une faune accueillante et chaleureuse qui affiche sans scrupule sa fierté 'cadienne. Pour s'initier à la culture 'cadienne, rien de tel que cette grande communauté de Kaplan. Mais attention! Vous vous laisserez emporter par la chaleureuse atmosphère de cette petite taverne unique en son genre. On peut y danser au son du juke-box sur *Maurice, ne fais pas ça!*, *Mon La La*, *Les traces de mon boghei*, etc. Il y a un orchestre 'cadien tous les 15 jours le vendredi soir. Souper gratuit le mercredi soir; au menu : sauce piquante, fricassée de poulet, gombo, etc. Les gourmets ne manqueront pas les deux rendez-vous suivants : boucherie traditionnelle le dimanche matin et bouillie d'écrevisses le vendredi soir.

Érath

Au **Perate's Seafood Patio** *(route d'État LA 14, ☎937-5037)*, des orchestres 'cadiens régionaux entraînent la foule sur des rythmes de *two-steps* et de valses. Durant des décennies, le plancher de bois de ce vieux bâtiment aura reçu des milliers de coups de pied heureux. L'ambiance du Perate's est fort chaleureuse, et il est facile d'y tisser des liens d'amitié avec les gens du pays.

Maurice

Ce n'est pas compliqué, il n'existe qu'un seul feu de circulation à Maurice, et le **City Bar** *(tlj 8h à 2h; à 19 km au sud de Lafayette, sur la route nationale US 167, ☎893-1968)* se trouve tout près. Situé du côté est de la route, ce bar existe depuis plus de 60 ans, et jusqu'à maintenant il n'a cessé d'être le «saloon» préféré des gens de la région. Les clients sont issus de toutes les classes de la société : fermiers, gens d'affaires, politiciens, étudiants, travailleurs, etc. Le samedi matin, on y joue à la «bourrée», un jeu de cartes traditionnel. Le propriétaire, M. Trahan, aime bien s'entretenir avec les visiteurs.

Calendrier des événements annuels

Janvier

Le **Louisiana Fur and Wildlife Festival ★★** (Festival louisianais de la fourrure et de la faune) a lieu à Cameron au mois de janvier. Hommage à l'industrie de la chasse : concours de pièges, d'écorcheurs de peaux de ragondins et de rats musqués, d'appels au canard et à l'oie, de chiens de chasse, etc.

Février

Festival du Mardi gras de Iota. Description dans la section «Attraits touristiques», p 334.

Entre Jennings et Lac-Arthur, la petite communauté de Grand-Marais fête aussi le **Mardi gras ★**. Pour en savoir davantage sur la manifestation des «Coureurs du Mardi gras», informez-vous à l'office de tourisme *(☎821-5521, ☎800-264-5521 des États-Unis)*.

L'**Elton Mardi gras Run** (Courir du Mardi gras d'Elton) **★** *(☎584-2218, contactez David Bertrand)* a lieu sur la réserve amérindienne, à 5 km au nord du bourg. Pour le Mardi gras, les fêtards organisent le camp de fête. Le jour du Mardi gras, les participants partent à dos de cheval vers les campagnes environnantes et, d'une halte à l'autre, incitent tout un chacun à chanter, à danser et à contribuer généreusement à la traditionnelle cagnotte.

Comme ailleurs aux États-Unis, au mois de février, on rend hommage au docteur Martin Luther King en présentant le **Black Heritage Festival of Louisiana ★★** (Festival du patrimoine afro-américain de la Louisiane) *(mars; Lac-Charles, ☎475-5923)*. Le festival regroupe des artistes noirs provenant de chorales d'églises et de temples, et il y a des concerts de gospel et de jazz.

Le **Southwest Louisiana District Livestock Show and Rodeo ★** *(1re semaine de fév; Lac-Charles, ☎318-475-8812)*, une exposition agricole, présente des défilés et des rodéos.

Au **Mardi gras de Kaplan** *(rue Principale, Kaplan, ☎643-2440)* c'est la gente féminine qui voit à l'organisation du **Krewe des Femmes**, l'un des volets très couru de ces festivités.

Avril

Le **Festival acadien de la bouffe et du plaisir ★** (Cajun Food and Fun Festival) *(☎734-3446)* a lieu la dernière fin de semaine du mois d'avril à Welsh. Comme on peut se l'imaginer, il y a à ce festival amplement de quoi manger et rire!

Le **Louisiana Railroad Days Festival** *(De Quincy, ☎786-8211)*, une foire agricole, se tient la deuxième fin de semaine d'avril.

Festival des îles La Manche, La Vacherie et La Pacanière (Marsh Island, Forked Island and Pecan Island Festival) *(☎643-2298)*. En fait, ces bancs de sable ne sont pas vraiment des îles. Ils se sont formés sous l'action répétée des vagues du golfe du Mexique, et ce, depuis plusieurs milliers d'années. Néanmoins, la topographie plutôt plate du relief a conféré à ces buttes de sable l'appellation erronée d'«îles» ou d'«îlots».

Le **Festival des 'Cadiens** *(centre de loisirs, Kaplan, ☎643-2190)* s'adresse à tous ceux et celles qui aiment faire la fête au son des musiques et des chansons des orchestres 'cadiens de la région.

Mai

Festival Contraband Days ★ (Festival de la contrebande) *(fin avr; Lac-Charles, ☎436-5508, ☎800-456-SWLA des États-Unis)*. Lac-Charles est la seule ville de toute la Louisiane à fêter (avec éclat) le célèbre et légendaire pirate Jean Lafitte. Partout sur la côte louisianaise, on raconte que l'écumeur des mers a enterré en de multiples lieux ses trésors de contrebande, particulièrement dans les marécages de la région. Les festivités regroupent diverses manifestations : concerts, défilés, musique, courses de bateaux, de régates, de voiliers, etc.

Juillet

Le 4 juillet, le jour de la **fête de l'Indépendance américaine**, il y a une fête populaire à l'ombre de grands chênes centenaires dans la municipalité de Lac-Arthur *(☎774-2211)*.

À Welsh, le 4 juillet, la **fête de l'Indépendance américaine** *(entrée libre; défilé à 9h au centre-ville, ☎734-3330)* est célébrée avec passion depuis plus de 100 ans. Pour la célébration : concours de fer à cheval, baseball, promenade au gâteau, «bingo aux bovins», concours de melons d'eau (pastèques) et de pâtisseries.

Festival 'cadien de la musique et de la cuisine française ★★★ (Cajun French Music and Food Festival) *(3e fin de semaine de juil, sam 9h à 24h, dim 10h à 17h; colisée Burton, Lac-Charles, ☎478-2831)*. Les spécialistes sont unanimes : ce festival mérite la palme d'excellence pour les meilleures musiques et cuisines de la région. Spectacles de violon, accordéon, valse, *two-steps* et *jitterbug*. Messe en français le dimanche matin à 8h. Parrainé par l'Association 'cadienne des musiciens francophones (Cajun French Music

Association-CFMA), chapitre de Lac-Charles.

Au **Southwest Louisiana Fishing Club Deep Sea Fishing Rodeo** *(2 au 4 juil; Lac-Charles)* ont lieu des compétitions de pêche en haute mer; dans une halle sont étalés des poissons, des fruits de mer et d'autres produits de la mer.

Au **Marshland Festival** ★ *(dernière fin de semaine de juil; colisée Burton, Lac-Charles, ☎762-3876)*, on joue de la musique 'cadienne, «zarico», country et *swamp pop*.

Le **Cameron Fishing Rodeo** ★ *(4 juil; Grand-Chênier)* se présente comme un tournoi de pêche, en haute mer, dans la baie et sur la plage.

À la **fête de l'Indépendance américaine** *(☎937-6895, ☎800-346-1958 des États-Unis)*, comme partout ailleurs dans les campagnes, villages et villes du pays, on commémore le 4 Juillet par un grand rassemblement populaire; celui d'Érath se déroule au centre-ville.

La **fête de la Bastille** ★ *(14 juil, au Centre des loisirs de Kaplan, ☎643-2400)*. Kaplan est la seule ville louisianaise à célébrer la prise de la Bastille, le 14 juillet, jour de la fête nationale des Français.

Août

La **Blessing of the Fleet** ★ (bénédiction des chalutiers-crevettiers) a lieu à Cameron en août. On y présente un défilé de bateaux, de la musique et de la cuisine.

Le **Festival de la «Riviera 'cadienne»** ★★ *(1$; ven-dim 10h à 23h; Holly Beach, ☎569-2474)* se déroule la deuxième semaine d'août. Rodéos, manèges, musique 'cadienne et «zarico».

Le **Festival de la chevrette** ★ (Shrimp Festival) *(édifice du Festival, Delcambre, ☎685-2653)* célèbre, par un impressionnant spectacle, la traditionnelle et fort ancienne (près d'un demi-siècle) bénédiction de la flotte des chalutiers-crevettiers, abondamment décorés et éclairés pour la circonstance. L'événement se tient la deuxième semaine d'août. N.B. : «chevrette» est la désignation 'cadienne de «crevette».

15 août - Fête nationale des Acadiens et des Acadiennes. Le jour de l'assomption de la Vierge Marie ayant été choisi comme Fête nationale des Acadiens et des Acadiennes du monde entier, de multiples manifestations se déroulent dans la plupart des campagnes, villages et villes de l'Acadie louisianaise.

Septembre

Au **Festival de la grenouille** *(3e semaine de sept)*, on a droit à de nombreuses activités insolites, qui vont de la cuisine mettant à l'honneur la grenouille jusqu'à un concours consacrant le plus beau de tous les ouaouarons.

En septembre se déroule le **Fenton Red Beans and Rice Festival** (Festival du haricot rouge et du riz de Fenton). Dans la tradition culinaire créole et 'cadienne, les haricots rouges et le riz accompagnent de nombreux plats. Il n'en fallait pas plus pour que les gens de Fenton en fassent tout un plat!

Le festival gastronomique de cuisine et de musique 'cadienne, le **Calca Chew Food Festival**, a lieu la troisième fin de semaine de septembre au colisée Burton, sur le chemin du Golfe, près de l'aéroport. À l'appellation d'origine Calca, s'est fusionné le mot *chew*, qui veut dire «mâcher» ou «mastiquer» en anglais. Outre cet événement, il y a un encan et des expositions d'artisanat local. Parrainé par la paroisse catholique de Sainte-Marguerite (St. Margaret), où, pour l'occasion, on officie en français *(Lac-Charles, ☎439-4585)*.

L'**Alligator Harvest Festival ★★** (Festival annuel de l'alligator ou du «cocodril») *(sept; Grand-Chênier)* est une manifestation ayant pour thème majeur le «cocodril» : produits d'alligator, «cocodrils» vivants, courses de bateaux, musique et dégustation de spécialités à base d'alligator.

Festival du canard *(Duck Festival Park, Gueydan, ☎536-6780 ou 800-346-1958 des États-Unis)*.

La **Cajun Island Fête** *(Centre de loisirs, Kaplan, ☎643-2400)* est une autre des nombreuses manifestations populaires mettant en vedette les meilleurs groupes de chanteurs et de musiciens 'cadiens.

Octobre

Avec son sobriquet de «Capitale louisianaise du riz», il n'est pas surprenant que Crowley ait son **Festival du riz** *(1re ou 2e fin de semaine d'oct; ☎783-3067)*. Le clou du festival est le bal «fais do-do» qui se déroule dans les rues de la ville.

Partout aux États-Unis, on connaît le phénomène des expositions agricoles de comté ou, en Louisiane, de paroisse. La **Jeff Davis Parish Fair** a lieu la première fin de semaine d'octobre aux Jennings Fairgrounds.

Puisque l'agriculture est l'industrie principale de la région de Jennings, il y a une forte présence de services agricoles aériens. Aujourd'hui, le bimoteur a toujours la faveur des agriculteurs pour l'arrosage des champs de riz et de fèves de soja.

La deuxième fin de semaine d'octobre, il y a un spectacle aérien avec une cinquantaine de vieux avions bimoteurs *Stearman* de la Deuxième Guerre mondiale, entièrement remis à neuf : le **Stearman Fly-In** *(à l'aéroport de Jennings, près de l'autoroute I-10, face au parc du Pétrole et du Gaz)*.

Au cours de l'avant-dernière fin de semaine d'octobre se déroule le **Lake Arthur Home Grown Music Fest & Craft Show** (Festival local de musique et d'artisanat de Lac-Arthur) *(entrée libre)*. La région du Lac-Arthur est réputée pour ses musiciens 'cadiens tels que le légendaire Varice Conner et la vedette de Hollywood et de Nashville, Doug Kershaw.

Les **Welsh Threshing Days ★** (jours de battage du riz de Welsh) débutent quelque part au mois d'octobre, selon les conditions propices à la récolte du riz. On fait le battage du riz à la façon d'autrefois avec de l'équipement d'époque.

À la foire du **Festival du bétail de la Louisiane ★★** (Cattle Festival) *(centre-ville, Abbéville)* se tiennent des spectacles de musique, des manifestations culinaires, des expositions de bétail ainsi qu'un rodéo réputé.

À l'**October Fête** *(3e fin de semaine d'octobre, Maltrait Memorial School, Kaplan, ☎643-6472)*, la bière coule à flots et l'on s'amuse ferme.

Novembre

Au **Festival de l'omelette ★** *(palais de justice, Abbéville, ☎893-2491)*, les chefs français et les cuisiniers 'cadiens associent leurs talents en organisant de grands repas gastronomiques. Le clou de l'événement est la confection d'une gigantesque omelette contenant quelque 5 000 d'œufs.

Décembre

Au **Festival de Noël de Lac-Arthur** *(2e fin de semaine de déc; ☎774-2211)*, on peut assister au défilé de nuit des crevettiers; les embarcations sont alors décorées et scintillent de lumières multicolores.

Les Lumières du Village (Festival of Lights) *(district historique d'Abbéville, ☎927-9675)* illuminent les résidences et les habitations tout au long de la période des fêtes.

ACHATS

Scott

Galerie d'art Beau Cajun de Floyd Sonnier *(lun-ven 10h à 17h, sam 10h à 16h; 1010 rue Sainte-Marie, ☎237-7104)*. L'artiste Sonnier est réputé pour ses magnifiques toiles de scènes rurales 'cadiennes dessinées à la plume.

Les amateurs de saucisses et de boudins 'cadiens de première qualité ne jurent que par ceux fabriqués à la **Boucherie Best Stop** *(lun-sam 6h à 20h, dim 6h à 18h; autoroute I-10, sortie Scott/Cankton, puis 1,5 km vers le nord sur la route d'État LA 93, ☎233-5805)*.

Rayne

L'un des meilleurs antiquaires, Peter Comeaux, est propriétaire de la belle boutique du **Rayne Antique Mall** *(9h à 17h; 1re et 3e fins de semaine du mois; 113 avenue Louisiana Est, route d'État 90 Est/US 90 East, 334-2508)*. Excellent endroit où se procurer des souvenirs et des objets insolites de la Louisiane.

Au centre-ville de Rayne, il existe une autre boutique d'antiquités : **Antiques and Collectibles** *(113 rue de la Louisiane, tout près de la voie ferrée, ☎334-2508 ou 334-8416)*.

Crowley

Le **Modern Music Center** *(lun-sam 9h à 18h, sam 8h à 12h; centre-ville, 413 avenue Parkerson Nord, ☎783-1601)* dispose de la meilleure sélection d'enregistrements de musique 'cadienne et «zarico». Le centre, propriété de Jay Miller, possède également son propre studio, où enregistrent de nombreux artistes 'cadiens, dont plusieurs musiciens et chanteurs de «zarico».

Au **Crowley Flea Market** *(9h à 17h; 1re et 2e fins de semaine du mois; 210 1re Rue Est, à côté de la voie ferrée, ☎783-3944)*, on trouvera de tout et de rien, depuis l'objet insolite ou de collection jusqu'à celui toujours pratique.

Iota

Au magasin **Bon Cajun Instruments** *(886 rue MacMillan, route 1, C.P. 396, Iota, LA 70543, ☎779-2456)*, Larry Miller fabrique à la main des accordéons 'cadiens (à gamme diatonique) ainsi que des «'ti-fers» (triangles en fer) et des cuillères. Il peut vous expédier ses instruments n'importe où dans le monde.

Jennings

Les 'Cadiens de **Reon's T.V.** *(402 rue de Plaquemine Ouest, ☎824-3907)* proposent une bonne sélection de musique 'cadienne et «zarico».

Marcantel's *(203 avenue du Chemin de fer Ouest/Railroad Avenue West,*

☎824-0445)*, un magasin d'alimentation pour animaux domestiques ou de ferme, possède un coin boutique proposant tout l'accoutrement «western» : chapeaux, ceintures, bottes, etc.

Sur la rue Principale, à Jennings, sont regroupées une douzaine de boutiques diverses : artisanat, livres de recettes, pots-pourris, etc. Il y a aussi des antiquités au **Jennings Antique Mall** *(mar-sam 10h à 17h; 1019 rue Principale Nord, ☎824-3360).*

Lac-Arthur

La boucherie **Lake Sausage** *(lun-ven 7h à 18h, sam 7h à 16h; route d'État LA 26, du côté nord du village, derrière la station-service Exxon, ☎774-3704)* prépare du boudin 'cadien, des saucisses et des grattons de cochon.

Elton

Les **Entreprises Bayou Indian** *(lun-sam 9h à 17h; route nationale 190, ☎584-2653)* commercialisent l'artisanat des amérindiens Koasatis, d'ailleurs fort prisé. Le travail des pièces témoigne d'une grande minutie, et plusieurs œuvres sont uniques (paniers, bijoux, poupées, cuir, etc.). Un écran géant projette les danses ancestrales des Koasatis.

Lac-Charles

La **Galerie Melançon** *(lun-ven 9h30 à 17h30, sam 10h à 15h; 241 place Sallier, ☎433-0766)*, une intéressante galerie d'art, propose une riche collection de tableaux, de sculptures, de poteries, de bijoux et d'innombrables autres pièces.

La **Boutique Cottage** *(au carrefour des rues Hodges, Alamo et Common)* vend de superbes antiquités, des courtepointes (*patchwork*), des vitraux, des poupées de collection, des poteries artisanales ainsi qu'une belle gamme de fines denrées 'cadiennes et créoles, de même que d'excellents mélanges de cafés.

Le phénomène de «magasins d'usine» (*factory outlets*) est très populaire dans tout le sud des États-Unis, ce qui s'explique surtout par la forte présence d'usines de textiles dans cette région. À 13 km à l'est de Lac-Charles, à Iowa, se trouve le **VF Factory Outlet** *(jan à mai : lun-jeu 9h à 19h, ven-sam 9h à 21h, dim 12h à 18h; juin à déc : lun-sam 9h à 21h, dim 12h à 18h; autoroute I-10, sortie 43, 800 Factory Outlet Drive, bureau 100, Iowa, ☎582-3568, ☎800-772-8336 des États-Unis)*. On peut y réaliser des économies de 50% sur tous les achats de jeans, de chemises, de chaussures, de vêtements de sport et d'autres «lingeries».

Le propriétaire de **Goldband Records** *(313 rue de l'Église/Church Street, ☎439-8839)*, Eddie Shuler, est une personnalité très connue des cercles de collectionneurs de musique 'cadienne et «zarico». La boutique de M. Shuler paraît délaissée de l'extérieur, mais le désordre qui règne à l'intérieur convient parfaitement aux fouineurs, qui font toutes sortes de trouvailles dans ce sympathique fouillis, dont toute une collection de vieux disques 45 tours.

Gueydan

La Louisiane étant un paradis de la chasse, les artisans Mervis et Kendall Saltzman fabriquent des appeaux avec lesquels on imite les cris du canard et de l'oie sauvage. On se procure leurs pièces au **Chien-Caille Duck & Goose calls** *(28212 Man's Road, route 2, C.P.*

187-A, Gueydan, LA 70542, ☎536-9852).

L'artisanat de chaque peuple est relié aux us et coutumes autant qu'à l'environnement géographique. Près d'Abbéville, en bordure d'un bayou, Cathy Broussard et son mari John Richard tiennent un centre culturel et vivent de leur artisanat. Joaillière réputée, Cathy transforme en superbes et délicats bijoux des dents d'alligator («ivoire des bayous») qu'elle dessine et grave de belle façon.

Johnny est pour sa part maître sellier, le meilleur sellier de toute la Louisiane. Entre ses mains habiles, chaque pièce de cuir devient une œuvre d'art recherchée. C'est au **Stockyard Leather Company** *(1307 rue Henry Sud, Abbéville, LA 70510, ☎893-5760)* que Cathy et Johnny Richard proposent leurs pièces originales, qui sont autant de souvenirs typiques de la Louisiane à offrir en guise de cadeaux. Le sellier est aussi collectionneur de selles anciennes et, parmi ses plus belles, on trouve de magnifiques selles datant de plus de 100 ans. Une autre curiosité à voir, ou à déconseiller aux personnes sensibles : le «cimetière de cocodrils» derrière la demeure des artisans.

À la **Ferme d'alligators Vermillon** (Vermillion Gator Farms) *(tlj, du lever au coucher du soleil; 12906 chemin de la Communauté/Community Road, Abbéville, LA 70510, ☎538-2168)* des frères Sagrera, on propose de la viande d'alligator et, à ceux et celles qui préfèrent son cuir, de l'habillement ou d'autres accessoires et pièces de mercerie, de maroquinerie ou d'artisanat.

On trouvera des produits artisanaux confectionnés en bois ou avec des coquillages de la côte louisianaise au **Louisiana Shell & Driftwood** *(12702 rue François, ☎893-4480 ou 542-4702).*

La **Boucherie Hébert** (Hébert's Meat Market) *(lun-ven 7h à 18h, sam 7h à 12h; 338 chemin Lafitte, route d'État LA 338 Nord, ☎893-5688)*, face au Cajun Downs, est l'une des boucheries les plus populaires de la région d'Abbéville. Outre le traditionnel boudin blanc, on y appprête aussi du boudin rouge à base de sang de porc, un produit rarement proposé en Acadie louisianaise.

Maurice

La boucherie **Hébert's Specialty Meats** *(lun-sam 7h30 à 18h30, dim 6h30 à 12h; 8212 avenue Maurice, route nationale US 167, à 19 km au sud de Lafayette, ☎893-5062)* est connue pour sa fameuse préparation de volaille désossée, et l'on y élabore des plats qui sont tout à l'honneur du grand art culinaire. Ici, l'inspiration ne manque pas : poulet désossé farci au riz, plats cuisinés au porc, aux crevettes et aux écrevisses, ainsi que du «cocodril» à toutes les sauces *(moins de 10$)*. Puis, il y a le fameux «Tur-duck-en» ou, si l'on préfère, le «dindarlet», une dinde désossée farcie avec une couche de viande de porc, recouverte d'une couche de canard désossé, d'une autre couche de farce de porc et d'une couche de poulet désossé; puis, l'ensemble est couronné d'une couche finale de farce au pain de maïs. Ce plat pesant 8 kg, avec tous ses savants ingrédients, est cuit lentement au four durant un bon cinq heures. La robuste préparation *(55$)* peut régaler un groupe de quelque 25 convives affamés. Tout le monde déguste et apprécie ce plat riche en saveur, qui fait l'unanimité à tout coup. Les bouchers, Sammy et Widley Hébert, se font un plaisir d'expliquer aux dégustateurs les différentes étapes de cette préparation gastronomique originale et unique au monde.

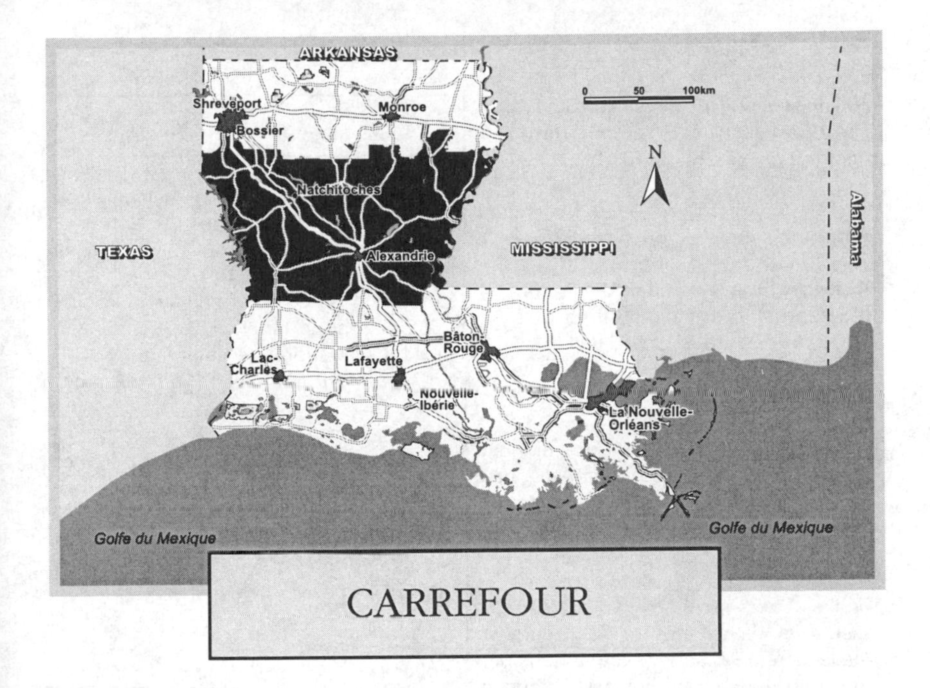

CARREFOUR

En descendant vers le sud, vous verrez les collines fréquentes du Nord céder lentement le pas à la plaine et, plus à l'est, aux bayous. De vastes forêts (**Forêt nationale de Kisatchie**) et les lacs de la région permettent une foule d'activités de plein air.

Alexandrie est la ville principale de cette région centrale de la Louisiane, appelée Carrefour (*Crossroad*). En effet, que ce soit de Bâton-Rouge, Lafayette, Lac-Charles, Shreveport, Ruston ou Monroe, du Texas ou du Mississippi, toutes les routes y mènent ou y passent.

POUR S'Y RETROUVER SANS MAL

Alexandrie - Pineville

Alexandrie se situe au centre de la Louisiane, presque à égale distance des principales municipalités louisianaises. Ainsi, par l'autoroute I-49, Lafayette (au sud) se trouve à 140 km d'Alexandrie et Shreveport à 200 km. Autres routes et itinéraires menant à Alexandrie : pour vous rendre de Lac-Charles (150 km au sud) à Monroe (150 km), prenez la nationale US 165; de Lafayette (140 km) à Ruston (155 km), empruntez la nationale US 167; de Bâton-Rouge (175 km) à Shreveport (200 km), suivez la route d'État LA 1.

La route d'État LA 28 traverse l'État d'est en ouest en passant par Alexandrie et relie Natchez (120 km), au Mississippi, et Leesville (80 km); à partir de Leesville, la route d'état LA 8 rejoint le Texas à 30 km.

Aéroport

Aéroport international d'Alexandrie
(Alexandria International Airport)
1303, boulevard Billy Mitchell
Pineville
☎(318) 449-3504

L'aéroport, situé à 24 km à l'est d'Alexandrie, est desservi par American Eagle, Atlantic Southeast Airlines, Continental Express et Northwest Airlink.

Cenla Taxi *(15$; ☎318-487-2889)* assure la navette entre l'aéroport et Alexandrie. Le service de limousine, très coûteux, est aussi proposé *(143,75$)*.

Autocars

La compagnie d'autocars **Greyhound/Trailways** *(530 rue Jackson, Alexandrie, ☎318-445-4524)* assure la liaison entre Alexandrie et les principales villes situées sur les routes nationales. Le trajet Alexandrie-Shreveport coûte 22$ et Alexandrie-Lafayette 16$; pour La Nouvelle-Orléans, comptez environ 33$.

Location de voitures

Avis : ☎800-331-1212 ou 483-1553
Budget : ☎800-527-0700
National : ☎800-227-7368

Toutes les agences ont un bureau de location à l'aéroport.

Transports en commun

Atrans : ☎(318) 473-1273

Région au nord d'Alexandrie

Au départ d'Alexandrie, pour aller au nord-ouest, à Shreveport via Natchitoches, on emprunte soit, sur la rive droite de la rivière Rouge, la route LA 1 ou l'autoroute I-49, soit, sur la rive gauche, la nationale US 71. Vers le nord d'Alexandrie, la nationale US 165 mène à Monroe et la US 167 à Ruston.

Forêt nationale de Kisatchie du district de Catahoula

Les routes US 167 et US 165 traversent la forêt, située à 15 km au nord d'Alexandrie.

Pollock

Sur la nationale US 165, 8 km après l'entrée de la forêt, se trouve Pollock.

Bentley - Williana - Winnfield

En sortant d'Alexandrie par la rue Fulton au centre-ville, on trouve de l'autre côté du pont la nationale US 167, autoroute jusqu'à sa jonction avec la US 71 Nord. En restant sur la US 167 Nord, on rencontrera Bentley à 25 km, Williana à 42 km et Winnfield à 75 km.

Colfax

Pour atteindre Colfax, à 28 km au nord d'Alexandrie, on emprunte soit la route d'État LA 1 ou l'autoroute I-49, sur la rive droite de la rivière Rouge, jusqu'à Boyce, puis la route d'État LA 8 Est, soit la nationale US 71 Nord, sur la rive gauche, jusqu'à la route d'État LA 123 Ouest, que l'on emprunte sur 3 km.

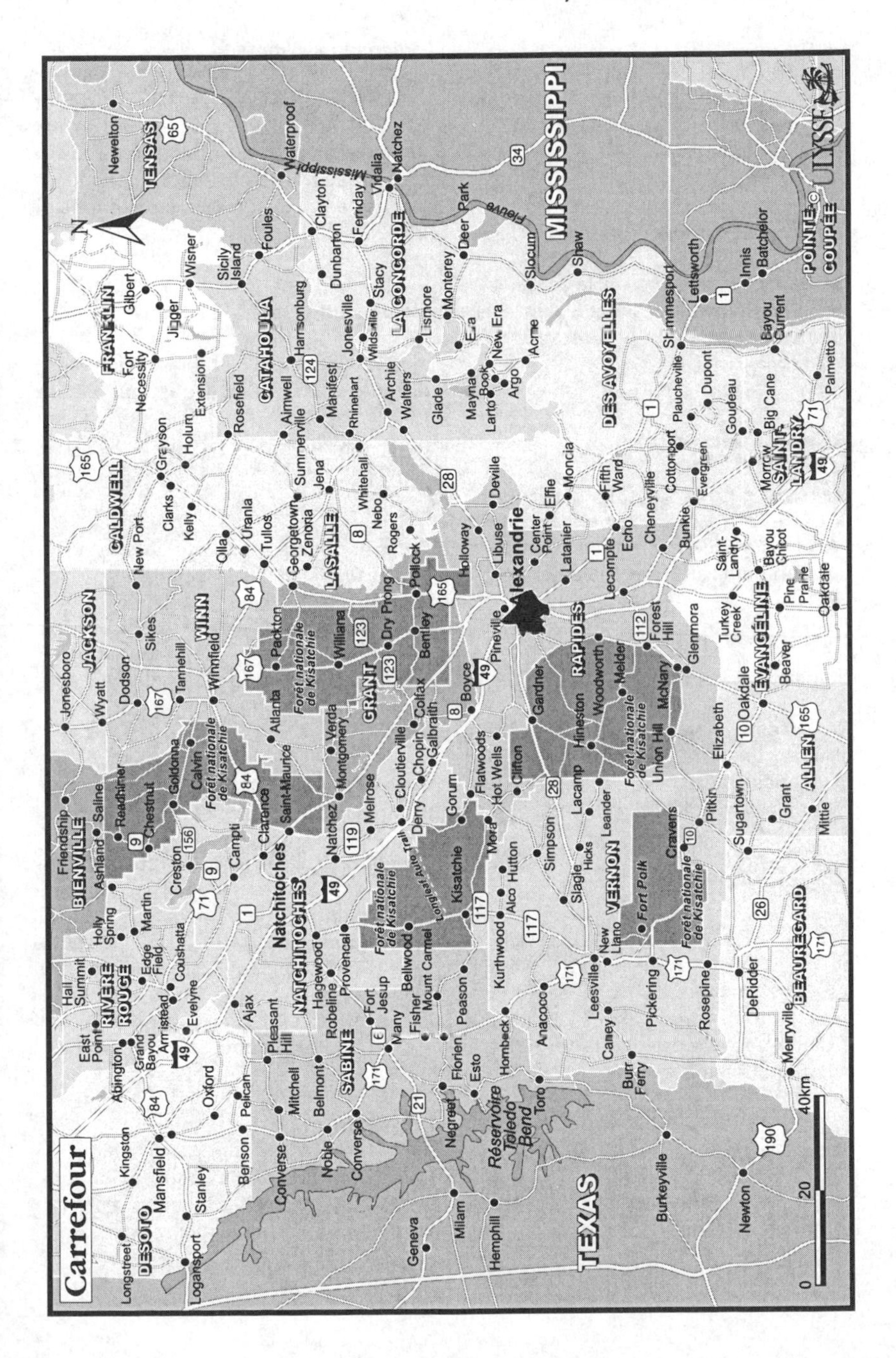
Carrefour
DESOTO
RIVIÈRE ROUGE
BIENVILLE
JACKSON
CALDWELL
FRANKLIN
TENSAS
WINN
CATAHOULA
LA CONCORDE
LASALLE
GRANT
NATCHITOCHES
SABINE
RAPIDES
DES AVOYELLES
VERNON
ÉVANGÉLINE
SAINT-LANDRY
POINTE COUPÉE
ALLEN
BEAUREGARD
MISSISSIPPI
TEXAS
Alexandrie
Natchitoches
Forêt nationale de Kisatchie
Réservoir Toledo Bend
Fort Polk
Fleuve Mississippi
Longleaf Auto Trail
ULYSSE ©
0 20 40km

Derry

L'autoroute I-49 Nord et la route d'État LA 1 Nord atteignent Derry à 48 km d'Alexandrie.

Cloutierville

De Derry, on revient sur la route LA 1 Sud vers Alexandrie pour 2 km avant d'emprunter la route LA 491 sur 1,5 km.

Melrose - Natchez

Melrose se trouve à 10 km de Derry sur la LA 119 Nord. En continuant sur la LA 119 sur 15 km, on arrive à Natchez, que l'on peut rejoindre également par la LA 1.

Natchitoches

On atteint Natchitoches, à 95 km d'Alexandrie, par la route LA 1. On peut aussi emprunter l'autoroute I-49 jusqu'à la route LA 6 vers l'est.

Creston

À 33 km de Natchitoches. De Natchitoches, suivez la nationale US 84 Est jusqu'à Clarence, où vous devez emprunter la nationale US 71 Nord sur 13 km avant de prendre la route LA 9 Nord sur 11 km.

Saline

En continuant sur la route d'État LA 9, on arrive à Saline, à 24 km au nord de Creston.

Goldonna - Winnfield

De Creston, empruntez la route d'État LA 156 Est sur 15 km. Goldonna est située dans la Forêt nationale de Kisatchie du district de Winn. En continuant sur cette route, on arrive à Winnfield, 28 km plus loin.

Hagewood - Robeline - Many

À la sortie sud de Natchitoches, prenez la route d'État LA 6 Ouest sur 12 km pour rejoindre Hagewood, sur 22 km pour Robeline, sur 35 km pour Fort-Jesup et sur 45 km pour Many.

Forêt nationale de Kisatchie du district de Kisatchie

De Hagewood, la route d'État LA 117 Sud traverse la Forêt nationale de Kisatchie avant de rejoindre Leesville.

Longleaf Auto Trail (chemin forestier n° 59)

Ce chemin traverse la Forêt nationale de Kisatchie d'est en ouest. À l'est, pour rejoindre le chemin forestier, rendez-vous à Derry par la route LA 119 Sud, puis roulez jusqu'au bayou Pierre, où vous le croiserez. À l'ouest, le chemin forestier rencontre, à 16 km au sud de Hagewood, la route LA 117.

Kitsatchie

De Hagewood, empruntez la route LA 117 Sud sur 37 km. La route atteint Leesville 35 km plus loin.

Région à l'ouest d'Alexandrie

Hot Wells

À la sortie d'Alexandrie par l'avenue des Rapides, qui devient la route LA 496, faites 24 km jusqu'à Hot Wells. De l'autoroute I-49, prenez la sortie Boyce puis la route LA 1200 Ouest sur 8 km.

Forêt nationale de Kisatchie du district d'Évangéline - Gardner - Woodworth

En sortant d'Alexandrie par la rue Monroe, empruntez la route d'État LA 28 Ouest, en direction de Leesville, sur 20 km jusqu'à Gardner.

En sortant d'Alexandrie par Masonic Drive, empruntez la nationale US 165 Sud sur 15 km pour rejoindre Woodworth.

Leesville

D'Alexandrie, par la rue Monroe ou MacArthur Drive, empruntez la route d'État LA 28 Ouest sur 82 km pour atteindre Leesville, d'où il vous sera facile de rayonner dans la région.

Anacoco

De Leesville, la route nationale US 171 Nord rencontre Anacoco à 13 km.

Pickering

De Leesville, la nationale US 171 Sud mène à Pickering, 12 km plus loin.

Forêt nationale de Kisatchie du district de Vernon

On y arrive de Pickering par la route LA 10 Est ou de Leesville par la route LA 467 Sud.

Fort Polk

De Pickering, suivez la route LA 10 Est jusqu'au croisement avec la route LA 467, que vous emprunterez sur quelques kilomètres.

Cravens

De Pickering, suivez la route LA 10 Est sur 30 km.

DeRidder

DeRidder se trouve à 33 km de Leesville par la nationale US 171 Sud.

Merryville

À 27 km de DeRidder par la nationale US 190 Ouest.

Région au sud d'Alexandrie

Lecompte

En sortant d'Alexandrie par le MacArthur Drive ou par la rue Lee, prenez la nationale US 71 Sud sur 20 km ou l'autoroute I-49 jusqu'à la route LA 112 Est, que vous suivrez sur 3 km.

Cheneyville

De Lecompte, en continuant sur la nationale US 71 Sud ou sur l'autoroute I-49, on rejoint Cheneyville à 13 km.

Forest Hill

De Lecompte, empruntez la route LA 112 en direction ouest sur 15 km.

Région à l'est d'Alexandrie

Whitehall - Jena

Au départ d'Alexandrie par la rue Fulton, prenez après le pont la nationale US 167 jusqu'à sa jonction avec la route d'État LA 28. Restez sur la route d'État LA 28 Est pendant 50 km, puis empruntez la nationale US 84 en direction ouest sur 9 km pour Whitehall et sur 20 km pour Jena.

Jonesville

En partant de Jena, prenez la nationale US 84 vers l'est sur 34 km.

Harrisonburg

À la sortie de Jonesville, empruntez la route LA 124 Nord sur 16 km.

Ferriday

De Jonesville, prenez la nationale US 84 Est sur 28 km.

Waterproof

De Ferriday, suivez sur 25 km la nationale US 65 Nord, qui mène à Tallulah.

Vidalia

Vidalia est à 17 km à l'est de Ferriday sur la route nationale US 84, juste à la frontière du Mississippi.

RENSEIGNEMENTS PRATIQUES

L'indicatif régional est le 318.

Urgences

Police, pompiers, ambulance
☎911

Hôpital

Hôpital Sainte-Françoise-Cabrini
(St. Frances Cabrini Hospital)
3330, chemin Masonic (Drive)
Alexandrie, LA 71301
☎487-1122

Police

Bureau du shérif de la paroisse Des Rapides
(Rapides Parish Sheriff's Department)
Adresse postale :
C.P. 1510
Alexandrie, LA 71309
☎473-6700

Renseignements touristiques

Alexandrie

Office des congrès et du tourisme d'Alexandrie et de Pinevile (Alexandria-Pineville Area Convention & Visitors Bureau) *(lun-ven 8h à 17h, sam 9h à 17h; 707 rue Main, Alexandrie, LA 71306, ☎443-7049, 800-742-7049 ou 800-551-9546, d'Amérique du Nord, ≠443-1617).*

Région au nord d'Alexandrie

Office de tourisme de la paroisse de Natchitoches (Natchitoches Parish

Tourist Commission) *(lun-ven 8h à 18h, sam 9h à 17h, dim 10h à 15h; 781 rue Front, Natchitoches; adresse postale : C.P. 411, Natchitoches, LA 71458; ☎352-8072 ou 800-259-1714 des États-Unis, ⇌352-2415).*

Ligne d'information touristique de Natchitoches *(24 heures sur 24; ☎357-9595).*

Chambre de commerce de Winnfield (Winnfield Chamber of Commerce) *(499 rue Main Est, Winnfield, LA 71483, ☎628-4461, ⇌628-2551).*

Région à l'est d'Alexandrie

Office de tourisme de Catahoula (Catahoula Tourist Commission) *(106 rue Jasmine, Jonesville, ☎339-8498).*

Office de tourisme de Vidalia *(1401 rue Carter, ☎336-7008).*

Région à l'ouest d'Alexandrie

Office de tourisme et des loisirs de la paroisse de Vernon (Vernon Parish Tourist & Recreation Commission) *(lun-ven 8h à 12h et 13h à 16h30, sam 8h à 14h; route nationale US 171 Nord, Leesville; adresse postale : C.P. 1228, Hwy. 171 N., Leesville, LA 71496-1228; ☎238-0349 ou 800-349-6287, ⇌238-0340).*

Office de tourisme de la paroisse de Beauregard (Parish Tourist Commission) *(lun-ven 8h30 à 16h30; 624 chemin du High School/Drive, DeRidder; adresse postale : C.P. 1174, DeRidder, LA 70634; ☎/⇌463-5534 ou 800-738-5534).*

Services de guides

Natchitoches

L'agence **Ducournau Square Receptive Services** *(8 square Ducournau, Natchitoches, LA 71457, contactez Mme Melissa Cloutier, ☎352-5242)* reçoit les groupes de visiteurs. Des guides parlant le francais sont disponibles.

Tours by Jan *(434 2e Rue, Natchitoches, ☎352-2324).* Pour groupes ou particuliers : tarifs à l'heure ou à la journée. Excursions guidées en français (ou en espagnol). Sur réservation.

Médias francophones

Abbéville

KROF 960 AM, 105,5 FM
☎893-2531
Programmation 'cadienne,
The Cajun Bon Temps Train;
animateur Camey Doucet,
tlj 6h à 10h.

Jennings

KJEF 1290 AM, 92,9 FM
☎824-2934
Programmation 'cadienne,
Allons Danser;
animateur Jerry Dugas,
sam 8h à 12h.

Alexandrie - Pineville ★

Alexandrie, ville portuaire sur la rivière Rouge, a été fondée au XIXe siècle par les planteurs. En 1837 s'y trouve le premier chemin de fer à l'ouest du Mississippi; dès lors, la ville devient le centre d'intenses activités ferroviaires. Alexandrie, qui compte 50 000 habitants, est le chef-lieu de la paroisse Des Rapides. Un magnifique parc domine la rivière Rouge, et de nombreux bayous serpentent la municipalité : Des Rapides, Robert, Hynson, Sandy, etc. Aussi, de nombreuses plantations et maisons d'avant la guerre de Sécession, dont des *bed and breakfasts*, se situent à proximité d'un cours d'eau. Pineville se situe en face, de l'autre côté de la rivière Rouge. Les sites historiques de ces municipalités voisines sont nombreux et rappellent le passage des explorateurs français, les événements entourant la guerre de Sécession ou l'emplacement d'anciennes communautés amérindiennes. À voir : la **cathédrale**, le **Musée d'art**, l'**Hôtel Bentley**, le **Centre d'artisanat** et la **chapelle du mont Olivet**, sans oublier les beautés naturelles dont de nombreux lacs et rivières.

Le **Musée d'art d'Alexandrie** ★★ *(adulte 1$, aîné 0,75$, enfant 0,50$; mar-ven 9h à 17h, sam 10h à 16h; 933 rue Principale/Main, Alexandrie, ☎443-3458)* présente des expositions régulières d'œuvres d'artistes contemporains de la Louisiane; aussi, il renferme une collection d'œuvres des XIXe et XXe siècles. Durée de la visite : une heure.

Le **Centre d'artisanat** ★ (River Oaks Square Arts & Crafts) *(entrée libre; mar-ven 10h à 14h; 1330 rue Principale/Main, Alexandrie, ☎473-2670)*. Belle maison de style Reine-Anne datant de 1899 et transformée en un centre pour artistes et artisans.

La **cathédrale Saint-François-Xavier** ★ *(lun-ven 9h à 16h et sam-dim pendant les services religieux; 626 4e Rue, Alexandrie, ☎445-1451)* a été construite en 1895. Cette église de style gothique abrite d'éblouissants vitraux.

La **maison Kent** ★★ *(adulte 5$, aîné 4$, 6-12 ans 2$; lun-sam 9h à 16h, dim 13h à 16h; démonstrations culinaires oct à avr, mer 9h à 14h; 3601 chemin du Bayou-des-Rapides, Alexandrie, ☎487-5998)* est le plus vieil édifice du centre de la Louisiane (1796). On peut admirer son mobilier de styles Empire et Sheraton, ses documents précieux et ses objets décoratifs. De beaux jardins l'entourent, s'étendant sur un terrain de plus de 2 ha avec bâtiments et dépendances (quartier des esclaves, laiterie et cuisine). Durée de la visite : une heure.

La **Plantation Tyrone sur le Bayou-des-Rapides** ★ *(adulte 4$, aîné 3$; mar-dim 10h à 17h; 6576 chemin du Bayou-des-Rapides, sur la route d'État LA 496, en direction de Hot Wells, à 8 km d'Alexandrie, ☎442-8528)* a fait surélever son cottage pour mieux le protéger de la crue des eaux. Le cottage a été construit en 1843 dans le style néoclassique.

Le **Parc zoologique d'Alexandrie** *(adulte 2$, 5-12 ans 1$, moins de 5 ans et aîné entrée libre; tlj 9h à 17h; parc Bringhurst, après la promenade Masonic/Masonic Drive, Alexandrie, ☎473-1385)* abrite des mammifères, des oiseaux, des reptiles et certaines espèces en voie d'extinction. Comptez deux heures pour la visite.

La **chapelle du mont Olivet** *(rue Principale/Main, Pineville)*, construite en 1850, fut utilisée comme quartier général par les soldats unionistes durant la guerre de Sécession.

Le **cimetière national d'Alexandrie** *(entrée libre; tlj 8h à 17h; 209 rue Shamrock Est, Pineville, ☎473-7588)* a été classé cimetière militaire national,

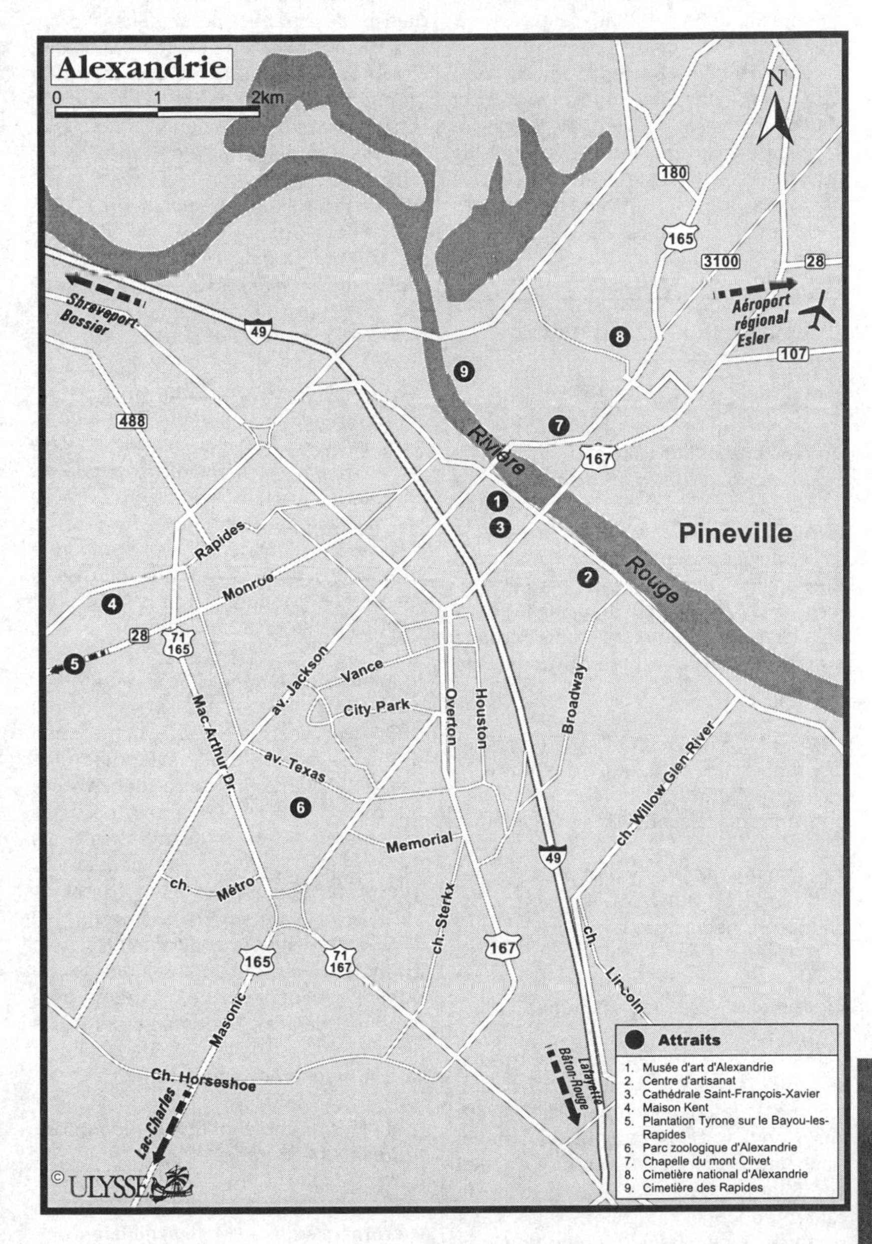
Alexandrie
0
1
2km
N
180
165
3100
28
Aéroport régional Esler
107
Shreveport-Bossier
49
488
Rivière Rouge
Pineville
167
Rapides
Monroe
28
71 165
av. Jackson
Vance
City Park
Overton
Houston
Broadway
Mac-Arthur Dr.
av. Texas
Memorial
ch. Willow Glen River
49
ch. Métro
ch. Sterkx
167
165
71 167
ch. Lincoln
Masonic
Ch. Horseshoe
Lac-Charles
Lafayette Bâton-Rouge
Attraits
1. Musée d'art d'Alexandrie
2. Centre d'artisanat
3. Cathédrale Saint-François-Xavier
4. Maison Kent
5. Plantation Tyrone sur le Bayou-les-Rapides
6. Parc zoologique d'Alexandrie
7. Chapelle du mont Olivet
8. Cimetière national d'Alexandrie
9. Cimetière des Rapides
© ULYSSE

et ce, depuis la guerre hispano-américaine et la guerre de Sécession.

Le **cimetière Des Rapides** *(entrée libre; tlj; à l'angle des rues Principale/Main et David, Pineville, ☎443-7049)* demeure l'un des plus anciens cimetières de l'État de la Louisiane : tombeaux des pionniers français et espagnols des XVIIIe et XIXe siècles, et beaux monuments..

Région au nord d'Alexandrie

Colfax ★

Colfax, une petite ville portuaire sur la rivière Rouge, est le centre administratif de la paroisse de Grant, qui fut créée en 1869 dans la période dite de la Reconstruction, qui suivit la guerre de Sécession. La paroisse fut ainsi nommée en l'honneur du président américain Ulysses S. Grant et comprend une grande partie de la **Forêt nationale de Kisatchie**.

L'**Hôtel Le Sage** ★ était le gîte préféré des capitaines à l'époque des bateaux à vapeur. L'hôtel, de style néoclassique, continue à accueillir les voyageurs.

La **maison McNeely**, construite en 1883, est un autre bel exemple d'architecture néoclassique.

Cloutierville - Melrose - Natchez

L'une des promenades les plus intéressantes à faire dans la région consiste à emprunter le chemin longeant la rivière des Cannes. Du temps de la colonie française, l'endroit se nommait «Vallée de l'Île-aux-Cannes». Cette île de 55 km de long, qui atteint 10 km dans sa partie la plus large, s'étend de Cloutierville à Natchitoches, plus au nord. Ici, à l'époque de la Nouvelle-France, vivaient des familles nobles. Elles ont laissé des traces prestigieuses : les **plantations Magnolia**, **Melrose**, **Oakland**, **Beau Fort**, **Cherokee** et **Oak Lawn**, le **cimetière Sainte-Augustine**, la **maison Kate Chopin**. Tous ces sites sont accessibles de la route d'État LA 1.

Le **Musée folklorique du Bayou – Maison Kate-Chopin** ★★ (Folk Museum/Kate Chopin Home) *(adulte 6$, personne handicapée 2,50$, 13-18 ans 2$, 6-12 ans 1$; lun-sam 10h à 17h, dim 13h à 17h; Cloutierville, 243 autoroute 495, ☎379-2233, ☎800-909-7907 des États-Unis)* est un lieu consacré à la célèbre écrivaine et féministe louisianaise du XIXe siècle Kate Chopin. Au Musée folklorique du Bayou, les anciens instruments aratoires, la reconstitution de la forge et le cabinet du médecin de campagne d'autrefois font revivre l'histoire de la rivière aux Cannes. Durée de la visite : environ 1 heure 30 min.

La **plantation Magnolia** ★★ *(adulte 5$, étudiant 4$, 8-11 ans 2$; tlj 13h à 16h; Natchez, ☎379-2221)* possède une belle maison où logeaient les maîtres de la plantation. La résidence a été bâtie en 1830 sur un terrain concédé 80 ans plus tôt à Jean-Baptiste Le Comte; elle fut incendiée pendant la guerre de Sécession. Reconstruite sur sa base et avec ses murs d'origine en 1896, elle a été remeublée dans le style Empire et est désormais ouverte au public. Les propriétaires actuels, descendants de Jean-Baptiste Le Comte (la plantation est toujours restée dans la famille), cultivent encore le coton.

À la **plantation Melrose** ★★ *(adulte 6$, étudiant 3$, enfant 1$; tlj 12h à 16h; route 119, LA 71452, Melrose, ☎379-0055 ou 352-4411)* se déroula la vie romanesque de Marie-Thérèse Coincoin, née esclave sur ce domaine de Louis Juchereau de Saint-Denis, premier commandant du poste de Natchitoches. Marie eut 14 enfants, leurs descendants habitant aujourd'hui encore le long de la rivière des Cannes. La plantation comprend trois parties : Yucca, la maison d'origine érigée en 1796, la maison africaine construite en 1800, qui rappelle les cases congolaises, et la grande maison de 1833 avec ses garçonnières. On y trouve également l'habitation de Clémentine Hunter, une Louisianaise que ses tableaux primitifs ont rendu célèbre.

L'historique **cimetière catholique de Saint-Augustine** ★ *(route d'État LA 494, Melrose)* recèle de beaux monuments gravés d'inscriptions en français et coiffés de belles croix en fer forgé. Les caveaux reflètent la personnalité créole de l'île Bresville.

La **plantation Oakland** *(route LA 119, à 9 km au nord de Melrose)* dévoile un très bel exemple d'architecture créole (1821). Ce site est celui de la première plantation de coton en Louisiane. On ne visite pas.

La **plantation Beau Fort** ★ *(5$, adolescent 3$, enfant 2$; tlj 13h à 16h; route LA 119, Natchez, ☎352-9580 ou 352-5340)*, dont la maison «Luclora» fut construite en 1830, possède une allée de chênes centenaires. L'élégante demeure présente également un magnifique jardin et une impressionnante collection d'objets liés à l'histoire locale.

La **plantation Cherokee** ★ *(route LA 494, Natchez)* loge un cottage édifié sur piliers, pour éviter les grandes crues; il a été construit en 1839 et est classé monument historique. C'est le site du célèbre duel entre Bossier et Galenni.

La **plantation Oak Lawn** ★★ *(route d'État LA 494, à 1 km au nord de Cherokee, Natchez)* abrite une maison de plantation bâtie selon le procédé du «bousillage», c'est-à-dire que ses murs sont faits d'un mélange de mousse espagnole et de boue. L'avenue de chênes verts qui y mène, longue de 200 m, est la troisième en importance en Louisiane. On ne visite pas.

Natchitoches ★★★

À Natchitoches, une ville de 17 000 habitants sise sur la rivière des Cannes et fondée en 1714 par Louis Juchereau de Saint-Denis, fut implantée la première communauté de la colonie française de la Louisiane. On l'appelle «La Nouvelle-Orléans du Nord», car il s'y trouve encore de nombreuses demeures datant des XVIIIe et XIXe siècles; une cinquantaine sont regroupées dans un district classé lieu historique national (National Historic Landmark). Le **fort Saint-Jean-Baptiste** (voir p 376), qui évoque le Régime français, a complètement été reconstruit, alors que les immeubles et maisons, avec leurs balcons ouvragés, rappellent l'époque des grandes plantations de coton, pendant laquelle Natchitoches était un port important. On trouve de ces belles maisons le long des rues Front et Jefferson ainsi que de superbes terrains paysagers un peu partout en ville. À voir aussi : le **square Ducournau**, la **maison Cloutier**, la **maison Roque**.

Le **Musée historique des Natchitoches** ★ *(adulte 2$, enfant 1$; tlj 9h à 17h; 840 rue de Washington, ☎357-0070)* évoque l'histoire de cette région par des objets d'origine amérindienne et française ainsi que par des souvenirs de la guerre de Sécession. Durée de la visite : 35 min.

Circuit Steel Magnolias ★ *(Office de tourisme de la paroisse de Natchitoches, ☎352-8072 ou 800-259-1714 des États-Unis)*. La ville de Natchitoches a été popularisée par la comédie *Steel Magnolias* (Magnolias d'acier), qui a été portée à l'écran. On peut refaire à pied ou en voiture l'itinéraire du tournage.

Maison de ville Cloutier – Square Ducournau ★★ (Town House/Ducournau Square) *(rue Front, ☎352-5242 ou 800-351-7666 des États-Unis)*. La maison de ville, datant de 1837, est aujourd'hui restaurée et meublée comme à l'époque. On y organise des visites et des dîners pour les groupes.

Maison Prudhomme-Rouquier ★ *(3$; 446 rue Jefferson)*, construite en 1800, est entièrement fabriquée selon le procédé de «bousillage». Son mobilier date du Régime français. Visites de groupes sur rendez-vous.

La **Maison de Tante Huppé** ★ *(adulte 4$, enfant 2$; mar-sam 10h à 12h; ☎352-5342 ou 800-482-4276 des États-Unis)* a été bâtie en 1827 pour Suzette Prudhomme, une jeune Créole qui allait se marier. Celle-ci devait se marier trois fois. Suzette, qui recevait volontiers ses nombreux parents, devint pour tous «Tante Huppé». La maison, avec ses 11 portes donnant sur l'extérieur et ses 9 cheminées, est aujourd'hui un *bed and breakfast*.

Le **magasin de la plantation Caspiana** ★ *(lun-ven 8h à 17h, sam 8h à 13h; 1300 rue du Texas, ☎352-7688)* est bien représentatif du style d'architecture des magasins de plantation du siècle dernier. Dans ce bâtiment ancien se vend aujourd'hui de la nourriture pour le bétail.

Vieux magasin général Kaffie-Frederick ★★★ *(lun-ven 7h à 17 h, sam 7h à 16h30; 758 rue Front, ☎352-2803)*. Le slogan de la quincaillerie Kaffie-Frederick est «N'importe quoi, un peu de tout, n'importe quand». Cette maison de 1863 aux murs épais de 1 m vaut vraiment la peine d'être visitée pour son charme d'antan. Aux beaux jours d'autrefois, les bateaux à vapeur y chargeaient les balles de coton et y déchargeaient en échange des produits divers dont... des cercueils. On peut y faire ample provision d'articles insolites et de souvenir typiquement louisianais.

La **maison Lemée** *(lun-ven 10h à 12h; 310 rue Jefferson, ☎357-7907)* peut être visitée sur rendez-vous seulement.

Le **fort Saint-Jean-Baptiste** ★★ *(adulte 2$, moins de 12 ans et aîné gratuit; tlj 9h à 17h; 130 rue Moreau, ☎357-3101)*, en bordure de la rivière des Cannes, est une réplique du fort d'origine avec logis du commandant, chapelle, tentes amérindiennes (tipis), etc.

Pisciculture et aquarium national de Natchitoches ★ *(entrée libre; tlj 8h à 15h; 615 route d'État LA 1 Sud, ☎352-5324)*. Durée de la visite : 45 min. On trouve ici des poissons et des reptiles des eaux louisianaises. Visites de groupes et diaporama.

Croisières sur la rivière des Cannes *(tlj 10h à 22 h; 612 avenue Williams, ☎352-7093 ou 352-2577)*. Croisières sur la rivière; visite en tramway de l'arrondissement historique et visite des plantations.

Winnfield ★

Les collines de cette région agrémentent un paysage qui contraste avec le plat pays louisianais. Avec près de 7 000 habitants, Winnfield, sise à la lisière de la forêt, est le chef-lieu de la paroisse de Winn. Jusque dans les années vingt, les planteurs régnaient ici en rois et maîtres absolus. Ces riches producteurs y faisaient la loi, au détriment des petits paysans et fermiers qui, excédés, se regroupèrent en force en coopératives et associations agricoles.

Le bourg a été le berceau d'une famille de politiciens célèbres, les Long (les frères Earl et Huey, ainsi que le fils de ce dernier, Russell).

Le **Musée de la Politique et des Célébrités louisianaises** *(lun-ven 9h à 17h, sam 14h à 17h; 499 rue Principale Est/Main East, ☎628-5928)* rappelle que Winnfield est la ville natale de l'ancien gouverneur de l'État, Huey Long. Considéré comme démagogue à ses heures, Long a marqué de son style la politique locale et nationale. C'est à lui que l'on doit la construction du Capitole de Bâton-Rouge (voir p 188), où il devait mourir assassiné en 1935.

Ruines de la plantation Saint-Maurice *(route nationale US 84)*. Voilà tout ce qui reste de la maison originale construite en 1840, mais détruite par un incendie. On peut toutefois encore en admirer d'intéressants vestiges. Des invités illustres y défilèrent, tels que le chef des armées sudistes Robert E. Lee et Ulysses S. Grant, dont le moins qu'on puisse dire est qu'ils ne partageaient pas les mêmes opinions.

La **Southern Colonial** *(2$; tlj 9h à 18h; 801 rue Principale Est/Main East, ☎628-6087)* est une jolie maison coloniale érigée au début du siècle et aujourd'hui transformée en *bed and breakfast*.

Saline ★

Saline se situe au nord de la paroisse de Winn. La route qui y mène, des plus pittoresques, traverse de belles et vastes forêts de pins dont on ne se lasse d'en respirer le parfum. La rivière Saline se faufile dans ce décor vallonné, puis traverse la Forêt nationale de Kisatchie pour ensuite aller se jeter dans le lac latt.

Le **Briarwood** ★ (réserve Caroline-Dorman de flore locale) *(5$; mars à mai et août à nov, sam 9h à 17h, dim 12h à 17h; à 3 km au sud de Saline, ☎576-3379)* dévoile un environnement accidenté et boisé. Son jardin naturel de 50 ha attire autant les botanistes que les horticulteurs. On y passe volontiers deux heures.

Région à l'ouest d'Alexandrie

Leesville - Anacoco

Parce que la route nationale US 171 longe tout l'ouest de l'État, dont la région de Leesville-De Ridder, on l'appelle le «Western Corridor». Leesville est le siège administratif de la paroisse de Vernon. Tout comme ses voisines, elle bénéficie des largesses de la nature. Ses immenses forêts de pins, son **réservoir Toledo Bend** ★★ ainsi que ses **lacs Vernon, Anacoco et Fullerton** ★ en font un royaume de la chasse et de la pêche, alors que les amateurs de sports de plein air y trouvent de belles plages de sable fin et un endroit propice à la natation et à la pratique d'autres activités nautiques. Mais il y a plus... L'éden regorge de marécages et de bois riches d'une multitude de plantes indigènes, aquatiques autant que terrestres, dont quelques-unes sont carnivores, de même que d'une faune tout aussi généreuse. Le botaniste amateur y découvrira d'éblouissantes orchidées; l'ornithologue, des espèces d'oiseaux malheureusement menacées telles que le pic concardé-rouge.

Le **Musée de la Louisiane de l'Ouest** ★ *(entrée libre; tlj 13h à 17h; 803 3e Rue Sud, Leesville, ☎239-0927)* évoque l'histoire de la Louisiane occidentale et de la paroisse de Vernon par des souvenirs de l'époque des chemins de fer et des moulins à papier, ainsi que par des objets préhistoriques et des collections diverses.

L'**église méthodiste Holly Grove** *(route nationale US 171, à 6 km au sud d'Anacoco)* a été construite en 1834 et serait la plus ancienne église méthodiste à l'ouest du Mississippi. L'endroit demeure un lieu de culte encore aujourd'hui.

Fort Polk

Près de Leesville, Fort Polk est l'un des plus importants centres d'entraînement militaire des États-Unis. Lors de la Deuxième Guerre mondiale, l'armée américaine y déployait d'intenses activités paramilitaires.

Le **Musée militaire du fort Polk ★★** *(entrée libre; mer-ven 10h à 14h, sam-dim 9h à 16h; 917 avenue de la Caroline du Sud, ☎531-7905 ou 531-4840)*, dont la collection présente l'installation militaire actuelle, illustre l'histoire des manœuvres qui se déroulèrent au Fort Polk pendant la Deuxième Guerre mondiale.

DeRidder - Merryville

Avec ses lacs Bundick et Longville, voilà un autre coin de pays propice au camping, à la chasse et à la pêche. La paroisse de Beauregard, située en bordure de la frontière texane, a été fondée par des colons écossais et irlandais venus de la Caroline du Nord et de la Caroline du Sud. Elle doit son nom au général francophone louisianais Pierre-Gustave Toutant Beauregard, Créole louisianais demeuré célèbre pour avoir ordonné d'ouvrir le feu sur le fort Sumter en Caroline du Sud, attaque qui allait déclencher la guerre de Sécession. On est ici tout près de la rivière Sabine, qui va se jeter dans le golfe du Mexique et qui sert de frontière entre les États de la Louisiane et du Texas. La proximité de ce dernier État influence la vie de ses habitants dont la mentalité se rapproche davantage de celle du Texan que de celle du Louisianais, plus expansive.

La ville possède son arrondissement historique et quelques bâtiments intéressants.

Le **Musée Beauregard ★** *(entrée libre, dons appréciés; mar-ven 8h à 16h sur réservations seulement; 120 rue Washington Sud, DeRidder, ☎463-8148)* loge dans un bâtiment en brique au toit de tuiles d'une ancienne gare ferroviaire du Kansas Southern. Il abrite une collection de porcelaines ainsi que des meubles et objets divers liés à l'histoire du sud-ouest de la Louisiane, particulièrement à celle de DeRidder et de la paroisse de Beauregard.

Prison (Maison d'arrêt) et **palais de justice ★** *(entrée libre; lun-ven 8h30 à 16h30; 210 1re Rue Ouest, DeRidder, ☎463-5534)*. Imposant ensemble de bâtiments construits en 1915 et reliés par un tunnel. Le palais de justice, que l'on nomme ici «Maison de Cour», demeure en activité, mais les geôles ne reçoivent plus de «pensionnaires» *(visite des cellules sur rendez-vous)*. On peut y admirer une sculpture rendant hommage à Pierre-Gustave Toutant Beauregard, à qui revient d'avoir tiré les premières salves de la guerre de Sécession, à Fort Sumter, en Caroline du Sud, le 12 avril 1862.

Le **Burk's Log Cabin and Museum ★** *(entrée libre, dons acceptés; lun-sam 10h à 18h, dim 9h à 15h; Merryville, ☎825-0101)*, un chalet rustique construit en 1883, est devenu un intéressant musée où l'on peut admirer des objets de la nation amérindienne des

Natchitoches du XIXe siècle et de la première partie du XXe siècle.

Région au sud d'Alexandrie

Cheneyville

Ici s'étend la plaine à perte de vue. Comme dans toute la région qui borde Alexandrie, cette partie de pays que traverse le bayou Bœuf compte plusieurs belles plantations de coton datant d'avant la guerre de Sécession; plusieurs d'entre elles demeurent toujours en activité, d'autres ont transformées leurs maisons en *bed and breakfast*. Durant tout le conflit du siècle dernier, Sudistes et Nordistes s'y livrèrent à de sanglants affrontements.

La **résidence Loyd Hall Antebellum** ★ *(adulte 5$; tlj, 10h à 16h; 292 Lloyd Bridge Road, sortie 61 de l'autoroute I-49, Lecompte, ☎776-5641 ou 800-240-8135 des États-Unis)*, sur une plantation datant d'avant la guerre de Sécession *(antebellum)* qui est toujours en activité, avoisine un jardin d'herbes aromatiques. La légende veut que, lors de la guerre de Sécession, le propriétaire d'alors, qui espionnait au profit des Confédérés, y ait été pendu par ses adversaires. La maison loue quelques chambres (attention aux fantômes!), et l'on y prépare de bons petits déjeuners.

L'**école de Lecompte** a été construite en 1924 par les meilleurs artisans de l'époque.

L'**église épiscopale de la Trinité** ★ *(entrée libre; sur rendez-vous; 1024 chemin du Bayou, ☎279-2470)* fut érigée en 1860. Le temple a conservé son décor d'origine, dont la «Galerie des Esclaves».

À la **Producer's Mutual Cotton Gin Company** *(entrée libre; lun-mer et ven 9h à 15h; route nationale US 71, ☎279-2145)*, vous ferez une intéressante visite de l'usine d'égrenage du coton, surtout pendant la saison de la récolte *(sept à nov)*; les visites se poursuivent hors saison. Quelques visites sont permises lors de l'égrenage du coton. Durée de la visite : de 30 à 45 min.

Région à l'est d'Alexandrie

Whitehall - Jena

En allant vers Whitehall et Jena, on apercevra le **lac Catahoula** ★ (voir p 383), un endroit privilégié pour la pêche et la chasse au canard. Jena est le chef-lieu de la paroisse de La Salle, nommée en l'honneur de l'explorateur français Robert Cavelier de La Salle, né à Rouen en 1643 et mort au Texas en 1687, qui explora le territoire, lui donnant le nom de «Louisiane» en l'honneur du roi Louis XIV, de même que le fleuve Mississippi.

Jonesville

C'est une région à la fois sylvestre et champêtre. Située dans la paroisse de Catahoula, Jonesville est le site de la dernière bataille livrée par l'explorateur espagnol Hernández de Soto en 1542 (plaque commémorative à la jonction des routes US 84 et LA 124).

Le **parc Riverfront de Jonesville** ★ *(par la route d'État LA 124)* permet d'assister à un phénomène presque unique au monde, puisque ici se rencontrent quatre rivières : la Petite Rivière, la rivière Noire, la rivière Tensas et la rivière Ouachita.

Ferme King d'élevage de tortues *(juste au nord de Jonesville)*. On en élève jusqu'à 500 000 par an. Visites, sauf en mai et juin (période de la ponte).

Harrisonburg

Harrisonburg était grouillante d'activité à l'époque des bateaux à vapeur et aussi durant la guerre de Sécession. Aussi n'y a-t-il rien d'étonnant à ce que tous ses sites dignes d'intérêt soient reliés à l'une ou à l'autre de ces périodes historiques.

Le **Musée d'histoire naturelle de la paroisse de Catahoula** *(lun-ven 8h à 16h30; palais de justice, ☎339-7898)* regorge de souvenirs datant de la guerre de Sécession et d'objets préhistoriques amérindiens.

La **maison Sargeant** *(sur rendez-vous; rue Catahoula)* est une résidence ancienne qui servait d'auberge à l'époque des bateaux à vapeur.

L'**église méthodiste de Harrisonburg** *(route d'État LA 8)* laisse apparaître sur sa façade des traces de balles de la guerre de Sécession.

La **butte de Harrisonburg** ★, dans la paroisse de Catahoula, est un lieu de sépulture amérindien. Dans la langue des Indiens tensas, *cataoola* signifie «grand lac aux eaux cristallines».

Aujourd'hui, le lac Catahoula fait partie de la paroisse de La Salle.

Le **fort Beauregard** ★ *(au nord de Harrisonburg, sur la route d'État LA 124 Nord, ☎435-9238)* fut le site de nombreuses batailles pendant la guerre de Sécession. La première fin de semaine de novembre, on y présente une reconstitution de celle qui y eut lieu en août 1863.

Le **parc du Fort Hill** *(21 mai au 21 oct; voisin du Fort Beauregard, ☎744-5397)* possède aussi son fort reconstitué, inspiré des années 1860. On peut y faire du camping, une balade à travers les sentiers ou encore pratiquer la natation, la chasse et la pêche.

Ferriday

La localité est considérée comme un important carrefour commercial pour les planteurs de coton et de soja. C'est à Ferriday, dans la paroisse de La Concorde, que sont nés le chanteur country Mickey Gillie, le télévangéliste Jimmy Swaggart et son cousin, Jerry Lee Lewis, le roi du *rock and roll*.

La **plantation Lisburn** *(route d'État LA 3196, sortie à mi-chemin entre Ferriday et Vidalia)*, dont l'habitation construite en 1852 est un bel exemple du style néoclassique, ne peut malheureusement pas être visitée.

La **plantation Frogmore** *(par la route nationale US 84 Ouest)* a été fondée en 1843. Cette plantation de coton est toujours exploitée. On y trouve aussi une butte funéraire amérindienne.

Waterproof ★

Les lacs Saint-Jean (St. John) et Concorde confèrent aux environs de Waterproof une vocation touristique; le camping et la pêche sont au nombre des activités recherchées par les amateurs.

La **plantation Pecan & Gift Company** *(entrée libre; août à déc, lun-sam 8h à 17h; adresse postale : HC 62, C.P. 139, Waterproof, LA 71375, ☎749-5421 ou 800-47-PECAN des États-Unis)* donne l'opportunité de visiter ses cuisines où se confectionnent les réputées pralines et d'autres délices à base de pacanes. Durée de la visite : cuisine, 15 min; vergers et pacaniers, une heure.

À voir aussi : les **maisons de plantation Alabama (1854)** et **Canebrake (1812)**.

Vidalia ★

La paroisse de La Concorde s'étale en bordure du Mississippi. Cette zone forestière où abondent lacs et rivières est un coin de paradis pour les pêcheurs et les chasseurs.

C'est à Vidalia, petite ville de 5 000 habitants, qu'eut lieu un duel dont le survivant, James Bowie, dut fuir au Texas. À l'occasion de ce duel, Bowie ou son frère Rezin aurait inventé le «couteau Bowie», bien fait pour étriper un adversaire avec sa lame de 24 cm, et que l'on fabrique toujours.

Bowie est resté dans la mémoire des Américains pour de meilleures raisons. Devenu membre du mouvement pour la libération du Texas, alors possession mexicaine, il se distingua à plusieurs reprises par son courage et son audace jusqu'à sa mort, en 1836, sur le champ de la célèbre bataille d'Alamo. De nombreuses chansons populaires racontent aujourd'hui encore ses exploits.

Chaque année, Vidalia organise un **Festival James Bowie**. Renseignez-vous sur les dates auprès de l'**Office de tourisme de Vidalia** *(☎336-5206)*, de même que sur celle du **Festival du patrimoine noir** (Black Heritage).

PARCS

Forêt nationale de Kisatchie

Seule forêt nationale de la Louisiane, elle est depuis toujours fort appréciée des amateurs de plein air. Elle est ouverte au public et accessible à longueur d'année dans presque tous ses secteurs. Ses aires récréatives bien aménagées sont très populaires, mais on rencontre aussi des zones plus tranquilles où l'on peut profiter pleinement du calme et des beautés de la nature.

La Forêt nationale de Kisatchie dispose de centres d'interprétation, de quais pour la pêche ou les sports nautiques, de plages, d'aires de pique-nique, de routes pittoresques, d'allées cavalières et de sentiers balisés. Les emplacements de camping y sont très nombreux. Les sommes recueillies pour leur location servent à la conservation et à l'entretien des parcs d'État.

Cette forêt domaniale n'est pas d'un seul tenant. Elle regroupe les grandes zones boisées du nord et du centre de l'État, et comprend cinq districts ayant chacun son administration qui relève du garde forestier (*ranger*) : Forêts nationales de Kisatchie du district de Catahoula, de Winn, de Kisatchie, d'Évangéline et de Vernon. Chaque bureau local fournit des renseignements sur les particularités de son territoire ainsi que des cartes sur demande.

Certaines parties de la forêt sont vouées à la conservation de la flore et de la faune louisianaises. Les feux de camp sont autorisés, mais chacun est tenu responsable des dommages qu'ils pourraient causer.

Pour plus de renseignements, adressez-vous au **Supervisor's Office, Kisatchie National Forest** *(2500 autoroute de Shreveport/Hwy, Pineville, LA 71360, ☎473-7160)*.

Région au nord d'Alexandrie

Forêt nationale de Kisatchie du district de Catahoula

Adresse postale : Catahoula Ranger District, C.P. 307, Pollock, LA 71567, ☎765-3554.

Le **lac Stuart** *(droit d'entrée; de Bentley, suivez la route LA 8 Est sur 6 km, puis prenez à droite le chemin forestier 144 sur 1,5 km)* est d'un calme absolu, dans un bel environnement boisé; l'endroit dispose d'un terrain de camping, d'aires de pique-nique et d'une plage. On découvrira avec plaisir son sentier d'interprétation de la flore et de la faune.

White Sulphur Springs *(à 17 km de Pollock, par la route d'État LA 8)*. Les Amérindiens, qui en avaient découvert les bienfaits, l'appelaient «la source des eaux guérisseuses». Le chemin de gravier à la sortie de la route LA 8 mène à la belle rivière des Truites.

Forêt nationale de Kisatchie du district de Winn

Adresse postale : Winn Ranger District, C.P. 30, Winnfield, LA 71483, ☎628-4664.

Sentier Dogwood *(de Winnfield, faites 25 km en direction ouest sur la route nationale US 84; suivez les panneaux indicateurs)*. On peut y entreprendre une agréable promenade de 2 km sur un sentier d'interprétation bordé de cornouillers.

Cloud Crossing *(de Goldonna, prenez la route LA 156 Est sur 4 km, puis la route LA 1233 Nord jusqu'au chemin forestier 513 en vous dirigeant vers l'ouest)* est un site idéal sur le bayou Saline et l'endroit tout indiqué pour le canot-camping et la pêche. On y trouve un terrain de camping et des aires de pique-nique.

Les **Saline Creek Canoe Trips** *(20$ avec navette, 15$ sans navette; adresse postale : C.P. 213, Goldonna, LA 71031, ☎727-4865)* organisent des excursions de canot sur la rivière Saline. Durée : huit heures.

Forêt nationale de Kisatchie du district de Kisatchie

Adresse postale : Kisatchie Ranger District, C.P. 2120, Natchitoches, LA 71457, ☎352-2568.

Au **bayou Kisatchie** *(suivez le chemin forestier 59 Est sur 11 km; à Longleaf Trail, prenez à droite le chemin 321 sur 6 km, puis le chemin forestier 366 à droite jusqu'au bout)*, qui se situe dans une forêt où se mêlent pins et feuillus, on jouit d'une vue panoramique sur des rapides et des plages de sable blanc. On y trouve un camping, des aires de pique-nique et des sentiers. Possibilités de pêche et de canotage. **Kisatchie Cajun Expeditions** *(location canot 20$ par jour; Kitsatchie, ☎239-0119, ⇄238-2898)* organise des excursions en canot sur le bayou Kisatchie.

Le **Longleaf Vista** *(sur le chemin forestier 59, à 5 km de la route d'État LA 119)* est un sentier d'interprétation de 2,5 km offrant d'excellentes vues sur les espaces sauvages de la **Kisatchie Hills Wilderness** (3 500 ha d'étendue inhabituellement escarpée pour la Louisiane), qui présente même de hauts plateaux volcaniques (mesas). Aires de pique-nique, eau, toilettes, mais pas de camping.

Région à l'ouest d'Alexandrie

Forêt nationale de Kisatchie du district d'Évangéline

Adresse postale : Évangéline Ranger District, 3727 rue du Gouvernement/Government Street, Alexandrie, LA 71301, ☎445-9396.

Sentier des azalées sauvages (Wild Azalea National Recreation Trail). De la mi-mars à la mi-avril, ce sentier traverse sur 50 km un magnifique paysage d'azalées et de cornouillers parmi des forêts de pins et de feuillus. Il faut de deux à trois jours pour le parcourir en entier, mais nombreux sont ceux et celles qui y font différentes petites balades de quelques heures à partir de Woodworth ou du lac Valentin, près de Gardner.

Le **lac Kincaid** *(droit d'entrée; de Gardner, empruntez la route LA 121 Sud; vous croiserez à 0,5 km le chemin forestier 279, qui rejoint à 5,5 km le chemin forestier 205; l'entrée du parc se trouve à gauche)* est un réservoir qui s'étend sur 1 000 ha. On y trouve une plage de sable, des sentiers balisés, des aires de pique-nique et un camping aménagé.

Le **lac Valentin** *(droit d'entrée; de Gardner, la route LA 121 Sud mène, à 0,5 km, au chemin forestier 279, que l'on emprunte sur 1 km, puis au chemin forestier 282, à droite)*, ce beau lac de 20 ha situé dans une forêt de pins et de feuillus, dispose d'une plage de sable, avec douches et toilettes, ainsi que de sentiers balisés. Camping, aires de pique-nique.

La **Cotile Recreation Area** *(Hot Wells, ☎793-8995)* offre plus de 800 ha de lacs et 100 emplacements pour le camping *(11$)*. Pêche, sports nautiques.

Leesville

Canot-camping sur le bayou Toro avec Tack-A-Paw Expeditions *(canot ou kayak 25$ par jour; adresse postale : C.P. 1565, Leesville, LA 71446, ☎238-0821 ou 800-256-9337 des États-Unis, ⇌238-4935)*. Pour découvrir plus de 150 km de rivières. Au choix, les excursions peuvent durer moins de deux heures ou plusieurs jours.

Forêt nationale de Kisatchie du district de Vernon

Adresse postale : Vernon Ranger District, C.P. 678, Leesville, LA 71446, ☎239-6576.

Longleaf Scenic Area *(de Pickering, la route d'État LA 10 Est croise à 11 km le chemin forestier 421; tournez à gauche en direction est pour 6,5 km jusqu'à la Longleaf Scenic Area, qui se trouve à droite)*. Cette forêt séculaire de 100 ha est l'habitat du pic concardé-rouge, une espèce menacée. Sentiers; pas d'eau ni de toilettes.

Le **lac Fullerton** *(à 1,5 km de Cravens par la route LA 10 Est, on croise la route LA 399 Nord, que l'on suit sur 8 km jusqu'au chemin forestier 427, qui, à gauche, mène au lac Fullerton)*, est situé dans une forêt éloignée où l'on exploitait jadis l'une des plus grandes scieries du Sud. Il ne reste aujourd'hui que des ruines que l'on pourra apercevoir en empruntant les nombreux sentiers qui entourent le lac. Camping, aires de pique-nique, toilettes.

Région à l'est d'Alexandrie

Le **lac Catahoula** *(au sud-ouest de Whitehall)* est le plus grand lac naturel du sud des États-Unis. Site idéal pour la pêche.

Ferriday

Le **lac Concorde** *(à l'est de Ferriday par la route LA 568)* est un très beau lac de 400 ha pour les amateurs qui veulent pratiquer les sports nautiques et la pêche ou faire du camping.

HÉBERGEMENT

Note : grâce aux nombreux hôtels et motels situés près des axes routiers, on trouve facilement à se loger un peu partout en Louisiane. Ces endroits, qui misent plus sur le confort moderne que sur le charme de l'environnement, ne sont toutefois pas idéaux pour de longs séjours. Il n'y a pas grand-chose à redire sur ces hôtels ou motels quasi identiques. Cette liste ne vise qu'à faciliter la tâche du visiteur qui, un soir de malchance (en saison touristique), trouvera difficilement un gîte. Un avantage toutefois : plusieurs offrent le petit déjeuner sur place; celui-ci est facturé en sus. Cette note vaut aussi pour les autres régions. Donc, sauf mention, les établissements hôteliers qui suivent ci-dessous n'ont pas de cachet particulier, mais ils offrent quand même tout le confort et les services d'usage. Tous les endroits mentionnés acceptent les cartes de crédit.

Alexandrie

Le **Camping d'Alexandrie Ouest-Kincaid Lac-KOA** (Alexandria West/Kincaid Lake-KOA) *(21,50$; d'Alexandrie, empruntez la route LA 28 Ouest sur 15 km et tournez à gauche sur Kisatchie Lane, ☎445-5227)* est ouvert toute l'année. Cinquante-sept emplacements, sentiers, épicerie, laverie.

Le **Camping Country Living** *(13$; route d'État LA 28, à l'est de Pineville, ☎442-9801)* compte 52 emplacements (eau, électricité, épicerie).

Le **Executive Inn** *(35-46; ≡ bp, tvc, ≈; 1146 promenade MacArthur – MacArthur Drive, ☎443-1841, ≠448-4845 d'Amérique du Nord)* est un hôtel confortable. On accède au centre-ville en empruntant la rue Jackson. On rencontrera d'autres hôtels ou motels en continuant sur la promenade MacArthur.

Le **Motel Days Inn** *(40-50; ≡, bp, tvc, ≈, ℜ; 2300 promenade MacArthur Nord/MacArthur Drive, ☎443-7331 ou 800-329-7566, ≠445-5581 de l'Amérique du Nord)* est en fait un hôtel situé sur la nationale US 71, une voie rapide, et près de la jonction avec la route LA 1, dans la partie nord de la ville.

Le **Rodeway Inn** *(40-60; ≡, bp, tvc, ≈; 742 promenade MacArthur – MacArthur Drive, ☎448-1611 ou 800-228-2000 des États-Unis, ≠473-2984)* se situe près de la jonction avec la route LA 28 et de la rue Monroe, qui mène au centre-ville.

La **Maison de Plantation Tyrone** *(65-75 pdj américain; bp; 6576 chemin du Bayou-des-Rapides, contactez Marion, ☎442-8528)* se situe sur une grande plantation ancienne donnant sur le bayou. Les deux chambres de cet endroit calme et tranquille sont spacieuses. On vous y fera un historique de la maison, qui remonte à 1843. Animaux interdits.

L'**Hôtel Bentley** *(99-195; ≡, bp, tvc, ⊛, ⊘, ≈, ℜ; 200 rue De Soto, ☎448-9600 ou 800-333-3333, ≠448-0683)* est un palace qui a été construit en 1908 dans le style des grands hôtels européens. L'Hôtel Bentley a su garder tous les charmes du passé : chambres spacieuses, salle à manger haut de gamme, vitraux originaux décrivant des scènes historiques, etc. Ses 178 chambres et suites, ses soirées dansantes et sa salle d'exercice expliquent sa durable réputation. L'hôtel est situé au centre-ville, près de la rivière Rouge.

Région au nord d'Alexandrie

Forêt nationale de Kisatchie du district de Catahoula

Lac Stuart *(droit d'entrée; de Bentley, suivez la route LA 8 Est sur 6 km, puis prenez à droite le chemin forestier 144 sur 1,5 km)*. Ce lac paisible, situé dans un bel environnement boisé, dispose de huit emplacements de camping, d'aires de pique-nique, d'une plage, de points d'eau et de toilettes. On découvrira avec plaisir son sentier d'interprétation de la flore et de la faune.

Le **Camping Bayou Saddle** *(de Williana, empruntez le chemin forestier 155 Nord sur 4 km)* profite d'un bel emplacement dans une forêt de feuillus, mais ne dispose pas de points d'eau.

Au **Camping Pearson** *(sur la nationale US 167, à 8 km au nord de Williana; le camping est situé à l'est de la route)*, on peut planter sa tente dans un environnement de pins et de feuillus, mais on n'y trouve pas de points d'eau.

Le **Camping Bankston** *(de Williana, suivez la route LA 472 sur 6 km, puis empruntez le chemin forestier 145 sur 3 km; le camping est sur la droite)* est très populaire auprès des visiteurs fréquentant la Forêt nationale de Kisatchie, mais n'est malheureusement pas aménagé.

Highway 472 *(de Williana, en direction nord-est, suivez la route LA 472 sur 10 km; le camping se trouve sur la droite)* est un autre camping peu aménagé qui se terre dans une forêt de pins.

Natchitoches

Le **Camping Nakatosh** *(au carrefour de l'autoroute I-49 et de la route d'État LA 6 Ouest, ☎352-0911)* propose aux amateurs de plein air 44 emplacements. Le terrain est situé en bordure de l'autoroute et peut servir plus aisément de dépannage que de lieu de repos.

Le **Camping du lac Sibley** *(sur le lac Sibley, à quelques kilomètres de Natchitoches par la route LA 6, ☎352-6708)* est équipé de toilettes, de douches et d'une épicerie. Sites de pêche.

Au **Lakeview Inn** *(32-50; ≡, bp, tvc, ≈; 1316 Washington Street, ☎352-9561, ≠357-2021)*, louez si possible une chambre avec un balcon donnant sur la rivière.

Chez Martin *(occ. simple 50$ pdj, occ. double 60$ pdj; bp, ≈; 1735 ½ rue de Washington)*. Dans un joli cadre avec terrasse, fontaine et volière, on vous servira un petit déjeuner «gourmet». Il est également possible d'y prendre le repas du soir pour moins de 15$.

River Oaks *(65-75 pdj; bp, tv, ≈; 112 rue Williams Sud, ☎352-2776)*. Ce *bed and breakfast* de deux chambres est situé sur la rivière des Cannes, en face du célèbre fort Saint-Denis, construit par les Français. Restrictions pour fumeurs. Les enfants de moins de 10 ans ne sont pas admis, de même que les animaux sont interdits... Bref, asseyez-vous sur une chaise et tenez-vous tranquille!

La **Maison Cloutier** *(65-85 pdj; bp, ⊛, tv, ℜ; 416 rue Jefferson, ☎352-5242)*, avec son grand salon, ses hauts plafonds, ses portes françaises et son balcon donnant sur la rivière, ne passe pas inaperçue. À quoi s'ajoute, à l'intérieur, le charme de ses meubles Empire, de ses objets d'époque et de ses tableaux. De la terrasse, on a vue sur le square Ducournau.

Le **Fleur-de-Lis Inn** *(70-75 pdj; bp; 336 2e Rue, ☎352-6621, ☎800-489-6621)* est une autre belle maison victorienne classée comptant cinq chambres. On sert sur la grande table commune le petit déjeuner «comme à la plantation». Le centre-ville et le campus sont tout près.

La **Maison Breazeale** *(75-85 pdj; bc/bp; ≈; 926 rue de Washington; Mme Willa Freeman, ☎352-5630, ⇌356-5623)*, d'un style résolument victorien, dispose de quatre chambres. On admirera les balcons, les portes et fenêtres à vitraux, et les 11 cheminées d'origine de la demeure.

La **Maison Jefferson** *(75-95 pdj; bp/bc; 229 rue Jefferson, ☎352-3957, ⇌352-7721, www.jeffer sonhouseband-.com)* est une grande demeure située dans le vieux Natchitoches. La maison possède une belle salle à manger meublée à l'ancienne qui donne sur la rivière. On y trouve 4 chambres dont deux avec salle de bain.

La **Plantation Starlight** *(115-160 pdj; bc/bp, ⊛, tvc; à 4 km au sud de Natchitoches sur la rivière des Cannes; adresse postale : route 1, C.P. 239, LA 71457; ☎352-3775 ou 800-866-8893, www.starlightplantation.com)* est une élégante maison de campagne comptant deux chambres magnifiques et de nombreux attraits : ambiance intime, quai, location de barques, visites guidées des plantations. On peut y dîner sur réservation.

Forêt nationale de Kisatchie du district de Kisatchie

Dogwood *(près de la jonction de la route LA 117 et du chemin forestier 59)*. Ce camping, aménagé parmi les cornouillers, dispose d'installations utiles pour les véhicules récréatifs.

Bayou Kisatchie *(suivez le chemin forestier 59 Est sur 11 km; à Longleaf Trail, prenez à droite le chemin 321 sur 6 km, puis le chemin forestier 366 à droite jusqu'au bout)*. Dans une forêt où se mêlent pins et feuillus, on jouit d'une vue panoramique sur des rapides et des plages de sable blanc. Le camping compte 18 emplacements, des aires de pique-nique et des sentiers. Possibilités de pêche et de canotage.

Le **Camping Red Bluff** *(suivez le chemin forestier 59 sur 7 km, puis, au chemin forestier 345, prenez à gauche; à 4 km se trouve le panneau indicateur du camping)* est situé dans la partie la moins sablonneuse du bayou Kisatchie. Toilettes, mais pas de points d'eau.

Le **Camping Lotus** *(chemin forestier 59, à 6,5 km de la route d'État 171)* est plus ou moins aménagé, avec toutefois des points d'eau et des toilettes.

On trouve dans ce secteur *(chemin forestier 59)* cinq autres terrains, à savoir les campings Coyote, Corral, Custis, Cane et Oak, avec toilettes mais sans points d'eau.

Winnfield

Motel Best Western *(44-55; ≡, bp, tv, ≈, ℜ; 700 rue Court Ouest, ☎628-3993 ou 800-256-4494, ⇌628-1743, d'Amérique du Nord)*.

Le **Southern Colonial** *(60$ pdj; bp/bc; 801 rue Main Est, ☎628-6087, ⇌628-4995)* est une maison de style colonial; trois des quatre chambres ont une salle de bain privée.

Forêt nationale de Kisatchie du district de Winn

Le **Camping Cloud Crossing** *(de Goldonna, prenez la route LA 156 Est sur 4 km, puis la route LA 1233 Nord jusqu'au chemin forestier 513 en vous dirigeant vers l'ouest)* dispose de 13 emplacements sur le bayou Saline, un endroit idéal pour le canot-camping. Eau, toilettes, pêche, aires de pique-nique.

Le **Camping Gum Springs** *(de Winnfield, prenez la nationale US 84 sur 13 km)* compte 13 emplacements dans une forêt de pins et de feuillus sur un pittoresque terrain accidenté. Points d'eau, toilettes, aires de pique-nique.

Région au sud d'Alexandrie

Cheneyville

Plantation Loyd Hall *(105-155 pdj américain; bp, ℂ; sur le bayou Bœuf, à 24 km au sud d'Alexandrie, près de la jonction des routes US 71, US 167 et I-49, sortie 61, ☎776-5641 ou 800-240-8135 des États-Unis).* Y sont disponibles des maisonnettes tout équipées : salon avec cheminée, deux chambres et cuisinette. Puisque cette plantation a conservé sa vocation, on peut même y ramasser du coton en saison! Interdiction de fumer.

Région à l'est d'Alexandrie

Vidalia

Camping Oak Harbor *(toute l'année; de Ferriday, prenez la direction est sur la route d'État LA 84, faites 3 km, tournez ensuite à gauche et suivez les panneaux indicateurs, ☎757-2397).* Ce camping est agréablement situé au bord d'un lac et riche de sentiers aménagés.

Plantation Lisburn *(100-125 pdj; bp; par la route d'État LA 3196, entre Ferriday et Vidalia; adresse postale : C.P. 1152, LA 71373, ☎336-5457 ou 800-972-0127 des États-Unis).* Cette riche maison de plantation du milieu du siècle dernier est particulièrement bien située, près du lac Concorde et à quelques minutes de la ville de Natchez, au Mississippi. Meubles anciens dans ses quatre chambres. Plages, golf, sports nautiques. Animaux interdits.

Région à l'ouest d'Alexandrie

Forêt nationale de Kisatchie du district d'Évangéline

Le **Camping d'Évangéline** *(d'Alexandrie, prenez la route d'État LA 28 Ouest sur 13 km, puis le chemin forestier 273 Sud sur 6,5 km, ☎443-0683),* un excellent camp de base pour l'exploration du Sentier des azalées sauvages, est réservé aux tentes seulement. Aménagements limités, mais toilettes et points d'eau.

Lac Kincaid *(droit d'entrée; de Gardner, empruntez la route LA 121 Sud; vous croiserez à 0,5 km le chemin forestier 279, qui rejoint à 5,5 km le chemin forestier 205; l'entrée du parc se trouve à gauche).* Ce camping riche en sentiers balisés dispose de 41 emplacements pour véhicules récréatifs, d'aires de pique-nique avec grils de plein air, de plages de sable, d'embarcadères et de routes pavées. Toilettes et douches près de la plage.

Le **Camping du lac Valentin** *(droit d'entrée; de Gardner, la route LA 121 Sud mène, à 0,5 km, au chemin forestier 279, que l'on emprunte sur 1 km, puis au chemin forestier 282, à droite)*, qui s'étend sur 20 ha et qui est situé dans une forêt de pins, compte 34 emplacements, mais ne dispose pas d'installations pour les véhicules récréatifs. Aires de pique-nique, plage avec douches et toilettes.

Indian Creek Recreation Area *(10$; Woodworth, sur la nationale US 165, à 15 km au sud d'Alexandrie, ☎487-5058)*. Autour d'un très beau lac de 36 ha, ce camping propose 71 emplacements pour véhicules récréatifs ainsi que des aires de pique-nique, de jeu et de pêche.

Leesville - Anacoco

Le **Camping et parc pour véhicules récréatifs Diamond «S»** *(à 6 km au nord de Leesville par la route nationale US 171, ☎239-3256)*, situé près du lac Vernon, est ouvert toute l'année. On trouve sur place une épicerie et une laverie.

Le **Centre de camping et de plein air Dive Toledo Scuba** (Dive Toledo Scuba Center & Campground) *(55 promenade Perch/Drive, Anacoco, LA 71403; à 4,2 km au nord du barrage Toledo, ☎286-9362)*, qui peut accueillir les campeurs et les véhicules récréatifs, dispose d'un débarcadère, d'une piscine et d'une épicerie. Toilettes et douches. Animation : *party barge*.

Le **Country Inn** *(49$; ≡, bp, tvc, ≈; 3020 boulevard Colony, Leesville, ☎238-3506 ou 800-256-2210 des États-Unis)* est un petit hôtel à prix raisonnable le long d'une route très fréquentée.

Le **Days Inn** *(50$ pdj; bp, tvc, ℜ, ≡, ≈; sur l'autoroute 171 Sud/Hwy 172 South, Leesville, ☎239-2612 ou 800-329-7466 d'Amérique du Nord, �Ⅎ238-5655)*, un hôtel moderne, abrite 70 chambres et possède son propre restaurant.

Forêt nationale de Kisatchie du district de Vernon

Camping Vernon *(de Pickering, après 8 km, la route LA 10 Est croise le chemin forestier 405 Est, que l'on emprunte sur 8 km jusqu'au panneau indicateur, où l'on tourne à droite)*. Ce camping de 50 emplacements est ouvert toute l'année. Il n'y a pas de points d'eau ni de toilettes. On y trouve toutefois des sentiers pédestres et des pistes cyclables.

Le **Camping du lac Fullerton** *(à 1,5 km de Cravens par la route LA 10 Est, on croise la route LA 399 Nord, que l'on suit sur 8 km jusqu'au chemin forestier 427, qui, à gauche, mène au lac Fullerton)* ne compte que huit emplacements. Mais on y trouve des aires de pique-nique et des sentiers, dans une forêt patrimoniale qui alimentait jadis l'une des plus grandes scieries du Sud. L'endroit fait aujourd'hui la joie des campeurs.

RESTAURANTS

Alexandrie

Les **Cafétérias Piccadilly** *($-$$; tlj 11h à 20h30; mail d'Alexandrie/Alexandria Mall, 3437 promenade Masonic,*

☎445-9574; 1400 promenade Macarthur/Drive) sont multiples en Louisiane. Ici, le client choisit ses plats au comptoir, puis va s'attabler avec son plateau chargé de victuailles.

L'**Auberge du Cyprès - Chez Tunk** *($-$$; lun-sam 17h à 22h; à 14 km d'Alexandrie, 9507 route 28 Ouest, ☎487-4014)* offre une belle vue sur le lac Kincaid. Parmi ses spécialités, laissez-vous tenter par l'alligator, le gombo et les écrevisses.

Le **Catfish Shack Family Plantation Restaurant** *($-$$; tlj 11h à 22h; 3800 boulevard du Colisée, ☎473-8125)* se trouve à la sortie ouest d'Alexandrie, sur la route LA 28. Ce restaurant familial propose, outre une cuisine campagnarde, du poisson-chat, des fruits de mer, des écrevisses et des steaks.

Région au nord d'Alexandrie

Natchitoches

Le «Barbéque» de chez Grayson *($; fermé lun, 5849 route nationale US 71, ☎357-0166)* est une institution vieille de plus de 35 ans. Outre son fameux «barbéque» louisianais, Grayson sert des côtelettes, du jambon et de la dinde fumés, des sandwichs, des pains maison, des biscuits et des tartes.

Chez Lasyone *($; mar-sam 7h à 19h; 622 2e Rue, ☎352-3353 ou 352-2174)*. Ce restaurant est réputé dans tous les États-Unis pour ses fameuses tourtes de Natchitoches. La cuisine y est familiale : beignets de viande frits, haricots et saucisses, tartes à la crème. Pas de cartes de crédit.

Le **Restaurant Just Friends** *($; lun-ven 11h à 15h; 746 rue Front, ☎352-3836)* est fort apprécié des gens de la région. Son fameux «pouding au pain La Coste» (*bread pudding*), arrosé de sauce au rhum, vaut une halte gourmande.

Blake's Spicy Chicken *($; lun-ven 10h à 20h; sam 10h à 18h30; 442 promenade Martin-Luther-King/MLK Drive, ☎352-9763)* prépare une authentique cuisine du Sud (*soul cuisine*) : gombo, poulet et fruits de mer.

La Tin House *($; lun-jeu 10h30 à 17h, ven 10h30 à 21h, sam 10h30 à 14h et 17h à 21h; 400 rue Saint-Denis, angle 4e Rue, ☎352-6164)*, connue aussi sous le nom de «La maison de Tôle», se spécialise dans le «barbéque boucané», comme on dit en Louisiane, et le steak.

Le **Merci Beaucoup Restaurant et Boutique** *($-$$; tlj, dim-mer 10h à 17h, jeu-sam 10h à 21h30; 127 rue de l'Église, ☎352-6634)*, comme l'indique son nom, propose à la fois une bonne cuisine 'cadienne ainsi que de beaux souvenirs à la boutique adjacente au resto.

Creston

Lakewood Inn *($$; lun-sam 16h à 22h, dim 11h à 22h; route d'État LA 9, ☎875-2263)*. La maison prépare d'une manière succulente crevettes, crabes farcis, écrevisses, cuisses de grenouille et huîtres. Spéciaux les mardis, mercredis et jeudis.

Winnfield

Lynda's Country Kitchen *($; lun-sam 6h à 22h; route d'État LA 84 Est, ☎628-3222)*. Cuisine et ambiance familiales.

The Pink House *($; mar-sam 10h à 17h; 105 rue Pineville Sud, ☎628-1515)*. À la «Maison Rose», on prend le thé dans un cadre victorien. Desserts maison, salades et cafés. Boutique de souvenirs.

La **Galerie Pea Patch** (Pea Patch Gallery) *($-$$; mar-jeu 16h à 22h, ven-sam 10h à 22h, dim 10h à 16h; 109 rue Abel Sud, ☎628-3560)* propose à son menu du jour des plats familiaux. Le *Pea Patch* était le nom que le célèbre gouverneur Earl K. Long, dont le frère aussi gouverneur Huey P. Long fut assassiné au Capitole de Bâton-Rouge, avait choisi pour son lieu de retraite. L'acteur Paul Newman devait tenir le rôle de ce personnage coloré dans le film *Blaze*, tourné à Winnfield.

Région à l'ouest d'Alexandrie

Leesville

Catfish Junction *($$; dim-jeu 17h à 21h, ven-sam 17h à 22h; 1004 5e Rue Nord, ☎239-0985)* loge dans une ancienne gare réaménagée. On y propose des fruits de mer et des steaks.

DeRidder

Boulangerie-charcuterie Chez Reichley's *($; 219 rue Washington Nord, ☎463-6856)*. Un bon endroit pour se procurer pains et brioches allemandes, saucisses et viandes fumées.

La Maison de la Pacane - Chez Thib's *($; à 29 km au sud de DeRidder, sur la route nationale US 171 Sud, au sud de Longville, ☎725-3958)*. On y achète des pacanes, des confiseries ou quelques souvenirs.

Région au sud d'Alexandrie

Forest Hill

Chez Vivian's Vittles *($; lun 6h à 14h, mar-jeu 6h à 20h, ven 6h à 21h, sam 10h à 20h, dim 10h à 14h; route d'État LA 112, ☎748-6873)*. «Aux victuailles de Chez Vivian», on vous propose une cuisine campagnarde. Petit déjeuner complet, buffet le midi, poisson-chat, steaks, sandwichs «po-boys» et tourtes. Pas de cartes de crédit.

Région à l'est d'Alexandrie

Vidalia

Sandbar Restaurant *($; tlj 11h à 22h; 106 rue Carter, ☎336-5173)*. Dans une ambiance chaleureuse et un décor rustique, on déguste steaks, fruits de mer et poissons-chats.

West Bank Eatery *($$; lun-sam 11h à 22h; chemin de la Levée, ☎336-9669)*. La salle à manger offre une superbe vue sur le Mississippi. Au menu : fruits de mer, assiettes créoles, spéciaux du midi.

SORTIES

Contrairement aux autres régions, plus particulièrement celles de La Nouvelle-Orléans et de Lafayette, Carrefour se trouve un peu isolée des endroits de divertissement. Néanmoins, la région organise elle aussi quelques festivals annuels, qui ajoutent aux activités possibles et que vous serez sans doute en mesure d'apprécier.

Alexandrie

L'**Hôtel Bentley** *(lun-sam; 200 rue De Soto, ☎448-9600 ou 800-356-6835)* présente des spectacles et des orchestres pour animer sa piste de danse.

Calendrier des événements et des festivals annuels

Mars

Le **Festival des chiens de chasse aux sangliers de l'Oncle Eral** (Uncle Earl's Hot Dog Trials) *(ven-dim de la 3e semaine de mars; pour de plus amples renseignements sur ce festival, adressez-vous à la Chambre de commerce de Winnfield - Winnfield Chamber of Commerce, 107 rue Court, Winnfield, LA 71483, ☎628-4461)* se déroule dans la paroisse de Winn. La tradition de cette chasse remonte à quatre générations. Ce festival de l'«Oncle Earl» rappelle que l'ancien gouverneur Earl Long était un passionné de cette activité qu'il pratiquait sur son vaste domaine. En Louisiane, les francophones appellent «cochon farouche» le sanglier sauvage.

Mai

Le **Shady Dell Bluegrass Festival** *(1re fin de semaine de mai; Pollock)* est une manifestation consacrée à la musique *bluegrass*. Au terrain de camping de l'endroit.

Juin

Le **Festival de l'artisanat à la plantation Melrose** *(adulte 2$, enfant 1$; début juin, 10h à 17h)* regroupe plus de 100 artistes et artisans de la Louisiane et des États voisins. Exposition, vente d'objets et démonstrations culinaires.

Juillet

Pow Wow des Indiens caddo-adaï ★ *(entrée libre; 5 juil; à la salle de l'église Sainte-Anne, par l'autoroute 485/Hwy 485, à environ 10 km au nord de Robeline et à près de 20 km à l'ouest de Natchitoches)*. Déjà au XVIIe siècle, d'Iberville et de Joutel font mention de leur rencontre avec la nation amérindienne des Adaï. Aujourd'hui encore, pour nombre d'entre eux, le français est la langue parlée; certains parlent aussi l'espagnol. Durant l'événement, qui ne dure qu'une seule journée, les autochtones dressent leurs tentes (tipis) sur le terrain, et il y a une visite de l'église historique de Sainte-Anne, des danses traditionnelles des Caddo de la Louisiane et de l'Oklahoma, une dégustation de cuisine amérindienne, une démonstration et une vente d'artisanat.

Le **Festival folklorique de Natchitoches** *(un jour de la 3e semaine de juil, date changeante d'une année à l'autre; au campus de l'Université du Sud-Ouest de la Louisiane, Natchitoches, ☎357-4332)* choisit chaque année un nouveau thème parmi l'une des multiples facettes du patrimoine culturel louisianais. Des expositions, des démonstrations culinaires et artisanales, de la musique et des danses sont au programme de cette journée fort bien remplie.

Octobre

Le **Pèlerinage des Natchitoches ★** *(visite de la ville et des plantations : adulte 10$, 13 à 18 ans 5$, enfant 3$; 2e fin de semaine d'oct, 8h30 à 17h; maison Lemée, 310 rue Jefferson, Natchitoches, ☎357-0447, 352-8604 ou 352-8052)* permet de visiter des résidences autrement fermées au public ou accessibles seulement sur rendez-vous.

Novembre

Au cours de la première fin de semaine de novembre se déroule à Colfax le **Festival de la «pécane»**, cette noix dont on fait ici de si bonnes tartes. Les artisans des environs en profitent pour y vendre leurs produits.

Décembre

L'un des événements les plus populaires en Louisiane est le **Festival des lumières de Noël de Natchitoches ★★★** *(premier sam de déc; Natchitoches, ☎352-4411, 352-8072 ou 800-259-1714 des États-Unis)*. Spectacle magnifique que celui des barges illuminées défilant sur la rivière des Cannes et celui des fières demeures de l'historique ville.

ACHATS

Région au nord d'Alexandrie

Natchitoches

Antiquités et Trésors chez Gibb's *(732 2e Rue)*. Voilà une caverne d'Ali Baba où, coup de foudre aidant, on trouve la pièce que l'on n'avait pas vraiment besoin!

Antiquités Chez Gray's *(chemin Oak Grove, ☎352-4226)* est une boutique où l'on fait d'intéressantes trouvailles, plus particulièrement du côté des meubles américains du siècle dernier.

Le **Carriage House Market** *(720 rue Front, ☎352-4578)* demeure une bonne adresse pour l'amateur ou le collectionneur d'antiquités.

Le **Jefferson Street Mall** *(lun-sam 9h30 à 16h30; 400 rue Jefferson, ☎352-4011)* déborde d'antiquités de toutes les époques, de souvenirs et de pacotilles en quantité industrielle, ainsi que de jolies pièces fabriquées par les artisans de la région.

Au magasin **Bayou Antique and Collectibles** *(mer-sam 9h30 à 17 h; autoroutes 6 Est et 84 Est/Hwy 6 East-84, à un quart d'heure de Natchitoches)*, on trouve des meubles anciens, de la verrerie d'art (*glassware*), des tissus en lin et de vieilles pièces de collection.

Granny Antique Emporium *(tlj 10h à 17h; 310 rue du Texas, ☎357-0807)*. La maison propose à la clientèle des livres anciens, des meubles d'époque et rétro ainsi que de la verrerie d'art (*glassware*).

Boulangerie La Fournée (The Bakery) *(lun-ven 8h à 17 h, sam 9h à 18h; 119 rue Saint-Denis, ☎352-9040)*. Vous y trouverez de quoi faire un casse-croûte rapide entre deux séances de lèche-vitrine ou entre deux visites de boutiques!

À la boutique **Bayou Books and Coins** *(558 rue Front)*, on trouve de quoi bouquiner, des pièces de monnaie, des souvenirs de toutes sortes, des t-shirts, etc.

Craft Connection *(lun-sam, 10h à 17h; 113 rue Saint-Denis, ☎357-0064)* est un endroit regroupant 45 boutiques d'artisanat pour tous les goûts et pour tous les genres.

Boutique de cadeaux de Georgia (Georgia's Gift Shop) *(lun-sam 10h à 17h, dim 10h à 16h; ☎352-5833)*. Chez Georgia, vous trouverez des livres de recettes, des poupées fabriquées à la main et toute une panoplie de souvenirs et de bibelots.

Cane River Crafts *(612 rue Front, ☎352-1718)* regroupe quelque 60 artisans qui exposent ici leurs pièces, toutes à vendre évidemment!

Aux Intérieurs et Cadeaux de Chez Choate *(lun-sam 10h à 17h; 600 rue Front, ☎352-2403)*. Comme dans toutes les boutiques du genre, il y a des pièces qui plaisent, d'autres moins. Bref, tout le monde y trouve son bonheur.

À la **Quincaillerie Kaffie-Frederick** *(758 rue Front, ☎352-2525)*, un bric-à-brac assez inusité, le sécateur côtoie le hochet pour bébé; et la clé à molette, la canne pour grand-père! Vous y trouverez l'objet pratique que vous recherchez.

Merci Beaucoup *(127 rue de l'Église, ☎352-6634)*. «Merci beaucoup» d'entrer chez nous et d'en ressortir avec un petit souvenir sous le bras. À voir tous les merveilleux objets des comptoirs de cette boutique, vous ferez des achats... très certainement!

Meubles créoles en cipre chez Olivier *(177 2e Rue, ☎352-1427)*. Chez Olivier, comme son nom l'indique, il y a de fort beaux meubles créoles en cipre.

Robeline

La boutique **Hesitation Station** *(9068 chemin du Texas, ☎472-9072)* demeure un bon endroit pour acheter des souvenirs de toutes sortes : paniers de victuailles débordant de fins produits régionaux, artisanat, etc.

Région à l'ouest d'Alexandrie

DeRidder

Les Trois Sœurs (The Three Sisters) *(mar-sam 10h à 17h30; 113 rue Washington Sud, ☎463-7379)*. L'amateur y trouve toute une gamme de bottes de cow-boy.

Chez J.C. (J.C.'s) *(115 rue Washington Sud, ☎463-4549)*. La boutique propose des vêtements de style «western» et de l'artisanat amérindien.

Harper's Record Shop *(115 1e Rue Ouest, ☎463-8278)*. Vous recherchez un vieux «33 ou 45 tours»? Armez-vous de patience et, en fouinant, vous trouverez sûrement!

Hook's Big «D» Corral *(119 rue Washington Nord, ☎463-4141)*. Selon certains spécialistes en la matière, c'est la boutique préférée du vrai cow-boy.

Uptown Antiques *(113 rue Washington Nord, ☎463-7200)* est une boutique de superbes antiquités qui vend égalcmcnt de rares pièces de collections.

Centre américain autochtone (Native American Center) *(Centre commercial Country Square/Shopping Center, ☎463-6437)*. Tous les objets en montre sont l'œuvre d'artisans amérindiens.

Le **Treasure City Mall** *(121 rue Washington Sud, ☎462-5777)* est destiné à ceux et celles qui aiment les marchés aux puces, et celui-ci est digne d'intérêt.

Merryville

Chez Madame Gussie Townsley *(adresse postale : route 1, C.P. 379, ☎825-8473)*. Mme Gussie est à la fois poète et folkloriste. On trouve donc chez elle de précieux ouvrages consacrés à la poésie et aux traditions louisianaises.

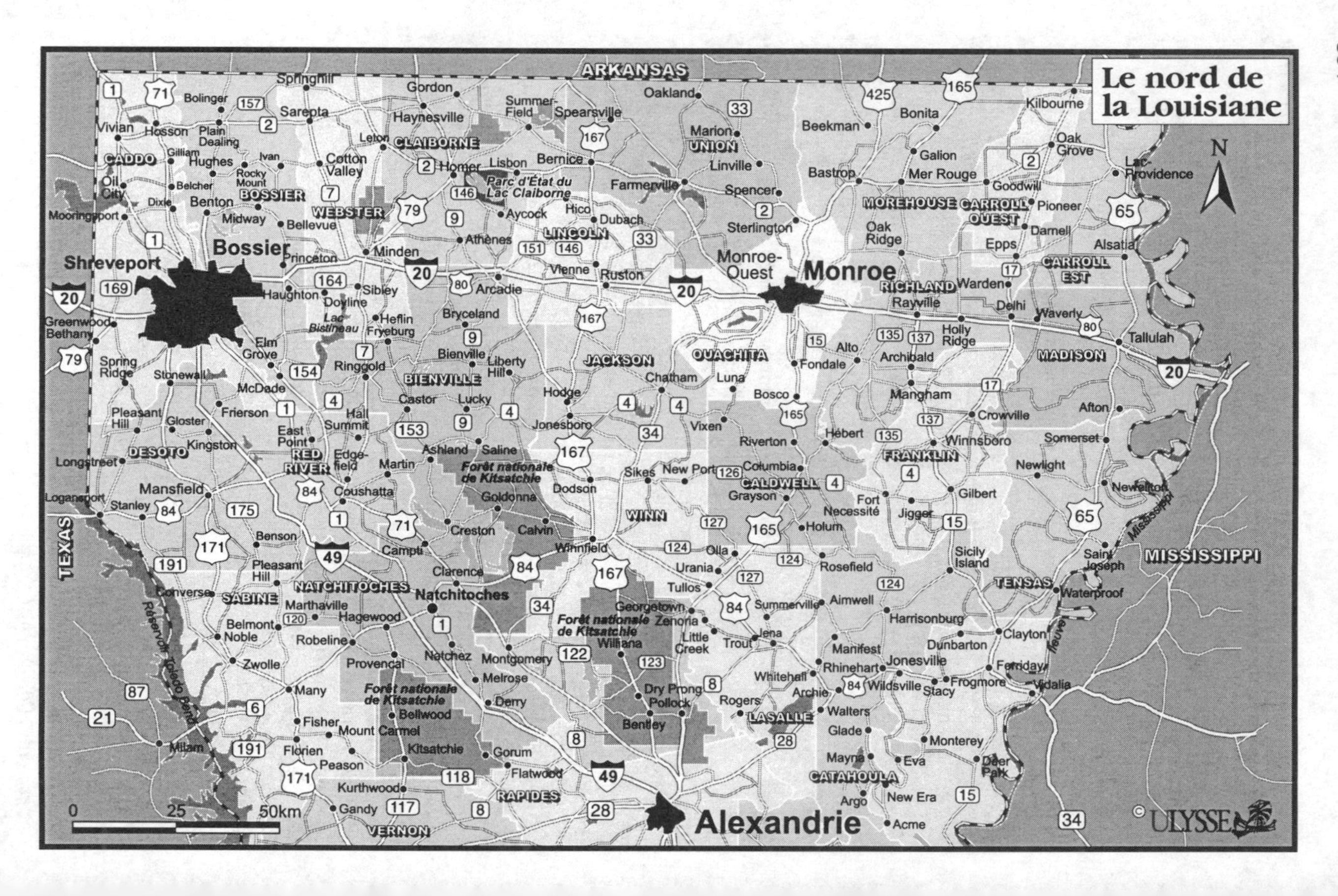

Le nord de la Louisiane
N
ARKANSAS
MISSISSIPPI
TEXAS
Shreveport
Bossier
Monroe
Monroe-Ouest
Alexandrie
Natchitoches
CADDO
BOSSIER
WEBSTER
CLAIBORNE
UNION
MOREHOUSE
CARROLL OUEST
CARROLL EST
LINCOLN
OUACHITA
RICHLAND
MADISON
JACKSON
BIENVILLE
CALDWELL
FRANKLIN
TENSAS
WINN
DESOTO
RED RIVER
NATCHITOCHES
SABINE
LASALLE
CATAHOULA
RAPIDES
VERNON
Forêt nationale de Kitsatchie
Parc d'État du Lac Claiborne
Réservoir Toledo Bend
Lac Bistineau
Mississippi
Fleuve
Minden
Ruston
Bastrop
Tallulah
Winnfield
Mansfield
Farmerville
Homer
Jonesboro
Columbia
Winnsboro
Jena
Vidalia
Many
0 25 50km
© ULYSSE

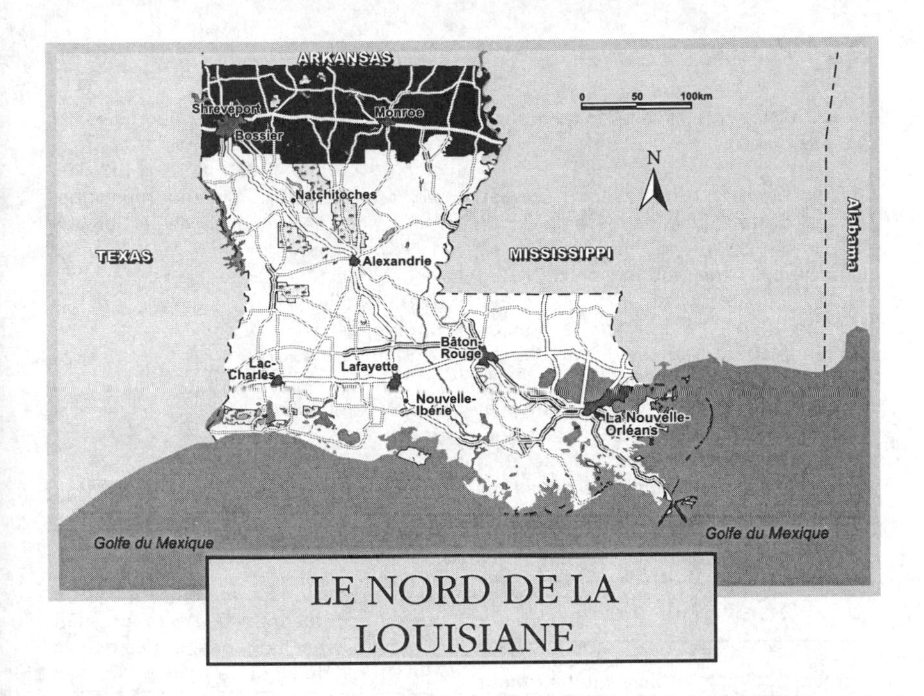

LE NORD DE LA LOUISIANE

La Louisiane septentrionale avoisine à l'ouest le Texas, donne au nord sur l'Arkansas et longe à l'est le fleuve qui la sépare du Mississippi. Son relief vallonné, bien distinct du plat pays plus au sud, est entrecoupé de lacs, de bayous et de rivières qui en font un véritable éden pour les amateurs de pêche et de sports nautiques. Ses forêts de pins sont propices à la chasse; ses aménagements de plein air s'adressent aussi bien aux campeurs, aux pique-niqueurs et aux cyclistes qu'aux golfeurs et aux simples promeneurs. Quant à ses cipres (cyprès chauves) majestueux, coiffés de guirlandes de mousse espagnole, ils apportent au paysage une teinte de mélancolie qui saura charmer les rêveurs.

Cette région comprise dans l'axe «Ark-La-Tex», c'est-à-dire au point de rencontre entre les trois États de l'Arkansas, de la Louisiane et du Texas, couvre un territoire de plusieurs centaines de kilomètres carrés et compte près de 290 000 habitants.

L'agglomération principale est formée des villes jumelles de Shreveport et Bossier, que traverse la rivière Rouge, en route pour rejoindre l'Atchafalaya, dans la paroisse des Avoyelles.

Fondée en 1839 par Pierre Bossier, Shreveport est aujourd'hui, grâce à l'annexion de sa proche banlieue qu'est Bossier, la troisième plus importante ville de la Louisiane.

POUR S'Y RETROUVER SANS MAL

La région est traversée d'ouest en est par l'autoroute I-20 et, du nord au sud, par l'autoroute I-49. L'autoroute I-20, qui va de Dallas (Texas) à Atlanta (Georgie), croise les villes de Shreveport-Bossier et de Monroe. L'autoroute I-49 descend de Shreveport-Bossier vers Alexandrie pour aboutir à Lafayette.

À la sortie ouest de Shreveport-Bossier, on rencontre dans la paroisse de Caddo la ville de Greenwood, puis de là, vers le nord, celles de Mooringsport, Oil City et Vivian. Au sud de Shreveport-Bossier, en longeant la frontière texane, on trouve d'abord Mansfield, dans la paroisse de De Soto, puis Pleasant Hill, Marthaville, Zwolle, Many, Fisher et Florien, dans la paroisse de Sabine. Entre Shreveport-Bossier à l'est et la frontière du Mississippi, on croise les villes de Minden, Ruston, Monroe et Tallulah.

Shreveport - Bossier

Shreveport et Bossier, qui forment depuis quelques années une seule agglomération, sont séparées par la rivière Rouge. La sortie 19A de l'autoroute I-20 mène au centre-ville (rue du Marché/Market Street); la route d'État LA 1 atteint le centre-ville par le quartier historique Highland.

Aéroport

Aéroport régional de Shreveport-Bossier
(Shreveport-Bossier Regional Airport)
5103, rue de Hollywood
Shreveport-Bossier
☎(318) 673-5370

L'aéroport régional est desservi par American, Continental Express, Delta, Gulf States Air, Northwest, Trans World Airlines et USAir.

Autocars

La compagnie d'autocars **Greyhound/Trailways** a des bureaux dans les gares de Mansfield, Many, Minden, Ruston, Monroe et Shreveport-Bossier *(aller simple Shreveport-Bossier/Alexandrie 24$, Shreveport-Bossier/Monroe 19$)*. Pour tout renseignement, adressez-vous aux divers bureaux de la compagnie :

408, rue Fannin
Shreveport
☎(318) 221-4205

2229, rue Beckett
Bossier
☎(318) 746-7511

Location de voitures

Toutes les agences qui suivent ont un bureau de location à l'aéroport. On rejoint Avis et Budget sans frais depuis l'Amérique du Nord; le préfixe 800 des agences Hertz et National n'est valable qu'à partir des États-Unis.

Avis : ☎(318) 631-1839
☎800-831-2847
Budget : ☎(318) 636-2846
☎800-527-0700
Hertz : ☎(318) 636-1212
☎800-654-3131 des États-Unis

Taxis

Casino Cabs
☎(318) 425-3325

Yellow Checker Cab
☎(318) 425-7000

Transports en commun

Sportran City Transit System
Shreveport-Bossier
☎(318) 221-RIDE

La région à l'ouest de Shreveport-Bossier

Greenwood

On accède à Greenwood, à 20 km de Shreveport-Bossier, par la sortie 5 de l'autoroute I-20. On y arrive également par la nationale US 80.

Mooringsport

De Greenwood, empruntez la route d'État LA 169 en direction nord sur 30 km. Du centre-ville de Shreveport-Bossier (rue du Marché/Market), suivez la route d'État LA 1 Nord sur 30 km, puis la route d'État LA 169 sur 2 km.

Oil City

De Mooringsport, prenez la route d'État LA 530 en direction nord sur 8 km.

Vivian

Suivez, à partir d'Oil City, la route d'État LA 1 Nord sur 12 km.

La région au sud de Shreveport-Bossier

Mansfield

De Shreveport-Bossier, suivez l'autoroute I-49 Sud jusqu'à la nationale US 84, que vous emprunterez vers l'ouest sur 13 km. Mansfield est le centre administratif de la paroisse de De Soto.

Pleasant Hill

De Mansfield, prenez la nationale US 84 en direction est sur 1,5 km, puis, à droite, la route d'État LA 175. Pleasant Hill se trouve à 35 km.

Marthaville

De Pleasant Hill, continuez sur la route d'État LA 175 jusqu'à Belmont pour emprunter la route d'État LA 120 vers l'est sur 13 km.

Zwolle

À partir de Marthaville, en reprenant la route d'État LA 120 Ouest sur 30 km, vous arriverez à la nationale US 171, à 1 km au nord de Zwolle.

Many

De Zwolle, continuez sur la nationale US 171 Sud sur 16 km.

Fisher - Florien

À partir de Many, la nationale US 171 Sud rejoint Fisher à 8 km et Florien à 15 km.

La région à l'est de Shreveport-Bossier

Ringgold

Ringgold est située à 48 km au sud-est de Shreveport-Bossier. De Bossier, prenez la nationale US 71 (boulevard Barksdale) jusqu'à Elm Grove à 16 km, puis la route d'État LA 154 en direction est sur 31 km.

Princeton

Depuis Bossier, faites 20 km en direction est sur l'autoroute I-20, puis empruntez la route d'État LA 157 Nord sur 4 km.

Doyline

De Princeton, suivez la LA 157 Sud sur 6,5 km, puis empruntez la route d'État LA 164 en direction est sur 11 km.

Minden

La sortie pour Minden se trouve à 31 km à l'est de Shreveport-Bossier sur l'autoroute I-20.

Sibley

À partir de Minden, empruntez la route d'État LA 7 Sud sur 8 km.

Homer

À la sortie nord de Sibley, suivez la nationale US 79 sur 30 km.

Haynesville

De Homer, continuez sur la US 79 Nord sur 21 km.

Athènes

À Homer, prenez la nationale US 79 Sud sur 5 km puis la LA 9 sur 13 km.

Arcadie

Depuis Athènes, la route d'État LA 9 Sud mène à Arcadie à 13 km. Arcadie est à 56 km de Shreveport-Bossier par la route nationale US 80.

Ruston

D'Arcadie, l'autoroute I-20 et la nationale US 80 mènent à Ruston à 30 km. Ruston est à 155 km d'Alexandrie par la nationale US 167 Sud.

Jonesboro

À Ruston, empruntez la nationale US 167 Sud sur 24 km.

Lac Caney - Chatham

De Jonesboro, la route d'État LA 4 Est croise Weston à 9,5 km, le lac Caney à 15 km et Chatham à 25 km.

Farmerville

De Ruston, suivez la route d'État LA 33 Nord (Farmerville Highway) sur 35 km.

Monroe/Monroe-Ouest

Monroe/Monroe-Ouest est située à 154 km de Shreveport-Bossier par l'autoroute I-20 Est ou par la nationale US 80, et à 150 km d'Alexandrie par la nationale US 165 Sud.

Aéroport régional de Monroe
(Monroe Regional Airport)
5400, chemin des Opérations
Monroe
☎(318) 329-2461

L'aéroport *(sortie Garrett Road de l'autoroute I-20 Est)* est desservi par American Eagle, Continental, Delta, Northwest Airlink et USAir.

Toutes les agences de location de voitures ont un bureau de location à l'aéroport régional de Monroe.

Avis : ☎800-331-1212
Hertz : ☎800-654-3131
National : ☎800-227-7368

Columbia

De Monroe, prenez la nationale US 165 Sud, en direction de Alexandrie, sur 48 km.

Rayville - Delhi

De Monroe, la nationale US 80 et l'autoroute I-20 rejoignent Rayville 35 km plus à l'est et Delhi 60 km aussi plus à l'est.

Winnsboro - Gilbert

À Rayville, si l'on emprunte la route d'État LA 137 Sud, on trouvera Winnsboro à 35 km et Gilbert à 53 km.

Newellton

À partir de Winnsboro, la route d'État LA 4 Est rejoint Newellton à 45 km. De Tallulah, suivez la nationale US 65 Sud sur 42 km.

Epps

De Delhi, empruntez la route d'État LA 17 en direction nord sur 17 km.

Tallulah

De Delhi, reprenez la nationale US 80 Est jusqu'à Tallulah à 30 km.

RENSEIGNEMENTS PRATIQUES

L'indicatif régional est le 318.

Climat

La moyenne des températures pour cette région est de 30°C (84°F) en juillet et de 11°C (48°F) en janvier.

Urgences

Police, pompiers, ambulance
☎911

Hôpitaux

Clinique médicale Schumpert
(Schumpert Medical Center)
1, place Sainte-Marie
Shreveport
☎681-4500

Clinique médicale Willis-Knighton
(Willis-Knighton Medical Center)
2600, chemin Greenwood
Shreveport
☎632-4600

Clinique médicale LSU
1541, autouroute King (King's Hwy)
Shreveport
☎675-5000

Clinique médicale Bossier
(Bossier Medical Center)
2105, chemin de l'Aéroport (Airline Drive)
Bossier
☎741-6000

Hôpital des Médecins
(Doctor's Hospital)
1130, avenue de la Louisiane (Louisiana Avenue)
Shreveport
☎227-1211

Hôpital général Lincoln
(Lincoln General Hospital)
401, avenue Vaughn Est
Ruston
☎254-2100

Renseignements touristiques

Shreveport-Bossier

Office des Congrès et du Tourisme de Shreveport-Bossier
(Shreveport-Bossier Convention & Tourist Bureau)
629 rue Spring
Adresse postale :
C.P. 1761
Shreveport, LA 71101
☎222-9391
www.shreveport-bossier.org

Bureau d'accueil aux visiteurs du Riverfront
(Riverfront Visitors Center)
100, boulevard John Wesley
Bossier, LA 71112
☎226-8884

Service à la clientèle du Mail Pierre-Bossier
(Mall Information Center)
2950, rue du Texas Est
Bossier
(renseignements : achats hors taxes)

Service à la clientèle et aux visiteurs du Mail South Park
(South Park Mall Customer Service Center)
8924, rue Jewella
Shreveport
☎686-7627
(renseignements : achats hors taxes)

Office de tourisme, du commerce et des affaires
(Business Office)
629, rue Spring
Shreveport, LA 71101
☎222-9391
☎800-551-8682 d'Amérique du Nord
(pour les gens d'affaires)

Mansfield

Office de tourisme de la paroisse de De Soto
(DeSoto Parish Tourist Bureau)
210, avenue Washington Sud
Adresse postale :
C.P. 1327
Mansfield, LA 71052
☎872-1177

Many

Commission de Tourisme et des Loisirs de la paroisse de Sabine
(Sabine Parish Tourist & Recreation Commission)
920, chemin Fisher
Many, LA 71449
☎256-5880
☎800-358-7802 de l'Amérique du Nord
⇄256-4137

Ruston

Office des Congrès et du Tourisme de Ruston-Lincoln
(Ruston/Lincoln Convention & Visitors Bureau)
C.P. 150
Ruston, LA 71273-0150
☎255-2031
www.visit-lincolnparish.org

Monroe/Monroe-Ouest

Office des Congrès et du Tourisme de Monroe/Monroe-Ouest
(Monroe/Monroe-West Convention and Visitors Bureau)
1333, promenade de la Ferme d'État (State Farm Drive)
Monroe, LA 71202
☎387-5691
☎800-843-1872 des États-Unis

Médias francophones

Shreveport

KSCL 91,3 FM : ☎869-5296
Programmation francophone : musique et bulletins d'information de France; animatrice Valérie Devos, mar 18h à 20h.

ATTRAITS TOURISTIQUES

Shreveport-Bossier ★★

Fondée en 1839, Shreveport préserve jalousement son **vieux quartier** ★★ (Old Schreve Square), qui s'étend le long de la rue du Texas, lequel quadrilatère dévoile de somptueuses maisons victoriennes du siècle dernier ainsi que de nombreux magasins, hôtels et saloons de la même époque. Au cours de ces belles années, on a compté jusqu'à 70 bateaux à vapeur ancrés au port de cette ville, où florissait le commerce de l'import-export. Les négociants, de détail ou en gros, y écoulaient leurs marchandises sur la présente rue du Commerce, aussi appelée de la Levée, dans un quartier alors occupé par des usines de coton.

Bossier, ainsi nommée pour rendre hommage à Pierre Bossier, le fondateur de Shreveport, est le site d'une importante base aérienne (Eighth Air Force). En outre, elle se classe au cinquième rang des villes américaines pour ses courses de pur-sang, qui se déroulent au Louisiana's Down.

L'**Office des Congrès et du Tourisme de Shreveport-Bossier** *(100 boulevard John Wesley, Shreveport, LA 71101, ☎222-9391 ou 800-551-8682 de l'Amérique du Nord, ≠429-0647)* remet gracieusement sur demande une brochure permettant de faire un intéressant tour historique de la ville.

Le **pont de la rue du Texas** ★, qui enjambe la rivière Rouge (Red River) entre Shreveport et Bossier, est entièrement illuminé au laser et aux néons durant la nuit.

Le **Centre américain de la rose** ★★★ *(adulte 4$, forfaits pour groupes et enfants; avr à oct et nov-déc tlj 9h à 18h; à 16 km à l'ouest de Shreveport-Bossier, sortie 5 de l'autoroute I-20, ☎938-5402)* est la plus grande roseraie des États-Unis. Elle s'étend sur près de 48 ha et compte plus de 20 000 rosiers. Le domaine comprend 40 jardins de roses d'espèces diverses de même qu'un jardin japonais agrémenté de statues, de cascades, de fontaines, de belvédères, de gloriettes et d'une invitante maison de thé. Toutes les variétés de roses qui existent à travers le monde s'y retrouvent. C'est un spectacle à ne pas manquer, surtout pendant la période de Noël. Durée de la visite : de 30 min à 1 heure 30 min selon le temps disponible.

Le **Centre des arts de Barnwell** ★ *(entrée libre; lun-ven 9h à 16h30, sam-dim 13h à 17h; 601 voie Clyde-Fant, Shreveport, ☎673-7703)* accueille toutes les activités culturelles de la ville. On aimera également visiter le **Jardin botanique de Shreveport**, où sont présentées, outre de magnifiques arrangements floraux, différentes expositions d'artistes et d'artisans de la région.

Le **Centre du patrimoine pionnier** ★ *(1$, entrée libre pour les enfants; mer-jeu 10h à 14h, dim 13h à 16h30; 8515 allée Youree, Shreveport, ☎797-5332)* est situé sur le campus de l'Université de l'État de la Louisiane à Shreveport. On y apprend tout sur la vie des intrépides pionniers qui arrivèrent entre les années 1830 et 1860 : épicerie, bureau du médecin, forge, etc. sont reconstitués ici. Comptez environ 45 min pour la visite.

Le **Musée de la rue Spring** ★ *(droit d'entrée; mar, oct à juin 13h30 à 16h30, réservation en saison estivale; 525 rue Spring, Shreveport, ☎869-0022 ou 424-0964)* occupe l'un des plus vieux immeubles de la ville. Cette ancienne banque, à l'intérieur tout en bois de rose sculpté, a conservé son mobilier victorien d'origine, ses chaises *chippendale* (un style en vogue dans les années 1760) et une collection de peintures françaises du XIXe siècle. On peut y voir un vidéo sur l'histoire de Shreveport et de Bossier. Diverses expositions se déroulent également au musée.

Le **Musée d'histoire de l'État de la Louisiane** ★ *(2$; lun-ven 9h à 16h30, sam-dim 12h à 16h; 3015 chemin Greenwood, Shreveport, ☎632-2020)* évoque les faits saillants de l'histoire régionale depuis l'époque précolombienne jusqu'à nos jours. Comptez de 45 min à 1 heure pour la visite.

Le **Musée d'art Meadows** ★ *(entrée libre; mar-ven 12h à 16h, sam-dim 13h à 16h; 2911 boulevard du Centenaire/Centenary Blvd, Shreveport, ☎869-5169)* est situé sur le campus du collège Centenary. On y trouve une intéressante collection de 360 œuvres du peintre américain Jean Despujols dépeignant l'Indochine des années trente. Vidéo documentaire sur l'artiste. Durée de la visite : de 30 min à 1 heure selon le temps disponible.

L'éblouissant **Théâtre Strand** ★★ *(lun-ven 9h à 17h; 619 avenue de la Louisiane, angle rue Crocker, Shreveport, ☎226-1481)*, tout en style néobaroque, compte 1 640 sièges. Avec son imposante coupole, le Strand est facilement repérable. Il a ouvert ses portes en 1925 avec l'opéra *The Chocolate Soldier*, une représentation qui obtint un succès considérable. Le vieux théâtre a été entièrement restauré en 1984; on y retrouve, entre autres, un orgue muni de 939 tuyaux, des lustres en cristal, des miroirs à dorures et des loges richement décorées dans les tons bourgogne et or.

La **Galerie d'art Norton** ★ *(entrée libre; mar-ven 10h à 17h, sam-dim 13h à 17h; 4747 avenue Creswell, Shreveport, ☎865-0435)* est un musée consacré à l'art américain, plus particulièrement à celui de l'ouest des États-Unis, représenté ici par les œuvres de Frederick Remington et de Charles M. Russel. La galerie-musée possède aussi quelques tableaux d'artistes européens.

La **Galerie d'art East Bank** ★ *(entrée libre; lun-ven 8h à 17h; 630 boulevard Barksdale, Bossier Arts Council, Bossier, ☎741-8310)* présente des expositions consacrées aux artistes locaux.

La **maison Medjoy** ★ *(3,50$; sur rendez-vous; 601 Ockley Drive, Shreveport, contactez Virginia Joyner, ☎865-5752 ou 861-4424)* est une belle demeure classée de style colonial qui se trouve dans le quartier South Highlands (District). La visite accompagnée dure environ 45 min.

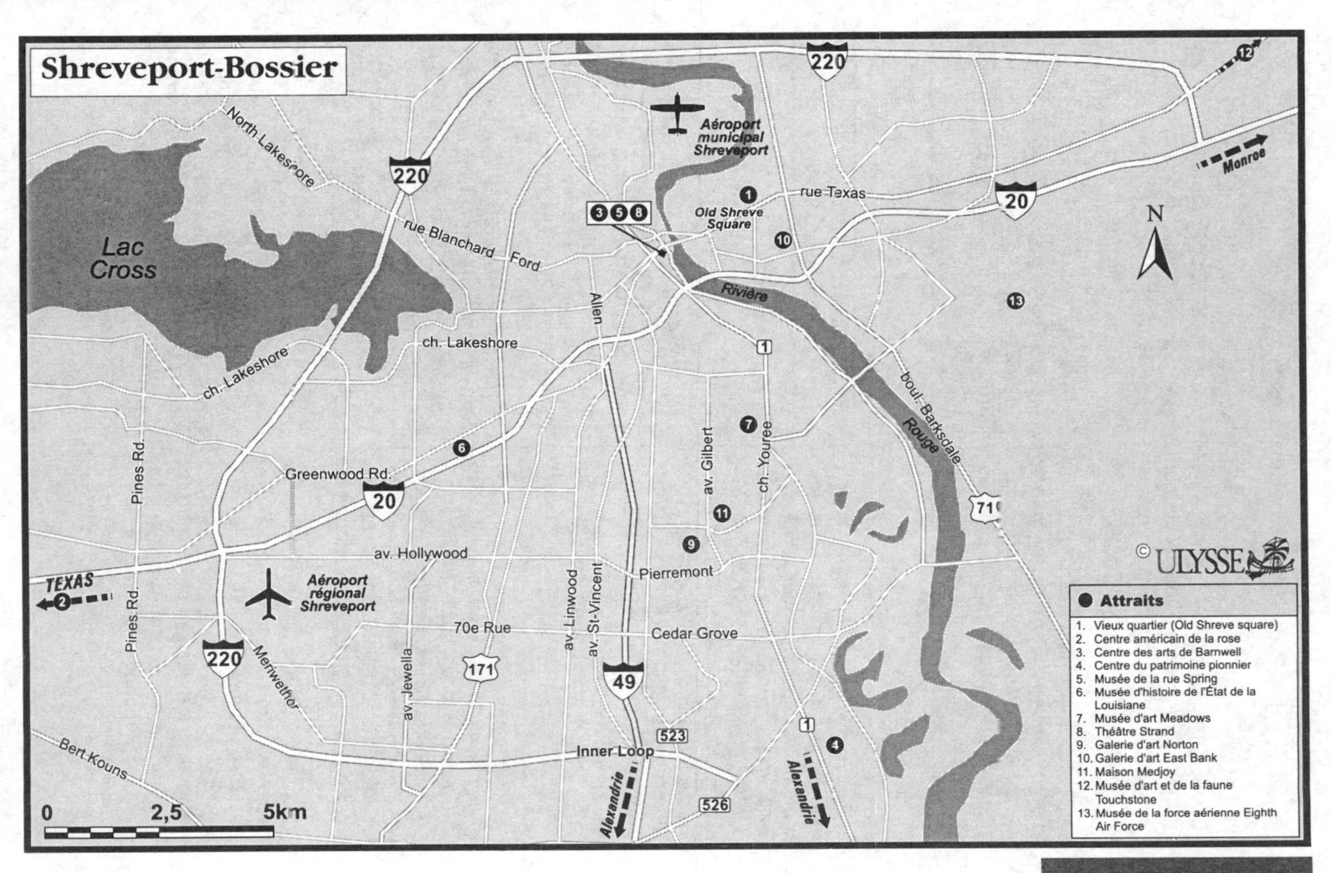
Shreveport-Bossier
Lac Cross
North Lakeshore
rue Blanchard
Ford
ch. Lakeshore
ch. Lakeshore
Allen
Aéroport municipal Shreveport
Old Shreve Square
rue Texas
Monroe
N
Rivière Rouge
boul. Barksdale
Greenwood Rd.
Pines Rd.
Pines Rd.
TEXAS
av. Hollywood
Aéroport régional Shreveport
70e Rue
Meriwether
av. Jewella
av. Linwood
av. St-Vincent
Pierremont
Cedar Grove
av. Gilbert
ch. Youree
Inner Loop
Bert Kouns
Alexandrie
Alexandrie
0
2,5
5km
© ULYSSE
Attraits
1. Vieux quartier (Old Shreve square)
2. Centre américain de la rose
3. Centre des arts de Barnwell
4. Centre du patrimoine pionnier
5. Musée de la rue Spring
6. Musée d'histoire de l'État de la Louisiane
7. Musée d'art Meadows
8. Théâtre Strand
9. Galerie d'art Norton
10. Galerie d'art East Bank
11. Maison Medjoy
12. Musée d'art et de la faune Touchstone
13. Musée de la force aérienne Eighth Air Force

Visites d'installations agricoles

Le **LSU Cooperative Extension Service** *(entrée libre; avr à nov; 501 rue du Texas, Shreveport, adressez-vous à Jon Lowe, ☎226-6805)* propose, pour les groupes et sur rendez-vous seulement, une exposition d'égreneuses de coton, la visite d'une ferme en activité ainsi que des démonstrations des techniques aériennes utilisées en agriculture.

La **Red River Research Station** *(avr à nov 7h30 à 16h30; à la jonction de la route nationale US 71 et du chemin Curtis; adresse postale : C.P. 8550, Bossier City, LA 71113; adressez-vous au Dr Jere McBride, ☎741-7430)* est un centre de recherche agricole sur les cultures du coton, des légumes, de la fève de soja et des céréales, de même que sur l'élevage du bétail.

Le **Musée d'art et de la faune Touchstone ★** *(adulte 1$, entrée libre pour les moins de 6 ans; mar-sam 9h à 17h, dim 13h à 17h; 3386 route nationale US 80 Est, Haughton, à environ 4 km à l'est de l'Hippodrome Louisiana Downs de Bossier, ☎949-2323)* présente aux visiteurs des dioramas et plus de 1 000 espèces d'animaux dans leur habitat naturel. On peut aussi y voir des armes et objets utilisés par les Amérindiens ou datant de la guerre de Sécession.

Le **Musée de la force aérienne Eighth Air Force** *(entrée libre; tlj 9h30 à 16h30; Barksdale Air Force Base, Bossier, ☎456-3067)* présente des uniformes d'époque, des dioramas et des avions de la Deuxième Guerre mondiale.

Les **courses d'autos Boothill** (Boothill Speedway) *(droit d'entrée; mars à nov, sam soir; autoroute 20, sortie 3, Shreveport-Ouest, ☎938-5373)* sont un événement que les amateurs de la région ne veulent surtout pas manquer pour rien au monde.

La région à l'ouest de Shreveport-Bossier

Oil City

L'activité économique de la région gravite autour de l'exploitation du gaz naturel et du pétrole. Les environs sont couverts de forêts de pins et attirent en ces lieux les amateurs de plein air, particulièrement à proximité du lac Caddo et du bayou Noir (Black Bayou).

Le **Musée de la Société d'histoire et du Pétrole d'Oil City ★** *(entrée libre; lun-ven 9h à 16h; 200 avenue Land Sud, ☎995-6845)* est situé au nord de Shreveport-Bossier sur la route d'État LA 1. On y retrace l'histoire des premiers puits de pétrole : réplique du premier *derrick* (tour de forage), érigé en 1906 près du musée. Oil City a vécu le boom pétrolier du début du siècle. Chaque printemps, on souligne l'importance de l'industrie pétrolière par le biais d'un festival intitulé **Les journées de Gusher ★**, au cours desquelles il y a

La paroisse de Sabine

La région a une histoire bien colorée. Après que les Espagnols eurent vendu, après les Français, ce qu'il leur restait de la Louisiane aux Américains en 1803, la délimitation des nouvelles frontières devint une source de litige entre les deux nations. Aux Américains, qui réclamaient l'est du Texas, les Espagnols rétorquèrent en exigeant le retour de la partie ouest de la Louisiane.

Aucune des nations ne s'intéressa cependant à la région de la rivière Sabine, qui devint ainsi un *no man's land*, c'est-à-dire une terre n'appartenant à personne. On l'appela *The Sabine Strip*.

«Bout Sabine», en français, allait se transformer rapidement en refuge pour les brigands, meurtriers et hors-la-loi de toutes origines : Espagnols, Français, Créoles, Américains voire esclaves en fuite devenus contrebandiers. Un point d'observation, le fort Jesup, fut alors établi par les deux nations afin de maintenir un semblant d'ordre dans cette région sauvage. L'anarchie continua toutefois à y régner jusqu'au fameux traité de 1819 entre l'Espagne et les États-Unis. La morphologie de ses habitants reflète assez bien de nos jours le métissage qui s'y est produit au fil des ans.

danse, défilé, présentation d'artisanat, concours des plus belles barbes et moustaches, etc.

On trouve également au musée de l'équipement ferroviaire de l'époque, des photographies anciennes, des vestiges amérindiens des Kadohadachos et d'autres objets relatifs à l'histoire de la région.

La région au sud de Shreveport-Bossier

Mansfield ★★

Ce pays fait le bonheur des amateurs de chasse et de pêche ainsi que de sports nautiques. La paroisse de De Soto est bordée à l'ouest par le **réservoir Toledo Bend** (73 000 ha) et à l'est par la rivière Rouge. Sa partie centrale est couverte de riches forêts.

Lors de la guerre de Sécession, Mansfield fut le site de la dernière grande victoire des Confédérés. On commémore l'événement historique au **site commémoratif de Mansfield** (Mansfield Commemorative Area) ainsi qu'au **cimetière des Confédérés**. À voir également : la chapelle de roc, près de Bayou-Pierre à Carmel, construite par les Carmélites en 1891; le cimetière de Fergusson, où se trouve la **tombe de Moses Rose**, le seul survivant de la célèbre «bataille d'Alamo». Pour tout autre renseignement, adressez-vous à l'**Office de tourisme de la paroisse de De Soto** *(adresse postale : C.P. 1327, LA 71052; ☎872-1177)*.

La **Mansfield State Commemorative Area** ★ *(adulte 2$, aîné et enfant de moins de 12 ans entrée libre; tlj 9h à 17h; route d'État LA 175, ☎872-1474)* est un parc commémoratif dédié à la dernière victoire des Confédérés en Louisiane, lors d'une bataille menée par le général 'cadien Alexandre Mouton, originaire de Lafayette (Vermillonville). Dioramas et présentation audiovisuelle.

Visites d'installations industrielles

La **Zwolle Tamale Factory** *(entrée libre; toute l'année; sur rendez-vous; adresse postale : C.P. 157, Zwolle, LA 71486; parlez à E.B. Malmay, ☎645-9086)*. Zwolle (prononcez «*zwali*») est une usine qui fabrique des tonnes de *tamales*, des galettes mexicaines fort appréciées en Louisiane.

Le **Vieux Palais de justice en bois rond** ★ (Old Log Courthouse) *(entrée libre; ouvert sur rendez-vous; à l'angle des rues Polk et Madison, ☎872-1177)* a été construit en 1843 avec des rondins taillés à la main; sa cheminée est faite de boue séchée, et il possède encore sa cloche d'origine.

La **chapelle de roc** ★ (Rock Chapel) *(entrée libre; clef disponible au Lafitte's General Store, Carmel; pour visiter la chapelle édifiée par les Carmélites : ☎872-3378; aire de pique-nique, route d'État LA 509 à l'est de Carmel; pour y accéder : ☎872-1177)*, construite en maçonnerie par des moines, date de 1891. Elle est située, d'une manière pittoresque, sur un escarpement dominant le bayou Lou, derrière l'église catholique romaine de Carmel.

Marthaville

C'est le pays des Sudistes. La proximité du Texas s'y fait sentir et confère à sa population un état d'esprit tout à fait conforme à la culture texane et à ses traditions.

Le **site commémoratif des Sudistes** ★ (Rebel State Commemorative Area) *(adulte 2$, entrée libre pour les moins de 12 ans; tlj 9h à 17h; route d'État LA 1221, à 5 km au nord de Marthaville, ☎472-6255)* rappelle que la région, sise alors à proximité du Texas non occupé, connut une activité militaire intense. Aujourd'hui encore, plusieurs de ses habitants se considèrent comme de fiers descendants des rebelles sudistes. Le site rend hommage au «soldat confédéré inconnu». On y trouve un centre d'interprétation, un amphithéâtre et un musée dédié à la musique country louisianaise. On y présente des concerts de musique country tout au long de l'été, et un concours annuel de violon s'y déroule en octobre.

Au sud-est de Marthaville, juste à l'est du village de Robeline, se trouve le **site commémoratif de Los Adaes** (Los Adaes Commemorative Area) *(adulte 2$, entrée libre pour les moins de 12 ans; tlj 9h à 17h; route d'État LA 6, ☎256-4117)*, sur lequel s'élevait, en 1721, le fort espagnol portant ce nom.

Zwolle, Many, Fisher et Florien

C'est une région recherchée par les vacanciers pour ses activités récréatives, autant au cœur de ses verdoyantes forêts que sur le réservoir Toledo Bend.

Le **réservoir Toledo Bend** ★★, qui forme un lac, doit son existence aux barrages de la rivière Sabine. Il bénéficie d'une excellente réputation à l'échelle nationale, tant pour la diversité de la pêche que l'on y pratique que pour l'abondance des poissons qui s'y trouvent, dont une espèce à chair blanche savoureuse appelée ici «poisson bass».

La **Fort Jesup State Commemorative Area** ★ *(adulte 2$, entrée libre aîné et enfant de moins de 12 ans; tlj 9h à 17h; route d'État LA 6, à environ 10 km à l'est de Many, ☎256-4117)* renferme un fort qui fut construit en 1822 sur les ruines d'une fortification espagnole du XVIIIe siècle à l'initiative de Zachary Taylor, l'unique président des États-Unis d'origine louisianaise. Le fort Jesup servait à protéger la frontière occidentale des États-Unis.

Le **village de Fisher** ★ *(entrée libre, dons acceptés pour les visites guidées; route nationale US 171, à 8 km au sud de Many, ☎256-6745 ou 256-5374)* est classé zone historique et conserve précieusement son église originale, son opéra, son bureau de poste, sa gare de chemin de fer, ses maisons anciennes et tous les souvenirs de ses scieries d'autrefois.

Les **jardins paysagers Hodges** ★★ *(adulte 6,50$, aîné 5,50$, 6 ans à 17 ans 3$; tlj 8h à 17h; route nationale US 171, à 17 km au sud de Fisher, ☎586-3523 ou 424-9513)* ont été aménagés avec grand soin au cœur d'une forêt de pins ondulés couvrant une superficie de 1 800 ha. Serres, espaces fauniques, aires de pique-nique.

La région à l'est de Shreveport-Bossier

Minden

Dans la paroisse de Webster, la ville de Minden est fière de ses nombreuses maisons datant d'avant la guerre de Sécession, de son **arrondissement de résidences historiques** ainsi que de son **vieux quartier des affaires** aux rues toujours pavées à l'ancienne.

Le **Musée colonial du village «La Petite Allemagne»** ★ *(adulte 3$, couple 4$, famille 7$, enfant 1$; mar-sam 9h à 17h, dim 13h à 18h; au nord de Minden, à environ 13 km à l'est de Shreveport-Bossier, sur la route d'État LA 114, ☎377-6061)* est la réplique d'un village fondé en 1835 par des immigrants d'origine allemande. On y trouve les archives de l'archiduc Van Leon, chef du groupe, ainsi que des lettres authentiques, des outils et du mobilier de l'époque de ces pionniers. Durée de la visite : 45 min.

Homer

Région de superbes collines boisées, la paroisse de Claiborne englobe les villes de Homer, Haynesville et Cité-Jonction, de même que les village d'Athènes, Lisbonne et Summerfield. Les amateurs de chasse et de pêche seront choyés aux **lacs Corney et Claiborne**. Renseignez-vous auprès de l'**Office du tourisme de la paroisse de Claiborne** *(adresse postale : C.P. 83, Homer, LA 71040; ☎258-5863)*.

Le **Musée Ford** *(3$; lun, mer et ven 9h à 12h et 13h à 16h, dim 14h à 16h; 519 rue Principale Sud/Main South, ☎927-9190)* est consacré à l'histoire locale, particulièrement celle de la paroisse de Claiborne. On peut y voir un canot amérindien, une maison de bois, un alambic, une forge, une pesée à coton, etc.

Le **palais de justice de la paroisse de Claiborne** *(lun-ven 9h à 17h; 187 rue Principale/Main, ☎927-2223)* fut construit en 1861 dans un style néoclassique.

Athènes (Athens)

Pour les amateurs de musique *bluegrass*, l'une des nombreuses formes d'expression musicale ayant cours en Louisiane, il y a le **Festival Homeplace**

Visites d'installations agricoles

The Back Forty Peaches *(entrée libre; 15 mai au 31 juil, lun-sam 8h à 17h; à 2 km au nord de l'autoroute I-20 sur la route d'État LA 151; adresse postale : route 2, C.P. 907, Arcadie, LA 71001;* ☎*263-2184)*. Le nord-ouest de la Louisiane est réputé pour la qualité de ses pêches et, un peu partout en bordure des routes de l'État, nombreux sont les kiosques qui proposent en saison ces savoureux fruits. M. E.E. Letlow, producteur maraîcher, dévoile aux visiteurs ses secrets pour l'obtention de généreuses récoltes de pêches et de mûres.

Acres Bluegrass près d'Athènes *(en soirée; premiers ven, sam et dim du mois de juin, et deuxièmes ven, sam et dim de sept;* ☎*258-4943)*.

Le **Mount Olive Christian School LRCA Rodeo** *(dernière fin de semaine de juil, 20h; arènes Gantt's, près d'Athènes,* ☎*927-2222)* organise en période estivale des rodéos fort appréciés des amateurs.

Arcadie

Arcadie, chef-lieu de la paroisse de Bienville, possède un intéressant **Musée des monuments historiques**. Le **Musée de l'Entrepôt de Bienville** *(route 2, C.P. 12, sortie 61 de la route I-20, ou à 6,4 km au sud de l'autoroute 154, Gigsland-Arcadie, LA 71028,* ☎*263-7420)* est, celui-là, consacré à la mémoire des célèbres truands «Bonnie and Clyde»; une plaque commémorative indique l'endroit où le couple fut exécuté par les soldats de la Garde civile. On y présente en permanence des souvenirs reliés à la vie tumultueuse de «Bonnie and Clyde», dont se souviendront tous ceux et celles qui ont vu le film mettant en vedette Warren Beaty et Faye Dunaway.

On peut également visiter l'**église baptiste du Mont-Liban** *(route 154)* et profiter des nombreux lacs situés dans un décor naturel enchanteur. Autres renseignements à la **Chambre de commerce d'Arcadie** *(1001 rue Hazel Nord, Arcadie, LA 71001,* ☎*263-9897)*.

Les **Bonnie & Clyde Trade Days** *(2$ par véhicule; la fin de semaine avant le troisième lun du mois, de l'aube au crépuscule; route d'État LA 9, à 6 km au sud de l'autoroute I-20 via la sortie 69,* ☎*263-2437)* comptent quelque 1 100 emplacements, kiosques ou points de vente : il s'agit du plus vaste marché aux puces en Louisiane. Antiquités, artisanat, souvenirs, outils, plats cuisinés, bibelots et autres : il y en a pour tous les goûts!

Ruston

La paroisse de Lincoln est le siège de deux institutions universitaires : l'**Université technique de la Louisiane** (Louisiana Tech University) et l'**Université Grambling**, l'une des plus importantes universités noires aux États-Unis.

Plusieurs artistes et artisans exposent et vendent leurs œuvres à la **Galerie Piney Hills** ★★. À voir également : le

Visites d'installations agricoles

Le **Centre louisianais de technologie de l'horticulture** (The Louisiana Tech Horticulture Center) *(entrée libre; lun-ven 8h à 17h; sur le campus de la Louisiana Tech University, à l'angle de la route nationale US 80 et du chemin Tech Farm; adresse postale : C.P. 10198, T.S., Ruston, LA 71772; adressez-vous au Dr Peter Gallagher, ☎257-3275)*. Exposition permanente de plantes tropicales. Le centre d'horticulture de l'Université des technologies de la Louisiane est particulièrement réputé pour ses azalées et ses poinsettias. Visite des serres de production et de recherche. Durée de la visite : 45 min.

Musée de la Paroisse de Lincoln, le **Dixie Jamboree** et le **parc de la Paroisse de Lincoln**, avec ses 100 ha de jardins et de sentiers pédestres (aires de pique-nique et natation). Pour d'autres renseignements concernant les activités sportives, adressez-vous à l'**Office des congrès et du tourisme de Ruston-Lincoln** *(900 rue Trenton Nord, Ruston, LA 71270, ☎255-2031)*.

Le **Musée militaire du nord de la Louisiane** (North Louisiana Military Museum) *(adulte 1$, enfant 0,50$; mar-jeu 10h à 16h; à l'angle de la rue de la Géorgie/Georgia et de la promenade du Mémorial/Memorial Drive; ☎251-0018)* abrite une vaste collection d'artilleries et de pièces reliés à la guerre de Sécession, à la guerre hispano-américaine, aux Première et Deuxième Guerres mondiales, aux guerres de Corée et du Viêt Nam ainsi qu'à la Tempête du Désert *(Desert Storm)*, cette dernière bataille (aussi dénommée «guerre du Golfe») étant survenue à la suite d'un conflit opposant l'Irak et le Koweït.

Le **Musée de la paroisse de Lincoln** ★ *(entrée libre; mar-ven 10h à 16h; 609 rue de Vienne Nord/Vienna North, ☎251-0018)* est une maison majestueuse, ornée de belles murales, où l'on peut voir une multitude d'objets liés à l'histoire de la paroisse.

La ***Passion de Jésus sous les étoiles*** ★ (Louisiana Passion Play) *(adulte 8$, aîné 6$, enfant 5$; juin à août ven-sam 20h30, sept ven-sam 20h)* est jouée par une troupe de comédiens qui présentent, à leur façon, une interprétation de ce fait survenu dans la vie du Christ.

L'**église presbytérienne de Ruston** *(212 rue Bonner Nord, ☎255-2542)*, érigée en 1924 dans le style gothique, possède d'intéressants vitraux.

À la **Galerie Piney Hills** *(mar-sam 10h à 16h; 206 avenue du Parc Ouest/Park West, ☎255-7234)*, on fait la découverte de belles réalisations d'art et d'artisanat du Nord louisianais : sculptures, instruments de musique, meubles, poteries, courtepointes en patchwork, poupées, lampes et photos.

Toujours à Ruston, il y a deux ateliers de poterie qui méritent d'être visités : le **studio du potior Bruce Odell** *(lun-jeu 9h à 18h, ven-sam 9h à 19h; 1705 rue du Kentucky Ouest, ☎251-3145)* ainsi que le **Follette Pottery Studio** *(lun-sam 8h à 17h; chemin de paroisse 455, au nord de Ruston en quittant la route d'État LA 33, ☎251-1310)*.

Jonesboro

Dans la paroisse de Jackson, à Jonesboro plus précisément, se trouve le

«Jimmy Davis Tabernacle», considéré comme un lieu mystique. Autres attraits : le **Musée du patrimoine de la paroisse de Jackson**, la **Maison des beaux-arts** et le **lac Caney**. Renseignements à la **mairie de la Cité de Jonesboro** *(128 avenue Allen, Jonesboro, LA 71251, ☎259-2385)*.

Monroe/Monroe-Ouest ★

La paroisse d'Ouachita englobe les villes jumelles de Monroe et de Monroe-Ouest. C'est un centre touristique fort actif où l'on peut assister aussi bien à des rodéos qu'à des concerts et à des spectacles de ballet. La ville s'appelait autrefois Fort-Miro, avant de devenir Monroe, du nom du premier bateau à vapeur à remonter la rivière Ouachita. Son **quartier historique** ★★ donne sur la rivière. Autres renseignements touristiques disponibles à l'**Office des congrès et du tourisme de Monroe/Monroe-Ouest** *(1333 chemin de la Ferme de l'État/State Farm Drive, Monroe; adresse postale : C.P. 6054, Monroe, LA 71211; ☎387-5691 ou 800-843-1872 des États-Unis, ≠324-1752)*.

Il faut mentionner qu'à proximité la **route panoramique Bienville** ★★ (Bienville Trace Scenic Byway - LA 2), une section de la route d'État LA 2, traverse les paroisses d'Ouachita, Union, Claiborne et Webster.

Le **château Layton** ★★ *(adulte 5$, enfant 2$; tlj, sur rendez-vous seulement, 10h à 17h; 1133 rue Grand Sud, ☎322-4869 ou 351-1952)*, avec ses colonnes, sa tour massive, sa tourelle et sa porte cochère, rappelle les prestigieuses maisons d'autrefois. À l'intérieur, on trouve une collection d'estampes de Jean-Jacques Audubon, le grand peintre naturaliste franco-américain qui, après avoir quitté la colonie française de Saint-Domingue (Haïti), où il était né, s'exila en Louisiane. Durée de la visite : 1 heure 30 min.

Le **Musée Rebecca de la poupée** ★ *(adulte 1$, enfant 0,50$; 4500 promenade Bonaire, ☎343-5627)* permet d'admirer plus de 2 000 poupées fabriquées avec les matériaux les plus divers : bois, papier, tissu, papier mâché ou métal. Ces poupées datant des années 1850 proviennent de France, d'Allemagne, de Chine et de bien d'autres pays.

Le **Musée Masur** ★ *(entrée libre; ven-dim 14h à 17h, mar-jeu 9h à 17h; 1400 rue Grand Sud, ☎329-2237)* loge dans un édifice anglais de style Tudor. Le musée est voué aux arts visuels : peinture, sculpture et photographie. Une dizaine d'expositions itinérantes y sont présentées annuellement.

L'**Ouachita River Art Guild** *(entrée libre; mar-sam 10h à 18h; 102 chemin Thomas, Mail Glenwood/Mall, bureau 20, ☎322-2380)* est autant une galerie d'exposition qu'une maison d'enseignement des beaux-arts.

La **fondation Emy-Lou Biedenharn** ★ *(entrée libre; mar-ven 10h à 16h30, sam-dim 14 h à 17 h; 2006 promenade Riverside/Drive, ☎387-5281 ou 800-362-0983 des États-Unis)* loge dans la maison qui fut construite par Joseph Biedenharn, le premier embouteilleur du célèbre et mondialement connu Coca-Cola (Coke). On y retrouve une remarquable collection de bibles, de livres anciens, d'instruments de musique et d'antiquités. La maison est entourée d'un jardin où poussent de nombreuses espèces de fleurs.

La **villa Boscobel** ★ *(groupes de 10 à 30 personnes; sur réservation seule-*

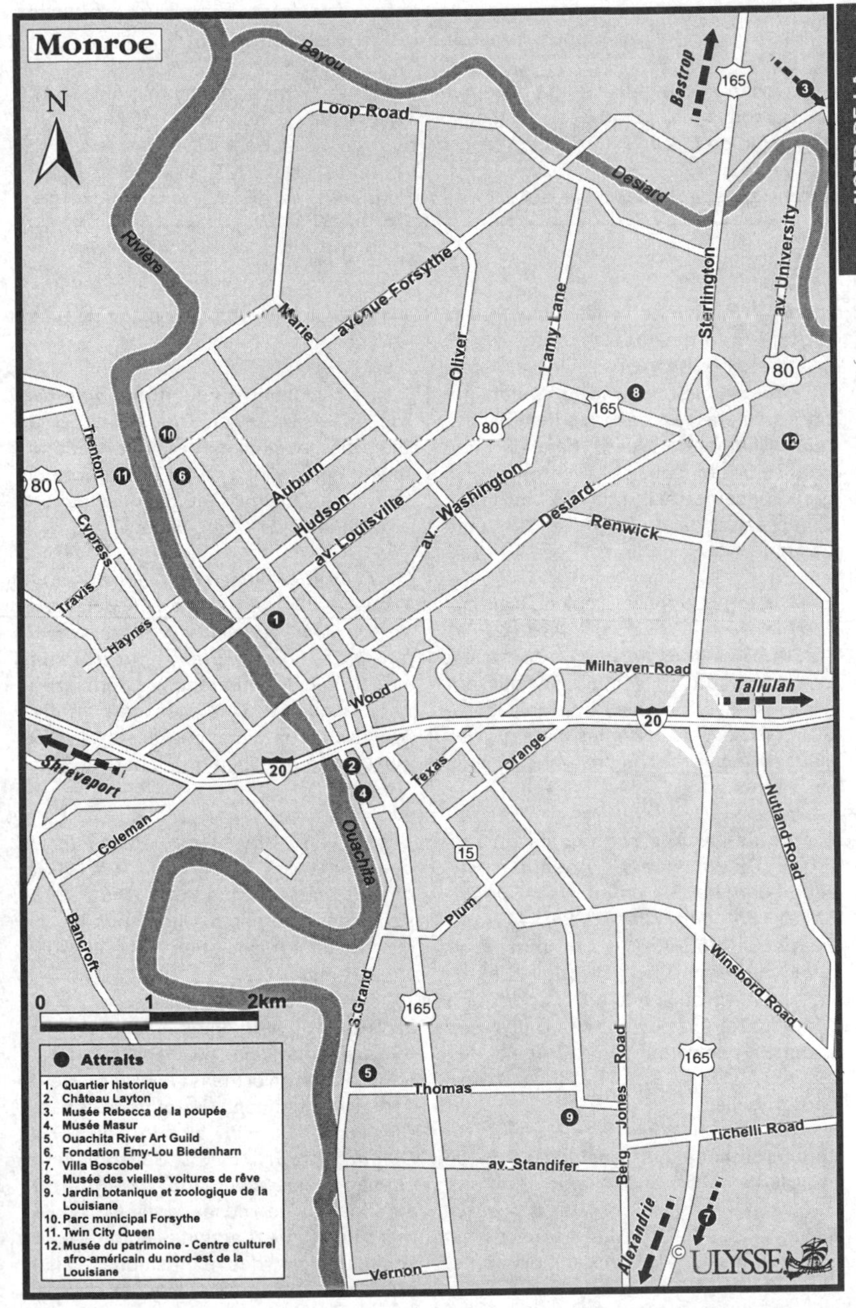
Monroe
N
Bayou
Desiard
Bastrop
Loop Road
Rivière
Ouachita
Marie
avenue Forsythe
Oliver
Lamy Lane
Sterlington
av. University
Trenton
Auburn
Hudson
av. Louisville
av. Washington
Desiard
Renwick
Cypress
Travis
Haynes
Milhaven Road
Tallulah
Wood
Shreveport
Texas
Orange
Coleman
Nutland Road
Plum
Bancroft
Winsboro Road
S.Grand
Thomas
Berg Jones Road
Tichelli Road
av. Standifer
Alexandrie
Vernon
0
1
2km
© ULYSSE
Attraits
1. Quartier historique
2. Château Layton
3. Musée Rebecca de la poupée
4. Musée Masur
5. Ouachita River Art Guild
6. Fondation Emy-Lou Biedenharn
7. Villa Boscobel
8. Musée des vieilles voitures de rêve
9. Jardin botanique et zoologique de la Louisiane
10. Parc municipal Forsythe
11. Twin City Queen
12. Musée du patrimoine - Centre culturel afro-américain du nord-est de la Louisiane

Visites d'installations industrielles

On oublie souvent que la foresterie est d'une importance capitale dans l'économie de l'État de la Louisiane. Une visite à la papeterie **Riverwood International** *(entrée libre; sur rendez-vous; pour les 14 ans et plus; adresse postale : C.P. 35800, Monroe-Ouest, LA 71294; ☎362-2000)* permet de se familiariser avec cette industrie. Comptez entre 45 min et 1 heure pour la visite.

ment; 185 Cordell Lane, accès par la route 165, à environ 24 km au sud de Monroe, adressez-vous à Kay LaFrance, ☎325-1550) est une maison de plantation qui a été classée monument historique. Chambre et petit déjeuner. On peut admirer dans son parc le plus grand pacanier de l'État de la Louisiane. Comptez entre 1 heure et 1 heure 30 min pour la visite.

La **Cotton Country Cooking School** *(2811 rue Cameron, ☎388-2241, ☎800-256-4888 des États-Unis)* est une école de cuisine se spécialisant dans la gastronomie louisianaise du Sud. On peut déguster les plats que les élèves préparent. Les prix varient selon les menus.

Musée des vieilles voitures de rêve ★ (The Dream Cars Antique Museum) *(adulte 3$, enfant 1$; lun-sam 9h à 18h, dim 13h à 18h; 411 rue Trenton, ☎388-1989)*. Ce «musée de rêve» renferme une collection d'automobiles de promenade ou de sport, une centaine de motocyclettes de diverses époques, des voitures miniatures et des œuvres d'art ayant pour thème l'automobile.

Jardin botanique et zoologique de la Louisiane *(adulte 3,25$, aîné et enfant 2$; tlj 10h à 17h; 1405 Bernstein Drive, ☎329-2400)*. La vaste partie zoologique du jardin botanique abrite plusieurs centaines d'animaux : nombreux cheptels de makis à queue zébrée, primates, aigles africains, léopards et autres. Aires de pique-nique et jardins.

Le **parc municipal Forsythe** *(angle des rues Riverside et Forsythe, ☎329-2879)* offre de belles aires de pique-nique au milieu des chênes verts, en bordure de la rivière Ouachita et du quai où est amarré le *Twin City Queen*.

Le ***Twin City Queen*** **★** *(adulte 2,50$, enfant 1,25$; dim 14h à 16h; adressez-vous à Obie Webster; voir «parc municipal de Forsythe», ci-dessus, ☎329-2879)*, un bateau à 3 ponts pouvant accueillir 240 passagers, entreprend chaque dimanche des croisières sur la rivière Ouachita. Départ au quai Forsythe.

The **Twin City Drag Race** *(droit d'entrée; mars à oct, sam 19h; 3695 chemin de Prairie, ☎387-8563)* présente des courses d'autos sous la juridiction de l'Association nationale des «Hot Rods».

Le **Musée du patrimoine et centre culturel afro-américain du nord-est de la Louisiane ★** (Northeast Louisiana Delta African American Heritage Museum) *(2$; mar-sam 9h à 17h; 503 rue Oplum, ☎323-1167 ou 387-5567)* se consacre exclusivement aux arts afro-américains. Le musée organise également une foule d'activités culturelles et sociales dont des expositions artistiques, des ateliers ainsi que des corvées communautaires pour venir en aide aux gens dans le besoin.

Columbia

À 48 km au sud de Monroe, à Columbia, dans la paroisse de Caldwell, il y a deux endroits à ne pas manquer...

Résidence de la plantation Martin (Martin Homeplace) *(3,50$; mar-ven 9h à 16h30; 103 rue Martin, à 1,6 km au nord de Columbia, par l'autoroute 165, ☎649-6722)*. Une visite à l'ancienne résidence (1880) de la plantation de coton, classée monument historique, permet de découvrir ses beaux jardins et sa folklorique collection d'objets anciens du Sud.

Le **Musée Schepis** *(droit d'entrée; mar-ven 10h à 16h30, sam 10h à 15h; 107 rue Principale/Main, à la Levée de la rivière Ouachita, ☎649-2138)* présente d'intéressantes expositions ayant pour thème «Histoire et talents de la paroisse de Caldwell et de l'État de la Louisiane».

Newellton

À 4,8 km au sud-est de Newellton, dans la paroisse de Tensas, tout près de l'État du Mississippi, se trouve le **site historique des Quartiers d'hiver** (Winter Quarters State Commemorative Area) *(entrée libre; tlj; sur la route 1; C.P. 91, Newellton, LA 608, ☎467-5439)*. L'ancienne maison du planteur, qui fut construite en 1803, devint les quartiers d'hiver des troupes sudistes durant la guerre de Sécession. Elle est aujourd'hui transformée en centre d'interprétation et abrite une collection de meubles uniques de l'époque de la plantation de coton, ainsi que des pièces et documents historiques reliés au pénible conflit Nord-Sud étasunien.

Epps

Le **site archéologique amérindien de la Pointe-Poverty** ★★ *(adulte 2$, entrée libre pour aîné et enfant de moins de 12 ans; tlj 9h à 17h; sur la route d'État LA 577, au nord d'Epps, ☎926-5492)*, qui date de plus de 3 000 ans, est l'un des plus importants centres archéologiques des États-Unis. Sa superficie est d'environ 160 ha, sur lesquels on trouve un centre d'interprétation, un musée et des sentiers. Visites accompagnées sur demande.

Tallulah ★

Ici s'étale à perte de vue la vaste plaine du Mississippi. Le paysage est truffé de prospères plantations de coton et de soja. La paroisse de Madison a pris le nom du quatrième président des États-Unis, James Madison. Ce territoire était autrefois occupé par les nations autochtones Tensas et Ouachitas. On y voit encore aujourd'hui des vestiges de la présence amérindienne. La principale ville de la paroisse de Madison est Tallulah, qui regroupe environ 5 000 habitants.

PARCS

La région de Shreveport-Bossier

Centre de la nature et du plein air de Cypress/Bayou-Noir (Cypress-Black Bayou Recreation Area) *(sur l'autoroute d'État LA 162/LA Hwy 162, entre Bossier et Benton, ☎965-0007)*. Le site, également un centre d'interprétation de la nature *(nature study center)*, permet de pratiquer ses activités de plein air préférées : randonnée sur sentiers pédestres, pêche, camping et baignade.

La région à l'ouest de Shreveport-Bossier

Oil City

Le **lac Caddo** *(route 1, près d'Oil City)* est un lieu recherché par les amateurs de chasse, de pêche, de camping et de ski nautique.

Blanchard

Les sentiers pédestres du **parc faunique Walter B. Jacobs** *(entrée libre; mer-sam 8h à 17h, dim 13h à 17h; par la route 173, à environ 6 km au nord de Blanchard, ☎929-2806)* sont un bel endroit pour s'initier à la faune locale (oiseaux, chevreuils, tortues, serpents, opossums, ratons laveurs). S'y trouve aussi un centre d'interprétation.

La région au sud de Shreveport-Bossier

Zwolle

Le **parc d'État du Réservoir Toledo Bend** *(à 16 km au sud-ouest de Zwolle, sur la route d'État LA 3229, ☎645-4715)* est une petite pointe s'avançant dans le lac du même nom. On peut y pratiquer la pêche, camper ou pique-niquer à l'un des emplacements réservés à cet effet.

La **Sabine Wildlife Management Area** *(à 8 km au sud de Zwolle, route nationale US 171, ☎487-5885)* est un parc s'étendant sur près de 6 000 ha où il y a possibilité de camping dans sa partie nord-ouest.

La région à l'est de Shreveport-Bossier

Princeton

La **pourvoirie Norris Outfitters** *(route nationale US 80, à 11 km à l'est de l'hippodrome de Louisiana Downs; adresse postale : C.P. 40, Princeton, LA 71607; ☎949-9522)* loue du matériel de camping et fournit des guides de chasse et de pêche. On offre le service de transport aux sites.

Minden

On peut s'adonner à la natation et au camping au **lac Caney**, au nord de Minden, et à la pêche au **lac Bistineau**, au sud. Pour d'autres renseignements touristiques ou concernant les différentes activités sportives, adressez-vous à l'**Office de tourisme de la paroisse de Webster** *(adresse postale : C.P 819, Minden, LA 71058; ☎377-4240)*.

Homer

Le **parc d'État du Lac Claiborne** *(route d'État LA 146, à 11 km au sud-est de Homer, ☎927-2976)* dispose de 87 emplacements de camping, de plusieurs sentiers, d'une plage et d'un service de location de bateaux pour aller à la pêche sur ce lac de 2 560 ha.

Forêt nationale de Kisatchie *(adresse postale : District Ranger, Caney Ranger District, C.P. 479, Homer, LA 71040, ☎927-2061, ou Supervisor's Office, Kisatchie National Forest, 2500 Shreveport Highway, Pineville, LA 71360, ☎473-7160)*.

Caney Lake Recreation Area *(droit d'entrée; saisonnier; de Minden, prenez la route d'État LA 159 Nord jusqu'au chemin paroissial Webster 111, tournez* *à gauche et faites 3 km; ☎927-2061).* Deux lacs au cœur de la Forêt nationale de Kisatchie : Upper Caney Lake (50 ha) et Lower Caney Lake (100 ha). Le parc renferme une plage; on peut y pêcher ou entreprendre une balade à travers ses sentiers. On fait le tour du lac Caney supérieur par le sentier de la Canne à sucre, long de 12 km. On peut y voir les vestiges d'un moulin à sucre qui remontent au temps où la culture de la canne à sucre, tout comme celle du coton, florissait dans la région.

Corney Lake *(droit d'entrée; toute l'année; route d'État LA 9, à 28 km au nord de Homer, ☎927-2061).* Ce lac de 900 ha est ceinturé d'une forêt de cipres, de copaliers et de pins. Huit emplacements de camping sont disponibles. On peut y pêcher et pique-niquer.

Arcadie

Terrain de golf Trails End *(tlj; route d'État LA 9 Sud, ☎263-7420).* Ce golf de 18 trous se trouve dans la région vallonnée de Piney Hills.

À la **Plum Ridge Licensed Shooting Preserve & Quail Farm** *(oct à avr, sur réservation seulement; par la route d'État LA 507, à 5 km au nord de Bienville ou à 24 km au sud de Simsboro; adresse postale : C.P. 364, Arcadie, LA 71001; ☎263-2850 le jour ou 263-2747 le soir)*, on fait la chasse à la perdrix avec guides et chiens.

Ruston

Le **parc de la Paroisse de Lincoln** *(droit d'entrée; route d'État LA 33, au nord de Ruston, ☎251-5156)* ne possède pas de terrain de camping, mais on peut faire une randonnée à travers les sentiers, se baigner ou louer un bateau.

Lac Caney

À ne pas confondre avec le lac Caney supérieur et le lac Caney inférieur de la paroisse de Webster. Ce lac *(à 24 km au sud de Ruston et à 10 km à l'est de Jonesboro; adressez-vous à M. Raymond Richardson, guide de pêche, ☎249-2535)* est très fréquenté par les amateurs de pêche en raison de sa réputation de «lac à pêche miraculeuse». Le meilleur mois de l'année pour la pêche à l'achigan est juillet.

Farmerville

Le **parc d'État du Lac D'Arbonne** *(10-12; route d'État LA 2, à l'ouest de Farmerville, ☎368-2086)* constitue un véritable paradis pour les amateurs de pêche. On y dénombre 43 emplacements de camping. Cartes de crédit acceptées.

À l'**Union Wildlife Management Area** *(à 35 km au nord de Farmerville, par les routes d'État LA 549 ou 551, ☎343-4044)*, il y a possibilité de faire du camping dans la partie est de ce parc d'État de plus de 5 200 ha. Les installations y sont rudimentaires.

Monroe/Monroe-Ouest

Le **parc Kiroli** *(entrée libre; sur le chemin Kiroli, Monroe-Ouest, ☎396-4016)* offre des sentiers pédestres, un tennis et des aires de pique-nique; on peut également y pêcher *(0,50$)*.

Le **parc d'État de Chemin-à-Haut** *(26 emplacements de camping, 10-12; 6 chalets 45-50; ≈; par la route d'État LA 139, à environ 18 km au nord de Bastrop, ☎238-0812)* est une halte que fréquentaient autrefois les Amérindiens lors de leurs migrations annuelles. Le site se trouve à l'intersection des bayous Chemin-à-

NORD DE LA LOUISIANE

Haut et Bartholomé. Sur place, on peut pêcher, louer un bateau, entreprendre une excursion dans l'un ou l'autre des sentiers et y pique-niquer.

À l'**Ouachita Wildlife Management Area** *(route d'État LA 15, à 10 km au sud-est de Monroe, ☎343-4044)*, on pêche, on chasse et l'on fait du camping rudimentaire (il y a de l'eau courante!). Les ornithologues amateurs profiteront d'un circuit d'observation d'oiseaux sur ce site de 320 ha.

La **Russell Sage Wildlife Management Area** *(à 11 km à l'est de Monroe par la route nationale US 80 ou l'autoroute I-20, ☎343-4044)* est une réserve de 6 900 ha. On peut y pratiquer la chasse ou encore y faire du camping bien rudimentaire.

Tallulah

Le **Tensas River National Wildlife Refuge** *(entrée libre; lun-ven 8h à 16h; à 14 km à l'ouest de Tallulah par la route nationale US 80, ☎574-2664)*, dont les 22 800 ha de forêts protégées abritent une riche faune d'ours noirs, d'alligators, de chevreuils, de gibiers d'eau et de dindons sauvages, est également un centre d'interprétation. On y trouve une tour d'observation et des sentiers pédestres.

HÉBERGEMENT

Shreveport-Bossier

Grâce aux nombreux hôtels et motels situés près des axes routiers, on trouve facilement à se loger un peu partout en Louisiane. Ces endroits, qui misent plus sur le confort moderne que sur le charme de l'environnement, ne sont toutefois pas idéaux pour de longs séjours. Il n'y a pas grand-chose à redire sur ces hôtels ou motels quasi identiques. Cette liste ne vise qu'à faciliter la tâche du visiteur qui, un soir de malchance (en saison touristique), trouvera difficilement un gîte. Un avantage toutefois : plusieurs offrent le petit déjeuner sur place; celui-ci est facturé en sus. Cette note vaut aussi pour les autres régions. Tous les endroits mentionnés acceptent les cartes de crédit.

Le **KOA Shreveport-Bossier** *(6510 70e Rue Ouest, Shreveport, ☎687-1010)*, situé au sud de Shreveport, est affilié à l'Association nationale de camping.

Au **Camper's RV Center** *(7700 70e Rue Ouest, Shreveport, ☎687-4567)*, on trouve plusieurs emplacements destinés aux véhicules récréatifs.

Le **C & J RV Park Maplewood** *(10$; à 14,4 km au nord de la route nationale I-220, 6941 autoroute d'État LA 1/Hwy LA 1, Shreveport, ☎929-3193)* accueille fort bien les visiteurs voyageant avec leur véhicule récréatif. Douches publiques.

Le **Camping Aux Cyprès du Bayou Noir (Black Bayou)** *(sortez de l'autoroute I-20 à Airline Drive, ou chemin de l'Aéroport, prenez ensuite la direction nord sur 13 km, puis tournez à droite sur le chemin Linton et faites 6 km, ☎965-0007)*, situé sur le lac Cypress Bayou, peut accueillir autant les véhicules récréatifs que de simples tentes. On y trouve tous les services, une épicerie ainsi qu'un terrain de jeu, une plage et des sentiers. Des bateaux sont disponibles en location pour la pêche.

Caravane & Camping Hilltop *(200 chemin Hilltop, Princeton, à 8 km à l'est de Bossier, ☎949-8486)*. Terrain avec plus de 100 emplacements tout équipés. Le

L'œuvre de Robert Dafford, *L'Arrivée des Acadiens en Louisiane*, au Monument Acadien, à Saint-Martinville. - Steve Comeaux

Crépuscule sur un marécage de la Louisiane. - R.N.

Aigrettes des neiges, dans la réserve ornithologique de l'île d'Avery, au domaine Tabasco. - R.N.

lac permet de pratiquer la pêche ou la natation.

Pine Hill Mobile Home and RV Park *(30$; 900 autoroute 80/Hwy 80, Haughton, ☎949-3916)*. Le parc réserve 42 emplacements aux véhicules récréatifs. On y trouve des toilettes, des douches publiques et une laverie.

L'**Hôtel Mid-City Motor** *(30-50; ℂ; 725 rue Jordan, Shreveport, ☎425-7481)* propose 60 chambres, toutes équipées d'une cuisinette. L'hôtel se classe parmi les établissements les plus économiques de la région.

The **Plantation Inn** *(45$; ≡, bp, tvc, ℜ, ≈; 4901 chemin Greenwood, Shreveport, ☎635-0500)*, à l'entrée ouest de la ville, est facilement accessible par l'autoroute I-20. Le chemin Greenwood est parallèle à l'autoroute I-20.

Le **Sundowner Inn-West** *(46$; ≡, bp, tvc, ℜ, ≈; 2134 chemin Green-wood, Shreveport, ☎425-7467, ⇌425-7030)* se trouve à l'ouest du centre-ville et près de l'autoroute I-20.

Le **Howard Johnson Lodge and Restaurant** *(60$; ≡, bp, tvc, ℜ, ≈; 1906 rue du Marché Nord/Market North, Shreveport, ☎424-6621, ⇌221-1028)* est situé à la sortie de la ville, là où la rue du Marché devient la nationale US 71; cette route mène vers Oil City et Vivian.

Le **Motel Days Inn Shreveport** *(62$; ≡, bp, tvc, ≈; 4935 promenade Monkhouse Ouest/Monkhouse West Drive, Shreveport, ☎636-0080 ou 800-325-2525 de l'Amérique du Nord, ⇌635-4517)*, un établissement tout à fait standard et économique est situé à l'ouest de la ville, sur l'artère menant à l'aéroport régional.

En bordure de l'artère principale, à l'entrée est de Bossier, vous apercevrez le **Best Western Airline Motor Inn** *(65-75; ≡, bp, tvc, ≈, ℜ; 1984 chemin de l'Aéroport/Airline Drive, Bossier, ☎742-6000 ou 800-635-7639 des États-Unis, ≈742-4615)*.

L'**Hôtel Best Western Château Suite** *(80$, 100$ pdj; ≡, ⊘, ≈, bp, ℂ; 201 rue du Lac, Bossier, sortie 13 de l'autoroute I-20, ☎222-7620 ou 800-845-9334 de l'Amérique du Nord, ≈424-2014)* est un établissement de 103 chambres offrant tout le confort moderne.

The Columns on Jordan *(100-125 pdj; ≡, bp, ⊛, tvc, ℝ, ≈, ℜ; 615 rue Jordan, Shreveport, ☎222-5912, ⇌459-1155, www.bbonline.com/la/columns)*, situé dans le quartier historique, est un beau manoir restauré disposant de cinq chambres avec mobilier d'époque.

Le **2439 Fairfield, A Bed & Breakfast** *(125-200 pdj; ≡, bp, ⊛, ℝ; 2439 avenue Fairfield, Shreveport, ☎424-2424)*, une autre maison victorienne, a été construite au début du siècle. On propose ici quatre chambres, chacune avec son balcon privé donnant sur un jardin anglais.

La **Maison Place Fairfield** *(135$ pdj; ≡, bp, tvc; 2221 avenue Fairfield, Shreveport, ☎222-0048)*, une belle résidence victorienne datant de 1870, située dans l'arrondissement historique de Highland, compte neuf chambres et studios avec meubles d'époque européens et américains. On n'y fume pas.

La région à l'ouest de Shreveport-Bossier

Greenwood

Le **Country Inn** *(70-80; ≡, bp, tvc, ≈; sortie 5 de l'autoroute I-20, 8489, chemin de Greenwood, ☎938-7952, ⇌938-7958)* est un hôtel de 128 chambres situé près de l'autoroute, à la sortie de Shreveport.

Vivian

The Rose *(314 rue du Tennessee Ouest, ☎375-5607 ou 375-3300)*. Dans cette belle maison datant de la fin du siècle dernier règne une ambiance chaleureuse.

La région au sud de Shreveport-Bossier

Mansfield

Au **Burton's Gatehouse Inn** *(30-50; bp, ≈; 604 rue de Washington Sud, ☎872-3601)* est un autre économique endroit pour passer la nuit.

Zwolle

Le **parc d'État du Réservoir Toledo Bend** *(camping 10-12; chalet 65$; ≈, aires de pique-nique; à 16 km au sud-ouest de Zwolle, sur la route d'État LA 3229, ☎645-4715)* est un délicieux endroit pour la pêche. Le parc dispose de 70 emplacements de camping et de 10 chalets.

Many

The Turtle Beach Lodge *(route d'État LA 191; adresse postale : HC 63, C.P. 1025, LA 71449; ☎256-5595)* est situé dans la région du réservoir Toledo Bend. On peut y louer des chalets climatisés. Il y a un camping, une épicerie à proximité (où l'on peut se procurer des appâts pour la pêche et louer un bateau) et aussi un poste d'essence.

Le **Miss Elaine E.S.** *(50-60 pdj; bp; 1315 rue Blake, ☎256-6478)* propose deux chambres meublées d'antiquités. On trouve sur place une boutique de souvenirs et une galerie d'art. Endroit réservé aux adultes. On n'y fume pas.

Florien

Le **Red's Point** *(12$ véhicule récréatif, 45$ chalet/*cabin*; route d'État LA 191; adresse postale : HC 65, C.P. 4420, LA 71429; ☎565-4256)* est un camping situé tout près du grand réservoir Toledo Bend. On y trouve tous les services pour les véhicules récréatifs. Il y a possibilité d'y louer un petit chalet; sur place, une épicerie vend tous les appâts requis pour la pêche.

Le **Toro Hills Lodge** *(60$ occ. simple, 65$ occ. double; studio partagé-condo 135$; ≡, bp, ⊛, tv, ℜ, ≈, tennis; route d'État 171 Sud, ☎586-4661, ☎800-533-5031 des États-Unis)* pratique des prix forfaitaires pour la pêche sur le réservoir Toledo Bend.

La région à l'est de Shreveport-Bossier

Doyline

Le **parc d'État du Lac Bistineau** *(10-12 par jour, chalets 60-65 par jour; ≈, plage, pêche, aires de pique-nique; route d'État LA 163, à 14 km au sud de Doyline, ☎745-3503)* se trouve en bordure d'un lac de 16 km de long. Le parc dispose de 67 emplacements de camping et de 13 chalets.

Minden

Calloway Corners *(80-95 pdj; route d'État LA 7, Sibley, à 6 km au sud de Minden, ☎377-2058 ou 800-851-1088 des États-Unis, ≠377-5938, www.callowaybornersbb.com)*, une maison de style campagnard, a été construite en 1883. Les hôtes proposent aux visiteurs trois chambres. Le domaine de 1 ha est planté de beaux chênes verts, d'éblouissants magnolias et de gigantesques pacaniers.

Homer

Le **parc d'État du Lac Claiborne** *(camping 10-12; route d'État LA 146, à 11 km au sud-est de Homer, ☎927-2976)* comprend 87 emplacements de camping, des sentiers et une plage. On peut y louer un bateau et y pratiquer la pêche sur un lac de 2 560 ha.

Le **parc de loisirs de plein air du Lac Caney** (Caney Lake Recreation Area) *(saisonnier; de Minden, prenez la route d'État LA 159 Nord jusqu'au chemin paroissial Webster 111, puis tournez à gauche sur la route d'État LA 111 et faites 3 km, ☎927-2061)* offre aux amateurs de la nature deux lacs au cœur de la Forêt nationale de Kisatchie : Upper Caney Lake (50 ha) et Lower Caney Lake (100 ha). Quarante-huit emplacements de camping, plage, pêche, sentiers pédestres. On fait le tour du lac Caney supérieur par le sentier de la Canne à sucre, long de 12 km. On peut y voir les vestiges d'un moulin à sucre qui remontent au temps où la culture de la canne à sucre, tout comme celle du coton, florissait dans la région.

Le **lac Corney** (Corney Lake) *(toute l'année; route d'État LA 9, à 28 km au nord de Homer, ☎927-2061)* est un beau lac de 900 ha dans une forêt de cipres, de copaliers et de pins. Huit emplacements de camping, aires de pique-nique et pêche.

Camp Bucktail *(route d'État LA 520, à 11 km au nord de Homer, ☎927-2061)*. Camping sauvage de 25 emplacements au cœur d'une forêt de pins (eau courante seulement et absence d'aires de pique-nique aménagées).

Camp Turkey Trot *(au nord de Homer, suivez la route d'État LA 9 sur 7 km, puis prenez à gauche sur le chemin forestier 940/Forest Road 940 et faites 4 km, tournez à nouveau sur la gauche sur le chemin forestier 909/Forest Road 909 et faites 1 km en suivant les panneaux indicateurs, ☎927-2061)*. Installations rudimentaires, 25 emplacements, eau courante, absence d'aires de pique-nique aménagées.

Camp Sugar Creek *(de Homer, prenez la direction nord en empruntant la route d'État LA 9 et faites 34 km, puis tournez à gauche sur le chemin forestier 904/Forest Road 904 puis faites 2,5 km, ☎927-2061)*. Installations rudimentaires, 10 emplacements, absence d'eau courante et d'aires de pique-nique aménagées.

Linder Motor Lodge *(35-45; ≡, bp, tv, ℜ; route d'État LA 79 Nord, ☎927-2574, ≠927-5464)*. Sur la route qui mène à Haynesville.

Chalets Tall Timbers *(55$ pdj; bp; chemin Harris, 5356 Harris Road, à 1,5 km de la route nationale US 79 Sud, ☎927-5260, ≠927-2996)*. L'endroit est situé dans les collines et possède un lac privé; il y a quatre points d'hébergement. On y propose des forfaits pour la chasse au chevreuil et pour la pêche. Tennis et golf.

Haynesville

La **plantation Burnham** *(40-60 pdj; bp; chemin paroissial 21, ☎624-0695)*, dont l'entrée est une porte cochère, est un parc de 6 ha avec lac privé. Une cour pavée mène à la maison d'hôte, une belle résidence victorienne qui dispose de quatre chambres avec mobilier d'époque.

Athènes

Le **Camping Home Place Acres** *(à 24 km au nord-ouest de Minden, ☎358-4943)* est un site proposant maints emplacements pour véhicules récréatifs.

Arcadie

Le **Nob Hill Inn** *(31-40 pdj; bp, ℜ, ≈; sortie 69 de l'autoroute I-20, ☎263-2013)* abritait autrefois une auberge. L'ancien bâtiment a été entièrement rénové et propose à nouveau le gîte et le couvert.

Ruston

Comfort Inn *(40-45; ≡, bp, tvc, ℝ, ≈; sortie 86 Nord de l'autoroute I-20, ☎251-2360, ☎800-228-5150 de l'Amérique du Nord)*.

Best Western Kings Inn *(43-66; ≡, bp, tvc, ≈; 1105 rue Trenton Nord, ☎251-0000, ☎800-528-1234 de l'Amérique du Nord)*. La rue Trenton est la rue principale de Ruston.

Farmerville

Le **parc d'État du Lac d'Arbonne** *(10-12; route d'État LA 2, à l'ouest de Farmerville, ☎368-2086)* est un véritable paradis pour les amateurs de pêche. On y trouve 43 emplacements pour le camping.

Le **Motel du lac d'Arbonne** *(forfaits pour les aînés; ≡, tvc, ℜ, ≈; lac d'Arbonne, ☎368-2236)* dispose de 40 chambres et possède aussi une marina avec poste d'essence où l'on peut louer du matériel de pêche.

Monroe/Monroe-Ouest

Le **parc du Lac Chênière** *(112 chemin Edwards, Monroe-Ouest, ☎325-8327)*, situé à proximité de l'autoroute par la route d'État LA 838, dispose de plusieurs emplacements pour tentes.

L'**Ouachita Wildlife Management Area** *(route d'État LA 15, à 10 km au sud-est de Monroe, ☎343-4044)* est un site de 320 ha : pêche, chasse, camping rudimentaire avec eau courante et tour d'observation pour les ornithologues amateurs.

Le **parc d'État de Chemin-à-Haut** *(10-12; chalet 45-50; ≈; par la route d'État LA 139, à environ 18 km au nord de Bastrop, ☎238-0812)* est une autre halte autrefois fréquentée par les Amérindiens lors de leurs migrations annuelles et se trouve à l'intersection des bayous Chemin-à-Haut et Bartholomé. On peut y pêcher, louer un bateau, faire une randonnée sur un des sentiers pédestres et pique-niquer. On y trouve 26 emplacements de camping et 6 chalets.

Budget Inn *(25-35; ≡, bp, tvc, ≈; 2115 avenue Louisville, Monroe, ☎322-8161)*. On y accède par la rue du Moulin/Mill au centre-ville *(sortie 115* *de l'autoroute I-20)*, qui devient plus loin la rue du Pont/Bridge, puis l'avenue Louisville de l'autre côté de la rivière. C'est l'un des plus économiques établissements hôteliers de la région. Comme le faisait remarquer un globe-trotter : *«Plus bas que ça, on se gratte toute la nuit!»*

Le **Civic Center Inn** *(43$; ≡, bp, tvc, ≈; 16 rue Leagoner, Monroe, ☎323-4452, ☎800-827-4451 des États-Unis, ⇌323-1728)* est un hôtel situé tout près de l'autoroute, à la sortie 117.

Le **Travel Lodge** *(43-47 pdj; ≡, bp, tvc, ℜ, ≈; 2102 avenue Louisville, Monroe, ☎325-5851, ☎800-325-2525 de l'Amérique du Nord, ⇌323-3808)* se trouve en bordure de l'artère principale conduisant au centre-ville et à l'autoroute; en sens contraire, elle rejoint la nationale US 165.

Le **Holiday Inn Express** *(52-62 pdj; ≡, bp, tvc, ℜ, ≈; 401 Constitutional Drive, à la jonction de l'autoroute I-20 et du chemin Thomas, Monroe-Ouest, ☎388-3810, ☎800-HOLIDAY de l'Amérique du Nord, ⇌323-2088)* est situé à l'ouest de la ville; de l'autoroute, empruntez la sortie 114.

L'**Hôtel Rosa Lee** *(65-95; réservation obligatoire; ≡, bp; 318 rue Trenton, Monroe-Ouest, ☎342-8030, après 18h ☎322-5998)* a été construit en 1895. L'hôtel se trouve au-dessus de la boutique d'antiquités Chandler's. Les chambres sont meublées à l'ancienne. Pas d'enfant; interdiction de fumer. La rue Trenton, qui se trouve au centre-ville de Monroe, longe la rivière Ouachita.

Le **Cottage Boscobel** *(75$ pdj; ≡, bp, tvc; 185 Cordell Lane; sur la route nationale US 165, à 24 km au sud de Monroe, ☎325-1550)*, une belle maison historique de 1820, est sise en bordure de la rivière Ouachita. La demeure possède de beaux meubles anciens, et le cottage est entouré de majestueux pacaniers. La région compte plusieurs plantations de coton.

Au sud-ouest de Tallulah

Parc d'État du Lac Bruin *(à l'ouest de Winnsboro, près de Saint-Joseph et de l'État du Mississippi, autoroute d'État 604/Hwy LA 604, ☎888-677-1400 des États-Unis)*. Cette région fut explorée au XVIe siècle par l'Espagnol de Soto. La vaste étendue d'eau de 1 560 ha, le lac Bruin, était autrefois reliée au lit du fleuve. À ce bel endroit, où l'on peut pratiquer la pêche et la natation (plage), il y a 25 emplacements pour le camping avec aires de pique-nique.

RESTAURANTS

Shreveport

Le **Bon Appétit** *($; lun-sam 11h à 14h30; 4832 avenue Line, ☎868-1438)* propose une cuisine honnête : soupes, salades, crêpes et sandwichs. On s'y procure aussi des chocolats et des paniers-cadeaux de la Louisiane (un assortiment d'épices, de confiseries et de délices 'cadiens et créoles).

La **Boulangerie-Café Chez Julie-Anne** (Julie Anne's Bakery and Café) *($; lun et mer-sam 6h30 à 19h; 3110 avenue Line, ☎424-4995)* est une petite maison aux allures de salon de thé. On y sert des quiches et des crêpes, et la maison fabrique son propre pain avec lequel sont préparés de succulents et généreux sandwichs que l'on déguste avec une bonne soupe du jour. Lait fouetté et crème glacée sont deux autres gourmandises proposées dans ce sympathique endroit.

Au **Café Jacquelyn's** *($; lun-sam 11h à 15h; 1324 avenue de la Louisiane/Louisiana, ☎227-8598)*, on mange, comme dans une famille 'cadienne, des plats du jour ou encore des soupes, des sandwichs, des salades et des tartes.

Le **Noble Savage** *($; lun-ven 8h30 à 14h; 417 avenue du Texas, ☎221-1781)* est un restaurant du centre-ville où l'on apprête une cuisine régionale : gombo, pâtes et pâtisseries maison. Le soir, on peut y entendre de la musique.

Chez Dudley et Gérald *($; tlj 11h30 à 22h; 2421 70ᵉ Rue Est, ☎797-3010)*, un peu à l'écart, au sud du centre-ville, propose une cuisine 'cadienne et du sud de la Louisiane : court-bouillon, crabe farci, écrevisses, «po-boys» aux crevettes ou aux huîtres, *jambalaya*, huîtres frites.

Chez **Murrell's** *($; tlj 24 heures sur 24; 529 rue King Est, ☎868-2620)*, c'est la même famille qui dirige l'établissement depuis plus de 40 ans. La maison propose des spécialités régionales.

La Dinde fumée de Chez Léon (Leon's Smoked Turkey) *($-$$; lun-sam 10h30 à 20h, dim 11h à 20h; 4723 chemin Monkhouse, ☎635-5700)* est un endroit réputé. On y prépare de l'excellente dinde fumée, et l'on raconte que c'est ici que l'on peut également savourer les meilleures grillades au barbecue.

L'**Auberge-restaurant Stumpwater** *($-$$; dim et mar-jeu 10h à 21h, ven-sam 10h à 22h; à l'intersection de la route d'État LA 169 et de la rue Blanchard-Furrh, ☎929-3725)* confectionne, selon un journal régional, les meilleurs desserts traditionnels du coin. Aussi à son menu : homard «Thermidor», poisson-chat et grillades.

Les **Cafétérias Picadilly** *($-$$; tlj 11h à 20h30; 57 rue du Mail Park Sud/Park Mall South, ☎686-6282; 1133 rue du Mail Saint-Vincent, ☎222-8057; 789 autoroute Shreveport-Barksdale/ Highway, ☎861-0967)*, toutes sises en bordure de l'autoroute, proposent un libre-service dans chacun des trois établissements. On y prépare une cuisine honnête, surtout des plats de cuisine régionale.

Le restaurant **Cajun Seafood Gardens** *($-$$; tous les soirs 17h à 22h; 2441 70ᵉ Rue Est, ☎797-6522)* prépare des fruits de mer, des écrevisses, des steaks ou du poisson-chat; il y a un orchestre.

Le **Café Pete Harris** *($-$$; dim-jeu 8h à 13h, ven-sam 11h à 22h; 1355 rue Milam, ☎425-4277)* attire les amateurs de fruits de mer (délicieuses crevettes farcies), de grillades et de mets typiques de la *soul cuisine*. Les habitués aiment s'attabler dans cet établissement, dont on dit être le plus ancien restaurant afro-américain des États-Unis.

La Paloma Mexican Restaurant *($-$$; lun-jeu 11h à 21h, ven-sam 11h à 22h, dim 11h à 14h; 3110 avenue Bert-Kouns, local B, ☎687-6084)* fait une cuisine mexicaine au goût américain, et il y a un menu du jour.

Au restaurant **Crescent Landing** *($$; mer-jeu 11h à 14h, dim-mar 11h à 14h et 17h à 20h, ven-sam 11h à 14h et 17h à 21h; 2530 avenue Bert-Kouns, ☎686-4450)*, on profite d'une belle ambiance champêtre. Le poisson-chat y est servi à volonté, «le meilleur en ville» dit-on. Aussi : steaks, poulet et crevettes.

Au **Don's Seafood and Steakhouse** *($$; dim-jeu 11h à 22h, ven-sam 11h à 23h; 3100 avenue Highland, ☎865-4291)*, les fruits de mer se préparent à la façon du sud de la Louisiane.

Au **Smith's Cross Lake Inn** *($$; lun-sam 17h à 22h; 5301 promenade Lakeshore Sud, ☎631-0919)*, on opte pour les fruits de mer ou les steaks; un menu santé est aussi proposé. De la salle à manger, la vue sur le lac est superbe.

Monsieur Patou *($$$; mar-ven 11h30 à 14h, tlj 17h à 23h; 855 chemin Pierremont, ☎868-9822)* concocte une bonne cuisine française dans un décor de style Louis XV : lustre, verres en cristal, argenterie.

Bossier

Darrell's *($; tlj 6h à 24h; 1964 chemin de l'Aéroport/Airline Drive, à l'angle de l'autoroute I-20, ☎742-1999)*, un classique *diner* des années cinquante, tout peint de bleu et de rouge, est très populaire auprès des gens de la place. Ses hambourgeois tout garnis, ses frites maison, ses laits fouettés et sa tarte aux fraises demeurent les grands favoris des habitués. Des photos anciennes de Shreveport et de Bossier décorent les murs.

Cypress Inn *($-$$; mar-jeu 17h à 21h, ven-sam 17h à 22h; promenade du Bord-du-Lac Sud/Lakeshore South, Benton; à 16 km au nord de Bossier sur la route d'État LA 3, ☎965 2396)*. L'endroit offre une vue magnifique sur le lac Cyprès. La maison se spécialise dans les plats de poisson-chat, que l'on cuisine ici de toutes les façons. Une spécialité fort prisée des amateurs : le poisson-chat, entier ou en filets, aux tomates vertes marinées.

Le **Louisiana Bar & Grill** *($-$$; lun-sam 11h à 22h; 1701 chemin Old Minden, ☎741-1947)*, dont l'ambiance est celle d'une taverne des années vingt, sert bien sûr de la bière et, au choix, des fruits de mer et des sandwichs; il y a un buffet d'huîtres.

La **Luby's Cafeteria** *($-$$; lun-ven 10h45 à 14h30 et 16h15 à 20h, sam-dim 10h45 à 20h; 2958 rue du Texas Est, ☎741-3666)* est une cafétéria très fréquentée par les gens de la place, qui y dévorent salades, entrées, légumes, desserts et pain maison.

The Pelican Room (de l'Hippodrome Louisiana Downs) *($$-$$$; 24 avr au 15 nov, mer-dim 11h à 17h; 8000 rue du Texas Est, ☎742-5555, ☎800-648-0712 des États-Unis)*, dont la salle à manger peut accueillir 700 convives, sert des repas à la carte.

Le **Sky Club** (de l'hippodrome de Louisiana Downs) *($$$; 24 avr au 15 nov; 8000 rue du Texas Est, ☎742-5555, ☎800-648-0712 des États-Unis)* dresse un généreux buffet. Ici l'ambiance est mondaine.

La région à l'ouest de Shreveport-Bossier

Greenwood

Le **Restaurant El Chico** *($$; dim-jeu 11h à 22h, ven-sam 11h à 23h; 2127 chemin de Greenwood, ☎425-7928)* fait partie d'une chaîne de restaurants de type familial. On propose ici une cuisine mexicaine très américanisée et quelques grillades.

Mooringsport

Le restaurant **Summer Point Landing** *($-$$; mar-jeu 17h à 21h, ven-sam 17h à 22h; 7930 chemin du Boy Scout Camp/Road, ☎996-6045)*, sur le lac Caddo, près du barrage, à 1 km de la route d'État LA 1 Nord, sert des spécialités régionales, du poisson-chat, des fruits de mer et des grillades.

Vivian

Le **Big Boy's Diner** *($; lun-sam 11h à 14h et 17h à 20h; Mail Stagecoach Junction/Mall, au centre-ville de Vivian, ☎375-3007)* fait une cuisine régionale; les portions sont copieuses et les desserts tous maison.

The Hill Family Restaurant *($-$$; lun-sam 7h à 21h, dim 7h à 14h; buffet 11h à 14h; 1107 rue Pine Sud, ☎375-5700)* prépare de copieux petits déjeuners, des sandwichs de toutes sortes, des steaks, des fruits de mer et une cuisine mexicaine à l'américaine.

La région au sud de Shreveport-Bossier

Mansfield

Chez **Cole's** *($-$$; mar-sam 17h à 22h; route d'État LA 509, chemin du Lac, près de Carmel, ☎872-2404)*, les grillades, fruits de mer, écrevisses et salades composent le menu. Le mardi soir est réservé aux aînés et, le mercredi, on sert du poisson-chat à volonté.

Zwolle

L'**Ethyl's Driftwood Restaurant** *($; tlj 5h à 22h; chemin Carter Ferry, ☎645-6455)* est un restaurant familial situé en bordure du réservoir Toledo Bend. Au menu : fruits de mer, steaks et poulet.

Many

Sam's Restaurant *($-$$; lun-sam 7h à 21h, dim 7h à 14h; route nationale US 171 Sud, ☎256-9248)*. Le menu est varié, un buffet est dressé le dimanche, et l'on prépare des spécialités à base de poisson-chat le vendredi et le samedi.

The Big Bass Marina *($$; mar-jeu 6h à 21h, ven-dim 5h à 22h; sur la route d'État LA 476, ☎586-4721, ☎800-426-2809 des États-Unis)* se trouve lui aussi en bordure du grand réservoir Toledo Bend. Le restaurant a adopté un style de station balnéaire. Fruits de mer, assiette orientale, hambourgeois.

Country Boy *($$; tlj 10h à 22h; route nationale US 171 Sud, ☎256-3953)*. Un panneau en annonce d'emblée la couleur : «La meilleure nourriture de Many, c'est le poulet frit épicé, les filets de poisson-chat, les crevettes et les huîtres!»

La région à l'est de Shreveport-Bossier

Doyline

À la **Bobbie's Grocery** *($; tlj 5h à 22h; route d'État LA 163, chemin du Parc de l'État/State Park Road, ☎745-3367)*, on peut manger en compagnie de pêcheurs, l'endroit louant tout ce qu'il faut pour la pêche.

Ringgold

La **Billy's Place** *($; lun-jeu 6h à 22h, ven 6h à 24h, sam 7h à 24h; route d'État LA 7, ☎894-9234)* sert des petits déjeuners, des viandes grillées, des tourtières, des sandwichs; on y vend de la bière. Station d'essence.

Minden

Le **Vivian Antique Mall and Tea Garden** *($-$$; 142 avenue de la Louisiane Ouest/Louisiana West, ☎375-3300)* est un coquet salon de thé entouré d'un jardin de style victorien. On se délecte ici de crêpes, quiches, galettes au lait, salades, sandwichs et desserts. Un thé à l'anglaise est servi au cours de l'après-midi.

Au **Bayou Inn Restaurant** *($$; dim-jeu 17h à 21h, ven-sam 11h à 22h; ☎371-0287)*, c'est dans un décor rustique qu'on sert le fameux poisson-chat apprêté de toutes les façons et à volonté ainsi que les steaks.

Arcadie

Le **Restaurant chez Luigi's** *($-$$; mar-sam 10h à 22h; 811 avenue du Chemin de Fer/Railroad, au centre-ville, ☎263-2248)* propose des mets italiens, des steaks et des sandwichs. Il y a un comptoir à salades.

Ruston

Le **Boiling Point** *($; lun-jeu 11h à 21h, ven 11h à 22h, sam-dim 12h à 21h; 381 avenue de la Californie Ouest/California West, ☎255-8506)*, un petit resto très populaire où l'on mange à des tables de pique-nique, se spécialise dans les écrevisses bouillies que l'on déguste selon la tradition avec un épi de maïs, une pomme de terre et un oignon cuits dans le court-bouillon des crustacés ainsi qu'avec des sauces piquantes bien pimentées. L'endroit propose bien d'autres plats à base de poissons d'eau douce ou salée ainsi que des fruits de mer du golfe du Mexique.

Chez Bee *($; lun-ven 5h30 à 19h; sam 5h30 à 17h; 805 rue Larson, ☎255-5610)*, ce sont de la cuisine créole, du pain de maïs, diverses grillades et des petits déjeuners qui sont proposés.

Le **Potluck** *($; lun-jeu 9h30 à 17h30, ven-sam 10h à 12h; 202 rue de Vienne Nord/Vienna North, ☎254-1331)* se spécialise dans les petits déjeuner; l'ambiance y est décontractée.

La **Sundown Tavern** *($; tlj 11h à 21h; 107 avenue du Parc Est/Park East, ☎255-8028)* est une taverne où l'on peut avaler quelques sandwichs garnis de bonnes charcuteries.

Chez Antony - Pâtes et Fruits de Mer - (Anthony's Pasta and Seafood) *($-$$; lun-jeu 11h à 21h, ven-sam 11h à 23h, dim 8h30 à 22h; 109 rue de Trenton Nord, ☎255-9000)* prépare toutes les pâtes imaginables, à la façon italo-américaine, et des fruits de mer au goût des gens du coin.

Monroe/Monroe-Ouest

Le **Catfish King Restaurant** *($; dim-jeu 11h à 21h, ven-sam 11h à 22h; 305 chemin Sterlington, Monroe, ☎322-6115)*, un restaurant familial, se spécialise dans les fruits de mer et, comme son nom l'indique en anglais, c'est évidemment le royaume du poisson-chat!

La **Ma and Pa's Kitchen** *($; lun-ven 6h à 14h; 310 rue Wood, Monroe-Ouest, ☎325-3442)* propose des plats de cuisine régionale et ses petits déjeuners. Plats du jour à midi.

West Monroe Coney Island *($; lun-sam 8h30 à 18h; 410 rue de Natchitoches, Monroe-Ouest, ☎323-7610)* prépare le meilleur chien-chaud en ville!

Au restaurant **Joe Bob's Seafood** *($-$$; mar-sam 17h à 22h; 1100 promenade du Bayou d'Arbonne/Drive, Monroe-*

Ouest, ☎396-1818), on a une belle vue sur le lac d'Arbonne. Fruits de mer, steaks.

Le **Dépôt Restaurant** *($-$$; lun-ven 11h à 14h, ven-sam 5h30 à 22h; 100 rue de Trenton, Monroe-Ouest, ☎323-8996)* dresse un impressionnant et généreux buffet où chacun se sert à sa guise et... à volonté!

Enoch's, A Café *($-$$; lun-sam 11h à 2h; 717 6e Rue Nord, Monroe, ☎323-3455)* est un sympathique endroit offrant un bon choix de musique. Cuisine louisianaise et texane. Orchestres : musique américaine, européenne et 'cadienne.

La **Mohawk Seafood Tavern** *($-$$; mar-jeu 11h à 21h, ven-sam 11h à 22h; 704 avenue Louisville, Monroe, ☎322-5481)* demeure l'un des meilleurs comptoirs de dégustation d'huîtres au nord de La Nouvelle-Orléans.

À la **Morrison's Cafeteria** *($-$$; lun-sam 11 h à 20 h 30, dim 11 h à 18 h 30; 4700 chemin Millhaven, Monroe, ☎322-5230)*, la cuisine régionale est servie au comptoir à la façon d'un libre-service.

Le **Swartz Smokehouse & Grill** *($-$$; route d'État LA 139, Swartz, à 3 km au nord de Monroe, ☎345-0486)* est l'endroit le plus populaire pour déguster un véritable «barbéque» à la façon louisianaise.

Cascio's Seafood Tavern *($$; lun-jeu 11h à 22h, ven-sam 11h à 23h; 1210 18e Rue Nord, Monroe, ☎387-3670)*. Les Cascio ont été l'une des premières familles à se lancer dans la restauration à Monroe. Spécialités italiennes, fruits de mer et steaks.

Le **Captain Avery Seafood Restaurant** *($$-$$$; tlj 17h à 22h; 1500 autoroute 165 Nord/Hwy 165 North, Monroe, ☎345-0100)* s'est vu décerner plusieurs prix d'excellence pour ses fruits de mer et ses steaks préparés à la louisianaise. La maison a son propre bar.

Winnsboro

Papa Wayne's *($; dim-jeu 10h à 23h, ven-sam 10h à 24h; 302 rue Front, ☎435-3884)* est un authentique *diner* américain. La maison propose du poulet et du poisson frit ainsi qu'une cuisine régionale.

Gilbert

R.V.'s Food & Fun *($; lun-sam 5h à 22h; route d'État LA 15 Sud, ☎435-4650)* prépare du poisson grillé ou frit et des steaks. Le petit déjeuner de ce restaurant rural est copieux et le buffet du déjeuner toujours généreux.

SORTIES

Shreveport-Bossier

Le premier et le troisième samedi de chaque mois, il y a de la musique country et gospel avec des musiciens professionnels de la région ou des amateurs à l'**Ark-La-Tex Roundup** *(adulte 4$, enfant 5 à 12 ans 2$; à l'auditorium du lycée Airline High School, 2801 chemin de l'Aéroport/Airline Drive, Bossier, ☎688-5463 ou 869-3675 ou 688-1130)*. Le programme s'inspire du Louisiana Hayride, un spectacle extrêmement populaire au cours des années cinquante et soixante qui virent, entre autres, les débuts de Hank Williams et d'Elvis Presley.

Le **Café James Burton's Rock 'n' Roll** *(droit d'entrée; orchestre live mer-sam 16h à 4h; 616 rue du Commerce, Shreveport, ☎424-5000)*, un café rétro des années cinquante, soixante et soixante-dix, accorde une grande place aux vedettes préférées que sont Elvis Presley et John Denver (ce dernier est décédé en octobre 1997).

Le **Théâtre Marjorie Lyons Playhouse** *(guichet ouvert mar-sam 12h à 16h; campus du Collège Centenary; 2911 boulevard du Centenaire/Centenary Blvd, Shreveport, ☎869-5242)* présente de six à huit grandes productions annuellement.

Baseball Shreveport Capitaines *(2 adultes 10$, moins de 12 ans 2$; avr à août; Fair Grounds Field, Shreveport, ☎636-5555, ☎800-467-3230 des États-Unis)*. L'équipe des Capitaines est affiliée à celle des Giants de San Francisco de la Ligue nationale de baseball professionnel.

Shreveport Storm - Matchs de basketball *(droit d'entrée; nov à mar; campus du Collège Centenary, Shreveport; renseignez-vous sur l'horaire des différents matchs : ☎425-SLAM)*. L'équipe semi-professionnelle de basketball du collège défend régulièrement ses couleurs auprès des équipes adverses des autres institutions.

À l'**Hippodrome Louisiana Downs** *(2-8; 24 avr au 15 nov; à l'est de Bossier, à la jonction des autoroutes I-20 et I-220, ☎742-5555, ☎800-551-RACE des États-Unis)*, certains parieurs peuvent gagner jusqu'à 150 000$US! Les enfants âgés de moins de 12 ans ne sont pas admis à l'hippodrome, et les joueurs impulsifs doivent s'abstenir. On y trouve divers restaurants.

Le **Casino Harrah's** *(bateau-casino* Shreveport Rose, *au quai de la rivière Rouge, Clyde Fant Parkway, Shreveport, ☎800-HARRAHS des États-Unis)* se trouve en fait sur un bateau-casino, la reproduction fidèle d'un bateau à vapeur du siècle dernier. Il dispose de 945 machines à sous et de 37 tables de jeux.

La **Water Town USA** *(mai à août; lun-mar 10h à 18h, mer-sam 10h à 20h, dim 12h à 18h; 7670 70e Rue Ouest, Shreveport, ☎938-5475)* possède une piscine et un parc aquatique qui permettent aux usagers de se rafraîchir et d'oublier quelque peu la canicule et l'humidité louisianaise. On y trouve également des aires de pique-nique et de jeu.

Le **Parc d'amusement Hamel** *(printemps sam 13h à 22h, dim 13h à 18h; été mer-ven 18h à 22h, sam 13h à 22h, dim 13h à 19h; 70e Rue Est, Shreveport, ☎869-3566)* est un immense emplacement avec manèges et jeux. L'endroit réserve d'amusantes distractions aux jeunes de tout âge. On peut y casser la croûte.

La région à l'ouest de Shreveport-Bossier

Greenwood

Au **Boothill Speedway** *(adulte 8$, enfant entrée libre; mars à nov, sam soir; sortie 3 de l'autoroute I-20, chemin du Cimetière/Cemetery Road, ☎938-9373)* se déroulent des courses de *stock-cars*. La piste à plus grande vitesse du sud des États-Unis.

La région à l'est de Shreveport-Bossier

Homer

La **North Louisiana Hayride** *(adulte 5$, 6-11 ans 2$; sam 20h à 23h30; P & W Ranchouse, route d'État LA 9, sortie* *nord de Homer)* présente depuis une trentaine d'années, sur ce qui demeure la plus grande piste de danse de la région Ark-La-Tex (Arkansas-Louisiane-Texas), des spectacles et de la danse country.

Ruston

Le **Dixie Jamboree** *(adulte 5$, enfant et aîné 3$; sam à compter de 19h30; 206 rue de Vienne Nord, ☎255-0048)* loge dans un ancien cinéma qui date de 1920. On écoute ici de la musique country, du gospel et du blues. On y présente également des comédies et des spectacles.

Monroe/Monroe-Ouest

Le **Honky Tonk** *(2003 promenade Tower/Drive, pas de ☎)* est le royaume de la musique country et l'une des plus grandes salles de danse de la région de Monroe/Monroe-Ouest. Leçons de danse les mercredis soir.

Il existe deux boîtes afro-américaines où l'on peut écouter du bon blues à Monroe/Monroe-Ouest :

Member's Club *(droit d'entrée; soir; 1922 rue Tichelli; renseignez-vous sur les groupes invités et les heures de représentation des spectacles : ☎387-1050)*.

T's Lounge & Diner *(droit d'entrée; soir; 2407 avenue de Siard; renseignez-vous sur les groupes invités et les heures de représentation des spectacles : ☎387-2279)*.

Calendrier des événements annuels

Avril

C'est dans la partie nord-est de la paroisse de Sabine, à Pleasant Hill, qu'est commémorée l'une des plus importantes batailles de la guerre de Sécession *(la fin de semaine autour du 9 avr; ☎256-5880)*.

Juin

La deuxième fin de semaine de juin, dans la municipalité maraîchère de Ruston, se tient le **Festival de la pêche** *(☎255-2031)*, sur le thème de «l'esprit de la pêche», un fruit abondamment cultivé dans la région. On peut visiter le verger réservé à la culture des pêches de **Mitcham Farms** *(route 2, Ruston, ☎255-3409)*.

Si le bleuet québécois (la myrtille) a pour domaine le Lac-Saint-Jean, en Louisiane, c'est au pays du réservoir Toledo Bend que ce fruit abonde. Le **Festival des bleuets** (Louisiana Blueberry Festival) se déroule pendant la troisième fin de semaine de juin à Mansfield.

Pour les amateurs de musique *bluegrass*, l'une des nombreuses formes d'expression musicale ayant cours en Louisiane, il y a le **Festival Homeplace Acres Bluegrass**, près d'Athènes *(en soirée, premiers ven, sam et dim du mois de juin, ☎927-2222)*.

Juillet

Festival de la pastèque (Louisiana Watermelon Festival) *(dernière fin de semaine de juil; Farmerville, à 32 km au nord de Monroe-Ouest, ☎368-3390)*. La pastèque est aussi appelée «melon d'eau».

Août

À Rayville, dans la paroisse de Richland, a lieu chaque année *(troisième sam d'août)* le **Festival de Pickin' et de Grinnin'**, qui célèbre l'industrie du coton. On obtient tous les renseignements utiles auprès du **Siège social du festival de Pickin' et de Grinnin'** *(adresse postale : C.P. 873, Rayville, LA 71268; ☎728-3380 ou 728-4127)*.

Septembre

Les amateurs de musique *bluegrass* «rechargent à nouveau leur batterie» à l'occasion de la deuxième édition annuelle du **Festival Homeplace Acres Bluegrass**, près d'Athènes *(en soirée, deuxièmes ven, sam et dim de sept; ☎927-2222)*.

Le **Festival folklorique de la Louisiane** (The Louisiana Folklife Festival) *(entrée libre; en bordure de la rivière Ouachita; 2e fin de semaine de septembre; ☎800-843-1872 des États-Unis)* est une mosaïque des cultures 'cadienne, amérindienne et créole. Au programme : musique, artisanat, gastronomie louisianaise et... cow-boys!

Octobre

Festival Zwolle Tamale Fiesta *(oct; ☎256-5880)*. Fête du patrimoine hispano-mexicain évoquant l'époque où la région était rattachée au Texas, sur l'autre rive de la Sabine.

Novembre

Florien Free State Festival *(nov; ☎256-5880)*. Après la cession de la Louisiane par Napoléon en 1803, la région de Florien demeura durant une vingtaine d'années un *no man's land*. Le festival relate les différentes étapes de la riche histoire de Florien depuis cette époque.

ACHATS

Shreveport-Bossier

The Avenue Line *(rue Common, au nord de l'autoroute I-20, Shreveport, ☎868-3651)*. Au cœur de Shreveport, cette avenue regroupe une cinquantaine de commerces, de boutiques, de galeries et de restaurants.

Le Mail des Antiquaires (The Antique Mall) *(mar-sam 10h à 17h; 542 à 546 rue Olive, Shreveport, ☎425-8786)* est le plus grand magasin d'antiquités du nord de la Louisiane.

Libbey Glass Factory Outlet *(mar-sam 10h à 17h, dim 13h à 17h; 4302 rue Jewella, Shreveport, ☎621-0228)*. Toutes les pièces sont disponibles au prix de gros dans ce magasin qui appartient à la célèbre usine de verrerie Libbey.

Le mail qui suit regroupe des magasins qui vendent, à la moitié du prix des autres commerces, de la «lingerie» de marques réputées ainsi que des articles ménagers : **Mail Saint-Vincent** (St. Vincent Mall) *(lun-jeu 9h à 19h, ven-sam 9h à 21h, dim 12h à 17h; à l'angle des avenues Saint-Vincent et Southern, Shreveport, ☎227-9880)*.

La région à l'ouest de Shreveport-Bossier

Greenwood

Le **marché aux puces Greenwood** *(sam-dim 10h à 18h; sortie 5 de l'autoroute I-20, ☎938-7201)*, ce sont près de 150 kiosques et boutiques spécialisés dans la vente d'antiquités.

Vivian

Le **Re-Creations Musicke Shoppe** *(mar-sam 11h à 18h; 136 rue de la Louisiane Ouest/Louisiana West, ☎375-5995)* est un magasin d'instruments de musique anciens : fabrication sur place des instruments utilisés par les interprètes de folklore traditionnel.

La région à l'est de Shreveport-Bossier

Monroe/Monroe-Ouest

L'Allée Antique *(mar-sam 10h à 17h; 100 à 200 rue de Trenton, Monroe-Ouest, ☎322-2691)* apparaît comme un vrai village d'antiquaires avec ses bâtiments datant de 1880. On y trouve des meubles et des objets anciens américains et européens, des tapis du Moyen-Orient, des vases de Chine, des porcelaines, de l'argenterie, du cristal, des peintures et une multitude d'objets décoratifs.

Rayville

À l'ouest de Monroe/Monroe-Ouest, on trouve une boutique de confiseries fort intéressante :

La Confiserie- Café d'Irène White (Irene White's Cafe) *(tlj; 302 rue Rescue, ☎728-2499)*. En 1945, Irène White tenait en ces mêmes lieux un café; on a conservé le nom pour la boutique de bonbons : le rendez-vous des enfants et des grands de la région. Un petit musée relate l'histoire du Café d'Irène.

LEXIQUE FRANÇAIS-ANGLAIS

PRÉSENTATIONS

Salut!	*Hi!*
Comment ça va?	*How are you?*
Ça va bien	*I'm fine*
Bonjour (la journée)	*Hello*
Bonsoir	*Good evening/night*
Bonjour, au revoir, à la prochaine	*Goodbye, See you later*
Oui	*Yes*
Non	*No*
Peut-être	*Maybe*
S'il vous plaît	*Please*
Merci	*Thank you*
De rien, bienvenue	*You're welcome*
Excusez-moi	*Excuse me*
Je suis touriste	*I am a tourist*
Je suis américain(e)	*I am American*
Je suis canadien(ne)	*I am Canadian*
Je suis britannique	*I am British*
Je suis allemand(e)	*I am German*
Je suis italien(ne)	*I am Italian*
Je suis belge	*I am Belgian*
Je suis français(e)	*I am French*
Je suis suisse	*I am Swiss*
Je suis désolé(e), je ne parle pas anglais	*I am sorry, I don't speak English*
Parlez-vous français?	*Do you speak French?*
Plus lentement, s'il vous plaît	*Slower, please*
Quel est votre nom?	*What is your name?*
Je m'appelle...	*My name is...*
époux(se)	*spouse*
frère, sœur	*brother, sister*
ami(e)	*friend*
garçon	*son, boy*
fille	*daughter, girl*
père	*father*
mère	*mother*
célibataire	*single*
marié(e)	*married*
divorcé(e)	*divorced*
veuf(ve)	*widower/widow*

DIRECTION

Est-ce qu'il y a un bureau de tourisme près d'ici?	*Is there a tourist office near here?*
Il n'y a pas de..., nous n'avons pas de...	*There is no..., we have no...*
Où est le/la ...?	*Where is...?*
tout droit	*straight ahead*
à droite	*to the right*
à gauche	*to the left*
à côté de	*beside*
près de	*near*
ici	*here*
là, là-bas	*there, over there*
à l'intérieur	*into, inside*
à l'extérieur	*outside*
loin de	*far from*
entre	*between*
devant	*in front of*
derrière	*behind*

POUR S'Y RETROUVER SANS MAL

aéroport	*airport*
à l'heure	*on time*
en retard	*late*
annulé	*cancelled*
l'avion	*plane*
la voiture	*car*
le train	*train*
le bateau	*boat*
la bicyclette, le vélo	*bicycle*
l'autobus	*bus*
la gare	*train station*
un arrêt d'autobus	*bus stop*
L'arrêt, s'il vous plaît	*The bus stop, please*
rue	*street*
avenue	*avenue*
route, chemin	*road*
autoroute	*highway*
rang	*rural route*
sentier	*path, trail*
coin	*corner*
quartier	*neighbourhood*
place	*square*
bureau de tourisme	*tourist office*
pont	*bridge*
immeuble	*building*
sécuritaire	*safe*

rapide	*fast*
bagages	*baggage*
horaire	*schedule*
aller simple	*one way ticket*
aller-retour	*return ticket*
arrivée	*arrival*
retour	*return*
départ	*departure*
nord	*north*
sud	*south*
est	*east*
ouest	*west*

LA VOITURE

à louer	*for rent*
un arrêt	*a stop*
autoroute	*highway*
attention	*danger, be careful*
défense de doubler	*no passing*
stationnement interdit	*no parking*
impasse	*no exit*
arrêtez!	*stop!*
stationnement	*parking*
piétons	*pedestrians*
essence	*gas*
ralentir	*slow down*
feu de circulation	*traffic light*
station-service	*service station*
limite de vitesse	*speed limit*

L'ARGENT

banque	*bank*
caisse populaire	*credit union*
change	*exchange*
argent	*money*
je n'ai pas d'argent	*I don't have any money*
carte de crédit	*credit card*
chèques de voyage	*traveller's cheques*
l'addition, s'il vous plaît	*The bill please*
reçu	*receipt*

L'HÉBERGEMENT

auberge	*inn*
auberge de jeunesse	*youth hostel*
chambre d'hôte, logement chez l'habitant	*bed and breakfast*
eau chaude	*hot water*
climatisation	*air conditioning*

logement, hébergement	*accommodation*
ascenseur	*elevator*
toilettes, salle de bain	*bathroom*
lit	*bed*
déjeuner	*breakfast*
gérant, propriétaire	*manager, owner*
chambre	*bedroom*
piscine	*pool*
étage	*floor (first, second...)*
rez-de-chaussée	*main floor*
haute saison	*high season*
basse saison	*off season*
ventilateur	*fan*

LE MAGASIN

ouvert(e)	*open*
fermé(e)	*closed*
C'est combien?	*How much is this?*
Je voudrais...	*I would like...*
J'ai besoin de...	*I need...*
un magasin	*a store*
un magasin à rayons	*a department store*
le marché	*the market*
vendeur(se)	*salesperson*
le/la client(e)	*the customer*
acheter	*to buy*
vendre	*to sell*
un t-shirt	*T-shirt*
une jupe	*skirt*
une chemise	*shirt*
un jeans	*jeans*
un pantalon	*pants*
un blouson	*jacket*
une blouse	*blouse*
des souliers	*shoes*
des sandales	*sandals*
un chapeau	*hat*
des lunettes	*eyeglasses*
un sac	*handbag*
cadeaux	*gifts*
artisanat local	*local crafts*
crèmes solaires	*sunscreen*
cosmétiques et parfums	*cosmetics and perfumes*
appareil photo	*camera*
pellicule	*film*
disques, cassettes	*records, cassettes*
journaux	*newspapers*

revues, magazines	*magazines*
piles	*batteries*
montres	*watches*
bijouterie	*jewellery*
or	*gold*
argent	*silver*
pierres précieuses	*precious stones*
tissu	*fabric*
laine	*wool*
coton	*cotton*
cuir	*leather*

DIVERS

nouveau	*new*
vieux	*old*
cher, dispendieux	*expensive*
pas cher	*inexpensive*
joli	*pretty*
beau	*beautiful*
laid(e)	*ugly*
grand(e)	*big, tall*
petit(e)	*small, short*
court(e)	*short*
bas(se)	*low*
large	*wide*
étroit(e)	*narrow*
foncé	*dark*
clair	*light*
gros(se)	*fat*
mince	*slim, skinny*
peu	*a little*
beaucoup	*a lot*
quelque chose	*something*
rien	*nothing*
bon	*good*
mauvais	*bad*
plus	*more*
moins	*less*
ne pas toucher	*do not touch*
vite	*quickly*
lentement	*slowly*
grand	*big*
petit	*small*
chaud	*hot*
froid	*cold*
Je suis malade	*I am ill*
pharmacie	*pharmacy, drugstore*
J'ai faim	*I am hungry*

J'ai soif	*I am thirsty*
Qu'est-ce que c'est?	*What is this?*
Où?	*Where?*

LA TEMPÉRATURE

pluie	*rain*
nuages	*clouds*
soleil	*sun*
Il fait chaud	*It is hot out*
Il fait froid	*It is cold out*

LE TEMPS

Quand?	*When?*
Quelle heure est-il?	*What time is it?*
minute	*minute*
heure	*hour*
jour	*day*
semaine	*week*
mois	*month*
année	*year*
hier	*yesterday*
aujourd'hui	*today*
demain	*tomorrow*
le matin	*morning*
l'après-midi	*afternoon*
le soir	*evening*
la nuit	*night*
maintenant	*now*
jamais	*never*
dimanche	*Sunday*
lundi	*Monday*
mardi	*Tuesday*
mercredi	*Wednesday*
jeudi	*Thursday*
vendredi	*Friday*
samedi	*Saturday*
janvier	*January*
février	*February*
mars	*March*
avril	*April*
mai	*May*
juin	*June*
juillet	*July*
août	*August*
septembre	*September*
octobre	*October*
novembre	*November*
décembre	*December*

LES COMMUNICATIONS

bureau de poste	*post office*
par avion	*air mail*
timbres	*stamps*
enveloppe	*envelope*
bottin téléphonique	*telephone book*
appel outre-mer, interurbain	*long distance call*
appel à frais virés (PCV)	*collect call*
télécopieur, fax	*fax*
télégramme	*telegram*
tarif	*rate*
composer l'indicatif régional	*dial the area code*
attendre la tonalité	*wait for the tone*

LES ACTIVITÉS

la baignade	*swimming*
plage	*beach*
la plongée sous-marine	*scuba diving*
la plongée-tuba	*snorkelling*
la pêche	*fishing*
navigation de plaisance	*sailing, pleasure-boating*
la planche à voile	*windsurfing*
faire du vélo	*bicycling*
vélo tout-terrain (VTT)	*mountain bike*
équitation	*horseback riding*
la randonnée pédestre	*hiking*
se promener	*to walk around*
musée	*museum, gallery*
centre culturel	*cultural centre*
cinéma	*cinema*

TOURISME

fleuve, rivière	*river*
chutes	*waterfalls*
belvédère	*lookout point*
colline	*hill*
jardin	*garden*
réserve faunique	*wildlife reserve*
péninsule, presqu'île	*peninsula*
côte sud/nord	*south/north shore*
hôtel de ville	*town or city hall*
palais de justice	*court house*
église	*church*
maison	*house*
manoir	*manor*
pont	*bridge*
bassin	*basin*
barrage	*dam*

atelier	*workshop*
lieu historique	*historic site*
gare	*train station*
écuries	*stables*
couvent	*convent*
porte	*door, archway, gate*
douane	*customs house*
écluses	*locks*
marché	*market*
canal	*canal*
chenal	*channel*
voie maritime	*seaway*
cimetière	*cemetery*
moulin	*mill*
moulin à vent	*windmill*
école secondaire	*high school*
phare	*lighthouse*
grange	*barn*
chute(s)	*waterfall(s)*
batture	*sandbank*
faubourg	*neighbourhood, region*

LES NOMBRES

1	*one*
2	*two*
3	*three*
4	*four*
5	*five*
6	*six*
7	*seven*
8	*eight*
9	*nine*
10	*ten*
11	*eleven*
12	*twelve*
13	*thirteen*
14	*fourteen*
15	*fifteen*
16	*sixteen*
17	*seveteen*
18	*eighteen*
19	*nineteen*
20	*twenty*
21	*twenty-one*
22	*twenty-two*
23	*twenty-three*
24	*twenty-four*
25	*twenty-five*
26	*twenty-six*
27	*twenty-seven*

28	*twenty-eight*
29	*twenty-nine*
30	*thirty*
31	*thirty-one*
32	*thiry-two*
40	*fourty*
50	*fifty*
60	*sixty*
70	*seventy*
80	*eighty*
90	*ninety*
100	*one hundred*
200	*two hundred*
500	*five hundred*
1 000	*one thousand*
10 000	*ten thousand*
1 000 000	*one million*

INDEX

LES GUIDES DE VOYAGE ULYSSE

LES ÉTATS-UNIS

ARIZONA ET GRAND CANYON, 2e édition
Seconde édition substantiellement augmentée de cet ouvrage qui vous livre les moindres secrets du célèbre Grand Canyon, mais aussi de tous les autres parcs à la nature sculpturale de cet État du Sud-Ouest américain, ainsi que des villes jeunes et bouillonnantes de Phoenix et de Tucson. Seul guide en français sur cette destination.
Collectif
400 pages, 16 cartes
24,95 $ *145 F*
2-89464-076-5

BOSTON
Seul guide en français consacré à la métropole de la Nouvelle-Angleterre. Revivez les exploits de Paul Revere dans le Boston historique. Découvrez les richesses intellectuelles et artistiques du Boston universitaire.
Collectif
272 pages, 15 cartes
17,95 $ *99 F*
2-89464-098-6

CALIFORNIE
Tous les recoins de cette région américaine culte sont explorés dans cet ouvrage : Los Angeles, San Francisco, San Diego, la Napa Valley, les grands parcs nationaux, les plages infinies du Sud.
Ray Riegert
600 pages, 52 cartes
29,95 $ *129 F*
2-89464-152-4

CAPE COD-NANTUCKET
Des célèbres plages du Cape Cod aux secrets refuges de Nantucket en passant par les douces routes de campagne de Martha's Vineyard. Tout pour découvrir ce lieu de villégiature par excellence de la Côte Est américaine.
Collectif
208 pages, 6 cartes
17,95 $ *99 F*
2-89464-104-4

CHICAGO
Musée géant à ciel ouvert de l'architecture moderne, creuset où s'est développé le blues électrique qui a inspiré les plus grandes stars du rock, gardienne de collections d'œuvres d'art comptant parmi les plus importantes du globe, Chicago est la ville de la démesure. Ce guide vous conduit à travers ses rues à l'animation incessante, ses parcs qui s'étirent majestueusement le long du lac Michigan et ses quartiers ethniques.
Claude Morneau
432 pages, 20 cartes
8 pages de photos en couleurs
19,95 $ 117 F
2-89464-052-8

DISNEY WORLD, 3e édition
Nouvelle édition entièrement revue de ce guide unique en son genre. Tous les trucs pour tirer le meilleur parti de sa visite du célèbre parc thématique de la Floride. Toutes les attractions de Disney World et des autres parcs environnants sont décrites et classées de façon critique afin que chaque visiteur puisse profiter au maximum de son séjour.
Stacy Ritz
400 pages, 12 cartes
19,95 $ 135 F
2-89464-079-X

FLORIDE, 4e édtion
Le guide le plus complet jamais produit en français sur cet État américain. Tout sur les stations balnéaires, sur Miami et son extraordinaire quartier Art déco, sur les parcs nationaux comme celui des Everglades.
Collectif
448 pages, 40 cartes
8 pages de photos en couleurs
29,95 $ 129 F
2-89464-215-6

LOUISIANE, 3e édition
L'Acadie louisianaise; La Nouvelle-Orléans et sa gastronomie; le jazz, le blues et le «zarico». Section spéciale sur la Francofête de 1999 et les célébrations du tricentenaire de la présence française en Louisiane.
Richard Bizier
512 pages, 27 cartes
16 pages de photos en couleurs
29,95 $ 139 F
2-89464-197-4

LA NOUVELLE-ORLÉANS
Ce guide de poche dévoile tout sur cette ville de Louisiane dont l'histoire se fond avec celle de la Nouvelle-France : sa musique, car c'est la ville de Louis Armstrong; ses restaurants, car c'est aussi la capitale gastronomique des États-Unis; son Vieux-Carré Français; ses fêtes du Mardi gras; ses excursions sur le Mississippi en bateau à vapeur.
Richard Bizier, Roch Nadeau
210 pages, 10 cartes
17,95 $ 99 F
2-89464-065-X

MIAMI
Avec son fabuleux quartier Art déco, son centre-ville futuriste et ses longues plages, Miami est devenue l'une des grandes villes des États-Unis et la plaque tournante du monde latino-américain. Tout sur les bonnes tables et la vie nocturne.
Alain Legault
352 pages, 20 cartes
8 pages de photos en couleurs
18,95 $ 99 F
2-89464-203-2

NEW YORK
Voici enfin un guide complet s'activant autant à décrire le New York culturel qu'à repérer les adresses pratiques. De nombreux circuits vous font découvrir toutes les dimensions de cette mégalopole insaisissable. Les grandes attractions touristiques et les musées fabuleux de Manhattan, mais aussi les quartiers méconnus, les restos familiaux et les boroughs environnants... rien n'échappe à ce Guide Ulysse.
François Rémillard
400 pages, 20 cartes
8 pages de photos en couleurs
19,95 $ 99 F
2-89464-084-6

NOUVELLE-ANGLETERRE, 3e édition
Voici un ouvrage incontournable pour quiconque désire explorer les splendides routes de la Nouvelle-Angleterre. Il vous entraînera de Boston, la trépidante et historique métropole, aux plages et parcs nationaux longeant la côte, en passant par les montagnes majestueuses et les coquets villages avec leurs belles grandes demeures blanches.
collectif
600 pages, 30 cartes
8 pages de photos en couleurs
29,95 $ 145 F
2-89464-099-4

LES PLAGES DU MAINE
Chaque été, les vacanciers accourent vers les plages et les villages de la côte de l'État américain du Maine. Ogunquit, Wells, Old Orchard, Kennebunk, Portland et Freeport n'auront plus aucun secret pour quiconque se munira de ce guide de poche.
Joël Pomerleau
144 pages, 5 cartes
12,95 $ 70 F
2-89464-110-9

RANDONNÉE PÉDESTRE NORD-EST DES ÉTATS-UNIS, 3e édition
Grâce à cet ouvrage unique en son genre, le lecteur parcourra les montagnes du Maine, du New Hampshire, du Vermont et de l'État de New York à pied. Cent trente randonnées décrites. Classification selon les niveaux de difficulté.
Yves Séguin
272 pages, 14 cartes
19,95 $ 117 F
2-921444-72-0

SAN FRANCISCO
Avec ses belles demeures accrochées à ses innombrables collines, ses vues saisissantes sur sa splendide baie et ses ponts grandioses qui l'enjambent, son grouillant quartier chinois, ses excellents restaurants, sa remuante vie nocturne, ses beaux parcs et ses grands musées, San Francisco est l'une des plus séduisantes villes du monde. Ce guide vous en révèle tous les secrets.
Ray Riegert
272 pages, 14 cartes
17,95 $ 99 F
2-89464-048-X

SEATTLE
Seul guide en français sur l'«émeraude» du Nord-Ouest américain, une cité en pleine croissance menée par ses entreprises-vedettes Boeing et Microsoft, mais aussi une ville où il fait bon vivre grâce à sa proximité de la nature.
Karl Lemay
272 pages, 15 cartes
17,95 $ 99 F
2-89464-201-6

WASHINGTON, D.C.
La capitale américaine méritait bien qu'un Guide Ulysse lui soit un jour consacré. Le voici donc ce guide qui vous révélera tous les secrets des riches musées et des édifices monumentaux de Washington. Bien au-delà de la Maison-Blanche, cet ouvrage vous conduira dans les quartiers ethniques de la ville et dans ses coins branchés où la vie nocturne se fait trépidante.
Lorette Pierson
280 pages, 15 cartes
8 pages de photos en couleurs
19,95 $ 117 F
2-89464-169-9

BON DE COMMANDE

GUIDES DE VOYAGE ULYSSE

- ☐ Abitibi-Témiscamingue et Grand Nord 22,95 $
- ☐ Arizona et Grand Canyon 24,95 $
- ☐ Bahamas 24,95 $
- ☐ Belize 16,95 $
- ☐ Boston 17,95 $
- ☐ Calgary 16,95 $
- ☐ Californie 29,95 $
- ☐ Canada 29,95 $
- ☐ Charlevoix – Saguenay–Lac-Saint-Jean 22,95 $
- ☐ Chicago 19,95 $
- ☐ Chili 27,95 $
- ☐ Colombie 29,95 $
- ☐ Costa Rica 27,95 $
- ☐ Côte-Nord – Duplessis – Manicouagan 22,95 $
- ☐ Cuba 24,95 $
- ☐ Cuisine régionale au Québec 16,95 $
- ☐ Disney World 19,95 $
- ☐ El Salvador 22,95 $
- ☐ Équateur – Îles Galápagos 24,95 $
- ☐ Floride 29,95 $
- ☐ Gaspésie – Bas-Saint-Laurent Îles-de-la-Madeleine 22,95 $
- ☐ Gîtes du Passant au Québec 13,95 $
- ☐ Guadeloupe 24,95 $
- ☐ Guatemala 24,95 $
- ☐ Honduras 24,95 $
- ☐ Hôtels et bonnes tables au Québec 17,95 $
- ☐ Jamaïque 24,95 $
- ☐ La Nouvelle-Orléans 17,95 $
- ☐ Lisbonne 18,95 $
- ☐ Louisiane 29,95 $
- ☐ Martinique 24,95 $
- ☐ Miami 18,95 $
- ☐ Montréal 19,95 $
- ☐ New York 19,95 $
- ☐ Nicaragua 24,95 $
- ☐ Nouvelle-Angleterre 29,95 $
- ☐ Ontario 27,95 $
- ☐ Ottawa 16,95 $
- ☐ Ouest canadien 29,95 $
- ☐ Panamá 24,95 $
- ☐ Pérou 27,95 $
- ☐ Plages du Maine 12,95 $
- ☐ Portugal 24,95 $
- ☐ Provence – Côte-d'Azur 29,95 $
- ☐ Provinces Atlantiques du Canada 24,95 $
- ☐ Puerto Rico 24,95 $
- ☐ Le Québec 29,95 $
- ☐ Québec Gourmand 16,95 $
- ☐ Le Québec et l'Ontario de VIA 9,95 $
- ☐ République dominicaine 24,95 $
- ☐ San Francisco 17,95 $
- ☐ Toronto 18,95 $
- ☐ Vancouver 17,95 $
- ☐ Venezuela 29,95 $
- ☐ Ville de Québec 17,95 $
- ☐ Washington, D.C. 18,95 $

ULYSSE PLEIN SUD

- ☐ Acapulco 14,95 $
- ☐ Cancún – Cozumel 17,95 $
- ☐ Cape Cod – Nantucket 17,95 $
- ☐ Carthagène (Colombie) 12,95 $
- ☐ Puerto Vallarta 14,95 $
- ☐ Saint-Martin – Saint-Barthélemy 16,95 $

ESPACES VERTS

- ☐ Cyclotourisme en France 22,95 $
- ☐ Motoneige au Québec 19,95 $
- ☐ Randonnée pédestre Montréal et environs 19,95 $
- ☐ Randonnée pédestre Nord-est des États-Unis 19,95 $
- ☐ Randonnée pédestre au Québec 22,95 $
- ☐ Ski de fond au Québec 22,95 $

GUIDES DE CONVERSATION

☐ L'Anglais pour mieux voyager en Amérique 9,95 $
☐ Le Québécois pour mieux voyager 9,95 $
☐ L'Espagnol pour mieux voyager en Amérique latine 9,95 $

JOURNAUX DE VOYAGE ULYSSE

☐ Journal de voyage Ulysse (spirale) bleu – vert – rouge ou jaune 11,95 $
☐ Journal de voyage Ulysse (format de poche) bleu – vert – rouge – jaune ou «sextant» 9,95 $

BUDGET • ZONE

☐ •zone Amérique centrale 14,95 $
☐ •zone le Québec 14,95 $

TITRE	QUANTITÉ	PRIX	TOTAL

Nom

Adresse

Paiement : ☐ Comptant ☐ Visa ☐ MasterCard

Numéro de carte

Signature

Total partiel	
Poste-Canada*	4,00 $
Total partiel	
T.P.S. 7%	
TOTAL	

ÉDITIONS ULYSSE
4176, rue Saint-Denis, Montréal (Québec)
☎ (514) 843-9447, fax (514) 843-9448, H2W 2M5

Pour l'Europe, s'adresser aux distributeurs, voir liste p 2.
* Pour l'étranger, compter 15 $ de frais d'envoi.